ABC der Tiere Handbuch 1

Herausgegeben von

Klaus Kuhn

Bearbeitet von

Klaus Kuhn, Kerstin Mrowka-Nienstedt

Illustriert von

Ingrid Hecht, Heike Treiber

Das Lesen mit dem farbigen Silbentrenner und das Schreiben mit zwei Farben sind die wesentlichen Elemente für den Erfolg.

Klaus Kuhn

Mildenberger

I. Zur Methode Stoffverteilungsplan

Kapitel

Bezugsmöglichkeiten

Alle Titel des Mildenberger Verlags erhalten Sie unter: www.mildenberger-verlag.de oder im Buchhandel. Jede Buchhandlung kann alle Titel direkt über den Mildenberger Verlag beziehen. Ausnahmen kann es bei Titeln mit Lösungen geben: Hinweise hierzu finden Sie in unserem aktuellen Gesamtprogramm.

Impressum

Bestell-Nr. 1405-70
ISBN 978-3-619-14507-2

Auflage 7 6 5 4
Jahr 2023 2022 2021 2020

www.mildenberger-verlag.de
E-Mail: info@mildenberger-verlag.de

Silbenfibel® und **Silbenmethode mit Silbentrenner**®
sind eingetragene Marken der Mildenberger Verlags GmbH.

Illustrationen: Ingrid Hecht, 30163 Hannover
Heike Treiber, 79199 Kirchzarten
Titel Kinder und Weltkugel: Achim Schulte, 44263 Dortmund
Titel Tiere: Wildente © voren1 – Fotolia.com; Elefant © eyetronic – Fotolia.com; Zebra © anankkml – Fotolia.com; Rotwild @ Eric Isselée – Fotolia.com; Papagei © Nejron Photo – Fotolia.com
Redaktion: Tobias Pfaff
Grafik: Mildenberger Verlag GmbH
Druck: Stückle Druck & Verlag, 77955 Ettenheim
Gedruckt auf umweltfreundlichen Papieren

I. ABC der Tiere 1: Konzeption – Silbenmethode mit Silbentrenner®

Inhalt

1. Zum Lehrgang ABC der Tiere 1 gehören

1.1. Artikelübersicht

Schülermaterial Leselehrgang	**Bestell-Nr.**
Silbenfibel®, 104 S., vierf., FeEbd, 2 Beilagen: Schreibtabelle, Lernstandsheft	1405-90
als Digitales Schulbuch	1405-907
Lernstandsheft (aus 1405-90), Gh, 20 S., vierf., VPE 10 Stück	1405-68
Schreibtabelle (aus 1405-90), kt, vierf., VPE 10 Stück	1405-69
Arbeitsheft Druckschrift, Teil A und B, je 80 S., vierf., Gh, mit CD-ROM ABC der Tiere 1 Homeversion, 2 Kartonbeilagen: Mini-Silbenschieber, Silbenschieber	1405-91
Arbeitsheft Grundschrift, Teil A und B, je 80 S., vierf., Gh, mit CD-ROM ABC der Tiere 1 Homeversion, 2 Kartonbeilagen: Mini-Silbenschieber, Silbenschieber	1405-71
Mini-Silbenschieber (aus 1405-91), kt, vierf., VPE 10 Stück	1405-86
Silbenschieber (aus 1405-91), kt, vierf., VPE 10 Stück	1405-87
Silbenschieber, klein, aus Holz, 3 Schieberzungen, beidseitig bedruckt	1405-85
Wortkarten, 320 DIN-A8-Wortkarten, vierf., in 5-Fächer-Lernbox aus Pappe	1403-96
Silbenkärtchen, Leseteppiche, Domino, 16 Bogen, teilw. mehrf. und gestanzt, kt	1402-93
Lesezirkus, Lesematerial mit Textverständnisfragen, Druckschrift, 80 S., vierf., FeEbd, Kartonbeilage „Schreibtabelle"	1403-92
Klatsch die Silbe!, Spiele zum Einüben des Silbenklatschens, Einzel-Set, 1 Spielplan, 2 Setzer, 1 Würfel, 24 Silbentaler, 1 Spielkartenset, Anleitung, im Schiebeverschlussbeutel	1402-89
Klatsch die Silbe!, 10er-Set	1402-99
Silbenstifte, zweifarbig, Mine 5 mm Ø, VPE 12 Stifte	1402-66
CD-ROM ABC der Tiere, Homeversion, Einzellizenz	1405-94
CD-ROM ABC der Tiere, Klassenversion, Einzellizenz	1405-95
CD-ROM ABC der Tiere, Klassenversion, Schullizenz	1405-97
CD-ROM ABC der Tiere, Onlinelizenz	1405-98

Schülermaterial Schreiblehrgang	
Schreiblehrgang Druckschrift, Teil A und B, je 64 S., vierf., Gh, Beilage „Schreibtabelle"	1405-81
Schreiblehrgang Grundschrift, Teil A, B (Einübung der Buchstaben, je 64 S.) und C (Einübung der Verbindungen, 24 S.), Kartonbeilage „Schreibtabelle", vierf., Gh	1405-72
Schreiblehrgang Lateinische Ausgangsschrift (LA) in Sammelmappe, 64 S., eins. bedr., vierf., gl., gel., Beilage: Schreibtabelle, Sammelmappe	1405-82
Schreiblehrgang Vereinfachte Ausgangsschrift (VA) in Sammelmappe, 64 S., eins. bedr., vierf., gl., gel., Beilage: Schreibtabelle, Sammelmappe	1405-83
Schreiblehrgang Schulausgangsschrift (SAS) in Sammelmappe, 64 S., eins. bedr., vierf., gl., gel., Beilage: Schreibtabelle, Sammelmappe	1405-84
Schreiblehrgang Lateinische Ausgangsschrift (LA) in Heftform, 56 S., vierf., Gh, Beilage Schreibtabelle	1402-88
Schreiblehrgang Vereinfachte Ausgangsschrift (VA) in Heftform, 56 S., vierf., Gh, Beilage Schreibtabelle	1402-33
Schreiblehrgang Schulausgangsschrift (SAS) in Heftform, 56 S., vierf., Gh, Beilage Schreibtabelle	1402-36
Arbeitsheft „Spontane Schreibung von Doppelkonsonanten", 24 S., mehrf., Gh	1402-95
Schreibheftchen: Mein Tierbüchlein, 16 S., vierf., DIN A5, Gh	1402-96

Lehrermaterial Lese- und Schreiblehrgang

Handbuch, methodisch-didaktische Kommentare, 660 S., 278 KVs, Ringb. 1405-70

Grundschrift-Ergänzungs-Paket, Arbeitsblätter und Buchstaben für die Ankerbild-Karten in Grundschrift, Loseblattsammlung, vierfach gel., 146 S., 1405-73

Arbeitsblätter zur individuellen Förderung, KV, Druckschrift, Ringb. 1405-77

Folien zum Arbeitsheft, inkl. CD-ROM mit den Folien als PDF, Ringb. 1405-75

Silbenschieber, zur Demonstration, Groß- und Kleinbuchstaben, aus Holz 1405-79

Musik-CD, 24 Lieder des Lehrgangs, 6 Sequenzen mit den Kontrastpaaren, Vokal und Instrumental, 2 Audio-CDs 1405-80

ABC der Tiere 1 und 2 – Die Lernkontrollen als Word-Datei, CD-ROM, Einzellizenz 1405-88

ABC der Tiere 1 und 2 – Die Lernkontrollen als Word-Datei, CD-ROM, Schullizenz 1405-89

Ankerbilder der Buchstaben, 48 Blatt, DIN A4, kt, inkl. LA/VA/SAS als Ausschneideblätter 1405-76

Ankerbilder Ergänzungskarten für 1402-75, 23 Blatt, DIN A4, kt, inkl. LA/VA/SAS als Ausschneideblätter 1405-7605

Schwungübungen, 88 S., 82 KVs, Spiralb. 1403-71

Fit für den Schulbeginn, Übungsmaterial inkl. Schuleingangstest, 48 S., Kopiervorlagen, Gh 1402-78

Häuschen-Stempel Typ A B C, Größe 65 x 40 mm, Holz 8500-20

Arbeitsblätter Lesezirkus, 48 S., 32 KVs, Lösungen, Gh 1403-74

ABC der Tiere – Poster „Dehnungs-h", DIN A0, gefaltet auf DIN A4 1402-87

Silben-Generator – Lese-Texte für Leseanfänger selbst erstellen, CD-ROM in DVD-Box, Booklet 16 S.

- Einzellizenz (Installation auf einem PC) 1403-79
- Schullizenz (Installation auf allen Schul-PCs) 1403-78
- Netzwerklizenz (Installation auf allen Schulservern / -PCs) 1403-76

Die Silbe im Anfangsunterricht Deutsch – Festschrift 10 Jahre ABC der Tiere, 6 Beiträge zur Silbenmethode, 120 S., Br 1402-65

Zusatzmaterialien

Tiergeschichten mit Mia und Mio – 32 S., vierf., FeEbd, 17 x 23,5 cm

Tiergeschichten mit Mia und Mio – Band 1 1404-01
Tiergeschichten mit Mia und Mio – Band 2 1404-02
Tiergeschichten mit Mia und Mio – Band 3 1404-03
Tiergeschichten mit Mia und Mio – Band 4 1404-04
Tiergeschichten mit Mia und Mio – Band 5 1404-05
Tiergeschichten mit Mia und Mio – Band 6 1404-06
Tiergeschichten mit Mia und Mio – Band 7 1404-07
Tiergeschichten mit Mia und Mio – Band 8 1404-08
Tiergeschichten mit Mia und Mio – Band 9 1404-09
Tiergeschichten mit Mia und Mio – Band 10 1404-10
Band 1 – 10, Komplettbezug 1404-12
Arbeitsblätter zu allen Geschichten, 139 KVs, 192 S., Spiralbindung 1404-11
Stempel „Prima!" zum Lesepass 8500-13

Weitere Materialien zur Silbenmethode ab Seite 105
Lesetexte, Wörterbuch, Deutsch als Zweitsprache

1.2. Download-Angebote Klasse 1
www.abc-der-tiere.de/1405-70

Die Download-Angebote sind zum Teil farbig.
Einige Download-Angebote liegen zusätzlich als Kopiervorlagen in Schwarz-Weiß vor.

Übersicht über die Download-Angebote (alle Downloads DIN A4):

	HB-Seite			Dateiart	
Kapitel I	19	3.3.2	Häuschen A B C (Datei: gif)	zip	
	58	3.13.	Informationsmaterial für Eltern zu ABC der Tiere – auch als KV, S. 58	PDF	Word
	99	4.26.	Mini-Silbenschieber, farbig und s/w Silbenschieber – farbig und s/w	PDF PDF	
	109	7.	Stoffverteilungsplan – auch als KV, S. 110 ff.	PDF	Word
	116	8.	Übersicht der Kompetenzen in Silbenfibel, Arbeitsheft, Schreiblehrgang – auch als KV, S. 117 ff.	PDF	Word
Kapitel II		**Fibelseite**			
	144 / 146	S. 6 / 7	Bildkarten für Vorlesegeschichte	PDF	
	145	S. 6 / 7 ff	Buchstabenkarten für „Silbenkelle“	PDF	
	147	S. 8 / 9	Vorlagen für Silbenkarten zum Laminieren: Mu mu Mi mi Namensschild: Mi mi Bild: Katze, Kuh – farbig und s/w	PDF PDF PDF	
	152	S. 10 / 11	Vorlagen für Silbenkarten zum Laminieren: Mo mo	PDF	
	153	S. 10 / 11 ff	Buchstabenkarten für „Silbenlauf“	PDF	
	157	S. 12 / 13	Vorlagen für Silbenkarten zum Laminieren: Ma ma	PDF	
	160	S. 14 / 15	Vorlagen für Silbenkarten zum Laminieren: Me me	PDF	
	164	S. 16 / 17	Vorlagen für Silbenkarten zum Laminieren: Starter L, l Vorlage für Wort- und Bildkarten: Ma ma La ma	PDF PDF	
	168	S. 18 / 19	Vorlage für Karten mit den Vokalen als Großbuchstaben	PDF	
	172	S. 20 / 21	Vorlagen für Silbenkarten zum Laminieren: Starter T, t Vorlage für Wort- und Bildkarte: To to, Seehund	PDF PDF	
	176	S. 22 / 23	Vorlagen für Silbenkarten zum Laminieren: Starter R, r Vorlage Bild: Wecker	PDF PDF	

	HB-Seite			Dateiart	
	180	S. 24 / 25	Vorlagen für Silbenkarten zum Laminieren: Starter S, s Vorlage für Vokale als Kleinbuchstaben in Blüten	PDF PDF	
	185	S. 26 / 27	Vorlagen für Silbenkarten zum Laminieren: Starter W, w	PDF	
	189	S. 28 / 29	Vorlagen für Silbenkarten zum Laminieren: Starter D, d	PDF	
	194	S. 30 / 31	Vorlagen für Silbenkarten zum Laminieren: Starter N, n Vorlagen für Namenskarten: Ni na, Ne na	PDF PDF	
	199	S. 32 / 33	Vorlagen für Silbenkarten zum Laminieren: Starter Sch, sch	PDF	
	211	S. 38 / 39	Vorlagen für Silbenkarten zum Laminieren: Starter K, k	PDF	
	215	S. 40/ 41	Vorlagen für Silbenkarten zum Laminieren: Starter B, b	PDF	
	219	S. 42 / 43	Vorlagen für Silbenkarten zum Laminieren: Starter F, f Vorlage für Fische	PDF PDF	
	226	S. 46/ 47	Vorlagen für Silbenkarten zum Laminieren: Starter G, g	PDF	
	230	S. 48 / 49	Vorlage: Riese beim Doktor	PDF	
	234	S. 50 / 51	Vorlagen für Silbenkarten zum Laminieren: Starter P, p Vorlage für Parkplatzschild für OHP	PDF PDF	
	237	S. 52 / 53	Vorlage für Bild- und Wortkarten: Hase, Henne, Haus, Hund, Hose, Himmel, Heft	PDF	
	250	S. 60 / 61	Vorlage für Wortkarten: Zoo, Streichelzoo, Zebra, Ziege, Häschen, Löwe, Elefant, Giraffe, Pinguin, Krokodil, Meerkatze, Bär, Tiger, Papagei	PDF	
	275	S. 76 / 77	Wortkarten: Ponybuch, Teddy, Reitkarte, Labyrinth, Maya, Party; Poster „Party für Maya“	PDF	
Kapitel III	301		Zahlwörter – auch als KV	PDF	
	302		Farbwörter – auch als KV	PDF	
	303		ß-Wörter – auch als KV	PDF	
	304 f.		h-Wörter – auch als KV	PDF	
Kapitel VII	509		Die Lautgebärden (Gebärdenkarten zum Falzen mit Erklärung auf der Rückseite, DIN A5)	PDF	
			Die Gebärden als Bilddateien: gif	ZIP	
			Die Lautgebärden (Gebärdenkarten ohne Erklärung, DIN A4)	PDF	
Kapitel IX	621		Wochenplan – auch als KV	PDF	Word

2. ABC der Tiere – Jedes Kind kann lesen und schreiben lernen

Lesen und schreiben sind die unbedingten Voraussetzungen für die Zukunft jedes einzelnen Kindes. Jede weitere Bildung baut auf diesen Kompetenzen auf. Die Grundlagen für das Beherrschen der Kulturfertigkeiten Lesen und Schreiben werden in der Grundschule, ja in den ersten Monaten der 1. Klasse, gelegt.

Die Silbenmethode im Original

ABC der Tiere ist der Lehrgang mit der Silbenmethode. Im Jahr 2000 erschien die erste Silbenfibel®. Seither hat ABC der Tiere immer mehr Lehrerinnen und Lehrer überzeugt. An diesen Erfolg versuchen andere Lehrgänge anzuknüpfen. Sie bieten fragmentarisch Silbentrennung als Lesehilfen an, richten beim Schreiben aber weiterhin ihr Hauptaugenmerk auf den einzelnen Laut (Anlauttabelle) und nicht auf die Silbe.

Lesen und schreiben lernen mit der Silbe

ABC der Tiere bietet das komplette Konzept, das die Vorteile der Silbenmethode – und zwar für das Lesen und das richtige Schreiben – vollständig erschließt. Der Silbentrenner ist die entscheidende Hilfe für Leseanfänger. Das synchrone, syllabische Sprechschreiben reguliert den Schreibprozess. Die spontane Schreibung von Schärfung wird allen Kindern durch die rhythmische Arbeit mit den Kontrastwörtern vermittelt.
Die Materialien von ABC der Tiere fördern und fordern die Kinder des ganzen Leistungsspektrums gleichermaßen.
Weiterführende Informationen zur Silbenmethode aus Sicht der Wissenschaft finden Sie in den 6 Beiträgen der Festschrift „Die Silbenmethode im Anfangsunterricht Deutsch“ (Bestell-Nr. 1402-65).

Individuell und differenziert

Sowohl entdeckendes Lernen und individuelle Übungseinheiten als auch systematische, am Gegenstand orientierte Lehre verbinden sich in einer ausgewogenen Dramaturgie des Unterrichts. Eine angemessene Leistungsorientierung spornt alle Schüler an, da jedem ein Weg zur Bewältigung der eventuell auftretenden Schwierigkeiten gewiesen wird. Denn jedes Erfolgserlebnis stärkt die Kinder. Auf dieser Grundlage kann mit der Silbenmethode jedes Kind lesen und schreiben lernen, ohne eine LRS-Symptomatik zu entwickeln.
Aus den umfangreichen Arbeitsmaterialien kann jede Lehrerin und jeder Lehrer eine motivierende und effektive Auswahl für ihre / seine Klasse treffen.

Erfolgreich unterrichten

Mit dem Lehrgang ABC der Tiere kann ein lebendiger Unterricht mit allen Sinnen durchgeführt werden. Alle Kinder können flüssige Leser und sichere Schreiber werden. ABC der Tiere ermöglicht den Lehrerinnen und Lehrern einen erfolgreichen und abwechslungsreichen Unterricht.

Schülerzentriert unterrichten

Silbenklatschen, Wortrhythmen wahrnehmen, Silbenschreiben, Lesen von gebundenen Versen, Silbenaufbau als Grundlage einer systematischen Begründung der Orthografie – alles Bausteine unserer Methode, um die Schüler zu einem sowohl intuitiven als auch bewussten Umgang mit der Schriftsprache zu führen.

Schüler brauchen eine aktive Lehre

In vielen Fällen ist es notwendig, dass die Lehrerin / der Lehrer sich nicht auf die Rolle der Moderatorin / des Moderators beschränkt – besonders dann, wenn schwächere Schüler Hilfestellung und systematische Darstellung des Lerninhaltes benötigen. Aktive Teilnahme am Unterricht durch Einbringen der fortgeschrittenen Fähigkeiten der Lehrerin / des Lehrers kann zur Steigerung der Motivation und Leistungsfähigkeit der Schüler beitragen. Der Anreiz komplexer motorischer Übungen (Seilspringen, Jonglieren, Musizieren) fordert Schüler heraus und fördert schwächere durch gezielte Unterstützung.

Strukturiertes Lernen

Individuelle Komponenten des Lernens dürfen nicht falsch verstanden werden, indem die Kinder allein und sich selbst überlassen werden. Die Möglichkeiten der Modellierung des Lernprozesses durch systematische Strukturierung der aktiven Lehre eröffnen allen Kindern die notwendigen Lernchancen. In ihrer Freizeit begegnen sie im Sportverein, im Instrumentalunterricht oder im Ballett Lehrerinnen und Lehrern / Trainerinnen und Trainern, welche klare und überschaubare Übungsziele vorgeben und die Ausführung der nachfolgenden Übungseinheiten mit eventuellen Korrekturen begleiten. Die Kinder und Jugendlichen akzeptieren die Anforderungen, weil sie ihre Leistung steigern möchten. Sie erwarten, dass die Fußballtrainerin / der Fußballtrainer sich nicht darauf beschränkt, das Trainingsgelände vorzubereiten und einen Ballschrank zu öffnen – sie wollen Spiele gewinnen. Dazu sind sie auf das Wissen und die Erfahrung der Trainerin / des Trainers angewiesen. Sie erwarten, dass sie / er dieses Wissen mit ihnen teilt und sie trainiert.
Mit diesem anschaulichen Vergleich wird die Absurdität des heute zu oft gehörten Vorwurfs „lehrerzentrierter Unterricht“ sehr deutlich. Nicht durch das „Zurücknehmen“ der Person der Lehrerin oder des Lehrers, sondern erst durch das aktive Begleiten des Lernprozesses durch die Lehrerin / den Lehrer wird der Unterricht wahrhaft „schülerzentriert“.

Neubearbeitung

Im Mittelpunkt aller Überlegungen für die Neubearbeitung standen die Kinder, die mit „ABC der Tiere“ lesen und schreiben lernen dürfen. Für sie soll die Reise in die deutsche Schrift und Sprache noch einfacher, motivierender und erfolgreicher sein. Damit will „ABC der Tiere“ auch die Lehrerinnen und Lehrer noch besser unterstützen.

Neben der neuen Gestaltung – mit neuen Fotos und Illustrationen – macht die Neubearbeitung die Arbeit mit den Materialien wesentlich transparenter. Die Fülle der Möglichkeiten an differenzierten Übungsformaten ist in den Materialien an den entsprechenden Stellen aufgeführt. Die Kompetenzen und Anforderungsniveaus sind ausgewiesen und unterschiedliche Sozialformen angeboten. So kann jedes Kind auf seinem individuellen Lernweg gefördert und gefordert werden.

Der Kern des Lehrgangs bleibt unverändert. Denn bei allen neuen Methoden: Die Sache selbst – die Schrift und ihre Struktur sowie die daraus resultierenden Anforderungen an den Lernprozess der Kinder – haben sich nicht verändert. Die Silben strukturieren die deutsche Schrift. „ABC der Tiere“ ist der einzige Lehrgang, der sich konsequent beim Lesen- und Schreibenlernen an diesem sprachwissenschaftlichen Forschungsstand orientiert.

3. Konzept und Methode

Fordern und fördern

ABC der Tiere ist ein grundständiger Lehrgang, mit dem alle Kinder flüssig lesen und sicher schreiben lernen. LRS-Erscheinungen sollen präventiv bearbeitet und nicht im zusätzlichen Förderunterricht kompensiert werden. Die differenzierte Förderung ist integrativer Bestandteil des Lehrgangs. Die Materialien fördern und fordern starke und schwache Kinder gleichermaßen.
ABC der Tiere ist ein analytischer Silbenlehrgang. Das Lesen und das Schreiben erfolgt in Silben. Die amerikanische Schrifterwerbsforschung (Liberman u. a.1974) hat nachweisen können, dass Kinder vor dem Schrifterwerb die Silbe als rhythmische Einheit wahrnehmen können (vgl. S. 32).

Analytischer Silbenlehrgang

Die analytische Silbenmethode schließt an den Fähigkeiten der Kinder an und führt über den zweifarbigen Silbentrenner sehr schnell zur Beherrschung der Leseregeln. Beim zweifarbigen Schreiben werden die Leseregeln zu Schreibregeln. Die Kinder erlernen von Anfang an intuitiv die Grundlagen der Orthografie.
Die Lese- und Schreibfertigkeiten werden im Anfangsunterricht durch Wiederholungen automatisiert. Im Zuge der inneren Differenzierung üben die Schüler, angepasst an ihr persönliches Leistungsniveau, mit abwechslungsreichen Übungen und der nötigen Unterstützung durch die Lehrkraft.

Grundlegende Kompetenzen

Folgende Kompetenzen sind die Voraussetzung für das Gelingen von Lesen- und Schreibenlernen:

- **Seitigkeit**: Das Körperschema muss geklärt sein.
- **Koordination**: Der eigene Körper und die Bewegungen müssen beherrscht werden.
- **Synchronisation**: Motorik und Artikulation müssen synchron durchgeführt werden können.
- **Graphomotorik**: Die feinmotorischen Bewegungsabläufe der Schreibhand müssen ausgeführt werden können.

Diese Kompetenzen werden vor allem in der Anfangsphase des Lese- und Schreibunterrichts – besser schon davor – entwickelt und trainiert.

3.1. Silbentrenner

Die Materialien des Lehrgangs ABC der Tiere für Klasse 1 und 2 enthalten durchgängig den Silbentrenner. Dieser wird in allen Materialien durch Zweifarbigkeit markiert: blau – rot oder schwarz – grau.
Wörter ohne Silbentrenner müssen erst leise „durchprobiert" werden, um durch „trial and error" die richtige Lösung zu finden. Das bedeutet für viele Kinder, dass sie keinen flüssigen Leserhythmus finden. Das Lesen bleibt „zäh". Freude am Lesen kann sich so nicht entwickeln.

Vorteil Silbentrenner Lesen

Die methodische Überlegenheit des Lese- und Schreiblehrgangs mit Silbentrennung besteht darin, dass Leseanfänger unbekannte Wörter sofort in der richtigen Silbenunterteilung lesen und dadurch den Sinn schneller erfassen. Lesen macht Spaß.

Schreiben

Beim zweifarbigen Schreiben werden die Leseregeln intuitiv zu Schreibregeln. Deshalb lautet unser Unterrichtsprinzip: **vom Lesen zum Schreiben.**

3.1.1. Markieren die farbigen Silben die Worttrennung?

Silbentrenner = Sprech-Silben

Die farbigen Silben zeigen die Sprech-Silben eines Wortes an. In den allermeisten Fällen ist das identisch mit der möglichen Worttrennung am Zeilenende. In erster Linie gibt es einen Unterschied bei der Trennung einzelner Vokale (a, e, i, o, u; z. B. E-va, O-fen, Ra-di-o): Nach der aktuellen Rechtschreibung werden diese am Zeilenende nicht abgetrennt. Da diese Wörter aber mehrere Sprech-Silben haben, sind diese auch mit zwei Farben gekennzeichnet: Eva, Ofen, Radio.

3.1.2. Historischer Rückblick

1525: Valentin Ickelsamer

Schon Valentin Ickelsamer hat um 1525 in seinem Lehrbuch zur deutschen Sprache „Die rechte weis auffs kürzist lesen zu lernen …“ die Silben als Wortbausteine benannt und mit dem Silbentrenner gearbeitet.

19. Jh.

Seit Beginn des 19. Jahrhunderts wurde der obligate Silbentrenner in Fibeln aller europäischen Länder angewandt. Er ist allen drei Lesebüchern (siehe Abb. 1 bis 3) gemeinsam. Jede Trennstelle wird in der verbundenen Schreibschrift durch eine Unterbrechung des Schriftzuges, in der Druckschrift durch einen vergrößerten Abstand markiert.

1. Kinderfibel, Verlag Konkordia AG, Bühl / Baden, 1941 (Abb. 1)
2. Kinderfibel des Kantons Basel-Stadt im franz. Besatzungsgebiet Deutschlands, Lehrmittelverlag Offenburg-Mainz, 1946 (Abb. 2)
3. „Wir lernen Lesen / Eine Fibel für Stadt und Land“, Herder Verlag, Freiburg, 1951 (Abb. 3)

Abb. 1: Kinderfibel, Verlag Konkordia AG, Bühl / Baden, 1941

z Z z Z
Ziege Zeisig Zange
Zahn Zaun Ziegel Zelt
Zimmer Zwiebel Zwetschge
zwei zehn zwölf zwanzig
2 10 12 20
zweiundzwanzig

Ei ne Zie ge woll te über ei nen Steg hin über. Zu glei cher Zeit woll te ei ne an de re Zie ge herüber. Mit ten auf dem Steg ka men sie zu sam men. Trot zig sprach die er ste: „Wei che mir aus, ich war zu erst auf dem Ste ge!" Wie geht es wei ter?

Abb. 2: Kinderfibel des Kantons Basel-Stadt im franz. Besatzungsgebiet Deutschlands, Lehrmittelverlag Offenburg-Mainz, 1946

Die arme Wandtafel
Was muß sie sich alles gefallen lassen!
Frau Kreide spaziert auf ihr herum und
macht allerlei Krickelkrakel.
Herr Schwamm patscht ihr ins Gesicht,
daß das Wasser nur so herunterläuft.
Herr Lappen reibt nach Herzenslust auf
ihr herum. Selbst vor den Kindern ist sie
nicht sicher. In jeder Pause treiben sie
Spaß mit ihr. So geht es Tag für Tag.
Nur am Sonntag hat die gute Wandta-
fel endlich einmal Ruhe.

Abb. 3: „Wir lernen Lesen / Eine Fibel für Stadt und Land", Herder Verlag, Freiburg, 1951

3.2. LRS-Prävention und systematische Orthografie

Die Arbeit mit dem Unterrichtswerk ABC der Tiere ruht auf zwei Säulen:

A Lesen und schreiben in Silben ist eine sehr wirksame Methode, um LRS von Anfang an zu vermeiden. Leistungsstarke Kinder werden auf diesem Weg nicht „gebremst“. Im Gegenteil: Sie werden in ihrem Lernfortschritt noch beschleunigt.
Beim Übergang vom Lesen mit Silbentrenner zur „normalen“ Schrift entstehen keine Schwierigkeiten.

B Der Kernbereich der deutschen Rechtschreibung ist in der Silbenstruktur der Wörter begründet. Diese Einsicht führt alle Kinder zum bewussten Rechtschreiben.

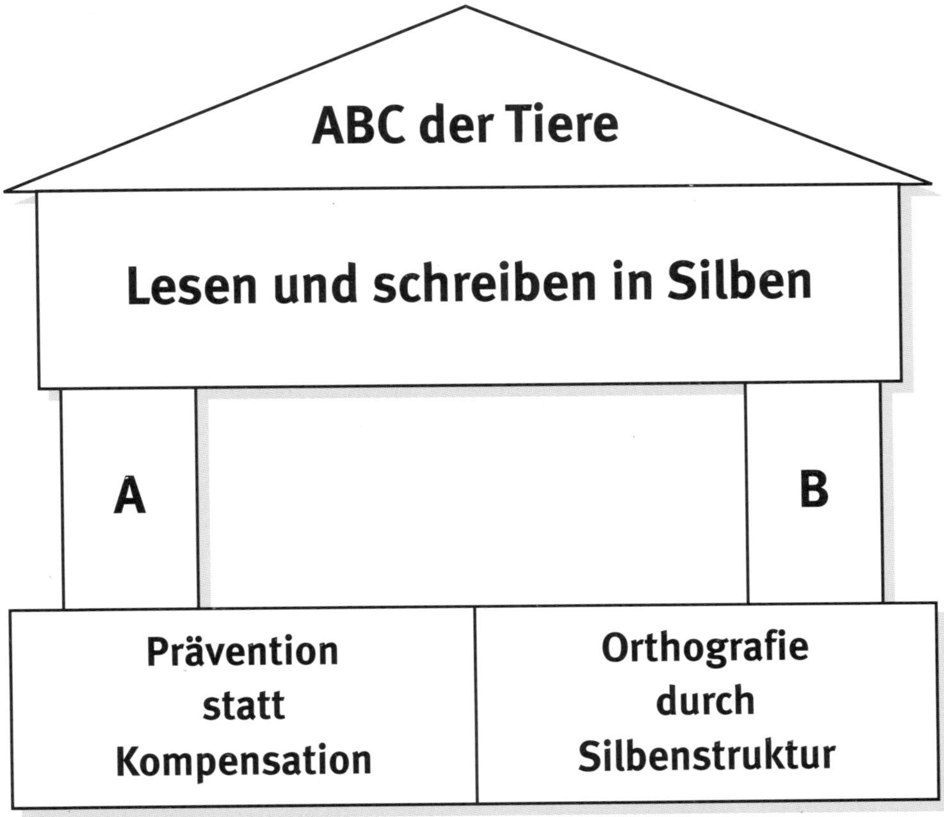

3.2.1. Säule A: Prävention durch individuelle Förderung von Anfang an!

Prävention im Regelunterricht

Unsere positiven Erfahrungen mit der Silbenmethode im kompensatorischen Förderunterricht führten zwingend zu der Überlegung, präventiv im Regelunterricht nach der analytischen Silbenmethode zu verfahren. Wir trafen uns in einem regionalen Kontaktkreis mit der gemeinsamen Zielformulierung: Wir wollen so unterrichten, dass kein Kind eine LRS-Symptomatik entwickelt. Uns war und ist natürlich bewusst, dass Kinder mit nicht ausreichender Vorbereitung oder individuellen Schwächen in den „Vorläuferleistungen“ bei uns in die ersten Klassen eingeschult werden.

Vorbereitungsphase Kindergarten

Daher organisierten wir eine Vorbereitungsphase im letzten Kindergartenjahr. In Zusammenarbeit mit den Erzieherinnen werden die Kinder nach dem Programm „Fit für den Schulbeginn“ (vgl. S. 100) trainiert. Während dieser intensiven Vorbereitungsphase (von Oktober bis zur Einschulung) lernen nicht nur die Kinder die Schule kennen. Die durchführenden Lehrerinnen / Lehrer haben die Gelegenheit, ihre zukünftigen Erstklässler in verschiedenen Übungssituationen zu beobachten und Rückschlüsse für die individuelle Förderung zu ziehen.

Wichtige Beobachtungsfelder sind:

- allgemeine Koordinationsschwäche
- linkswendige Tendenz beim Malen und Beobachten (z. B.: linkes Auge am Okular des Fernrohres) in Verbindung mit rechtshändigem Agieren
- allgemeine Richtungsunsicherheit
- undeutliche Artikulation
- ungrammatikalische Sprechweise

Generelle und individuelle Hilfen

Die Erkenntnisse aus diesen Beobachtungen lassen wir sowohl in generelle als auch in individuelle Hilfen beim Lesen einfließen:

1. Die große Schrift und die Zwischenräume erlauben ein Mitführen des Zeigefingers der Schreibhand. Werden diese Begleitbewegungen synchron zum Silbensprechen ausgeführt, wird die Blickrichtung (Hand führt Auge) und die Augensteuerung stabilisiert. Das Lesen am Bildschirm bietet als einziges Medium die Silben in „Echtzeit“ an (vgl. S. 88). Das Auge richtet sich automatisch auf das neu erscheinende Objekt (Silbe). Lesen kann nur gelingen, wenn die Augensteuerung in gezielten Ruckbewegungen nach rechts gelingt.
2. Das Platzieren der Silbenkärtchen (vgl. S. 80) von links nach rechts verdeutlicht dem Leseanfänger immer wieder die Leserichtung und übt das schnelle automatische Erfassen und Lesen der Silben.
3. Die Darstellung der Minisilben z. B.: „mu“ auf dem Silbenschieber (vgl. S. 99) in Verbindung mit den Begriffen „Starter – Klinger“ vermittelt die Richtung. Die inverse Form „um“ wird damit vermieden.
4. Der Leseteppich (vgl. S. 82) dient ebenfalls der „Verflüssigung“: Die stereotypen Abfolgen „ma-me-mi-mo-mu“ zusammen mit der Hilfe „Lass beide zusammen heraus – ohne Luft dazwischen.“ führen rasch zum automatisierten Silbenlesen.
   Im fortgeschrittenen Stadium, beim Lesen am PC (vgl. S. 88), werden die Silbenteppiche immer wieder neu angeordnet, um dem Auswendiglesen zu begegnen.
5. Der farbige Silbentrenner generell ist die entscheidende Hilfe für Leseanfänger. Wörter werden ohne Verzögerung in ihren Silben wahrgenommen und verstanden. Frustrierende Unterbrechungen des Leseflusses werden weitgehend vermieden.

Das Schreiben wird durch das silbenweise Vorgehen mit dem zweifarbigen Wendestift (vgl. S. 80) zum ständigen Ritual.

1. Die Lese-Silben werden zu Schreib-Silben. Das Schreiben läuft immer in der gleichen Weise ab: Ich spreche „To" – unmittelbar danach schreibe ich „To"; ich spreche „ma" – unmittelbar danach schreibe ich „ma"; ich spreche „te" – unmittelbar danach schreibe ich „te". Wird dieser Ablauf mit Unterstützung durch Lehrer oder Eltern automatisiert, stabilisieren sich auch schwächere Schüler nach wenigen Wochen. Buchstabendreher, Auslassungen und lautorientierte Fehlschreibungen werden vermieden.
2. Kinder mit LRS-Risiko lernen beim Lesen die Leseregeln kennen. Nach den relativ einfachen Starter-Klinger-Silben, z. B. in To-ma-te, folgt der entscheidende „Knackpunkt" in der Leseentwicklung: die Starter-Klinger-Stopper-Kombination in der geschlossenen Silbe, z. B.: in Wol-ke. Häufig lesen Kinder „Woool – keee" mit gespanntem Vokal, weil sie die drei Buchstaben der ersten Silbe „Wol" nicht simultan verarbeiten können. Sie verstehen das Wort nicht und verschriften einzelne Laute des Wortes. Die Durchgliederung eines Wortes in einzelne Laute überfordert aber gerade Kinder mit Segmentierungsschwäche. Aus diesem Grund geben wir der analytischen Silbenmethode im Anfangsunterricht den Vorzug. Wenn Kinder die „Silbenschule" erfolgreich durchlaufen haben (besonders befähigte Kinder sind von sich aus auf diesem Stand), können sie auch mit der Schreibtabelle neue Buchstaben in dieses Schema integrieren.

3.2.2. Säule B: Orthografie mit der Silbenmethode

ABC der Tiere bietet ein einzigartiges Konzept zur sicheren Beherrschung der Orthografie. Die Schreibung des deutschen Standardwortes wird vom Silbenschnitt her definiert. Das automatisierte Schreiben der Standardsilben und das Gefühl für den Sprechrhythmus (vgl. S. 20) führen zur Beherrschung der Orthografie für alle Kinder.

Motivation durch Leistung

„Üben" und „kreativer Umgang mit Sprache" sind keine Gegensätze – sie bedingen sich gegenseitig. Erst die sichere Beherrschung bestimmter Fertigkeiten ermöglicht das kreative Experimentieren. Auch im Freizeitbereich (Musik, Sport) erfahren Kinder, dass Erfolge durch gezieltes Training erreicht werden. Die Freude an der erbrachten Leistung stellt eine hohe Motivation für kommende Aufgaben dar. Diese Einstellung wollen wir auch im Klassenzimmer kultivieren:
Ich kann richtig lesen und schreiben. – Mir macht Lesen und Schreiben Freude.

Die Unterschiede in der Leistungsfähigkeit der einzelnen Kinder werden durch das strukturierte Vorgehen in der Anfangsphase vermindert. Begabte Schülerinnen und Schüler sind durch vielfältige Leseangebote in verschiedenen Schwierigkeitsgraden gefordert.

Systematische Schreibung der Doppelkonsonanten und Dehnungs-h

Die Einsicht in die Silbenstruktur bietet die Möglichkeit, die Orthografie des Deutschen systematisch zu unterrichten. Ohne Merkwortlisten und Regelwerk wird ein sicheres Schreiben angebahnt. Mithilfe unseres Trainingsprogramms „Kontrastpaare“ befähigen wir Kinder zum spontanen Schreiben der Doppelkonsonanten (einschließlich tz und ck). Die Begründung zur Schreibung des Dehnungs-h wird ebenfalls aus der Silbenstruktur gewonnen und kann im Laufe des zweiten Schuljahres vermittelt werden. Wenn außerdem die Großschreibung von Nomen gesichert ist, werden die Kinder bereits mit Beendigung der Grundschule zu kompetenten Schreibern.

Sichere Schreibung des Standards

Die Forderung für den Rechtschreibunterricht muss lauten: sicheres Schreiben des Standards. Für Schülerinnen und Schüler ist es leichter, in einer systematischen Weise mit der Rechtschreibung umzugehen. Sie sind unbefangener als Erwachsene mit ihrer langen, oft widersprüchlichen Erfahrung mit diesem Thema.

Hauptfehlerquellen

Wenn wir die Schreibfehler vieler Schülerinnen und Schüler über einen längeren Zeitabschnitt beobachten, stellen wir fest, dass die Großschreibung nach Artikel, die Schärfung, die Dehnung und die sogenannten „Leichtsinnsfehler“ die Hauptfehlerquellen ausmachen. Die Bezeichnung „Leichtsinnsfehler“ ist irreführend: Kein Kind macht in Prüfungssituationen „leichten Sinnes“ Fehler. Es handelt sich dabei vielmehr um Steuerungsfehler, weil das Silbenschreiben nicht automatisiert ist.

Bei gesicherter Schreibung des Standards erreicht jede Schülerin und jeder Schüler eine befriedigende Schreibkompetenz. Alle peripheren Sondergrafien können dann erschlossen werden.

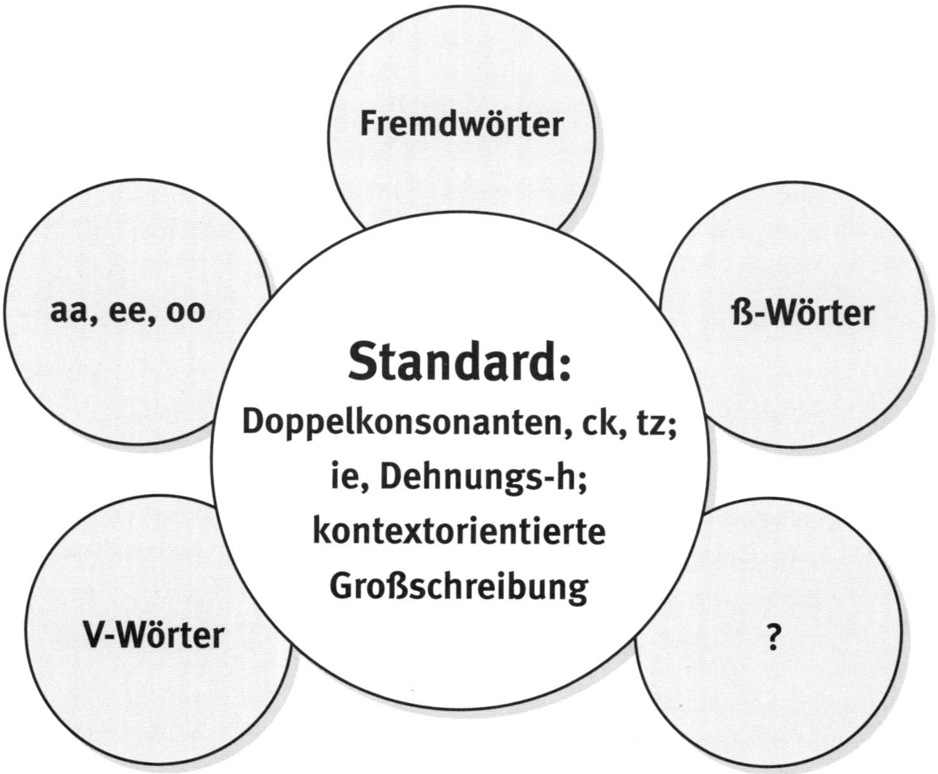

3.3. Rechtschreiben durch Einsicht in die Silbenstruktur

Schrift ist ein Zeichensystem für Leser

Die Einsichten in die Silbenstruktur und die systematische Darstellung der Orthografie verdanken die Autoren den Arbeiten von Utz Maas, dessen Kernaussage lautet: **Schrift ist ein Zeichensystem für Leser.**

Orthografische Markierungen werden als willkommene Hilfe beim Lesen und nicht als lästige Behinderung beim Schreiben betrachtet.

Orthografie am Silbenschnitt

Die Schrift zielt auf den syllabisch strukturierten Sprechakt. Nur wer den Silbenschnitt erkennt, kann deutsche native Wörter mit der richtigen Betonung (Trochäus) lesen und verstehen. Solange Leseanfänger die Wörter überdehnen und ohne Akzent lesen, lautieren sie lediglich den Text ohne ihn zu verstehen. Die Orthografie klärt den Silbenschnitt und ermöglicht dem Leser so das Verständnis.

Die didaktische Reduktion lautet:

1. Deutsche Wörter sind zweisilbig.
2. Deutsche Wörter sind trochäisch.
3. Die betonte erste Silbe ist offen (le-sen) oder geschlossen (Sil-ben).

Offene und geschlossene Silbe

Typ 1	Typ 2
le- sen	**Sil- ben**
„Starter – Klinger“	„Starter – Klinger – Stopper“
1. Silbe offen loser Anschluss gespannter Vokal „langer“ Vokal	1. Silbe geschlossen fester Anschluss ungespannter Vokal „kurzer“ Vokal

Der Vokal der betonten offenen Silbe in „le-sen“ wird gespannt („lang“) gesprochen. Die Buchstaben der ersten Silbe bezeichnen wir mit **Starter** „l“ und **Klinger** „e“.

Bei „Sil-ben“ besteht die erste Silbe „Sil“ aus dem **Starter** „S“, dem **Klinger** „i“ und dem **Stopper** „l“.

Die Silbe ist geschlossen, der Vokal wird ungespannt („kurz“) gesprochen.

Leseregel

Die offene Silbe wird mit gespanntem („langem“), die geschlossene Silbe mit ungespanntem („kurzem“) Vokal gesprochen. Diese Leseregeln erwerben die Kinder in der Lesepraxis. Beim lauten Lesen können falsche Artikulationen sofort korrigiert werden.

2. Silbe: immer mit „e“

Die zweite Silbe wird reduziert gesprochen und grundsätzlich mit „e“ geschrieben. Damit wird die unterschiedliche Laut-Buchstaben-Relation in der ersten und zweiten Silbe bewusst thematisiert und nicht – wie bei Anlautkonzepten – vernachlässigt.

Die Einführung der beiden Silbentypen ermöglicht den Kindern im ersten Schuljahr einen intuitiven Zugang zur Orthografie – Leseregeln werden zu Schreibregeln.

Was ist ein gespannter Vokal?

gespannt (lang) – ungespannt (kurz)

Alle Vokale kommen in einer gespannten (langen) und einer ungespannten (kurzen) Form vor. Um das auszuprobieren, legen Sie Ihren Daumen an den Unterkiefer und sprechen Sie „Wiese". Sie fühlen, wie das Zungenband sich nach unten spannt, im Gegensatz zu „wissen".

Beispiele

Minimalpaare: gespannt (lang)		ungespannt (kurz)
ihn	–	in
Heer	–	Herr
Mus	–	muss
wohne	–	Wonne
Hüte	–	Hütte
Höhle	–	Hölle

3.3.1. Silbentrenner zeigt Leseregeln

Der zweifarbige Silbentrenner verdeutlicht die **Leseregeln** für den Leseanfänger. Der farbige Silbentrenner zeigt den jeweiligen Silbentyp an. Dadurch gelingt das sinnerfassende Lesen.

Knackpunkt: fester Anschluss

Während der lose Anschluss in offenen Starter-Klinger-Silben (wa – we – wi – wo – wu, Wo-ge, Wa-gen) keine besondere Schwierigkeit darstellt, bereitet der feste Anschluss in geschlossenen Starter-Klinger-Stopper-Silben (wal – wel – wil – usw., Wol-ke, Wol-le) vielen Kindern Mühe. Sie lesen die Silben und Wörter mit überdehnten, gespannten Vokalen „Woolkee, Woolee" und verstehen daher die Begriffe nicht. Die Leseregel des festen Anschlusses („Starter – Klinger – Stopper = kurz") ist der entscheidende Knackpunkt der Leseentwicklung. Die Starter-Klinger-Stopper-Kombinationen mit Silbenschieber und Leseteppichen müssen deshalb von allen Kindern erfolgreich absolviert werden.

Die Einführung der Silbentypen im Unterricht

1. Stufe: Konsonant – Vokal

			Mögliche Wörter:
1. Stufe: Konsonant – Vokal (KV)	mu mi mo ma me	Starter-Klinger-Silben werden ganzheitlich gelernt. Klinger werden analysiert. Gebärden unterstützen den Lernprozess.	Mimi, Momo, Mio, Mia, Mama, Oma, Memo, im, am
	la ta ra sa wa	Weitere Starter treten auf. Die Silben werden automatisiert. Die Konsonanten werden noch nicht isoliert. Gebärden unterstützen den Lernprozess.	Lama, Muli, Limo, Lilo, lila, Timo, Tila, Toto, Tomate, Ria, Salami, Tilo, Lisa

2. Stufe Konsonant – Vokal – Konsonant

			Mögliche Wörter:
2. Stufe: Konsonant – Vokal – Konsonant (KVK)	del tim rin wor las mit	Starter-Klinger-Stopper-Silben werden automatisiert. Konsonanten werden analysiert. Leseregel: „Starter – Klinger – Stopper = kurz“ wird beachtet.	Doris, malen, lesen, Nadel, Nudel, Esel, Tinte, Tante, Rosen, Dosen, Sonne, Tanne, Wanne, Mantel, raten

3.3.2. Leseregeln werden zu Schreibregeln: Die 3 Häuschentypen A B C

Leseregeln werden zu Schreibregeln

Beim silbenweisen Schreiben mit zwei Farben werden die Leseregeln zu Schreibregeln, Orthografie gelingt intuitiv. In der Garage steht immer ein „e“. Fehlschreibungen wie: Schüla, Käfär, Roiba, Kiersche usw. werden vermieden.

Übrigens: Dreisilbige Wörter schreiben wir nicht mit „ie“ oder „h“: Lawine, Gardine, Tribüne usw.

Zur methodischen Darstellung der entsprechenden **Schreibregeln** setzen wir das Häuschenmodell von Christa Röber in abgewandelter Architektur ein.

Offene Silbe

Häuschen A: 1. Silbe offen: Der Vokal ist bei losem Anschluss gespannt (lang).

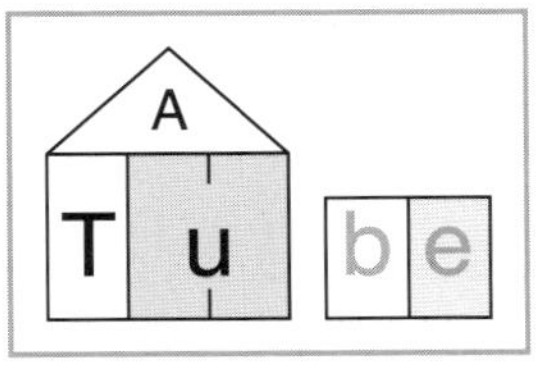

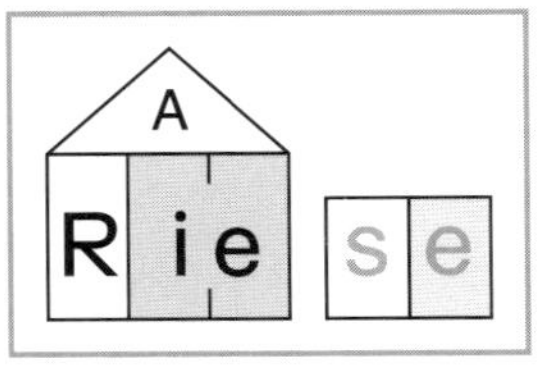

Geschlossene Silbe

Häuschen B: 1. Silbe geschlossen: Der Vokal ist bei festem Anschluss ungespannt (kurz).

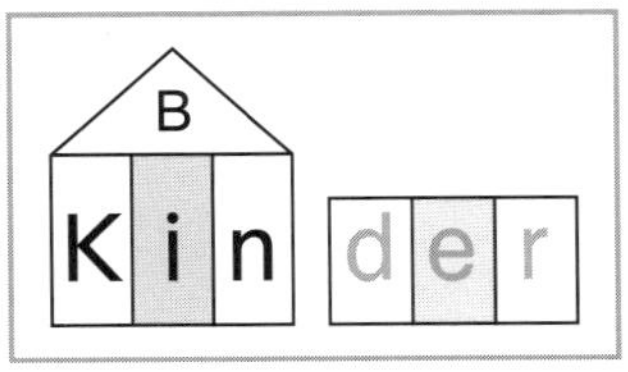

In Klasse 1 wird nur mit den Häuschen A und B gearbeitet.

Geschlossene Silbe

Häuschen C: 1. Silbe geschlossen: Der Vokal ist bei festem Anschluss ungespannt (kurz). In der Wortmitte ist ein Doppelkonsonant.

In Klasse 2 wird Häuschen C eingeführt. Die Rhythmusübungen zur Schreibung der Doppelkonsonanten werden schon in Klasse 1 eingeübt.

Download

Zur Erstellung eigener Arbeitsblätter finden Sie die Häuschen als gif-Datei zum Download unter:
www.abc-der-tiere.de/haeuschen

3.3.3. Wortrhythmus – Vorübungen zur Schreibung der Doppelkonsonanten

Kontrastpaare

Die spontane Schreibung der Doppelkonsonanten ist erst möglich, wenn den Kindern die sichere Unterscheidung von gespannten (langen) und ungespannten (kurzen) Vokalen in der betonten Silbe gelingt. Die Übungsreihe „Kontrastpaare“ soll sie dazu befähigen.
Wir stellen immer 2 Wörter, welche im Rhythmus kontrastieren – ein Kontrastpaar –, einander gegenüber. So ist die Entscheidung immer eindeutig zu treffen, welches Wort mit gespanntem (langem) und welches mit ungespanntem (kurzem) Vokal gesprochen wird: Käfer – Koffer.
Der zweisilbige trochäische Aufbau der deutschen Wörter legt eine Übung im 4/4-Takt nahe. Die Rhythmisierung im 4/4-Takt ist hilfreich, da die Betonung auf der 1. und 3. Zählzeit des 4/4-Taktes mit der natürlichen Wortbetonung (Trochäus) zusammentrifft. Die Kinder lernen einen einfachen Rhythmus klatschen (—— —— ● ● „U“), der auf 1 und 2 das „langsame“ und auf 3 das „schnelle“ Wort aufnimmt. Die 4. Zählzeit wird mit „U“ belegt, damit das „schnelle“ Wort nicht falsch (Ko-fer) silbiert wird. Dieser Fehler würde die Übung wertlos machen.

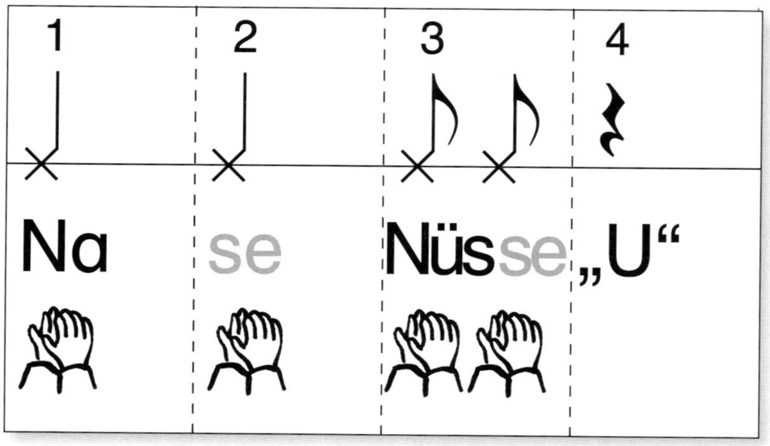

Dieses rhythmische Sprechen und Klatschen sollten die Kinder im Rahmen der Frühförderung schon im Kindergarten üben.
Im fortgeschrittenen Stadium führen wir diese Sprechspiele im Gehen durch. Wir schreiten die vier Grundschläge und sprechen und klatschen die Kontrastpaare im Takt. Diese rhythmischen Übungen werden regelmäßig in Klasse 1 durchgeführt. Videos mit Rhythmusübungen finden Sie unter:

Video

www.abc-der-tiere.de/film
www.abc-der-tiere.de/rhythmus

3.3.4. Exkurs: Spontane Schreibung der Doppelkonsonanten – Häuschenschreibung

Klasse 2: Doppelkonsonanten

Die rhythmischen Vorübungen finden ihre praktische Anwendung in den schriftlichen Übungen zur spontanen Schreibung der Doppelkonsonanten in Klasse 2. Die spontane Schreibung der Doppelkonsonanten ergibt sich durch Unterscheidung der Wortrhythmen (vgl. 3.3.3., S. 20).

Kontrast: Häuschen A Häuschen C

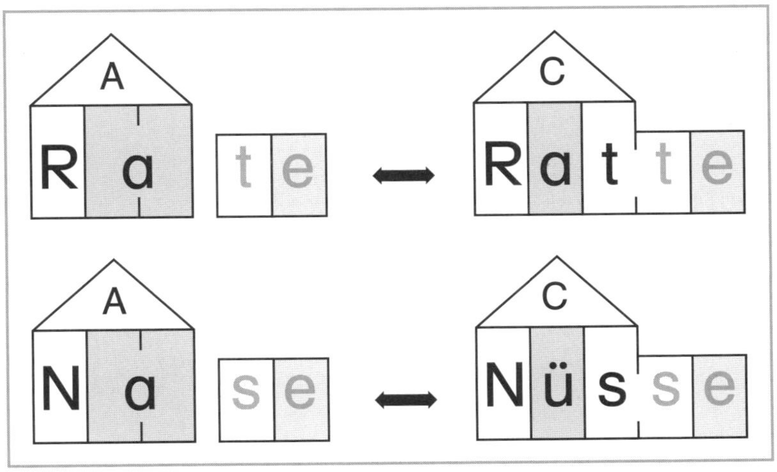

Eine Reihe der Kontrastwörter und die dazugehörigen Häuschen sehen folgendermaßen aus:

Kontrastpaare mit Häuschenschreibung

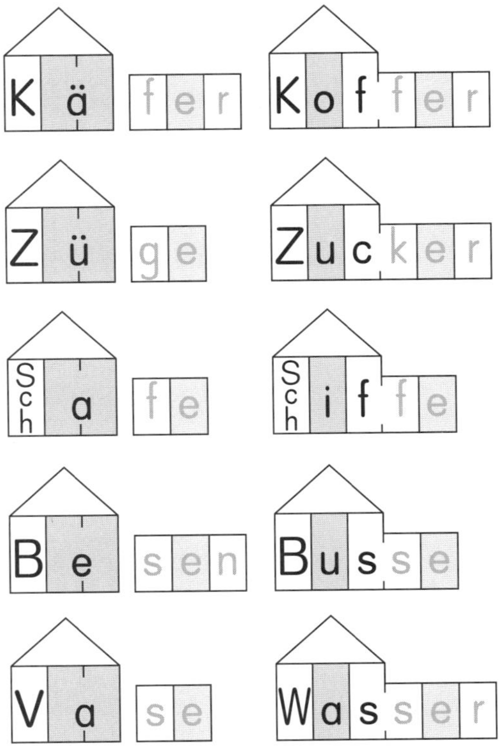

Die Wörter auf der linken Seite haben eine offene betonte Silbe mit gespanntem (langem) Vokal. Ich kann die Trennstelle deutlich hören, dementsprechend ist die Garage vom Haus getrennt.

Die Wörter auf der rechten Seite werden mit ungespanntem (kurzem) Vokal gesprochen und mit Doppelkonsonanten geschrieben. Ich nehme die Trennstelle (eine gedachte Stelle zwischen den Doppelkonsonanten) nicht wahr, dementsprechend ist die Garage angebaut.

Werden die sprechrhythmischen Übungen mit Gehen im Takt durchgeführt, ist die Zuordnung der Kontrastwörter zu den passenden Häuschen ganz eindeutig. Käfer wird auf zwei Schritte gesprochen, Koffer dagegen auf einen Schritt. Der vierte Schritt im 4/4-Takt wird mit einem Ausruf belegt. Videos mit Rhythmusübungen finden Sie unter:

Video

www.abc-der-tiere.de/film
www.abc-der-tiere.de/rhythmus

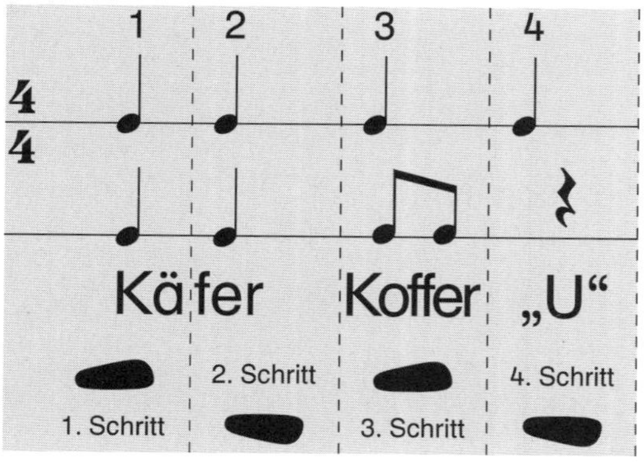

Die Regel lautet: Wörter auf einen Schritt schreiben wir mit Doppelkonsonanten.

Die Doppelkonsonanten-Probe

Steht ein Kind jetzt also vor der Frage: Wie schreibe ich „Tasse"?, dann probiert es den Kontrast mit dem bekannten Rhythmus: Tase (2 Schritte) oder Tasse (1 Schritt). Es heißt natürlich Tasse, also 1 Schritt, also Doppelkonsonant.

Hinweise zur Häuschenschreibweise

Das Haus steht für die betonte Silbe, die Garage für die unbetonte. Bei Wörtern auf zwei Schritte ist Haus und Garage getrennt – zwei Gebäude (Häuschentyp A, B), bei Wörtern auf einen Schritt ist die Garage mit dem Haus verbunden – ein Gebäude (Häuschentyp C). Die Silben werden in 2 Farben geschrieben.

Das Haus hat drei Zimmer. Der Vokal steht immer im mittleren Zimmer. In der Garage steht immer ein „e". Konsonantenhäufungen am Anfang oder Ende teilen sich immer ein Zimmer.

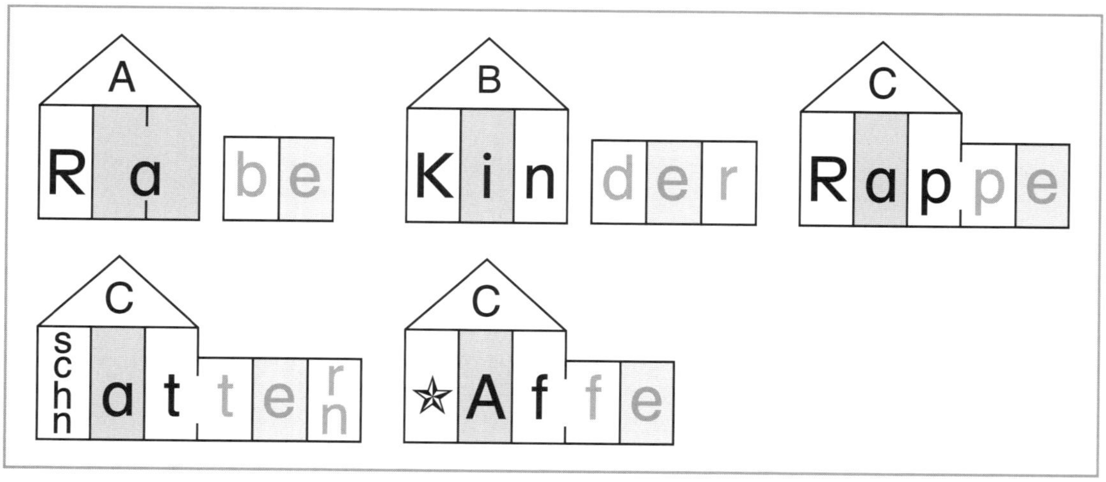

tz und ck

Die Häuschenschreibweise klärt dann auch Probleme wie Kanzel (tz?) oder Ranke (ck?). Das Häuschen ist durch die erste Silbe vollständig belegt, also kein tz wegen n-z und kein ck wegen n-k.

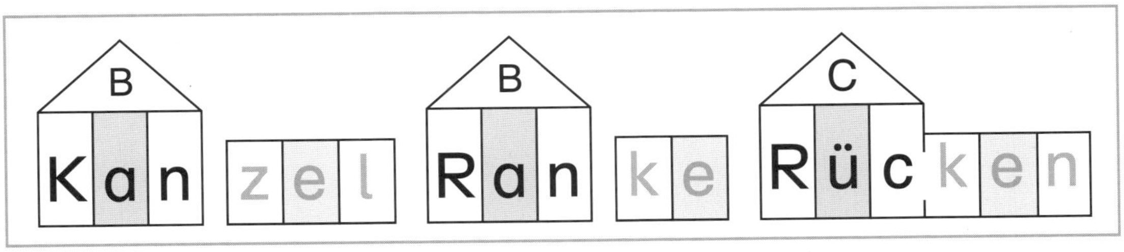

Anmerkung:
Wir schreiben Rüc-ken, wegen der Struktur der Silbenschrift, wie sie in der Häuschenschreibweise dargestellt wird. Im Lesebuch wird nach der Sprechsilbe Rü-cken markiert, was auch der reformierten Rechtschreibung geschuldet ist.

Vokal als Starter

Wörter wie Esel, Eber, Affe, Ente ... beginnen mit keinem Starter, sondern mit einem Klinger. Das widerspricht aber nicht der gelernten Silbenstruktur der Wörter im Deutschen. Im Schriftbild, z. B. bei der Schreibung der Wörter in Silbenhäuschen, ersetzen wir den fehlenden Starter durch ein „neutrales Zeichen“, etwa ein Sternchen: ⋆E - sel, ⋆Af - fe.

Der „fehlende“ Anlaut (Starter) ist phonetisch erklärbar mit dem Glottisschlag – ein Sprachlaut, der durch Verschlussbildung der Stimmbänder und eine explosive Lösung des Verschlusses (Knacklaut) bei der Artikulation des nachfolgenden Vokals (Klingers) gebildet wird.

3.4. Schärfung und Dehnung in der Silbenstruktur

Utz Maas führt zur Unterscheidung der Minimalpaare Schote – Schotte, Hüte – Hütte den „losen und festen Anschluss“ ein. In „Hüte“ ist das „t“ lose an den Vokal „ü“ angeschlossen, in „Hütte“ dagegen fest. Mit dieser Unterscheidung können wir den lautbezogenen Bereich der Orthografie systematisch erschließen.

Silbenstruktur

Die folgenden vier für die Silbenstruktur typischen Wörter sollen das verdeutlichen:

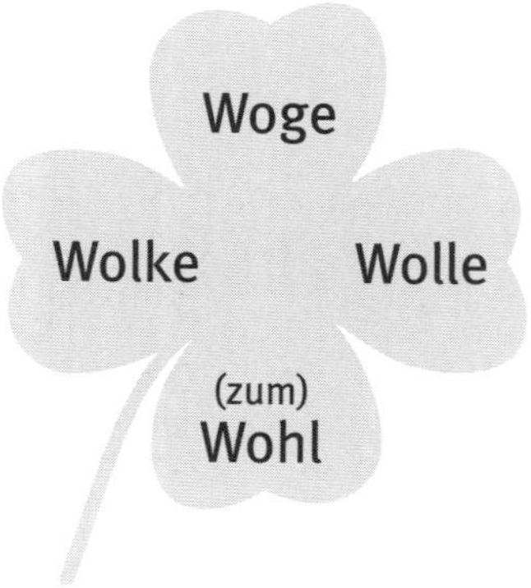

Silbenstruktur

	1. Silbe	Anschluss	Vokal
1. Woge	offen	lose	gespanntes (langes) „o“
2. Wolke	geschlossen	fest	ungespanntes (kurzes) „o“
3. Wolle	geschlossen	fest	ungespanntes (kurzes) „o“
4. (zum) Wohl (Einsilber auf l m n r)	geschlossen	lose (durch „h“)	gespanntes (langes) „o“

1. Zwischen dem betonten Vokal und dem „e“ der zweiten Silbe steht ein Konsonant mit losem Anschluss an das gespannte „o“, die Trennstelle der Silben ist deutlich wahrnehmbar. Das „o“ wird „lang“ gesprochen.
2. Zwischen dem betonten Vokal und dem „e“ stehen zwei Konsonanten, die Trennstelle ist deutlich wahrnehmbar, das „l“ hat festen Anschluss an das ungespannte „o“. Das „o“ wird „kurz“ gesprochen.
3. Zwischen dem betonten Vokal und dem „e“ hören wir ein „l“ mit festem Anschluss an das ungespannte „o“, die Trennstelle ist nicht wahrnehmbar. Es stehen dabei zwei Konsonanten „ll“ – ein Doppelkonsonant – zwischen dem Vokal und dem „e“ der zweiten Silbe wie in Muster 2. Das „o“ wird „kurz“ gesprochen.
4. Das einsilbige Wort hat einen konsonantischen Endrand, das „o“ ist jedoch gespannt. Das Dehnungs-h signalisiert dem Leser: gespannter Vokal. Das „o“ wird „lang“ gesprochen.

1. Woge

Woge ist der einfachste Fall in der Lese- und Schreibentwicklung. Die Abfolge Konsonant – Vokal (im Sprachgebrauch der Schüler: Starter – Klinger) wird mit gespanntem (langem) „o“ gelesen und bereitet keine Schwierigkeiten.

2. Wolke

Die betonte Silbe in **Wolke** stellt jedoch für viele Kinder die entscheidende Hürde auf dem Weg zum flüssigen Lesen dar. Sie lesen „Woolkee“ mit gespanntem Vokal. Um das ungespannte „o“ in der Starter-Klinger-Stopper-Kombination richtig zu lesen, müssen Leseanfänger mindestens drei Buchstaben simultan verarbeiten. Die geschlossene Silbe wird in dieser Phase durch systematisches Training mit Silbenschieber, Silbenkärtchen und Leseteppichen entsprechend dem jeweiligen Leistungsvermögen der Kinder geübt. Das erfolgreiche Durchlaufen dieser Phase ist für die erfolgreiche Leseentwicklung von entscheidender Bedeutung.

3. Wolle

Die Schreibregel zur Konsonantenverdoppelung in **Wolle** wird in der ersten Klasse nicht systematisch entwickelt. Tauchen im Arbeitsheft Wörter mit Doppelkonsonanten auf, werden sie durch Hilfen wie Suchsel, Silbenpool usw. gesichert und beim Schreiben explizit (Wol-le) mitgesprochen.
Beim Lesen mit Silbentrenner sollen die Kinder bis zur Beherrschung der Starter-Klinger-Stopper-Silben, also bis Silbenfibel Seite 28/29, explizit Wol-le lesen.

Leseregel für Doppelkonsonanten

Der Übergang vom Anfangsstadium des Silbenlesens mit Pausen über das explizite Lesen (Schwa-Silbe) zum flüssigen Lesen ist fließend und individuell verschieden. Sobald die Kinder das ungespannte „o“ können, überlesen sie die vorläufige Trennung von selbst und erreichen die Leseregel für Doppelkonsonanten: ungespannter Vokal.

4. (zum) Wohl

Die auftretenden Wörter mit Dehnungs-h (z. B. **Wohl**) werden in der ersten Klasse auf einem Wandplakat dargestellt: Entsprechend der Systematik der h-Schreibung (Einsilber auf l, m, n, r) werden die Wörter kommentarlos auf den entsprechenden Blüten festgehalten. Alternativ kann das Poster „ABC der Tiere – Dehnungs-h“ verwendet werden (Bestell-Nr. 1402-87, vgl. S. 98). Die Schüler nehmen die Endbuchstaben und die Einsilbigkeit wahr.

Leseregel für Dehnungs-h

Leseregel für Dehnungs-h

Das h signalisiert den losen Anschluss. Auch diese Leseregel erwerben die Kinder in der Lesepraxis. Beim lauten Lesen können falsche Artikulationen sofort korrigiert werden.

Unsere Wörter mit h

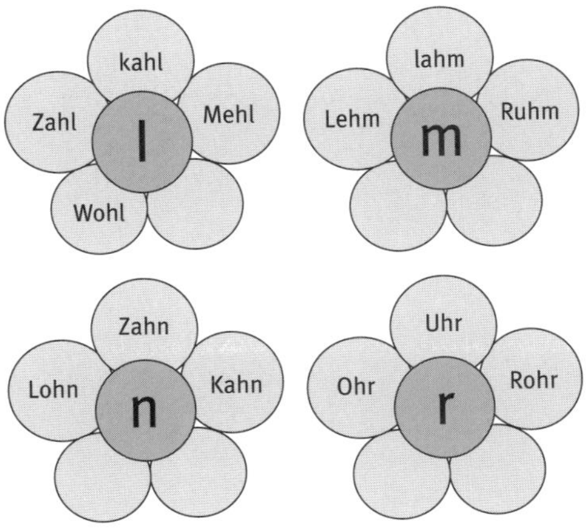

Lese- und Schreibregeln

Die Leseregeln der Wörter mit Schärfung und Dehnung werden demnach in Klasse 1 gelernt, die Schreibung aber noch durch Hilfen abgesichert. Wenn im zweiten Schuljahr alle Kinder den Sprechrhythmus der Wörter sicher beurteilen können, werden die Schreibregeln spontan leistbar.

3.4.1. Zur Systematik der h-Schreibung

Aus der Regel, den betonten Vokal in geschlossenen Silben ungespannt zu sprechen, ergibt sich umgekehrt die Notwendigkeit, einen gespannten Vokal in geschlossenen Silben zu markieren: h-Schreibung.

‹Er zahlte an der Kasse.›
„Zalte“ ohne „h“ würde wie ‹Zelte› gesprochen.

Das stumme h blockiert den festen Anschluss des l an das a:
Er zahlte an der Kasse.

* falsche Darstellung zur Demonstration

Konstante Stamm-schreibung

Die deutsche Orthografie verlangt die konstante Stammschreibung.
Wegen der Form „wir rennen“, die den Doppelkonsonanten fordert, schreiben wir alle übrigen Formen „er rennt, ich rannte, ich bin gerannt,“ ebenfalls mit „nn“, obwohl diese übrigen Formen auch ohne „nn“ mit festem Anschluss gelesen würden: „gerant“ wie Rand, Wand, Land. Die konstante Stammschreibung unterstützt den Leser beim Erfassen des Sinns: Bei Formen mit „nn“ denken wir gleich an „rennen“.

Was uns bei der Schärfungsschreibung vertraut ist, gilt in gleicher Weise für die Dehnung. Starter-Klinger-Stopper-Kombinationen werden in der Regel mit ungespanntem (kurzem) Vokal gelesen. Soll dagegen ein einsilbiges Wort auf l, m, n, r mit gespanntem (langem) Vokal gesprochen werden, muss das dem Leser angezeigt werden, wie in Sohn, Lehm oder Zahl.
Fällt also der Wortstamm auf eine Silbe, wird eine Markierung des gespannten Vokals notwendig: Zahl – Lehm – Zahn – Rohr. Das gilt auch für zusammengesetzte Wörter: Feuerwehr, Zahlschein, Fahrkarte, Wohnwagen usw.

Einsilbige Form = Stützform der h-Schreibung

Die Plural-Form „Zah-len“ benötigt zur Absicherung des gespannten „a“ keine Markierung. „Za-len“ würde richtig gelesen wie: Do-sen, Tu-ben, Na-sen. Kennen die Schüler die Begründung der h-Schreibung (einsilbige Stützform) nicht, neigen sie zur Generalisierung des „Dehnungs-h“ (Dohsen, Tuhben) und produzieren Schreibfehler.

l, m, n, r

Die Sonoranten l, m, n, r kommen als Endrand der betonten Silbe häufig vor und gehen dabei eine besonders enge Verbindung mit dem Vokal ein (Son-de, Lampe, Kin-der). Da in diesen Fällen immer ein ungespannter Vokal gelesen wird, ist es sinnvoll, die „langen“ Einsilber (Sohn, Zahl, Lehm, Rohr) mit einem „stummen“ Buchstaben zu markieren.

h-Regel

Die Regel lautet: Einsilber, die auf l, m, n, r enden, schreiben wir mit h.
Wenn Jakob Grimm sich noch fragte, warum kühn mit h, grün aber ohne h geschrieben wird, schließen wir die h-Schreibung für Wörter mit Doppelstartern

Subregel 1

(**Qu**al, **Sp**ur, **Kr**an) aus. Die Sub-Regel lautet: Schreibe bei Doppelstarter (Qual, Spur usw.) kein Dehnungs-h!

Subregel 2

Ausnahmen davon sind nun wenige Wörter, welche früher, vor der Rechtschreibreform von 1901, mit „Th“ geschrieben wurden (Thal – Tal, Thür – Tür, Thon – Ton usw.). Die Funktion der Th-Schreibung als Dehnungsmarkierung wurde bei der Reform 1901 übersehen. Das macht für uns eine zweite Sub-Regel nötig: Schreibe bei Starter T kein Dehnungs-h!

Genau andersherum ist es bei den „Ausnahmen“ Stuhl, Stahl, Pfahl. Diese Abweichungen sollten aber nur dann im Unterricht thematisiert werden, wenn die Kinder von selbst auf diese Fragen kommen.

Diese h-Regel ist in Klasse 3 auch auf alle Verbstämme wie dehn(en), bohr(en) oder rahm(en) und Zusammensetzungen, z. B. dehnbar oder Bohrfutter, anwendbar.

3.4.2. ie-Schreibung

Eine Sonderstellung nimmt der gespannte (lange) Stammvokal „i“ in der offenen Silbe ein. Er wird immer mit „ie“ („Wie-se, Zie-ge“) gekennzeichnet.
Übrigens: Für dreisilbige Wörter (italienische Lehnwörter) wie Lawine gilt das nicht.

3.5. Die Gebärden

Brücke zwischen Laut und Buchstabe

Im Anfangsunterricht sind Lautgebärden sehr hilfreich. Sie schlagen die Brücke zwischen dem Buchstaben und dem Laut. Sie ermöglichen uns eine eindeutige Identifizierung der Konsonanten, ohne – wie in der Anfangsphase der Silbenmethode gefordert – ihren Laut isoliert bekannt zu geben.

Um eine Silbe mit Lautgebärden anzuzeigen, werden die Gebärden kombiniert. Es gibt viele verschiedene Vorschläge für Gebärden. Für uns war die optische Entsprechung, z. B. „Auf welcher Seite des ‚a‘ ist der Balken?“, sowie der Artikulationsort und die Artikulationsdynamik, z. B. von p, t oder k, für die Wahl der Lautgebärden ausschlaggebend.

Für manche Kinder kann es hilfreich sein, wenn sie die Gebärden gemeinsam mit dem Lehrer vor einem Spiegel trainieren, um die Mundstellung direkt zu sehen und nachzuahmen.
Die Vorstellung der Gebärden, zum Teil mit Animation, finden Sie unter: www.abc-der-tiere.de/gebaerden

3.6. Zur Reihenfolge der Buchstabeneinführung

Verminderte Verwechslungsgefahr

Oft wird die Frage gestellt, warum mit dem a nicht auch gleich das d oder mit dem m nicht auch gleich das n eingeführt würde. Das mache doch keinen großen Unterschied.

Nach jahrelangen Beobachtungen haben sich einige Fehlerquellen ganz deutlich gezeigt: Kinder mit LRS-Risiko verwechseln gerne m und n, ie und ei, d und b, E und 3 aufgrund ihrer Seitigkeitsproblematik; g und k, d und t, b und p mangels artikulatorischer oder auditiver Unterscheidungsfähigkeit. Durch einen größeren zeitlichen Abstand zwischen der Einführung dieser kritischen Buchstabenpaare werden die Fehler deutlich reduziert.

Sobald beide Buchstaben dann eingeführt sind, werden sie bewusst einander gegenübergestellt, damit im Kontrast der Unterschied deutlich wird. Von besonderer Bedeutung ist in diesen Fällen die klare und deutliche Artikulation.

3.6.1. Das Alphabet

Selbstverständlich müssen die Kinder im Verlauf des Schuljahres auch das Abc (Alphabet) und die einzelnen Buchstaben erlernen.

Das geschieht bereits ab den Silbenfibelseiten 6/7 mit der Analyse der Vokale und wird mit der Einführung in weitere Texte kontinuierlich fortgesetzt, bis die Kinder alle Buchstaben kennen.

Verankerung

Die Ankerbilder und die Tiergeschichten mit Mia und Mio können in dieser Phase des Kennenlernens der Buchstaben als fördernde Unterstützung sehr gut eingesetzt werden. Die Kinder verbinden die Buchstaben mit dem entsprechenden Ankerbild (vgl. 4.20, S. 97).

3.6.2. Die Vokale

Vokale isoliert lautieren

Nach der Einführung der Silben ‹mu› und ‹mi› (Silbenfibelseiten 6 bis 9), die immer als Silbeneinheit, als Ganzes gesprochen werden, werden die Vokale ‹u› und ‹i› isoliert lautiert.

Ebenso werden die Gebärden für die Vokale ‹u› und ‹i› gelernt.

Der Anlaut (hier Starter) ‹m› wird nicht isoliert lautiert. Hier wird nur die Gebärde (siehe Kapitel VII: Lautgebärden) vermittelt.

‹m› wird ausschließlich in der Koartikulation mit einem Vokal in der Silbe gesprochen. Die Silbe ‹mu› entsteht keinesfalls durch Synthese der Laute für ‹m› und ‹u›.

In der Folge wird beim Kennenlernen der weiteren Vokale gleichermaßen verfahren – alle Vokale werden isoliert lautiert und die Konsonanten nur mit Handzeichen / Lautgebärden als Buchstaben eingeführt. Im Deutschen klingen nur die Vokale. Deshalb bezeichnen wir sie als Klinger.

3.6.3. Die Konsonanten

Konsonanten NICHT isoliert lautieren

Wenn wir im Unterricht Konsonanten isoliert lautieren – hier ist nicht das Alphabetisieren gemeint –, geben wir den Kindern eine falsche Information. Im Zusammenhang einer sinnfreien Klangsilbe oder eines Wortes klingen Konsonanten durch die Verschmelzung mit den folgenden Vokalen immer anders, als wenn sie einzeln als Laut den Schülern vorgestellt werden. Vielen Kindern fällt das sogenannte „Verschleifen“ schwer, sie können mehrere Buchstaben nicht im Zusammenhang verarbeiten. Bleibt diese Schwierigkeit weiterhin bestehen, werden diese Kinder zu lautierenden Lesern.

Sie verlauten die Buchstabenkette, ohne den Silbenschnitt und damit die Betonung im Wort wahrzunehmen. Daraus resultiert im Endeffekt das bekannte monotone Lesen eines Textes. Sinnerfassendes Lesen ist auf diesem Weg nicht zu erzielen. Erst wenn alle Kinder Klangsilben und die daraus entstehenden Namen (Momo, Memo, Toto, Timo usw.) automatisiert aussprechen können – in der Regel nach zehn bis zwölf Unterrichtswochen – können wir gefahrlos für alle Kinder der Klasse Konsonanten einzeln lautieren.

3.7. Differenzierung / Inklusion

ABC der Tiere ermöglicht die Förderung starker und schwacher Schüler. Das gesamte Material von ABC der Tiere ermöglicht das differenzierte Lernen. In allen Materialien sind die Anforderungsniveaus ausgeführt. Weitere Angebote sind die „Arbeitsblätter zur individuellen Förderung und Differenzierung“ (Bestell-Nr. 1405-77, siehe S. 96). Die Kompakt-Ausgabe von Silbenfibel (1405-30), Arbeitsheft (1405-31) und Schreiblehrgang (1405-32) kann parallel eingesetzt werden. Sie enthält reduzierte Texte, eine längere Silbenschule und insgesamt eine flachere Lernprogression. Für Kinder mit intensivem Förderbedarf liegen spezielle Materialien zur Inklusion vor.

3.7.1. Differenzierung für schwache Schüler

Treten Probleme auf, so ist zuerst immer an die Förderung der Seitigkeit und des Silbensprechens zu denken (vgl. 3.10.3., S. 38). Dies sind die elementaren Grundlagen. Erst wenn diese geklärt sind, kann eine weitere Förderung sinnvoll sein. Der Lehrgang ABC der Tiere ist darauf ausgelegt schwache Kinder „mitzunehmen“.

Manchmal kann es auch schon genügen, wenn ein Arbeitsblatt zum Teil abgedeckt wird, damit nur eine Aufgabe wahrgenommen werden kann.

Einfache Hilfen

Häufig wiederholte Leseübungen am gleichen Text führen dazu, dass Kinder nicht mehr lesen, sondern den Text auswendig aufsagen. Mit dem Leselineal kann der Text wieder silbenweise in das Blickfeld der Kinder gerückt werden.

Das Leselineal kann aus einem Pappstreifen leicht hergestellt werden.

3.7.2. Differenzierung für starke Schüler

Das Angebot für starke Schüler ist sehr umfassend und muss individuell ausgesucht werden. Auch bei starken Schülern ist es von größter Bedeutung, dass sie die Übungen zur Automatisierung mitmachen. Zu klären sind immer die Seitigkeit und Koordination und daraus ggf. Fördermaßnahmen. Nur bei einem Kind, das bereits flüssig und sinnentnehmend die Texte aus dem Lesezirkus (vgl. 4.12., S. 94) lesen kann, kann auf die Durchführung der Übungen verzichtet werden.

Material

Die Dominos und die Silbenkärtchen (Wörter legen) sind ein sehr sinnvolles Angebot (vgl. 4.9., S. 80).

Weitere Möglichkeiten bieten die Silben-Sudokus (vgl. 5. 6, S. 106) und, sofern die Möglichkeiten vorhanden sind, die Software (vgl. 4.11., S. 88).

Geschichten mit Silbentrenner

Für gute Leser eignen sich der Lesezirkus, das Lesebuch 2 sowie die Tiergeschichten mit Mia und Mio, Lesestart mit Eberhart, Geschichten aus aller Welt und die Leseraben-Bände mit dem Silbentrenner. Zu allen Titeln liegen auch Arbeitsblätter zum Leseverständnis vor (vgl. 5.1., S. 105).

Selbstständiges Schreiben

Starke Schüler, die das Silbenlesen automatisiert haben, können auch mithilfe der Schreibtabelle selbstständig schreiben. Es ist aber wichtig, die Ergebnisse zu kontrollieren, damit sich keine Fehlschreibungen verfestigen.

3.7.3. Deutsch als Zweitsprache

ABC der Tiere eignet sich sehr gut für Kinder mit Deutsch als Zweitsprache. Der farbige Silbentrenner gibt durch die Strukturierung der Wörter wichtige Hilfen zur Aussprache.

Für Kinder mit wenig oder gar keinen Deutschkenntnissen oder älteren Kindern, die wenig oder keine Schulerfahrung haben, ist ein Vorkurs sinnvoll. Hier eignen sich die Materialien der Reihe „Willkommen in Deutschland" (vgl. 5.8., S. 106) für die Alphabetisierung und die Grundlagen. Die Materialien sind durchgängig mit dem farbigen Silbentrenner ausgestattet. Wenn die Arbeitshefte „Willkommen in Deutschland" erfolgreich erarbeitet sind, können die Kinder nahtlos in den Regelunterricht mit ABC der Tiere einsteigen.

3.8. Methoden mischen?

Methodische Konsequenz

Die Silbenfibel „ABC der Tiere" mit dem Arbeitsheft und dem Schreiblehrgang ist konsequent nach der analytischen Silbenmethode aufgebaut.
Das Lesen wird durch die Unterstützung des obligatorischen Silbentrenners und das automatisierte Silbenlesen schnell und sicher aufgebaut. Der systematische Aufbau klärt und sichert die Leseregeln (siehe 3.3.1., S. 18).
Durch das generelle zweifarbige Silbenschreiben werden die Leseregeln zu Schreibregeln. Das explizite Mitsprechen wird nach und nach durch die Einsicht in die Silbenstruktur abgelöst.
Andere aktuelle Lehrgänge mischen die Silbenmarkierung beim Lesen mit phonetischem Schreiben mit einer Anlauttabelle.

Wir machen die Erfahrung, dass diese Arbeitsmethoden für viele Kinder nicht erfolgsfördernd sind. Das Ausgliedern von einzelnen Lauten stellt für viele Schreibanfänger eine Überforderung dar, sie müssen zu viele Lernschritte alleine bewältigen.

Überforderung

3.8.1. Freies Schreiben? – Richtig schreiben mit der Schreibtabelle

Das Thema „Freies Schreiben" als ungeregeltes und unbegleitetes Experimentieren sehen wir sehr kritisch. Schreiben ist sowohl motorisch als auch inhaltlich eine Kulturtechnik, die erlernt werden kann, wie Klavierspielen, Balletttanz, Fußballspielen etc. Erst durch die Übung und Automatisierung von Einzelschritten kann ein übergreifender souveräner Umgang gelingen. Unseres Erachtens sind vor allem schwache Kinder vom „Freien Schreiben" überfordert und entwickeln möglicher- und unnötigerweise eine LRS.

Der Anspruch von ABC der Tiere ist: Jedes Kind soll lesen und schreiben lernen. Deshalb ist der Lehrgang so aufgebaut, dass alle Kinder die Chance haben, auf ihrem Lernstand angemessen unterstützt zu werden. Schwache Kinder erhalten alle Hilfen, die sinnvoll sind. Schreibübungen müssen u. E. deshalb immer angeleitet und begleitet sein, sowohl in Bezug auf die Motorik, als auch inhaltliche Schreibtechniken.

Starke Kinder, deren Kompetenz gesichert ist, können jederzeit über dieses Angebot hinausgehen. Für sie gibt es in den Kopiervorlagen und dem umfassenden Angebot an Lesetexten mit Arbeitsblättern weitere sinnvolle Herausforderungen. ABC der Tiere will und kann keine Vorgaben machen, wann welches Kind welche Kompetenz erreicht hat. Der Lehrgang macht aber Angebote. In Bezug auf das Schreiben z. B.

in der Silbenfibel:

- S. 34/35: Das richtige Abschreiben wird thematisiert und eingeführt (Fußnote).
- S. 36/37: Das Arbeiten mit der Schreibtabelle wird eingeführt, wie es auf der Beilage beschrieben ist (Fußnote / Beilage), und eigene Reime werden geschrieben (Fußnote).
- S. 38/39: Die Kinder können mithilfe der Schreibtabelle in verschiedenen Niveaustufen schreiben: Wörter, Sätze, Texte (Fußnote).
- S. 96/97: Es finden sich Angebote, die je nach Anlass Schreibangebote enthalten.

im Arbeitsheft:

- Die Kinder schreiben von Anfang an Silben, Namen, Wörter.
- Ab Seite 13 (zu Fibel Seite 12/13) wird mit der Schreibtabelle gearbeitet, je nach Lernstand.

im Schreiblehrgang:

- Die Kinder schreiben von Anfang an Silben, Namen, Wörter.
- Ab Seite 19 (zu Fibel Seite 12/13) wird mit der Schreibtabelle gearbeitet, je nach Lernstand.

Auch in den folgenden Klassen ist das Schreiben ein wichtiges Element. Alle für die Grundschule relevanten Textarten werden begleitet eingeführt und ermöglichen den Kindern den souveränen und sicheren Gebrauch der Schrift in Form und Inhalt.

3.9. Was sagt die Wissenschaft?

Ein Lehrgang für das Lesen- und Schreibenlernen muss sich an den wissenschaftlichen Erkenntnissen der Fachgebiete messen lassen: An der Schrifterwerbsforschung für die altersgemäßen Leistungen der Kinder, an der Sprachforschung (Linguistik) für die inhaltliche Richtigkeit und Angemessenheit, an der Hirnforschung (Neurowissenschaften) für die methodische Umsetzung.
Zum zehnjährigen Jubiläum von ABC der Tiere ist eine Festschrift (Die Silbe im Anfangsunterricht Deutsch, Bestell-Nr. 1402-65) erschienen mit wissenschaftlichen Beiträgen zum Thema.

3.9.1. Schrifterwerbsforschung

Die Schrifterwerbsforschung hat gezeigt, dass die phonetische Analyse einzelner Buchstaben für Lese- und Schreibanfänger nicht zu leisten ist. Dazu das Zitat von Frau Prof. Dr. Christina Noack aus ihrem Beitrag zur Festschrift:

Silbe kann intuitiv wahrgenommen werden

„Die amerikanische Schrifterwerbsforschung hat bereits vor vier Jahrzehnten experimentell nachweisen können, dass die Silbe als rhythmische Einheit für Kinder bereits vor dem Schrifterwerb intuitiv wahrnehmbar ist – im Gegensatz zum Laut (vgl. Liberman u. a. 1974). Diese Erkenntnis hat sich international durchgesetzt und wird aktuell im Rahmen der sprachlichen Frühförderung genutzt, wenn die Kinder mit Reimen und Versen spielerisch mit sprachlichen Strukturen umgehen lernen. Ziel entsprechender Förderprogramme ist häufig die Herausbildung der sogenannten ‚phonologischen Bewusstheit' (PB), die als wichtige kognitive Voraussetzung für das Lesen- und Schreibenlernen gilt. Die Forschung unterscheidet zwischen PB im engeren und im weiteren Sinn. PB im weiteren Sinn bezieht sich auf die Fähigkeit, Wörter zu syllabieren, aber auch Silben in den konsonantischen Anfangsrand und den Reim zu gliedern: *bl au*. PB im engeren Sinne bezieht sich auf die kognitiv sehr viel anspruchsvollere Aufgabe, Silben in ihre Laute zu zerlegen. Amerikanischen Untersuchungen zufolge sind Schriftanfänger hierzu kaum in der Lage."

Phonologische Bewusstheit

3.9.2. Sprachforschung (Linguistik)

Die Sprachforschung erkennt als zentrales strukturierendes Element der deutschen Sprache die Silbe und setzt deshalb auch hier den didaktischen Schwerpunkt. Dazu das Zitat von Frau Prof. Dr. Christina Noack:
„Alternative Konzepte, die nicht den Laut, sondern die Silbe als ‚Grundeinheit der phonographischen Repräsentation' (Maas 2000, S. 82) verstehen, werden noch zu wenig eingefordert."

Orthografie kodiert Silbenstrukturen

„Röber (2009) etwa geht davon aus, dass die deutsche Orthografie im Bereich der Wortschreibung primär Silbenstrukturen kodiert. Ein Argument, welches dafür spricht, ist die positionsabhängige Korrespondenz zwischen Graphemen und Phonemen: So entspricht *<r>* nur dann dem konsonantischen */r/*, wenn es im Silbenanlaut steht. Im Endrand dagegen ist es im Standarddeutschen vokalisch als [ɐ] zu realisieren, vgl. ‹rühren› – [ryː.rən], *<rührte>* – [ryːɐ.tə]. Wie oben bereits gesehen, weist das *<e>* ein weites Spektrum an unterschiedlichen Funktionen auf, was für den Leseunterricht zunächst einmal unübersichtlich und schwer vermittelbar erscheint; mithilfe silbenstruktureller Beschreibungen lassen sich die unterschiedlichen Funktionen jedoch ordnen:

- Vollvokale (gespanntes */e/* und ungespanntes */ɛ/*) gibt es nur in betonten bzw. betonbaren Silben, vgl. Esel */ʔeː.zl̩/*, Ente */ʔɛn.tə/*.
- In reduzierten Silben entspricht *<e>* entweder dem Schwavokal */ə/*, einem Nullphonem, wenn es vor *<m>*, *<n>* oder *<l>* steht, oder */ɐ/* wenn es in Verbindung mit *<r>* steht, vgl. Ente [ʔɛn.tə], Esel [ʔeː.zl], Eber [ʔeː.bɐ].

Wie solche Regularitäten gemeinsam mit den Kindern entwickelt und ihnen vermittelt werden können, stellt Winkler (2004) in einem Praxisbericht dar.

Anlautmethode

Bereits Stephani wies darauf hin, dass es beim Lesen darauf ankomme, Silbenstrukturen zu erfassen, da eine korrekte Rekodierung sonst nicht möglich sei. Leseexperimente mit Pseudowörtern belegen, dass kompetente Leser die Silbenstruktur i. d. R. richtig erfassen (vgl. Röber 2009). Schwache Leser leisten dies jedoch bis in die Sekundarstufe hinein nicht ausreichend, sondern gehen weitgehend segmentorientiert vor; d. h. sie übersetzen jedes Zeichen auf der graphematischen Ebene mit einer lautlichen Einheit, und zwar in der Regel mit dem jeweiligen Default-Fall, wie in sogenannten Anlauttabellen. Charakteristisch für diese Lesweise ist z. B. die Rekodierung von Vokalbuchstaben als gespannte Vokale (vgl. die folgenden Beispiele aus Noack 2010):

(2) [ˈkiː.ˌfɛːɐn] ➞ ‹Kiefern›
[ˈpiːlː.ˈtseː] ➞ ‹Pilze›
[ˈknoːs.pən] ➞ ‹Knospen›

Dieses Klammern an die einzelnen Buchstaben erinnert stark an die Leseversuche von Erstklässlern, nachdem der Unterricht ihnen entsprechende Strategien vermittelt hat. Eine solche Praxis, die offenkundig nachhaltige Probleme bei schwachen Lesern schafft, wurde in der Fachliteratur immer wieder angeprangert: *„Das Kind sieht die Buchstabenfolge GLÜHBIRNE, es lautiert sie [ge...lüü...biiirrr...neee] und versucht, diese Klangfolge als phonetische Folge zu verstehen, idealerweise* [glyːbiᵃnə]*, ein phonetischer Ausdruck, der ersichtlich sehr weit entfernt ist von dem Lautierten“* (Günther 1998, S. 104 ff.).“

3.9.3. Hirnforschung

Neue wissenschaftliche Untersuchungen zum Erwerb kognitiver Fähigkeiten zeigen den klaren Nutzen systematischer Trainingsmethoden. Sie erhöhen den Lernerfolg dramatisch. Das gilt für jede Art von Lernen: sei es Fußball spielen, Ballett tanzen, Kopfrechnen oder lesen und schreiben.

Das Gehirn

Homunculus

In den Neurowissenschaften wird der Begriff Homunculus gebraucht, um Repräsentationen von Körperteilen bestimmten Gehirnarealen zuzuordnen. Diese Projektionen vom Körper auf das Gehirn entsprechen den sensorischen und motorischen Rindenfeldern. Die Größe des Zellgebietes im Rindenfeld entspricht nicht genau dem Ausmaß des Areals im Körper. Für besonders feinmotorische Körperabschnitte (z. B. Hände, Mund) stehen recht große Rindenareale zur Verfügung.

Training

Der Homunculus, der durch die symbolische Nachzeichnung der mit den Cortexarealen assoziierten Körperteilen entsteht, ist also gegenüber der tatsächlichen Körpergestalt stark verzerrt. Die „großen" Körperteile sorgen für eine starke Hirnaktivität. Starke Hirnaktivität bei gleichzeitiger Wiederholung sorgt für eine Verfestigung der Verknüpfungen im Gehirn: Das Gelernte wird dauerhaft aufgenommen.

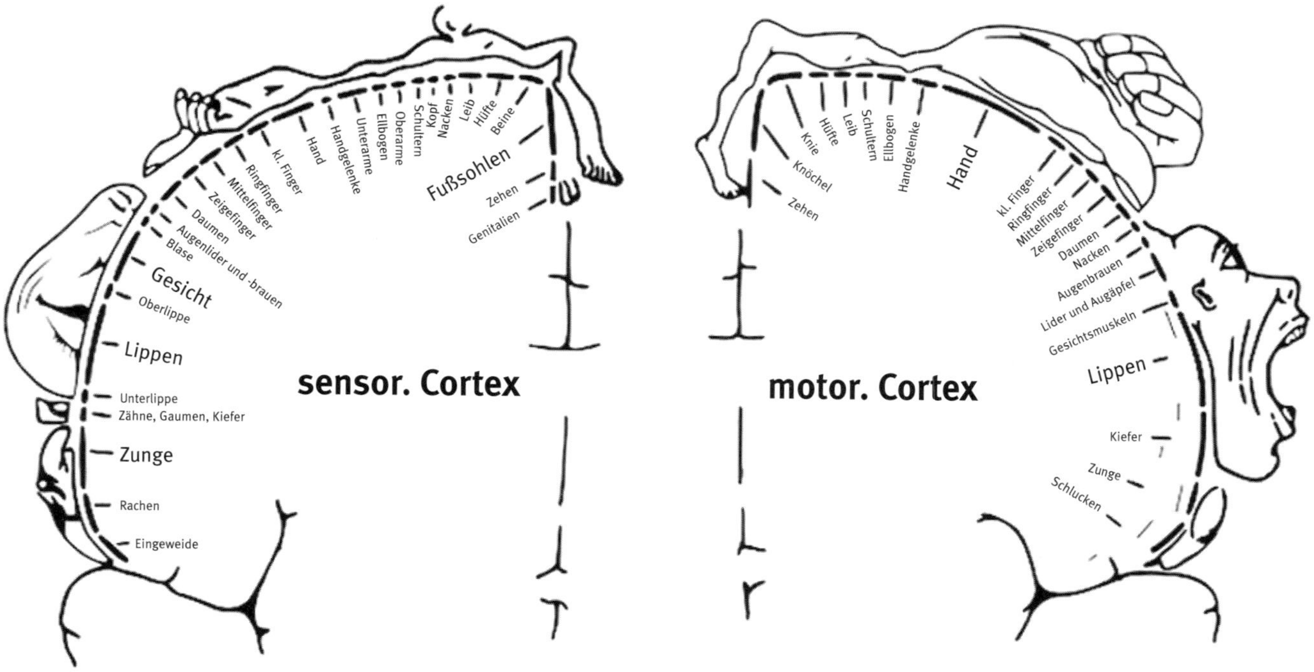

3.9.4. Wissenschaftliche Quellen

Bosch, Bernhard (1937): Grundlagen des Erstleseunterrichts. (Wiederabgedruckt in: Giese, Heinz W. (Hg.) (2003): Lesen lernen. Diskussionsbeiträge aus 50 Jahren. Bernhard Bosch zum 100. Geburtstag. – Duisburg: Gilles & Francke.)

Bredel, Ursula (2010): Silbenbasierte Lesespiele. In: Die Silbe im Anfangsunterricht Deutsch. Offenburg: Mildenberger Verlag, S. 41 – 52

Bredel, Ursula / Müller, Astrid, Hinney, Gabriele (2010): Schriftsystem und Schrifterwerb: linguistisch – didaktisch – empirisch de Gruyter

Dummer-Smoch, Lisa / Hackethal, Renate (1988): Kieler Leseaufbau, Kiel, Veris-Verlag

Eisenberg, Peter – Potsdam: „Der Laut und die Lautstruktur des Wortes“ und **„Der Buchstabe und die Schriftstruktur des Wortes“** in Der Duden Bd. 4: Die Grammatik, Mannheim, Bibliographisches Institut & F. A. Brockhaus AG)

Enders, Angela (2006): Weg mit der Schrift – Über die Dominanz der gesprochenen Sprache

Grümmer, Christiane / Welling, Alfons (2002): Die Silbe und ihre Bedeutung für das Schriftsprachlernen – ein Bericht über angloamerikanische Forschungen.
In: Tophinke, Doris / Röber-Siekmeyer, Christa (Hg.): Schärfungsschreibung im Fokus. Baltmannsweiler: Schneider Hohengehren, S. 15 – 54

Günther, Hartmut (1998): Phonographisches Lesen als Kernproblem der Dyslexie.
In: Weingarten, Rüdiger / Günther, Hartmut (Hg.): Schriftspracherwerb. Baltmannsweiler: Schneider Hohengehren, S. 98 – 115

Ickelsamer, Valentin (1527): Die rechte weis auffs kürtzist lesen zu lernen.
In: Fechner (Hg.): Vier seltene Schriften des 16. Jahrhunderts. (Wiederabdruck Hildesheim: Olms 1972)

Kohler, Klaus-Jürgen (1995): Einführung in die Phonetik des Deutschen.
Berlin: Erich Schmidt.

Kretschmann, Marlies (1993): So lernst du lesen und schreiben.
München, Ehrenwirth Verlag

Lange, Richard (1909): Praktisches Handbuch für den Rechtschreibunterricht.
Leipzig: Dürr

Liberman, Isabelle Y. / Shankweiler, Donald / Fischer, F. William / Carter, Bonnie (1974). Explicit syllable and phoneme segmentation in the young child.
In: Journal of Experimental Child Psychology 18 (2), S. 201 – 212

Maas, Utz (2000): Orthografie – Materialien zu einem erklärenden Handbuch zur Rechtschreibung des Deutschen, Osnabrück, unveröffentlicht

Meumann, Ernst (1982): Psychologie des Lesens und der Rechtschreibung.
Hg. v. Eckart Scheerer. Bochum: Kamp

Noack, Christina (2008): Wenn der Hont auf dem Faarat Kuren holt: Junge Sprachexperten auf dem Weg zur Schrift.
In: Denkler, Markus u.a. (Hg.): Frischwärts und unkaputtbar. Sprachverfall oder Sprachwandel im Deutschen, Münster: Aschendorff 2008, S. 203 – 220

Noack, Christina (2010): Orthografie als Leserinstruktion: Die Leistung schriftsprachlicher Strukturen für den Dekodierprozess.
In: Ursula Bredel, Gabriele Hinney, Astrid Müller (Hg.), Schriftkompetenz und Schriftsystem: linguistisch, empirisch, didaktisch. Tübingen: Niemeyer, S. 151 – 170

Reyer, Wilhelm (1912): Grundlagen des ersten Lesens.
Leipzig: Wunderlich

Röber-Siekmeyer, Christa (1993): Die Schriftsprache entdecken, Weinheim und Basel, Beltz Verlag

Röber, Christa (2009): Die Leistungen der Kinder beim Lesen- und Schreibenlernen. Grundlagen der Silbenanalytischen Methode.
Baltmannsweiler: Schneider Hohengehren

Röber-Siekmeyer, Christa / Pfisterer, Katja (1998): Silbenorientiertes Arbeiten mit einem leseschwachen Zweitklässler
In: Weingarten, Rüdiger / Günther, Hartmut (Hg.): Schriftspracherwerb. Baltmannsweiler: Schneider Hohengehren, S. 36 – 61

Stephani, Heinrich (1803): Kurzer Unterricht in der gründlichsten und leichtesten Methode Kindern das Lesen zu lehren. Erlangen: Palm Stephani, Heinrich (1814): Ausführliche Beschreibung meiner einfachen Lese-Methode. Erlangen: Palm

Winkler, Karin (2004): Die Systematik einer silbenanalytischen Darstellung der Schrift im Anfangsunterricht – Ein Praxisbericht.
In: Bredel, Ursula / Siebert-Ott, Gesa / Thelen, Tobias (Hg.): Schriftspracherwerb und Orthografie. Baltmannsweiler, S. 22 – 30

3.9.5. Die Umsetzung in ABC der Tiere

Der konsequente Einsatz der Silbe beim Lesen wie beim Schreiben deckt sich mit den Ergebnissen der Schrifterwerbsforschung und der Sprachforschung. Auch die Ergebnisse der Hirnforschung sind berücksichtigt. Das Training der Sprache gleicht dem Training für jeden Sport, jedes Instrument, jedes Handwerk. Es gibt bestimmte Abläufe, die separat durch Wiederholung geübt werden. Nur so erwächst das Können und die Sicherheit. Die Kontrolle erfolgt immer sofort. Dass ein Anfänger im Sport, am Instrument oder im Beruf dauernd Fehler macht, wird nicht akzeptiert und ihm auch nicht zugemutet. Zu Recht wird ihm die Hilfe der Korrektur immer sofort gegeben. Ausgerechnet beim Lesen- und Schreibenlernen, den entscheidenden Kompetenzen, sollen die Kinder allein gelassen werden?

ABC der Tiere ist das Trainingskonzept für Lese- und Schreibanfänger. Zentraler Punkt des Trainings ist das automatisierte Silbenlesen. Die wichtigste Übung dafür ist das Silbensprechen und synchrone Silbenklatschen.

Systematisch lernen

Da die deutsche Schrift nach systematischen Regeln funktioniert, ist es möglich systematische Übungen für das Erlernen der Sprache anzubieten. Jedes Training besteht aus Wiederholung und Festigung. Die didaktische Kunst liegt darin, dieses Training motivierend und abwechslungsreich zu gestalten.

Motiviert lernen

Wie sieht also das motivierte Lernen auf Grundlage der neurowissenschaftlichen Erkenntnisse aus? Sehen wir uns nochmals den Homunculus an.

Für unsere Überlegung sind die Bereiche für das Gesicht und die Hände ausschlaggebend. Zusammengenommen stellen sie den überwiegenden Teil der Großhirnrinde dar. Alle Aktivitäten in diesem Bereich, in unserem Fall „Silbensprechen und synchrones Klatschen“, lösen demnach größtmögliche Hirnaktivitäten aus: Das Großhirn ist für das Lernen optimal aktiv. Darin ist wohl auch die ausgezeichnete Motivation und Nachhaltigkeit des Lernens mit „Rhythmischen Kontrastpaaren“ neurologisch begründet.

3.10. PISA, LRS und Legasthenie

Die aktuelle Situation ist jedem Praktiker und bildungspolitisch Interessierten bekannt. Die Zahl der Kinder, die Schwierigkeiten beim Lesen- und Schreibenlernen haben, steigt kontinuierlich. Gleichzeitig steigt auch die Zahl der sogenannten Legastheniker. Wie sind die einzelnen Phänomene zu beurteilen?

3.10.1. PISA

Seit den 80er-Jahren können wir beobachten, dass etwa 25 % der Schüler keine ausreichenden Fertigkeiten im Lesen und Schreiben erwerben. Diese Beobachtung wurde durch die PISA-Studie bestätigt. Die Schulbehörden versuchen die mangelhaften Leistungen der LRS-Schüler durch Fördermaßnahmen zu kompensieren.

PISA 2012

Ergebnisse im Bereich Lesekompetenz 2012

- In Deutschland erzielten die Schülerinnen und Schüler im Bereich Lesekompetenz im Durchschnitt 508 Punkte – dies ist mehr als der OECD-Mittelwert.
- Deutschlands Durchschnittsergebnis beim Lesen hat sich seit dem Jahr 2000, wo es bei 484 Punkten lag, im Jahresdurchschnitt um 1,8 Punkte verbessert.
- Etwa 14% der Schülerinnen und Schüler in Deutschland verfehlten bei der Lesekompetenz die Anforderungen des Grundkompetenzniveaus, d.h. Kompetenzstufe 2 (im OECD-Durchschnitt waren es 18% der Schüler).
  Diese Schülerinnen und Schüler können in einem Text über ein vertrautes Thema bestenfalls das Hauptthema oder die Absicht des Autors erkennen und einen einfachen Zusammenhang zwischen Text-Informationen und Alltagserfahrungen herstellen. Zwischen 2000 und 2012 ist es Deutschland gelungen, den Anteil der besonders leistungsschwachen Schülerinnen und Schüler im Bereich Lesekompetenz um 8 Prozentpunkte zu reduzieren.
  Während der Anteil der Jungen unter Kompetenzstufe 2 um etwa 6 Prozentpunkte gesunken ist – auf 20% im Jahr 2012 –, hat sich der Anteil der Mädchen unter Stufe 2 im gleichen Zeitraum um fast 10 Prozentpunkte verringert und beträgt jetzt 9%.
- Etwa 9% der Schülerinnen und Schüler erreichten im Bereich Lesekompetenz Kompetenzstufe 5 oder 6. Diese besonders leistungsstarken Schülerinnen und Schüler sind in der Lage, mit Texten umzugehen, die von Inhalt oder Form her ungewohnt sind, und eine sehr genaue Textanalyse vorzunehmen.

Informationen zu PISA:
www.pisa.oecd.org, www.pisa.tum.de, www.bildungsserver.de

3.10.2. LRS und Legasthenie – unvermeidbar?

Es ist keine Frage, dass immer mehr Kinder eine sogenannte LRS-Symptomatik oder sogenannte Legasthenie entwickeln. Der Anteil an schwachen Lesern und Schreibern ist zu groß (siehe PISA). Allzu schnell wird dieses Phänomen aber als unvermeidbares Problem, ja sogar als genetisch bedingte Krankheit bezeichnet – womit dann auch jedes Bemühen um eine Veränderung der Situation als sinnlos abgetan wird.

Erfolgreiche Einzelförderung bei Legasthenie

In der Einzelförderung schwerster Fälle von sogenannten Legasthenikern konnten wir zeigen, dass silbenorientiertes Arbeiten in einem Intensivkurs über einige Monate zu guten Lese- und Schreibleistungen führt (siehe Beispiele S. 44).

Dabei werden zunächst die wenig entwickelten „Vorläuferleistungen“ dieser Kinder trainiert, die sich auf die Lese- und Schreibfähigkeiten auswirken. Diese sind als Ursachen für die Lese- und Schreibprobleme anzusehen und können konkret behandelt werden. Je früher, desto besser.
Was also sind die Ursachen? Und wie kann den Kindern wirksam geholfen werden?

3.10.3. Die Ursachen für die aktuellen Probleme

Neben der Klassengröße und den nicht ausreichenden Deutschkenntnissen von Kindern mit Migrationshintergrund sind die Ursachen auch in der Wahl der Methode zu sehen. Es darf als gesichert gelten, dass Kinder mit LRS-Risiko in einem systematischen Silbenlehrgang die besten Ergebnisse erzielen. Aus diesem Grund arbeiten alle erfolgreichen Fördermaßnahmen mit Silben.

3.10.3.1. Didaktische Entscheidung: Die Wahl der Methode

Grundlegend für die erfolgreiche Lese- und Schreiberziehung ist dann aber die Wahl der Methode. Diese Entscheidung sollte nicht ideologisch, sondern aufgrund sachlicher Erwägungen getroffen werden.

Lesekundige lesen völlig anders, als es Kindern mit bestimmten Methoden im Anfangsunterricht beigebracht wird. Zum Beispiel sind Methoden wie „Lesen durch Schreiben“ am einzelnen Laut orientiert. Die Anfänger sollen dabei aus einzelnen Anlauten den Wortlaut durch eigenständige Synthese erzeugen.

Fehlerpotenzial: phonetische Analyse – Synthese

Dem Leseanfänger wird dabei die phonetische Analyse und Synthese – zwei Arbeitsgänge mit großem Fehlerpotenzial – aufgebürdet. Für einen Großteil der Kinder stellt das eine Überforderung dar. Schlechte Leser behalten dieses Handicap des Anfängers: Sie reihen die Buchstaben aneinander, verstehen aber nicht den Sinn. Wer nur einzelne Buchstaben lernt, kann Probleme beim Lesen und Schreiben bekommen.
Lesekundige dagegen sind in der Lage, Buchstaben als Zeichen der Schrift in größeren Zusammenhängen (Silben) zu nutzen.

Analytische Silbenmethode

Die Silbenmethode setzt genau hier an, indem sie den Anfängern von vorneherein den Zugang zum Lesen über die Silbe ermöglicht. So werden die oben beschriebenen Fehlerquellen vermieden und die Kinder gelangen schnell zu motivierenden Leseerfolgen.

Daneben weisen die Hinweise aus der Fachliteratur und die eigenen Beobachtungen der Autoren auf zwei Gesichtspunkte hin, die für ein LRS-Risiko ursächlich sind: Richtungsunsicherheit aufgrund einer nicht eindeutig entwickelten Seitigkeit und mangelnde Koordination von Sprache und Bewegung.

3.10.3.2. Seitigkeit

Rechtswendige Kultur

Wir leben in einer rechtswendigen Kultur. Das gilt universal für das Niederlegen von Buchstaben, Zahlen oder Noten und in allen Bereichen des täglichen Lebens. Diese Rechtswendigkeit ist ein Kulturdiktat, das Rechtshändigkeit begünstigt. Die Probleme, die sich daraus ergeben können, sind offensichtlich.

Eindeutige Lateralisierung

Beim Lesen und Schreiben sind die Seitigkeit von Auge und Hand (Händigkeit) zu beachten. Ein Kind, dessen rechtes Auge dominant ist (Es schaut mit dem rechten Auge durch ein Fernrohr.), mustert das Umfeld von der Körpermitte aus nach rechts. Ist es auch Rechtshänder, bereitet ihm unser Kulturdiktat keine Probleme. Auch linkswendiges Sehen und Linkshändigkeit sind unproblematisch. Man spricht in beiden Fällen von der eindeutigen Lateralisierung der neurologischen Bahnungen.

Kreuzdominanz

Problematisch wird es in folgendem Fall: Linkswendige Seitigkeit im Sehen bei Rechtshändigkeit – oder andersherum. Diese neurologische Bahnung wird Kreuzdominanz genannt. Dies ist sehr ungünstig: Sehen und Handeln zielen nicht in die gleiche Richtung. Diese Kinder zeigen fast immer Probleme beim Lesen, Schreiben und auch Rechnen. Sehr oft werden diese Menschen als Legastheniker bezeichnet oder sind nur aufgrund ihrer hohen Intelligenz mit viel Anstrengung in der Lage, dieses Defizit zu kompensieren.
Dabei kann diesen Kindern mit geeigneten Übungen von vorneherein – je früher, desto besser – wirksam geholfen werden.

Experiment zur Seitigkeit

In der Präsentation im Internet können Sie dazu ein Experiment durchführen.

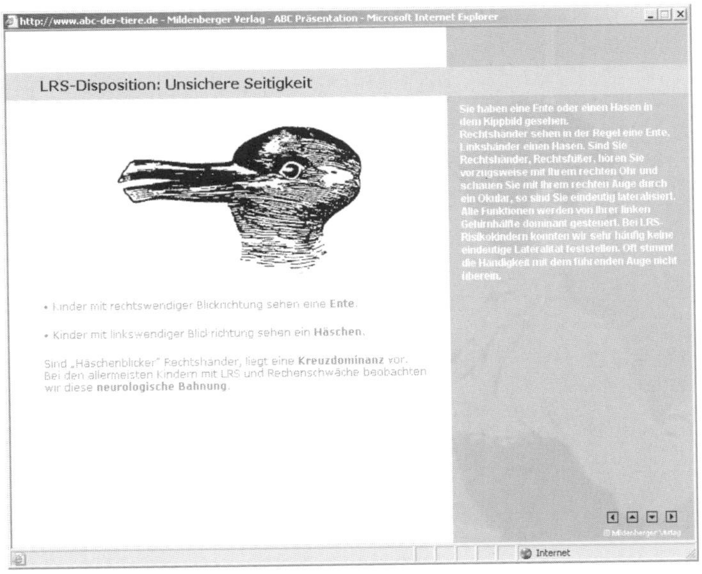

Quelle: Interaktive Präsentation von Klaus Kuhn, Menü LRS-Disposition, www.abc-der-tiere.de

Sie haben eine Ente oder einen Hasen in dem Kippbild gesehen.
Rechtshänder sehen in der Regel eine Ente, Linkshänder einen Hasen. Sind Sie Rechtshänder und Rechtsfüßer, hören vorzugsweise mit Ihrem rechten Ohr und schauen mit Ihrem rechten Auge durch ein Okular, so sind Sie eindeutig lateralisiert. Alle Funktionen werden von Ihrer linken Gehirnhälfte dominant gesteuert. Bei LRS-Risikokindern kann sehr häufig keine eindeutige Lateralität festgestellt werden. Sehr oft stimmt die Händigkeit mit dem führenden Auge nicht überein. Sind „Häschenblicker" Rechtshänder, liegt eine Kreuzdominanz vor. Bei den allermeisten Kindern mit LRS und Rechenschwäche beobachten wir diese neurologische Bahnung.

Beispiele aus Anfang Klasse 1

Beispiele

Die Schreibversuche von Markus (siehe S. 45) zeigen übereinstimmend mit anschließenden Erhebungen, dass bei Markus ein deutlicher Mangel in der Beurteilung von Seitigkeit vorlag. Er verwechselte d mit b, g mit p, ie mit ei, das große E mit der Zahl 3 usw.

d	**b**
g	**p**

Er kannte alle Buchstaben, konnte diese aber nicht zusammen in Silben verarbeiten.

T o m a t e

Diese Buchstabenfolge konnte auch „Tom – ade" heißen. Das silbenweise Sprechen und Klatschen von Wörtern gelang nicht. Aus diesen Beobachtungen ergab sich die Arbeit in den ersten Stunden. Übungen zur Seitigkeit und zum Silbieren mit synchronem Klatschen, Ballwerfen und Seilspringen standen im Vordergrund.

Erst als Markus die Wörter sicher silbieren und klatschen konnte, wurden diese mit zwei Farben silbenweise aufgeschrieben und später gelesen.

To ma te

Tomate

Kindern mit LRS-Risiko bereitet die Aneinanderreihung (Synthese) der Buchstaben in Schreibrichtung Schwierigkeiten. Die schwach ausgeprägte Wahrnehmung der Silben verhindert das flüssige Lesen sowie das Schreiben.

Befund:
Rechtshänder-Linksäuger; starke LRS; auch Geschwister und Mutter betroffen.

Der Floh in der Mitte war vorgegeben (Kopf links). Jessica hat rechtshändig die beiden oberen Tiere aus einem Bilderbuch abgezeichnet. Ihre Mutter wollte helfen und malte den Pfau (Kopf rechts). Jessica und ihre beiden Brüder hatten starke LRS-Störungen, ebenso die Mutter. Diese Ausrichtung der Tiere lässt sich bei LRS-Kindern sehr häufig beobachten. (Das „Legasthenie-Gen“ ist hier eine Seitigkeitsunsicherheit. Diese kann durch Übungen korrigiert werden.)

Befund:
Rechtshänder-Rechtsäuger; lernt schnell lesen und schreiben.

Das Bild von Bianca zeigt eine für Rechtshänder typische Ausrichtung. Alle Tiere werden von links nach rechts gezeichnet; so verläuft unsere Schrift. Solche Kinder zeigen keine Unsicherheit bei der Beurteilung der Seitigkeit. Sie lernen meist schnell und sicher lesen und schreiben.

Rechenschwäche

Befund:

Rechtshänder-Linksäuger; hat neben starker LRS auch eine Rechenschwäche.

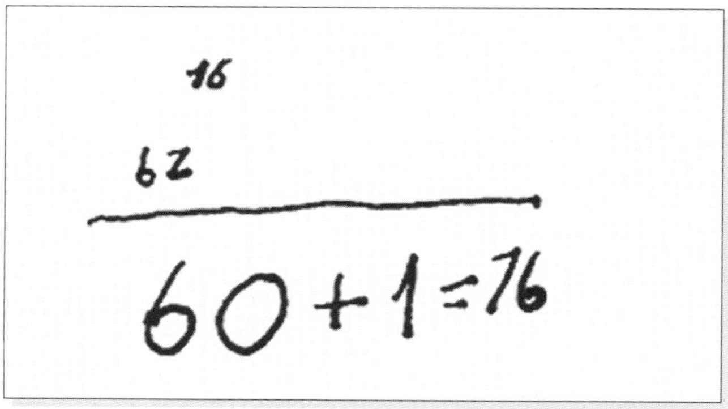

Verkehrter Zahlenstrahl

Fabian zeigte deutliche Unsicherheiten beim Schreiben von Ziffern und Zahlen. Neben einer stark ausgeprägten LRS-Symptomatik hatte er eine langwierige Rechenschwäche.

Beginnt der Zahlenstrahl vor dem inneren Auge eines Kindes rechts und öffnet sich nach links, werden zunächst alle Ziffern spiegelbildlich geschrieben. Viel schwerwiegender ist jedoch der Umstand, dass Bewegungen nach links einen Zuwachs bedeuten, während an der Tafel die Addition nach rechts demonstriert wird. Bleibt ein Schüler mit dieser Irritation ohne Unterstützung, muss er beinahe zwangsläufig eine Rechenschwäche entwickeln.

3.10.3.3. Motorik

Von gleicher Bedeutung wie die Seitigkeit ist das sichere Beherrschen des eigenen Körpers. Viele Kinder können nicht auf einem Bein stehen oder sind nicht in der Lage, den Pinzettengriff, eine wichtige Voraussetzung für eine sichere Schreibhaltung, auszuführen. Solche großen Defizite in der Grob- wie in der Feinmotorik müssen behoben werden. Ohne die Beherrschung dieser Techniken ist jede weitere Anstrengung für das Lesen- und Schreibenlernen sinnlos.

3.10.4. Training zur Behebung der Defizite

Um erfolgreich in einen Lese- und Schreiblehrgang einsteigen zu können, sollten die Schulanfänger ihre Motorik beherrschen und ihre Seitigkeit auf unser Kulturdiktat hin trainiert haben. Sie sollten die Raumlage sicher beurteilen und Wörter silbieren können. Die Malhand bzw. die Schreibhand sollte im Vorschulalter ermittelt werden.

Körperschema

Je schwächer das Körperschema eines Menschen – aus welchen Gründen auch immer – entwickelt ist, umso schwerer tut er sich bei allen komplexen Tätigkeiten; und dazu zählt das Schreiben und Lesen genauso wie Seilspringen, Jonglieren und jegliche sportliche oder musikalische Betätigung. Es empfiehlt sich daher, alle LRS-Fördermaßnahmen mit umfangreichen Bewegungsspielen zu begleiten.

Seitigkeit

Eine große Hilfe für Kinder mit Seitigkeitsproblemen ist schon, wenn ein Stofftier links auf den Arbeitstisch gestellt wird, als Zeichen: „Hier, auf dieser Seite, ist der Anfang." Wichtige Übung ist z. B. das Erkennen der Seitenlage bei bildlichen Darstellungen.

„In die gleiche Richtung zeigende Objekte mit der gleichen Farbe ausmalen."

Alle Übungen mit dem Silbenschieber sind eine gute Übung zur Richtungsklärung: Der Starter ist links.

Motorik

Bewegungsspiele fördern nicht nur die Motivation der Kinder, es greift die bestehende Schwierigkeit an der Wurzel. Viel Wert wird auf die Qualität der Bewegung gelegt – alles soll kontrolliert und bewusst durchgeführt werden: Beim Jonglieren wird immer mitgezählt, Seilspringen kann auf Musik im Takt erfolgen. Die Körperwahrnehmung der Kinder wird dadurch enorm gesteigert.

Feinmotorik

Feinmotorische Übungen, die für das Schreiben vorbereiten, sind z. B.:

- das Jonglieren mit Tüchern / Bällen,
- zweihändiges Malen mit Partner,
- Malen / Schreiben nach Musik.

Zur Kräftigung der Handmuskulatur: der fressende Ball (In einen Tennisball wird ein „Mund" eingeschnitten, sodass er geöffnet und geschlossen werden kann. Der Ball wird von den Kindern mit Murmeln gefüttert.)
Speziell für das Training der Pinzettenhaltung: Sortieren von Erbsen oder Bohnen etc. mit großen Pinzetten

Koordination und Synchronisation

Der Zusammenhang von Rhythmus und Sprachgedächtnis ist Klaus Kuhn als Musik- und Deutschlehrer sehr früh aufgefallen. Kinder, welche im Musikunterricht keinen Takt halten oder keinen Rhythmus klatschen können, haben beim Schreiben häufig mehr Schwierigkeiten als andere Kinder.
Mittlerweile gibt es eine Reihe von Untersuchungen zu dieser Fragestellung.
Die Ergebnisse von Breuer und Weuffen aus dem Buch „Lernschwierigkeiten am Schulanfang", erschienen 1993 im Beltz Verlag, verdeutlichen dies.

Tab. 5: Rhythmus und Sprachgedächtnis (n = 37)

Rhythmus-differenzierung	Sprachgedächtnis		
	gut	durchschnittlich	schwach
gut	6	14	0
schwach	0	9	8

Die Autoren konnten nachweisen, dass schwache Rhythmusdifferenzierung mit einem schwachen Sprachgedächtnis einhergeht.
Diesen Zusammenhang stellen wir beim Silbenklatschen, bei Abzählversen, beim Gehen im Silbentakt und beim Lesen von Versen mit Akzentbetonung fest und können durch gezieltes Üben gegensteuern.

Koordination

Koordination von Sprache und Bewegung:

- synchrones Ballwerfen und Sprechen
- Silbenklatschen – Silbensprechen
- Abzählverse mit synchronem Deuten
- synchrones Silbieren und Gehen
- Verse mit Akzentbetonung lesen

Artikulation

Die Kinder müssen ihren gesamten Sprechapparat und die Atmung beherrschen. Dazu ist das Training der korrekten Aussprache nötig. Lieder singen und Reime sprechen sind auch hier eine gute Übung. Die Ankerbilder wurden bewusst so gewählt, dass die Artikulation und der gesamte Sprechapparat trainiert werden (vgl. 4.14., S. 95 und 4.20., S. 97).

3.10.5. Fallbeispiele: Zur Situation der Kinder

Die deutliche Mehrheit der Kinder, die im Rahmen der Förderung betreut wurden, waren kreuzdominant (vgl. 3.10.3.2., S. 39): Bei eindeutiger Rechtshändigkeit ist das linke Auge führend. Die innere Vorstellung von Schrift und Zahlenstrahl ist daher linkswendig. Im Unterricht verwechseln sie dann d / b, ie / ei, E / 3.
Kleine Wörter lesen sie häufig von rechts nach links. Ziffern schreiben sie anfangs spiegelverkehrt.
Ihre Motorik ist nicht altersgemäß entwickelt. In der Koordination zeigen sie deutliche Schwächen. Oft berichten ihre Mütter von schweren Komplikationen bei der Geburt.
Zwei Beispiele sollen das Ausmaß der Schreibstörungen und die Möglichkeiten der Förderung aufzeigen.
Wir sind allerdings der Meinung, dass durch geeignete Prävention der hohe Aufwand bei der Kompensation von LRS vermieden werden kann.

Markus – ein „typischer Legastheniker“ in Klasse 2

Nach dem ersten Halbjahr in Klasse 2 suchte die Mutter Hilfe für ihren Sohn Markus. Er konnte nicht lesen, das Schreiben gelang nur bei wenigen auswendig gelernten Wörtern. Markus sollte auf Förderschultauglichkeit überprüft werden. Er zeigte zu diesem Zeitpunkt eine stark ausgeprägte Schulangst und hatte beim Lesen- und Schreibenlernen resigniert. Er galt als typischer „Legastheniker“. Das Diktat Nr. 4 vom 17.11.1994 zeigt den Stand vor Beginn der Förderung (S. 45).

Hier der Text des Diktates von Seite 45:
Zwei Freunde
Mario und Petra haben zusammen Hausaufgaben gemacht. Nun wollen sie mit Petras Pudel spielen. Doch der will keine Puppe sein und rennt weg. Da holt Petra Papier. Jeder malt einen großen Papagei.

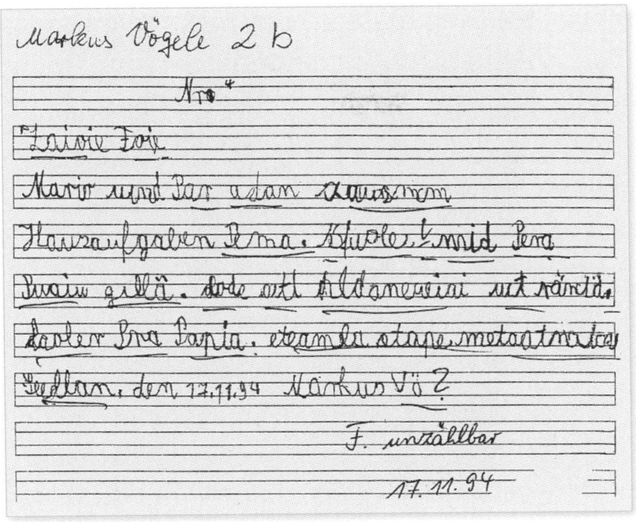

Analyse der Schreibversuche

Mangel an Seitigkeit

Die Schreibversuche zeigen, dass bei Markus ein deutlicher Mangel in der Beurteilung von Seitigkeit vorlag. Er verwechselte d mit b, g mit p, ie mit ei, das große E mit der Zahl 3 usw. Er kannte einige Buchstaben, konnte diese aber nicht zusammen in Silben verarbeiten. Das silbenweise Sprechen und Klatschen von Wörtern gelang nicht.

Die Förderung

2 Stunden pro Woche

Aus diesen Beobachtungen ergab sich die Arbeit in der Anfangsförderung. Übungen zur Seitigkeit und zum Silbieren mit synchronem Klatschen, Ballwerfen und Seilspringen standen im Vordergrund. Konnte Markus Wörter sicher silbieren und klatschen, wurden diese mit zwei Farben silbenweise aufgeschrieben und später gelesen. Markus erhielt einmal wöchentlich 30 Minuten Einzelunterricht. Die Mutter war anwesend und lernte das Prinzip der Methode kennen. Sie übte mit Markus dreimal pro Woche ca. 20 Minuten.

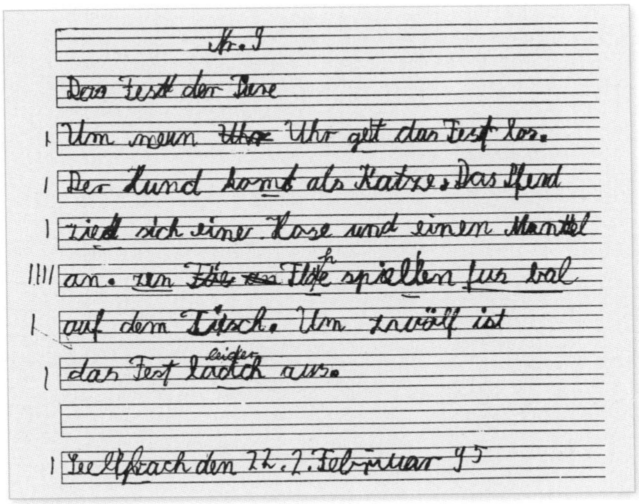

Erste Erfolge nach 3 Monaten

Wie das Diktat vom 22.02.1995 zeigt, hat Markus nach zirka 3 Monaten Förderung die lautschriftliche Ebene erreicht. Das Diktat wurde unabhängig von der Förderung in der Klasse geschrieben.

Fördermaßnahmen erfolgreich in Klasse 2 beendet

Markus erhielt bis zum Ende der 2. Klasse wöchentlich eine Übungsstunde. Seine Mutter hat weiterhin die häuslichen Übungen unterstützt. In den Klassen 3 bis 6 erhielt Markus keinen Förderunterricht mehr. Er entwickelte sich in den folgenden Schuljahren ohne zusätzlichen Förderunterricht weiter.
In der 6. Klasse hatte er im Diktat vom 15.12.1998 keinen einzigen Fehler und war nach Aussage seiner Lehrerin der beste Leser in der Klasse.

Markus – Diktat Nr. 2 vom 15.12.1998

Diktat Nr. 2

Der Wald

Vom Wald ~~Vom Walde~~ geht zu ~~zu~~ jeder Jahreszeit ein Zauber aus. Im Frühjahr erfreuen wir uns im Laubwald am Spiel von Licht und Schatten. Im Sommer suchen wir Kühlung unter dem dichten Blätterdach. Die Laubfärbung begeistert uns ~~im Herbst~~ Herbst. Auch der Nadelwald ~~und~~ der Mischwald haben ihre Eigenart und Schönheit. Der Wald ist Lebensraum für ~~Tiere~~ Tiere und Pflanzen. Kräuter, Sträucher und Bäume nutzen Luft und Licht und nehmen ~~N~~ Nährstoffe aus dem Boden auf. Zahlreichen Tieren bietet der Wald Unterschlupf und Nahrung. Sie fressen Früchte, ~~Sa~~ Samen und Gräser.
Unzählige Insekten gibt es im Gras, in den Büschen und auf den Bäumen. Sie bestäuben Blüten, ~~verbreiten~~ verbreiten ~~Samen~~ Samen und tragen dadurch zur Erhaltung des Waldes bei. Der Wald ist für den Menschen in vielfältiger Weise ~~le~~ lebensnotwendig. Er verbessert die Luft und speichert Wasser. Er verhindert Lawinen und Bodenzerstörungen. Der Wald bedeutet Erholung für uns Menschen.

Fehler: 0
Note: 1 gü

Vöjcke

Annegret

Annegret ist die Tochter eines Kollegen. Im zweiten Halbjahr von Klasse 2 suchte er bei uns Hilfe und zeigte uns „Loni, die kleine weiße Ente". Die Arbeit war im freien Schreiben entstanden. Annegret kannte zu diesem Zeitpunkt nur einige Buchstaben. Sie war nicht in der Lage, ma oder mu zu lesen oder nach Diktat zu schreiben. Annegret hatte eine massive Schreibunlust und war nur durch Ballspielen vor jeder Übungseinheit zur Mitarbeit zu bewegen. Umfang und Art der Fördermaßnahme glichen der Arbeit mit Markus.

Annegret – Schreibversuche 2. Halbjahr Klasse 2

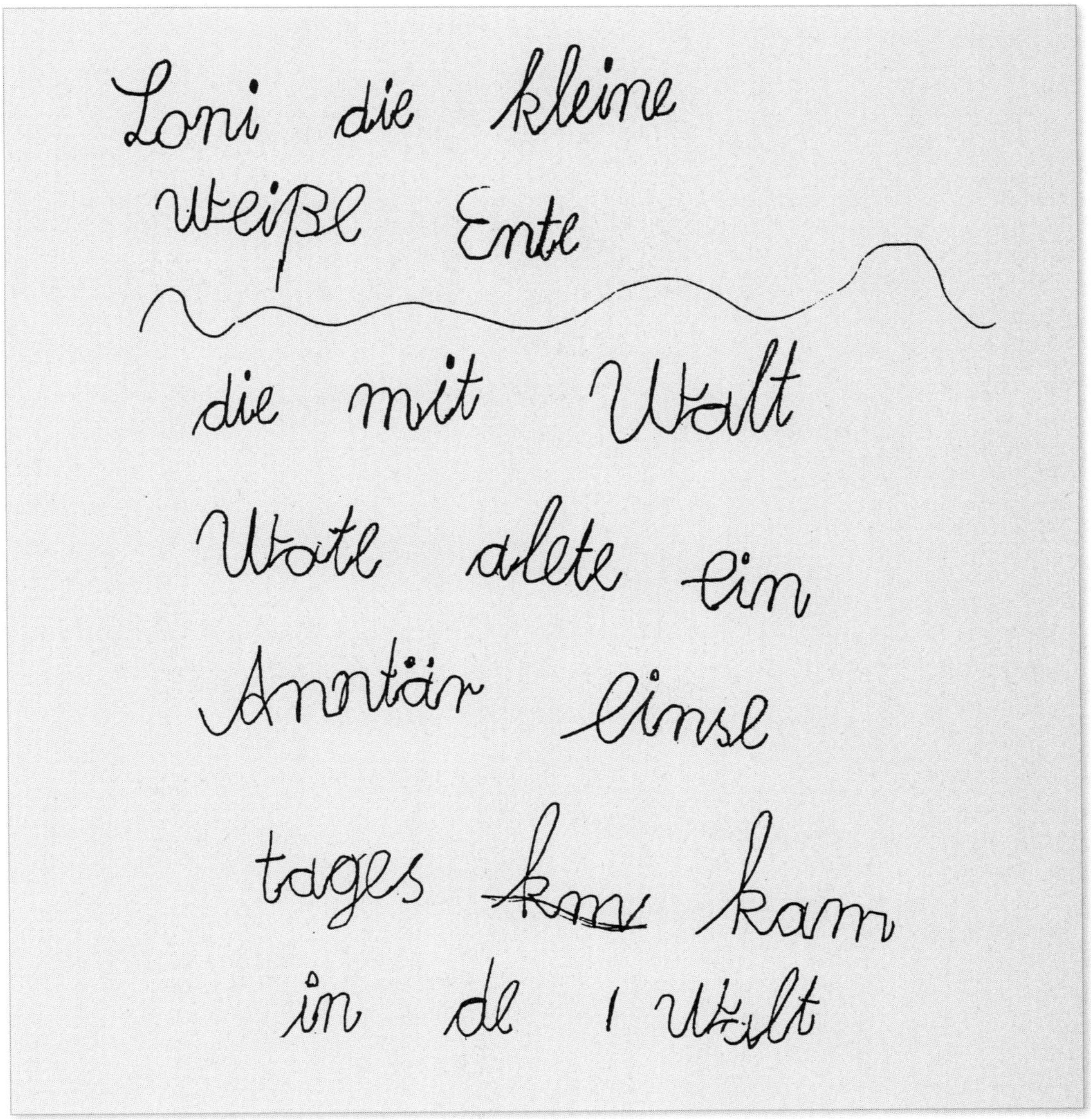
Loni die kleine
weiße Ente
die mit Walt
Wate alete ein
Anntär einse
tages ~~kmi~~ kam
in de i Walt

Annegret – Diktat Nr. 1 in Klasse 3 vom 05.10.1994

Annegret konnte jetzt lesen und nach vorheriger Übung richtig schreiben. Spontane Konsonantenverdoppelung gelang erst teilweise. Das Schreiben in Silben wurde ansatzweise im Klassenunterricht übernommen.

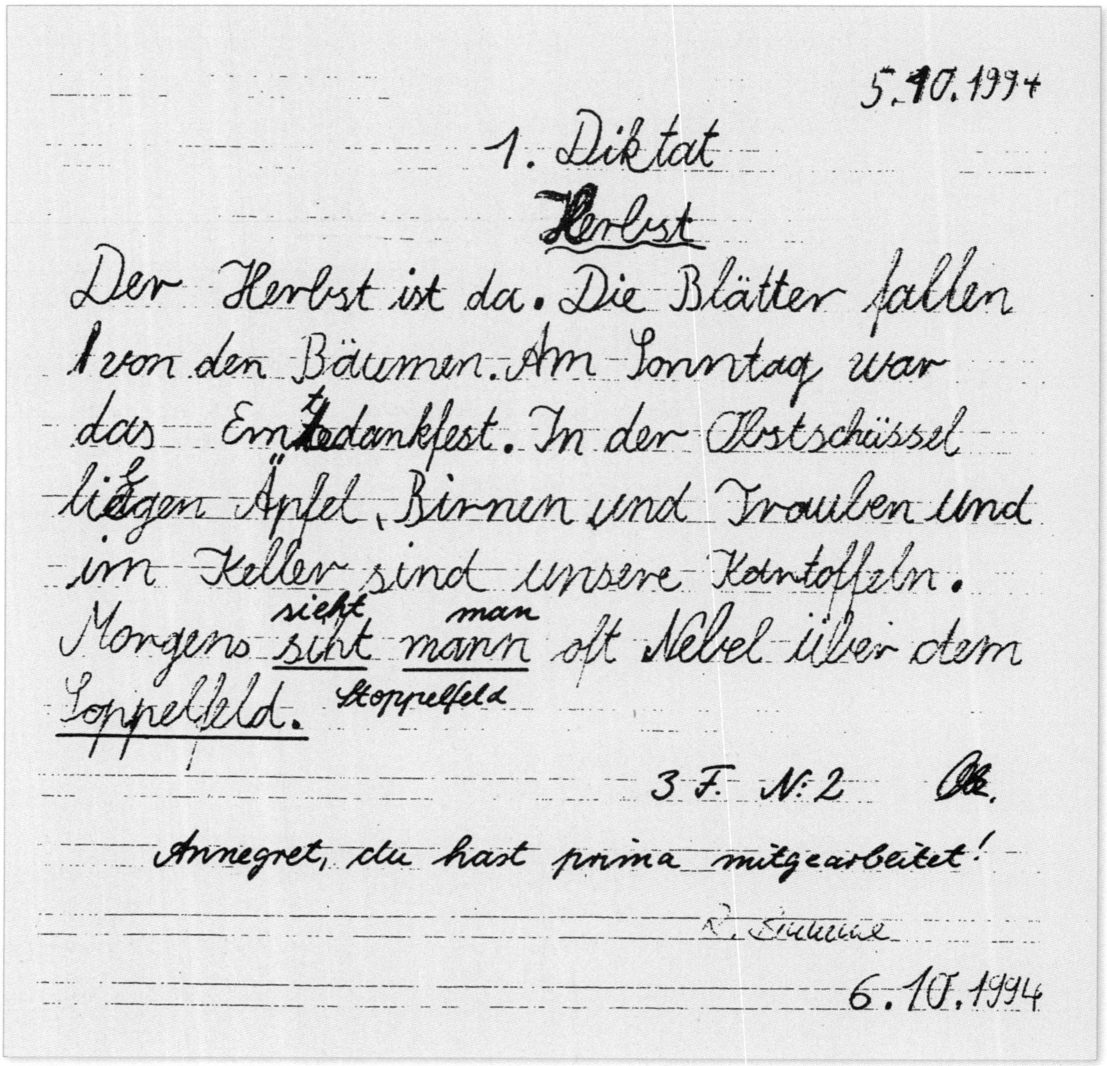

5.10.1994

1. Diktat

Herbst

Der Herbst ist da. Die Blätter fallen von den Bäumen. Am Sonntag war das Erntedankfest. In der Obstschüssel liegen Äpfel, Birnen und Trauben und im Keller sind unsere Kartoffeln. Morgens siht [sieht] mann [man] oft Nebel über dem Soppelfeld. [Stoppelfeld]

3 F. N: 2 Ok.

Annegret, du hast prima mitgearbeitet!

[illegible]

6.10.1994

Annegret – Diktat Nr. 6 vom 19.06.1998

Annegret konnte nun sicher schreiben und lesen und besuchte mit Erfolg die Realschule.

19. 6. 98

Klassenarbeit Nr. 6

Diktat

Nichts gegen die Schule

Kaum einer, der heute zur Schule gehen muss, weiß, was für eine große Errungenschaft die allgemeine Schulpflicht ist. Noch vor dreihundert Jahren war der größte Teil des Volkes von den Erkenntnissen der Wissenschaft ausgeschloßen. Denn das Wissen blieb vorallem denen vorbehalten, die reicher waren und einen gewissen Wohlstand besaßen. Nur sie konnten sich im Lesen und Schreiben unterweisen lassen. Außerhalb der Kirchen und ihrer Schulen besaß kaum jemand gedruckte Texte. Wissen bedeutete in dieser zeit auch Macht. Wer lesen konnte, war denn anderen überlegen. Heute ließe sich keine Schülerin und kein Schüler mehr so bevormunden wie die Bauern und Handwerker in jener zeit. Schließlich können sie nachlesen, was ihre Rechte sind. Es soll jedoch auch heute noch einige geben, welche die Schule nicht gerade genießen und für überflüsig halten.

2 F. 1–2

22.6.9
A34

Annegret – Urkunde vom 20.7.1999

Heimschule St. Landolin
Ettenheim

Urkunde

Annegret Brumme

R 7e

erhält einen

Preis

für hervorragende Leistungen

Ettenheim, den 20. Juli 1999

E. Jostkleigrewe, OStD

3.11. Voraussetzungen – Frühförderung

Einem ganzheitlichen Ansatz wird in der Anfangsphase der Vorzug gegeben. Wer in einem Reigentanz oder einem Lied Silbenschnitt, Wort-Akzent, Wort-Rhythmus und Endreim erfährt, ist für das Lesen und Schreiben gut vorbereitet.

Das Beherrschen solcher Übungen ist die unbedingte Voraussetzung für das Lesen- und Schreibenlernen. Diese Übungen sind also immer bei Bedarf anzuwenden; sei es mit der ganzen Klasse, wenn allen Kindern diese Fertigkeiten fehlen, oder in der Einzelförderung.
Im Idealfall sollte das rhythmische Erleben der Sprache in der Vorschule bereits praktiziert werden.

Die Übungen knüpfen an den bereits vorhandenen Fertigkeiten der Kinder an:

Reime

Aufsagen von Kinderreimen, auch Abzählreimen wie:
e – ne – me – ne – mu und raus bist du,
me – mi – mo – mu und raus bist du,
ri – ra – rutsch, wir fahren in der Kutsch,
mu – mu – mu, so ruft die bunte Kuh ...

Lieder

Singen und Singenlernen von Kinderliedern, z. B.:
Alle meine Entchen schwimmen auf dem See ...
Kuckuck, kuckuck ruft's aus dem Wald ...
Fuchs, du hast die Gans gestohlen ...
Hoppe, hoppe Reiter, ...
Backe, backe Kuchen, der Bäcker hat gerufen ...

Hinzu kommt „Das synchrone Sprechen und Klatschen der Silben".
Dabei kommt es darauf an:

Synchrones Sprechen und Klatschen

1. Silben zu sprechen, zu erfassen und zu üben, bis diese automatisiert sind, um „Buchstabenadditionen", die Kindern beim Lesen- und Schreibenlernen immer wieder schwerfallen, zu umgehen,
2. die Betonung des deutschen Standardwortes, 1. Silbe betont, 2. Silbe unbetont (Trochäus), bewusst zu sprechen,
3. die Koordination von Silbensprechen und Motorik – durch Sprechen und synchrones Klatschen der Silben – zu erleben.

Die Koordination von Sprechen in Silben und Handmotorik beim Schreiben muss automatisiert werden. Vorbereitende Übungen stellen Abzählverse, Sing- und Spiellieder und die Spiele „Klatsch die Silbe!" (vgl. 4.14., S. 95) dar.

Diese Fertigkeiten sollten die Kinder beherrschen, wenn sie eingeschult werden. Falls Kinder hier Schwierigkeiten haben, muss vor jedem weiteren Unterricht das Beherrschen dieser Fertigkeiten trainiert werden.

3.11.1. Kooperation KiGa

Die unter 3.10. genannten Übungen bedürfen keiner besonderen Vorkenntnisse und können von jeder Erzieherin / jedem Erzieher durchgeführt werden.
Darüber hinaus gibt es noch Übungen, die in direkter Kooperation mit der Grundschule durchgeführt werden sollten, damit in der Grundschule direkt darauf aufgebaut werden kann.
Wenn diese Übungen nicht bereits im Kindergarten durchgeführt wurden, empfiehlt es sich, diese Übungen in den ersten Wochen des Anfangsunterrichts durchzuführen. Sie sind das Fundament, auf dem alles Weitere aufbaut.
Darauf hinzuweisen ist, dass bei der Arbeit im Kindergarten die Konsonanten nicht personifiziert werden und immer nur in Silben gesprochen wird (vgl. S. 29).

Rhythmusübungen

Im Kindergarten können auch bereits Rhythmusübungen als Vorbereitung zur spontanen Schreibung der Doppelkonsonanten durchgeführt werden (vgl. 3.3.3, S. 20).

Kontrastpaare

Die Kinder sollen Kontrastpaarreihen (vgl. 4.10., S. 84 und 4.17., S. 96) nach dem Vorsprechen durch die Erzieherin / den Erzieher zuerst nachsprechen und dabei bereits den unterschiedlichen Sprachrhythmus erfassen (Käfer – Koffer).
Durch gleichzeitiges Sprechen und Klatschen können die rhythmischen Übungen ausgebaut werden.

Artikulation und synchrones Silbenklatschen

Das Spiel „Klatsch die Silbe" trainiert das synchrone Sprechen und Klatschen.

Ankerbilder

Von großer Bedeutung ist die korrekte Artikulation der Tiernamen der Ankerbilder. Diese wurden bewusst so gewählt, dass der gesamte Sprechapparat trainiert wird (vgl. 4.14., S. 95 und 4.20., S. 97).

Vorbereitung zum Schuleingangstest

Prävention

Der Schuleingangstest ist ein wichtiger Indikator, um präventiv fördern zu können. Er dient ausschließlich der Feststellung von Defiziten, um sofort reagieren zu können.
Die Übungsmaterialien zur Einschulung sind gleichzeitig eine Förderung der grundlegenden Kompetenzen für das Lesen, Schreiben und Rechnen. Die Übungen sind sehr einfach gehalten und können problemlos im Kindergarten durchgeführt werden.
In Kooperation mit den Kindergärten sollten die Kinder im Vorschuljahr einmal pro Woche – eine Unterrichtsstunde – üben bzw. unterrichtet werden.

3.11.2. Der Schuleingangstest

Um das erste Schuljahr erfolgreich zu bestehen, sind folgende „Vorläuferleistungen“ für das Lesen, Schreiben und Rechnen von Bedeutung:

Vorläufer-leistungen

- Festigung der Händigkeit und Koordination
- synchrones Silbensprechen und Klatschen
- simultanes Erfassen von Mengen
- sichere Beurteilung von Seitigkeit und Raumlage
- Verbesserung von Artikulation und Sprachgedächtnis
- soziale Integration in die Gruppe

„Fit für den Schulbeginn“ enthält Übungsmaterialien zur Einschulung und einen Schuleingangstest. Die Übungsinhalte dieser Vorbereitung entsprechen den Aufgabenstellungen der Teststationen (vgl. 4.27., S. 100).

Lehrerinnen und Lehrer, die den Test durchführen, sollten mit Beobachtungen und der Arbeit in den 1. und 2. Klassen vertraut sein.
Sie bringen so ihre persönliche Erfahrung und Kompetenz für die Beurteilung und die Prognose für die ihnen anvertrauten Kinder ein.
Da die Kinder mit den Aufgabenstellungen im Wesentlichen vertraut sind und die testenden Lehrerinnen / Lehrer kennen, kann die Durchführung in Gruppen von maximal 4 Kindern erfolgen.

In einer Zeit von 40 Minuten Dauer sollte von zwei Lehrkräften – eine Leiterin, die den Test durchführt und eine Protokollantin – der Test absolviert werden. Anschließend sollten diese sich in etwa 10 Minuten über die Bewertung austauschen.

Bewertung

Die Grundlage für die Ergebniserfassung (Aufzeichnung des Testverlaufs) und die Bewertung ist die Führung eines Testbogens. Die Ergebnisse der Teststationen werden mithilfe einer Bewertungsskala von 1 bis 5 erfasst.
In der Auswertung des Testbogens wird ein Polaritätsprofil erstellt, das eine Beurteilung der einzelnen Leistungen im Vergleich zur Gruppe und dem Standard ermöglicht, der an der jeweiligen Schule vorausgesetzt wird.

Typisches Profil eines LRS-Risikokindes

Station 1	Beobachtung	Auswertung	1	2	3	4	5	
Ballwurf	Händigkeit rechts links							
	Koordination	synchron				X		asynchron
2-Zeiler	Texterfassung	schnell		X				nach Wiederh.
	Silbentakt	synchron				X		asynchron
Station 2	**Beobachtung**							
Fisch	Arbeitstempo	zügig				X		zögernd
	Ausführung	genau					X	ungenau
Station 3	**Beobachtung**							
Domino	Mengenerfassung	simultan			X			abzählend
Station 4	**Beobachtung**							
Silbenbärchen	Silbenerkennung	spontan				X		mit Hilfe
	Fingersprache	synchron					X	asynchron
Station 5	**Beobachtung**							
Raumlage	Erfassung	direkt				X		zögernd
Station 6	**Beobachtung**							
Schlange	Text	unverändert					X	verändert
	Koordination	zügig					X	asynchron

Die Schule entscheidet durch ihr spezielles Förderangebot und ihre Methodenwahl, ob Kinder mit gewissen Ausfällen im Bereich der „Vorläuferleistungen“ erfolgreich eingeschult werden können.

3.12. Freie Arbeit / Methodische Hinweise

Im Folgenden sollen einige methodische Hilfen für den Anfangsunterricht vorgestellt werden, die die Motivation und damit den Lernerfolg aller Kinder erhöhen.

Indianerspiele

Motivation

Die Welt der Indianer kann im Anfangsunterricht ein wichtiger Motivationsbereich sein. Besonders die Vokale lassen sich gut in dieser Spielwelt einführen. Die Vokale sind die Indianerlaute. Nur Vokale kann ich anhaltend ausrufen und durch rhythmisches Schlagen mit der Hand gegen den Mund unterbrechen. Die Bedeutung der Vokale wird durch verschiedene Aktionen hervorgehoben. Es gibt den Indianerkopfschmuck, der zu Beginn nur aus einem Band besteht. Mit jedem Vokal kommt eine neue Feder hinzu. Es werden Amulette mit Vokalen gebastelt und die Indianerkinder mit den Vokalen ausgemalt und zum Leporello zusammengefasst (S. 307 – 312). Und natürlich ganz wichtig: das Indianergeheul.
Es schult die Artikulation, kräftigt die Atmung und verankert die Vokale.

Wurfpfeile mit Saugnäpfen

Das Spiel mit Wurfpfeilen ist sehr beliebt. An der Tafel werden Zielkreise mit Vokalen gezeichnet. Wird eine Scheibe getroffen, muss der Vokal als Indianergeheul angestimmt werden; nur dann zählt der Treffer.

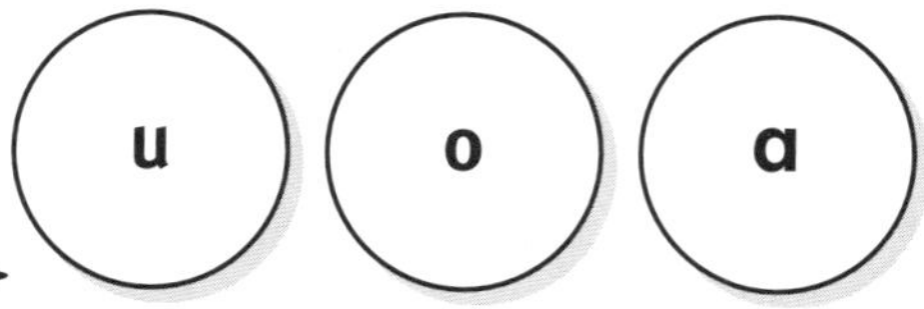

Mit Wurfpfeilen (Saugnäpfe) müssen diese Scheiben getroffen werden. Zur Bestätigung wird das entsprechende Geheul angestimmt.

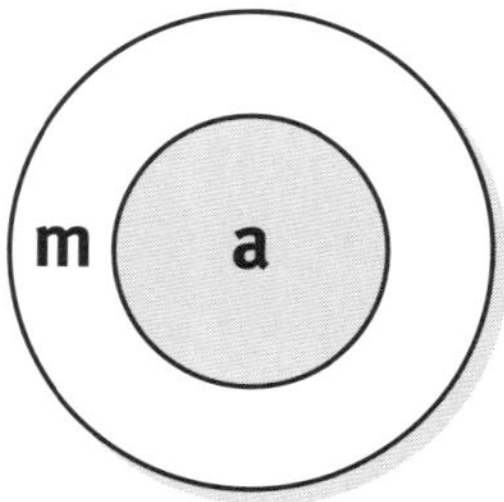

Zur Unterscheidung von Vokal und Silbe:
Innenkreis: Indianergeheul;
Außenkreis: Sprechen der Silbe ma

Auf der nächsten Stufe werden zwei konzentrische Zielkreise mit einem Vokal im Innen- und einem Konsonant im Außenkreis angeboten.
Je nach Treffer wird nun der Vokal oder die Silbe (**nicht** der Konsonant) lautiert.

Um die weiteren Konsonanten – die Starter – einzuführen, werden 2 oder 3 Zielkreise angeboten. Dieses Spiel hat einen hohen Aufforderungscharakter. In der Anfangsphase ist es sehr gut geeignet, die Aufmerksamkeit auch „wilder Jungs“ auf Silben zu lenken.

Unterscheidung der Starter

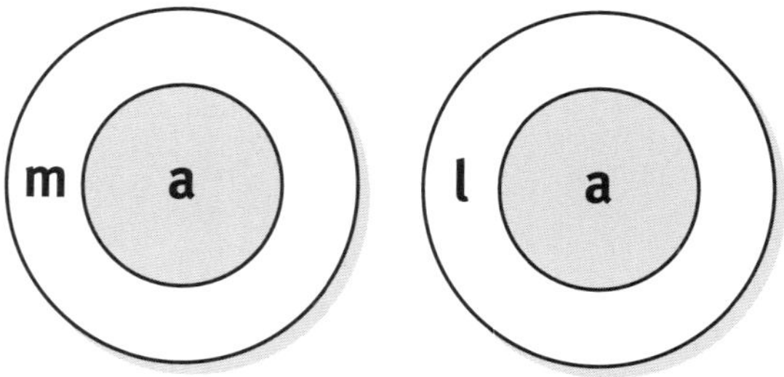

Geheime Botschaft / Gebärden-Diktat

Ein sehr gutes Training für die Lautgebärden ist das Gebärden-Diktat. Wenn im Indianerspiel Feinde in der Nähe sind, gibt der Häuptling lautlose Anweisungen mit Gebärden bekannt und die Stammesangehörigen schreiben sie auf. Später, wenn die Gefahr entdeckt zu werden vorbei ist, wird die Botschaft vorgelesen und auf ihre Richtigkeit geprüft.

Ideen / Anregungen

Im Folgenden sind stichwortartig weitere Ideen und Anregungen genannt:

Lesen
- Fächer mit Vokalen und Gebärden (Lehrer macht Gebärden, Kinder zeigen Laut)
- Lese-Malaufgaben
- Bilderbücher
- Erstlesebücher
- Zaubertiere

Optische Wahrnehmung
- Legespiele
- Finde-den-Unterschied!-Bilder
- Ketten nach Vorlage auffädeln

Akustische Wahrnehmung
- Hördosen
- Memo-Spiel mit Filmdosen

Sensorische Wahrnehmung
- Tastkästen
- Fühl-Memo-Spiel

Weiteres
- Zu einem bestimmten Buchstaben Dinge in der Klasse finden und mit Klebepunkten versehen
- Spiel: selbst gebastelte Drehscheibe mit gelernten Buchstaben: Wörterraten

3.13. Elternarbeit

Kooperation

Wie in allen schulischen Bereichen ist es auch beim Lesen- und Schreibenlernen eine nicht zu unterschätzende Hilfe, wenn die Kinder – und auch die Lehrerin / der Lehrer – Unterstützung durch die Eltern erfahren. Dazu ist in erster Linie wichtig, dass die Eltern das Konzept des Lehrgangs möglichst gut nachvollziehen können. ABC der Tiere bietet darüber hinaus auch viele Möglichkeiten für das Lernen zu Hause.

Elterninformation

Sicher möchten Sie die Eltern auf einem Elternabend oder per Brief über die Methode für das Lesen- und Schreibenlernen informieren. Folgende Punkte sind gerade für Eltern interessant und können einen guten Einstieg bieten: Wichtige Vorübungen zum Körperschema sind: Balancieren, Seilspringen, Jonglieren, Einrad fahren etc. Wichtige sprachliche Vorübungen sind: Lieder singen, Reime sprechen, Silbenklatschen (also synchrones Sprechen und Klatschen). Das Thema Seitigkeit (vgl. 3.10.3.2., S. 39) lässt sich sehr schön mit dem Versuch, wie in der Präsentation beschrieben, darstellen.

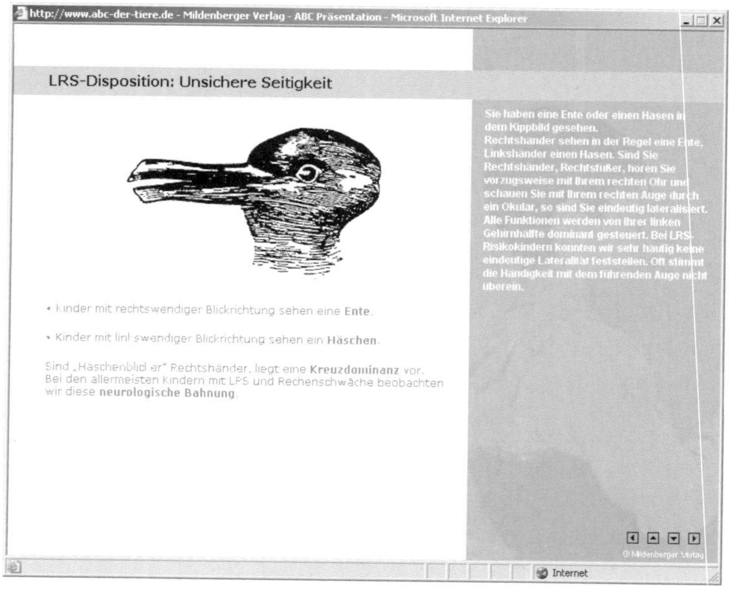

Quelle: Interaktive Präsentation von Klaus Kuhn, Menü LRS-Disposition, www.abc-der-tiere.de

Die optische Gliederung durch Zwischenräume oder Silbentrenner erhöht die Wahrnehmungsleistung. Das lässt sich sehr gut mit einem Versuch in der Präsentation zeigen.

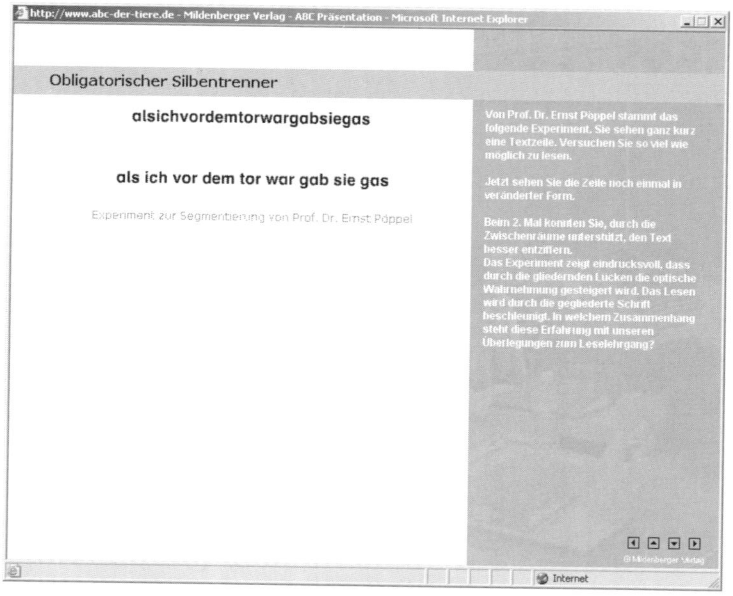

Quelle: Interaktive Präsentation von Klaus Kuhn, Menü LRS-Disposition, www.abc-der-tiere.de

Informationsmaterial für Eltern

Einführende Informationen sind auf einer Kopiervorlage zusammengefasst (Seite 58). Sie finden diese auch als PDF zum Download und als Word-Datei, falls Sie die Vorlage verändern möchten (Download-Angebot S. 6).

Sehr ausführlich wird das Konzept auch speziell für Eltern vorgestellt auf:
www.abc-der-tiere.de

Selbstverständlich senden wir Ihnen gerne den Prospekt zu ABC der Tiere zu. Bitte fordern Sie diesen an unter:

Tel.: 0781/91700
Fax: 0781/917050
Mail: info@mildenberger-verlag.de
oder bestellen Sie direkt auf: www.mildenberger-verlag.de
(Der Versand kann 5 Werktage dauern.)

Elternmitarbeit

Die Eltern können und sollen gerne zu Hause den Unterricht unterstützen. Wobei es keinesfalls notwendig ist, stundenlang zu Hause zu üben.
Gedacht ist vielmehr an die Unterstützung und Motivierung für Übungen zur Motorik (Jonglieren, Einrad fahren ...), zur Feinmotorik (Perlen fädeln, kleine Dinge sortieren ...), an ein Umfeld mit Liedern, Reimen, Lesen und Vorlesen, aber auch konkret an Spiele wie das Silbenklatschen, Übungen mit den Silbenkärtchen oder dem Einsatz der Software ABC der Tiere.
Das alles macht Spaß, dauert nicht lange und ist doch eine große Hilfe für die Kinder.
Wichtig: Um Verwirrungen für die Kinder zu vermeiden, sollen die Eltern darauf hingewiesen werden, dass die Konsonanten in den ersten Wochen nicht einzeln lautiert werden und immer nur Silben gesprochen werden (vgl. S. 28)!

Förderung mit Elternhilfe

Bei Kindern, die im Schuleingangstest (vgl. 3.11.2., S. 53 und 4.27., S. 100) auffällig waren, oder bei denen sich in den ersten Schulwochen größere Probleme zeigen, ist die Einbindung der Eltern dringend zu empfehlen. Nur so kann sichergestellt werden, dass die Kinder regelmäßig auch zu Hause 2- bis 3-mal wöchentlich ca. 20 Minuten üben.

ABC der Tiere – der Lese- und Schreiblehrgang nach der Silbenmethode

Jedes Kind kann lesen und schreiben lernen

So macht Lesenlernen Spaß. Mit den farbigen Silben lernen alle Kinder besser und schneller lesen und die Rechtschreibung fällt ihnen leichter.

Lesen in Silben

Durch die farbige Kennzeichnung der einzelnen Silben lernen die Kinder leichter lesen. Das gelingt folgendermaßen:

1. Die einzelnen Wörter werden in Buchstabengruppen aufgeteilt. Diese kleinen Gruppen sind leichter zu erfassen als das ganze Wort.
2. Die Buchstabengruppen sind ganz besondere Einheiten: Sie zeigen die Sprech-Silben an. Die Sprech-Silben sind der Schlüssel, um ein Wort richtig lesen und verstehen zu können.

Zum Beispiel können bei dem Wort „Giraffe" auch die ersten drei Buchstaben „Gir" als Gruppe gelesen werden: Gir - af - fe. Das könnte dann der Name einer besonderen Affenart sein.
Mit den farbigen Silben dagegen werden sofort die richtigen Buchstabengruppen erkannt: Giraffe. Beim Lesen ergibt sich automatisch der richtige Sinn. Es ist das Tier mit dem langen Hals gemeint.

Warum ist das so?

Beim Lesen in **Sprech-Silben klingen** die Wörter so, **wie** wir sie **sprechen** und **hören**. So kann der Sinn der Texte leichter entschlüsselt werden – Lesen macht Spaß!
Sobald das Lesen flüssig gelingt, können auch alle Texte ohne farbige Silben sicher erfasst werden. Durch das Training erkennen die Kinder die Sprech-Silben automatisch.
Dadurch lesen alle Leseanfänger leichter und besser – und auch die nicht so starken Leser können schneller Erfolge erzielen.

Rechtschreibung

Die farbigen Silben helfen nicht nur beim Lesen, sondern auch bei der **Rechtschreibung**. Sie machen die Struktur der deutschen Schrift sichtbar. Der Leseanfänger nimmt von Anfang an die Silbengliederung der Wörter wahr – aus Leseregeln werden Schreibregeln.
Rhythmusübungen sind ein zweiter ganz wichtiger Baustein für das sichere Beherrschen der Rechtschreibung. Wie das funktioniert, sehen Sie in einem Film auf:
www.abc-der-tiere.de/film

Markieren die farbigen Silben die Worttrennung?

Die farbigen Silben zeigen die Sprech-Silben eines Wortes an. In den allermeisten Fällen ist das identisch mit der möglichen Worttrennung am Zeilenende. In erster Linie bei der Trennung einzelner Vokale (a, e, i, o, u; z. B. E-va, O-fen, Ra-di-o) gibt es einen Unterschied: Nach der aktuellen Rechtschreibung werden diese am Zeilenende nicht abgetrennt. Da diese Wörter aber zwei Sprech-Silben haben, sind diese auch mit zwei Farben gekennzeichnet: Eva, Ofen, Radio.

Übungen für zu Hause

Wenn Sie Ihren Kindern helfen wollen, dann können Sie mit vielen spielerischen Übungen wichtige Grundlagen legen.
Singen Sie Lieder, sprechen Sie Reime, machen Sie Fingerspiele, Abzählreime und Silbenklatschen (das synchrone Klatschen und Sprechen der Silben).
Wichtig für die Motorik sind alle Übungen, die die Koordination herausfordern wie Jonglieren, Einrad fahren, Balancieren und so weiter.
Lesen Sie viel vor und lesen Sie gemeinsam mit Ihrem Kind. Die Silbenfibel®, der Lesezirkus und weitere Leseangebote mit dem farbigen Silbentrenner unterstützen das Lesen.
Sprechen Sie immer nur in Silben, also mu, ma, la oder Wörtern! Achten Sie darauf, dass Sie die Konsonanten (Mitlaute, z. B. m) nicht isoliert nennen, also nicht m = „em". Vokale (Selbstlaute, z. B. u) können isoliert benannt werden, also u = u.
Die Software ABC der Tiere enthält die komplette Silbenfibel und weitere umfangreiche Trainingsmöglichkeiten. Die Kinder arbeiten erfahrungsgemäß sehr gerne damit und erzielen schnell große Fortschritte.
Die Software liegt kostenlos dem Arbeitsheft (Bestell-Nr. 1405-91) bei und kann auch als App erworben werden.

Weitere Übungsangebote sind:

- Lesetexte mit dem farbigen Silbentrenner:
  www.mildenberger-verlag.de/silbe
- Silbenspiele:
  www.mildenberger-verlag.de/silbe

Weitere Informationen zur Silbenmethode mit Videos, Präsentationen und Links zu Erfahrungsberichten auf amazon und Ebay finden Sie auf:
www.silbenmethode.de

4. Materialbeschreibung

Zu vielen Materialien finden Sie kostenlose Leseproben auf **www.mildenberger-verlag.de/abc-der-tiere**

4.1. Silbenfibel® (1405-90) · Digitales Schulbuch (1405-907)

In der Silbenfibel werden die Silben als Ganzheit eingeführt. Das erleichtert allen Kindern das Lesen- und das orthografisch korrekte Schreibenlernen. Die Silbenfibel setzt beim Wissensstand der Leseanfänger an und trainiert sie systematisch und aufbauend in klaren nachvollziehbaren Schritten.

Die Silbenfibel® im Überblick:

- Illustrationen für vielfältige Gesprächsanlässe
- Einbindung der Silbenschule in den illustrativen Kontext
- Einführung von Ganzwörtern
- 3-stufige Differenzierung bis zum Abschluss der Silbenschule durch zusätzliche Wort-Bild-Texte und Illustrations-Texte
- Ausweisung der Kompetenzen und Anforderungsniveaus
- Beilagen: Lernstandsheft (20 Seiten), Schreibtabelle

Die ersten Leseerfahrungen machen die Kinder mithilfe des Moduls Silbenschule: Hier werden die Mitlaute nur in Koartikulation mit Selbstlauten gelesen. Die Leseanfänger sollen in diesem Modul die Minisilben aus Vokal und Konsonant ganzheitlich und nicht über den Prozess der Synthese erfassen.

Die Silbenfibel unterstützt in einzigartiger Weise den Leselernprozess der Schülerinnen und Schüler, indem das flüssige Dekodieren von Silben erlernt wird. Dadurch werden die Grundlagen für das sinnerfassende Lesen gelegt.

Zielsetzung

Die Silbenfibel® hat folgende zentrale Zielsetzungen im Blick:

- Aufbauen der Lesemotivation
- Stabilisieren der technischen Lesefertigkeit
- Entwickeln des verstehenden Lesens

Schon von Seite 12/13 an wird das Leseangebot durch das Modul Wort-Bild-Kombination erweitert. Kleine sinntragende Einheiten nehmen Bezug auf die Szene der doppelseitigen Illustration. Die Einführung naiver Ganzwörter dient dem gleichen Ziel, dem Leseanfänger das Lesen als Verstehensprozess näherzubringen. Kinder mit Vorerfahrungen im Lesen finden in den Illustrationstexten auf Hinweisschildern oder Plakaten ihre Herausforderung.

Kompetenzen

Die Lernangebote und Übungsaufgaben sind kompetenzorientiert. Ein Farbsystem markiert die Kompetenzen bei den Lernangeboten und bei den Übungsaufgaben.

Anforderungsniveaus

Die Silbenfibel® bietet durchgängig differenzierte Lernangebote und selbstdifferenzierende Aufgabenstellungen. Jedes Kind kann auf seinem Lernstand fördernde und fordernde Herausforderungen finden – und diese auch erfolgreich meistern. Nicht alle Kinder müssen alle Aufgaben bearbeiten. Die Anforderungsniveaus sind auf allen Seiten mit einem Punktesystem markiert:

Sozialformen Die Silbenfibel enthält Übungsformate in den Sozialformen:
Einzelarbeit: Lesen, Schreiben, Häuschenschreiben, Schreiben mit Schreibtabelle
Partnerarbeit: Gebärdenlesen, „Silbenlauf“
Gruppenarbeit: „Silbenkelle“, „Silben fliegen hoch“, Klassengespräch, Über lernen sprechen. Dazu das übergreifende Format: **Ich – Du – Wir.**

Digitales Schulbuch Als Digitales Schulbuch kann die Silbenfibel am Whiteboard, Beamer, Tablet etc. eingesetzt werden.

Methoden – Aufgabenformate – Sozialformen (Silbenfibel S. 2 bis 5)

Seite 2/3: Sprechen – lesen – untersuchen – schreiben
Jede Seite enthält vielfältige und abwechslungsreiche Angebote für Leseanfänger auf unterschiedlichen Niveaustufen.

Sprechen und Zuhören	**Kompetenzbereich: Sprechen und Zuhören** **Bilder und Themen entdecken** Die Illustrationen und Fotos laden zum Entdecken, Sprechen und Erzählen ein.
Lesen	**Kompetenzbereich: Lesen** **Silben automatisieren** Die Silbenschule trainiert das automatisierte Erfassen der Silben als Ganzheit. Beim Lesen wird gleichzeitig der Zeigefinger der Schreibhand in einem Bogen unter der Silbe mitgeführt. Das unterstützt die Augenbewegung von links nach rechts. **Schlüsselwörter lesen** Die Sprechblasen enthalten Schlüsselwörter mit den eingeführten Silben, Buchstaben und Ganzwörtern. **Sätze lesen** Erste sinntragende Sätze können mit einfachen Wort-Bild-Sätzen erschlossen werden. **Texte entdecken** In den Illustrationen befinden sich zum Teil Texte mit nicht eingeführten Buchstaben, in anderen Schriftarten und ohne zweifarbigen Silbentrenner. Diese Texte können durch den Kontext erlesen werden.
Sprache untersuchen	**Kompetenzbereich: Sprache untersuchen** **Über Lernen sprechen** Die vielfältigen Aufgabenangebote geben Anlass, sich über Lernstoff, Lernstand und Lernverlauf mit anderen auszutauschen.
Schreiben	**Kompetenzbereich: Schreiben** **Wörter schreiben** Neue und schwierige Wörter werden silbenweise mit zwei Farben aufgeschrieben, z. B. auf Karten für die 5-Fächer-Lernbox. **Lerntagebuch schreiben** Im Heft, einem individuellen Lerntagebuch oder dem der Silbenfibel beiliegenden Heft „Das kann ich schon!“ dokumentieren und bewerten die Kinder ihre Lernfortschritte.

Seite 4: So lerne ich – so lernen wir

Jede Fibel-Doppelseite enthält ganzheitliche Übungsaufgaben zu den eingeführten Silben und Buchstaben, welche die Leseanfänger auf ihrem jeweiligen Lernstand fördern und fordern. Die Aufgabenformate ermöglichen eine differenzierte Bearbeitung in unterschiedlichen Sozialformen. Zu allen Übungsformaten zeigen kleine Filme die praktische Durchführung: www.abc-der-tiere.de/fibel-filme

So lerne ich – so lernen wir

Zu den Übungen gibt es Videos unter:
ww.abc-der-tiere.de/fibel-filme

Differenzierung – Anforderungsniveaus

- • Anforderungsniveau 1
- •• Anforderungsniveau 2
- ••• Anforderungsniveau 3

Kompetenzorientierung

Sprechen und Zuhören
Silben-klatschen
Lesen
Sprache untersuchen

Silbenkelle

Gebärden (Einführung ⇢ S. 98 ff.)

Silben fliegen hoch

Silbenlauf

Schreiben mit der Schreibtabelle

in das Heft oder in das Lerntagebuch

4

Kompetenzbereich Sprechen und Zuhören
Kompetenzbereich Lesen
Kompetenzbereich Sprache untersuchen
Kompetenzbereich Schreiben

Sprechen und Zuhören

Sprechen
Im Klassenverband oder in Partnerarbeit tauschen sich die Kinder über das Bild, das Thema und eigene Erfahrungen aus.

Lesen

Lesen
Die Kinder lesen die Silben, Wort-Bild-Texte, Lesetexte und die Texte in den Illustrationen. Individuelle Stolperwörter, welche den Lesefluss hemmen, werden abgeschrieben und isoliert geübt.

Gebärdenlesen – ganzheitliche Verankerung von Graphem und Phonem
Die Gebärden dienen zur Festigung und zur eindeutigen Identifizierung einzelner Buchstaben. Mit den Gebärden werden Vokale, Konsonanten, Silben und Wörter gebildet, erlesen und gesprochen.

Silbenlauf – Automatisierung der Silbe
Der „Silbenlauf" ist eine ganzheitliche körperbetonte Übung. Als Material dienen Vokale und Konsonanten auf Papier, Holz o. Ä. Die Vokale liegen in einer „Straße" am Boden. Auf dem linken Fuß des Kindes ist ein Konsonant befestigt, z. B. „m". Das Kind stellt sich vor die Vokalreihe und setzt dabei immer den Fuß so links neben die Vokale, dass sich Silben ergeben. Diese Silben spricht das Kind deutlich und flüssig, z. B. „mu", „mi" etc.
(Buchstabenkarten Download-Angebot S. 6)

Sprache untersuchen

Silbenklatschen – Silbenbewusstsein
Die Kinder sprechen Wörter und Sätze und klatschen synchron dazu die Silben.

Silbenkelle – Vokal-Analyse
Die „Silbenkelle" ist eine ganzheitliche körperbetonte Übung in der Anfangsphase zu offenen Silben und zur Analyse der Vokale. Als Material können zwei Kellen, zwei Blätter Papier o. Ä. dienen. In der linken Hand hält ein Kind einen Vokal, in der rechten einen Konsonanten. Das Kind zeigt nun eine Silbe oder einen Vokal, und ein oder mehrere andere Kinder sprechen die gezeigte Silbe oder den Vokal. Begonnen wird immer mit einer Silbe.
(Buchstabenkarten Download-Angebot S. 6)

Silben fliegen hoch – Phonetische Ausgliederung der Silbe
„Silben fliegen hoch" ist eine ganzheitliche körperbetonte Übung für die Anfangsphase nach dem Spiel „Alle Vögel fliegen hoch". Hier sollen statt Vögeln Silben erkannt werden. Gesucht ist also z. B. die Silbe „mi". Die Kinder sprechen und klatschen die Wörter, z. B. „Salami". Bei der Silbe „mi" gehen dann alle Hände hoch.

Sprachforscher – Sprache untersuchen
Die Kinder untersuchen Wörter und Sätze und entdecken Rechtschreibregeln, die Zeichensetzung und den Satzbau.

Schreiben

Schreiben mit und ohne Schreibtabelle (Beilage)
Mit der Schreibtabelle können die Kinder Schreibvesuche mit noch unbekannten Buchstaben durchführen. Je nach Leistungsstand schreiben sie Wörter oder Texte.

Seite 5: Ich – Du – Wir

Der methodische Dreiklang aus Einzelarbeit, Partnerarbeit und Gruppenarbeit kann zu vielen Themen durchgeführt werden. An ausgewählten Stellen ist das Modul als Vorschlag aufgeführt. Auch andere Aufgaben und Übungen können in Partner- und Gruppenarbeit durchgeführt werden.

Ich – Du – Wir

1. Jedes Kind arbeitet auf seinem Niveau zum Thema.

Kreisendes Blatt – Reimen wie Lisa und Reiner

2. Die Kinder tauschen die Ergebnisse mit einem Partner/einer Gruppe aus.

3. Die Ergebnisse werden in der Gruppe/Klasse vorgestellt/besprochen.

5

Die Elemente der Silbenfibel

Einführung der Silben und Buchstaben

Die eingeführten Silben und Buchstaben befinden sich auf den Doppelseiten immer in der Kassette oben links. Die Lesetexte enthalten immer nur die bis zu dieser Doppelseite eingeführten Silben und Buchstaben.

Ganzwörter

In den Kassetten rechts oben befinden sich Ganzwörter, die im Text markiert werden. Es handelt sich um Wörter, die noch nicht eingeführte Buchstaben enthalten oder Besonderheiten aufweisen (z. B. „im“ und „am“ kann von vielen Kindern nur schwer von „mi“ und „ma“ unterschieden werden). Die Ganzwörter werden den Kindern speziell erklärt.

Die Silbenschule

Die ersten Leseerfahrungen machen die Kinder mithilfe des Moduls Silbenschule: Hier werden die Mitlaute nur in Koartikulation mit Selbstlauten gelesen. Die Leseanfänger sollen in diesem Modul die Minisilben aus Vokal und Konsonant automatisiert und nicht über den Prozess der Synthese erfassen.

Wort-Bild-Sätze

Damit die Kinder rasch sinntragende Sätze lesen können, werden ab Seite 12 / 13 Wort-Bild-Kombinationen angeboten. Diese Wort-Bild-Sätze werden gelesen, nachdem die Kinder die Silbenreihen flüssig lesen.

Die Silbenschule

Auf den ersten Seiten erscheinen Silben, also Buchstabenkombinationen aus einem Mitlaut und einem Selbstlaut (a, e, i, o, u). Der Mitlaut kann – darauf weist ja schon seine Bezeichnung hin – nur zusammen mit einem Selbstlaut gelesen werden. Beim Lesen der Silben wird gleichzeitig der Zeigefinger der Schreibhand in einem Bogen unter der Silbe mitgeführt. Wenn möglich wird die Silbenschule in den illustrativen Kontext eingebunden: Hier erzeugt der Seelöwe Toto „die Silben“ mit der Hupenorgel.

Ganzwörter

„malt“ wird als Ganzwort eingeführt, weil es nicht aus offenen Silben zusammengesetzt ist. Eingeführte Ganzwörter werden auf den Folgeseiten nicht mehr markiert.

Illustrations-Texte

Ein weiteres Leseangebot sind die in den Illustrationen enthaltenen Texte. Sie können noch nicht eingeführte Buchstaben enthalten.

Einführung der Silben und Buchstaben

Nachdem die Silbenschule erfolgreich durchlaufen ist, können ab S. 32 auch die Mitlaute isoliert bekannt gegeben werden.

Lesetexte mit dem farbigen Silbentrenner

Wenn die Silbenschule (S. 8 bis 31) erfolgreich durchlaufen ist, sind die weiteren Texte mit dem zweifarbigen Silbentrenner ausgestattet. Der farbige Silbentrenner markiert die Sprech-Silben. Der Silbentrenner ermöglicht den Kindern sehr schnell flüssig und sinnverstehend zu lesen.

Die Phasen des Lesenlernens (Klasse 1 / ab 5 Jahren)

Die moderne Sprachforschung zeigt, dass die funktionellen Regelkreise (Sehen, Sprechen, Hören, Schreiben) innerhalb elementarer Lernstufen ausgebildet werden. Das Spiel mit Silben ist demnach keine primitive Vorstufe, sondern Träger der übergeordneten Ganzheiten (Lesen / Schreiben).

Elementare Lernprozesse werden nicht wie die abgebrannten Stufen einer Rakete nach Gebrauch abgestoßen und wertlos, sie begleiten uns ein Leben lang.

Sukzessiver Aufbau der Lesekompetenz:

- Kontrolle der Augenbewegung und Artikulation
- Richtungssicherheit und Zeilenbewusstheit
- Erkennen und Lautieren der elementaren Silbenmuster / Buchstaben
- Zweisilbige Wörter lesen (Trochäus)
- Satzmodelle mit richtiger Satzmelodie lesen
- Größere Zusammenhänge erkennen und wiedergeben

Das Lesetraining folgt diesem Modell. Die Fertigkeiten der 1. und 2. Stufe sind von enormer Bedeutung. Linkswendiges Lesen und Verwechseln der Buchstaben d / b, ie / ei, E / 3 sind typische Fehler schwacher Leser. Sind die Leistungen bis Stufe 3 automatisiert, gelingt mit „freiem Kopf“ das sinnentnehmende Lesen.

Aus diesem Grund beginnt „Lesen in Silben“ mit dem Erkennen und Lautieren der elementaren Silbenmuster.

Die 5 Phasen des Lesenlernens gemäß der Silbenmethode

Phase 1

Phase 1: mu – mi – mo – ma – me (Seiten 6 bis 15 in der Silbenfibel)

Am ersten Schultag lesen die Kinder „mu“. Sie machen die erste Leseerfahrung in der Schule mit einer Kombination von zwei Buchstaben, ohne dass diese **isoliert** gesprochen werden. Ziel ist nicht das Verschleifen der Buchstaben, sondern das ganzheitliche Lesen von Silben.

Sie führen den Zeigefinger der Schreibhand synchron zum Sprechen unter der Schrift in Silbenbögen mit. Das unterstützt die Augenfolgebewegung in Leserichtung, was für Kinder mit **linkswendiger** Blickrichtung von entscheidender Bedeutung ist.

In der zweiten Einheit lesen die Kinder „mi“ und „mu“ gemischt. Jetzt müssen beide Kombinationen unterschieden werden. Sie lernen die Vokale „u“ und „i“ isoliert zu sprechen. Das Wiedererkennen der Vokale wird ab jetzt durch **Handzeichen** unterstützt. Das „m“ dagegen wird nicht isoliert gesprochen.

Der grafische Teil der Fibel gibt immer wieder Sprechanlässe. Wort-Bild-Sätze zur Förderung des sinnentnehmenden Lesens stellen den Bezug zur Illustration her (ab Silbenfibel S. 12 / 13). Schrift wird von Anfang an als sprachliches Handeln verstanden.

Der große Abstand zwischen den Silben erleichtert die Augensteuerung. Das synchrone Mitführen des Zeigefingers der Schreibhand sichert die Richtung von links nach rechts. Die Koordination von Sehen, Deuten und Sprechen ist aus neurodidaktischer Sicht unverzichtbar für einen flüssigen Leseprozess.

Schon in diesem Stadium lesen die Kinder mit den Eltern Silbenkärtchen: ma – me – mi – mo – mu in ständig variierter Reihenfolge. Die Silbenkärtchen bieten auch die Möglichkeit, Silben nach Diktat zu legen.

Werden z. B. vier Kärtchen in eine Reihe gelegt, können sie anschließend gelesen werden. Der Zeigefinger der Schreibhand wird synchron zum Lesen in einer girlandenförmigen Bewegung unter der Zeile mitgeführt.

Die Silbenkärtchen eignen sich auch für das Memo-Spiel und Bingo.

Auch die Silbenschieber kommen jetzt zum Einsatz.
Die erste Schieberzunge mit Konsonanten nennen wir **Starter**, die zweite mit den Vokalen **Klinger**, die dritte mit den Konsonanten **Stopper**. Alle auftretenden Schwierigkeiten können am Silbenschieber gelöst werden. Für den Einstieg wird der Mini-Silbenschieber mit **Starter** und **Klinger** verwendet. Der Mini-Silbenschieber ist eine Beilage im **Arbeitsheft**. Auch Eltern können mit ihren Kindern damit zu Hause üben, ohne dass der störende Effekt des Auswendiglernens auftritt.
In der Praxis hat sich dieses Hilfsmittel als besonders wirkungsvoll erwiesen.

Silbentexte, Silbenkärtchen, Handzeichen, Silbenschieber, Silbenteppich und Spiellieder bieten viele Möglichkeiten, die Starter-Klinger-Kombinationen (Silben) zu verankern.

Die Vokale werden einzeln gesprochen, aber nicht die Konsonanten als Anlaute. Gelingt das Lesen einer Klangsilbe nicht spontan, geben wir als Hilfe das Handzeichen für die Artikulation des Konsonanten (Starter) zusammen mit dem Hinweis: „Lass beide zusammen heraus – ohne Luft dazwischen.“

Phase 2

Phase 2: la – ti – ri – sa – wi (Seiten 16 bis 27 in der Silbenfibel)

In der sechsten Einheit wird der Starter (Anlaut) „l“ eingeführt. Er wird gemeinsam mit den Vokalen gelesen. Anweisung: „Wir lassen sie zusammen heraus!“ Wenn nötig, nehmen wir die Mundstellung zur Artikulation des Starters – unterstützt durch Handzeichen – stumm ein. Wörter und Namen werden innerhalb der Silbenschule mit dem zweifarbigen Silbentrenner geschrieben.

Wir vereinzeln oder „personifizieren“ in diesem Stadium noch keine Konsonanten (Starter). Es darf keine mentale Barriere zwischen Konsonant und Vokal errichtet werden – das Verschleifen wird dadurch zum Problem!

Außerdem begegnen wir so der Gefahr, dass die Konsonanten mit den üblichen Lautkombinationen benannt werden (z. B. „em“ für „m“).

In der achten Einheit wird der Starter „t“ eingeführt. Bei vielen Kindern ist die Fähigkeit, ein kräftiges „tu“ auszusprechen, infolge einer flachen Atmung (Vitalkapazität) nicht voll entwickelt.

Die Hupenorgel soll zu einem kräftigen Luftstoß beim Sprechen anregen. Wir führen den Handrücken zum Mund, um den Luftstoß zu spüren. Diese Bewegung wird gleichzeitig zum verankernden Handzeichen.

Wir sind der Meinung, dass die Unterscheidungsschwierigkeiten zwischen t – d, k – g, p – b generell mit einer flachen Atmung zusammenhängen: Was ich nicht klar artikulieren kann, werde ich auch nicht sicher schreiben können.

Phase 3

Phase 3: da – del (Seiten 28 und 29 in der Silbenfibel)

Jetzt tauchen bekannte Starter auch als Stopper auf.

Richtungsschwache Kinder neigen dabei zum linkswendigen Lesen: Aus „Tim“ wird „mit“. Die Begriffe Starter, Klinger, Stopper bringen Richtung in die Silbe.

Außerdem wird die zentrale Stellung des Vokals von Anfang an bewusst gemacht. Als Stopper werden die Konsonanten akustisch isoliert und analysiert. Der Silbenschieber mit Starter – Klinger – Stopper (Beilage im Arbeitsheft) ermöglicht hierzu die bekannten Übungen wie beim Mini-Silbenschieber.

Die Silbe aus Starter und Klinger (offene Silbe) wird lang gelesen. Das Silbenmuster Starter – Klinger – Stopper (geschlossene Silbe) wird immer mit kurzem Vokal gelesen.

Gelingt eine Starter-Klinger-Stopper-Kombination (z. B. mel) nicht spontan, gehen wir einen Schritt zurück zur Starter-Klinger-Kombination (z. B. me). Danach wird dem Schüler wieder die ursprüngliche Silbe (mel) angezeigt und der Stopper l mit der Gebärde für l gleichzeitig ausgeführt. In aller Regel führt diese Hilfe zum erwünschten Ziel. In der Stopper-Position ist es für die Konditionierung des Ablaufes nicht störend, wenn wir das l beim Sprechen deutlich hervorheben.

Das zögernde „Dehnsprechen“ bei geschlossenen Silben wird für viele Kinder in der Folge zu einer **Rechtschreibfalle**, weil eine zentrale Information der Schrift „Lies geschlossene Silben mit kurzem Vokal!“ nicht beachtet wird.

Grundsätzlich sollen die Kinder die beiden Silbenmuster spontan erfassen und lesen. Buchstabenweises Synthetisieren kann diese Muster nicht erkennen und führt nicht zu einem flüssigen, sinnerfassenden Lesen.

Phase 4

Phase 4: Übergang von der Silbenschule zu Wörtern und Sätzen (Seiten 30 bis 33 in der Silbenfibel)

Wir achten darauf, dass beim Lesen die Silben deutlich artikuliert werden (explizites Silbensprechen). Dem Erraten ganzer Wörter und Vernachlässigen von Endungen wird so wirksam begegnet. Die Struktur zur Schreibung deutscher Standardwörter wird mit Häuschen analog zum Silbenschieber eingeführt.

Bei geschlossenen Silben wie z. B. in „Sil – be“ achten wir auf eine schwungvolle, kurze Artikulation des Klingers in der ersten Silbe im Gegensatz zu der offenen Silbe in dem Wort „le – sen“, wo ein langer Klinger in der ersten Silbe gesprochen wird. Aus dieser Regel leitet sich auch die Forderung der Silbensprache ab, Wörter wie „Teller“ immer mit kurzem Vokal in der Stammsilbe zu lesen.
Wenn im zweiten Halbjahr der ersten Klasse das Lesen bei allen Kindern flüssiger wird, verzichten wir auf das silbenweise Lesen. Eine nachteilige Auswirkung in der Phase der Umstellung haben wir nie beobachtet.

Neben den positiven Auswirkungen auf die Lesefertigkeit ist die Silbensprache als Schreibsteuerung aus unserer Sicht nicht zu ersetzen.

Phase 5

Phase 5: Mehrfachkonsonanten, Doppellaute und Anlauthäufungen (Seite 34 ff. in der Silbenfibel)

Nachdem die vierte Phase bewältigt ist, geht es nun darum, bei Konsonantenhäufungen Sicherheit zu erlangen.

Wichtige Übungsformen sind der Silbenschieber und die verschiedenen Leseteppiche. Alle Buchstabenverbindungen, die spontan nicht gelingen, werden in formalen Übungen automatisiert.

Das spielerische Angebot der Software motiviert die Schüler, täglich kurze Übungseinheiten zu absolvieren. **Das tägliche Üben kann durch nichts ersetzt werden.** Die Schriftgröße und der Zeilenabstand werden im Laufe des Lehrganges geringer. Abwechslungsreiche Texte und eine kindgerechte Grafik unterstützen den Lernerfolg.

4.2. Wortkarten – Eine Wörterkartei zum Üben (1403-96)

Die 320 Wortkarten sind abgestimmt auf die Silbenfibel. In der 5-Fächer-Lernbox sind sie die ideale Übungsergänzung. Damit können die Wörter und Strategien unabhängig vom Kontext trainiert werden.

Mithilfe der Karten und der 5-Fächer-Lernbox wiederholen und festigen die Kinder die im Verlauf von Klasse 1 eingeführten Wörter, Ankerbilder und Lautgebärden in kleinen, zum Lernstand passenden Portionen. Zum Bild auf der Kartenvorderseite wird das richtige Wort gesucht, die Silben werden geklatscht, die Lautgebärden gezeigt. 40 Silbenstrategie-Karten fordern auf, über die Silben der Wörter nachzudenken.

4.3. Arbeitsheft Druckschrift (1405-91) · Arbeitsheft Grundschrift (1405-71)

Das Arbeitsheft A und B ist das Arbeitsmaterial für die Kinder im 1. Schuljahr und begleitet sie chronologisch. Auf den vierfarbigen Seiten werden alle methodisch wichtigen Übungen eingeführt und vertieft. Die Fußnoten geben konkrete Hinweise für die Durchführung.

Das Arbeitsheft ist in zwei Teile aufgeteilt, damit es für die Kinder leichter zu handhaben ist. Teil A wird im ersten Schulhalbjahr eingesetzt, Teil B im zweiten. Die Arbeitseinheiten (4 Seiten pro Fibel-Doppelseite) beziehen sich auf die Szenen der Fibel und unterstützen den Lese- und Schreibprozess mit silbenmethodischen Übungen. Die konsequente Arbeit mit dem Arbeitsheft ermöglicht allen Schülern den Unterrichtserfolg.

Zusammengefasst ist das Arbeitsheft:

- zentrales Arbeitsmittel
- durchgängig mit farbigem Silbentrenner ausgestattet
- Angebot für viele Gesprächsanlässe
- Ausweisung der Kompetenzen und Anforderungsniveaus
- geeignet für verschiedene Sozialformen, z. B. Partner- oder Gruppenarbeit

Das Arbeitsheft enthält als Beilagen:

- Mini-Silbenschieber mit Gebärden (Karton)
- Silbenschieber (Karton)
- Lernsoftware ABC der Tiere 1 (CD-ROM)

Das Arbeitsheft im Überblick:

- Teil A und B mit je 80 Seiten, durchgängig vierfarbig illustriert
- 2 Beilagen: Mini-Silbenschieber, Silbenschieber, CD-ROM
- abgestimmt auf Silbenfibel und Schreiblehrgang Druckschrift / Grundschrift
- systematische Einbindung der Gebärden und Häuschenschreibweise
- vielfältige, silbenmethodische Übungen
- Fußnoten mit Durchführungshinweisen und ggf. Lösungen
- selbsterklärend durch Symbole, Beispiele und Wiederholung

Analytische Silben-methode

Die Aufgaben orientieren sich an der analytischen Silbenmethode. Die Kinder werden konsequent über das Silbenklatschen und silbenweise Lesen und Schreiben an die deutsche Schrift herangeführt. Der obligatorische Silbentrenner (zwei Farben) vermittelt den Kindern – zunächst noch unbewusst – die Leseregeln deutscher Wörter: richtige Betonung und Silbenteilung. Beim Schreibvorgang werden daraus bewusste Schreibregeln. Die Kinder werden immer wieder aufgefordert, Wörter und Sätze mit zwei Farben zu schreiben.

Gebärden

Die Gebärden als Brücke zwischen Laut und Zeichen ermöglichen einen handlungsorientierten Zugang zur Schrift. Für viele Kinder ist das der „Königsweg“ zur schnellen Verankerung der Buchstaben.

ABC der Tiere 1: Konzeption – Silbenmethode mit Silbentrenner®

Phonologische Bewusstheit Die Silbenmethode beginnt mit der Wahrnehmung der Sprechsilbe. Es werden zunächst aus vorgesprochenen oder selbst gesprochenen Wörtern bestimmte Silben oder Vokale ausgegliedert („Kamele“: Welche Silbe lautet wie „me“?). Die Herausbildung dieser Fähigkeit („Phonologische Bewusstheit im weiteren Sinn“) ist eine unverzichtbare Voraussetzung für das Lesen- und Schreibenlernen.

Kinder mit Sprachentwicklungsverzögerung oder mit Deutsch als zweite Sprache können diese Fähigkeit nur im Dialog mit dem Lehrer oder den Eltern ausbilden. Die bildlich dargestellten Wörter müssen allen Kindern lautsprachlich bekannt sein, um die entsprechenden Aufgaben mit Gewinn zu bearbeiten. Nach der er-

Silbenschule folgreich durchschrittenen Phase dieser „Silbenschule“ werden Silben in einzelne Sprachlaute („Phonologische Bewusstheit im engeren Sinn“) zerlegt. Mit den Häuschen kann die Position der einzelnen Buchstaben im Wort geklärt werden. Die selbstdifferenzierenden Aufgaben werden individuell bearbeitet. Jedes Kind arbeitet auf seinem Niveau.

Beilagen Der Mini-Silbenschieber (Beilage) unterstützt das Automatisieren der Silben und Wörter aus Konsonant-Vokal-Verbindungen: ma, me, la, Ma-ma, Mo-mo, O-ma, Mi-o, Mi-a.
Mit dem großen Silbenschieber (Beilage) werden die Konsonant-Vokal-Konsonant-Verbindungen trainiert: win, kin, ker, del, sen; Win-ter, Kin-der, Ker-ne.
Die mehrfach ausgezeichnete Lernsoftware „ABC der Tiere 1“ (Beilage) enthält alle Lesetexte der Silbenfibel und insgesamt 17 Übungsformate für das spielerische interaktive Lernen.

Selbstständig arbeiten Die Übungssituationen und einzelnen Arbeitsaufträge sind durch erklärende Illustrationen und Symbole gekennzeichnet. Schon in den ersten Unterrichtsstunden können die Kinder selbstständig mit dem Material arbeiten. Die wiederkehrenden Aufgabentypen sind den Kindern vertraut und vermitteln Sicherheit bei der Bearbeitung. Entsprechend dem Lernzuwachs werden neue Aufgabentypen eingeführt. In den Fußnoten sind weitere Hinweise zur Durchführung und ggf. Lösungen enthalten.

Sozialformen Mit dem Arbeitsheft sind verschiedene Sozialformen des Lernens möglich: Einzel- und Gruppenarbeit, Klassengespräch, Abteilungsunterricht in jahrgangsübergreifenden Klassen, jahrgangsübergreifende Arbeitsphasen beim Vorlesen, bei sprechrhythmischen Übungen von Versen, bei unterstützenden Partnerübungen mit dem Silbenteppich, den Silbenkärtchen und beim Silbenklatschen.
Die kooperativen Lernformen „Ich – Du – Wir“ und „Über Lernen sprechen“ sind in den Unterrichtsablauf integriert.

Die Elemente im Arbeitsheft

Gebärden, Mini-Silbenschieber

Gebärden

Die Gebärden als Brücke zwischen Laut und Zeichen ermöglichen einen handlungsorientierten Zugang zur Schrift. Für viele Kinder ist das der „Königsweg" zur schnellen Verankerung der Buchstaben.

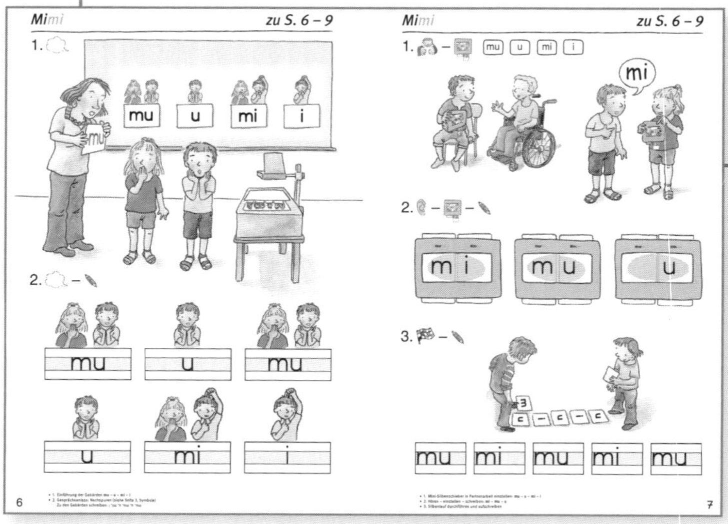

Mini-Silbenschieber

Der Mini-Silbenschieber (Beilage) unterstützt das Automatisieren der Silben und Wörter aus Konsonant-Vokal-Verbindungen. Die Silben werden nach Vorgabe eingestellt und ins Heft geschrieben.

Silben heraushören

Beim Aufgabentyp „Klatschen – Hören – Ankreuzen" (ab Seite 5) lernt das Kind eine bestimmte Silbe aus einem mehrsilbigen Wort zu isolieren.
In der 5. Unterrichtswoche wird im anschließenden Aufgabentyp „Klatschen – Hören – Schreiben" (ab Seite 21) das silbenweise Schreiben der Wörter angebahnt und mit zunehmendem Buchstabenrepertoire zum silbenweisen Schreiben vollständiger Wörter erweitert.

Silbenschule – Leseteppich, Silbenschieber

Silbenschule – Leseteppich

Die Silbenschule aus der Silbenfibel wird im Arbeitsheft in Form des Leseteppichs aufgegriffen. Beim Lesen der Silben wird gleichzeitig der Zeigefinger der Schreibhand in einem Bogen unter der Silbe mitgeführt. Die Augenbewegung von links nach rechts wird dadurch unterstützt.

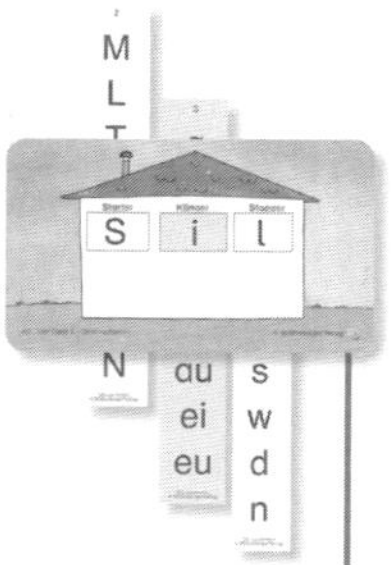

Silbenschieber

Mit dem Silbenschieber (Beilage) werden die Konsonant-Vokal-Konsonant-Verbindungen trainiert und ins Arbeitsheft geschrieben.

Ich – Du – Wir

Die Kinder bearbeiten die Seite im Format Ich – Du – Wir.

Häuschenschreibweise

Mit der Einführung der Häuschenschreibweise lernen die Kinder an einem einfachen Modell systematisch die Struktur der Schrift kennen. Damit lernen sie von Anfang an, kompetent und sicher orthografisch korrekt zu schreiben.

Fußnoten

Auf jeder Seite sind Fußnoten enthalten. In den Fußnoten sind weitere Hinweise zur Durchführung und ggf. Lösungen enthalten.

Erklärende Symbole – Jahrgangsübergreifende Klassen

Die Übungssituationen und einzelnen Arbeitsaufträge sind durch erklärende Illustrationen und Symbole gekennzeichnet. Schon in den ersten Unterrichtsstunden können die Kinder selbstständig mit dem Material arbeiten. Die wiederkehrenden Aufgabentypen sind den Kindern vertraut und vermitteln Sicherheit bei der Bearbeitung. Entsprechend des Lernzuwachses werden neue Aufgabentypen eingeführt.

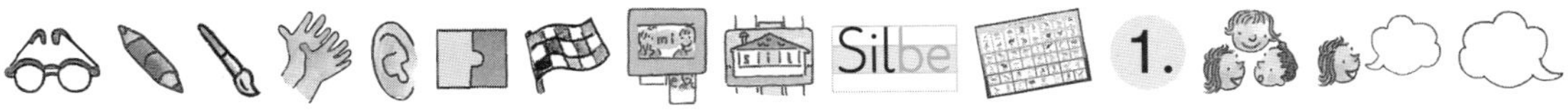

Mit dem Arbeitsheft sind verschiedene Sozialformen des Lernens möglich: Einzel- und Gruppenarbeit, Klassengespräch, Abteilungsunterricht in jahrgangsübergreifenden Klassen durch die Kombination mit dem Spracharbeitsheft 2, jahrgangsübergreifende Arbeitsphasen beim Vorlesen, bei sprechrhythmischen Übungen von Versen, bei unterstützenden Partnerübungen mit dem Silbenteppich, den Silbenkärtchen beim Silbenklatschen, beim Lesetraining mit der CD-ROM ABC der Tiere und dem gemeinsamen Singen der Lieder.

Lesen und Schreiben

Der obligatorische Silbentrenner (zwei Farben) vermittelt den Kindern – zunächst noch unbewusst – die Leseregeln deutscher Wörter: richtige Betonung und Silbenteilung. Beim Schreibvorgang werden daraus bewusste Schreibregeln.
Die Kinder werden immer wieder aufgefordert, Wörter und Sätze mit zwei Farben zu schreiben. Das muss nicht zwingend mit den Farben Blau und Rot geschehen. Die Kinder können auch ihre Lieblingsfarben wählen, solange diese gut lesbar sind.

Gedichte, Reime, Wortspiele

Die Leseteppiche werden nach Abschluss der Silbenschule durch Gedichte, Reime und Wortspiele ersetzt, an denen das laute, flüssige und richtig betonte Lesen trainiert wird.

Gestütztes Schreiben

Die Silbenübungen ermöglichen den Kindern rasch das eigenständige Schreiben. Die Kinder orientieren sich an einem Text, einem Silben- oder Wörterpool und schreiben mit dieser Unterstützung Wörter und Sätze. Im Mittelpunkt steht dabei von Anfang an das orthografisch korrekte Beherrschen der Schrift.

Vielfältige Übungsformen

Die verschiedenen Übungsformen werden eingeführt und in Abständen wiederholt. Dadurch ist das Angebot der Übungsformen sehr abwechslungsreich und die Kinder erhalten Sicherheit in der Bearbeitung der Aufgabentypen.

4.4. Schreiblehrgang Druckschrift (1405-81) · Grundschrift (1405-72)

Der Schreiblehrgang in Druckschrift bietet für die einzuführenden Silben / Buchstaben jeweils drei Seiten an. Ausgehend von der normgerechten Ausführung der Buchstaben werden Silben, Wörter und erweiterte Aufgaben angeboten. Auf der ersten Seite erscheinen die Gebärde und das Ankerbild zum jeweiligen Laut. Entsprechend dem obligatorischen Silbentrenner in der Fibel schreiben die Kinder auch im Schreiblehrgang prinzipiell mit zwei Farben oder dem Wendestift.

Der Schreiblehrgang ist so konzipiert, dass er von den Kindern selbstständig bearbeitet werden kann.

Als Beilage ist eine Schreibtabelle mit den Ankerbildern und den Hinweisen zur Benutzung der Schreibtabelle für das Lesen und Schreiben enthalten.

Bei den Schreiblinien klären große Abbildungen oder große Schreibbeispiele in der Schreibzeile auf der linken Seite die Schreibrichtung. Für Linkshänder steht am rechten Rand über der Schreibzeile der jeweilige Buchstabe, die Silbe oder das Wort in verkleinerter Schriftgröße. So erhalten Linkshänder eine Schreibhilfe. Die grundlegende Schreibrichtung wird klar angezeigt. Das ist besonders für Kinder mit einer LRS-Disposition eine wichtige Hilfe.

Die Verankerung der Buchstaben kann zusätzlich unterstützt werden: Es besteht die Möglichkeit, bei der Einführung der Buchstaben und Laute die Tiergeschichten von Mia und Mio zu integrieren.

Der Schreiblehrgang im Überblick:

- Teil A und B mit jeweils 64 Seiten / Grundschrift Teil C mit 24 Seiten für die Einübung der Buchstabenverbindungen
- vielfältige und abwechslungsreiche Übungen
- Integration der Gebärden
- vierfarbige, motivierende Abbildungen, abgestimmt auf Silbenfibel, Arbeitsheft und Tiergeschichten zu den Ankerbildern (vgl. 4.13., S. 94)

Schreib- und Stifthaltung/ Rechts- und Linkshänder

Grundlegend für das Schreibenlernen ist die korrekte Schreib- und Stifthaltung. Diese wird in Teil A auf Seite 4 für Links- und Rechtshänder beschrieben. Linkshänder finden zudem das jeweilige Aufgabenbeispiel auf der rechten Seite der Schreibzeile als Vorlage.

Gebärdenkind und Ankerbild

Das Gebärdenkind unterstützt auf den Einführungsseiten das Abspeichern des Buchstabens. Die Lautgebärden erleichtern als handlungsorientierter Kanal die Zuordnung von Laut und Zeichen deutlich. Zusätzlich ist das Ankerbild abgebildet. Das Ankerbild soll den Buchstaben oder Laut in nachdrücklicher Weise verankern. Dabei ist es nicht notwendig, dass der Name des Ankerbildes mit dem jeweiligen Buchstaben beginnt, vgl. X, x = Ankerbild Boxer.

Motorik und Feinmotorik

In den ersten Wochen sollten Übungen im größeren Format (in die Luft aus dem ganzen Arm schreiben, auf Zeitungspapier aus dem Unterarm schreiben, aus dem Handgelenk in den Sand schreiben usw.) vorausgehen. Das Ziel ist die Automatisierung des Bewegungsablaufes. Die Kinder können sich dann auf die Stifthaltung (Seite 4) und das Einhalten der Zeilen konzentrieren.

Die Übungen zu den Grundelementen wie „Strich abwärts“, „Strich nach rechts aufwärts“, „Links- und Rechtskreise“, „Arkaden“, „Girlanden“ und „Schleifen“ können dem Schreiblehrgang vorausgehen und / oder sie bereiten die Einführung der entsprechenden Buchstaben als „Auflockerungsübungen“ vor.

Einspurbuchstaben

Die normgerechte Ausführung der Buchstaben wird durch große Einspurbuchstaben angezeigt. Diese werden zuerst mit dem Finger, dann mit verschiedenen Stiften nachgespurt. Die Abfolge der Bewegungen wird durch Pfeile angezeigt. Ein Punkt am Pfeil markiert den Start. Die angezeigte Richtung wird ohne abzusetzen ausgeführt, bis ein weiterer Pfeil eine Richtungsänderung anzeigt oder die Spur beendet ist. Durch die Richtungsänderung kann auch ein Deckstrich über eine bereits gezogene Spur geführt werden. Enthalten Bewegungsabläufe einen „Sprung“ durch Absetzen des Stiftes, dann ist jeder neue Start mit einem Punkt am Pfeil markiert und die Reihenfolge durch Ziffern angegeben.
Im Anfangsstadium erleichtert das Mitsprechen der einzelnen Phasen des Schreibvorganges die Automatisierung, z. B.: m = „1 2 3“, o = „links herum“.
In den Fußnoten Teil A sind die jeweiligen Vorschläge aufgeführt. Diese Einspurübung kann auch als chorisches „Intro“ im Klassenverband zur Einstimmung auf die Schreibübungen durchgeführt werden. Die Einspurbuchstaben können wiederholt geübt werden; die Kinder sollten sie sicher beherrschen.

Eigene Schreibversuche

Im nächsten Schritt schreiben die Kinder die Buchstaben in verschiedenen Größen in ein freies Feld. Danach schreiben sie auf einer Grundlinie. Erst im letzten Schritt schreiben die Kinder die Buchstaben in die Schreibzeile. In der Schreibzeile mit den Nachspurbuchstaben kann mit dem Haussymbol die Ober- und Unterlänge der Buchstaben erklärt werden.

Schreiben mit zwei Farben

Die Kinder schreiben mit zwei Farben (Wendestift oder zwei Stifte). Unmittelbar vor dem Schreibvorgang sprechen die Kinder leise die Silbe oder den einzelnen Vokal (bei einzelnen Konsonanten können sie die Phasen mitsprechen). Sie lernen so das automatisierte Silbenschreiben, was die spätere Schreibleistung außerordentlich begünstigt. Als Nebeneffekt verhindert der Stiftwechsel eine Verkrampfung der Hand.

Erweitertes Aufgabenangebot

Die dritten Seiten des wöchentlichen Pensums enthalten zunehmend (Teil B) erweiterte Aufgaben. Das Schreiben unter gleichzeitiger Beachtung des Sinnzusammenhanges wird weiter gefestigt. Nachspurübungen regulieren das Schriftbild. Abwechslungsreiche Übungsformen schaffen neue Motivation in der Schreibroutine. Die selbstdifferenzierenden Aufgaben – „Mit der Schreibtabelle lautgetreue Wörter schreiben“, „Eigene Texte verfassen“ – werden von den Schülerinnen und Schülern auf ihrem individuellen Niveau bearbeitet. Die kooperativen Lernformen „Ich – Du – Wir“ und „Über Lernen sprechen“ sind in den Unterrichtsablauf integriert.

Beilage Schreibtabelle

Mit der Schreibtabelle ist das selbstständige Lesen und Schreiben mit neuen Buchstaben möglich. Kinder, die Wörter sicher silbieren und mit der Häuschenschreibung für die offene betonte Silbe (Häuschen A) und die geschlossene betonte Silbe (Häuschen B) vertraut sind, können im Zuge der inneren Differenzierung Wörter und kleine Texte mit neuen Buchstaben schreiben.

Gebärden

Die Gebärde als Brücke zwischen Buchstaben und Laut stellt für viele Kinder eine handlungsorientierte Hilfe beim Verankern des Buchstabens dar.

Nachspurbuchstabe groß

Der Nachspurbuchstabe gibt dem Kind die Möglichkeit, die normgerechte Schreibrichtung mit dem Zeigefinger der Schreibhand zu erfahren. Die eventuellen Schwierigkeiten der Handhabung des Schreibstiftes sollen diese erste Orientierung nicht beeinträchtigen.

Ankerbild

Das Ankerbild, in den „Tiergeschichten mit Mia und Mio" in eine spannende Vorlesegeschichte integriert, schafft die für das Lernen günstige emotionale Grundstimmung.

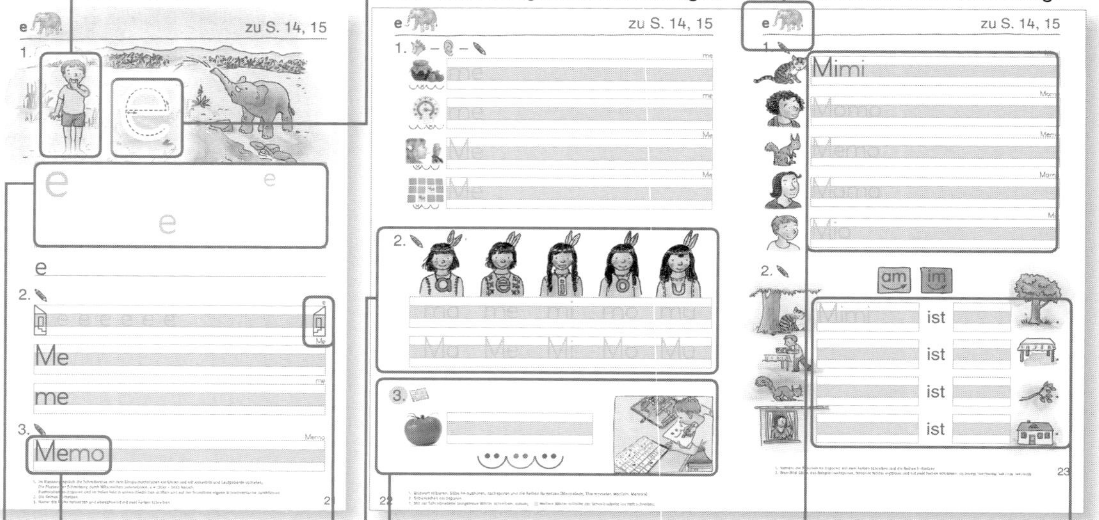

Namen und Wörter

Alle Namen und Wörter werden gemäß den Forderungen der Silbenmethode mit zwei Farben geschrieben.

Schreibtabelle

Mit der Schreibtabelle werden Wörter oder Sätze geschrieben.

Nachspurübungen

Die Nachspurübungen regulieren das Schriftbild.

Indianerlaute

Die Indianer repräsentieren die zentrale Bedeutung der Selbstlaute. Die Mitlaute werden als Klein- und Großbuchstabe mit den Indianerlauten geübt.

Erweiterte Schreibübungen

Abwechslungsreiche Übungsformen sind in den Schreiblehrgang eingebaut und schaffen neue Motivation in der Schreibroutine.

Freies Feld und Grundlinie

Die Buchstaben werden in verschiedenen Größen in einem freien Feld geübt. Danach auf einer Grundlinie geschrieben.

Haussymbol

Mit den Nachspurbuchstaben kann mit dem Haussymbol auch die Ober- und Unterlänge der Buchstaben erklärt werden.

Ziel des Schreiblehrganges ist die Fähigkeit, eine Sprech-Silbe spontan in eine Buchstabenfolge umzusetzen. Von einfachen Silben ausgehend werden nach dem Modell „Konsonant – Vokal – Konsonant" Schritt für Schritt weitere Kombinationen entwickelt. Da die meisten schwachen Schreiber Defizite in der Koordination mitbringen, ist es besonders hilfreich das gleichzeitige Silbensprechen und Silbenschreiben zu erarbeiten. Orthografie durch Silbenstruktur: Der Kernbereich der deutschen Rechtschreibung ist in der Silbenstruktur der Wörter begründet. Diese Einsicht führt die Kinder zum bewussten Rechtschreiben.

Dem obligatorischen Silbentrenner entspricht beim Schreiblehrgang die Verwendung von zwei Farben. Die Silbe wird ohne abzusetzen geschrieben. Oberzeichen werden nach jeder Silbe gesetzt.

Der Wechsel des Farbstiftes bzw. das Drehen des Wendestiftes nach jeder Silbe erleichtert dem Schüler die Eigenkontrolle und erlaubt dem Lehrer eine nachträgliche Kontrolle des Schreibprozesses. Der Wechsel des Stiftes verhindert zudem eine verkrampfte Schreibhaltung. Der „Pinzettengriff" als richtige Fingerhaltung wird trainiert und automatisiert.

Die Phasen des Schreibenlernens gemäß der Silbenmethode

Vorübungen

Bei Schulanfängern sind oft Schwierigkeiten bei der Stifthaltung und beim Malen zu beobachten. Viele freie Schwungübungen ohne Zeilen helfen eine flüssige Bewegung zu erlernen. Grundlegende Elemente der Schrift wie Arkaden, Girlanden, Links- und Rechtskreise werden in immer kleinerer Ausführung automatisiert. Die Schreibung der Grundelemente wird durch synchrones Zählen oder Sprechen von Versen gesteuert. Das phasenweise Einführen der Buchstaben wird dadurch vorbereitet.

Beispiel:

1 2 3
hopp hopp hopp usw.

Diese Schreibübungen können auch im Klassenverband praktiziert werden. Das Tempo wird langsam gesteigert, bis der gewünschte Schreibfluss erreicht ist. Diese Phasensteuerung der Schreibbewegung wird auf die Buchstaben und Silben übertragen.

Beispiel: mu

1 2 3 Schwung ab 1 2 3 u. Schwung ab

Durch die phasengesteuerten Schreibübungen werden die Silbenmodelle automatisiert.

Phase 1

Phase 1: mu – mi – mo – ma – me

Nachdem die Buchstaben m, u und i eingeführt sind, beginnen wir gleich mit dem Schreiben von Silben. Wie bei den Schwungübungen steuern wir die Schreibbewegung durch synchrones Mitsprechen wie: mu „eins – zwei – drei – Schwung – ab“. Dieses anfängliche Mitsprechen dient der flüssigen graphomotorischen Ausführung der ersten Schreibversuche und ist nicht zu verwechseln mit dem expliziten Silbensprechen zur Schreibsteuerung im fortgeschrittenen Stadium. Gelingt das zügige Schreiben weniger Silben, beginnen wir mit dem Schreiben nach Gehör. Die Lehrerin diktiert zunächst einzelne Silben, die Kinder sprechen die Silbe nach und schreiben sie ohne zu zögern. Gelingt das Schreiben nicht spontan, helfen wir mit Handzeichen oder lassen die Silbe auf dem Silbenschieber – oder Mini-Silbenschieber (Beilage Arbeitsheft) – einstellen. Alle Silben entsprechen in diesem Stadium dem Muster „Starter – Klinger“.

Phase 2

Phase 2: del – mit – los (Starter – Klinger – Stopper)

Neben dem Bearbeiten der Übungsblätter ist das Schreiben von ständig variierten Silbenreihen nach Gehör oder auswendig gekonnten Reihen (Silbenteppich) ein unverzichtbares Element der täglichen Routine: Nur so kann das Silbenschreiben nach Diktat automatisiert werden. Tägliche Übungen können wie folgt gestaltet werden:

1. Schritt:
Die Lehrerin / der Lehrer nennt die Silbe „sal“. Die Kinder schreiben die Silbenkette salselsilsolsul mit zwei Farben und sprechen jede Silbe vor dem Schreiben.

2. Schritt:
Die Lehrerin / der Lehrer nennt eine zweite Silbe „be“ (Endsilbe). Die Kinder schreiben die Silbenkette salbeselbesilbesolbesulbe mit zwei Farben und sprechen jede Silbe vor dem Schreiben.

3. Schritt:
Die Lehrerin / der Lehrer fragt: „Wer findet die zwei Wörter in der Kette?“ Die Kinder schreiben Salbe und Silbe mit großen Anfangsbuchstaben und zwei Farben.

Auf diese Art kann der neue Buchstabe der Woche gleich im Silbenkontext geübt werden. Mit zunehmender Routine nehmen solche Übungen immer weniger Zeit in Anspruch und führen alle Kinder zum automatisierten Silbenschreiben.

Phase 3

Phase 3: Von Einzelsilben zu Wörtern – Fallbeispiele

An dieser Stelle des Lernprozesses können wieder Seitigkeitsprobleme auftreten (z. B. Salaman red).

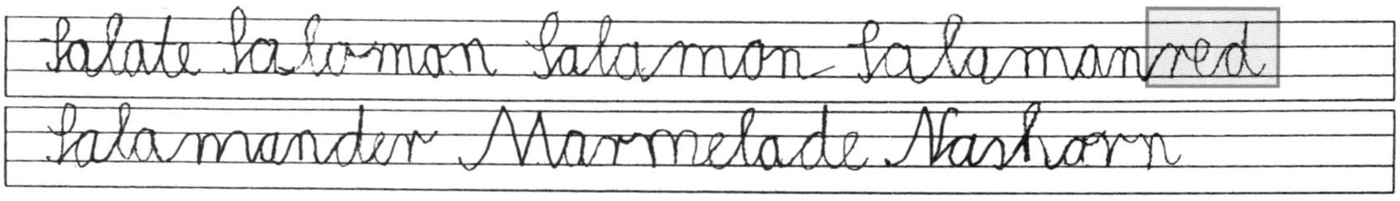

Wird eine geschlossene Silbe, z. B. „der“, nicht unmittelbar nach dem Sprechen geschrieben (weil ein Buchstabe nicht verankert ist), treten häufig Fehlschreibungen auf. Das Zögern nach dem Sprechen verhindert, dass der elementare Regelkreis zwischen Sprechen und Schreiben aufgebaut wird. In diesem Fall ist es langfristig immer günstiger, eine Stufe im Schwierigkeitsgrad zurückzugehen, als bei hohen Anforderungen schleppend zu arbeiten, da neuronale Verknüpfungen nur innerhalb eines Zeitfensters von etwa drei Sekunden aufgebaut werden können.

Zur Schreibsteuerung sprechen wir in Silben und schreiben mit zwei Farben. Die Arbeit mit den beiden elementaren Silbenmustern erschließt uns in den folgenden Schuljahren die wichtigsten Regeln der Orthografie: ie, stummes h, Doppelkonsonanten, tz (alias zz) und ck (kk).

In rhythmischen Übungen mit Kontrastpaaren (Wie-se – wis-sen, Kä-fer – Kof-fer, Sä-ge – Sä-cke, Käu-ze – Kat-ze usw.) entwickeln wir die akustische Differenzierungsfähigkeit der Kinder. Sie sind dann in der Lage, Dehnungen und Schärfungen spontan zu schreiben.

Das Silbenmuster Starter – Klinger – Stopper wird von den Kindern immer kurz gesprochen. Wir vermeiden in diesem Stadium einsilbige Wörter wie Hut, Mut, Ton und Tür, die als ehemalige th-Wörter unserer Regel nicht entsprechen. Zweisilbige Formen dieser Wörter sind unproblematisch. Ebenso diktieren wir Sätze im Plural, wenn Auslautverhärtungen und Doppelkonsonanten vor „t" Schwierigkeiten bereiten würden.

Also nicht: Der Hund bellt. **Sondern: Die Hunde bellen.**

Den Satz im Plural können die Kinder mit der verfügbaren Strategie richtig schreiben. Erst wenn Sicherheit auf diesem Niveau erreicht ist, behandeln wir die Schreibung von Ableitungen.

Beim Schreiben nach Gehör wie auch beim freien Schreiben wird die **Schreibtabelle** zu Hilfe genommen. Damit gelingt es jedem Kind, die Buchstaben zu verankern. Die Kontrolle erfolgt durch das Kind selbst. Die Wörter werden silbierend gelesen und bewusst auf die Übereinstimmung mit dem entsprechenden Silbenmuster überprüft.

Wenn dieser Prozess:

1. silbenweises Vorsprechen,
2. unverzügliches Schreiben mit wechselnden Farben,
3. silbierendes Lesen und Kontrolle des Silbenmusters

zum Ritual (verinnerlicht) wird, gelingt das Schreiben ohne Auslassungen und Verdreher.

Die Kinder gewinnen Sicherheit und Selbstvertrauen nach dem Motto:
„Ich kann selbst herausfinden, wie man richtig schreibt!"

Diese Einstellung lässt keine Angst vor Fehlern aufkommen und trägt als selbst bestimmtes Handlungskonzept viel zur Schreibmotivation bei.

4.5. Schreiblehrgänge Verbundene Schriften in Heftform VA (1402-33), SAS (1402-36), LA (1402-88)

Die Schreiblehrgänge für die verbundenen Schriften in Heftform enthalten auch die Beilage mit der Schreibtabelle und den Hinweisen zur Benutzung der Schreibtabelle für das Lesen und Schreiben. Die Schreiblehrgäng enthalten vielfältige Aufgabenformate in Einzel-, Partner- und Gruppenarbeit – auch Aufgaben zum freien Schreiben und zum Verfassen eigener Texte.

4.6. Schreiblehrgänge Verbundene Schriften in Sammelmappe LA, VA, SAS (1405-82, -83, -84)

Die Schreiblehrgänge für die verbundenen Schriften im der Sammelmappe enthalten auch die Beilage mit der Schreibtabelle und den Hinweisen zur Benutzung der Schreibtabelle für das Lesen und Schreiben. Die einzelnen Blätter sind in einer Sammelmappe abgeheftet und können so flexibel eingesetzt werden.

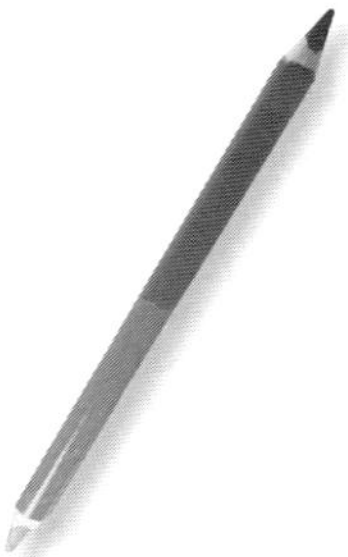

4.7. Silbenstift (1402-66)

Das Schreiben der Silben in zwei Farben hat für den Schreibanfänger zwei große Vorteile: Zum einen reguliert und strukturiert es den Schreibprozess, wodurch die Rechtschreibung gestützt wird; zum anderen verhindert der Farbwechsel ein Verkrampfen der Schreibhand und fördert gleichzeitig die Hand- und Fingermotorik. Der Silbenstift ist dreiflächig. So ergibt sich automatisch die richtige Fingerhaltung beim Schreiben (Pinzettengriff).

Der zweifarbige Wendestift ist dicker und dadurch leichter zu greifen. Zudem ist er sehr weich, sodass kein starker Druck beim Malen / Schreiben notwendig ist. Selbstverständlich können auch zwei separate Farbstifte verwendet werden.

4.8. Mein Tierbüchlein (1402-96)

Das Tierbüchlein wird gegen Ende der Klasse 1 eingesetzt.
Es ist in zwei Kapitel unterteilt:

1. Wie Tiere heißen
2. Was Tiere tun

Vom Dominospiel kennen die Kinder die Tiernamen und die passenden Verben. Im Tierbüchlein halten sie das schriftlich (mit 2 Farben!) fest. Das Heft stellt dann eine Sammlung von Nomen und vollständigen Satzstrukturen dar.

Ein Satz lautet z. B.: Die Enten watscheln. Dieser enthält die Struktur: Subjekt Prädikat; Großschreibung am Satzanfang und nach Artikel bzw. von Namen; Punkt am Satzende.

Innerhalb kurzer Zeit, max. zwei Wochen, ist das Heft vollständig beschrieben. Der exakte zeitliche Einsatz des Heftes muss sich nach den Gegebenheiten der jeweiligen Klasse richten.

4.9. Silbenkärtchen, Leseteppiche, Domino (1402-93)

Silbenkärtchen

Die Silbenkärtchen sind in den ersten Wochen von größter Bedeutung. Mit ihnen kann das Silbenlesen sehr gut automatisiert werden. Sie sind deshalb das Hauptarbeitsmittel der ersten 10 Wochen. Auch in der Förderung mit älteren Kindern ist die Arbeit mit den Silbenkärtchen unverzichtbar. Entscheidend ist das automatisierte Erfassen des Schriftbildes, das sofort die richtige Artikulation hervorruft. Die Silbeneinheit muss als Ganzes wahrgenommen und gesprochen werden. Dieser ganzheitliche Zugriff verhindert das Synthetisieren, welches für schwache Kinder eine große Hürde darstellt.

Verschiedene Spielvarianten sind z. B. das Legen und Sprechen von Silbenketten, Memo-Spiele (mit identischen Karten oder Groß- / Kleinschreibung), das Legen und Sprechen von „Indianerwörtern“, Bingospiele.

Variationen: Ansagen, Vertauschen, Umdrehen

Mit Silbenkärtchen zum chorischen Lesen

1. **2 Stapel**: Mu / mu und Mi / mi werden zu Beginn sortiert und nach Ansage gelegt.

a)

Mu	mu	mu	mu
Mi	mi	mi	mi

b)

Mu	mu	mu	mi
Mi	mi	mi	mu

c)

Mu	mi	mu	mi
Mi	mu	mi	mu

Variationen für das chorische Lesen, z. B.: Alle „mu" umdrehen;
beim Lesen sind die umgedrehten Kärtchen stumm!

2. **3 Stapel**: Mu / mu, Mi / mi, Mo / mo

Mi	mi	mu	mo
Mo	mo	mi	mo
Mu	mu	ma	mi

Variationen: Namen erkennen; Kärtchen umdrehen: Memo-Spiel

3. **4 Stapel**: Mu / mu, Mi / mi, Mo / mo, Ma / ma

Ma	ma	mo	mu
Mi	mi	mu	ma
Mo	mo	mi	mo
Mu	mu	ma	mi

Wir legen die Kärtchen nach Ansage. Alle Kärtchen werden eingesetzt. Das erleichtert die Kontrolle.

Weitere Spielmöglichkeiten:
- Muster von der Tafel nachlegen
- Schnell-Leseübung
- Namen erkennen
- Kärtchen umdrehen
- Memo-Spiel
- Bingo

4. **5 Stapel**: Mu / mu, Mi / mi, Mo / mo, Ma / ma, Me / me

Ma	ma	mo	mu
Mi	mi	me	ma
Mo	mo	mi	me
Mu	mu	ma	mi
Me	mo	me	mu

Aus den so sortierten Kärtchen werden wieder alle weiteren Lesespiele entwickelt. Jetzt werden die Starter der Silben trainiert. Wer kann Namen oder Wörter legen?

5. Nur jeweils 1 Starter als Kleinbuchstabe

Es bleiben Mu / mu, Mi / mi, Mo / mo, Ma / ma, Me / me.
Die Stapel werden nach Indianern (Vokalreihe) sortiert.
Jetzt rücken die Starter ins Blickfeld.

Ma	Me	Mi	Mo	Mu
ma	me	mi	mo	mu
La	Le	Li	Lo	Lu
la	le	li	lo	lu
Ta	Te	Ti	To	Tu

In der Förderung von älteren Kindern kann der Einsatz z. B. so aussehen, dass das Kind Silbenkärtchen wie ma, me, mi, mo, mu erliest, danach abdeckt und dann aufschreibt. In kleinsten Lernschritten, um wieder eine Motivation aufzubauen, kann so die Graphem-Phonem-Relation erlernt werden.

Leseteppich (Silbenteppich)

Die Anordnung der Silben auf den Leseteppichen orientiert sich an der Reihenfolge der eingeführten Buchstaben.
In der Silbenmethode werden die „Namen" der Konsonanten übergangen. Sie werden als Starter mit den Vokalen zusammen lautiert. Diese Buchstabenkombinationen entstehen also nicht durch Synthese der einzelnen Laute, sie werden als kleine „Ganzheiten" gelesen. Als Hilfe stehen die Gebärden zur Verfügung, mit denen jeder Konsonant bezeichnet werden kann, ohne ihn isoliert zu lautieren. Zusätzlich wird der Hinweis gegeben: „Lass beide zusammen heraus – ohne Luft dazwischen."

Die Automatisierung dieser Silben wird durch die Arbeit an den Leseteppichen erreicht: Die Silben werden zeilen- und spaltenweise und auch diagonal gelesen. Das Tempo wird dabei kontinuierlich gesteigert. Die häufige Wiederholung führt zu dem Konstanzerlebnis, das die Basis für flüssiges, sinnerfassendes Lesen bildet. Das geht von einfachen Silben mit nur einem Konsonant als Starter bis zu Silben mit Konsonantenhäufungen.

In der Unterscheidung von ma und la oder von la und ta bzw. ra, sa oder wa wird der Lautwert der Starter deutlich. Dies gilt auch für die anderen Vokale. Werden nach etwa 8 bis 10 Unterrichtswochen diese Starter-Klinger-Kombinationen flüssig gelesen und geschrieben, folgt die nächste Stufe: die Starter-Klinger-Stopper-Kombinationen.
Dieses Prinzip wird in den Silbenteppichen fortgesetzt. Alle Buchstabenkombinationen können so automatisiert werden.

ma	me	mi	mo	mu
la	le	li	lo	lu
ta	te	ti	to	tu
ra	re	ri	ro	ru
sa	se	si	so	su
wa	we	wi	wo	wu
da	de	di	do	du

mal	mei	mes	mut	mau
lal	lei	les	lut	lau
tal	tei	tes	tut	tau
dal	dei	des	dut	dau
ral	rei	res	rut	rau
sal	sei	ses	sut	sau
wal	wei	wes	wut	wau
schal	schei	sches	schut	schau
kal	kei	kes	kut	kau

Alle neu hinzukommenden Schwierigkeiten – hier die Doppellaute ei und au – werden in die Silbenteppiche aufgenommen. In einem sinnvollen Silbenfibeltext können solch gehäufte Wiederholungen neu zu lernender Buchstabenkombinationen gar nicht auftreten. Die Leserichtung auf den Silbenteppichen steigert die Anforderungen vom Lesen in Zeilen über Spalten zu Treppen.

gla	gei	gle	gut	gro
kla	kei	kle	kut	kro
dal	dei	del	dut	dro
bla	bei	ble	but	bro
fla	fei	fle	fut	fro
wal	wei	wel	wut	wor
pla	pei	ple	put	pro
pfla	pfei	pfle	pfut	pfro
schla	schei	schle	schut	schro

Eine weitere Schwierigkeitsstufe stellt die Differenzierung des Starters in Mehrfachkonsonanten und Konsonant-Kombinationen wie beispielsweise pfro und schro dar. Der schematische Aufbau der Übungen tritt dabei in den Hintergrund. Die Silbenteppiche können von 2 Kindern gemeinsam gelesen werden, wobei ein Kind liest und das andere Kind kontrolliert. Sie sind auch als Wettkampf auf Zeit einzusetzen. Wer schafft es am schnellsten fehlerfrei alle Zeilen, Spalten oder Treppen zu lesen?
Die Vorlagen können auch auf DIN A3 hochkopiert und an der Wand aufgehängt werden. Weitere Silbenteppiche als Kopiervorlage in Kapitel III.

Domino

Das Dominospiel arbeitet mit Wort-Bild-Zuordnungen. Es enthält Tiernamen und Verben, die die Tiere charakterisieren. Es wird entweder mit den Nomen oder den Verben gespielt. Die Wörter sollen deutlich artikuliert werden. Natürlich empfiehlt sich synchrones Silbenklatschen. Das Dominospiel ist eine Vorbereitung zum Schreiben vollständiger Satzstrukturen im Schreibheftchen „Mein Tierbüchlein“ (vgl. 4.8., S. 80).

4.10. Spontane Schreibung der Doppelkonsonanten: Arbeitsheft (1402-95)

Die Kontrastpaare sind nicht notwendigerweise Minimalpaare. In den Kontrastpaaren werden Wörter gegenübergestellt, die ähnlich klingen, sich aber im Rhythmus (offene – geschlossene Silbe) unterscheiden. Die vorgegebenen Paare können jederzeit durch eigene ersetzt werden – vorausgesetzt, sie erfüllen diese Bedingungen. Die Zusammenstellung der Paare trainiert dabei jedes Phänomen zu den Doppelkonsonanten einschließlich ck, tz, Umlaute und Diphthonge. Die gewählten Wörter stammen größtenteils aus dem Grundwortschatz und sind so auch als Wortschatzarbeit zu verstehen.

Rhythmusübungen mit den Kontrastpaaren

In der Kooperation mit dem Kindergarten sollten Klatsch- und Sprechübungen bereits vor der Einschulung stattfinden. Zuerst wird die Bedeutung der Bilder besprochen. Die Kinder sollen die Bedeutung nicht spontan erkennen, sie müssen nur wissen, für welche Begriffe die Bilder stehen.

In der ersten Übungsphase werden die Wörter im Takt geklatscht. Je nach den Möglichkeiten der Kinder und der Erzieherin bzw. des Erziehers können diese Übungen mit unterlegtem Beat begleitet werden. Als Instrumente bieten sich Trommel, Gitarre oder Klavier an. Mit Musikbegleitung ist die Motivation und auch der Lernerfolg erheblich größer.

Durch das rhythmisierte Klatschen der Kontrastpaare lernen die Kinder die unterschiedlichen Rhythmen von Wörtern wie „Käfer“ und „Koffer“ kennen. Diese rhythmische Erfahrung wird durch die spielerische Wiederholung zu einem „Ohrwurm“ und ermöglicht später die spontane Schreibung der Doppelkonsonanten. Die Kontrastpaare sollten abwechselnd während der ganzen Grundschulzeit regelmäßig geübt werden. Es macht den Kindern Spaß, lockert auf und ist von entscheidender Bedeutung für die Orthografie. Für den besonderen Schwung empfiehlt sich die musikalische Begleitung. Am besten natürlich direkt mit einem Instrument oder mit CD (vgl. 4.18, S. 96).

Schreiben in Silbenhäuschen

In der 2. Übungsphase werden die Wörter in Silbenhäuschen geschrieben. Dies funktioniert so: Entsprechend der zwei Prototypen (Käfer – Koffer) verwenden wir zwei verschiedene Silbenhäuschen. In das Haupthaus schreiben wir die betonte Silbe, in der Garage steht die unbetonte 2. Silbe.
Hin und wieder schreiben wir die Endsilbe zuerst in die Garage nach dem Motto: Da muss ich nicht nachdenken; der Vokal ist immer „e“.
Im Haupthaus ist für „lange“ Vokale ein Doppelzimmer eingerichtet: „Der lange Vokal macht sich breit.“ Im Häuschen C ist die Garage angebaut. Die Trennstelle zwischen den Doppelkonsonanten ist nicht zu hören. Im 3. Zimmer wohnt immer der „Zwilling“. Er stoppt den Vokal.
Im Arbeitsheft „Spontane Schreibung der Doppelkonsonanten“ ist den Abbildungen der Kontrastpaare eine entsprechende Seite mit Häuschen gegenübergestellt. Die Schülerinnen und Schüler lernen ihre rhythmischen Erfahrungen in die richtige Schreibung umzusetzen.

Die Wörter werden in die entsprechenden Häuschen geschrieben.

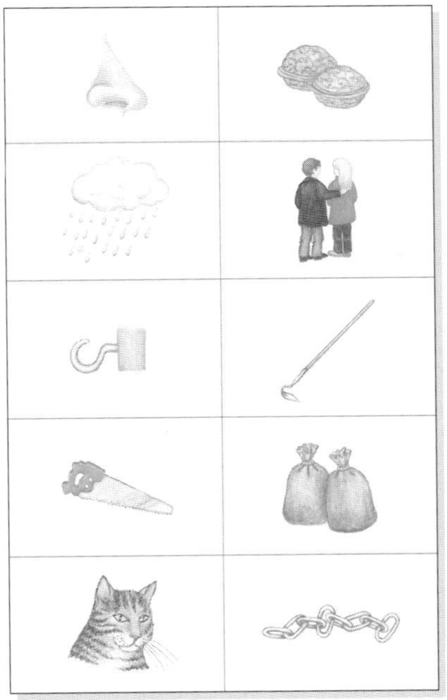

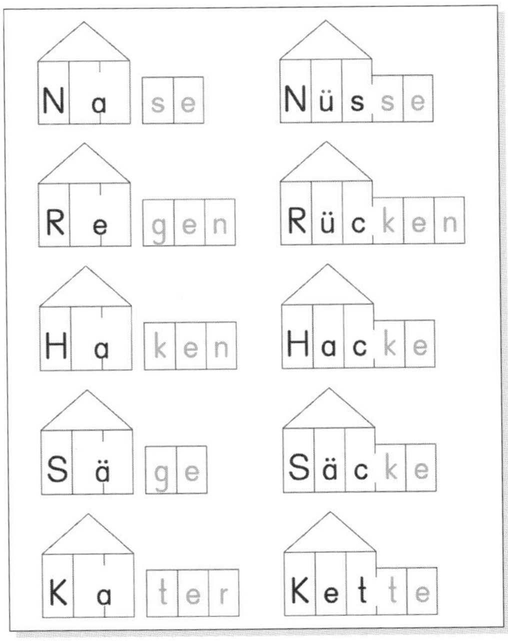

ie-Wörter

Wörter mit langem und kurzem „i“ werden auf dieser Seite angeboten. Der Starter wird immer in das erste Zimmer geschrieben. Bei Mehrfachkonsonanten wie „sch“ wird von oben nach unten ebenfalls in das erste Zimmer geschrieben. Sollte der Platz nicht ausreichen, können die Silbenhäuschen vergrößert werden. Eine weitere Möglichkeit ist die Verwendung der Häuschen-Stempel (vgl. 4.22, S. 97). Die Motivation wächst, wenn selbst gestempelte Häuschen beschriftet werden.

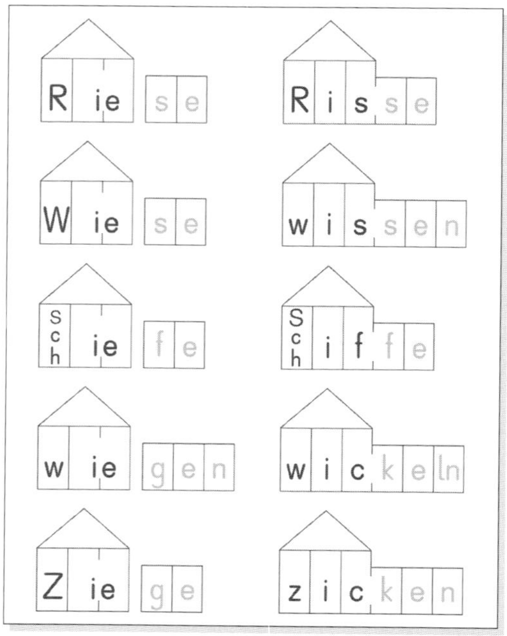

tz-Wörter

Die Darstellung der Diphthonge als „lange“ Vokale ist mit den Häuschen sehr deutlich. Der Doppellaut besetzt natürlich beide Zimmer und lässt für einen „Zwilling“ keinen Platz. Die Herkunft des „tz“ vom ehemaligen „zz“ macht die Schreibung plausibel. Bei Schnauze wird der Anfangsrand „Schn“ von oben nach unten in das erste Zimmer geschrieben.

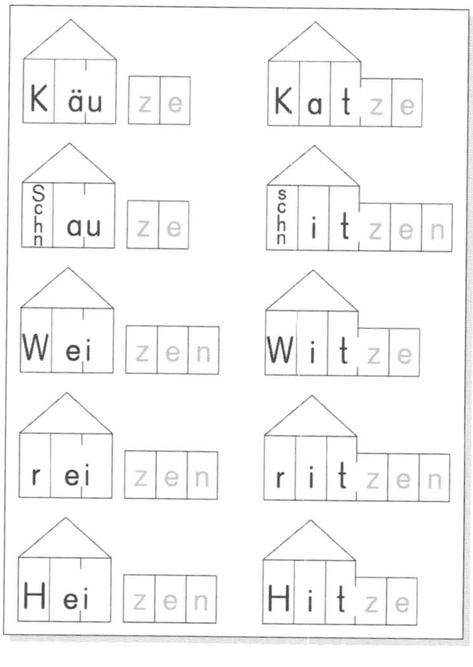

Welches Häuschen ist das richtige?

In der 3. Übungsphase entscheiden die Kinder, in welches Häuschen das abgebildete Wort geschrieben wird. Im Sprachgebrauch der Kinder werden folgende Fragen gestellt:

Hat Tasse einen Stopper? Ist Tasse ein langsames oder schnelles Wort? Hat Tasse einen Zwilling im 3. Zimmer? Wird das „a“ gestoppt? usw.

Manchen Kindern macht es auch Spaß, die Wörter mit ihrem falschen Kontrastpartner zu kombinieren: Tase mit Tasse, Tube mit Tubbe usw., um dann die Entscheidung für die richtige Schreibung noch sicherer treffen zu können.

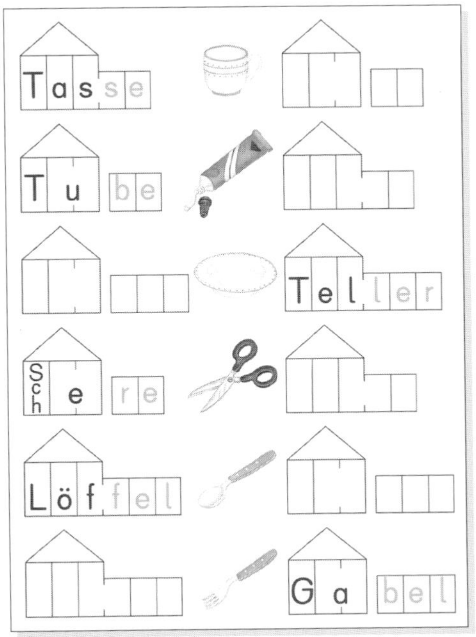

Das Wort der Abbildung wird in das entsprechende Häuschen geschrieben.

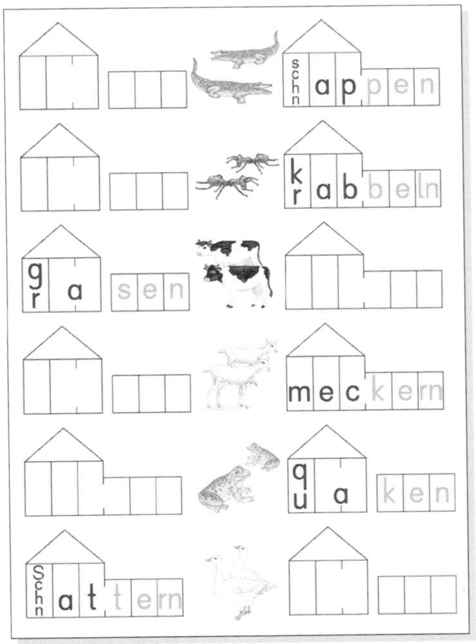

Das passende Verb wird in das entsprechende Häuschen geschrieben, z. B. schnappen.

Was tun die Tiere?

Bei „schnappen“ wird der Mehrfachkonsonant „schn“ von oben nach unten in das erste Zimmer geschrieben. Um das Schema des Silbenbaus, Anfangsrand – Vokalkern – Endrand, zu bewahren, bleibt der dreiteilige Aufbau von Haus und Garage auch in den Fällen erhalten, in denen mehrere Konsonanten im Anfangs- oder Endrand erscheinen.

4.11. Lernsoftware (1405-94) – auch als App erhältlich

Die Arbeit mit der Software motiviert die Schüler in besonderer Weise. Die mannigfaltigen Übungsmöglichkeiten regen durch ihren spielerischen Aufbau zum täglichen Üben an. Dadurch werden die basalen Graphem-Phonem-Zuordnungen automatisiert, was die Voraussetzung für sinnerfassendes, flüssiges Lesen darstellt. Der Bildschirm ist das einzige Medium, das Silben in Leserichtung in der selbst gewählten Geschwindigkeit präsentieren kann. Dadurch wird das Blickrichtungstraining und die Auge-Hand-Koordination in den Leseprozess integriert. Alle Übungen sind nach kurzer Erläuterung spielbar oder sind sogar selbsterklärend. Jederzeit kann die Hilfe geöffnet werden, in der die aktuelle Ansicht oder das aktuelle Spiel erklärt werden. Die Software enthält 17 Übungsformen zur Silbenfibel®.

Die Einzellizenz Homeversion liegt dem Arbeitsheft (1405-81, -71) kostenlos bei.

Demo Kostenlose Demo-Version unter:
www.mildenberger-verlag.de/abc-der-tiere-cd-rom

Auswahlfenster Lesetexte

Lesetexte

Ausgangspunkt der Übungen auf der CD-ROM sind immer die Doppelseiten der Silbenfibel®. Die jeweiligen Lesetexte der Doppelseiten sind auch auf der CD-ROM enthalten und erscheinen, sobald eine Doppelseite gewählt wurde. Die CD-ROM kann damit auch völlig unabhängig von den gedruckten Lehrgangsmaterialien verwendet werden.

Auswahlfenster Übungen zu den Lesetexten

Übungen zu den Lesetexten

Nach dem Lesetext der Silbenfibel®-Doppelseiten werden alle Übungen angezeigt, die zu dieser Doppelseite angeboten werden. Folgende Übungen werden bei jeder Doppelseite angeboten (siehe S. 89):

- Fibeltext zum Mitlesen
- Der Rhythmus macht's!
- Dreier-Memo-Spiel
- Ankerbilder

ABC der Tiere 1: Konzeption – Silbenmethode mit Silbentrenner®

Fibeltext zum Mitlesen
silbenweise Anzeige des Lesetextes

Zum Einstieg lesen die Kinder den Fibeltext und soweit angeboten den Silbenteppich aus dem Arbeitsheft. Dabei ist zuerst kein Text zu sehen. Durch Drücken auf die Leertaste wird der Text silbenweise eingeblendet und dabei vorgelesen. Der Ton kann abgestellt werden, damit das Kind alleine laut vorlesen kann.

Der Rhythmus macht's!
Kontrastpaare sprechen

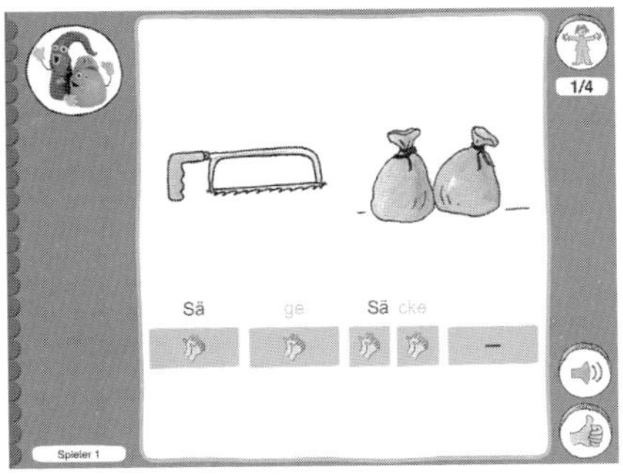

Am Anfang sind die zwei Bilder eines Kontrastpaares zu sehen. Sobald die Leertaste gedrückt wird, wird der Rhythmus als Einleitung einmal eingespielt. Dann soll synchron zum Rhythmus geklatscht und gesprochen werden. Dabei wird auch das Kontrastpaar vorgesprochen. Mit einem Klick auf den Lautsprecher kann das Vorsprechen abgestellt werden, sodass nur noch der Rhythmus zu hören ist.

Mit der Leertaste kann das Kontrastpaar immer wiederholt werden. Mit Klick auf den Daumen wird ein neues Kontrastpaar eingeblendet.

Zuletzt werden alle drei Kontrastpaare auf einmal eingeblendet und mit Klick auf die Leertaste am Stück rhythmisch gesprochen.

Dreier-Memo-Spiel
Bild, Wort und Silbenanzahl zuordnen

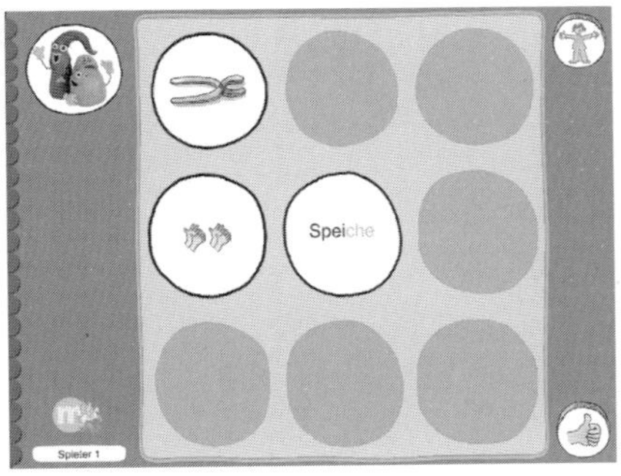

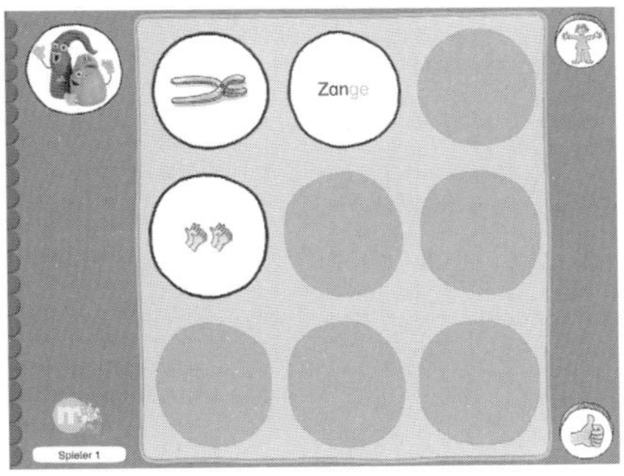

Unter den 9 Kärtchen sind Bilder, Wörter und Klatschhände verborgen. Beim Dreier-Memo-Spiel muss das passende Bild und Wort mit der richtigen Silbenanzahl (Klatschhände) geöffnet werden.

Ankerbilder
Silbenanzahl erkennen

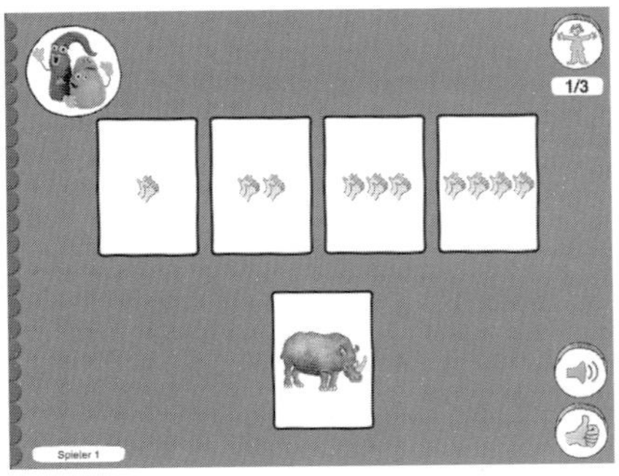

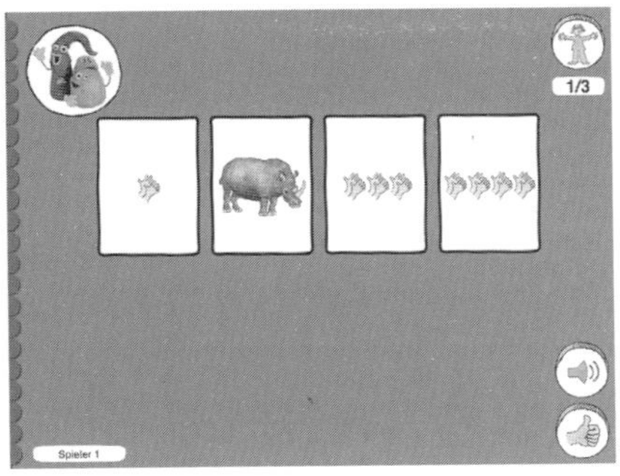

Wie viele Silben hat der Name des Ankerbildes? Einfach die Karte mit dem Ankerbild auf die richtige Anzahl Klatschhände legen.

Der fliegende Silbenteppich

silbenweise Anzeige der Silben und Vokale

In dieser Übung können immer wieder neue Silbenteppiche erzeugt werden. Der Teppich ist zunächst leer. Durch Drücken der Leertaste werden die Silben und Vokale eingeblendet und dabei vorgelesen. Der Ton kann abgestellt werden, damit das Kind alleine laut vorlesen kann. Die Silbenteppiche enthalten die bis zu dieser Silbenfibel®-Doppelseite eingeführten Silben und Vokale.

Gebärdenschule

Silben oder Wörter anhand Gebärden erkennen

In der Gebärdenschule werden Silben und Wörter als Gebärden gezeigt. Die Silben und Wörter müssen dann, wenn nötig mit zwei Farben, richtig geschrieben werden.

Silbenbogen

Anzahl der Silben erkennen / Silben identifizieren

Ein Begriff wird als Bild und gesprochenes Wort vorgestellt. Wie viele Silben hat das Wort? Zuerst muss die richtige Anzahl an Silbenbögen gewählt werden.
Im nächsten Schritt muss dann eine Silbe herausgehört werden und ihre Position im Wort am richtigen Silbenbogen markiert werden.
Im fortgeschrittenen Stadium muss dann für einen bestimmten Bogen aus mehreren Silben die richtige ausgewählt werden. Dabei muss dann auch die Groß- und Kleinschreibung beachtet werden.

ABC der Tiere 1: Konzeption – Silbenmethode mit Silbentrenner®

Silbenpuzzle
Anfangs- oder Endsilbe erkennen

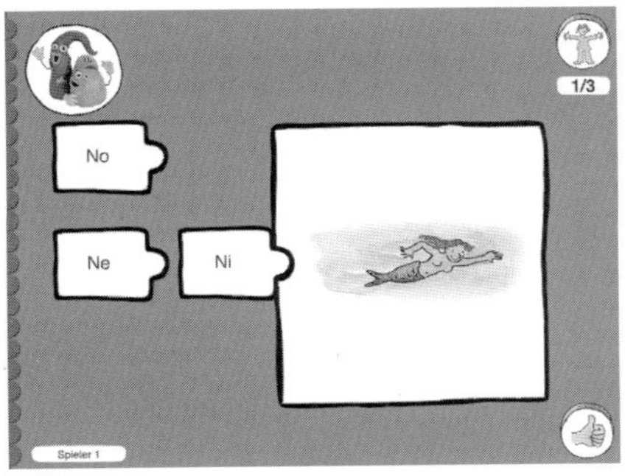

Beim Silbenpuzzle ist genaues Hinhören gefragt: Beginnt das gesuchte Wort mit No, Ne oder Ni? Hört es mit ne, nu oder na auf? Der Spieler muss genau hinhören, um die richtige Silbe mit dem Bild zu verbinden.

Silben-Memo
Silbenpaare finden

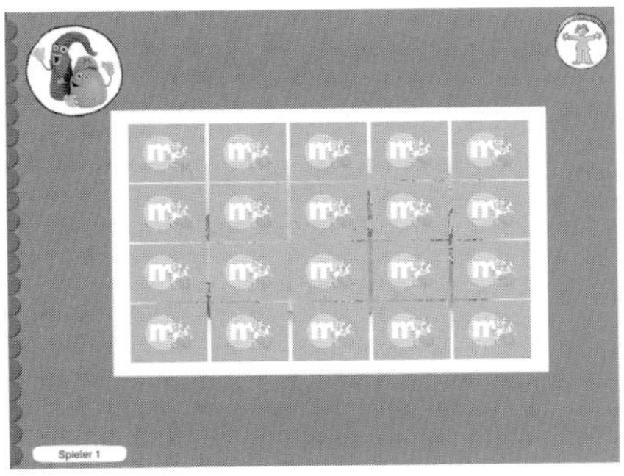

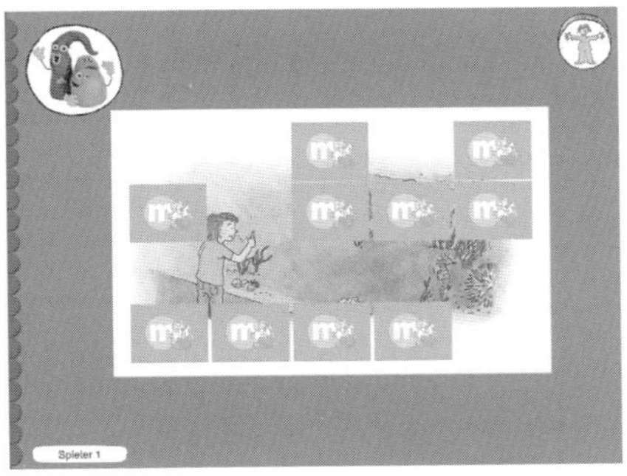

Aus 20 verdeckten Kärtchen müssen jeweils Silbenpaare gefunden werden. Dann ist das Bild komplett zu sehen.

Silbenraster
Silben lesen

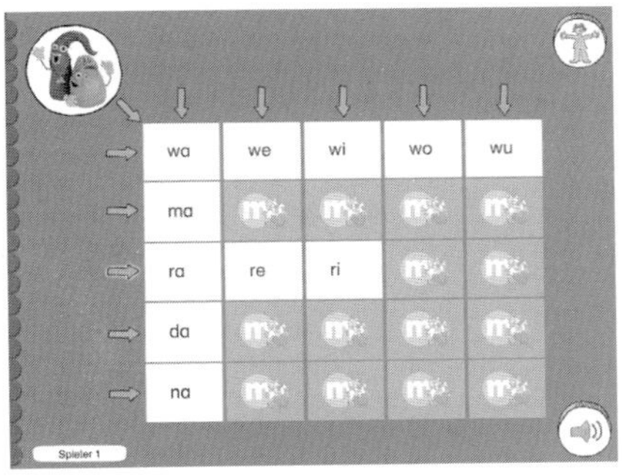

Hinter den 25 Kärtchen befinden sich Silbenreihen. Diese können mit den gelben Pfeilen in Reihen, Spalten und der Diagonale geöffnet werden. Durch Drücken der Leertaste werden die Kärtchen der jeweiligen Reihe aufgedeckt und dabei vorgelesen. Der Ton kann abgestellt werden, damit das Kind alleine laut vorlesen kann. Die Silbenreihen enthalten die bis zu dieser Silbenfibel®-Doppelseite eingeführten Silben. Sind alle Silbenreihen gelesen, werden beim nächsten Durchgang andere Silbenreihen in anderer Reihenfolge angezeigt.

Silbenschieber
Silben mit dem Silbenschieber einstellen

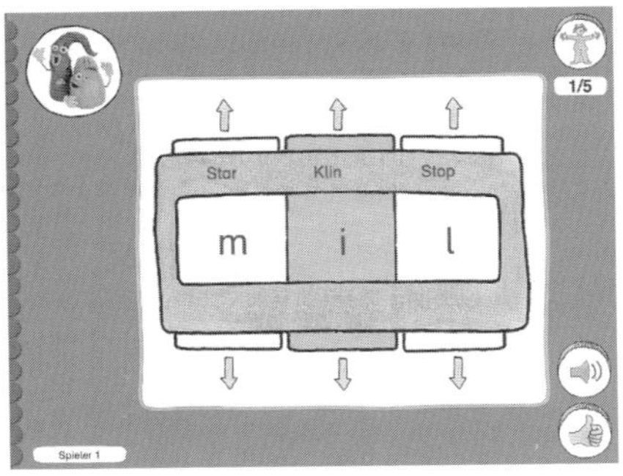

Eine gesprochene Silbe muss am Silbenschieber richtig eingestellt werden. Am Anfang werden nur offene Silben gesprochen und der Mini-Silbenschieber wird eingestellt. Später werden dann auch geschlossene Silben gesprochen, die am Silbenschieber eingestellt werden.

Wortautomat
Wörter erkennen

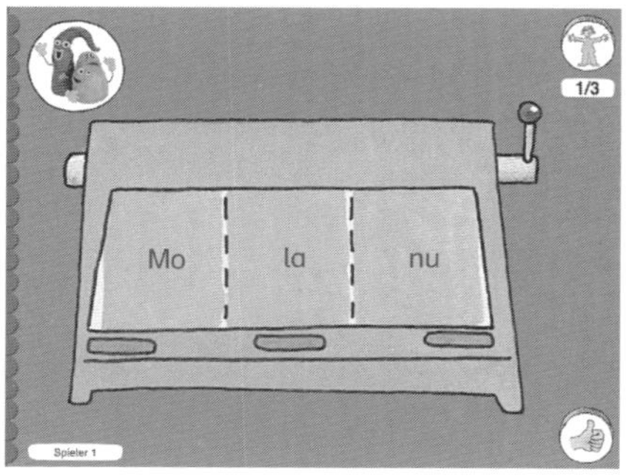

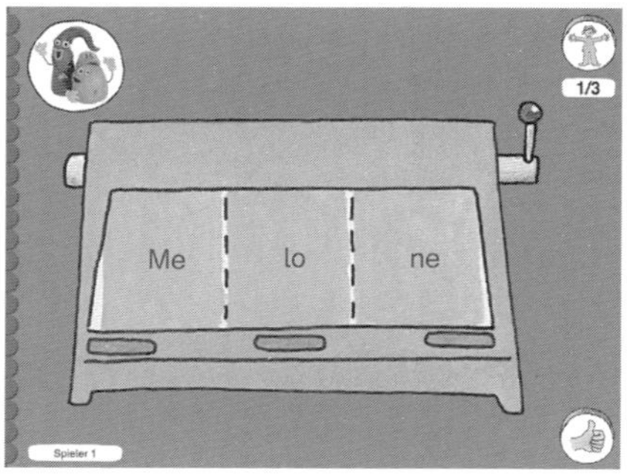

Der Wortautomat zeigt bei jedem Klick auf den Hebel drei neue Silben an. Ergeben die Silben ein Wort? Wenn nein, dann muss der Hebel solange geklickt werden, bis die Silben ein Wort ergeben.

Wörter schreiben
mit zwei Farben schreiben

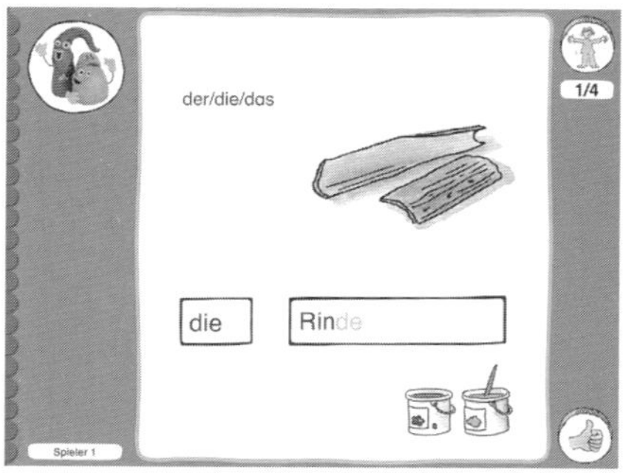

Ein Begriff wird als Bild und gesprochenes Wort vorgestellt. Das Wort muss richtig geschrieben werden. Am Anfang ohne Artikel, im weiteren Verlauf dann mit Artikel. Zu beachten sind die richtige Silbenmarkierung und die Groß- und Kleinschreibung.

Lückentexte
fehlende Wörter einfügen

Der Text der Silbenfibel® wird als Lückentext angezeigt. Welches Wort gehört in welche Lücke?

Purzelsätze
Sätze bilden

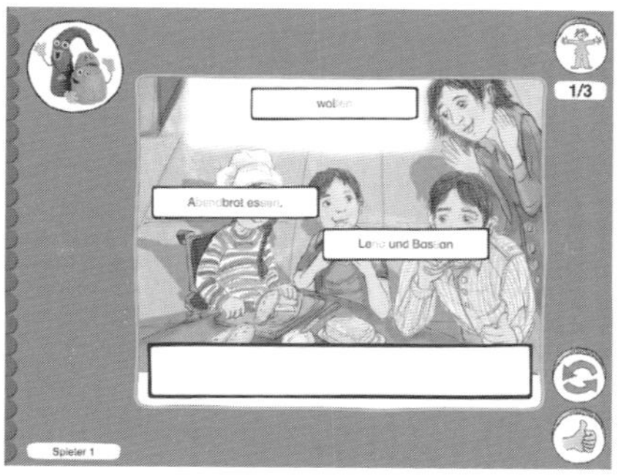

Wie lautet der Satz richtig? Aus 3 bis 5 Satzbausteinen muss der korrekte Satz zusammengesetzt werden. Mit dieser Übung werden das Sprachgefühl und der Satzbau geschult und das Textverständnis vertieft.

ABC der Tiere 1: Konzeption – Silbenmethode mit Silbentrenner®

Simsalabim

Reimwörter, Verkleinerungsform, Singular / Plural

Ein Wort ist vorgegeben. Dann gibt es 3 Varianten: Bei „Reimwörtern“ wird ein neuer Starter gezeigt und das Reimwort mit diesem Starter muss geschrieben werden.

Bei „aus groß – mach klein“ muss die Verkleinerungsform des Wortes geschrieben werden.

Bei „aus eins – mach zwei“ muss die Pluralform des Wortes geschrieben werden.

Häuschen schreiben

Wörter in Häuschen schreiben

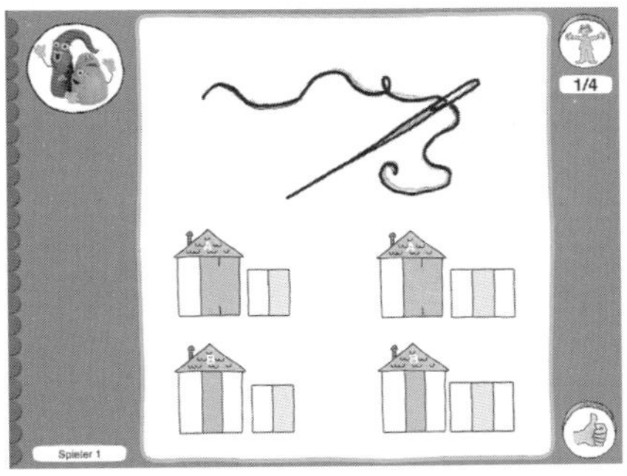

Ein Begriff wird als Bild und gesprochenes Wort vorgestellt. Zuerst muss das richtige Häuschen für das Wort ausgewählt werden. Ist die Häuschensilbe offen oder geschlossen? Benötigt die Garage zwei oder drei Plätze?

Ist das richtige Häuschen gewählt, wird das Wort in das Häuschen geschrieben.

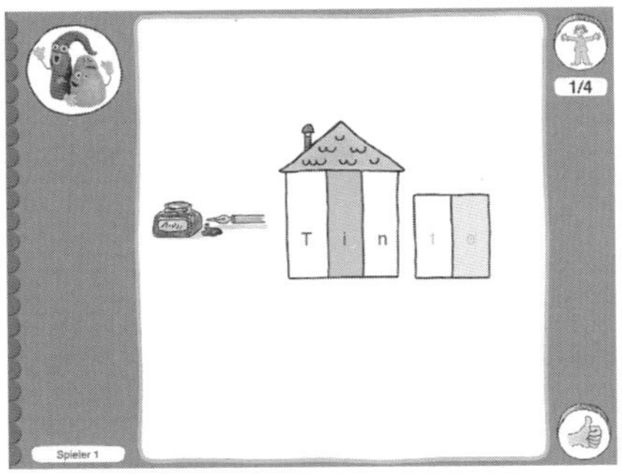

4.12. Lesezirkus (1403-92) · Arbeitsblätter (1403-74)

Der Lesezirkus enthält Lesetexte mit unterschiedlicher Länge und Schwierigkeitsgrad. Zu jeder Geschichte sind Aufgaben zum Leseverständnis enthalten. Die Aufgaben zum Leseverständnis liegen auch als Kopiervorlagen vor.

Zudem enthält er eine Beilage mit einer strukturierten Schreibtabelle. Diese dient zum selbstständigen Erlesen auch unbekannter Buchstaben und für Fortgeschrittene zum selbstständigen Schreiben.

Der Lesezirkus bietet zusätzlichen Lesestoff zur inneren Differenzierung in Klasse 1. Die Texte können entsprechend dem Leistungsstand des einzelnen Kindes flexibel eingesetzt werden. Wenn Kinder das Modul „Silbenschule" aus der Silbenfibel erfolgreich abgeschlossen haben, sind sie anhand der Schreibtabelle in der Lage, selbstständig Wörter mit neuen Buchstaben zu lesen, was eine hohe Motivation darstellt.

Selbstverständlich können fortgeschrittene Schüler mithilfe der Schreibtabelle auch neue Wörter schreiben. Wir empfehlen auf das normgerechte Schreiben neuer Buchstaben zu achten. Die Silbentrennung sollte auch beim Schreiben – „Aus Leseregeln werden Schreibregeln!" – mit zwei Farben zur Anwendung kommen. Die für das sogenannte „Freie Schreiben" typischen Fehlschreibungen, wie Schüla für Schüler, werden so weitgehend vermieden.

4.13. Tiergeschichten mit Mia und Mio (1404-01 bis -10) · Arbeitsblätter (1404-11)

Die insgesamt zehn Bände enthalten abwechslungsreiche, lustige und spannende Geschichten, die umfangreich illustriert sind. Die Tiergeschichten mit Mia und Mio sind weiteres Lesematerial mit dem farbigen Silbentrenner.

Insgesamt enthalten die zehn Bände 38 Geschichten. Von Band 1 bis Band 10 steigt der Schwierigkeitsgrad der Geschichten auf zwei Arten an:
- Die Texte enthalten immer mehr unterschiedliche Buchstaben.
- Die Textmenge der Geschichten wird größer.

Die Geschichten in Band 1 enthalten nur eine begrenzte Anzahl unterschiedlicher Buchstaben. Die Menge der verwendeten Buchstaben vergrößert sich fortlaufend. Die Einführung der Buchstaben orientiert sich an der Einführung der Buchstaben in der Silbenfibel.

Die Geschichten in Band 1 haben eine Länge von ca. 4 Seiten. In Band 10 haben die Geschichten einen Umfang von ca. 12 Seiten.

Die Geschichten in Band 1 – 10
Band 1 mit Affe, Elefant, Igel, Maus, Tiger, Wal
Band 2 mit Delfin, Fisch, Gans, Kakadu, Schildkröte
Band 3 mit Kröte, Löwe, Nashorn, Papagei, Pfau
Band 4 mit Auerhahn, Hase, Kühe, Reh, Uhu
Band 5 mit Bär, Eichhörnchen, Seepferdchen
Band 6 mit Specht, Storch, Zebra
Band 7 mit Känguru, Orang-Utan, Schlange
Band 8 mit Eule, Jaguar, Katze
Band 9 mit Qualle, Vogel, Yak
Band 10 mit Boxer, Clown

Die Arbeitsblätter (1404-11)

Zu jeder der 38 Tiergeschichten liegen jeweils 3 Arbeitsblätter vor, inklusive Lesepass und Lösungen. Die Arbeitsblätter haben verschiedene Funktionen und Niveaustufen:

AB 1 enthält in erster Linie Übungen zum Ankerlaut. Dadurch entsteht eine enge Verknüpfung mit dem Schreiblehrgang, die zur Vertiefung der Laute genutzt werden kann.

AB 2 enthält Aufgaben zum Leseverständnis.

AB 3 begleitet die Kinder bei der Textproduktion. Mit oder ohne Wörterpool sind die Kinder eingeladen, eigene Geschichten zu erfinden und zu schreiben.

Für den Lesepass ist auch ein Stempel erhältlich (Betsell-Nr. 8500-13).

4.14. Klatsch die Silbe! (1402-89/ -99)

Mit den Spielen lernen die Kinder die Ankerbilder kennen und sie trainieren das Silbenklatschen. Das Silbenklatschen ist die entscheidende Grundlage für das Lesen- und Schreibenlernen.

Das Spielprinzip ist sehr einfach gehalten. Die Kinder setzen sich anhand der Namen der Ankerbilder intensiv mit der Silbenstruktur der Wörter auseinander. Das Spiel fördert die gegenseitige Hilfe und Kontrolle.

„Klatsch die Silbe!“ eignet sich sehr gut für den Kindergarten und die Vorschule. Es kann und soll aber auch in der Grundschule eingesetzt werden, wenn die Kinder das Silbenklatschen noch nicht ausreichend beherrschen.
Folgende Vorläuferleistungen für das Lesen, Schreiben und Rechnen werden trainiert:

- Festigung der Händigkeit und Koordination
- synchrones Silbensprechen und Klatschen
- simultanes Erfassen von Mengen
- sichere Beurteilung von Seitigkeit und Raumlage
- Verbesserung von Artikulation und Sprachgedächtnis
- soziale Integration in die Gruppe

Je nach Alter und Lernstand der Kinder können mit dem großen Spielplan verschiedene Varianten gespielt werden. Mit den Karten lassen sich verschiedene Varianten „Klatsch die Silbe!“ als Kartenspiel, Silben-Quartett und Silben-Stechen spielen.

4.15. Arbeitsblätter zur individuellen Förderung (1405-77)

Zu jeder Silbenfibelseite gibt es Arbeitsblätter zur individuellen Förderung mit verschiedenen Schwierigkeitsstufen. Die Arbeitsblätter bieten für das erste Halbjahr zusätzliche Übungen zur Festigung der Silbentechnik im Lesen und Schreiben. Im zweiten Halbjahr bildet das Textverständnis auf unterschiedlichen Niveaus den Schwerpunkt. Die Schüler bearbeiten individuell, in Absprache mit der Lehrkraft, die ihnen angemessene Version.

4.16. Schwungübungen (1403-71)

Kopiervorlagen zur Entwicklung und Förderung der Grafomotorik: Die Kopiervorlagensammlung enthält eine Vielzahl an unterschiedlichen Übungen zur Entwicklung und Förderung der Grafomotorik. Damit kann eine differenzierte Auswahl für jeden besonderen Bedarf getroffen werden.

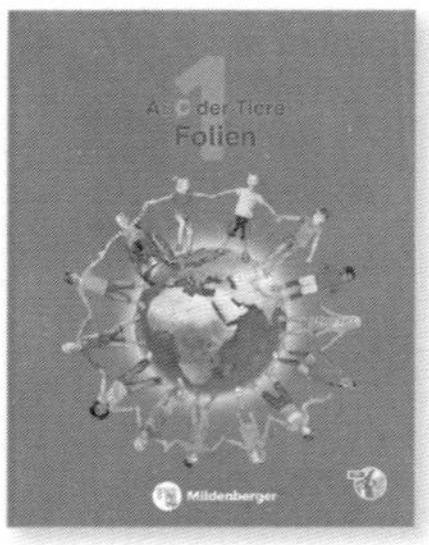

4.17. Folien (1405-75)

Mithilfe der Folien können die Übungen aus dem Arbeitsheft sehr gut in der Klasse eingeführt und im Klassenverband durchgeführt werden.

Der Folienordner enthält:

- alle Vorlagen zu den Gebärden
- die Bilder zu den Rhythmusübungen
- die Vorlagen für die Übungen zur Häuschenschreibung
- die alphabetische und die strukturierte Schreibtabelle
- die Hinweise zur Benutzung der Schreibtabelle für das Lesen und Schreiben
- alle Folien als PDF auf CD-ROM

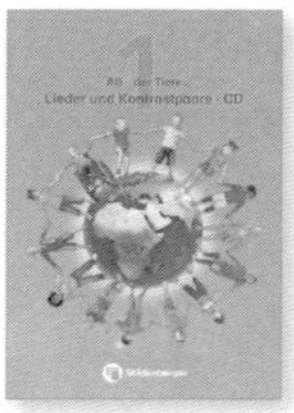

4.18. Lieder und Kontrastpaare (1405-80)

Das Singen macht den Kindern Spaß, erhöht die Motivation und verbessert den Lernerfolg. Vor allem das regelmäßige Üben und Wiederholen der Kontrastpaare ist entscheidend für die Beherrschung der Orthografie. Die CD enthält alle 26 Lieder des Handbuches und 6 Sequenzen mit Kontrastpaaren. Die Titel liegen als Vokal- und Instrumentalversion vor. So können die Lieder und Kontrastpaare geübt und dann mit Musik-Begleitung in der Klasse gesungen werden.

4.19. Lernkontrollen als Word- und PDF-Datei (1405-88/ -89)

Die CD-ROM enthält alle Lernkontrollen aus den Handbüchern zur Neuausgabe von Klasse 1 (Bestell-Nr. 1405-70) und Klasse 2 (Bestell-Nr. 2405-70) als Word- und PDF-Datei. Zusätzlich als Bilddaten im Format .gif die Häuschen A B C und die Gebärden in Farbe und s/w. Die Lernkontrollen können so individuell verändert werden.

4.20. Ankerbilder (1405-76)

Die Ankerbilder enthalten alle Ankertiere und -bilder auf DIN-A4-Karten. Jeweils der große und der kleine Buchstabe in Druckschrift und das entsprechende Bild der Schreibtabelle wird vorgestellt. Auf zwei Freiflächen können die Schreibschriftbuchstaben zum Zeitpunkt der Einführung aufgeklebt werden. Es liegen die Schreibschriften (LA, VA, SAS) bei.

Die Ankerbilder und die Anlautscheibe sind nicht zu verwechseln mit Anlauttabellen aus den Konzepten „Lesen durch Schreiben“. Deshalb stößt die Ausführung der Lauttabelle bei Kollegen, welche den Einsatz solcher Tafeln in reinen Anlautkonzepten kennen, teilweise auf folgende Kritik:
„Warum sind so schwierige Wörter wie Orang-Utan auf der Scheibe?“
„Die Kinder verwechseln Papagei und Kakadu!“
„Die Abbildungen von Wal und Delfin sind zu ähnlich!“
„Das x bei Boxer ist kein Anlaut!“

Die Verwendung der gewählten Abbildungen und Begriffe wird plausibel, wenn die pädagogischen Intentionen wahrgenommen werden.
Es ist nicht wichtig, dass die Kinder die Tiernamen kennen. Die korrekten Namen werden den Kindern mitgeteilt. Sind die Tiernamen bekannt, gibt es auch keine Probleme mehr, dass der Affe Orang-Utan heißt. Die Namen wurden gewählt, um 2 Phänomene zu trainieren: das Silbieren und die Artikulation. Die langen Wörter wie Chamäleon und Orang-Utan sind als sogenannte Schwungwörter geeignet, Silbieren zu lernen. Die Unterscheidung von P – B und K – G oder T – D ist nur möglich, wenn Kinder mit flacher Atmung lernen, harte Verschlüsse zu artikulieren. Für beide Phänomene (silbieren und artikulieren) sind Wörter wie Papagei und Kakadu hervorragend geeignet. Das Training der klaren Artikulation schult auch die akustische Wahrnehmung. Denn nur, was ich artikulieren kann, kann ich wahrnehmen.

4.21. Grundschrift-Ergänzungs-Paket (1405-73)

Das Grundschrift-Ergänzungspaket ermöglicht die Verwendung der Kopiervorlagen im Handbuch und der Ankerbilder mit der Grundschrift.

4.22. Häuschenstempel A B C (8500-20)

Das Stempel-Set zur schnellen Klärung von Fragen zur Schreibung von deutschen Standardwörtern.

- Typ A: 1. Silbe offen
- Typ B: 1. Silbe geschlossen
- Typ C: 1. Silbe geschlossen, Doppelkonsonant

4.23. Siebdruckstempel „Elefantastisch!“ (8500-46)

Mit dem Siebdruckstempel bleiben die Finger sauber und ein Vergessen von Stempelkissen und sonstigen Utensilien gibt es nicht mehr. Diese Drucktechnik macht das Stempelkissen überflüssig, denn die Spezial-Tinte wird durch eine Stempelmatrize auf das Blatt aufgebracht.

4.24. Poster Dehnungs-h (1402-87)

Die Dehnungs-h-Schreibung kann in der Grundschule systematisch gelehrt und gelernt werden. Ziel ist dabei, den Kindern auf ihrem jeweiligen Wissensstand passende Regeln an die Hand zu geben. Mit diesen Regeln lässt sich der Grundwortschatz der Grundschule sowie auch der Kernwortschatz des Deutschen zuverlässig abbilden.

Mit dem Poster „Dehnungs-h“ können auftauchende Dehnungs-h-Wörter im Unterricht besprochen und zugeordnet und an den entsprechenden Stellen aufgeschrieben werden.

Auf der Rückseite werden die Regeln zur systematischen h-Schreibung ausführlich vorgestellt.

4.25. Silben-Generator (1403-76/ -78/ -79)

Mithilfe des Silben-Generators können digital vorliegende Texte mit wenigen Klicks in einen Lesetext mit farbigem Silbentrenner umgewandelt werden.

Die Vorteile im Überblick:

- Beliebige, in digitaler Form vorliegende Texte werden automatisch in Sprech-Silben nach der Silbenmethode mit Silbentrenner® umgewandelt.
- Die Texte können am Bildschirm für Lese- und Schreibübungen eingesetzt werden.
- Sie können eigene Texte (.txt oder .rtf) in den Silben-Generator laden. (Jeder digitale Text kann als .txt-Datei gespeichert werden.)
- Die Texte können exportiert werden: als Ausdruck, als .pdf oder als .rtf. (.rtf-Dateien können in Word® geöffnet und bearbeitet werden.)
- Die Farbe der Silbierung kann geändert werden: blau / rot oder schwarz / grau.
- Anhand zahlreicher Optionen können Ton, Schrift und Farbe sowie weitere Einstellungen verändert werden.
- Bei der Installation unterstützt Sie der Installationsassistent.
- Die Markierung der Silben kann individuell verändert werden.

Demo Kostenlose Demo-Version unter: www.mildenberger-verlag.de/silben-generator

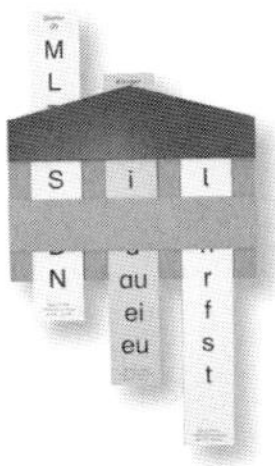

4.26. Silbenschieber Holz (1405-79 / 1405-85)

Der Silbenschieber ist ein wichtiges Hilfsmittel für das automatisierte Silbensprechen. Er ist in den ersten Monaten und bei der Einführung neuer Buchstaben ein ständiger Begleiter. Sobald Kinder in das Lautieren zurückfallen, anstatt silbenweise zu sprechen, dient der Silbenschieber der intensiven Förderung.
Der Silbenschieber aus Holz ist für die Lehrerhand (Bestell-Nr. 1405-79) und kleiner auch für die Schülerinnen und Schüler (Bestell-Nr. 1405-85) erhältlich. Das Arbeitsheft enthält einen Mini-Silbenschieber als Beilage (vgl. 4.3., S. 70). Mit einfachen Mitteln kann auch ein Mini-Silbenschieber gebastelt werden, sodass jeder Schüler einen eigenen Silbenschieber hat. Das ist sowohl im Unterricht als auch für das Lernen zu Hause sinnvoll.
Die Anordnung der Buchstaben auf dem Silbenschieber orientiert sich an der Reihenfolge der Einführung.
Am Silbenschieber können die Vokale, die elementaren Silben „Starter – Klinger“ ma, me, mi ... und „Starter – Klinger – Stopper“ mal, mat, mas ... – geübt werden.
Die erste Schieberzunge mit Konsonanten nennen wir Starter, die zweite mit den Vokalen Klinger, die dritte mit dem Konsonanten Stopper.

Gelingt eine Starter-Klinger-Stopper-Kombination (z. B. mel) nicht spontan, gehen wir einen Schritt zurück zur Starter-Klinger-Kombination (z. B. me). Danach wird dem Schüler wieder die ursprüngliche Silbe (mel) angezeigt und der Stopper l mit der Gebärde für l gleichzeitig ausgeführt. In aller Regel führt diese Hilfe zum erwünschten Ziel. In der Stopper-Position ist es für die Konditionierung des Ablaufes nicht störend, wenn wir das l beim Sprechen deutlich hervorheben. Die Gefahr, das Anlautstottern zu provozieren, ist nur bei dem zögerlichen und wiederholten Lautieren des Starters gegeben. Die Lehrerin / der Lehrer achtet in jedem Fall darauf, dass die Starter-Klinger-Stopper-Kombinationen flüssig gelesen werden. In der betonten ersten Silbe des deutschen Standardwortes (z. B. Kin-der) ist dies unbedingt erforderlich, um das irritierende „Dehnsprechen“ (Kiiindeer) zu vermeiden.

Für die ersten 6 Wochen wird nur der Starter ‹m› verwendet. (Achtung: nicht von ‹m› [em] sprechen, ‹m› ist der Starter von ‹mu›). Dann ‹ l › zur Differenzierung (ma – la). Ist diese Strukur verstanden und automatisiert, können die weiteren Starter schnell eingeführt werden.
Der Mini-Silbenschieber ist eine gute Hilfe für die Schülerhand. Er liegt als Beilage im Arbeitsheft oder als Download (Download-Angebot S. 6) vor.

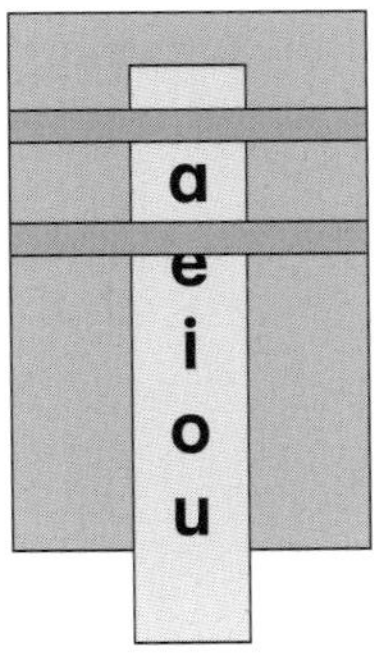

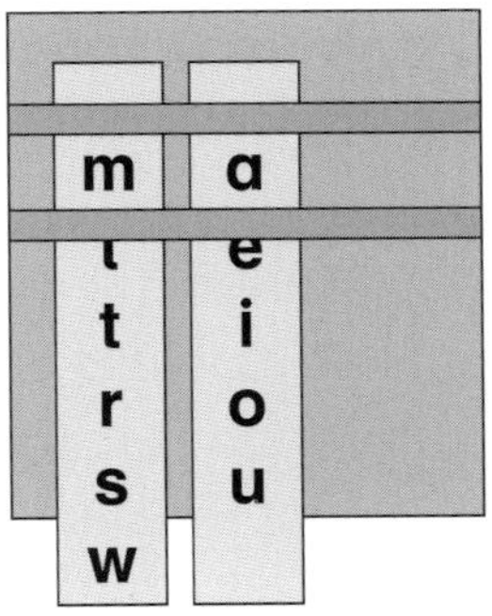

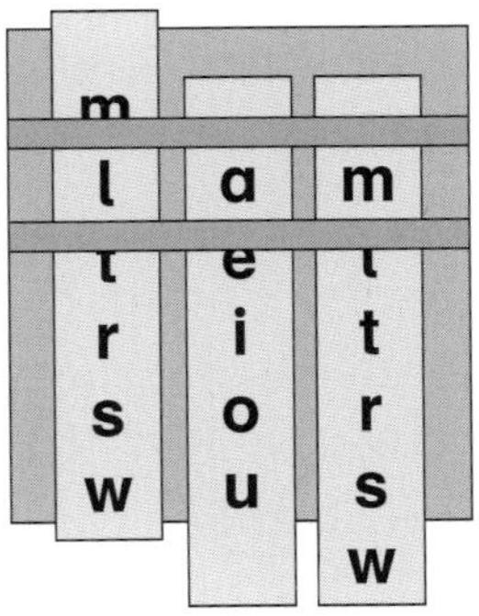

4.27. Fit für den Schulbeginn (1402-78)

Vorläuferleistungen und Schuleingangstest
Das Übungsheft „Fit für den Schulbeginn“ enthält Arbeitsblätter, Mengenbildanker, Bildkarten für Reimwörter und Dominokarten, die genau die wichtigen Vorläuferleistungen trainieren: Festigung der Händigkeit und Koordination; synchrones Silbensprechen und Klatschen; simultanes Erfassen von Mengen; sichere Beurteilung von Seitigkeit und Raumlage; Verbesserung von Artikulation und Sprachgedächtnis; soziale Integration in die Gruppe.
Idealerweise werden diese Übungen bereits im letzten Kindergartenjahr regelmäßig durchgeführt. Das Material eignet sich aber auch für die Förderung in Klasse 1 und 2.
In diesem Material ist auch ein Schuleingangstest enthalten. Dieser Test kann sowohl mit Kindern durchgeführt werden, denen die Übungen bereits aus dem Kindergarten vertraut sind, wie auch mit Kindern, denen diese Übungen im Zusammenhang mit dem Test zum ersten Mal begegnen. Die Ergebnisse geben immer ein differenziertes Bild über den Stand des jeweiligen Kindes und den etwaigen Förderbedarf.

Im Einzelnen soll durch die Übungen erreicht werden:

- die Ermittlung der Mal- und Schreibhand
- Mit welcher Hand wird ein Ball gefangen? Welche Hand hält den Malstift?
- Die schwungvolle und lockere Hand soll die Mal- und Schreibhand werden.
- die Koordination von Singen und Bewegung der Mal- und Schreibhand
- die Koordination von Sprechen und Zeigen der Schreibhand
- das Klatschen und Sprechen der rhythmischen Kontrastpaare
- das Erfassen von Mengen
- das Erkennen von Silben
- die phonetische Wahrnehmung
- das Erkennen der Seitenlage
- das Üben der Graphomotorik

Der vorliegende Test wurde in Seelbach entwickelt. In einer Kooperation mit den Kindergärten wurden Kinder im Vorschuljahr einmal pro Woche in der Schule unterrichtet. Die Aufgabenstellungen der 6 Stationen entsprechen den Übungsinhalten dieser Vorbereitungsmaßnahme. Diese „Vorläuferleistungen“ sind aus unserer Sicht für einen erfolgreichen Besuch der 1. Klasse ausschlaggebend.
In 10-jähriger Praxis hat dieser Test zu sehr treffsicheren Prognosen der Schulreife geführt. Wichtig ist, dass die durchführenden Lehrerinnen und Lehrer über mehrere Jahre mit dem Test und der Beobachtung der Kinder in den Klassen 1 und 2 betraut sind. Diese persönliche Erfahrung steigert die Kompetenz bei der Beurteilung und der Prognose ganz erheblich.

Da den Kindern die Aufgabenstellungen im Prinzip vertraut sind und sie die testenden Lehrerinnen und Lehrer kennen, ist es möglich 4 Kinder in einer Gruppe zu testen. Eine Person führt den Test durch, eine zweite führt das Protokoll.
Im Folgenden wird von Testleiterin und Protokollantin gesprochen, damit sind natürlich auch die Testleiter und Protokollanten gemeint.

1. Station

Die Kinder sitzen der Testleiterin gegenüber und werfen ihr mit einer Hand einen Softball zu. Gleichzeitig stellen sie sich vor: „Ich heiße ...!“ Die Hilfe für das Werfen mit einer Hand lautet in der Übungsphase: „Wir werfen den Ball am Ohr vorbei!“ Die Protokollantin stellt die Wurfhand fest und achtet auf die Koordination von Werfen und Sprechen. Laufen beide Prozesse gleichzeitig oder versetzt ab? Die Testleiterin spricht einen Zweizeiler vor. Die Kinder wiederholen den Vers und schlagen im Silbentakt auf die Knie. Wenn nötig, wird der Text von der Testleiterin wiederholt. Die Protokollantin achtet auf die Wiedergabe der Kinder und das synchrone Klatschen.

Begrüßung / Namensschilder

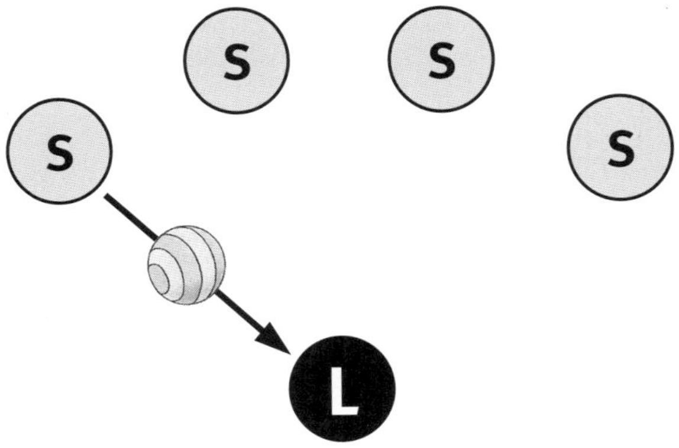

Ballwurf
(mit einer Hand) + „Ich heiße ...!“

Beobachtung: rechte Hand – linke Hand
Koordination: flüssig – stockend

2-Zeiler:
1 2 3 4 5 6 sie-ben
in der Schu-le wird ge-schrie-ben.

Texterfassung:
schnell – nach Wiederholung

Alle Kinder sprechen (chorisch)
und schlagen auf die Knie im Silbentakt.

Silbentakt:
synchron – asynchron

2. Station

In der zweiten Station stehen auch Linkshänderscheren zur Verfügung. Die Kinder schneiden einen Fisch aus. Die Protokollantin beobachtet das Arbeitstempo und die Ausführung, ob z. B. genau an den Linien geschnitten wird, die Flossen abgetrennt werden usw.

Schere / Fisch

teilweise Fisch ausschneiden lassen

Beobachtung:
Arbeitstempo: zügig – zögernd
Durchführung: genau – ungenau

3. Station

Für die Vorbereitungsphase wurden bis zur Menge 6 Dominokarten entwickelt, welche sich in mehreren Variationen immer weiter von der Anordnung auf dem Würfel entfernen. Mit diesen Karten wird auch der Test durchgeführt. Die Testleiterin teilt jedem Kind 3 Karten aus und beginnt, indem sie eine Karte in die Mitte legt. Die Kinder sollen ihre Karten zu einer Straße anlegen. Die Protokollantin stellt fest, ob die Kinder die Mengenbilder spontan erfassen oder ob sie die einzelnen Elemente auf den Karten abzählen.

Domino
Anweisung:

„Wir legen gemeinsam eine Straße.
Ich gebe jedem Kind zunächst drei Karten."
Kann nicht abgelegt werden, wird jeweils eine weitere Karte ausgegeben.

Beobachtung Mengenerfassung:
simultan – abzählend

Wird eine Möglichkeit schnell gesehen – werden Karten übersehen?

4. Station

In der Vorbereitungsphase spielt das Silbieren eine herausragende Rolle. Es stehen Holzleisten mit einer Nut zur Verfügung, in welche Bärchen in Schreibrichtung eingestellt werden. Die Rückseite der Bärchen ist nicht bemalt.

Die Testleiterin teilt jedem Kind ein mehrsilbiges Wort mit. Das Kind soll für jede Silbe ein Bärchen aufstellen und das Wort wiederholen. Dabei zeigt es mit der Malhand synchron auf die Bärchen. Die Protokollantin beurteilt die Silbenerkennung und die Synchronität von Sprechen und Zeigefinger.

Zur Durchführung der einzelnen Stationen (im Folgenden wird von Testleiterin und Protokollantin gesprochen, damit sind natürlich auch die Testleiter und Protokollanten gemeint):

Silbenbärchen
Anweisung:

„Wie viele Bärchen braucht man für das Wort Win-ter-man-tel?"
„Wiederhole das Wort und zeige auf das zugehörige Bärchen!"
Jedes Kind 1 Wort.
Wörter: Win-ter-man-tel, Au-to-rei-fen, Hun-de-lei-ne, Kin-der-gar-ten, Mö-bel-wa-gen, Gar-ten-lau-be, Mor-gen-rö-te

Beobachtung Silbenerkennung:
spontan – mit Hilfe

Wiederholung:
mit Zeigefinger und Sprache
synchron – asynchron

5. Station

Die Erfassung der Raumlage – links oder rechts – nimmt in der Vorbereitung einen breiten Raum ein. An vielen ähnlichen Aufgabenstellungen wird diese Fähigkeit gefördert. Die Testleiterin zeigt allen Kindern eine Übungsaufgabe: „Welcher Hund passt nicht in die Reihe?" Nachdem die Lösung besprochen ist, soll jedes Kind an einem eigenen Tisch eine Aufgabe lösen. Mit Spielsteinen werden die entsprechenden Tiere markiert. Die Protokollantin notiert die Ergebnisse.

Raumlage
Anweisung:
„Welcher Hund passt nicht in die Reihe?“

Beobachtung:
Erfassung der Raumlage
zögernd – direkt

Zuerst eine Probeaufgabe für alle: Ein Hund passt nicht.

Jedes Kind erhält zeitgleich einen Streifen. „Welche passen nicht in die Reihe?“

6. Station

Die Koordination von Sprache und Hand ist für die erfolgreiche Teilnahme am 1. Schuljahr von herausragender Bedeutung. Deshalb wird sie im vorliegenden Test in verschiedenen Situationen und Schwierigkeitsgraden überprüft.

Die Kinder sollen einzeln den Zweizeiler der 1. Station aufsagen und synchron zum Silbensprechen mit der Malhand über die Zickzacklinie der Schlange fahren. Die Protokollantin achtet auf den Text und die Koordination von Silbensprechen und Zeigefinger.

Schlange
Anweisung:
„Sprich den Vers von vorhin.
Fahre mit dem Zeigefinger in Silben
über die Schlange.“

Beobachtung Textwiedergabe:
flüssig – verändert

Koordination:
flüssig – passt nicht

Wird der Text flüssig und unverändert wiedergegeben?
Gelingt die Koordination von Silbensprechen und Zeigefinger?

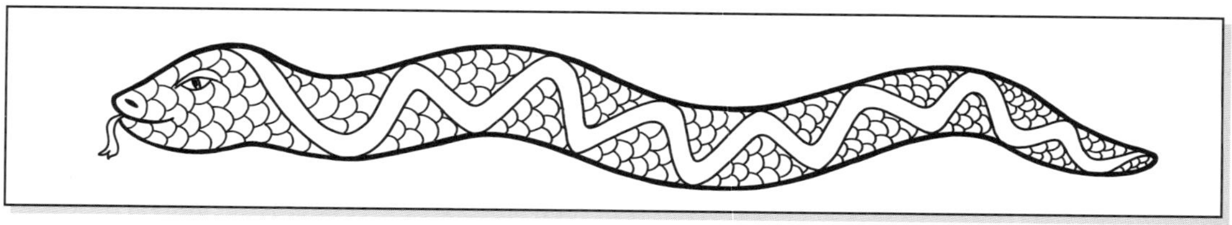

Die Durchführung in Gruppen zu vier Kindern dauert zirka 40 Minuten. Die Testleiterin und die Protokollantin sollten sich etwa 10 Minuten Zeit nehmen, um sich über die Bewertungen auszutauschen.

Das vorgeschlagene Polaritätsprofil ermöglicht eine Beurteilung der einzelnen Leistungen im Vergleich zur Gruppe und dem Standard, welcher an der jeweiligen Schule vorausgesetzt wird. Die aufnehmende Schule entscheidet durch ihr spezielles Förderangebot und ihre Methodenwahl, ob Kinder mit gewissen Ausfällen im Bereich der „Vorläuferleistungen" erfolgreich eingeschult werden können.

Die übersichtliche Darstellung auf der Fläche einer „Postkarte" ist sehr praktikabel und bildet die Leistungsfähigkeit zutreffend ab.
Die mehrjährige Erfahrung in der Vorbereitungsphase und der Durchführung der Testaufgaben schärft bei den Lehrerinnen und Lehrern den Blick für die wesentlichen Voraussetzungen der Kinder für eine erfolgreiche Schullaufbahn.

Typisches Profil eines LRS-Risikokindes

Station 1	Beobachtung	Auswertung		
Ballwurf	Händigkeit rechts links			
	Koordination	synchron	• • • X •	asynchron
2-Zeiler	Texterfassung	schnell	• X • • •	nach Wiederh.
	Silbentakt	synchron	• • • X •	asynchron
Station 2	**Beobachtung**			
Fisch	Arbeitstempo	zügig	• • • X •	zögernd
	Ausführung	genau	• • • • X	ungenau
Station 3	**Beobachtung**			
Domino	Mengenerfassung	simultan	• • X • •	abzählend
Station 4	**Beobachtung**			
Silbenbärchen	Silbenerkennung	spontan	• • • X •	mit Hilfe
	Fingersprache	synchron	• • • • X	asynchron
Station 5	**Beobachtung**			
Raumlage	Erfassung	direkt	• • • X •	zögernd
Station 6	**Beobachtung**			
Schlange	Text	unverändert	• • • • X	verändert
	Koordination	zügig	• • • • X	asynchron

Oft wird die Frage gestellt: Ist auch nach der Einschulung die Vorbereitung auf den Schuleingangstest noch sinnvoll / notwendig?

Notwendig und damit sinnvoll ist er auch dann noch, weil in jedem Fall die Ergebnisse der Testleistung jedes Kindes mit einem entsprechenden Polaritätsprofil erfasst werden kann und – falls erforderlich – weitere Fördermaßnahmen folgen sollen. Auch hier gilt, dass die Vorbereitungsphase unbedingt nachgeholt werden muss, damit alle Kinder mit den Aufgabenstellungen vertraut sind.
Erfahrungen dazu zeigen, dass auch der „verspätete Test" eindeutige Ergebnisse aufzeigt und erforderliche bzw. notwendige Förderung noch rechtzeitig beginnen kann.

5. Weitere Materialien zur Silbenmethode

Zum Lehrgang ABC der Tiere können noch andere Materialien passend zum Konzept und zur Methode eingesetzt werden.

5.1. Lesetexte mit Silbentrenner

Die Lesetexte mit Kopiervorlagen eignen sich ideal für die Klassenbibliothek, für die Freiarbeit oder die Ausleihe.

5.1.1. Lesestart mit Eberhart

„Lesestart mit Eberhart" sind Erstlesehefte mit kurzen, kindgerechten Texten mit Silbentrenner in vier Schwierigkeitsstufen. Die Reihe besteht insgesamt aus 40 Heften = pro Lesestufe 10 Hefte mit jeweils 16 Seiten. Der Schwierigkeitsgrad steigert sich von Lesestufe zu Lesestufe von kurzen, einfachen Sätzen zu zusammenhängenden Geschichten.
www.mildenberger-verlag.de/321

5.1.2. Geschichten aus aller Welt

„Geschichten aus aller Welt" sind 20 Hefte mit Sagen, Märchen und Erzählungen aus Europa, Afrika, Amerika und Asien. Jedes Heft ist aufwändig und individuell illustriert. Immer 5 Hefte sind in Anspruch und Wortanzahl auf einem Niveau. Die Hefte sind durchgängig vierfarbig und haben das Format 21 x 21 cm.
Am Ende jedes Heftes gibt es eine Seite zum Nacherzählen: Dabei sind die wichtigsten Szenen der Geschichte zu einem Handlungsverlauf angeordnet. Zusätzlich gibt es zu allen Geschichten individuelle Fragen zum Text, die das Sprechen über die Geschichte anregen und bereichern.
www.mildenberger-verlag.de/256

5.1.3. Leserabe

In Zusammenarbeit mit dem Ravensburger Buchverlag wurden Titel aus der erfolgreichen Leseraben-Serie mit dem farbigen Silbentrenner ausgestattet. Damit wurden erstmals Lesebücher aus der aktuellen Kinderliteratur nach der Silbenmethode mit Silbentrenner® lesedidaktisch aufgearbeitet.
www.mildenberger-verlag.de/320

5.2. Der große Silbenzauber: Spiele zum Lesenlernen mit System

„Der große Silbenzauber" ist eine Spielereihe, die den Deutschunterricht mit der Silbenmethode sinnvoll ergänzt und bereichert. Die Lernspiele sind wissenschaftlich fundiert konzipiert und von unzähligen Grundschulkindern in der Praxis getestet und für gut befunden worden.
www.mildenberger-verlag.de/514

5.3. Wörterbuch: Schlag auf, schau nach!

Das Wörterbuch für die gesamte Grundschulzeit passend zu ABC der Tiere:
- Wörterverzeichnis Klasse 1 und 2 mit Silbentrenner
- Wörterverzeichnis Klasse 1 mit allen Ankerbildern
- haltbarer, flexibler Kunststoff-Einband
- inkl. Lernsoftware auf CD-ROM

www.mildenberger-verlag.de/492

5.4. Das Übungsheft: Rechtschreibung – Grammatik – Lesen

Die Übungshefte für das tägliche Training – mit dem farbigen Silbentrenner; inklusive Stickerbogen und Lösungen zur Selbstkontrolle.
www.mildenberger-verlag.de/190

5.5. Lesetraining

5.5.1. Lese- und Lernprofi

Sinnerfassend lesen zu können bildet die Grundlage für jeden Lernprozess. Nur wer Texte sinngemäß versteht, ist auch in der Lage, Folgeaufgaben zu lösen. In der Reihe „Lese- und Lernprofi“ wird der Erwerb von Lesekompetenz geschickt mit dem systematischen Training von Lerntechniken und Lernstrategien kombiniert. Silbierte Ausgabe mit farbigem Silbentrenner in blau/rot.
www.mildenberger-verlag.de/324

5.5.2. Fördern und Fordern – Lesen! Lesen! 1

Texte und handlungsorientierte Erarbeitungen für das 1. Schuljahr

Die Arbeitsblätter für erste spannende Leseabenteuer! Denn gerade der Einstieg in die Lesewelt sollte für die Kinder motivierend sein. Daher sind diese Kopiervorlagen handlungsorientiert und spielerisch angelegt.
www.mildenberger-verlag.de/319

5.6. Silben-Sudoku

Das Silben-Sudoku richtet sich in seinem Aufbau nach der Silbenfibel „ABC der Tiere“. Zu jeder Doppelseite werden zwei differenzierte Sudokus angeboten (leicht und schwer). Die Ausgangswörter oder -sätze und das Lösungswort bestehen aus den bis dahin behandelten und den Kindern bekannten Silben.
Das Silben-Sudoku eignet sich als zusätzliches Differenzierungsmaterial.
www.mildenberger-verlag.de/512

5.7. Hexe Trixi – Förderung bei Lese- und Rechtschreibschwäche (LRS)

Das Programm beinhaltet eine ausführliche Fehlerstatistik zur gezielten Diagnose und Förderung. „Hexe Trixi“ enthält viele Übungen für das Lesen- und Schreibenlernen. Weitere Informationen unter: www.hexe-trixi.de
www.mildenberger-verlag.de/270

5.8. Deutsch als Zweitsprache

Die Materialien der Reihen „Willkommen in Deutschland“ und „... richtig so!“ ermöglichen den handlungsorientierten Zugang zur deutschen Sprache für Kinder mit und ohne Vorerfahrungen.
www.mildenberger-verlag.de/705
www.mildenberger-verlag.de/706

6. Informationsangebote: Webseite – Newsletter

6.1. www.abc-der-tiere.de

Unter **www.abc-der-tiere.de** finden Sie:

- alle Informationen zum Lehrgang
- aktuelle Beiträge
- kostenlose Downloads
- Videos und Präsentationen
- viele methodische Anregungen
- ein Forum für Ihre Fragen und den Austausch mit Kolleginnen und Kollegen

6.2. Newsletter zur Silbenmethode

Newsletter Silbenmethode – Neues aus der Welt der Silben!

Lehrgang, Tipps und kostenlose Downloads

In diesem Newsletter stellen wir Ihnen anhand von Originalmaterial aus dem Lehrgang „ABC der Tiere" die Silbenmethode vor.

Direkt zur Newsletter-Anmeldung

Anmeldung unter: www.mildenberger-verlag.de/news

Videos, Präsentationen, Informationen: www.abc-der-tiere.de

7. Vorschlag für einen Stoffverteilungsplan

Hinweise

- Die Übersicht will Ihnen die Zuordnung der Fibelseiten zu den Materialien (Schreiblehrgang, Arbeitsheft, Silbenschieber, CD, Folien) erleichtern.
- Die zeitliche Strukturierung ist individuell zu verändern: Im Blick auf die speziellen Lernvoraussetzungen der Klasse entscheidet die Lehrerin / der Lehrer, welches Lerntempo für die Klasse günstig ist.

Aufgeführte Materialien

	Bestell-Nr.
Silbenfibel	1405-90
Arbeitsheft zur Silbenfibel Druckschrift / Grundschrift	1405-91/ -71
Schreiblehrgang Druckschrift / Grundschrift	1405-81/ -72
Silbenkärtchen, Leseteppiche	1402-93
Musik-CD	1405-80
Silbenschieber	1405-79
Folien	1405-75

Den Stoffverteilungsplan finden Sie als PDF- und Word-Datei zum Download unter: www.abc-der-tiere.de/1405-70

ABC der Tiere 1: Stoffverteilungsplan

Schul-woche	Fibelseiten Silben/ Buchstaben	Fibelthema	SL Teil A	AH Teil A	LK	Übungen / Kompetenzen	CD	Folie
1	6, 7 **mu**	mu	4 – 11 **u**			Sprechen und Zuhören zum Bild, Lesen: Silben, Gebärdenlesen: mu u, Silbenkelle u analysieren,Silbenklatschen, Sprache untersuchen: Starter (Mitlaut) Klinger (Selbstlaut)	**A:** 1, 2	
2	8, 9 **Mi mi**	Mimi	12 – 15 **m i M**	4 – 7		Sprechen und Zuhören zum Bild, Lesen: Silben Namen, Gebärdenlesen: mi i, Silbenkelle i analysieren,Silbenklatschen, Sprache untersuchen: Großschreibung Namen Silbenschieber, Beilage: Mini-Silbenschieber Silbenkärtchen 1; Silbenkarten: Mu, mu, Mi, mi	**A:** 3, 4 **B:** 1, 7	**2, 3, 51**
3	10, 11 **Mo** **mo**	Momo	16 – 17 **o**	8 – 11		Sprechen und Zuhören zum Bild, Lesen: Silben, Namen, Silbenlauf, Gebärdenlesen mo o, Silbenkelle o analysieren, Silben fliegen hoch, Silbenschieber, Beilage: Mini-Silbenschieber Silbenkärtchen 1; Silbenkarten: Mo, mo	**A:** 3, 4 **B:** 1, 7	**3, 4, 51**
4	12, 13 **Ma** **ma**	Mama	18 – 20 **a**	12 – 15		Sprechen und Zuhören zum Bild, Lesen: Silben, Nomen, Wort-Bild-Texte, Silbenlauf, Gebärdenlesen ma a, Silbenkelle a analysieren, Silben fliegen hoch, Silbenschieber, Beilage: Mini-Silbenschieber Silbenkärtchen 1; Silbenkarten: Ma, ma	**B:** 1, 7	**5, 6, 51**
5	14, 15 **Me** **me**	Memo	21 – 23 **e**	16 – 19	**1**	Sprechen und Zuhören zum Bild, Lesen: Silben, Namen, Wort-Bild-Texte, Silbenlauf, Gebärdenlesen: me e, Silbenkelle e analysieren, Sprache untersuchen: Satz, Punkt, Silbenschieber, Beilage: Mini-Silbenschieber Silbenkärtchen 1; Silbenkarten: Me, me	**A:** 5, 6 **B:** 2, 7	**6, 52**
6	16, 17 **La** **la**	Lama	24 – 26 **L l**	20 – 23		Sprechen und Zuhören zum Bild, Lesen: Silben, Nomen, Wort-Bild-Texte, Silbenlauf, Gebärdenlesen: la a, Silbenkelle Selbstlaute analysieren, Silben fliegen hoch, Silbenschieber, Beilage: Mini-Silbenschieber Silbenkärtchen 1, 2; Silbenkarten: Starter Ll, Leseteppiche 1, 2	**B:** 2, 7	**7, 8, 52**
7	18, 19 **A** **E** **I** **O** **U**	A E I O U	27 – 29 **A** **E** **I** **O** **U**	24 – 27		Sprechen und Zuhören zum Bild, Lesen: Vokale, Wort-Bild-Sätze, Silbenklatschen, Sprache untersuchen: Sätze, Silbenschieber, Beilage: Mini-Silbenschieber Silbenkärtchen 1, 2; Silbenkarten, Leseteppiche 1, 2	**A:** 7, 8 **B:** 3, 7	**9, 53**

SL: ABC der Tiere 1 · Schreiblehrgang Druckschrift (1405-81), Grundschrift (1405-72), **AH:** ABC der Tiere 1 · Arbeitsheft Druckschrift (1405-81), Grundschrift (1405-71), **LK:** Lernstandserhebung

ABC der Tiere 1: Stoffverteilungsplan

Schul-woche	Fibelseiten Silben/ Buchstaben	Fibelthema	SL Teil A	AH Teil A	LK	Tägliche Übungen	CD	Folie
8	20, 21 **Ta** **ta**	Tila und Toto	30 – 32 **T t**	28 – 31		Sprechen und Zuhören zum Bild, Lesen: Silben, Namen, Wort-Bild-Texte, Silbenlauf, Gebärdenlesen: ta a, Silbenkelle Selbstlaute analysieren, Silben fliegen hoch, Silbenschieber, Beilage: Mini-Silbenschieber Silbenkärtchen 1, 2; Silbenkarten: Starter T t, Leseteppiche 1, 2	**A:** 9, 10 **B:** 4, 7	**10, 54**
9	22, 23 **Ri** **ri**	Ria ruft ia	33 – 35 **R r**	32 – 35	**2**	Sprechen und Zuhören zum Bild, Lesen: Silben, Namen, Wort-Bild-Texte, Silbenlauf, Gebärdenlesen: ru u, Silbenkelle Selbstlaute analysieren, Silben fliegen hoch, Silbenschieber, Beilage: Mini-Silbenschieber Silbenkärtchen, 1, 2; Silbenkarten: Starter R r, Leseteppiche 1, 2	**A:** 11, 12 **B:** 3, 7	**11, 12, 53**
10	24, 25 **Sa** **sa**	Sumsumsum	36 – 38 **S s**	36 – 39		Sprechen und Zuhören zum Bild, Lesen: Silben, Namen, Wort-Bild-Texte, Silbenlauf, Gebärdenlesen: su u, Silbenkelle, Selbstlaute analysieren, Silben fliegen hoch, Silbenschieber, Beilage: Mini-Silbenschieber Silbenkärtchen 1 – 3; Silbenkarten: Starter S s, Leseteppiche 1, 2	**A:** 13, 14 **B:** 3, 7	**13, 53**
11	26, 27 **Wi** **wi**	Wito	39 – 41 **W w**	40 – 43		Sprechen und Zuhören zum Bild, Lesen: Silben, Wörter, Wort-Bild-Texte, Silbenlauf, Gebärdenlesen: wi i, Silbenkelle, Selbstlaute analysieren, Sprache untersuchen: Fragezeichen, Großschreibung Satzanfang, Silbenschieber, Beilage: Mini-Silbenschieber, Silbenkärtchen 1 – 3; Silbenkarten: Starter W w, Leseteppiche 1, 2	**B:** 3, 7	**14, 15, 53**
12	28, 29 **Da** **da** **del**	Di del da del du del	42 – 44 **D d**	44 – 47		Sprechen und Zuhören zum Bild, Lesen: Silben, Wörter, Wort-Bild-Texte, Silbenlauf, Gebärdenlesen: de del, Sprache untersuchen: Ausrufezeichen Doppelpunkt Sprachvergleich, Silbenschieber, Beilage: Silbenschieber Silbenkärtchen 1 – 3; Silbenkarten: Starter D d, Leseteppiche 1, 2	**A:** 15, 16 **B:** 3, 7	**16, 17, 53**
13	30, 31 **Na** **na** **len** **sen**	Nina und Nena	45 – 47 **N n**	48 – 51	**3**	Sprechen und Zuhören zum Bild, Lesen: Wörter, Texte, Silbenlauf, Gebärdenlesen: len sen, Sprache untersuchen: Häuschen A und B, Garage immer e Silbenschieber, Beilage: Silbenschieber Silbenkärtchen 1 – 4; Silbenkarten: Starter N n, Leseteppiche 1, 2	**B:** 3, 7	**18, 19, 53**

SL: ABC der Tiere 1 · Schreiblehrgang Druckschrift (1405-81), Grundschrift (1405-72), **AH:** ABC der Tiere 1 · Arbeitsheft Druckschrift (1405-81), Grundschrift (1405-71), **LK:** Lernstandserhebung

Schulwoche	Fibelseiten Silben/ Buchstaben	Fibelthema	SL Teil A	AH Teil A	LK	Tägliche Übungen	CD	Folie
14	32, 33 **Sch** **Sch** **ü**	Wir essen in der Schule	48 – 50 **Sch sch**	52 – 55		Sprechen und Zuhören zum Bild, Lesen: Wörter, Texte, Silbenlauf, Gebärdenlesen: sche schen, Sprache untersuchen: Umlaut Sch, Großschreibung Nomen, Beilage: Silbenschieber Silbenkärtchen 1 – 4; Silbenkarten: Starter Sch sch, Leseteppiche 1, 2	**A:** 17 – 24 **B:** 4, 7	**20, 21, 22, 54**
15	34, 35	Im Winter	51	56 – 59		Sprechen und Zuhören zum Bild, Lesen: Text, Silbenlauf, Gebärdenlesen: sche schne, Schreiben: Abschreiben Silbenkärtchen 1 – 4; Silbenkarten, Leseteppiche 1, 2	**A:** 25, 26 **B:** 4, 7	**22, 23, 54**
16	36, 37 **Ei** **ei**	Lisa und Reiner reimen	52 – 54 **Ei ei**	60 – 63	**4**	Sprechen und Zuhören zum Bild, Lesen: Reime, Text, Silbenlauf, Gebärdenlesen: ei schei, Sprache untersuchen: Ei in Häuschen A www.abc-der-tiere.de/haeuschen-vorlagen, Schreiben: Schreiben mit der Schreibtabelle, Silbenschieber, Leseteppiche 5	**B:** 4, 7	**24, 25, 54**
17	38, 39 **K** **k** **ck**	In der Schule	55 – 58 **K k ck**	64 – 67		Sprechen und Zuhören zum Bild, Lesen: Text, Silbenlauf, Gebärdenlesen: kir kri, Schreiben: Abschreiben, Schreiben mit der Schreibtabelle, Silbenkärtchen 1 – 4; Silbenkarten: Starter K k, Leseteppiche 3, 4	**A:** 27, 28 **B:** 1, 7	**25, 26, 51**
18	40, 41 **B** **b** **ä**	Am Abend	59 – 61 **B b**	68 – 71		Sprechen und Zuhören zum Bild, Lesen: Text Vorlesen, Silbenlauf, Gebärdenlesen: bar bra, Schreiben: Abschreiben, Schreiben mit der Schreibtabelle, Silbenkärtchen 1 – 5; Silbenkarten: Starter B b, Leseteppiche 3 – 5	**B:** 3, 7	**26, 27, 53**
19	42, 43 **F** **f**	Bei den Eskimos	62 – 64 F f	72 – 76		Sprechen und Zuhören zum Bild, Lesen: Text, Vorlesen, Silbenlauf, Gebärdenlesen: fi fri, Schreiben: Abschreiben, Schreiben mit der Schreibtabelle, Silbenschieber, Silbenkärtchen 1 – 5; Silbenkarten: Starter F f, Leseteppiche 3 – 5	**A:** 29, 30 **B:** 3, 7	**27, 28, 29, 53**

SL: ABC der Tiere 1 · Schreiblehrgang Druckschrift (1405-81), Grundschrift (1405-72), **AH:** ABC der Tiere 1 · Arbeitsheft Druckschrift (1405-81), Grundschrift (1405-71), **LK:** Lernstandserhebung

ABC der Tiere 1: Stoffverteilungsplan

Schul-woche	Fibelseiten Silben/ Buchstaben	Fibelthema	SL Teil B	AH Teil B	LK	Tägliche Übungen	CD	Folie
20	44, 45 **Au** **au**	Schule ist aus	5 – 7 **Au au**	4 – 7	**5**	Sprechen und Zuhören zum Bild, Lesen: Text, Vorlesen, Gebärdenlesen: au aus, Sprache untersuchen: Au au in Häuschen A, Schreiben: Abschreiben, Schreiben mit der Schreibtabelle, Silbenschieber, Silbenkärtchen 1 – 5; Silbenkarten, Leseteppiche 3 – 5	**B:** 5, 7	**30, 55**
21	46, 47 **G** **g** **h**	Geister im Turm	8 – 10 **G g**	8 – 11		Sprechen und Zuhören zum Bild, Lesen: Text, Vorlesen, Silbenlauf, Gebärdenlesen ge gei, Sprache untersuchen: Satzanfang Großschreibung, Schreiben: Abschreiben, Schreiben mit der Schreibtabelle, Silbenschieber, Silbenkärtchen 1 – 5; Silbenkarten: Starter G g, Leseteppiche 3 – 5	**B:** 1, 7	**31, 51**
22	48, 49 **ie** **ö**	Im Riesenland	11 – 14 **ie** **ö**	12 – 15		Sprechen und Zuhören zum Bild, Lesen: Text, Vorlesen, Sprache untersuchen: ie in Häuschen A, Schreiben: Abschreiben, Schreiben mit der Schreibtabelle, Silbenschieber, Silbenkärtchen 1 – 5; Silbenkarten: Starter F f, Leseteppiche 3 – 5	**B:** 5, 7	**32, 33, 55**
23	50, 51 **P** **p** **Pf** **pf**	Panne	15 – 17 **P p**	16 – 19	**6**	Sprechen und Zuhören zum Bild, Lesen: Text, Vorlesen, Gebärdenlesen: pa pe, Sprache untersuchen: Anführungszeichen, Schreiben: Abschreiben, Schreiben mit der Schreibtabelle, Leseteppiche 3, 4, 6	**B:** 3, 7	**33, 34, 35, 53**
24	52, 53 **H** **h** **ß**	Der Hase und der Igel	18 – 20 **H h ß**	20 – 23		Sprechen und Zuhören zum Bild, Lesen: Text, Vorlesen, Gebärdenlesen: hin her, Schreiben: Abschreiben, Schreiben mit der Schreibtabelle, Ich-Du-Wir: szenisch spielen, Gedicht, Osterbräuche (86/87), Leseteppiche 3, 4, 6	**B:** 4, 7	**36, 54**
25	54, 55 **ch**	Tiger in Indien	21 – 23 **ch**	24 – 28		Sprechen und Zuhören zum Bild, Lesen: Text, Vorlesen, Gebärdenlesen: Licht Krach, Sprache untersuchen: ch in Krach, Licht, Schreiben: Abschreiben, Schreiben mit der Schreibtabelle	**B:** 4, 7	**37, 54**
26	56, 57 **Ä** **ä**	Ferien auf dem Bauernhof	24 – 26 **Ä ä**	28 – 31		Sprechen und Zuhören zum Bild, Lesen: Text, Vorlesen, Schreiben: Abschreiben, Schreiben mit der Schreibtabelle	**A:** 31, 32 **B:** 4, 7	**54**

SL: ABC der Tiere 1 · Schreiblehrgang Druckschrift (1405-81), Grundschrift (1405-72), **AH:** ABC der Tiere 1 · Arbeitsheft Druckschrift (1405-81), Grundschrift (1405-71), **LK:** Lernstandserhebung

ABC der Tiere 1: Stoffverteilungsplan

Schulwoche	Fibelseiten Silben/ Buchstaben	Fibelthema	SL Teil B	AH Teil B	LK	Tägliche Übungen	CD	Folie
27	58, 59 **St st** **Sp sp**	Störche	27 – 28 **St st** **Sp sp**	32 – 35	**7**	Sprechen und Zuhören zum Bild, Lesen: Text, Vorlesen, Gebärdenlesen: Storch Spanien, Schreiben: Abschreiben, Schreiben mit der Schreibtabelle, Ich-Du-Wir: Berichten	**A:** 33, 34 **B:** 4, 7	**54**
28	60, 61 **Z** **z**	Im Zoo	29 – 31 **Z z**	36 – 39		Sprechen und Zuhören zum Bild, Lesen: Text, Vorlesen, Gebärdenlesen: Zoo Zaun, Schreiben: Abschreiben, Schreiben mit der Schreibtabelle	**B:** 5, 7	**37, 55**
29	62, 63 **ai** **tz**	Das Kinderfest	32 – 34 **tz** **ai**	40 – 43		Sprechen und Zuhören zum Bild, Lesen: Text, Vorlesen Lied Tanz, Gebärdenlesen: Moritz sitzen, Sprache untersuchen: Sprachvergleich, Schreiben: Abschreiben, Schreiben mit der Schreibtabelle	**A:** 35, 36 **B:** 6, 7	**38, 56**
30	64, 65 **ng** **nk**	Lena im Rollstuhl	35 – 38 **nk** **ng** **Ü ü**	44 – 47		Sprechen und Zuhören zum Bild, Lesen: Text, Vorlesen, Gebärdenlesen: singen Finger, Sprache untersuchen: nk ng, Schreiben: Abschreiben, Schreiben mit der Schreibtabelle	**B:** 6, 7	**38, 56**
31	66, 67 **J** **j**	Der Jaguar	39 – 40 **J j**	48 – 51	**8**	Sprechen und Zuhören zum Bild, Lesen: Text, Tabelle/Steckbrief, Vorlesen, Gebärdenlesen: Jaguar Junge, Schreiben: Abschreiben, Schreiben mit der Schreibtabelle, Ich-Du-Wir: Steckbrief Berichten	**A:** 37, 38 **B:** 2, 7	**39, 52**
32	68, 69 **Eu** **eu**	Eulen jagen in der Nacht	41 – 43 **Eu eu**	52 – 55		Sprechen und Zuhören zum Bild, Lesen: Text, Vorlesen, Gebärdenlesen: Eule Beute, Schreiben: Abschreiben, Schreiben mit der Schreibtabelle	**B:** 6, 7	**39, 56**
33	70, 71 **V** **v**	Vogelnest im Garten	44 – 46 **V v**	56 – 59		Sprechen und Zuhören zum Bild, Lesen: Text, Vorlesen, Gebärdenlesen: Vogel Vater, Sprache untersuchen: v wie f oder w, Vorsilben, Schreiben: Abschreiben, Schreiben mit der Schreibtabelle	**B:** 3, 7	**40, 53**
34	72, 73 **äu**	Was Tiere träumen	47 – 49 **Äu äu**	60 – 63		Sprechen und Zuhören zum Bild, Lesen: Text, Vorlesen, Sprache untersuchen: Ableiten, Schreiben: Abschreiben, Schreiben mit der Schreibtabelle, Ich-Du-Wir: Gedicht vortragen	**B:** 6, 7	**41, 56**
35	74, 75 **Qu** **qu**	Die Frösche quaken	50 – 53 **Qu qu**	64 – 67	**9**	Sprechen und Zuhören zum Bild, Lesen: Text, Vorlesen, Gebärdenlesen: Quelle quaken, Schreiben: Abschreiben, Schreiben mit der Schreibtabelle, Ich-Du-Wir: Berichten	**A:** 39, 40 **B:** 6, 7	**42, 56**
36	76, 77 **Y** **y**	Auf dem Ponyhof	54 – 55 **Y y**	68 – 71		Sprechen und Zuhören zum Bild, Lesen: Text, Vorlesen, Gebärdenlesen: Pony Maya, Sprache untersuchen: y wie i oder ü oder j, Schreiben: Abschreiben, Schreiben mit der Schreibtabelle	**A:** 41, 42 **B:** 5, 7	**42, 43, 55**
37	78, 79 **C** **c**	Clowns im Zirkus	56 – 57 **C c**	72 – 74		Sprechen und Zuhören zum Bild, Lesen: Text, Vorlesen, Gebärdenlesen: Nico Clown, Sprache untersuchen: c wie k, Schreiben: Abschreiben, Schreiben mit der Schreibtabelle	**B:** 5, 7	**55**

SL: ABC der Tiere 1 · Schreiblehrgang Druckschrift (1405-81), Grundschrift (1405-72), **AH:** ABC der Tiere 1 · Arbeitsheft Druckschrift (1405-81), Grundschrift (1405-71), **LK:** Lernstandserhebung

ABC der Tiere 1: Stoffverteilungsplan

Schulwoche	Fibelseiten Silben/ Buchstaben	Fibelthema	SL Teil B	AH Teil B	LK	Tägliche Übungen	CD	Folie
38	80, 81 **X** **X** **chs**	Hexe Trixi	58 – 60 **X x** **chs**	75 – 77		Sprechen und Zuhören zum Bild, Lesen: Text, Vorlesen, Gebärdenlesen: Hexe Achse, Sprache untersuchen: x wie chs, Schreiben: Abschreiben, Schreiben mit der Schreibtabelle, CD Nr. 49, 50	**A:** 43, 44 **B:** 6, 7	**44, 56**
39	82 – 84	Die Bremer Stadtmusikanten		78 – 79		Sprechen und Zuhören zum Bild, Lesen: Text, Vorlesen		**44**
	85	Feste und Bräuche im Jahreskreis				Sprechen und Zuhören zum Bild		
	86, 87	Osterbräuche, Ostergedicht		80		Lesen: Text, Vorlesen, Ich-Du-Wir: Gedicht vortragen	**A:** 45, 46	**45**
	88, 89	Meine Mutter, Muttertag				Lesen: Text, Vorlesen, Ich-Du-Wir: Gedicht vortragen, Präsentieren		
	90	Die Gäste der Buche				Sprechen und Zuhören zum Bild Lesen: Text, Vorlesen		
	91	Herbstgedicht				Sprechen und Zuhören zum Bild, Lesen: Text, Vorlesen, Ich-Du-Wir: Gedicht vortragen, Präsentieren		
	92, 93	Die Weihnachtsgeschichte				Sprechen und Zuhören zum Bild, Lesen: Text, Vorlesen, Ich-Du-Wir: szenisch spielen	**A:** 47, 48	**46, 47**
	94, 95	Weihnachten bei uns und anderswo				Sprechen und Zuhören zum Bild, Lesen: Text, Vorlesen, Sprache untersuchen: Sprachvergleich		
	96	Wir schreiben einen Wunschzettel				Sprechen und Zuhören zum Bild, Lesen: Text, Vorlesen, Schreiben: Abschreiben, Schreiben mit der Schreibtabelle		
	97	Wir schreiben eine Einladung				Sprechen und Zuhören zum Bild, Lesen: Text, Vorlesen, Schreiben: Abschreiben, Schreiben mit der Schreibtabelle		

SL: ABC der Tiere 1 · Schreiblehrgang Druckschrift (1405-81), Grundschrift (1405-72), **AH:** ABC der Tiere 1 · Arbeitsheft Druckschrift (1405-81), Grundschrift (1405-71), **LK:** Lernstandserhebung

8. Übersicht der Kompetenzen

Die Übersichten finden Sie als PDF und Word-Datei zum Download unter: www.abc-der-tiere.de/1405-70

ABC der Tiere 1: Kompetenzen Silbenfibel (Bestell-Nr. 1405-90)

Sprechen und Zuhören	Schreiben	Richtig schreiben	Lesen – mit Texten und Medien umgehen	Sprache und Sprachgebrauch untersuchen	Fibelthema	Seite
x			x	x	mu	6/7
x		x	x	x	Mimi	8/9
x			x	x	Momo	10/11
x			x	x	Mama	12/13
x		x	x	x	Memo	14/15
x			x	x	Lama	16/17
x			x	x	A, E, I, O, U	18/19
x			x	x	Tila und Toto	20/21
x			x	x	Ria ruft ia	22/23
x			x	x	Sumsumsum	24/25
x		x	x	x	Wito	26/27
x			x	x	Di del da del du del	28/29
x		x	x	x	Nina und Nena	30/31
x		x	x	x	Wir essen in der Schule	32/33
x	x		x		Im Winter	34/35
x	x	x	x	x	Lisa und Reiner reimen	36/37
x	x		x		In der Schule	38/39
x	x		x		Am Abend	40/41
x	x		x		Bei den Eskimos	42/43
x	x	x	x	x	Schule ist aus	44/45
x	x	x	x	x	Geister im Turm	46/47
x	x	x	x	x	Im Riesenland	48/49
x	x		x	x	Panne	50/51
x	x		x		Der Hase und der Igel	52/53
x	x		x	x	Tiger in Indien	54/55
x	x		x		Ferien auf dem Bauernhof	56/57
x	x		x		Störche	58/59
x	x		x		Im Zoo	60/61
x	x		x	x	Das Kinderfest	62/63
x	x	x	x	x	Lena im Rollstuhl	64/65
x	x		x		Der Jaguar	66/67
x	x		x		Eulen jagen in der Nacht	68/69
x	x	x	x	x	Vogelnest im Garten	70/71
x	x	x	x	x	Was Tiere träumen	72/73
x	x		x		Die Frösche quaken	74/75
x	x	x	x	x	Auf dem Ponyhof	76/77

Sprechen und Zuhören	Schreiben	Richtig schreiben	Lesen – mit Texten und Medien umgehen	Sprache und Sprachgebrauch untersuchen	Fibelthema	Seite
x	x	x	x	x	Clowns im Zirkus	78/79
x	x	x	x	x	Hexe Trixi	80/81
x			x		Die Bremer Stadtmusikanten	82-84
x					Feste und Bräuche im Jahreskreis	85
			x		Osterbräuche	86
			x		Ostergedicht	87
			x		Meine Mutter	88
			X		Muttertag	89
x			x		Die Gäste der Buche	90
					Herbstwind	91
x			x		Weihnachtsgeschichte	92/93
x			x	x	Weihnachten bei uns und anderswo	94/95
x	x		x		Wir schreiben einen Wunschzettel	96
x	x		x		Wir schreiben eine Einladung	97

ABC der Tiere 1: Kompetenzen Arbeitsheft (Bestell-Nr. 1405-91/ -71)

Sprechen und Zuhören	Schreiben	Richtig schreiben	Lesen – mit Texten und Medien umgehen	Sprache und Sprachgebrauch untersuchen	Arbeitsheft zum Fibelthema	Teil	Seite
			x		Mimi	A	4
				x	Mimi	A	5
		x			Mimi	A	6
		x	x		Mimi	A	7
				x	Momo	A	8
		x	x		Momo	A	9
		x	x		Momo	A	10
x		x			Momo	A	11
				x	Mama	A	12
	x	x	x		Mama	A	13
		x	x		Mama	A	14
		x	x		Mama	A	15
		x		x	Memo	A	16
		x	x		Memo	A	17
x		x	x		Memo	A	18
			x		Memo	A	19
		x	x	x	Lama	A	20
	x			x	Lama	A	21
		x	x		Lama	A	22
			x		Lama	A	23
	x		x		A, E, I, O, U	A	24
	x			x	A, E, I, O, U	A	25
		x	x		A, E, I, O, U	A	26
	x		x	x	A, E, I, O, U	A	27
		x	x		Tila und Toto	A	28
	x			x	Tila und Toto	A	29
		x	x		Tila und Toto	A	30
			x		Tila und Toto	A	31
		x		x	Ria ruft ia	A	32
	x			x	Ria ruft ia	A	33
		x	x		Ria ruft ia	A	34
x	x				Ria ruft ia	A	35
		x		x	Sumsumsum	A	36
	x			x	Sumsumsum	A	37
		x	x		Sumsumsum	A	38
	x		x		Sumsumsum	A	39

Sprechen und Zuhören	Schreiben	Richtig schreiben	Lesen – mit Texten und Medien umgehen	Sprache und Sprachgebrauch untersuchen	Arbeitsheft zum Fibelthema	Teil	Seite
		x		x	Wito	A	40
	x	x	x		Wito	A	41
		x	x		Wito	A	42
	x		x		Wito	A	43
		x		x	Di del da del du del	A	44
	x		x	x	Di del da del du del	A	45
			x	x	Di del da del du del	A	46
	x		x		Di del da del du del	A	47
		x		x	Nina und Nena	A	48
	x		x		Nina und Nena	A	49
			x	x	Nina und Nena	A	50
				x	Nina und Nena	A	51
	x	x		x	Wir essen in der Schule	A	52
x				x	Wir essen in der Schule	A	53
		x	x	x	Wir essen in der Schule	A	54
			x		Wir essen in der Schule	A	55
	x	x			Im Winter	A	56
	x	x	x	x	Im Winter	A	57
				x	Im Winter	A	58
	x				Im Winter	A	59
		x		x	Lisa und Reiner reimen	A	60
	x			x	Lisa und Reiner reimen	A	61
	x		x	x	Lisa und Reiner reimen	A	62
				x	Lisa und Reiner reimen	A	63
	x	x		x	In der Schule	A	64
		x	x	x	In der Schule	A	65
	x		x		In der Schule	A	66
	x				In der Schule	A	67
		x		x	Am Abend	A	68

Sprechen und Zuhören	Schreiben	Richtig schreiben	Lesen – mit Texten und Medien umgehen	Sprache und Sprachgebrauch untersuchen	Arbeitsheft zum Fibelthema	Teil	Seite
	x			x	Am Abend	A	69
			x	x	Am Abend	A	70
	x			x	Am Abend	A	71
		x		x	Bei den Eskimos	A	72
	x			x	Bei den Eskimos	A	73
	x		x		Bei den Eskimos	A	74
			x		Bei den Eskimos	A	75
			x		Bei den Eskimos	A	76
					Mias und Mios Geschenke	A	77
					Wir basteln Mias Weihnachtsengel.	A	78
					Ausschneideblatt zu S. 78	A	79

ABC der Tiere 1: Kompetenzen Arbeitsheft (Bestell-Nr. 1405-91/ -71)

Sprechen und Zuhören	Schreiben	Richtig schreiben	Lesen – mit Texten und Medien umgehen	Sprache und Sprachgebrauch untersuchen	Arbeitsheft zum Fibelthema	Teil	Seite
	x	x			Schule ist aus	B	4
	x			x	Schule ist aus	B	5
			x	x	Schule ist aus	B	6
	x				Schule ist aus	B	7
	x	x			Geister im Turm	B	8
	x			x	Geister im Turm	B	9
		x	x	x	Geister im Turm	B	10
	x		x		Geister im Turm	B	11
		x		x	Im Riesenland	B	12
	x	x		x	Im Riesenland	B	13
	x		x	x	Im Riesenland	B	14
	x		x		Im Riesenland	B	15
	x	x			Panne	B	16
	x			x	Panne	B	17
		x	x	x	Panne	B	18
	x	x			Panne	B	19
	x	x			Der Hase und der Igel	B	20
	x			x	Der Hase und der Igel	B	21
	x		x		Der Hase und der Igel	B	22
	x		x		Der Hase und der Igel	B	23
	x	x			Tiger in Indien	B	24
			x	x	Tiger in Indien	B	25
	x		x		Tiger in Indien	B	26
	x		x		Tiger in Indien	B	27
	x		x		Ferien auf dem Bauernhof	B	28
		x		x	Ferien auf dem Bauernhof	B	29
			x	x	Ferien auf dem Bauernhof	B	30
		x	x		Ferien auf dem Bauernhof	B	31
x	x				Störche	B	32
	x	x			Störche	B	33
		x	x		Störche	B	34
	x				Störche	B	35

ABC der Tiere 1: Kompetenzen Arbeitsheft (Bestell-Nr. 1405-91/ -71)

Sprechen und Zuhören	Schreiben	Richtig schreiben	Lesen – mit Texten und Medien umgehen	Sprache und Sprach-gebrauch untersuchen	Arbeitsheft zum Fibelthema	Teil	Seite
	x	x			Im Zoo	B	36
	x			x	Im Zoo	B	37
	x		x		Im Zoo	B	38
	x				Im Zoo	B	39
	x		x		Das Kinderfest	B	40
		x		x	Das Kinderfest	B	41
	x				Das Kinderfest	B	42
			x		Das Kinderfest	B	43
	x	x			Lena im Rollstuhl	B	44
		x		x	Lena im Rollstuhl	B	45
x	x				Lena im Rollstuhl	B	46
	x		x		Lena im Rollstuhl	B	47
	x	x			Der Jaguar	B	48
	x		x		Der Jaguar	B	49
x	x		x		Der Jaguar	B	50
	x		x	x	Der Jaguar	B	51
	x	x			Eulen jagen in der Nacht	B	52
	x			x	Eulen jagen in der Nacht	B	53
	x		x		Eulen jagen in der Nacht	B	54
	x		x		Eulen jagen in der Nacht	B	55
	x	x			Vogelnest im Garten	B	56
x		x		x	Vogelnest im Garten	B	57
	x		x		Vogelnest im Garten	B	58
	x				Vogelnest im Garten	B	59
x		x		x	Was Tiere träumen	B	60
		x		x	Was Tiere träumen	B	61
		x	x	x	Was Tiere träumen	B	62
	x		x		Was Tiere träumen	B	63
	x	x			Die Frösche quaken	B	64

Sprechen und Zuhören	Schreiben	Richtig schreiben	Lesen – mit Texten und Medien umgehen	Sprache und Sprach-gebrauch untersuchen	Arbeitsheft zum Fibelthema	Teil	Seite
	x		x		Die Frösche quaken	B	65
	x		x	x	Die Frösche quaken	B	66
	x		x		Die Frösche quaken	B	67
	x	x			Auf dem Ponyhof	B	68
		x		x	Auf dem Ponyhof	B	69
		x	x		Auf dem Ponyhof	B	70
			x		Auf dem Ponyhof	B	71
x	x				Clowns im Zirkus	B	72
			x		Clowns im Zirkus	B	73
	x				Clowns im Zirkus	B	74
	x	x			Hexe Trixi	B	75
			x		Hexe Trixi	B	76
		x			Hexe Trixi	B	77
			x		Die Bremer Stadtmusikanten	B	78
			x		Die Bremer Stadtmusikanten	B	79
			x		Bald ist Ostern	B	80

ABC der Tiere 1: Kompetenzen Schreiblehrgang (Best.-Nr. 1405-81/-72)

Sprechen und Zuhören	Schreiben	Richtig schreiben	Lesen – mit Texten und Medien umgehen	Sprache und Sprachgebrauch untersuchen	Schreiblehrgang	Teil	Seite
					Graphomotorische Vorübungen	A	5
					Graphomotorische Vorübungen	A	6
					Graphomotorische Vorübungen	A	7
					Graphomotorische Vorübungen	A	8
					Graphomotorische Vorübungen	A	9
					Graphomotorische Vorübungen	A	10
	x				u	A	11
	x				i	A	12
	x				M, m	A	13
	x				M, m	A	14
	x				M, m	A	15
	x				o	A	16
	x			x	o	A	17
	x				a	A	18
	x			x	a	A	19
	x				a	A	20
	x				e	A	21
	x			x	e	A	22
	x				e	A	23
	x				L l	A	24
	x			x	L l	A	25
	x				L l	A	26
	x			x	A, E	A	27
	x			x	I, O	A	28
	x			x	U	A	29
	x				T t	A	30
	x			x	T t	A	31
	x				T t	A	32
	x				R r	A	33
	x			x	R r	A	34

Sprechen und Zuhören	Schreiben	Richtig schreiben	Lesen – mit Texten und Medien umgehen	Sprache und Sprachgebrauch untersuchen	Schreiblehrgang	Teil	Seite
	x				R r	A	35
	x				S s	A	36
	x			x	S s	A	37
	x		x		S s	A	38
	x				W w	A	39
	x			x	W w	A	40
x	x				W w	A	41
	x				D d	A	42
	x			x	D d	A	43
	x			x	D d	A	44
	x				N n	A	45
	x				N n	A	46
	x				N n	A	47
	x				Sch sch	A	48
	x				Sch sch	A	49
	x		x		Sch sch	A	50
	x		x		Sch sch	A	51
	x				Ei ei	A	52
	x				Ei ei	A	53
	x				Ei ei	A	54
	x				K k	A	55
	x				K k	A	56
	x				ck	A	57
	x				ck	A	58
	x				B b	A	59
	x				B b	A	60
	x	x		x	B b	A	61
	x				F f	A	62
	x				F f	A	63
	x		x		F f	A	64

ABC der Tiere 1: Kompetenzen Schreiblehrgang (Best.-Nr. 1405-81/-72)

Sprechen und Zuhören	Schreiben	Richtig schreiben	Lesen – mit Texten und Medien umgehen	Sprache und Sprachgebrauch untersuchen	Schreiblehrgang	Teil	Seite
	x				Au au	B	5
	x				Au au	B	6
	x		x		Au au	B	7
	x				G g	B	8
	x				G g	B	9
	x		x		G g	B	10
x		x		x	ie	B	11
		x		x	ie	B	12
	x	x		x	Ö ö	B	13
	x		x		ie	B	14
	x				P p	B	15
	x				Pf pf	B	16
	x		x		P p, Pf pf	B	17
	x				H h	B	18
	x	x			ß	B	19
	x		x		H h	B	20
	x				ch	B	21
	x				ch	B	22
	x		x		ch	B	23
	x	x			Ä ä	B	24
		x		x	Ä ä	B	25
		x		x	Ä ä	B	26
	x	x			St st	B	27
	x	x			Sp sp	B	28
	x				Z z	B	29
	x				Z z	B	30
	x		x		Z z	B	31
	x	x			tz	B	32
		x		x	tz	B	33
		x			ai	B	34
		x			nk	B	35
x		x		x	ng	B	36
	x				Ü ü	B	37
	x			x	Ü ü	B	38
	x				J j	B	39
	x		x		J j	B	40

Sprechen und Zuhören	Schreiben	Richtig schreiben	Lesen – mit Texten und Medien umgehen	Sprache und Sprachgebrauch untersuchen	Schreiblehrgang	Teil	Seite
	x	x			Eu eu	B	41
	x			x	Eu eu	B	42
	x		x		Eu eu	B	43
	x	x			V v	B	44
		x		x	V v	B	45
	x			x	V v	B	46
		x		x	Äu äu	B	47
		x		x	Äu äu	B	48
	x		x		Äu äu	B	49
	x				Qu qu	B	50
	x		x		Qu qu	B	51
	x		x		Qu qu	B	52
	x				Qu qu	B	53
	x	x			Y y	B	54
x	x		x		Y y	B	55
	x				C c	B	56
	x				C c	B	57
	x	x			X x	B	58
	x				X x	B	59
	x	x			chs	B	60
x	x				Mein tolles Wintererlebnis	B	61
x	x		x		Winterelfchen	B	62
x	x		x		Sommerelfchen	B	63
x	x				Meine tolle Reise	B	64

Inhalt

Inhalt | **Handbuchseite**

**Alle Seitenverweise beziehen sich auf die Silbenfibel®.
Ausnahmen sind besonders gekennzeichnet.**

Der Aufbau der Kommentarseiten

Silbenfibel

Silbenfibel Doppelseite

Die Kommentare orientieren sich am Leitmedium Silbenfibel. Die jeweilige Doppelseite der Silbenfibel bildet den Einstieg in den Kommentar und die Unterrichtswoche. Dadurch ergeben sich neununddreißig kommentierte Unterrichtswochen. Der Kommentar zur ersten Doppelseite ist verkürzt, weil in der ersten Woche meistens nur eine Stunde zur Verfügung steht.

Inhalte

Inhalte der Woche

Eine Auflistung gibt einen schnellen Überblick über die Inhalte dieser Unterrichtswoche.

Wochenplan

Silbenfibel Arbeitsheft Schreiblehrgang

Der Wochenplan gibt eine Übersicht über den Einsatz der Leitmaterialien und wichtige Elemente der Unterrichtswoche.
Jede Woche wird mit der Bildbetrachtung der Silbenfibel-Doppelseite eröffnet. Daran schließt sich die Silbenschule an. Danach werden Wort-Bild-Sätze und Illustrationstexte gelesen.
Die Leitmaterialien Silbenfibel, Schreiblehrgang und Arbeitsheft bauen in zeitlicher Abfolge aufeinander auf. Diese Abfolge zeigt der Wochenplan.

Vorlesen

Um der großen Bedeutung des Vorlesens gerecht zu werden, findet sich in jeder Woche mindestens eine Vorlesegeschichte als Vorschlag. Selbstverständlich können auch andere Geschichten vorgelesen werden.

Weitere Übungen

Hier sind die Übungen aufgeführt, die zur Automatisierung in kleinen Einheiten durchgeführt werden sollten.

Differenzierung

Diese Angebote eignen sich zur Differenzierung und können ganz nach Bedarf eingesetzt werden. Ein Sternchen * bezeichnet Angebote zur Förderung starker Kinder.

Didaktisch-methodische Überlegungen

Ziele und Inhalte

Die Überlegungen dienen zur Einführung in die Woche. Hier werden die Ziele und Inhalte der Woche sowie methodische Hinweise thematisiert.

Einstieg

Vorschlag

Der vorgeschlagene Einstieg hat sich so in der Praxis bewährt. Selbstverständlich sind auch andere Einstiege möglich.

Hinweise zu den Leitmaterialien

Lösungen Arbeitsheft

Die Leitmaterialien Silbenfibel, Schreiblehrgang und Arbeitsheft werden detailliert vorgestellt. Die Lösungen zum Arbeitsheft (Kapitel VIII) ermöglichen die Selbstkontrolle.

Folien 58 – 60

Die in der Silbenfibel S. 2 bis 5 vorgestellten Übungsformate (vgl. S. 59f/132f) können mit den Folien im Klassenverband eingeführt werden.

Weitere Übungen

Vertiefung

Hier finden sich nähere Hinweise zu den verschiedenen Übungen, die möglichst täglich durchgeführt werden sollten:
- Automatisierung des Silbenlesens
- sprechrhythmisches Training der Kontrastpaare
- Lieder, sofern angegeben

Differenzierung

Individuell

Die genannten Angebote eignen sich für schwache und starke Schüler und können völlig individuell eingesetzt werden. Ein Sternchen * bezeichnet Angebote zur Förderung starker Kinder.

Hinweise zu Übungsformen und Materialien

Folien 58 – 60

Die Silbenfibel enthält vielfältige Aufgabenformate, Methoden und Sozialformen. Diese in der Silbenfibel S. 2 bis 5 vorgestellten Übungsformate (vgl. S. 59f/132f) können mit den Folien im Klassenverband eingeführt werden.

Sprechen – lesen – untersuchen – schreiben

Jede Seite enthält vielfältige und abwechslungsreiche Angebote für Leseanfänger auf unterschiedlichen Niveaustufen.

Bilder und Themen entdecken
Die Illustrationen und Fotos laden zum Entdecken, Sprechen und Erzählen ein.

Silben automatisieren
Die Silbenschule trainiert das automatisierte Erfassen der Silben als Ganzheit. Beim Lesen wird gleichzeitig der Zeigefinger der Schreibhand in einem Bogen unter der Silbe mitgeführt. Das unterstützt die Augenbewegung von links nach rechts.

Schlüsselwörter lesen
Die Sprechblasen enthalten Schlüsselwörter mit den eingeführten Silben, Buchstaben und Ganzwörtern.

Sätze lesen
Erste sinntragende Sätze können mit einfachen Wort-Bild-Sätzen erschlossen werden.

Texte entdecken
In den Illustrationen befinden sich zum Teil Texte mit nicht eingeführten Buchstaben, in anderen Schriftarten und ohne zweifarbigen Silbentrenner. Diese Texte können durch den Kontext erlesen werden.

Über Lernen sprechen
Die vielfältigen Aufgabenangebote geben Anlass, sich über Lernstoff, Lernstand und Lernverlauf mit anderen auszutauschen.

Wörter schreiben
Neue und schwierige Wörter werden silbenweise mit zwei Farben aufgeschrieben, z. B. auf Karten für die 5-Fächer-Lernbox.

Lerntagebuch schreiben
In einem Heft, einem individuellen Lerntagebuch oder dem beiliegenden Heft „Das kann ich schon!“ dokumentieren und bewerten die Kinder ihre Lernfortschritte.

So lerne ich – so lernen wir

Jede Fibel-Doppelseite enthält ganzheitliche Übungsaufgaben zu den eingeführten Silben und Buchstaben, welche die Leseanfänger auf ihrem jeweiligen Lernstand fördern und fordern. Die Aufgabenformate ermöglichen eine differenzierte Bearbeitung in unterschiedlichen Sozialformen. Zu allen Übungsformaten zeigen kleine Filme die praktische Durchführung:

Videos zu allen Übungen

www.abc-der-tiere.de/fibel-filme

Sprechen
Im Klassenverband oder in Partnerarbeit tauschen sich die Kinder über das Bild, das Thema und eigene Erfahrungen aus.

Lesen
Die Kinder lesen die Silben, Wort-Bild-Texte, Lesetexte und die Texte in den Illustrationen. Individuelle Stolperwörter, welche den Lesefluss hemmen, werden abgeschrieben und isoliert geübt.

Gebärdenlesen – ganzheitliche Verankerung von Graphem und Phonem
Die Gebärden dienen zur Festigung und zur eindeutigen Identifizierung einzelner Buchstaben. Mit den Gebärden werden Vokale, Konsonanten, Silben und Wörter gebildet, erlesen und gesprochen.

Silbenlauf – Automatisierung der Silbe
Der Silbenlauf ist eine ganzheitliche körperbetonte Übung. Als Material dienen Vokale und Konsonanten auf Papier, Holz o. Ä. Die Vokale liegen in einer „Straße" am Boden. Auf dem linken Fuß des Kindes ist ein Konsonant befestigt, z. B. „m". Das Kind stellt sich vor die Vokalreihe und setzt dabei immer den Fuß so links neben die Vokale, dass sich Silben ergeben. Diese Silben spricht das Kind deutlich und flüssig, z. B. „mu", „mi" etc.
(Buchstabenkarten Download-Angebote S. 6)

Silbenklatschen – Silbenbewusstsein
Die Kinder sprechen Wörter und Sätze und klatschen synchron dazu die Silben.

Silbenkelle – Vokal-Analyse
Die „Silbenkelle" ist eine ganzheitliche körperbetonte Übung in der Anfangsphase zu offenen Silben und zur Analyse der Vokale. Als Material können zwei Kellen, zwei Blätter Papier o. Ä. dienen. In der linken Hand hält ein Kind einen Vokal, in der rechten einen Konsonanten. Das Kind zeigt nun eine Silbe oder einen Vokal und ein oder mehrere andere Kinder sprechen die gezeigte Silbe oder den Vokal. Begonnen wird immer mit einer Silbe.
(Buchstabenkarten Download-Angebote S. 6)

Silben fliegen hoch – Phonetische Ausgliederung der Silbe
„Silben fliegen hoch" ist eine ganzheitliche körperbetonte Übung für die Anfangsphase nach dem Spiel „Alle Vögel fliegen hoch". Hier sollen Silben erkannt werden. Gesucht ist also z. B. die Silbe „mi". Die Kinder sprechen und klatschen die Wörter, z. B. „Salami". Bei der Silbe „mi" gehen alle Hände hoch.

Sprachforscher – Sprache untersuchen
Die Kinder untersuchen Wörter und Sätze und entdecken Rechtschreibregeln, die Zeichensetzung und den Satzbau.

Schreiben mit und ohne Schreibtabelle (Beilage)
Mit der Schreibtabelle können die Kinder Schreibversuche mit noch unbekannten Buchstaben durchführen. Je nach Leistungsstand schreiben sie Wörter oder Texte.

Ich – Du – Wir

Der methodische Dreiklang aus Einzelarbeit, Partnerarbeit und Gruppenarbeit kann zu vielen Themen durchgeführt werden. An ausgewählten Stellen ist das Modul als Vorschlag aufgeführt. Auch andere Aufgaben und Übungen können in Partner- und Gruppenarbeit durchgeführt werden.

Automatisierung des Silbenlesens

Die Automatisierung des Silbenlesens ist von entscheidender Bedeutung. Je schneller den Kindern die Automatisierung gelingt, desto schneller können sie flüssig und sinnverstehend lesen. Die wichtigsten Hilfsmittel dabei sind die Silbenschule in der Silbenfibel und die Leseteppiche im Arbeitsheft, die jeweils den Einstieg bilden. Die Automatisierung wird durch vielfältige weitere methodische Hilfen unterstützt, die dann darauf aufbauen.

Entwicklung des Leseflusses

Die Silbenreihen werden vorzugsweise im Takt gelesen, mit klaren Pausen zwischen den Silben. Diese „roboterhafte" Lesetechnik wird dann auf die Wort-Bild-Sätze übertragen. Die Kinder halten an dieser Leseweise solange fest, bis alle Silben fehlerfrei gelesen werden. Das trifft auch auf Wörter wie „Al-le", „schnel-ler" und „Schlit-ten" zu. Bei Wörtern mit Doppelkonsonanten ist darauf zu achten, dass der Vokal der betonten ersten Silbe ungespannt (kurz) gelesen wird, also nicht „Schliii-ten". In dem Maße, wie bei den einzelnen Kindern die Lesegeschwindigkeit und Routine zunimmt, wird auf diese – methodisch gewollte – künstliche Lesart verzichtet.

Das Lesetraining durchläuft die Stadien:
1. Deutliches Silbenlesen mit Pausen (Win-ter)
2. Lesen der Silben ohne Pausen (le-sen)
3. Flüssiges Lesen mit Akzent auf der betonten Silbe

Chorisches Lesen

Kinder müssen beim Lesenlernen laut lesen. Nur so können sie verstehen, was sie lesen, nur so kann sofort korrigiert werden, wenn ein Kind falsch oder mit falschem Akzent liest. Nachdem einzelne Kinder einen Text abschnittsweise einzeln gelesen haben, hat das chorische Lesen, also das gemeinsame Lesen aller Kinder (am Anfang auch gemeinsam mit der Lehrerin/dem Lehrer), besondere Vorteile:

Vorteile

- Das gemeinsame Lesen gibt Sicherheit.
- Es trainiert auch unsichere Kinder.
- Es ist für alle Kinder eine direkte Kontrolle.
- Es macht Spaß und erhöht so die Motivation.

Leserhythmus

Das chorische Lesen kann auf unterschiedlichste Arten durchgeführt werden. Wichtig ist bei allen aber, dass in der Anfangsphase jede Zeile von der Lehrerin/dem Lehrer auf 4 angezählt wird, damit der Leserhythmus stimmt, also z. B. bei der Silbenschule auf S. 6/7:
Die Lehrerin/der Lehrer: 1, 2, 3, 4 – Alle: mu
Die Lehrerin/der Lehrer: 1, 2, 3, 4 – Alle: mu, mu etc.
Durch das Einzählen kann der Lesefluss von langsam zu schnell variiert bzw. gesteigert werden.

Tafel	Der Text kann an der Tafel stehen, wobei die Lehrerin/der Lehrer mit einem Zeigestock den Lesefluss begleitet.
Beamer/ Whiteboard	Die Silbenfibel liegt auch als Digitales Schulbuch vor (1405-907). Die Silbenschule kann so auch mit einem Beamer oder Whiteboard gezeigt werden.
Silbenschule/ Leseteppich	Der Lesetext kann aber auch aus der Silbenfibel oder einer anderen Vorlage chorisch gelesen werden. Hier sollten die Kinder dann den Zeigefinger der Schreibhand in Bögen unter den Silben mitführen. Dadurch wird das chorische Lesen noch mit einer Koordinationsübung verbunden.
Lesespiel „Stopp den Zug“	Ein beliebtes Spiel bei der Silbenschule oder dem Leseteppich ist „Stopp den Zug“. Dabei darf jeweils ein Kind den „Zugführer“ spielen. Während alle chorisch lesen, darf es an einem beliebigen Punkt „Stopp“ rufen: Sind alle mit dem Finger an der gleichen Silbe? Das Spiel eignet sich auch sehr gut zur Kontrolle der Lesefertigkeit.
Silbenschieber	Mit dem großen Holz-Silbenschieber bietet sich das chorische Lesen in erster Linie bei der Einführung neuer Buchstaben an. Hier können aus dem Stegreif Silbenvarianten erzeugt werden.
Silbenkarten/ Silbenkärtchen	Auch mit den Silbenkarten zum Download (Download-Angebote S. 6) können an der Tafel Silbenreihen für das chorische Lesen erstellt werden.

Silbenschieber

Mit dem Silbenschieber können Silben erzeugt werden. Er ist deshalb in den ersten Wochen bei der Einführung neuer Buchstaben, beim chorischen Lesen (siehe oben) und zur Klärung von Rechtschreibproblemen ein unverzichtbares Hilfsmittel.

Elternabend	Der Mini-Silbenschieber und der Silbenschieber (Beilage Arbeitsheft) ermöglichen den Kindern das Begreifen der Silbenstruktur. Beide werden idealerweise am Elternabend von den Eltern vorbereitet, damit sie im Unterricht ohne Verzögerung eingesetzt werden können. Der Mini-Silbenschieber benötigt am Anfang die Starterzunge „Starter – 1“, der Silbenschieber die Schieberzungen 1, 3, 5. Wenn die Eltern die Silbenschieber vorbereiten, können sie so gleichzeitig mit der Methode vertraut gemacht werden und die Übungen mit dem Silbenschieber kennenlernen.
Mini-Silben-schieber/ Silbenschieber	Die Kinder beginnen mit dem Mini-Silbenschieber mit der Starterzunge „Starter – 1“. Damit können offene Silben und die Vokale (Mittelstellung „Starter – 1“) analysiert werden. Auch im großen Holz-Silbenschieber sind am Anfang nur die Zungen für den Starter und den Klinger eingeschoben. Der dritte Schieber kommt erst bei Einführung der geschlossenen Silbe zum Einsatz.
Schieberzungen	Die Begriffe der Schieberzungen werden möglichst anschaulich eingeführt: Starter = damit beginnt die Silbe/wie bei einem Auto kann man die Silben starten etc. Klinger = diese klingen deutlich/die Indianerlaute etc. Stopper = hier hört die Silbe auf/der Klinger wird gestoppt/ Merksatz: Starter – Klinger – Stopper = kurz/schnell etc.

Übungen

Mit dem Silbenschieber können unterschiedliche Übungen in der Gruppe oder mit einem Partner durchgeführt werden:

- Silbenschieber nach Diktat (mündlich, Gebärde) einstellen
- eingestellten Silbenschieber lesen (mündlich/chorisch, Gebärden)

Buchstaben-einführung

Folgende Reihenfolge hat sich bei Übungen zur Einführung neuer Buchstaben bewährt:

1. offene Silbe mit dem neuen Buchstaben als Starter, z.B. de
2. geschlossene Silbe, z.B. del
3. geschlossene Silbe mit verschiedenen Klingern, z.B. del, dal, dil, dol, dul
4. in der darauffolgenden Woche: geschlossene Silbe mit einem neuen Stopper, z.B. del, des, der

Silbenkarten/-kärtchen

Zu jeder Silbenfibelseite bis S. 50/51 werden die jeweiligen neu eingeführten Silben als Karten zum Download (Download-Angebote S. 6) für die Tafel angeboten. Für die Schülerhand sind die Silbenkärtchen (Bestell-Nr. 1402-93) gedacht. Die Silbenkarten/-kärtchen eignen sich für unterschiedlichste Übungen:

Silben-Diktat

Die Kinder legen die Silbenkärtchen nach Diktat (z.B. 4 Kärtchen: mu mu mi mu).
Die Kinder legen die Kärtchen ihrer Wahl und lesen einzeln vor.
Die Kinder legen die Silbenkärtchen in 4er-Gruppen auf den Tisch und üben in Partnerarbeit.

Memo-Spiel

Mit Silbenkärtchen-Paaren kann das Memo-Spiel gespielt werden.

Bingo

Die Kinder zeichnen ein Gitternetz, in dessen Felder die Silbenkärtchen eingelegt werden können. Das Gitternetz ist leer. Die Lehrerin/der Lehrer spricht eine Silbe. Die Kinder legen diese Silbe auf ein Feld. Die Lehrerin/der Lehrer spricht wieder eine Silbe usw. Sobald ein Kind eine Reihe vertikal, horizontal, diagonal mit einer Silbe gebildet hat, ruft es „Bingo".

Schnell-Leseübung

Schnell-Leseübung mit Silbenkarten an der Tafel. Wechselnde 4er-, 6er-, 8er-Gruppen werden aufgestellt/aufgehängt. Einzeln oder in Gruppen wird die Silbenkette gelesen. Wer schafft es am schnellsten ohne Fehler?
Weitere Übungen in Kapitel I, 4.9., S. 80

Leseteppich

Konstanz-erlebnis

Die bekannten Silben werden zeilen- und spaltenweise und auch diagonal gelesen. Das Tempo wird dabei kontinuierlich gesteigert. Die häufige Wiederholung führt zu einem Konstanzerlebnis, das die Basis für flüssiges, sinnerfassendes Lesen bildet. Das geht von einfachen Silben mit nur einem Konsonanten als Starter bis zu Silben mit Konsonantenhäufungen.

Sprechrhythmisches Training der Kontrastpaare

Das sprechrhythmische Training erfüllt mehrere Funktionen. In erster Linie dient es zur Anbahnung der spontanen Schreibung der Doppelkonsonanten. (vgl. Kapitel I, 3.3.3., S. 20)

Tägliches Training

Zusätzlich ist es ein ideales Motorik-, Artikulations- und Koordinationstraining. Es macht großen Spaß und motiviert die Kinder stark. Es bedarf keines großen Zeitaufwands und kann deshalb täglich durchgeführt werden.
Die vorgeschlagenen Kontrastpaarreihen befinden sich im Folienordner (Bestell-Nr. 1405-75). Im besten Fall werden die Übungen mit Musik begleitet. Die Kontrastpaarreihen sind auch auf der Musik-CD enthalten (Bestell-Nr. 1405-80).
Im Idealfall kennen die Kinder die rhythmischen Übungen mit den Kontrastpaaren bereits aus dem Kindergarten. Dann werden sie die Übungen sofort gerne durchführen. Wenn die Kinder mit den Übungen noch nicht vertraut sind, dann können die Übungen folgendermaßen eingeführt werden:

Einführung der Übung

Folie

Schritt 1: Gemeinsam wird die Folie betrachtet und die Begriffe für die einzelnen Abbildungen werden geklärt. Impuls: „Was sehen wir auf der Folie / auf der Seite?"

Schritt 2: Die Lehrerin / der Lehrer spricht wiederholt und flüssig das erste Kontrastpaar z. B. „Nase – Nüsse" vor und klatscht synchron dazu die Sprech-Silben (Kapitel I, 3.3.3., S. 20).
Wichtig: Hier ist nicht das orthografienahe Sprechen wie beim Silbenlesen (z. B.: Kof-fer) gemeint. Zur Verdeutlichung können die CD oder Film-Ausschnitte im Internet dienen: www.abc-der-tiere.de/rhythmus

Musik-CD

Schritt 3: Nachdem die Kinder durch das Nachahmen zunehmend ein Verständnis des Ablaufes vermuten lassen, zählt die Lehrerin / der Lehrer bis vier, um der Klasse einen geschlossenen Einsatz zu geben. Alle Kinder sprechen jetzt gemeinsam einmal „Nase – Nüsse" im vorgegebenen Rhythmus. Gleichzeitig tippt die Lehrerin / der Lehrer im Sprechrhythmus auf die zugehörigen Abbildungen (Nase – Nüsse).

Die deutliche Artikulation und der Sprechrhythmus (lang, lang – kurz, kurz) sind immer zu beachten.
In gleicher Weise werden die weiteren vier Kontrastpaare eingeübt.

Schritt 4: Danach führt die Lehrerin / der Lehrer sprechend und synchron im Rhythmus klatschend alle Kontrastpaare im Zusammenhang vor. Die Pause zwischen den Kontrastpaaren (4. Zählzeit) wird mit „U" ausgefüllt, um den Rap im 4/4-Takt zum Ausdruck zu bringen.
Impuls: „Wir wollen jetzt gemeinsam rappen (gemeinsamer Start): eins – zwei – drei – vier ..." Die Klasse spricht und klatscht die Kontrastpaare, während die Lehrerin / der Lehrer die Einhaltung von Takt und Rhythmus durch gleichzeitiges Tippen auf die jeweilige Abbildung unterstützt.

Bei weiteren Durchgängen können die Kinder den Ausruf „U" auf der 4. Zählzeit mit einer beidseitigen Armbewegung begleiten.
Impuls: „Nun bewegen wir uns wie in der Disco."
Die Koordination des rhythmischen Klatschens und Sprechens kann von allen Kindern geleistet werden.

Je nach Leistungsstand der Klasse können die Übungen mit Musik und koordinierten Schritten im Takt (!) durchgeführt werden. Die Koordination von Rhythmus beim Sprechen und Klatschen und beim Gehen im Takt kann für manche Kinder am Anfang schwierig sein.

Gebärden

Brücke zwischen Laut und Buchstabe

Die Gebärden sind als handlungsorientierte Brücke zwischen Laut und Buchstabe unverzichtbar (vgl. Kapitel I, 3.5., S. 27). Kindern machen die Gebärden großen Spaß (Impuls: Indianer sprechen mit Gebärden). Die Gebärden werden im Wochenplan mit dem Schreiblehrgang zum jeweiligen Buchstaben (Achtung: Konsonanten nicht isoliert nennen!) eingeführt und im Arbeitsheft dann mit Silben vertieft. Eine Vorstellung der Gebärden, zum Teil mit Animation, finden Sie unter www.abc-der-tiere.de/gebaerden
Mit den Gebärden können unterschiedlichste Übungen in Gruppen- oder Partnerarbeit durchgeführt werden:

- mit Gebärden diktieren
- mit Gebärden „sprechen"
- nach dem Silbenschieber Gebärden ausführen

Schreiben mit zwei Farben

Automatisiertes Silbenschreiben

Das Schreiben mit zwei Farben ist neben dem farbigen Silbentrenner das wichtigste Element. Die Kinder schreiben die Silben eines Wortes immer abwechselnd mit einer anderen Farbe – entweder mit dem Wendestift oder mit zwei einzelnen Stiften. Sie lernen so das automatisierte Silbenschreiben, was die spätere Schreibleistung außerordentlich begünstigt. Der Stiftwechsel verhindert auch ein Verkrampfen der Hand. Die Kinder schreiben mit zwei Farben sicherer und auch schneller als mit nur einer Farbe.
Auch die Lehrerin/der Lehrer schreibt immer mit zwei Farben an die Tafel.

Indianerleporello/Indianderbilder

Leporello

Die Indianer stehen für die Vokale (Indianerlaute). Das Leporello (KV 18, S. 307) ist ein kleines Merkheftchen für die Vokale. Es kann gleich zu Beginn ausgeteilt werden und die Kinder malen bei jedem neuen Vokal diesen Indianer an oder es wird ausgeteilt, wenn alle Vokale eingeführt sind. Die großen Indianerbilder (KV 19 – 23, S. 308 ff.) können ebenfalls zur Einführung der Vokale angemalt und aufgehängt werden.

Beilagen

Die Beilagen werden den Kindern jeweils beim ersten Einsatz ausgehändigt.

Schreibtabelle Die Schreibtabelle dient zur Festigung der Ankerbilder und hilft starken Schülern bei eigenen Schreibversuchen. Die Schreibtabelle liegt auch als Folie vor (Folie 48).

Lernstandsheft Das Lernstandsheft dient in regelmäßigen Abständen zur Überprüfung der Lesefertigkeiten.

Mini-Silbenschieber Der Mini-Silbenschieber aus dem Arbeitsheft wird den Kindern als Erstes ausgehändigt. Diesen sollen sie intensiv auch zu Hause benutzen.

Silbenschieber Sobald die geschlossene Silbe eingeführt wird, erhalten die Kinder den Silbenschieber aus dem Arbeitsheft.

CD-ROM ABC der Tiere

Die Lernsoftware enthält die komplette Silbenfibel mit den Übungen aus dem Arbeitsheft. Die Software ist auch als App erhältlich.

Folien

Der Foliensatz enthält:
- die Symbole aus dem Arbeitsheft zur Einführung
- die Bildwörter aus dem Arbeitsheft zur Klärung
- die Gebärden zur Einführung
- die Aufgabentypen zur Einführung bei der ersten Nennung im Arbeitsheft
- die Kontrastpaare für die sprechrhythmischen Übungen
- die Schreibtabelle mit den Ankerbildern
- die Hinweise zum „Arbeiten mit der Schreibtabelle“
- die Aufgabenformate aus der Silbenfibel (S. 2 – 5) zur Einführung

Musik-CD

Die Musik-CD enthält alle Lieder aus dem Handbuch zum Vorspielen und als Instrumentalversion. Auch die Kontrastpaare liegen als Vokal- und Instrumentalversion vor.

Zahlwörter, Farbwörter, ß-Wörter, h-Wörter

Diese Wörter werden in der ersten Klasse nicht systematisch erarbeitet. Sie werden bei ihrem jeweiligen Auftauchen auf einem Wandplakat eingetragen oder die Kinder malen die Begriffe auf Arbeitsblättern an (KV 12 – 16, S. 301ff.).

Folgende Wörter liegen einzeln als Download (Download-Angebote S. 7) und als KV zum Ausmalen vor:

Zahlwörter
eins, zwei, drei, vier, fünf, sechs, sieben, acht, neun, zehn, elf, zwölf

Farben
rot, gelb, grün, blau, violett, orange, braun, weiß, grau, schwarz

ß-Wörter
heiß, groß, süß, weiß, Ruß, Fuß, Gruß, Soße

h-Wörter
Zahl, Mehl, Mahl, kahl, lahm, zahm, Lehm, Rahm, Ruhm, zehn, Zahn, Kahn, Lohn, Uhr, Ohr, mehr, wahr

Wortkarten

Die 320 Wortkarten sind abgestimmt auf die Silbenfibel. In der 5-Fächer-Lernbox sind sie die ideale Übungsergänzung (vgl. Kapitel I, 4.2. S. 69)

WRT 1+

Am Ende von Klasse 1 oder in Klasse 2 kann der **Weingartener Grundwortschatz-Rechtschreib-Test** (WRT 1+) durchgeführt werden. Die häufigsten Fehlerquellen sind: Vater, heiß, Wiese, Apfel, groß, Finger, fünf, sechs, Katze, Ohren, sieben. Da das Testergebnis durch zeitnahe Vorbereitung geschönt würde, empfiehlt es sich, entsprechende Übungen während eines längeren Zeitraumes in die Schreibarbeit einzubeziehen.

Hausaufgaben

In erster Linie sollten die Kinder zu Hause lesen. Die Aufgaben aus dem Arbeitsheft und dem Schreiblehrgang eignen sich ebenfalls für Hausaufgaben. In den Unterrichtswochen mit einer Lernstandserhebung bearbeiten die Kinder vorher die Silbenbüchlein (siehe unten) als Hausaufgabe.

Lernstandserhebung – Silbenbüchlein

Die Lernstandserhebungen sind im Wochenplan aufgeführt. Weitere Informationen in Kapitel VI.

„Mein Silbenbüchlein"

Vorbereitung Lernstandserhebung

Die Silbenbüchlein mit 8 Seiten enthalten den Lernstoff bis zur jeweiligen Lernstandserhebung. Sie haben mehrere Funktionen. In erster Linie sind sie eine Vorbereitung auf die Lernstandserhebungen. Eine Woche vor jeder Lernstandserhebung werden die entsprechenden Silbenbüchlein ausgeteilt.
Impuls: „Ihr könnt jeden Tag zwei Seiten als Hausaufgabe bearbeiten."
Die Bedeutungen der Bildwörter werden geklärt.
Jedes Kind soll selbstständig das Pensum erarbeiten. Das vermittelt den Kindern die Erfahrung, dass eine gezielte und gewissenhafte Vorbereitung zu einer guten Leistung führt. Dies wiederum hilft ihnen, Zutrauen in die eigenen Fähigkeiten zu gewinnen. Die so gewonnene Selbstsicherheit führt in Verbindung mit dem geübten Wortmaterial zu einer anwachsenden Rechtschreibkompetenz, zumal neben den zeitnahen Übungseffekten vor allem strukturelle Strategien zur korrekten Schreibung bemüht werden.

Nachbereitung Förderung

Die Silbenbüchlein können aber auch nach der jeweiligen Lernstandserhebung zur gezielten Förderung eingesetzt werden.

Motivation

Darüber hinaus macht es den Kindern große Freude, immer wieder ein Büchlein neu zu bekommen und zu gestalten. Die Silbenbüchlein erhöhen die Motivation und den Lernerfolg.

Lösungen

Zu allen Silbenbüchlein liegen Lösungen zur Selbstkontrolle vor.

Silbenbüchlein erstellen

Die Silbenbüchlein können ganz einfach erstellt werden:
Nehmen Sie die 2 Seiten eines Büchleins aus dem Ordner. Legen Sie diese in den Schnelleinzug und kopieren Sie beidseitig mit der Funktion „Seiten sortieren". Schneiden Sie den oberen Rand mit Seitenzahl, KV-Nummer und eventuellen Spuren der Lochung ab. Falten Sie jeweils 2 Blätter in der Mitte zu einem Büchlein.

Jahrgangsübergreifender Unterricht

Das Spektrum des jahrgangsübergreifenden Unterrichts reicht von stark individualisiertem Lernen über Lernen nach Wochenplan bis hin zur Kombination aus gemeinsamem Kernunterricht und Abteilungsunterricht in Kursstunden der einzelnen Klassenstufe. Vor Ort wird jede Schule den Unterricht entsprechend ihrer pädagogischen Konzeption und den personellen und räumlichen Ressourcen gestalten.

Äußere Differenzierung

Um eine äußere Differenzierung zu ermöglichen, wird der Unterricht in Kurs und Kern untergliedert. In den Kernstunden findet gemeinsamer Unterricht mit der gesamten Klasse statt. In den Kursstunden werden in der kleinen Jahrgangsgruppe einer Klasse intensiv neue Lerninhalte und Methoden erarbeitet. Die Kursstunden liegen in den Randstunden eines Tages, die Kernstunden liegen täglich als Band dazwischen. In den kleinen Gruppen der Kursstunden können sowohl die leistungsstarken als auch die leistungsschwachen Schülerinnen und Schüler integrativ gefördert werden. Die Erarbeitung von Lerninhalten und Methoden in den Kursstunden ist die Basis für das selbstständige Arbeiten an Wochenplänen und Lernangeboten während der Kernstunden.

Innere Differenzierung

Der inneren Differenzierung kommt beim jahrgangsübergreifenden Unterricht eine besondere Bedeutung zu. Das Angebot im Lehrwerk ABC der Tiere 1 und 2 bietet viele Möglichkeiten zur Differenzierung in Einzel-, Partner- und Gruppenarbeit.

Das selbstgesteuerte Lernen wird durch Unterrichtssituationen ergänzt, in denen Schülerinnen und Schüler gemeinsam an einem Lerninhalt arbeiten. Durch das selbstgesteuerte Lernen entwickeln die Schülerinnen und Schüler Verantwortung für ihr Lernen, sie setzen sich Ziele, planen ihr Lernen und überprüfen es. Der Partner aus dem zweiten Jahrgang gibt sein Wissen an die Jüngeren weiter, er erklärt ihnen Inhalte und Arbeitsformen und kann dadurch seine eigenen Kenntnisse, Fertigkeiten und Fähigkeiten festigen. Das eigenständige Arbeiten der Kinder öffnet Zeitfenster zur gezielten Beobachtung und individuellen Förderung. Die Gefahr des fragmentarischen, wenig erfolgreichen Lernens von Kindern aus dem unteren Leistungsspektrum, einhergehend mit einem Auseinanderdriften der Leistungen von starken und schwächeren Schülern, wird durch den klaren Aufbau und die lehrplangemäßen Inhalte der Unterrichtsmaterialien für jede Klassenstufe (didaktische Spirale) gesichert.

Individueller Beobachtungsbogen (KV 1, 2)

Mithilfe der Beobachtungsbogen (Kapitel III, KV 1 und 2) kann der individuelle Leistungsstand einer Schülerin/eines Schülers dargestellt werden:
- zur Dokumentation des individuellen Lernverlaufs,
- als Grundlage für Elterngespräche,
- als Nachweis für schriftliche Beurteilungen,
- als Lernstandserhebung zur Planung von Fördermaßnahmen.

Erstlesen

Die einzelnen Kriterien bilden den idealtypischen Erwerb des Lesevermögens im Verlauf des ersten Schuljahres ab.
Die Anforderungen der „Silbenschule“ werden bewältigt.
Schnelle Schülerinnen und Schüler arbeiten mit der Schreibtabelle auf ihrem individuellen Niveau.

Auch längere Wörter werden immer flüssiger gelesen und in Sinnzusammenhängen erfasst.
Das Textverständnis und die Fähigkeit, sich persönlich zu Texten zu äußern, sind zunehmend vorhanden.

Erstschreiben

Mithilfe des Beobachtungsbogens „Erstschreiben" kann die individuelle Entwicklung der Schreibfähigkeit der Schülerinnen und Schüler dokumentiert werden:

- die Entwicklung der Druckschrift als Erstschrift,
- das sichere Silbenschreiben mit zwei Farben,
- die Ausformung einer persönlichen, verbundenen Schreibschrift,
- der flüssige und routinierte Ablauf der Schreibens bei aufrechter und entspannter Sitzhaltung.

Seite 6/7

1. Woche

Inhalte

- Zum Bild erzählen
- Silbenschule lesen/Sprechblase lesen: mu
  Leserichtung erkennen
  Gebärden: u, mu
- Silbenkelle: mu – u, Klinger/Selbstlaut analysieren
  Silben klatschen
  Starter (Mitlaut) – Klinger (Selbstlaut)
- Schreiben: Vorübungen, u

Die Kompetenzen in den Leitmaterialien: www.abc-der-tiere.de/1405-kompetenzen

Wochenplan

Leitmaterialien	Montag	Dienstag	Mittwoch	Donnerstag	Freitag
Silbenfibel	S. 6 Bild-besprechung Sprech-blasen	S. 7 Silbenschule Bild-besprechung	S. 7 Silbenschule	S. 7 Silbenschule	
Schreiblehrgang A	S. 5	S. 6, 7	S. 8, 9	S. 10	S. 11
Vorlesen	Tier-geschichte				
Weitere Übungen	**Einführung:** Silben-klatschen	**Einführung:** Gebärde „mu“ Silben-klatschen	**Einführung:** Gebärde „mu“ – „u“	**Einführung:** Silbenkelle	**Einführung:** „Starter – Klinger“

Didaktisch-methodische Überlegungen

Didaktisch-methodische Überlegungen

Am ersten Tag sollen die Kinder nach dem Begrüßungsritual ihre vorbereiteten Namensschilder (Groß- und Kleinbuchstaben) für die Tische selbst finden. Der Lehrer erhält so einen ersten Eindruck über die Vorkenntnisse der Kinder.

Auf den Fibelseiten 6/7 lesen die Kinder **mu**. Dieser Tierlaut („Wie macht die Kuh?") ist bekannt und kann problemlos gesprochen werden. Die Kinder machen die erste Leseerfahrung in der Schule mit einer Kombination von zwei Buchstaben, ohne dass diese separat benannt oder isoliert lautiert werden.
Es ist entscheidend, dass die Silbe als „Ganzheit" wahrgenommen und gelesen wird: die Buchstabenkombination [mu:] also mit langem [u:] (vgl. Kapitel I, 3.6., S. 28).
Wichtig ist beim ersten Lesen, dass die Kinder den Zeigefinger der Schreibhand synchron zum Sprechen unter der Schrift in Silbenbögen mitführen (Hand führt Auge). Das unterstützt die **Blicksteuerung** in Leserichtung, was für Kinder mit linker Augendominanz oder schwacher Koordination von entscheidender Bedeutung ist (vgl. Kapitel I, 3.10.3.2., S. 39).

Vokal u

Zur Verankerung der Vokale Indianerbild **u** in Poster (KV19) und Leporello (KV18) ausmalen (vgl. S. 138).

Einstieg

Vor der Stunde den Silbenfibeltext S. 7 an die Tafel schreiben.

Idealerweise ist für den Einstieg ein Bauernhof mit Tieren im Klassenzimmer aufgebaut. (Falls das nicht möglich ist, sollten Bilder von Bauernhoftieren aufgestellt oder aufgehängt sein.) Dieser Aufbau führt direkt zum Thema, weckt das Interesse und die Aufmerksamkeit und nimmt ängstlichen Kindern die Scheu.

Vorlesen

Die Kinder sitzen im Stuhlkreis.
Die Lehrerin/der Lehrer liest den Text „Wie die Tiere einmal lesen wollten" vor (S. 146).
Danach stellt die Lehrerin/der Lehrer ein Kärtchen mit der Silbe **mu** vor die Figur oder das Bild der Kuh. Je nach Vorerfahrung erlesen einige Kinder das Kärtchen oder sie werden mit der Frage „Wie macht die Kuh?" zur Äußerung von [mu:] hingeführt. Alle Kinder sollten einmal deutlich [mu:] artikulieren. Dann nehmen sie ihre Plätze ein.

Folie 2

An der Tafel ist das Bild (selbst gemalt, ein Poster, Folie 2) einer Kuh. Darunter steht: mu mu.
Einige Kinder lesen spontan [mu:] [mu:]. Der Lehrer begleitet beim Lesen die Silben in Schwüngen. Ohne abzusetzen wird unter jeder Silbe ein Schwungbogen gezogen.
Zuerst lesen einzelne Kinder, danach lesen alle chorisch, die Lehrerin/der Lehrer führt durch Silbenschwünge mit dem Zeigestock.

S. 6/7

Hinweise zur Silbenfibel

Die Silbenfibel wird ausgeteilt und zur Motivation mit einer besonderen Bedeutung unterlegt: „Das ist das Buch, mit dem ihr Lesen und Schreiben lernt."
Auf der Silbenfibelseite 6 finden die Kinder Sprechanlässe und ein Bild mit Kühen mit dem Text mu.
Auf der Seite 7 ist die Situation im Klassenzimmer dargestellt.
Einzelne Kinder melden sich und lesen jeweils eine Zeile vor. Der Zeigefinger der Schreibhand wird dabei synchron mitgeführt, wie der Zeigestock an der Tafel.
Zuletzt lesen alle Kinder chorisch und führen dabei den Zeigefinger mit. Dabei wird jede Zeile von der Lehrerin/dem Lehrer neu angezählt.
Im vorgegebenen Takt/Tempo werden dann die Silben gesprochen.
Die Lehrerin/der Lehrer: 1, 2, 3, 4 – Alle: mu
Die Lehrerin/der Lehrer: 1, 2, 3, 4 – Alle: mu, mu etc.
Übungsformate: Gebärdenlesen, Silbenkelle (Buchstabenkarten Download-Angebote S. 6)

SL A S. 5–11

Schreiblehrgang

Vor dem Schreiben mit Stift in das Heft wird die korrekte Sitz- und Stifthaltung besprochen. Die Kinder führen die Vorübungen aus.

S. 11: Die Kinder führen die große Einspurübung mit dem Zeigefinger aus. Die einzelnen Phasen werden durch Mitsprechen gesteuert: **u** = Schwung – ab; Schreibbewegung und Sprechen beginnen gleichzeitig.

Weitere Angebote

Abzählverse
Abzählverse üben (Ene mene mu; 1, 2, 3, 4, 5, 6 sie-ben; Ich und du, Müllers Kuh etc.). Wichtig sind die klare Artikulation und die präzise Koordination des Zeigens mit dem Zeigefinger der Schreibhand.

Musik-CD
Lied: „Auf dem Bauernhof", CD A Nr. 1, 2. KV 80, S. 370
Das Lied führt die Tierlaute ein und trainiert damit gleichzeitig das Silbieren.

KV 17
Die Kinder malen zu Hause eine Kuh (KV 17, S. 306) mit ihren Lieblingsfarben aus. Am nächsten Tag wird die „Kuhherde" als Zimmerschmuck aufgehängt.

Software

Übungen zur Auswahl
- Fibeltext zum Mitlesen
- Der fliegende Silbenteppich
- Gebärdenschule
- Der Rhythmus macht's!
- Dreier-Memo-Spiel
- Ankerbilder

Leseroutine (vgl. S. 134: Chorisches Lesen)

Wortkarten
Karten 1 bis 5 (vgl. S. 139)
Zur Übung und Wiederholung der eingeführten Ankerbilder, Gebärden, Wörter und Strategien.

Wie die Tiere einmal lesen wollten:
Ein Märchen mit verteilten Rollen

Bildkarten von:
Huhn, Hahn, Hund, Esel, Katze.

(Download-Angebote unter www.abc-der-tiere.de/1405-70)

Zuerst besprechen die Kinder die Tierstimmen der Tiere von den Bildkarten.

Dann wird die Geschichte vorgelesen.

Wenn der Erzähler die entsprechende Karte hochhält, stimmen die Kinder die Tierstimmen an.

Ein Esel, ein Hund, eine Katze und ein Hahn lebten auf einem Bauernhof. Der Esel war schon alt und grau, aber gar nicht dumm. Der Hund bewachte den Hof und die Schafe auf der Weide. Die Katze machte Jagd auf Mäuse und der Hahn weckte am Morgen Mensch und Tier.

Eines Morgens nun, der Hahn flatterte gerade nach getaner Arbeit vom Gartentor herunter, lag da ein aufgeschlagenes Buch im Gras. „Oha“, dachte er, „da liegt ein Buch, mal sehen was da steht.“

Er flatterte kräftig mit seinen Flügeln und wirbelte die Seiten des Buches durcheinander.

Seine Lieblingshenne rannte herbei und las eifrig:

 „Gack gack gack.“

Der stolze Hahn schrie:
„Das stimmt doch nie, da steht:

 kikeriki!“

Der Hofhund kam von seiner Runde bei den Schafen zurück und sprach:

„Da steht  wau wau, ... ich seh’s genau!“

Der Esel rieb sein Fell am Gartentor und meinte:

 „Ia ia, ... so steht es da!“

Zum Schluss kam die Katze von ihrer nächtlichen Jagd zurück und maunzte:

 „Miau miau, ... wie bin ich schlau!“

Der Hahn, der das Buch zuerst gefunden hatte, krähte: „Ich schwör’ bei meinem Gartentor, ein jeder liest was andres vor!“

Da sich die Tiere nicht einigen konnten, lasen sie um die Wette, jeder auf seine Art.
Hahn, Huhn, Esel, Katze und Hund in einem wilden Durcheinander:

„Iiiaaa, wauuwauu, kikerikiii, gagagaaack, miaaauuu ...“

Das Konzert klang wie bei den Bremer Stadtmusikanten.

Seite 8/9

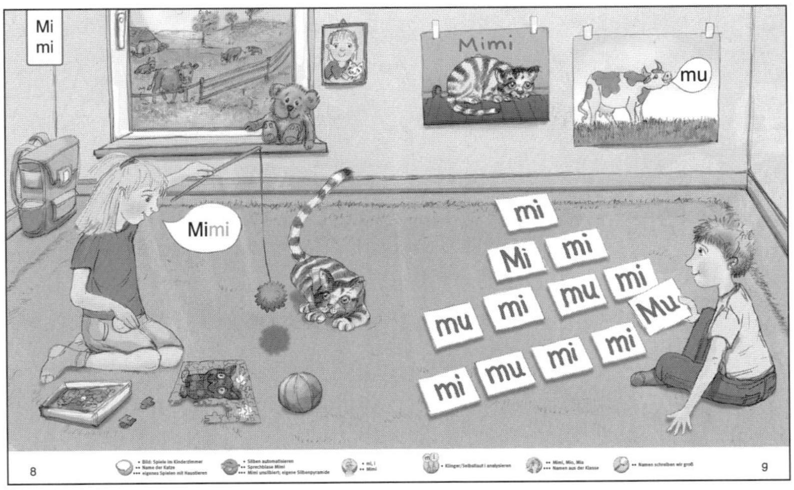

2. Woche

Inhalte und Kompetenzen

- Zum Bild erzählen
- Silbenschule lesen / Sprechblase, Texte in Illu lesen
  Gebärde: i, mi
  Visuelle Unterscheidung von Mu, mu, Mi, mi, u, i, M, m
- Silbenkelle: mi – i, Klinger / Selbstlaut i analysieren
  Silben klatschen
  Großschreibung Namen
  Silbenschieber: Starter / Konsonant M, m; Klinger / Vokale u, i
- Schreiben: M, m, u, i

Die Kompetenzen in den Leitmaterialien: www.abc-der-tiere.de/1405-kompetenzen

Wochenplan

Leitmaterialien	Montag	Dienstag	Mittwoch	Donnerstag	Freitag
Silbenfibel *Niveau 1, 2, 3*	Zum Bild erzählen Lesen: Mimi Silbenkelle: mi – i	Zum Bild erzählen Silbenschule Gebärde: i Silben klatschen	Silbenschule Gebärde: m	Silbenschule	Silbenschule Gebärden: Mimi Großschreibung Namen
Schreiblehrgang A *Niveau 1*		S. 12	S. 13	S. 14	S. 15
Arbeitsheft A *Niveau 1, 2*		S. 4 *Folie 2*	S. 5 *Folie 2*	S. 6 *Folie 3*	S. 7
Weitere Übungen	**Automatisierung des Silbenlesens:** Silbenschieber, Silbenkärtchen 1, Silbenkarten (Download): Mu, mu, Mi, mi **Vertiefung:** Software ABC der Tiere, Wortkarten **Sprechrhythmisches Training der Kontrastpaare:** *Folie 51, CD B Nr. 1, 7* **Lied:** „A, a, a, die Schulzeit , die ist da!“, Musik-CD A Nr. 3, 4				
Vorlesen	**Tiergeschichten mit Mia und Mio,** Geschichte zum **Ankerbild:** Maus (m): Band 1; Igel (i): Band 1; Uhu (u): Band 4				
Differenzierung	Arbeitsblätter zur individuellen Förderung (1405-77)				

Didaktisch-methodische Überlegungen

Silben als Ganzheiten

Auf Seite 9 der Silbenfibel unterscheiden die Kinder **mi** und **mu** als **Ganzheiten**. Die „Klinger“ (Vokale) **u** und **i** werden **analysiert** und isoliert lautiert.
Die Verankerung der Vokale wird durch Lautgebärden unterstützt. Wir geben die entsprechenden Handzeichen zusammen mit der Mundstellung.
Der „Starter“ (Konsonant) ‹m› wird ebenfalls durch eine Gebärde dargestellt, aber **nicht** isoliert lautiert!
Die Hilfe lautet: „Lass beide zusammen heraus, ohne Luft dazwischen!“
Gelingt das Lesen einer Mini-Silbe immer noch nicht, wird die Silbe von der Lehrerin/vom Lehrer vorgesprochen und vom Kind wiederholt.
Schon in diesem Stadium sollten Kinder mit ihren Eltern (Informationen am 1. Elternabend) Silbenkärtchen in 4er-Gruppen lesen: ‹mu mi mu mu›, ‹mi mu mi mu›, ‹mi mi mu mi› usw. Die Kärtchen werden immer neu gemischt.
So wird sichergestellt, dass nicht auswendig wiederholt, sondern tatsächlich gelesen wird.

Automatisierung der Mini-Silbe

Das Lesen der Mini-Silben wird **automatisiert**, wie im Rechnen die Malfolgen. Dabei wird der Zeigefinger immer synchron mitgeführt.
Der Silbenschieber verdeutlicht die Koartikulation von Konsonant und Vokal: Den ersten Schieber mit den Konsonanten nennen wir „**Starter**“, den zweiten mit den Vokalen „**Klinger**“.
Die Silbentexte, die Silbenkärtchen, die Lautgebärden, der Silbenschieber und Spiellieder bieten viele Möglichkeiten, die Silben und Vokale automatisch zu erkennen.

Vokal i

Zur Verankerung der Vokale Indianerbild **i** in Poster (KV20) und Leporello (KV18) ausmalen (vgl. S. 138).

Einstieg

Folie 2

Vor der Stunde wird die Silbenschule an die Tafel geschrieben.

Die Lehrerin/der Lehrer stellt die Katze „Mimi“ als Stofftier (Folie, Poster, Download-Angebote Katze und Kuh, Farbe und s/w, S. 6) vor: „Diese Katze heißt Mimi.“ Sie/er stellt ein Namensschild (Download-Angebot S. 6) auf oder verweist auf das Poster.
Die Lehrerin/der Lehrer zeigt auf die Silbenschule an der Tafel und stellt die Frage: „In welcher Zeile steht Mimi?“
Sie/er erklärt: „Die Katze heißt Mimi. Namen werden großgeschrieben.“

Hinweise zu den Leitmaterialien

S. 8/9

Silbenfibel

Zunächst betrachten die Kinder die Fibelseite und stellen den Bezug zum Bauernhof auf der vorigen Seite her.
Sie betrachten die Bilder und erzählen: Was habe ich schon selbst erlebt oder gesehen? Welche Farben haben die Kühe? Welche Lebensmittel mag ich?

Die Silbenschule wird an der Tafel einzeln und chorisch gelesen; die Lehrerin/der Lehrer führt mit Silbenschwüngen.

Die Kinder lesen in der Silbenfibel einzeln und chorisch; sie führen den Zeigefinger der Schreibhand in synchronen Silbenbögen mit.

Lesespiel: „Stopp den Zug!“: Die Kinder lesen chorisch. Ein Kind mit Zugbegleitermütze hält eine Haltekelle hoch und ruft **„Stopp!“**; alle Kinder zeigen auf die entsprechende Silbe als „Haltestelle“.
Übungsformate: Silbenklatschen, Silbenkelle, Gebärdenlesen

SL A S. 12 – 15 **Schreiblehrgang**

S. 12/13:
Die Kinder führen die großen Einspurübungen mit dem Zeigefinger aus. Die einzelnen Phasen werden durch Mitsprechen gesteuert: **i** = ab – Pünktchen, **m** = 1 – 2 – 3; Schreibbewegung und Sprechen beginnen gleichzeitig.
Die Buchstaben werden zudem mit großer Armbewegung in die Luft, mit dem Zeigefinger in den Sand oder mit Wachsmalstiften auf Papier gezeichnet.

Vor dem Schreiben mit Stift in das Heft wird die korrekte Sitz- und Stifthaltung besprochen.

Die Kinder sprechen unmittelbar vor dem Schreiben die Silben und die Vokale: mi, i, mu, u. Sprechen und Schreiben wird von Anfang an koordiniert.
Einzelne Konsonanten werden nicht lautiert. Wir verwenden bei **m** z.B. die Formulierung: „Wir schreiben den Starter von mu.“
S. 14:
Die Silben werden geschrieben. Das Schriftbild sollte möglichst normgerecht und sauber sein.
S. 15:
Große Einspurübungen mit dem Zeigefinger ausführen. Einspurphasen durch Mitsprechen steuern: **M** = zick – zack – zick – zack.
Schreibbewegung und Sprechen beginnen gleichzeitig.
Die Buchstaben werden zudem mit großer Armbewegung in die Luft, mit dem Zeigefinger in den Sand oder mit Wachsmalstiften auf Papier gezeichnet.

··· Ankerbilder Die Ankerbilder von m (Maus), u (Uhu/Unke) und i (Igel/Iltis) werden gezeigt und aufgehängt. Sie werden deutlich artikuliert und in Silben geklatscht – einzeln und im Klassenverband.

··· Tiergeschichten Die Geschichten zu den Ankerbildern können vorgelesen werden.
Maus (m): Band 1, Igel (i): Band 1, Uhu (u): Band 4

AH A S. 4 – 7 **Arbeitsheft**

··· Folie 2 S. 4: Silbenkärtchen mu, mi den Bildern Katze und Kuh (Download-Angebote S. 6) zuordnen; Visuelle Unterscheidung Mu, mu, Mi, mi

··· Folie 2 S. 5: Akustische Einordnung in die Silbenfolge: Silben heraushören; Einführung des Aufgabentyps mit Folie

··· Folie 3 S. 6: Einführung der Gebärden; Gebärden und Schreiben

··· Mini-Silbenschieber S. 7: Silbenschieber einführen (vgl. S. 135); Silbenschieber einstellen und schreiben, Silbenlauf

Der große Holz-Silbenschieber und der Mini-Silbenschieber (mit Starter – 1) werden eingeführt. „Den ersten Schieber nennen wir ‚Starter', den zweiten ‚Klinger'. Stellt bitte ‹mu› auf eurem Silbenschieber ein."
Dann wird ausprobiert, wie es sich anhört, wenn der 2. Schieber auf den Klinger ‹i› geschoben wird. „Wie klingt es, wenn am großen Silbenschieber der Starter entfernt ist?" Achtung: nicht ‹m› isolieren. ‹m› ist immer der Starter von ‹mu›.

Silbenlauf einführen (vgl. S. 133); Silbenlauf durchführen und Silben aufschreiben.

Weitere Übungen

Automatisierung des Silbenlesens

Silbenschieber — Silbenschieber (vgl. S. 135): mu, u, mi, i

Silbenkärtchen — Silbenkärtchen 1 (vgl. S. 136): Mu, mu, Mi, mi
Silbenkärtchen nach Diktat legen (jeweils 4 Kärtchen, z.B. mu mu mi mu).
Kinder legen die Kärtchen ihrer Wahl und lesen einzeln vor.
Kinder legen die Silbenkärtchen mu und mi in 4er-Gruppen auf den Tisch und üben in Partnerarbeit.

Silbenkarten — Mu, mu, Mi, mi (Download-Angebote S. 6)
Schnell-Leseübung: wechselnde 4er-, 6er-, 8er-Gruppen werden aufgestellt/an die Tafel gehängt. Einzeln oder in Gruppen wird die Silbenkette gelesen.
Wer schafft es am schnellsten ohne Fehler?

Software

Leseroutine (vgl. S. 134: Chorisches Lesen)

Vertiefung

Wortkarten

Karten 6 bis 8 (vgl. S. 139)
Zur Übung und Wiederholung der eingeführten Ankerbilder, Gebärden, Wörter und Strategien.

Software

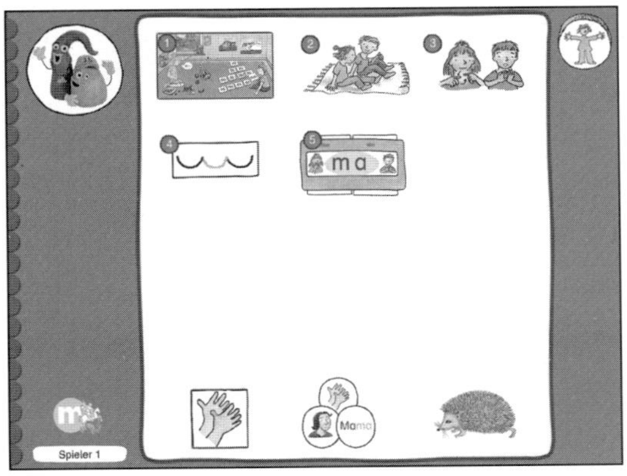

Übungen zur Auswahl

- Fibeltext zum Mitlesen
- Der fliegende Silbenteppich
- Gebärdenschule
- Silbenbogen
- Silbenschieber
- Der Rhythmus macht's!
- Dreier-Memo-Spiel
- Ankerbilder

Sprechrhythmisches Training der Kontrastpaare

Folie 51
Musik-CD

Durchführung vgl. S. 136, CD B Nr. 1, 7
Nase – Nüsse
Regen – Rücken
Haken – Hacke
Säge – Säcke
Kater – Kette

Musik-CD

Lied – CD A Nr. 3, 4 – KV 81, S. 371
„A, a, a, die Schulzeit, die ist da!“. Das Lied trainiert die Aussprache der Vokale.

Seite 10/11

3. Woche

Inhalte

- Zum Bild erzählen
- Silbenschule lesen/Sprechblasen lesen
  Silbenlauf
  Gebärde: mo, o
  Visuelle Unterscheidung von Mu, Mi, Mo
- Silbenkelle: mo – o, Klinger/Selbstlaut analysieren
  Silben fliegen hoch: mi, mo
  Silbenschieber: Starter/Konsonant M, m; Klinger/Vokal o
- Schreiben: Mo, mo, o

Die Kompetenzen in den Leitmaterialien: www.abc-der-tiere.de/1405-kompetenzen

Wochenplan

Leitmaterialien	Montag	Dienstag	Mittwoch	Donnerstag	Freitag
Silbenfibel *Niveau 1, 2, 3*	Zum Bild erzählen Lesen: Momo, Mio Silben fliegen hoch: mo	Zum Bild erzählen Silbenschule Silbenkelle: mo – o	Silbenschule Gebärde: o	Silbenschule Silbenlauf Gebärde: Momo, Mio	Silbenschule
Schreiblehrgang A *Niveau 1*		S. 16	S. 17: 1, 2	S. 17: 3	
Arbeitsheft A *Niveau 1, 2*	S. 8 *Folie 3*	S. 9: 1, 2 *Folie 4*	S. 9: 3 *Folie 4*	S. 10 *Folie 4*	S. 11
Weitere Übungen	**Automatisierung des Silbenlesens:** Silbenschieber, Silbenkärtchen 1, Silbenkarten (Download): Mo, mo **Vertiefung:** Software ABC der Tiere, Wortkarten **Sprechrhythmisches Training der Kontrastpaare:** *Folie 51, CD B Nr. 1, 7* **Lied:** „O, o, o, wir machen alle so!“, *Musik-CD A Nr. 3, 4*				
Vorlesen	**Momo**: S. 156 **Tiergeschichten mit Mia und Mio,** Geschichte zum **Ankerbild:** Orang-Utan (o): Band 7				
Differenzierung	Arbeitsblätter zur individuellen Förderung (1405-77)				

Didaktisch-methodische Überlegungen

Vorlesen

Vorlesen ist von großer Bedeutung für das Lesen- und Schreibenlernen. In Ländern mit sehr guten Ergebnissen bei PISA werden bis zu 15 Bücher in der Woche (!) vorgelesen.

Vokal o

Zur Verankerung der Vokale Indianerbild **o** in Poster (KV21) und Leporello (KV18) ausmalen (vgl. S. 138).

Einstieg

Die Lehrerin / der Lehrer liest die Nacherzählung aus „Momo" von Michael Ende vor (S. 156). Alternativ kann auch aus dem Originaltext gelesen werden.
Die Lehrerin / der Lehrer erklärt die Rolle der Schildkröte „Kassiopeia" anhand des Silbenfibelbildes.

Hinweise zu den Leitmaterialien

S. 10/11

Silbenfibel

Die Lehrerin / der Lehrer schreibt den Namen **Mo mo** an die Tafel und stellt die Frage: „In welcher Zeile des Textes steht Mo mo?"
Kommt als Antwort „Zeile 4", ist nochmals der Unterschied Groß- und Kleinbuchstabe zu klären.
Danach lesen einzelne Kinder je eine Zeile und bewegen dabei den Zeigefinger der Schreibhand synchron in Silbenschwüngen.
Alle Kinder lesen chorisch mit synchronem Zeigefinger. Die Lehrerin / der Lehrer zählt jede Zeile an (vgl. S. 134).
Die Kinder lesen chorisch mit „Stopp den Zug" (vgl. S. 135).
Übungsformate: Gebärdenlesen, Silbenkelle, Silben fliegen hoch, Silbenlauf (Buchstabenkarten Download-Angebote S. 6)

SL A S. 16 – 17

Schreiblehrgang

S. 16: Große Einspurübungen mit dem Zeigefinger ausführen. Einspurphasen durch Mitsprechen steuern: **o** = links herum.
Schreibbewegung und Sprechen beginnen gleichzeitig.
Die Buchstaben werden zudem mit großer Armbewegung in die Luft, mit dem Zeigefinger in den Sand oder mit Wachsmalstiften auf Papier gezeichnet (vgl. S. 149).

S. 17: Die Silben schreiben. Namen mit zwei Farben schreiben. Das Schriftbild sollte möglichst normgerecht und sauber sein.

Ankerbilder

Die Ankerbilder von o (Orang-Utan / Otter) werden gezeigt und aufgehängt. Sie werden deutlich artikuliert und in Silben geklatscht – einzeln und im Klassenverband.

Tiergeschichten

Die Geschichte zum Ankerbild kann vorgelesen werden:
Orang-Utan (o): Band 7

AH A S. 8 – 11 — **Arbeitsheft**

…› Folie 3

S. 8: Akustische Einordnung in die Silbenfolge: Die Bildwörter werden auf die Silben mo, mu und mi abgehört und im entsprechenden Silbenbogen markiert. Bildwörter, die keine entsprechende Silbe enthalten, werden durchgestrichen.

…› Folie 4

S. 9: Nach Gebärden schreiben, Silben visuell unterscheiden

…› Folie 4

…› Mini-Silbenschieber

S. 10: Leseteppich, nach Diktat Silbenschieber einstellen und schreiben, Silbenlauf

S. 11: Namen schreiben – Selbstkontrolle

Weitere Übungen

Automatisierung des Silbenlesens

…› Silbenschieber

Silbenschieber (vgl. S. 135): mu, u, mi, i, mo, o

…› Silbenkärtchen

Silbenkärtchen 1: Mu, mu, Mi, mi, Mo, mo

…› Silbenkarten

Mo, mo (Download-Angebote S. 6)

…› Software

Leseroutine (vgl. S. 134: Chorisches Lesen)

Vertiefung

…› Wortkarten

Karten 9 bis 11 (vgl. S. 139)
Zur Übung und Wiederholung der eingeführten Ankerbilder, Gebärden, Wörter und Strategien.

…› Software

Übungen zur Auswahl

- Fibeltext zum Mitlesen
- Der fliegende Silbenteppich
- Gebärdenschule
- Silbenbogen
- Silbenpuzzle
- Silbenschieber
- Wörter schreiben
- Der Rhythmus macht's!
- Dreier-Memo-Spiel
- Ankerbilder

Sprechrhythmisches Training der Kontrastpaare

Folie 51 Durchführung vgl. S. 136, CD B Nr. 1, 7
Musik-CD Nase – Nüsse
Regen – Rücken
Haken – Hacke
Säge – Säcke
Kater – Kette

Musik-CD **Lied** – CD A Nr. 3, 4 – KV 81, S. 371
Mit der Liedstrophe: „O, o, o, wir machen alle so!“ (vgl. S. 137) wird die Gebärde für o geübt.

Michael Ende: Momo
Zum Inhalt

Die Geschichte handelt von dem Mädchen Momo, das eines Tages in der Ruine eines kleinen Amphitheaters auftaucht. Es schlichtet den Streit zwischen dem Maurer Nikola und dem Gastwirt Nino und spielt fröhlich mit den Kindern aus der näheren Umgebung. Alles wäre gut und schön, wenn nicht die „grauen Herren“ wären. Sie treten als Agenten der „Zeit-Sparkasse“ auf und wollen erreichen, dass die Menschen ihre Zeit nicht für ihrer Meinung nach unnütze Dinge wie Lesen, Freunde besuchen, anderen helfen ... vertun. Sie wollen, dass die Menschen ihnen alle Zeit anvertrauen.
Das erste Opfer ist der Frisör Fusi. Auch die früher fröhlich spielenden Kinder geraten in ihren Bann, weil die Eltern keine Zeit mehr für sie haben. Die Welt wird herzlos und kalt, weil die „grauen Herren“ den Menschen die Lebenszeit abzapfen und für sich in riesigen Speichern aufbewahren. Jeder, der versucht, gegen die „grauen Herren“ anzugehen, bekommt Probleme.
Sogar Meister Hora, der in dem Reich herrscht, aus dem die Zeit kommt, wird mit dieser gefährlichen Macht, die die Menschheit bedroht, nicht allein fertig. Nur Momo kann noch helfen, obwohl sie und die Schildkröte Kassiopeia die „grauen Herren“ zur „Quelle“ der Zeit, dem „Nirgend-Haus“ von Meister Hora, geführt haben. Doch da sie als einzige die „Stunden-Blume“ von Meister Hora erhalten hat, kann sie damit die geraubte Zeit befreien. Und die grauen Herren zerfallen ins Nichts, aus dem sie gekommen sind.
Die Geschichte ist ewig neu, denn die Zeit ist das Leben. Und das Leben wohnt im Herzen.

Zum Vorlesen
Erstes Kapitel:

Am Rande der Stadt, wo die Häuser immer armseliger wurden, wohnte Momo in der Ruine eines alten Amphitheaters. Manchmal tauchten ein paar Touristen auf, machten Fotos und gingen wieder fort. Die Leute aus der Umgebung ließen ihre Ziegen weiden und die Kinder spielten auf dem runden Platz Fußball.
Hier nimmt die Geschichte von Momo ihren Anfang.

Eines Tages sprach es sich herum, dass ein seltsames Mädchen in der Ruine wohne. Es hieße Momo oder so. Sie hatte einen wilden Lockenkopf, pechschwarze Augen und Füße von der gleichen Farbe. Sie lief außer im Winter immer barfuß. Ihr Rock war aus Flicken zusammengenäht. Darüber trug sie eine viel zu große Männerjacke.
Eines Tages kamen Leute aus der Umgebung zu ihr und begannen sie auszufragen. Momo sagte, dass sie hier wohne. Den Namen ihrer Eltern wusste sie nicht. Auch die Fragen nach ihrer Herkunft, ihrem Alter und nach ihrer Verwandtschaft konnte sie nicht beantworten. Die Leute beratschlagten lang und entschieden, dass Momo in der Ruine bleiben könne. Sie besserten die Hütte aus und halfen mit einem Eisenbett, einer Matratze und Decken aus. Die Kinder der Leute brachten, was man an Essen übrig hatte. Da es sehr viele Kinder waren, kam eine so große Menge zusammen, dass alle am Abend ein kleines Fest zum Einzug Momos feiern konnten.

Zweites Kapitel:
Eine ungewöhnliche Eigenschaft und ein ganz gewöhnlicher Streit

Jetzt ging es Momo gut. Sie hatte ein Dach über dem Kopf, sie hatte ein Bett und wenn es kalt war, konnte sie ein Feuer machen. Und das war das Wichtigste. Sie gewann viele Freunde. Fast täglich kamen Leute und unterhielten sich mit ihr. Momo hatte keine ungewöhnlichen Fähigkeiten und konnte nicht zaubern.
Was Momo konnte, war: zuhören.
Mancher wird vielleicht sagen: „Das kann doch jeder.“ Aber das ist ein Irrtum. Wirklich zuhören können nur wenige Menschen. Und die Art, wie Momo zuhörte, war einmalig:
Dummen Leuten kamen plötzlich gescheite Gedanken.
Ratlose Leute wussten auf einmal, was sie wollten.
Schüchterne Menschen fühlten sich plötzlich mutig.
Unglückliche wurden wieder zuversichtlich und froh.
Streitigkeiten zwischen Menschen konnte Momo mit ihrer freundlichen Art schlichten.

nacherzählt aus: Michael Ende, Momo

Seite 12/13

4. Woche

Inhalte

- Zum Bild erzählen
- Silbenschule lesen/Sprechblasen, Wort-Bild-Texte lesen
  Silbenlauf: Inverse Silben: im, am
  Gebärde: ma, a
  Visuelle Unterscheidung von Mi, Mu, Mo, Ma
- Silbenkelle: ma – a, Klinger/Selbstlaut analysieren
  Silben fliegen hoch: „ma“
  Silbenschieber: Starter/Konsonant M, m; Klinger/Vokal a
- Schreiben: Ma, ma, a
  Schreibtabelle: Limo, Lama

Die Kompetenzen in den Leitmaterialien: www.abc-der-tiere.de/1405-kompetenzen

Wochenplan

Leitmaterialien	Montag	Dienstag	Mittwoch	Donnerstag	Freitag
Silbenfibel *Niveau 1, 2, 3*	Zum Bild erzählen Lesen: Mama, Mia, Omi Silben fliegen hoch: ma	Lesen: Silbenschule Gebärde: a Inverse Formen: im, am	Lesen: Silbenschule Wort-Bild-sätze Vokale ergänzen	Lesen: Wort-Bild-Sätze Silbenlauf: im, am, um Silbenkelle	Lesen: Wort-Bild-Sätze Gebärden: Mama
Schreiblehrgang A *Niveau 1, 2*		S. 18	S. 19, 1	S. 19, 2, 3	S. 20
Arbeitsheft A *Niveau 1, 2*		S. 12 *Folie 5*	S. 13 *Folie 5, 6*	S. 14	S. 15
Weitere Übungen	**Automatisierung des Silbenlesens:** Silbenschieber, Silbenkärtchen 1, Silbenkarten (Download): Ma, ma **Vertiefung:** Software ABC der Tiere, Wortkarten **Sprechrhythmisches Training der Kontrastpaare:** *Folie 51, CD B Nr. 1, 7*				
Vorlesen	**Tiergeschichten mit Mia und Mio,** Geschichte zum **Ankerbild:** Affe (a): Band 1				
Differenzierung	Arbeitsblätter zur individuellen Förderung (1405-77)				

Didaktisch-methodische Überlegungen

Alle 4 bekannten Vokale werden einzeln oder mit dem Starter **m** in den verschiedenen Übungen vertieft, damit das Lesen und Sprechen der Vokale und Silben automatisiert gelingt.
Die inversen Vokal-Konsonant-Kombinationen **im** und **am** werden eingeführt. Für Kinder mit Schwächen in der Seitigkeitsorientierung stellt das eine besondere Schwierigkeit dar. Im Schreiblehrgang S. 20, Aufg. 2 und im Arbeitsheft S. 15 werden ausführliche Übungen angeboten.

Vokal a Zur Verankerung der Vokale Indianerbild **a** in Poster (KV22) und Leporello (KV18) ausmalen (vgl. S. 138).

Einstieg

Freies Erzählen über die Fibelseiten. Wer ist zu sehen? Was möchte ich auch machen?

Hinweise zu den Leitmaterialien

S. 12/13 **Silbenfibel**

Die Kinder betrachten das Silbenfibelbild. Impuls: Was macht Mio?
Einzelne Kinder lesen die Silbenschule ganz oder zeilenweise mit synchronem Zeigefinger vor.
Chorisches Lesen des Textes mit Anzählen jeder Zeile. Chorisches Lesen mit „Stopp den Zug“. Die Ganzwörter **im** und **am** werden eingeführt.
Einzelne Kinder lesen die Wortbild-Kombinationen auf Seite 13.
Übungsformate: Silbenlauf, Gebärdenlesen, Silbenkelle, Silben fliegen hoch

SL A S. 18 – 20 **Schreiblehrgang**

S. 18: Große Einspurübungen mit dem Zeigefinger ausführen.
Einspurphasen durch Mitsprechen steuern: **a** = links herum – ab.
Schreibbewegung und Sprechen beginnen gleichzeitig.
Die Buchstaben werden zudem mit großer Armbewegung in die Luft oder mit Legematerial, wie in der Silbenfibel, ausgeführt.
S. 19: Namen abwechselnd mit zwei Farben schreiben, Silben akustisch ausgliedern und schreiben, Schreibtabelle: Limo
S. 20: Schreibung der inversen Silben: im, am

··· Ankerbild Die Ankerbilder von **a** (Affe/Ameise) werden gezeigt und aufgehängt. Sie werden deutlich artikuliert und in Silben geklatscht – einzeln und im Klassenverband.

··· Tiergeschichten Die Geschichte zum Ankerbild kann vorgelesen werden:
Affe (a): Band 1

AH A S. 12 – 15 **Arbeitsheft**

··· Folie 5 S. 12: Akustische Einordnung in die Silbenfolge
··· Folien 5, 6 S. 13: Gebärden und schreiben, visuelle Unterscheidung, Schreibtabelle: Lama
S. 14: Lesen und Zeigefinger mitführen, Silbenlauf, Namen frei schreiben
S. 15: visuelle Unterscheidung inverser Formen

Weitere Übungen

Automatisierung des Silbenlesens

Silbenschieber: Silbenschieber (vgl. S. 135): mu, u, mi, i, mo, o, ma, a

Silbenkärtchen: Silbenkärtchen 1: Mu, mu, Mi, mi, Mo, mo, Ma, ma

Silbenkarten: Ma, ma (Download-Angebote S. 6)

Software

Leseroutine (vgl. S. 134: Chorisches Lesen)

Vertiefung

Wortkarten: Karten 12 bis 15 (vgl. S. 139)
Zur Übung und Wiederholung der eingeführten Ankerbilder, Gebärden, Wörter und Strategien.

Software

Übungen zur Auswahl

- Fibeltext zum Mitlesen
- Der fliegende Silbenteppich
- Gebärdenschule
- Silbenbogen
- Silbenpuzzle
- Silbenschieber
- Wörter schreiben
- Der Rhythmus macht's!
- Dreier-Memo-Spiel
- Ankerbilder

Sprechrhythmisches Training der Kontrastpaare

Folie 51
Musik-CD

Durchführung vgl. S. 136, CD B Nr. 1, 7
Nase – Nüsse
Regen – Rücken
Haken – Hacke
Säge – Säcke
Kater – Kette

Seite 14/15

5. Woche

Inhalte

- Zum Bild erzählen
- Silbenschule lesen/Sprechblase, Wort-Bild-Texte, Ganzwort **ist** lesen
  Silbenlauf
  Gebärde: me, e
  Visuelle Unterscheidung von mu, Mi, mi, im, mo, Ma, ma, am, Me, me
- Silbenkelle: me – e, Klinger/Selbstlaut analysieren
  Sätze mit ist, Punkt am Satzende
  Silbenschieber: Starter/Konsonant M, m; Klinger/Vokal e
- Schreiben: e, Me, me
  Schreibtabelle: Tomate

Die Kompetenzen in den Leitmaterialien: www.abc-der-tiere.de/1405-kompetenzen

Lernstandserhebung 1

Als Hausaufgabe wird das Silbenbüchlein 1 ausgeteilt (Kapitel V).
Am Ende der Woche wird die Lernstandserhebung 1 geschrieben (Kapitel VI).

Wochenplan

Leitmaterialien	Montag	Dienstag	Mittwoch	Donnerstag	Freitag
Silbenfibel *Niveau 1, 2, 3*	Zum Bild erzählen Lesen: Memo Silben fliegen hoch: me	Lesen: Silbenschule Gebärde: e Silbenkelle: me – e	Lesen: Silbenschule Ganzwort: ist Wort-Bild-Sätze/Punkt	Lesen: Wort-Bild-Sätze Silbenlauf	Lesen: Wort-Bild-Sätze Gebärden: Memo
Schreiblehrgang A *Niveau 1, 3*		S. 21	S. 22	S. 23	
Arbeitsheft A *Niveau 1, 2, 3*		S. 16 *Folie 6*	S. 17	S. 18	S. 19
Weitere Übungen	**Automatisierung des Silbenlesens:** Silbenschieber, Silbenkärtchen 1, Silbenkarten (Download): Me, me **Vertiefung:** Software ABC der Tiere, Wortkarten **Sprechrhythmisches Training der Kontrastpaare:** *Folie 52, CD B Nr. 2, 7* **Lied:** „Das Eichhörnchen", *Musik-CD A Nr. 5, 6*				
Vorlesen	**Tiergeschichten mit Mia und Mio,** Geschichte zum **Ankerbild:** Elefant (e): Band 1				
Differenzierung	Arbeitsblätter zur individuellen Förderung (1405-77)				

Didaktisch-methodische Überlegungen

Alle 5 bekannten Vokale („Klinger/Indianerlaute“) werden einzeln oder mit dem Starter **m** gefestigt, damit das Lesen und Sprechen der Vokale und Silben automatisiert gelingt. Das Leporello mit den Indianerlauten (KV 18, S. 307) ist vollständig und dient den Kindern als Merkheftchen.

Vokal e
Zur Verankerung der Vokale Indianerbild **e** in Poster (KV23) und Leporello (KV18) ausmalen (vgl. S. 138).

Einstieg

Silbenfibelbild: Die Kinder erzählen frei, was sie sehen: Memo, Mimi, Mia und Mio spielen ein Memo-Spiel etc.
Die Lehrerin/der Lehrer informiert: „Das Eichhörnchen sammelt im Herbst Samen, Eicheln und Bucheckern und versteckt sie an vielen Stellen im Wald. Wie ein guter Memo-Spieler findet es im Winter die Verstecke wieder. Das Eichhörnchen heißt Memo.“
Die Lehrerin/der Lehrer schreibt Memo **zweifarbig** an die Tafel.
Einzelne Kinder lesen vor, die Lehrerin/der Lehrer begleitet mit Silbenschwüngen.
Die Kinder spielen das Memo-Spiel zu zweit mit 10 Silbenkärtchen: je zwei ma, me, mi, mo, mu.

Hinweise zu den Leitmaterialien

S. 14/15

Silbenfibel

Einzelne Kinder lesen die Silbenschule mit synchronem Zeigefinger.
Alle Kinder lesen chorisch mit dem Anzählen jeder Zeile.
Chorisches Lesen mit „Stopp den Zug“.
Das Ganzwort „ist“ wird geklärt.
Einzelne Kinder lesen die Wort-Bild-Sätze.
Übungsformate: Silbenlauf, Gebärdenlesen, Silbenkelle

SL A S. 21–23

Schreiblehrgang

S. 21: Große Einspurübungen mit dem Zeigefinger ausführen.
Einspurphasen durch Mitsprechen steuern: **e** = rüber (gibt immer die Schreibrichtung an) – links herum.
Schreibbewegung und Sprechen beginnen gleichzeitig.
Die Buchstaben werden zudem mit großer Armbewegung in die Luft ausgeführt.
S. 22: Schreibroutine, Silbenschreiben, Schreibtabelle: Tomate
S. 23: Namen mit zwei Farben schreiben, Schreibung der inversen Silben: im, am

Ankerbild
Die Ankerbilder von **e** (Elefant/Ente) werden gezeigt und aufgehängt. Sie werden deutlich artikuliert und in Silben geklatscht – einzeln und im Klassenverband.

Tiergeschichten
Die Geschichte zum Ankerbild kann vorgelesen werden:
Elefant (e): Band 1

AH A S. 16 – 19 **Arbeitsheft**

···> *Folie 6*
···> *Mini-Silbenschieber*

S. 16: Gebärden und Schreiben, akustische Einordnung in die Silbenfolge
S. 17: Visuelle Unterscheidung, Mini-Silbenschieber einstellen und nach Diktat schreiben; Lesekontrolle: Namen
S. 18: Lesen und Zeigefinger mitführen, Namen frei schreiben, über Lernen sprechen
S. 19: Leseverständnis, visuelle Unterscheidung inverser Formen

Weitere Übungen

Automatisierung des Silbenlesens

···> *Silbenschieber* Silbenschieber (vgl. S. 135): mu, u, mi, i, mo, o, ma, a, me, e

···> *Silbenkärtchen* Silbenkärtchen 1: Mu, mu, Mi, mi, Mo, mo, Ma, ma, Me, me
Memo-Spiel

···> *Silbenkarten* Me, me (Download-Angebote S. 6)

···> *Software*

Leseroutine (vgl. S. 134: Chorisches Lesen)

Vertiefung

···> *Wortkarten* Karten 16 bis 18 (vgl. S. 139)
Zur Übung und Wiederholung der eingeführten Ankerbilder, Gebärden, Wörter und Strategien.

···> *Software*

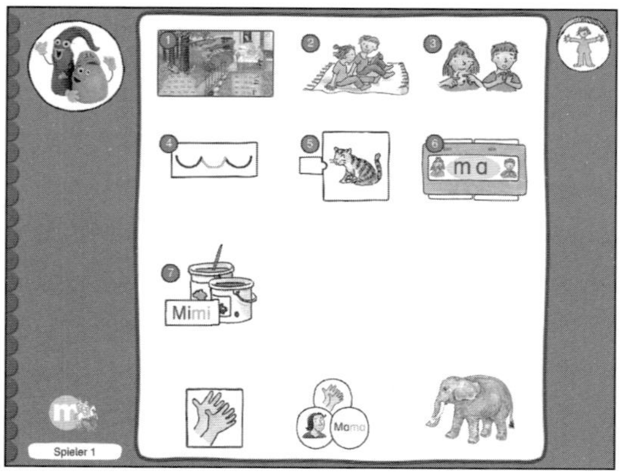

Übungen zur Auswahl

- Fibeltext zum Mitlesen
- Der fliegende Silbenteppich
- Gebärdenschule
- Silbenbogen
- Silbenpuzzle
- Silbenschieber
- Wörter schreiben
- Der Rhythmus macht's!
- Dreier-Memo-Spiel
- Ankerbilder

Sprechrhythmisches Training der Kontrastpaare

···› *Folie 52* Durchführung vgl. S. 136, CD B Nr. 2, 7
···› *Musik-CD* Käfer – Koffer
Züge – Zucker
Schafe – Schiffe
Besen – Busse
Vase – Wasser

···› *Musik-CD* **Lied** – CD A Nr. 3, 4 – KV 81, S. 371
Das Lied: „A, a, a, die Schulzeit, die ist da!“, CD A Nr. 3, wird mit allen 5 Strophen gesungen.
Lied – CD A Nr. 5, 6 – KV 82/83, S. 372/373
Mit dem Lied: „Das Eichhörnchen“ kann eine Bewegungsübung verbunden werden. Dabei sollten die Kinder je nach ihren Möglichkeiten gefördert und gefordert werden.

Seite 16/17

6. Woche

Inhalte

- Zum Bild erzählen
- Silbenschule lesen / Sprechblase, Wort-Bild-Texte, Ganzwörter lesen
  Silbenlauf
  Gebärde: la, a
  Visuelle Unterscheidung der Starter / Konsonanten M und L
- Silbenkelle: la – a, Klinger / Selbstlaute analysieren
  Silben fliegen hoch: „la“
  Silbenschieber: Starter / Konsonant L l; Klinger / Vokale a e i o u
- Schreiben: L l
- Schreibtabelle: Melone, Lupe

Die Kompetenzen in den Leitmaterialien: www.abc-der-tiere.de/1405-kompetenzen

Wochenplan

Leitmaterialien	Montag	Dienstag	Mittwoch	Donnerstag	Freitag
Silbenfibel *Niveau 1, 2, 3*	Zum Bild erzählen Lesen: Lama, Limo, Lilo Silben fliegen hoch: la	Lesen: Silbenschule Gebärde: l Silbenlauf	Lesen: Silbenschule Ganzwörter: Papa, Ist Wort-Bild-Sätze	Lesen: Wort-Bild-Sätze Vokale ergänzen Silbenkelle	Lesen: Wort-Bild-Sätze Gebärden: Lama
Schreiblehrgang A *Niveau 1, 3*		S. 24	S. 25	S. 26	
Arbeitsheft A *Niveau 1, 2, 3*	*S. 20: 1, 2* *Folie 7*	S. 20: 3	S. 21 *Folie 7*	S. 22	S. 23 *Folie 8*
Weitere Übungen	**Automatisierung des Silbenlesens:** Silbenschieber, Silbenkärtchen 1, 2, Silbenkarten (Download): Starter L, l, Leseteppiche 1, 2 **Vertiefung:** Software ABC der Tiere, Wortkarten **Sprechrhythmisches Training der Kontrastpaare:** *Folie 52, CD B Nr. 2, 7*				
Vorlesen	**Tiergeschichten mit Mia und Mio,** Geschichte zum **Ankerbild:** Löwe (l): Band 3				
Differenzierung	Arbeitsblätter zur individuellen Förderung (1405-77)				

Didaktisch-methodische Überlegungen

In dieser Einheit wird ein neuer Anlaut (Starter) **L l** eingeführt. Er wird gemeinsam mit den bekannten Vokalen gelesen. Anweisung: „Wir lassen beide zusammen heraus, ohne Luft dazwischen!“
Wenn nötig, nehmen wir die Mundstellung zur Artikulation des Starters – unterstützt durch Lautgebärden – stumm ein. Wir sprechen Konsonanten (Starter) nie vereinzelt aus, weil wir eine ganzheitliche Lautung der Minisilbe erzielen möchten; die Schüler sollen in diesem Stadium nicht synthetisieren.

Einstieg

Silbenfibelbild: Die Kinder erzählen, was sie auf der Doppelseite entdecken. Welche Personen sind da? Welche Tiere stehen in den Gehegen? Wer hat Lamas schon einmal gesehen? Was ist ein Muli? Was ist ein Info-Center? Was verkauft Lilo am Stand? Was machen Lamas manchmal? (spucken)
Die Lehrerin/der Lehrer informiert über Lamas als Nutztiere in den Anden.
Die Lehrerin/der Lehrer zeigt Bild- und Wortkarten von Mama und Lama. (Vorlage für die Karten siehe nachfolgende Abbildungen oder als Download; Download-Angebote S. 6)
Die Kinder sollen die Bildkarten Mama und Lama den Wortkarten Mama und Lama an der Tafel zuordnen:

Ma ma

La ma

Die Lehrerin/der Lehrer gibt den Impuls: „Wo ist der Unterschied?“
Die Lehrerin/der Lehrer schneidet die Wortkarte Lama an der Trennstelle durch. Zuerst lesen einzelne Kinder ‹La›. Dann lesen alle Kinder chorisch ‹La›; die Lautgebärde für **l** wird eingeführt.
Die Lehrerin/der Lehrer schneidet die Wortkarte Mama durch. Die Kinder erkennen, dass die zweite Silbe identisch ist und getauscht werden kann.
Mit den Silbenkarten La, ma, Ma, ma wird eine Schnell-Leseübung durchgeführt zur Unterscheidung von **L** und **M** als Starter (Anlaut).

Silbenkärtchen
Die Kinder machen Schnell-Leseübungen mit den 5 Silbenkärtchen la, le, li, lo, lu.

Hinweise zu den Leitmaterialien

S. 16/17 **Silbenfibel**

Einzelne Kinder lesen die Silbenschule vor mit synchronem Zeigefinger.
Alle Kinder lesen chorisch mit Anzählen jeder Zeile.
Die Lehrerin/der Lehrer begleitet das chorische Lesen mit einem akustischen Impuls pro Silbe (klatschen, klopfen mit Finger oder Stift). Von anfänglich langsamen und flexiblen Impulsen steigert und reguliert sich das Lesetempo bis zur normalen Sprechgeschwindigkeit.
Chorisches Lesen mit „Stopp den Zug“.
Die Ganzwörter „Papa“ und „Ist“ werden eingeführt.
Einzelne Kinder lesen die Wort-Bild-Sätze.
Übungsformate: Silbenlauf, Gebärdenlesen, Silbenkelle, Silben fliegen hoch

SL A S. 24 – 26 **Schreiblehrgang**

S. 24: Große Einspurübungen mit dem Zeigefinger ausführen.
Einspurphasen durch Mitsprechen steuern: **L** = runter – rüber (gibt immer die Schreibrichtung an), **l** = runter.
Schreibbewegung und Sprechen beginnen gleichzeitig.
Die Buchstaben werden zudem mit großer Armbewegung in die Luft ausgeführt.
S. 25: Schreibroutine, Silbenschreiben
S. 26: Wörter mit zwei Farben schreiben, Schreibung der inversen Silben: im, am, Schreibtabelle: Melone

Ankerbild Das Ankerbild von l (Löwe) wird gezeigt und aufgehängt. Das Ankerbild wird deutlich artikuliert und in Silben geklatscht – einzeln und im Klassenverband.

Tiergeschichten Die Geschichte zum Ankerbild kann vorgelesen werden:
Löwe (l): Band 3

AH A S. 20 – 23 **Arbeitsheft**

Folie 7 S. 20: Gebärde, nach Gebärden schreiben, Silben visuell unterscheiden
Folie 7 S. 21: Akustisch in die Silbenfolge einordnen und schreiben: La la ..., Schreibtabelle: Lupe
S. 22: Lesen und Zeigefinger mitführen, Silbenlauf, Namen frei schreiben
Folie 8 S. 23: Geschichte erzählen, Leseverständnis: Sätze lesen und Ziffern zuordnen

Weitere Übungen

Automatisierung des Silbenlesens

Silbenschieber Silbenschieber (vgl. S. 135): Starter: m, l

Silbenkärtchen Silbenkärtchen 1, 2: Starter M, m, L, l

Silbenkarten Starter L, l (Download-Angebote S. 6)

Leseteppiche Leseteppiche 1 und 2 (KV 6/7, S. 295/296)

Software

Leseroutine (vgl. S. 134: Chorisches Lesen)

Vertiefung

Wortkarten Karten 19 bis 23 (vgl. S. 139)
Zur Übung und Wiederholung der eingeführten Ankerbilder, Gebärden, Wörter und Strategien.

Software

Übungen zur Auswahl

- Fibeltext zum Mitlesen
- Der fliegende Silbenteppich
- Gebärdenschule
- Silbenbogen
- Silbenpuzzle
- Silben-Memo
- Silbenschieber
- Wörter schreiben
- Der Rhythmus macht's!
- Dreier-Memo-Spiel
- Ankerbilder

Sprechrhythmisches Training der Kontrastpaare

Folie 52
Musik-CD

Durchführung vgl. S. 136, CD B Nr. 2, 7
Käfer – Koffer
Züge – Zucker
Schafe – Schiffe
Besen – Busse
Vase – Wasser

Seite 18/19

7. Woche

Inhalte

- Zum Bild erzählen
- Vokale: Großbuchstaben als Anlaute
  Sprechblase, Wort-Bild-Texte, Ganzwörter lesen
- Silbenklatschen
  Sätze mit ist, sind
- Schreiben: A, E, I, O, U
  Schreibtabelle: Ufo, Igel

Die Kompetenzen in den Leitmaterialien: www.abc-der-tiere.de/1405-kompetenzen

Wochenplan

Leitmaterialien	Montag	Dienstag	Mittwoch	Donnerstag	Freitag
Silbenfibel *Niveau 1, 2, 3*	Zum Bild erzählen Lesen: Mio male E	Silbenklatschen Schreiben: A, E, I, O, U	Lesen: Wort-Bild-Sätze Ganzwörter: und, sind	Lesen: Wort-Bild-Sätze	Sätze mit ist, sind
Schreiblehrgang A *Niveau 1*	S. 27	S. 28	S. 29		
Arbeitsheft A *Niveau 1, 2, 3*		S. 24	S. 25 *Folie 9*	S. 26 *Folie 9*	S. 27
Weitere Übungen	**Automatisierung des Silbenlesens:** Silbenschieber, Silbenkärtchen 1, 2, Silbenkarten (Download), Leseteppiche 1, 2 **Vertiefung:** Software ABC der Tiere, Wortkarten **Sprechrhythmisches Training der Kontrastpaare:** *Folie 53, CD B Nr. 3, 7* **Lied:** „Ich bin ein kleiner Esel“, *CD A Nr. 7, 8*				
Vorlesen	**Tiergeschichten mit Mia und Mio,** Geschichte zum **Ankerbild:** Affe (a): Band 1, Elefant (e): Band 1, Igel (i): Band 1, Orang-Utan (o): Band 7, Uhu (u): Band 4				
Differenzierung	Arbeitsblätter zur individuellen Förderung (1405-77)				

Didaktisch-methodische Überlegungen

Die Vokale erscheinen als Großbuchstaben in der ersten Sprechsilbe von Tiernamen.

Einstieg

Silbenfibelbild: Die Kinder erzählen, was sie auf der Doppelseite entdecken. Welche Personen sind da? Was macht Mia? Was macht Mio?
Die Lehrerin/der Lehrer informiert über den Elefanten als Arbeitstier in Asien. Daran anknüpfend werden Tiernamen mit einem Vokal als Anlaut gesammelt. Dazu wird das Spiel „Tiere raten – Starter suchen“ gespielt: Die Kinder sitzen im Sitzkreis, die Karten mit den Vokalen (Download-Angebote S. 6) liegen in der Mitte.
Die Lehrerin/der Lehrer: „Ich kenne ein Tier, das du auch kennst. Es ist grau und hat einen Rüssel.“
Die Kinder antworten: „Es ist der Elefant.“ Die Kinder suchen die E-Karte heraus.
Die Lehrerin/der Lehrer: „Ich kenne ein Tier, das du auch kennst. Es ist klein und hat spitze Stacheln.“
Die Kinder antworten: „Es ist der Igel.“ Die Kinder suchen die I-Karte heraus.
Die Lehrerin/der Lehrer: „Ich kenne ein Tier, das du auch kennst. Es ist sehr klein. Sehr viele wohnen in einem Haufen.“
Die Kinder antworten: „Es ist die Ameise.“ Die Kinder suchen die A-Karte heraus.
Die Lehrerin/der Lehrer: „Ich kenne ein Tier, das du auch kennst. Es klettert auf Bäume und hat ein langhaariges, rötliches Fell.“
Die Kinder antworten: „Es ist der Orang-Utan.“ Die Kinder suchen die O-Karte heraus.
Die Lehrerin/der Lehrer: „Ich kenne ein Tier, das du auch kennst. Es hat Federn, spitze Ohren und scharfe Krallen.“
Die Kinder antworten: „Es ist der Uhu.“ Die Kinder nehmen die U-Karte.

Hinweise zu den Leitmaterialien

S. 18/19 **Silbenfibel**

Die Ganzwörter „und“ und „sind“ werden eingeführt.
Einzelne Kinder lesen die Wort-Bild-Sätze.
Übungsformate: Silbenklatschen

SL A S. 27–29 **Schreiblehrgang**

S. 27–29: Große Einspurübungen mit dem Zeigefinger ausführen. Einspurphasen durch Mitsprechen steuern: **A** = rauf – runter – Sprung – rüber, **E** = runter – rüber – Sprung – rüber – Sprung – rüber, **I** = runter, **O** = links herum, **U** = Schwung
Schreibbewegung und Sprechen beginnen gleichzeitig.

AH A S. 24 – 27 **Arbeitsheft**

S. 24: Lesen und mit dem Zeigefinger synchron mitschwingen, Leseteppich erstellen, über Lernen sprechen

···› Folie 9 S. 25: Anlaute schreiben, Schreibtabelle: Ufo

···› Folie 9 S. 26: Wort-Bild-Sätze, Leseverständnis: richtig – falsch, Namen schreiben

S. 27: „ist“ oder „sind“ in die Wort-Bild-Sätze einsetzen, Schreibtabelle: Igel

Weitere Übungen

Automatisierung des Silbenlesens

···› Silbenschieber Silbenschieber (vgl. S. 135)

···› Silbenkärtchen Silbenkärtchen 1, 2

···› Silbenkarten Starter: M, m, L, l

···› Leseteppiche Leseteppiche 1, 2 (KV 6/7, S. 295/296)

···› Software

Leseroutine (vgl. S. 134: Chorisches Lesen)

Vertiefung

···› Wortkarten Karten 1 bis 23 (vgl. S. 139)
Zur Übung und Wiederholung der eingeführten Ankerbilder, Gebärden, Wörter und Strategien.

···› Software

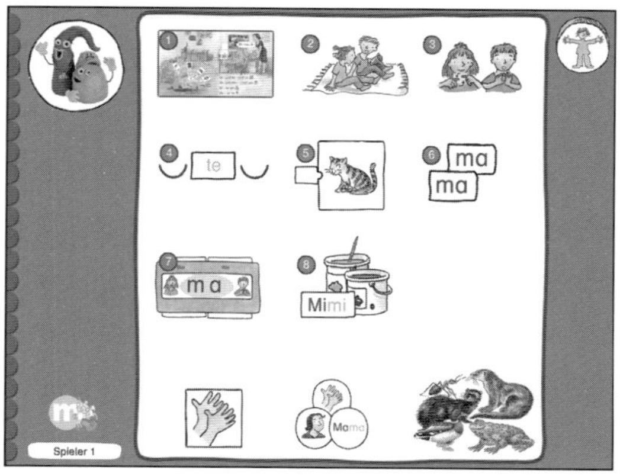

Übungen zur Auswahl

- Fibeltext zum Mitlesen
- Der fliegende Silbenteppich
- Gebärdenschule
- Silbenbogen
- Silbenpuzzle
- Silben-Memo
- Silbenschieber
- Wörter schreiben
- Der Rhythmus macht's!
- Dreier-Memo-Spiel
- Ankerbilder

Sprechrhythmisches Training der Kontrastpaare

Folie 53 Durchführung vgl. S. 136, CD B Nr. 3, 7
Musik-CD Rabe – Robbe
Rose – Rosse
Jäger – Jacke
beten – Betten
Käse – Kasse

Musik-CD **Lied** – CD A Nr. 7, 8 – KV 84, S. 374
„Ich bin ein kleiner Esel“: Das Lied trainiert mit den Tanzschritten die Koordination.

Seite 20/21

8. Woche

Inhalte

- Zum Bild erzählen
- Silbenschule lesen / Sprechblasen, Wort-Bild-Sätze, Texte in Illu lesen
  Silbenlauf
  Gebärde: ta, a
  Visuelle Unterscheidung der Starter / Konsonanten L, M und T
- Silbenkelle: Klinger / Selbstlaute analysieren
  Silben fliegen hoch: „ti“
  Silbenschieber: Starter / Konsonant T t; Klinger / Vokale a e i o u
- Schreiben: T t
  Schreibtabelle: Tipi

Die Kompetenzen in den Leitmaterialien: www.abc-der-tiere.de/1405-kompetenzen

Wochenplan

Leitmaterialien	Montag	Dienstag	Mittwoch	Donnerstag	Freitag
Silbenfibel *Niveau 1, 2, 3*	Zum Bild erzählen Lesen: Tila, Toto Silben fliegen hoch: ti	Lesen: Silbenschule Gebärde: t Silbenlauf	Lesen: Silbenschule Ganzwort: malt Wort-Bild-Sätze	Lesen: Silbenschule Wort-Bild-Sätze Silbenkelle	Lesen: Wort-Bild-Sätze Gebärden: Tila
Schreiblehrgang A *Niveau 1, 3*		S. 30	S. 31	S. 32	
Arbeitsheft A *Niveau 1, 2, 3*		S. 28 *Folie 10*	S. 29 *Folie 10*	S. 30	S. 31
Weitere Übungen	**Automatisierung des Silbenlesens:** Silbenschieber, Silbenkärtchen 1, 2, Silbenkarten (Download): Starter T, t, Leseteppiche 1, 2 **Vertiefung:** Software ABC der Tiere, Wortkarten **Sprechrhythmisches Training der Kontrastpaare:** *Folie 54, CD B Nr. 4, 7* **Lied:** „Elefantenlied“, *CD A Nr. 9, 10*				
Vorlesen	**Tiergeschichten mit Mia und Mio,** Geschichte zum **Ankerbild:** Tiger (t): Band 1				
Differenzierung	Arbeitsblätter zur individuellen Förderung (1405-77)				

Didaktisch-methodische Überlegungen

Die Einheit führt den Starter **T t** ein. Die Fähigkeit, ein kräftiges „tu" auszusprechen, ist bei einem Teil der Kinder – bedingt durch ihre flache Atmung (Vitalkapazität) – nicht voll entwickelt. Der Seehund an der Hupenorgel soll zu einem kräftigen Luftstoß (Zwerchfell) beim Sprechen anregen. Wir führen den Handrücken zum Mund, um den Luftstoß zu spüren. Diese Bewegung wird gleichzeitig zur verankernden Lautgebärde. Dabei repräsentiert der waagrecht gehaltene Unterarm das Oberzeichen von t. Damit wird die Unterscheidung von **l** und **t** deutlich.

Einstieg

Das Silbenfibelbild ist Grundlage für freies Erzählen. Die Lehrerin/der Lehrer informiert über Tiger in Indien. Der Tiger heißt Tila, der Seehund Toto.
Die Kinder ordnen die Bildkarte Seehund der Wortkarte Toto (Download-Angebote S. 6) zu, damit sich der Name des Seehundes, der kräftig trompetet, einprägt.
Die Lehrerin/der Lehrer führt die Lautgebärde für **t** ein: starker Luftstoß gegen den Handrücken.
Die Kinder sollen kräftig wie der Seehund Toto artikulieren.
Dazu Übungen mit den Silbenkärtchen ta, te, ti, to, tu im Klassenverband oder in Partnerarbeit.

Hinweise zu den Leitmaterialien

S. 20/21 **Silbenfibel**

Die Leseangebote dieser Doppelseite differenzieren auf drei Niveaus.
Einzelne Kinder lesen die Silbenschule mit synchronem Zeigefinger.
Alle Kinder lesen chorisch die Silbenschule mit Anzählen jeder Zeile.
Die Lehrerin/der Lehrer führt das chorische Lesen mit einem akustischen Impuls pro Silbe (klatschen, klopfen mit Finger oder Stift). Von anfänglich langsamen und flexiblen Impulsen steigert und reguliert sich das Lesetempo bis zur normalen Sprechgeschwindigkeit.
Die Kinder legen als Fortführung der Silbenschule Silbenkärtchen nach Diktat.
Das Ganzwort „malt" wird eingeführt. Die Lehrerin/der Lehrer spricht: „Wir malen, Lili malt." Die Lehrerin/der Lehrer oder ein Kind liest das Ganzwort vor.
Die Kinder suchen das Wort im Text.

Jetzt lesen Kinder einzeln je einen Satz vor.

Zur weiteren Differenzierung lesen fortgeschrittene Kinder die Hinweisschilder in der Illustration.
Übungsformate: Silbenlauf, Gebärdenlesen, Silbenkelle, Silben fliegen hoch

SL A S. 30 – 32 — **Schreiblehrgang**

S. 30: Große Einspurübungen mit dem Zeigefinger ausführen
Einspurphasen durch Mitsprechen steuern: **T, t** = runter – Sprung – rüber
Schreibbewegung und Sprechen beginnen gleichzeitig.
S. 31: Schreibroutine
S. 32: Nomen und Sätze

Ankerbild — Das Ankerbild von t (Tiger) wird gezeigt und aufgehängt. Das Ankerbild wird deutlich artikuliert und in Silben geklatscht – einzeln und im Klassenverband.

Tiergeschichten — Die Geschichte zum Ankerbild kann vorgelesen werden.
Tiger (t): Band 1

AH A S. 28 – 31 — **Arbeitsheft**

Folie 10 — S. 28: Gebärde, nach Gebärden schreiben, Silben visuell unterscheiden

Folie 10 — S. 29: Akustisch in die Silbenfolge einordnen und schreiben: Ta ta ..., Schreibtabelle: Tipi

Mini-Silbenschieber — S. 30: Leseroutine, Mini-Silbenschieber (mit Starter – 2) nach Diktat einstellen und schreiben, Namen frei schreiben

S. 31: Leseverständnis: richtig – falsch, nach Text ausmalen

Weitere Übungen

Automatisierung des Silbenlesens

Silbenschieber — Silbenschieber (vgl. S. 135): Starter M, m, L, l, T, t

Silbenkärtchen — Silbenkärtchen 1, 2: Starter M, m, L, l, T, t

Silbenkarten — Starter T, t (Download-Angebote S. 6)

Leseteppiche — Leseteppiche 1 und 2 (KV 6/7, S. 295/296)

Software

Leseroutine (vgl. S. 134: Chorisches Lesen)

Vertiefung

···› *Wortkarten*

Karten 24 bis 26 (vgl. S. 139)
Zur Übung und Wiederholung der eingeführten Ankerbilder, Gebärden, Wörter und Strategien.

···› *Software*

Übungen zur Auswahl

- Fibeltext zum Mitlesen
- Der fliegende Silbenteppich
- Gebärdenschule
- Silbenbogen
- Silbenpuzzle
- Silben-Memo
- Silbenschieber
- Wortautomat
- Wörter schreiben
- Der Rhythmus macht's!
- Dreier-Memo-Spiel
- Ankerbilder

Sprechrhythmisches Training der Kontrastpaare

···› *Folie 54*
···› *Musik-CD*

Durchführung vgl. S. 136, CD B Nr. 4, 7
Hüte – Hütte
Ofen – offen
Töne – Tonne
Schemel – Schimmel
Rasen – Rassel

···› *Musik-CD*

Lied – CD A Nr. 9, 10 – KV 85, S. 375
Das „Elefantenlied" eignet sich zur Einstimmung oder zum Abschluss der Einheit.

Seite 22/23

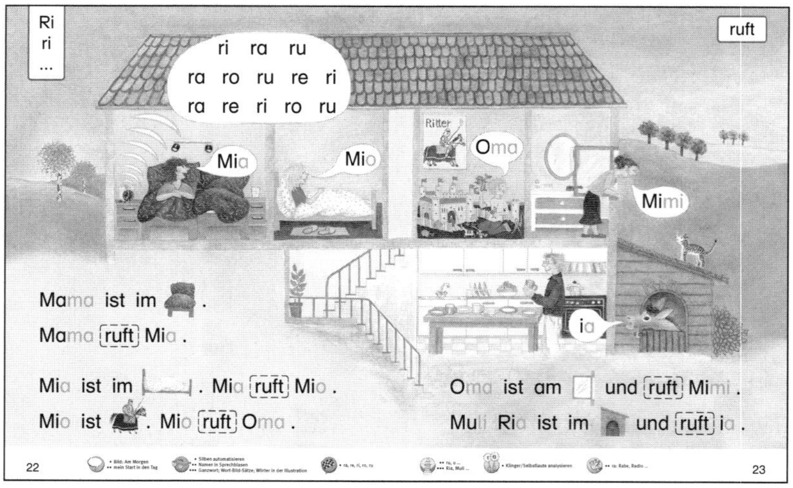

9. Woche

Inhalte

- Zum Bild erzählen
- Silbenschule lesen/Sprechblasen, Wort-Bild-Sätze, Texte in Illu lesen
  Silbenlauf
  Gebärde: ru, ru
- Silbenkelle: Klinger/Selbstlaute analysieren
  Silben fliegen hoch: „ra“
  Akustische Unterscheidung der Starter/Konsonanten R, T und L
- Schreiben: R r
  Schreibtabelle: Raketen, Radio

Die Kompetenzen in den Leitmaterialien: www.abc-der-tiere.de/1405-kompetenzen

Lernstandserhebung 2

Als Hausaufgabe wird das Silbenbüchlein 2 ausgeteilt (Kapitel V.).
Am Ende der Woche wird die Lernstandserhebung 2 geschrieben (Kapitel VI.).

Wochenplan

Leitmaterialien	Montag	Dienstag	Mittwoch	Donnerstag	Freitag
Silbenfibel *Niveau 1, 2, 3*	Zum Bild erzählen Lesen: Sprechblasen Silben fliegen hoch: ra	Lesen: Silbenschule Gebärde: r Silbenlauf	Lesen: Silbenschule Ganzwort: ruft Wort-Bild-Sätze	Wort-Bild-Sätze Silbenkelle	Wort-Bild-Sätze Gebärden: Muli, Ria
Schreiblehrgang A *Niveau 1, 3*	S. 33		S. 34	S. 35	
Arbeitsheft A *Niveau 1, 2, 3*		S. 32 *Folie 11*	S. 33 *Folie 11*	S. 34	S. 35 *Folie 12*
Weitere Übungen	**Automatisierung des Silbenlesens:** Silbenschieber, Silbenkärtchen 1, 2, Silbenkarten (Download): Starter R, r, Leseteppiche 1, 2 **Vertiefung:** Software ABC der Tiere, Wortkarten **Sprechrhythmisches Training der Kontrastpaare:** *Folie 53, CD B Nr. 3, 7* **Lied:** „Rirarutsch“, *CD A Nr. 11, 12*				
Vorlesen	**Tiergeschichten mit Mia und Mio,** Geschichte zum **Ankerbild:** Reh (r): Band 4				
Differenzierung	Arbeitsblätter zur individuellen Förderung (1405-77)				

Didaktisch-methodische Überlegungen

Die Artikulation des **r** ist für viele Kinder ein Problem. Beim Starter **R r** ist deshalb beim Silbensprechen auf die deutliche Artikulation zu achten. Die gleichzeitige Darbietung der Gebärde unterstützt das phonetische Ausgliedern der Silben mit r-Starter.

Einstieg

Für den Einstieg wird ein Wecker benötigt. An der Tafel ist das Bild eines Weckers (Download-Angebot S. 6).
Das Silbenfibelbild ist Anlass für freies Erzählen.
Mitten im Gespräch rasselt der Wecker auf dem Pult.
Die Kinder ahmen den Wecker lautmalerisch nach.
Die Lehrerin / der Lehrer provoziert durch Auf- und Abbewegungen der Arme einen gleitenden Wechsel (wie eine Sirene) von hoher in tiefe Stimmlage.
Die Kinder übernehmen die Armbewegungen und lassen das klingende Rrrr ... auf- und abgleiten.
Die Lehrerin / der Lehrer schreibt Rrrr-Ketten ausgehend vom Wecker an die Tafel:

Die Kinder halten Vokale aus ihrem Indianer-Leporello an das Ende der lautmalerischen R-Kette und lesen Rrrra, Rrrre, Rrrri, Rrrro, Rrrru.
Dazu werden Übungen mit den Silbenkärtchen ra, re, ri, ro, ru im Klassenverband oder in Partnerarbeit durchgeführt.

Hinweise zu den Leitmaterialien

S. 22 / 23 **Silbenfibel**

Die Leseangebote dieser Doppelseite differenzieren auf drei Niveaus. Zunächst sollen alle Kinder die Silbenreihen flüssig – ohne in lautierendes Lesen zu fallen – beherrschen.
Das Ganzwort „ruft“ wird eingeführt. Die Lehrerin / der Lehrer spricht: „Wir rufen. Mama ruft.“ Danach können die Sätze (Wort-Bild-Kombinationen) gelesen werden.
Einzelne Kinder lesen die Silbenschule mit synchronem Zeigefinger.
Alle Kinder lesen chorisch die Silbenschule mit Anzählen jeder Zeile.
Die Lehrerin / der Lehrer führt das chorische Lesen mit einem akustischen Impuls pro Silbe (klatschen, klopfen mit Finger oder Stift). Von anfänglich langsamen und flexiblen Impulsen steigert und reguliert sich das Lesetempo bis zur normalen Sprechgeschwindigkeit.
Die Kinder legen Silbenkärtchen nach Diktat.
Übungsformate: Silbenlauf, Gebärdenlesen, Silbenkelle, Silben fliegen hoch

SL A S. 33 – 35 **Schreiblehrgang**

S. 33: Große Einspurübungen mit dem Zeigefinger ausführen
Einspurphasen durch Mitsprechen steuern: **R** = runter – Sprung – rechts herum – runter, **r** = runter – rauf
Schreibbewegung und Sprechen beginnen gleichzeitig

S. 34: Schreibroutine, Schreibtabelle: Raketen

S. 35: Wörter mit R r, Sätze

···› ***Ankerbild*** Das Ankerbild von r (Reh) wird gezeigt und aufgehängt. Das Ankerbild wird deutlich artikuliert und in Silben geklatscht – einzeln und im Klassenverband.

···› ***Tiergeschichten*** Die Geschichte zum Ankerbild kann vorgelesen werden.
Reh (r): Band 4

AH A S. 32 – 35 **Arbeitsheft**

···› ***Folie 11*** S. 32: Gebärde, nach Gebärden schreiben, Silben akustisch bestimmen
···› ***Folie 11*** S. 33: Erste Silbe akustisch bestimmen und schreiben, Schreibtabelle: Radio
S. 34: Leseroutine, Silbenlauf, Namen frei schreiben
···› ***Folie 12*** S. 35: Leseverständnis, Text ergänzen

Weitere Übungen

Automatisierung des Silbenlesens

···› ***Silbenschieber*** Silbenschieber (vgl. S. 135): Starter M, m, L, l, T, t, R, r

···› ***Silbenkärtchen*** Silbenkärtchen 1, 2: Starter M, m, L, l, T, t, R, r

···› ***Silbenkarten*** Starter R, r (Download-Angebote S. 6)

···› ***Leseteppiche*** Leseteppiche 1 und 2 (KV 6/7, S. 295/296)

···› ***Software***

Leseroutine (vgl. S. 134: Chorisches Lesen)

Vertiefung

···› ***Wortkarten*** Karten 27 bis 30 (vgl. S. 139)
Zur Übung und Wiederholung der eingeführten Ankerbilder, Gebärden, Wörter und Strategien.

Software

Übungen zur Auswahl

- Fibeltext zum Mitlesen
- Der fliegende Silbenteppich
- Gebärdenschule
- Silbenbogen
- Silbenpuzzle
- Silben-Memo
- Silbenschieber
- Wortautomat
- Wörter schreiben
- Der Rhythmus macht's!
- Dreier-Memo-Spiel
- Ankerbilder

Sprechrhythmisches Training der Kontrastpaare

Folie 53
Musik-CD

Durchführung vgl. S. 136, CD B Nr. 3, 7
Rabe – Robbe
Rose – Rosse
Jäger – Jacke
beten – Betten
Käse – Kasse

Musik-CD

Lied – CD A Nr. 11, 12 – KV 86, S. 376
„Rirarutsch, wir fahren in der Kutsch": Das Lied trainiert die Artikulation des Starters r. Die Kinder gehen zum Lied im Takt und führen passende Bewegungen aus.

Seite 24/25

10. Woche

Inhalte

- Zum Bild erzählen
- Silbenschule lesen/Sprechblasen, Wort-Bild-Sätze lesen
  Silbenlauf
  Gebärde: su, u
- Silbenkelle: Klinger/Selbstlaute analyiseren
  Silben fliegen hoch: „sa“
  Akustische Unterscheidung der Starter/Konsonanten S, R, T
  Silbenschieber: Starter/Konsonant R r; Klinger/Vokale a e i o u
- Schreiben: S s
  Schreibtabelle: Hase, Nase, Sofa

Die Kompetenzen in den Leitmaterialien: www.abc-der-tiere.de/1405-kompetenzen

Wochenplan

Leitmaterialien	Montag	Dienstag	Mittwoch	Donnerstag	Freitag
Silbenfibel *Niveau 1, 2, 3*	Zum Bild erzählen Lesen: Mia, Lisa Silben fliegen hoch: sa	Lesen: Silbenschule Gebärde: s Silbenlauf	Lesen: Silbenschule Ganzwörter: mag, mit Wort-Bild-Sätze	Wort-Bild-Sätze	Wort-Bild-Sätze Gebärden: Salami
Schreiblehrgang A *Niveau 1, 3*	S. 36		S. 37	S. 38	
Arbeitsheft A *Niveau 1, 2, 3*		S. 36 *Folie 13*	S. 37 *Folie 13*	S. 38	S. 39
Weitere Übungen	**Automatisierung des Silbenlesens:** Silbenschieber, Silbenkärtchen 1, 2, 3, Silbenkarten (Download): Starter S, s, Leseteppiche 1, 2 **Vertiefung:** Software ABC der Tiere, Wortkarten **Sprechrhythmisches Training der Kontrastpaare:** *Folie 53, CD B Nr. 3, 7* **Lied:** „Das Bienchen“, *CD A Nr. 13, 14*				
Vorlesen	Die Bienenkönigin: S. 184 **Tiergeschichten mit Mia und Mio,** Geschichte zum **Ankerbild:** Seepferdchen (s): Band 5				
Differenzierung	Arbeitsblätter zur individuellen Förderung (1405-77)				

Didaktisch-methodische Überlegungen

Die Artikulation von **s** stellt für viele Kinder ein Problem dar. Beim Starter **S s** ist deshalb beim Silbensprechen auf die klare Artikulation zu achten. Die gleichzeitige Darbietung der Gebärde unterstützt das phonetische Ausgliedern der Silben mit s-Starter.

Einstieg

Musik-CD

Spiel zum Lied „Das Bienchen“, Musik-CD A Nr. 13, 14:
Auf dem Boden liegen 5 Blütenkarten mit den Vokalen (Download-Angebote S. 7). Die Kinder bilden einen Kreis um die Blütenkarten. Die Lehrerin/der Lehrer summt die erste Zeile der Melodie. Die Kinder sollen das Lied erraten.
Die Kinder singen die erste Zeile.
Die Kinder „summsen“ durch das Klassenzimmer, während die Lehrerin/der Lehrer das Lied vorsingt oder auf einem Instrument vorspielt.
Zum Ende des Liedes kehren alle Kinder in den Kreis zurück.
5 Kinder treten in den Kreis und „summsen“ um die Blüten, während die anderen die erste Zeile des Liedes wiederholen.
Am Zeilenende landet jedes Kind auf einer Blüte. Es spricht eine Silbe mit dem Starter **S** und schließt sein Ssss mit dem Vokal auf der Blüte ab: Ssssa, Sssse usw.

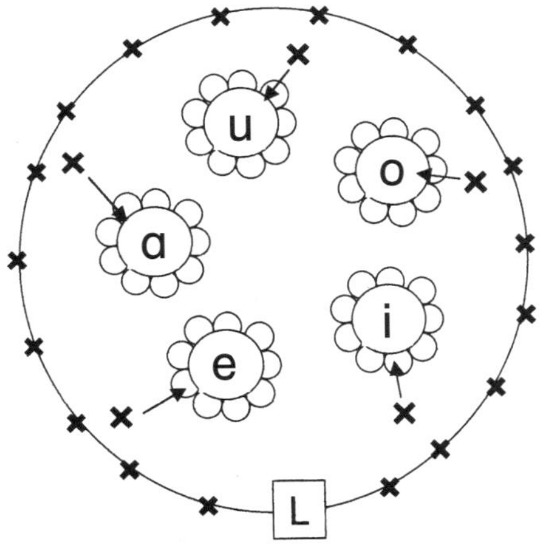

Die Lehrerin/der Lehrer schreibt die so entstandenen Silben an die Tafel: sa, se, si, so, su. Die Runde wird so lange wiederholt, bis alle Kinder einmal dran waren.
Alle Kinder lesen chorisch die Silben an der Tafel, die Lehrerin/der Lehrer führt durch synchrone Silbenschwünge.
Dazu Übungen mit den Silbenkärtchen sa, se, si, so, su im Klassenverband oder in Partnerarbeit.
Das Silbenfibelbild ist wieder Grundlage für freies Erzählen. Die Lehrerin/der Lehrer informiert über Tätigkeiten des Imkers und die Biene als Honigproduzentin.
Zuletzt singen alle gemeinsam die erste Liedzeile und deuten synchron auf die entsprechende Biene im linken Silbenfibelbild. Es sind acht Bienen und die erste Zeile hat 8 Silben.

Hinweise zu den Leitmaterialien

S. 24/25	**Silbenfibel**
	Zunächst lesen alle Kinder die Silbenschule flüssig – ohne in lautierendes Lesen zu fallen. Die Lehrerin/der Lehrer liest das Märchen „Die Bienenkönigin“ (Brüder Grimm) vor. Einzelne Kinder lesen die Silbenschule mit synchronem Zeigefinger. Alle Kinder lesen chorisch die Zeilen 1 bis 3 mit Anzählen jeder Zeile. Übungsformate: Silbenlauf, Gebärdenlesen, Silbenkelle, Silben fliegen hoch
SL A S. 36–38	**Schreiblehrgang**
	S.36: Große Einspurübungen mit dem Zeigefinger ausführen Einspurphasen durch Mitsprechen steuern: **S s** = links herum – rechts herum Schreibbewegung und Sprechen beginnen gleichzeitig, Schreibroutine S. 37: Schreibroutine, Schreibtabelle: Nase S. 38: Nomen, Sätze
···> *Ankerbild*	Das Ankerbild von s (Seepferdchen) wird gezeigt und aufgehängt. Das Ankerbild wird deutlich artikuliert und in Silben geklatscht – einzeln und im Klassenverband.
···> *Tiergeschichten*	Die Geschichte zum Ankerbild kann vorgelesen werden. Seepferdchen (s): Band 5
AH A S. 36–39	**Arbeitsheft**
···> *Folie 13* ···> *Folie 13* ···> *Mini-Silbenschieber*	S. 36: Gebärde, nach Gebärden schreiben, Silben akustisch bestimmen S. 37: Akustisch in die Silbenfolge einordnen und schreiben, Schreibtabelle: Hase S. 38: Leseroutine, Mini-Silbenschieber nach Diktat einstellen und schreiben, Namen frei schreiben S. 39: Leseverständnis, Text ergänzen, Schreibtabelle: Sofa

Weitere Übungen

Automatisierung des Silbenlesens

···> *Silbenschieber*	Silbenschieber (vgl. S. 135): Starter M, m, L, l, T, t, R, r, S, s
···> *Silbenkärtchen*	Silbenkärtchen 1, 2, 3: Starter M, m, L, l, T, t, R, r, S, s
···> *Silbenkarten*	Starter S, s (Download-Angebote S. 7)
···> *Leseteppiche*	Leseteppiche 1 und 2 (KV 6/7, S. 295/296)

Software

Leseroutine (vgl. S. 134: Chorisches Lesen)

Vertiefung

Wortkarten

Karten 31 bis 35 (vgl. S. 139)
Zur Übung und Wiederholung der eingeführten Ankerbilder, Gebärden, Wörter und Strategien.

Software

Übungen zur Auswahl

- Fibeltext zum Mitlesen
- Der fliegende Silbenteppich
- Gebärdenschule
- Silbenbogen
- Silbenpuzzle
- Silben-Memo
- Silbenraster
- Silbenschieber
- Wortautomat
- Wörter schreiben
- Der Rhythmus macht's!
- Dreier-Memo-Spiel
- Ankerbilder

Sprechrhythmisches Training der Kontrastpaare

Folie 53
Musik-CD

Durchführung vgl. S. 136, CD B Nr. 3, 7
Rabe – Robbe
Rose – Rosse
Jäger – Jacke
beten – Betten
Käse – Kasse

Musik-CD

Lied – CD A Nr. 13, 14 – KV 87, S. 377
„Das Bienchen". Das Lied trainiert die Artikulation des Starters s.

Zwei Königssöhne gingen einmal auf Abenteuer und gerieten in ein wildes, wüstes Leben, so dass sie gar nicht wieder nach Hause kamen. Der jüngste, welcher der Dummling hieß, machte sich auf und suchte seine Brüder: Aber wie er sie endlich fand, verspotteten sie ihn, dass er mit seiner Einfalt sich durch die Welt schlagen wollte, und sie zwei könnten nicht durchkommen und wären doch viel klüger. Sie zogen alle drei miteinander fort und kamen an einen Ameisenhaufen. Die zwei ältesten wollten ihn aufwühlen und sehen, wie die kleinen Ameisen in der Angst herumkröchen und ihre Eier forttrügen, aber der Dummling sagte: »Lasst die Tiere in Frieden, ich leids nicht, dass ihr sie stört.« Da gingen sie weiter und kamen an einen See, auf dem schwammen viele, viele Enten. Die zwei Brüder wollten ein paar fangen und braten, aber der Dummling ließ es nicht zu und sprach: »Lasst die Tiere in Frieden, ich leids nicht, dass ihr sie tötet.« Endlich kamen sie an ein Bienennest, darin war so viel Honig, dass er am Stamm herunterlief. Die zwei wollten Feuer unter den Baum legen und die Bienen ersticken, damit sie den Honig wegnehmen könnten. Der Dummling hielt sie aber wieder ab und sprach: »Lasst die Tiere in Frieden, ich leids nicht, dass ihr sie verbrennt.« Endlich kamen die drei Brüder in ein Schloss, wo in den Ställen lauter steinerne Pferde standen, auch war kein Mensch zu sehen, und sie gingen durch alle Säle, bis sie vor eine Tür ganz am Ende kamen, davor hingen drei Schlösser; es war aber mitten in der Türe ein Lädlein, dadurch konnte man in die Stube sehen. Da sahen sie ein graues Männchen, das an einem Tisch saß. Sie riefen es an, einmal, zweimal, aber es hörte nicht: Endlich riefen sie zum dritten Mal, da stand es auf, öffnete die Schlösser und kam heraus. Es sprach aber kein Wort, sondern führte sie zu einem reich besetzten Tisch; und als sie gegessen und getrunken hatten, brachte es einen jeglichen in sein eigenes Schlafgemach. Am andern Morgen kam das graue Männchen zu dem ältesten, winkte und leitete ihn zu einer steinernen Tafel, darauf standen drei Aufgaben geschrieben, wodurch das Schloss erlöst werden könnte.

Die erste war, in dem Wald unter dem Moos lagen die Perlen der Königstochter, tausend an der Zahl, die mussten aufgesucht werden, und wenn vor Sonnenuntergang noch eine einzige fehlte, so ward der, welcher gesucht hatte, zu Stein. Der älteste ging hin und suchte den ganzen Tag, als aber der Tag zu Ende war, hatte er erst hundert gefunden; es geschah, wie auf der Tafel stand, er ward in Stein verwandelt. Am folgenden Tag unternahm der zweite Bruder das Abenteuer; es ging ihm aber nicht viel besser als dem ältesten, er fand nicht mehr als zweihundert Perlen und ward zu Stein.

Endlich kam auch an den Dummling die Reihe, der suchte im Moos, es war aber so schwer, die Perlen zu finden, und ging so langsam. Da setzte er sich auf einen Stein und weinte. Und wie er so saß, kam der Ameisenkönig, dem er einmal das Leben erhalten hatte, mit fünftausend Ameisen, und es währte gar nicht lange, so hatten die kleinen Tiere die Perlen miteinander gefunden und auf einen Haufen getragen. Die zweite Aufgabe aber war, den Schlüssel zu der Schlafkammer der Königstochter aus dem See zu holen. Wie der Dummling zum See kam, schwammen die Enten, die er einmal gerettet hatte, heran, tauchten unter und holten den Schlüssel aus der Tiefe. Die dritte Aufgabe aber war die schwerste, aus den drei schlafenden Töchtern des Königs sollte die jüngste und die liebste herausgesucht werden. Sie glichen sich aber vollkommen, und waren durch nichts verschieden, als dass sie, bevor sie eingeschlafen waren, verschiedene Süßigkeiten gegessen hatten, die älteste ein Stück Zucker, die zweite ein wenig Sirup, die jüngste einen Löffel voll Honig. Da kam die Bienenkönigin von den Bienen, die der Dummling vor dem Feuer geschützt hatte, und versuchte den Mund von allen dreien, zuletzt blieb sie auf dem Mund sitzen, der Honig gegessen hatte, und so erkannte der Königssohn die rechte. Da war der Zauber vorbei, alles war aus dem Schlaf erlöst, und wer von Stein war, erhielt seine menschliche Gestalt wieder. Und der Dummling vermählte sich mit der jüngsten und liebsten und ward König nach ihres Vaters Tod; seine zwei Brüder aber erhielten die beiden andern Schwestern.

(Brüder Grimm)

Seite 26/27

11. Woche

Inhalte

- Zum Bild erzählen
- Silbenschule lesen/Sprechblasen, Wort-Bild-Sätze lesen
  Silbenlauf
  Gebärde: wi, i
  Visuelle Unterscheidung der Starter/Konsonanten w, s, r, l, t
- Silbenkelle: Klinger/Selbstlaut analysieren
  Fragezeichen, Großschreibung Satzanfang
- Schreiben: W w
  Schreibtabelle: Wagen, Wolke

Die Kompetenzen in den Leitmaterialien: www.abc-der-tiere.de/1405-kompetenzen

Wochenplan

Leitmaterialien	Montag	Dienstag	Mittwoch	Donnerstag	Freitag
Silbenfibel *Niveau 1, 2, 3*	Zum Bild erzählen Lesen: Wito, los, wau Silbenkelle	Lesen: Silbenschule Gebärde: w Silbenlauf	Lesen: Silbenschule Wort-Bild-Sätze Fragezeichen	Lesen: Wort-Bild-Sätze	Lesen: Wort-Bild-Sätze Gebärden: Uwe, Wito
Schreiblehrgang A *Niveau 1, 2, 3*	S. 39		S. 40	S. 41	
Arbeitsheft A *Niveau 1, 2, 3*		S. 40 *Folie 14*	S. 41 *Folie 14*	S. 42	S. 43 *Folie 15*
Weitere Übungen	**Automatisierung des Silbenlesens:** Silbenschieber, Silbenkärtchen 1, 2, 3, Silbenkarten (Download): Starter W, w, Leseteppiche 1, 2 **Vertiefung:** Software ABC der Tiere, Wortkarten **Sprechrhythmisches Training der Kontrastpaare:** *Folie 53, CD B Nr. 3, 7*				
Vorlesen	**Tiergeschichten mit Mia und Mio,** Geschichte zum **Ankerbild**: Wal (w): Band 1; **Lesezirkus** S. 26 – 29, Peter und der Wolf				
Differenzierung	Arbeitsblätter zur individuellen Förderung (1405-77) *Lesezirkus** S. 26 – 29, Peter und der Wolf, Aufgaben S. 71/ Arbeitsblätter Lesezirkus KV 15 – 17				

Didaktisch-methodische Überlegungen

Beim Starter **W w** ist es für den Lernprozess förderlich, den Starter deutlich zu artikulieren und mit der Gebärde zu unterstützen.
Die lautmalerische Silbe **wau** führt vom Silbenfibelbild zum Starter **W w**; au wird nicht weiter thematisiert. Auf die Wörter „was", „los" und „tut" (Starter – Klinger – Stopper) wird hingewiesen. Diese Wörter mit einem konsonantischen Endrand werden mit gespanntem (langem) Vokal gelesen. Das ist für Kinder zunächst einfacher als mit ungespannten Vokalen. Das wird in der nächsten Woche eingeführt.

Einstieg

Silbenfibelbild: Hund als Helfer des Menschen
Die Lehrerin/der Lehrer fragt: „Wie macht der Hund?" Die Kinder antworten: „wau, wau, wau." Alternativ kann zum Einstieg auch das Lied: „Onkel Jörg hat einen Bauernhof" mit der Ergänzung „... Und da läuft ein großer Hund herum ... Der macht wau, wau, wau ..." gesungen werden.
Die Lehrerin/der Lehrer zeigt den Tafelanschrieb wau wau wau.
Die Kinder lesen spontan.
Die Lehrerin/der Lehrer wischt die Vokale aus; es bleiben w w w.
Die Lehrerin/der Lehrer erklärt die Artikulation von **w** (Mundstellung) und leitet daraus die Lautgebärde ab.
Die Lehrerin/der Lehrer schreibt hinter die Starter **w** Vokale: wa we wi wo wu.
Einzelne Kinder lesen, die Lehrerin/der Lehrer begleitet mit Silbenschwüngen.
Alle lesen chorisch.
Die Lehrerin/der Lehrer erklärt mit dem Ankerbild den Groß- und Kleinbuchstaben.
Dazu Übungen mit den Silbenkärtchen wa, we, wi, wo, wu im Klassenverband oder in Partnerarbeit.

Hinweise zu den Leitmaterialien

S. 26/27 **Silbenfibel**

Zunächst lesen alle Kinder die Silbenschule flüssig – ohne in lautierendes Lesen zu fallen. Danach lesen Kinder einzeln Sätze vor.
Einzelne Kinder lesen die Silbenschule (Zeilen 1 bis 4) mit synchronem Zeigefinger.
Alle Kinder lesen chorisch die Zeilen 1 bis 4 mit Anzählen jeder Zeile.
Die Lehrerin/der Lehrer führt das chorische Lesen mit einem akustischen Impuls pro Silbe (klatschen, klopfen mit Finger oder Stift). Von anfänglich langsamen und flexiblen Impulsen steigert und reguliert sich das Lesetempo bis zur normalen Sprechgeschwindigkeit.
Einzelne Kinder lesen die Sätze. Die Lehrerin/der Lehrer erklärt das Fragezeichen und stellt die Frage: „Ist die letzte Zeile auch eine Frage?" Die Lehrerin/der Lehrer gibt die Regel bekannt: Sätze haben am Schluss einen Punkt.
Übungsformate: Silben fliegen hoch, Silbenlauf, Schreibtabelle, Gebärdenlesen

SL A S. 39 – 41 **Schreiblehrgang**

S. 39: Große Einspurübungen mit dem Zeigefinger ausführen.
Einspurphasen durch Mitsprechen steuern: **W w** = zick – zack – zick – zack
S. 40: Schreibroutine, Schreibtabelle: Wolke
S. 41: Nomen, Sätze, über Lernen sprechen

Ankerbild: Das Ankerbild von w (Wal) wird gezeigt und aufgehängt. Das Ankerbild wird deutlich artikuliert und in Silben geklatscht – einzeln und im Klassenverband.

Tiergeschichten: Die Geschichte zum Ankerbild kann vorgelesen werden.
Wal (w): Band 1

AH A S. 40 – 43 **Arbeitsheft**

Folie 14: S. 40: Gebärde, nach Gebärden schreiben, akustisch in die Silbenfolge einordnen und schreiben

Folie 14: S. 41: Endsilbe visuell unterscheiden, Namen frei schreiben, Schreibtabelle: Wagen

S. 42: Leseroutine, Silbenlauf, Namen frei schreiben

Folie 15: S. 43: Kreative Lese-Schreibübung

Weitere Übungen

Automatisierung des Silbenlesens

Silbenschieber: Silbenschieber (vgl. S. 135): offene Silben

Silbenkärtchen: Silbenkärtchen 1, 2, 3

Silbenkarten: Starter W, w (Download-Angebote S. 7)

Leseteppiche: Leseteppiche 1 und 2 (KV 6/7, S. 295/296)

Software:

Leseroutine (vgl. S. 134: Chorisches Lesen)

Vertiefung

Wortkarten: Karten 36 bis 38 (vgl. S. 139)
Zur Übung und Wiederholung der eingeführten Ankerbilder, Gebärden, Wörter und Strategien.

Software

Übungen zur Auswahl

- Fibeltext zum Mitlesen
- Der fliegende Silbenteppich
- Gebärdenschule
- Silbenbogen
- Silbenpuzzle
- Silben-Memo
- Silbenraster
- Silbenschieber
- Wortautomat
- Wörter schreiben
- Der Rhythmus macht's!
- Dreier-Memo-Spiel
- Ankerbilder

Sprechrhythmisches Training der Kontrastpaare

Folie 53
Musik-CD

Durchführung vgl. S. 136, CD B Nr. 3, 7
Rabe – Robbe
Rose – Rosse
Jäger – Jacke
beten – Betten
Käse – Kasse

Seite 28/29

12. Woche

Inhalte

- Zum Bild erzählen
- Silbenschule lesen/Sprechblasen, Wort-Bild-Sätze lesen
  Silbenlauf: Starter – Klinger – Stopper (KVK) „kurzer Vokal“
  Gebärde: de, del
  Visuelle Unterscheidung der Starter/Konsonanten d, r, s, w, l, m
- Silbenschieber: Starter – Klinger – Stopper
  Ausrufezeichen, Doppelpunkt
  Sprachvergleich: Englisch – Deutsch
- Schreiben: D d
  Schreibtabelle: Telefon, Delfin

Die Kompetenzen in den Leitmaterialien: www.abc-der-tiere.de/1405-kompetenzen

Wochenplan

Leitmaterialien	Montag	Dienstag	Mittwoch	Donnerstag	Freitag
Silbenfibel *Niveau 1, 2, 3*	Zum Bild erzählen Silbenlauf	Lesen: Silbenschule: kurzes „e“ Gebärde: d	Lesen: Wort-Bild-Sätze	Lesen: Wort-Bild-Sätze Gebärden: del	Lesen: Wort-Bild-Sätze
Schreiblehrgang A *Niveau 1, 2, 3*	S. 42		S. 43	S. 44	
Arbeitsheft A *Niveau 1, 2, 3*		S. 44 *Folie 16*	S. 45 *Folie 17*	S. 46	S. 47 *Folie 17*
Weitere Übungen	**Automatisierung des Silbenlesens der geschlossenen Silbe:** Silbenschieber, Silbenkärtchen 1, 2, 3, Silbenkarten (Download): Starter D, d, Leseteppiche 1, 2 **Vertiefung:** Software ABC der Tiere, Wortkarten **Sprechrhythmisches Training der Kontrastpaare:** *Folie 53, CD B Nr. 3, 7* **Lied:** „Heißa Kathreinerle“, *CD A Nr. 15, 16*				
Vorlesen	**Tiergeschichten mit Mia und Mio,** Geschichte zum **Ankerbild:** Delfin (d): Band 2, **Lesezirkus** S. 30 – 33: Hans mein Igel				
Differenzierung	*Lesezirkus** S. 30 – 33: Hans mein Igel, Aufgaben S. 72/ Arbeitsblätter Lesezirkus KV 18				

Didaktisch-methodische Überlegungen

Nachdem die Leserichtung automatisiert ist, richtet sich unser Augenmerk auf den Endrand der Silbe. Die betonte erste Silbe in Wörtern wie Sil-be, Run-de, Tan-te wird mit einem ungespannten Vokal mit festem Anschluss des Endrandes gesprochen. Aus unserer Sicht ist das der **„Knackpunkt"** in der Leseentwicklung der Kinder.
Wir bezeichnen den Endrand der betonten Silbe mit dem Begriff „Stopper", um die Leseanfänger auf die Koartikulation in der geschlossenen, betonten Silbe der zweisilbigen deutschen Wörter hinzuweisen.
Die Sprachregelung in der Klasse lautet: „Starter – Klinger – Stopper – kurz!"
„wol" wird **kurz** gesprochen wie in „**Wol**-ke" und nicht **lang** wie in „zum **Wohl**".
Die Starter-Klinger-Silben (ma, me, mi usw.) werden von Leseanfängern mit einem langen (gespannten) Vokal gelesen. Das kommt den Kindern entgegen und stellt keine besondere Schwierigkeit dar.
Die Fähigkeit, eine geschlossene Silbe mit einem ungespannten Vokal und einem festen Anschluss des Endrandes zu lesen, ist die wichtigste Voraussetzung für das sinnerfassende Lesen. Die überdehnten Kunstlautungen (Woolkee) sind vom „Sollwert" zu weit entfernt, sodass sie von den Kindern beim Hörvergleich mit bekannten Wörtern (Wolke) nicht erkannt und verstanden werden.

Silbenschieber

Eine effektive Übungsform bietet der Silbenschieber mit den drei Zungen:
Der Silbenbau **›Starter – Klinger – Stopper‹** kann anschaulich demonstriert und systematisch geübt werden: wa – was, we – wes, wi – wis usw.
Wir unterstützen den Stopper deutlich mit Lautgebärden.

Wichtig ist die akustische Analyse von **du** im Kontrast zu **tu**. Hier muss bei allen Kindern auf eine klare Artikulation geachtet werden.
Die Kinder erfahren den schwachen und starken Luftstrom, unterstützt durch die entsprechende Lautgebärde:
tu – starker Luftstrom gegen den Handrücken,
du – Zeigefinger der Schreibhand tippt leicht in die Innenfläche der anderen Hand.

Urkunde

Mit dem Abschluss der Silbenschule kann die Silbenschule-Urkunde (KV 25, S. 314) vergeben werden.

Einstieg

Die Kinder malen ihre Lieblingsszene. Die Lehrerin/der Lehrer spricht den Refrain von „Heißa, Kathreinerle" (S. 193) mit deutlich voneinander abgesetzten Silben vor: di del du del da del, schrumm, schrumm, schrumm ...
Anmerkung: Diese Silben ahmen den Klang des Dudelsacks und der Bassgeige nach. Die Kinder wiederholen diese lautmalerischen Silben.
Die Lehrerin/der Lehrer schreibt die Silben an die Tafel:
›di del du del da del‹
Die Unterscheidung von offenen und geschlossenen Silben wird so deutlich: randlose, offene Silbe mit langem Klinger (di), Silbe mit Endrand, also geschlossene Silbe, mit kurzem Klinger (del).
Einzelne Kinder lesen mit deutlichen Pausen zwischen den Silben. Die Lehrerin/der Lehrer begleitet mit synchronen Silbenschwüngen.

Hinweise zu den Leitmaterialien

S. 28/29 **Silbenfibel**

Zunächst lesen alle Kinder die Silbenschule S. 28 flüssig – ohne in lautierendes Lesen zu fallen. Einzelne Kinder lesen die Sätze. Mit den Beschriftungen in der Illustration kann ein Sprachvergleich Englisch – Deutsch durchgeführt werden. Übungsformate: Silbenlauf, Gebärdenlesen

SL A S. 42 – 44 **Schreiblehrgang**

S. 42: Große Einspurübungen mit dem Zeigefinger ausführen. Einspurphasen durch Mitsprechen steuern: **D** = runter – Sprung – rechts herum, **d** = links herum – auf – ab, Schreibroutine
S. 43: Schreibroutine, Schreibtabelle: Delfin
S. 44: Nomen, Artikel

→ Ankerbild Das Ankerbild von d (Delfin) wird gezeigt und aufgehängt. Das Ankerbild wird deutlich artikuliert und in Silben geklatscht – einzeln und im Klassenverband.

→ Tiergeschichten Die Geschichte zum Ankerbild kann vorgelesen werden.
Delfin (d): Band 2

AH A S. 44 – 47 **Arbeitsheft**

→ Folie 16 S. 44: Gebärde, nach Gebärden schreiben, Silbenlauf, akustisch in die Silbenfolge einordnen und schreiben
→ Folie 17 S. 45: Akustisch in die Silbenfolge einordnen und schreiben, Endsilbe visuell unterscheiden, Schreibtabelle: Telefon
→ Silbenschieber S. 46: Leseroutine, Silbenschieber (mit Schieber 1, 3, 5) Starter – Klinger – Stopper nach Diktat einstellen und schreiben
→ Folie 17 S. 47: Kreative Lese-Schreibübung, Ich – Du – Wir

Weitere Übungen

Automatisierung des Silbenlesens

→ Silbenschieber Silbenschieber (vgl. S. 135):
Beim Silbenschieber wird der dritte Schieber für den Stopper eingeführt.
Die Silbenschieber-Übungen werden nun mit allen drei Schiebern (Starter – Klinger – Stopper) durchgeführt.

→ Silbenkärtchen Silbenkärtchen 1, 2, 3

→ Silbenkarten Starter D, d (Download-Angebote S. 7)

→ Leseteppiche Leseteppiche 1 und 2 (KV 6/7, S. 295/296)

···› Software

Leseroutine (vgl. S. 134: Chorisches Lesen)

Vertiefung

···› Wortkarten

Karten 39 bis 42 (vgl. S. 139)
Zur Übung und Wiederholung der eingeführten Ankerbilder, Gebärden, Wörter und Strategien.

···› Software

Übungen zur Auswahl

- Fibeltext zum Mitlesen
- Der fliegende Silbenteppich
- Gebärdenschule
- Silbenbogen
- Silbenpuzzle
- Silben-Memo
- Silbenraster
- Silbenschieber
- Wortautomat
- Wörter schreiben
- Der Rhythmus macht's!
- Dreier-Memo-Spiel
- Ankerbilder

Sprechrhythmisches Training der Kontrastpaare

···› Folie 53
···› Musik-CD

Durchführung vgl. S. 136, CD B Nr. 3, 7
Rabe – Robbe
Rose – Rosse
Jäger – Jacke
beten – Betten
Käse – Kasse

···› Musik-CD

Lied – CD A Nr. 15, 16 – KV 88, S. 378
„Heißa Kathreinerle“

1. Heißa, Kathreinerle, schnür dir die Schuh,
schürz dir dein Röckele, gönn dir kein' Ruh.
Di-del, du-del, da-del, schrumm, schrumm, schrumm,
geht schon der Hopser rum.
Heißa Kathreinerle, frisch immerzu!

2. Dreh wie ein Rädele flink dich im Tanz!
Fliegen die Zöpfele, wirbelt der Kranz.
Di-del, du-del, da-del, schrumm, schrumm, schrumm,
lustig im Kreis herum.
Dreh dich, mein Mädel, im festlichen Glanz.

3. Heute heißt's lustig sein, morgen ist's aus.
Sinket der Lichter Schein, geh'n wir nach Haus.
Di-del, du-del, da-del, schrumm, schrumm, schrumm,
morgen mit viel Gebrumm,
fegt die Frau Wirtin den Tanzboden aus.

Text: volkstümlich (aus dem Elsass)

Seite 30/31

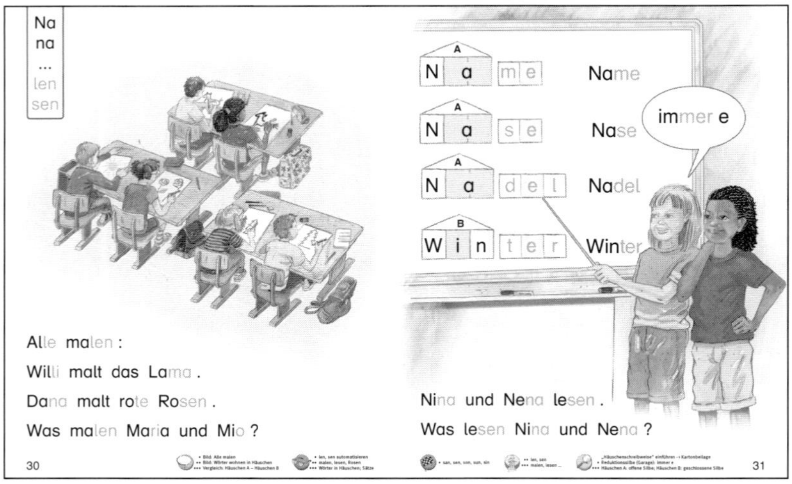

13. Woche

Inhalte

- Zum Bild erzählen
- Texte lesen
  Häuschen lesen (Haus: betonte Silbe – Garage immer „e“)
  Silbenlauf
  Gebärde: len, sen
- Häuschen A: offene Silbe, Häuschen B: geschlossene Silbe
  (Vorlagen zur Häuschenschreibung: www.abc-der-tiere.de/1405-70)
  Haus: betonte Silbe – Garage immer „e“
  Silbenschieber: Starter – Klinger – Stopper
- Schreiben: N n
  Schreibtabelle: Banane, Delfin; Text abschreiben oder frei schreiben

Die Kompetenzen in den Leitmaterialien: www.abc-der-tiere.de/1405-kompetenzen

Lernstandserhebung 3

Als Hausaufgabe wird das Silbenbüchlein 3 ausgeteilt (Kapitel V.).
Am Ende der Woche wird die Lernstandserhebung 3 geschrieben (Kapitel VI.).

Wochenplan

Leitmaterialien	Montag	Dienstag	Mittwoch	Donnerstag	Freitag
Silbenfibel *Niveau 1, 2, 3*	Zum Bild erzählen Name, Nase, Nadel, Winter	Lesen: Text Gebärde: n	Lesen: Text Häuschen A Häuschen B	Häuschen schreiben	Lesen: Text
Schreiblehrgang A *Niveau 1, 2, 3*	S. 45		S. 46	S. 47	
Arbeitsheft A *Niveau 1, 2, 3*		S. 48 *Folie 18*	S. 49	S. 50	S. 51 *Folie 19*
Weitere Übungen	**Automatisierung des Silbenlesens der geschlossenen Silbe:** Silbenschieber, Silbenkärtchen 1, 2, 3, 4, Silbenkarten (Download): Starter N, n, Leseteppiche 1, 2 **Vertiefung:** Software ABC der Tiere, Wortkarten **Sprechrhythmisches Training der Kontrastpaare:** *Folie 53, CD B Nr. 3, 7*				
Vorlesen	**Tiergeschichten mit Mia und Mio,** Geschichte zum **Ankerbild:** Nashorn (n): Band 3				
Differenzierung	Arbeitsblätter zur individuellen Förderung (1405-77)				

Didaktisch-methodische Überlegungen

Die Buchstaben **m** und **n** werden von vielen Kindern beim Lesen und Schreiben verwechselt. Um dieser Gefahr entgegenzuwirken, wird das **N n** erst jetzt eingeführt. Die Lautgebärden für **M m** (3 Finger zu den geschlossenen Lippen) und **N n** (2 Finger an die Nase) und das Zählen zur Regulierung der Einspurphasen (m = 1 – 2 – 3, n = 1 – 2) helfen dabei. **m** und **n** werden mit den Silbenkärtchen und den Leseteppichen geübt, um Verwechslungen zu vermeiden.
Um die silbische Gliederung (Starter – Klinger – Stopper) und die Betonung (Trochäus) in geerbten deutschen Wörtern methodisch darzustellen, verwenden wir das von Christa Röber entwickelte Häuschen mit Garage in veränderter Architektur. Neben der Binnenstruktur der Silbe (Starter – Klinger – Stopper) kommt es dabei auf die methodische Darstellung des **losen und festen Anschlusses** an. Die Übungsreihen mit Kontrastpaaren sind geeignet, den sprechrhythmischen Unterschied von Wörtern wie „Nase“ (loser Anschluss = abgetrennte Garage) und „Nüsse“ (fester Anschluss = angebaute Garage) zu verdeutlichen.
Das sichere Silbieren und die Wahrnehmung des Sprachrhythmus führt die Kinder zur intuitiven, orthografischen Schreibung (vgl. Kapitel I., 3.3.4., S. 21). Die zweifarbige Silbentrennung vermittelt die **Leseregeln** in deutschen Wörtern, z. B.: „Woge“, „Wolke“, „Wolle“, „zum Wohl“. Beim zweifarbigen, silbenweisen Schreiben werden daraus **Schreibregeln**. Die Schüler sind gegen Ende der zweiten Klasse fähig, Wörter mit ie, Doppelkonsonanten, ck, tz und Dehnungs-h intuitiv richtig zu schreiben. Kinder mit dieser Anfangserfahrung schreiben selbstbestimmt und sicher. Sie betrachten Orthografie als Hilfe beim Lesen und nicht als Behinderung beim Schreiben. Sie bemühen sich, richtig zu schreiben, damit andere ihre Texte gut lesen können.

Einstieg

Die Kinder bilden einen Sitzkreis. In der Mitte liegen Gegenstände und Wortkarten:

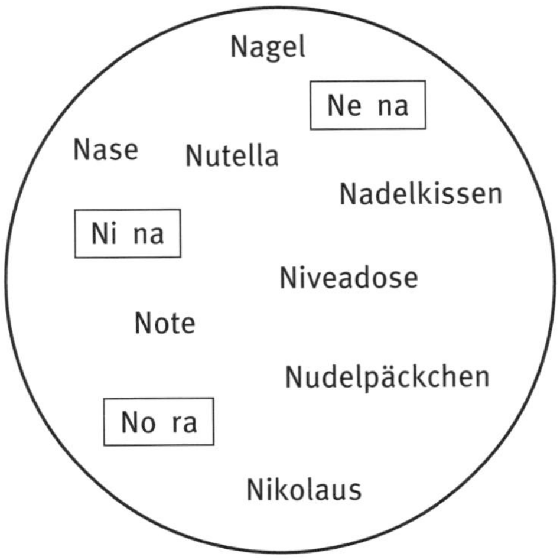

Die Lehrerin / der Lehrer stellt Fragen.
Die Lehrerin / der Lehrer: „Ich sehe was, was du auch siehst. Es beginnt mit **Na**.“
Ein Kind antwortet: „Ich sehe einen Nagel.“

Die Lehrerin / der Lehrer: „Ich sehe was, was du auch siehst. Es beginnt mit **Ni**."
Ein Kind antwortet: „Ich sehe einen Nikolaus."
Die Lehrerin / der Lehrer: „Ich sehe was, was du auch siehst. Es beginnt mit **No**."
Ein Kind antwortet: „Ich sehe eine Note."
Die Lehrerin / der Lehrer: „Ich sehe was, was du auch siehst. Es beginnt mit **Nu**."
Ein Kind antwortet: „Ich sehe ein Nudelpäckchen."
Die Lehrerin / der Lehrer stellt Silbenkarten **Na Ne Ni No Nu** (Download-Angebote S. 7) an der Tafel auf. Die Kinder sollen die Gegenstände zuordnen, indem sie alle Wörter deutlich silbieren und synchron klatschen.
Die Lehrerin / der Lehrer führt über die Namensschilder **Nina** und **Nena** (Download-Angebote S. 7) den Buchstaben **N n** ein; die deutliche Artikulation wird mit der Gebärde unterstützt.
Dazu Übungen mit den Silbenkärtchen na, ne, ni, no, nu im Klassenverband oder in Partnerarbeit.

Hinweise zu den Leitmaterialien

S. 30/31 — **Silbenfibel**

Einzelne Kinder lesen jeweils einen Satz und stellen die Beziehung zum Silbenfibelbild her. Die Lehrerin / der Lehrer erklärt die „Hausordnung" der beiden Haustypen:
Im Sprachgebrauch der Kinder: „Das **a** macht sich breit und braucht zwei Zimmer." „Das **i** wird vom **n** gestoppt. Das **i** wird kurz gesprochen." „In der Garage steht immer ein **e**."
Übungsformate: Silbenlauf, Gebärdenlesen, Häuschenschreiben

SL A S. 45 – 47 — **Schreiblehrgang**

S. 45: Große Einspurübungen mit dem Zeigefinger ausführen.
Einspurphasen durch Mitsprechen steuern: **N** = zick – zack – rauf, **n** = 1 – 2, Schreibroutine
S. 46: Nomen, Schreibtabelle: Banane
S. 47: Satzteile verbinden und schreiben

···> Ankerbild — Das Ankerbild von n (Nashorn) wird gezeigt und aufgehängt. Das Ankerbild wird deutlich artikuliert und in Silben geklatscht – einzeln und im Klassenverband.

···> Tiergeschichten — Die Geschichte zum Ankerbild kann vorgelesen werden.
Nashorn (n): Band 3

AH A S. 48 – 51 **Arbeitsheft**

⋯ Folie 18

S. 48: Gebärde, nach Gebärden schreiben, akustisch in die Silbenfolge einordnen und schreiben

S. 49: Silben visuell unterscheiden, Verben frei schreiben, Schreibtabelle: Delfin

⋯ Silbenschieber

S. 50: Leseroutine, Silbenschieber nach Diktat einstellen und schreiben

⋯ Folie 19

S. 51: Häuschen A, Häuschen B: schreiben

Weitere Übungen

Automatisierung des Silbenlesens

⋯ Silbenschieber Silbenschieber (vgl. S. 135): offene und geschlossene Silben. Es ist besonders darauf zu achten, dass Silben mit Stopper kurz gesprochen werden.

⋯ Silbenkärtchen Silbenkärtchen 1, 2, 3, 4

⋯ Silbenkarten Starter N, n (Download-Angebote S. 7)

⋯ Leseteppiche Leseteppiche 1 und 2 (KV 6/7, S. 295/296): Die Kinder wechseln auch zwischen ma – na, me –ne usw.

⋯ Software

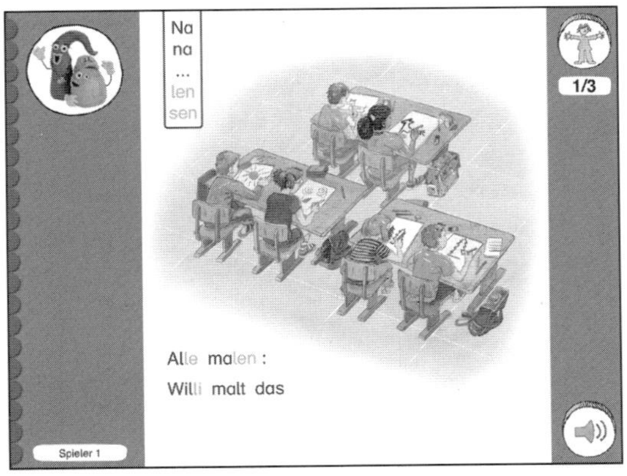

Leseroutine (vgl. S. 134: Chorisches Lesen)

Vertiefung

⋯ Wortkarten Karten 43 bis 54 (vgl. S. 139)
Zur Übung und Wiederholung der eingeführten Ankerbilder, Gebärden, Wörter und Strategien.

···› Software

Übungen zur Auswahl
- Fibeltext zum Mitlesen
- Der fliegende Silbenteppich
- Gebärdenschule
- Silbenbogen
- Silbenpuzzle
- Silben-Memo
- Silbenraster
- Silbenschieber
- Wortautomat
- Wörter schreiben
- Häuschen schreiben
- Der Rhythmus macht's!
- Dreier-Memo-Spiel
- Ankerbilder

Sprechrhythmisches Training der Kontrastpaare

···› Folie 53
···› Musik-CD

Durchführung vgl. S. 136, CD B Nr. 3, 7
Rabe – Robbe
Rose – Rosse
Jäger – Jacke
beten – Betten
Käse – Kasse

Seite 32/33

14. Woche

Inhalte

- Zum Bild erzählen
- Texte lesen
  Silbenlauf: Dreifachkonsonant
  Gebärde: sche, schen
- Umlaut: ü
  sch: 3 Buchstaben für einen Laut, Schule in Häuschen A
  Großschreibung Nomen
  Silbenschieber: Starter – Klinger – Stopper
- Schreiben: Sch sch
  Schreibtabelle: Schafe, Schaukel

Die Kompetenzen in den Leitmaterialien: www.abc-der-tiere.de/1405-kompetenzen

Wochenplan

Leitmaterialien	Montag	Dienstag	Mittwoch	Donnerstag	Freitag
Silbenfibel *Niveau 1, 2, 3*	Zum Bild erzählen Silbenlauf	Lesen: Text Ganzwort: Uhr Gebärde: sch	Lesen: Text Häuschen A Häuschen B	Häuschen schreiben Umlaut: ü	Lesen: Text Mehrfach-konsonant
Schreiblehrgang A *Niveau 1, 2, 3*	S. 48	S. 49	S. 50: 1	S. 50: 2, 3	
Arbeitsheft A *Niveau 1, 2, 3*		S. 52 *Folie 20*	S. 53 *Folie 21*	S. 54	S. 55 *Folie 22*
Weitere Übungen	**Automatisierung des Silbenlesens bei geschlossenen Silben:** Silbenschieber, Silbenkärtchen 1, 2, 3, 4, Silbenkarten (Download): Starter Sch, sch, Leseteppiche 1, 2 **Vertiefung:** Software ABC der Tiere, Wortkarten **Sprechrhythmisches Training der Kontrastpaare:** *Folie 54, CD B Nr. 4, 7* **Lied:** „Sieben kleine Bären“, *CD A Nr. 17 – 24*				
Vorlesen	**Tiergeschichten mit Mia und Mio,** Geschichte zum **Ankerbild:** Schildkröte (sch): Band 2				
Differenzierung	Arbeitsblätter zur individuellen Förderung (1405-77)				

Didaktisch-methodische Überlegungen

Das Silbenlesen ist jetzt weitgehend automatisiert. Kinder, die hier noch Schwierigkeiten haben, müssen in diesem Bereich weiterhin mit den bislang beschriebenen Methoden gefördert werden.
Die Wörter werden durch den farbigen Silbentrenner gegliedert. Entsprechend dem persönlichen Leistungsvermögen werden die Sätze in natürlicher Betonung und Sprechgeschwindigkeit oder noch mit deutlicher Wahrnehmung der Wörter in Silben gelesen.
Mit **Sch sch** lernen die Kinder einen Laut kennen, der durch drei Zeichen dargestellt wird. Die bewusste Unterscheidung von **S** und **Sch** muss durch eine klare Artikulation unterstützt werden.
Mit dem Wortautomat können die Kinder aus den Silben Wörter bauen.

Einstieg

Folie 21

Der Dreifachbuchstabe für den Starter von Schule wird durch das Häuschen mit den lustigen Buchstaben eingeführt. Von einer Folie wird das Häuschen an die Tafel projiziert und dabei das erste Zimmer abgedeckt.

Die Kinder stellen Vermutungen an, wie das Wort im Häuschen wohl lauten könnte: Einige Kinder vermuten „Schule".

An einer Seite der Tafel stehen Sätze: Wir malen in der ...
Wir turnen in der ...
Wir essen in der ...

Die Lehrerin/der Lehrer deckt zunächst das **S** alleine auf und lässt die Kinder lesen.

Die Kinder äußern Kritik an der Lautung und die Lehrerin/der Lehrer deckt das ganze Zimmer auf. Der Unterschied in der Schreibweise und Lautung von **S** und **Sch** wird deutlich.
Die Lehrerin/der Lehrer ergänzt den ersten Satz auf der Seitentafel: „Wir malen in der Schule." und erklärt den Dreifachbuchstaben. Die Schreibung wird im Schreiblehrgang S. 48 trainiert.
Danach ergänzen einzelne Kinder die Sätze auf der Seitentafel und alle schreiben die Sätze in ihr Heft.

Hinweise zu den Leitmaterialien

S. 32/33

Silbenfibel

Das Ganzwort „Uhr" und der Umlaut „ü" werden eingeführt.
Einzelne Kinder lesen jeweils einen Satz und stellen die Beziehung zum Silbenfibelbild her. Immer im Anschluss lesen alle Kinder chorisch den jeweiligen Satz.
Die Lehrerin/der Lehrer stellt Fragen zum Text: „Wer will Müsli essen? Was isst Anna? Was machen alle Schüler zum Schluss?"
Einzelne Kinder beantworten die Fragen in ganzen Sätzen.
Übungsformate: Silbenlauf, Gebärdenlesen

SL A S. 48–50 **Schreiblehrgang**

S. 48: Große Einspurübungen mit dem Zeigefinger ausführen, Schreibroutine
S. 49: Nomen
S. 50: Auswahlsätze, Sätze schreiben, Schreibtabelle: Schafe

Ankerbild Das Ankerbild von sch (Schildkröte) wird gezeigt und aufgehängt. Das Ankerbild wird deutlich artikuliert und in Silben geklatscht – einzeln und im Klassenverband.

Tiergeschichten Die Geschichte zum Ankerbild kann vorgelesen werden.
Schildkröte (sch): Band 2

AH A S. 52–55 **Arbeitsheft**

Folie 20 S. 52: Gebärde, nach Gebärden schreiben, akustisch in die Silbenfolge einordnen und schreiben, Schreibtabelle: Schaukel

Folie 21 S. 53: Starter „Sch" als Dreifachkonsonant, Häuschen schreiben, über Lernen sprechen

Silbenschieber S. 54: Leseroutine, Silbenlauf, nach Diktat Silbenschieber einstellen und schreiben

Folie 22 S. 55: Leseübung und Lesetechnik

Weitere Übungen

Automatisierung des Silbenlesens

Silbenschieber Silbenschieber (vgl. S. 135): offene und geschlossene Silben. Es ist besonders darauf zu achten, dass Silben mit Stopper kurz gesprochen werden.

Silbenkärtchen Silbenkärtchen 1, 2, 3, 4

Silbenkarten Starter Sch, sch (Download-Angebote S. 7)

Leseteppiche Leseteppiche 1 und 2 (KV 6/7, S. 295/296)

Software

Leseroutine (vgl. S. 134: Chorisches Lesen)

Vertiefung

Wortkarten Karten 55 bis 67 (vgl. S. 139)
Zur Übung und Wiederholung der eingeführten Ankerbilder, Gebärden, Wörter und Strategien.

Software

Übungen zur Auswahl

- Fibeltext zum Mitlesen
- Der fliegende Silbenteppich
- Gebärdenschule
- Silbenbogen
- Silbenpuzzle
- Silbenschieber
- Wortautomat
- Wörter schreiben
- Häuschen schreiben
- Der Rhythmus macht's!
- Dreier-Memo-Spiel
- Ankerbilder

Sprechrhythmisches Training der Kontrastpaare

Folie 54
Musik-CD

Durchführung vgl. S. 136, CD B Nr. 4, 7
Hüte – Hütte
Ofen – offen
Töne – Tonne
Schemel – Schimmel
Rasen – Rassel

Musik-CD

Lied – CD A Nr. 17 – 24 – KV 89, S. 379
„Sieben kleine Bären“. Die Kinder gehen zum Lied im Takt.
Dazu können Bärenmasken gebastelt werden (KV 27, S. 316).

Seite 34/35

15. Woche

Inhalte

- Zum Bild erzählen
- Text lesen
  Silbenlauf: Mehrfachkonsonant „sch"
  Gebärde: sch
- Schreiben: Sch sch
  Schreibtabelle: Hut, Abschreiben

Die Kompetenzen in den Leitmaterialien: www.abc-der-tiere.de/1405-kompetenzen

Wochenplan

Leitmaterialien	**Montag**	**Dienstag**	**Mittwoch**	**Donnerstag**	**Freitag**
Silbenfibel *Niveau 1, 2, 3*	Zum Bild erzählen Lesen: Schnee, Schneemann Gebärde: sch	Lesen: Text Silbenlauf: Konsonan-tenhäufung	Lesen: Text	Lesen: Text	Lesen: Text Schreibtabel-le: Abschrei-ben
Schreiblehrgang A *Niveau 2*	S. 51				
Arbeitsheft A *Niveau 1, 2, 3*		S. 56	S. 57 *Folie 22*	S. 58 *Folie 23*	S. 59
Weitere Übungen	**Automatisierung des Silbenlesens bei geschlossenen Silben:** Silben-schieber, Silbenkärtchen 1, 2, 3, 4, Silbenkarten, Leseteppiche 1, 2 **Vertiefung:** Software ABC der Tiere, Wortkarten **Sprechrhythmisches Training der Kontrastpaare:** *Folie 54, CD B Nr. 4, 7* **Lied:** „A, a, a, der Winter, der ist da!", *CD A Nr. 25, 26*				
Vorlesen	**Lesezirkus** S. 4 – 7, Waldi auf dem Eis				
Differenzierung	Arbeitsblätter zur individuellen Förderung (1405-77) *Lesezirkus** S. 4 – 7, Waldi auf dem Eis, Aufgaben S. 64/ Arbeitsblätter Lesezirkus KV 1, 2				

Didaktisch-methodische Überlegungen

Das Silbenlesen der geschlossenen Silbe wird automatisiert.
Entsprechend dem persönlichen Leistungsvermögen werden die Sätze in natürlicher Betonung und Sprechgeschwindigkeit oder noch mit deutlicher Wahrnehmung der Wörter in Silben gelesen.

Einstieg

Die Kinder sprechen den Schneemannvers mit Gestik.

Kommet all und seht!	*Mit den Händen heranwinken.*
Vor dem Hause steht	*Mit den Händen und Unterarmen ein Dach über dem Kopf bilden.*
ein dicker Mann und lacht.	*Mit den Armen einen dicken Baum umfassen.*
Er ist aus Schnee gemacht.	*Mit den Händen von oben nach unten fallende Schneeflocken andeuten (in der Luft Klavier spielen).*

···› Musik-CD

Die Kinder malen zu einem Lied. Entweder die Kinder hören nur das Lied und malen dazu oder sie singen selbst und malen gleichzeitig dazu.
Zum Beispiel: Lied „A, a, a, der Winter, der ist da!“ in eine dynamische farbige Grafik umsetzen:

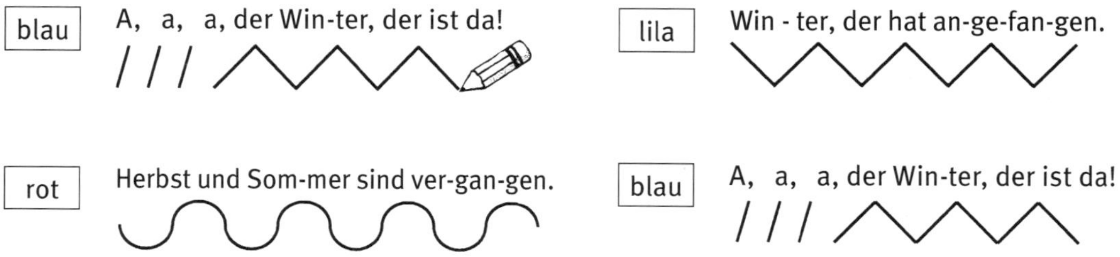

Hinweise zu den Leitmaterialien

S. 34/35

Silbenfibel

Einzelne Kinder lesen den Text. Die Lehrerin/der Lehrer: „Wer kann die Rätselsätze lösen?“ Einzelne Kinder lösen die Rätsel mithilfe der Bilder.
Übungsformate: Silbenlauf, Gebärdenlesen, Schreiben, Schreibtabelle

SL A S. 51

Schreiblehrgang

S. 51: Nomen, Auswahlsätze

AH A S. 56–59

Arbeitsheft

S. 56: Nomen nach Gebärden schreiben, Verben schreiben
···› Folie 22 S. 57: Häuschenschreibung, Silbenlauf, Nomen, Schreibtabelle: Hut
···› Folie 23 S. 58: Zauberwörter-Schreibübung, Nomen
S. 61: Sätze schreiben und überprüfen

Weitere Übungen

Automatisierung des Silbenlesens

··· *Silbenschieber* Silbenschieber (vgl. S. 135): offene und geschlossene Silben. Es ist besonders darauf zu achten, dass Silben mit Stopper kurz gesprochen werden.

··· *Silbenkärtchen* Silbenkärtchen 1, 2, 3, 4

··· *Silbenkarten* Starter Sch, sch (Download-Angebote S. 7)

··· *Leseteppiche* Leseteppiche 1 und 2 (KV 6/7, S. 295/296)

··· *Software*

Leseroutine (vgl. S. 134: Chorisches Lesen)

Vertiefung

··· *Wortkarten* Karten 55 bis 67 (vgl. S. 139)
Zur Übung und Wiederholung der eingeführten Ankerbilder, Gebärden, Wörter und Strategien.

··· *Software*

Übungen zur Auswahl
- Fibeltext zum Mitlesen
- Der fliegende Silbenteppich
- Gebärdenschule
- Silbenbogen
- Silbenpuzzle
- Wortautomat
- Wörter schreiben
- Häuschen schreiben
- Der Rhythmus macht's!
- Dreier-Memo-Spiel
- Ankerbilder

Sprechrhythmisches Training der Kontrastpaare

···> ***Folie 54*** Durchführung vgl. S. 136, CD B Nr. 4, 7
···> ***Musik-CD*** Hüte – Hütte
Ofen – offen
Töne – Tonne
Schemel – Schimmel
Rasen – Rassel

···> ***Musik-CD*** **Lied** – CD A Nr. 25, 26 – KV 90, S. 380
„A, a, a, der Winter, der ist da!"

Seite 36/37

16. Woche

Inhalte

- Zum Bild erzählen
- Texte lesen
  Silbenlauf
  Gebärde: ei, schei
- Häuschen A: offene Silbe/ei
  Begriffe: Buchstabe, Laut, Selbstlaut, Mitlaut
  Reimwörter
- Schreiben: Ei ei
  Schreibtabelle: Schleife

Die Kompetenzen in den Leitmaterialien: www.abc-der-tiere.de/1405-kompetenzen

Lernstandserhebung 4

Als Hausaufgabe wird das Silbenbüchlein 4 ausgeteilt (Kapitel V.).
Am Ende der Woche wird die Lernstandserhebung 4 geschrieben (Kapitel VI.).

Wochenplan

Leitmaterialien	Montag	Dienstag	Mittwoch	Donnerstag	Freitag
Silbenfibel *Niveau 1, 2, 3*	Zum Bild erzählen Silbenlauf: ei	Lesen: Text Gebärde: ei	Lesen: Text Ei ei im Häuschen	Häuschen A Wörter mit „ei“	Lesen: Text Reime schreiben
Schreiblehrgang A *Niveau 1*	S. 52		S. 53	S. 54	
Arbeitsheft A *Niveau 1, 2, 3*		S. 60 *Folie 24*	S. 61 *Folie 25*	S. 62	S. 63
Weitere Übungen	**Automatisierung des Silbenlesens:** Silbenschieber; Leseteppiche 1, 2 **Vertiefung:** Software ABC der Tiere, Wortkarten **Sprechrhythmisches Training der Kontrastpaare:** *Folie 54, CD B Nr. 4, 7*				
Vorlesen	**Tiergeschichten mit Mia und Mio,** Geschichte zum **Ankerbild:** Eichhörnchen (ei): Band 5				
Differenzierung	Arbeitsblätter zur individuellen Förderung (1405-77) *Lesezirkus** S. 4 – 7, Waldi auf dem Eis, Aufgaben S. 64/Arbeitsblätter Lesezirkus KV 1, 2, S. 8 – 9, Memo, Aufgaben S. 65/Arbeitsblätter Lesezirkus KV 3				

Didaktisch-methodische Überlegungen

Mit **Ei ei** lernen die Kinder einen Laut kennen, der durch zwei Zeichen repräsentiert wird (Diphtong).
Die Unterscheidung von **Ei ei** und den Buchstaben **E e** und **i** muss deutlich gemacht werden.

Einstieg

···› Folie 24

Tafelbild (Folie) zu Beginn der Einheit:
1. Ein Huhn mit drei Eiern im Nest.
2. Die ersten vier Zeilen des Silbenfibeltextes
Die Lehrerin/der Lehrer bespricht mit den Kindern die neue Zeichenkombination aus **E** und **i**.
Zu 2.: Jede Zeichenkombination **ei** wird von den Kindern entdeckt und von der Lehrerin/dem Lehrer umrandet.
Einzelne Kinder lesen den Text. Alle Kinder lesen chorisch, von der Lehrerin/dem Lehrer geführt.

Hinweise zu den Leitmaterialien

S. 36/37

Silbenfibel

Einzelne Kinder lesen Abschnitte des Silbenfibeltextes.
Besonderheit: „Wir wollen reimen“: Die Reimwörter werden abwechselnd in zwei Gruppen gelesen, damit der Reim deutlich wird.
Die Lehrerin/der Lehrer erklärt den Begriff „reimen“. Wer kennt weitere Bespiele?
Übungsformate: Silbenlauf, Gebärdenlesen, Ich – Du – Wir

SL A S. 52–54

Schreiblehrgang

S. 52: Große Einspurübungen mit dem Zeigefinger ausführen, Schreibroutine
S. 53: Wörter mit Ei ei
S. 54: Verben

···› Ankerbild

Das Ankerbild von ei (Eichhörnchen) wird gezeigt und aufgehängt. Das Ankerbild wird deutlich artikuliert und in Silben geklatscht – einzeln und im Klassenverband.

···› Tiergeschichten

Die Geschichte zum Ankerbild kann vorgelesen werden.
Eichhörnchen (ei): Band 5

AH A S. 60 – 63 **Arbeitsheft**

···› ***Folie 24***
···› ***Folie 25***

S. 60: Gebärde, nach Gebärden schreiben, Silben schreiben
S. 61: Nomen in Häuschen A schreiben, Verben schreiben
S. 62: Leseroutine, akustische Unterscheidung von ein – eine, Schreibtabelle: Schleife
S. 63: Kreative Aufgabe: Reimwörter schreiben

Weitere Übungen

Automatisierung des Silbenlesens

···› ***Silben-schieber*** Silbenschieber (vgl. S. 135): offene und geschlossene Silben. Es ist besonders darauf zu achten, dass Silben mit Stopper kurz gesprochen werden.

···› ***Leseteppiche*** Leseteppiche 1 und 2 (KV 6/7, S. 295/296)

···› ***Software***

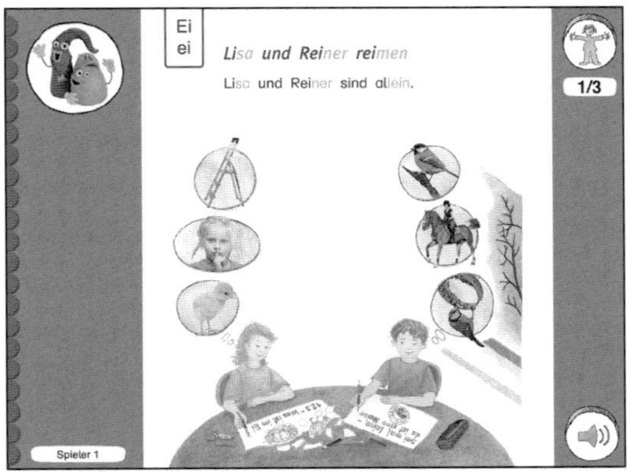

Leseroutine (vgl. S. 134: Chorisches Lesen)

Vertiefung

···› ***Wortkarten*** Karten 68 bis 81 (vgl. S. 139)
Zur Übung und Wiederholung der eingeführten Ankerbilder, Gebärden, Wörter und Strategien.

···› ***Software***

Übungen zur Auswahl

- Fibeltext zum Mitlesen
- Der fliegende Silbenteppich
- Gebärdenschule
- Silbenbogen
- Silbenpuzzle
- Wortautomat
- Wörter schreiben
- Simsalabim
- Häuschen schreiben
- Der Rhythmus macht's!
- Dreier-Memo-Spiel
- Ankerbilder

Sprechrhythmisches Training der Kontrastpaare

···> ***Folie 54***
···> ***Musik-CD***

Durchführung vgl. S. 136, CD B Nr. 4, 7
Hüte – Hütte
Ofen – offen
Töne – Tonne
Schemel – Schimmel
Rasen – Rassel

Seite 38/39

17. Woche

Inhalte

- Zum Bild erzählen
- Text lesen
  Silbenlauf: Konsonantenhäufung
  Gebärde: kra
- Häuschen A: offene Silbe, Häuschen B: geschlossene Silbe
- Schreiben: K k, ck
  Schreibtabelle: Käfer

Die Kompetenzen in den Leitmaterialien: www.abc-der-tiere.de/1405-kompetenzen

Wochenplan

Leitmaterialien	Montag	Dienstag	Mittwoch	Donnerstag	Freitag
Silbenfibel *Niveau 1, 2, 3*	Zum Bild erzählen Gebärde: k	Lesen: Text Silbenlauf	Lesen: Text	Häuschen A Häuschen B	Lesen: Text Abschreiben Schreiben
Schreiblehrgang A *Niveau 1, 2, 3*	S. 55	S. 56	S. 57	S. 58	
Arbeitsheft A *Niveau 1, 2, 3*		S. 64 *Folie 25, 26*	S. 65. 1, 2 *Folie 26*	S. 65. 3 S. 66	S. 67
Weitere Übungen	**Automatisierung des Silbenlesens:** Silbenschieber, Silbenkärtchen 1, 2, 3, 4, Silbenkarten (Download): Starter K k, Leseteppiche 3, 4, 5 **Vertiefung:** Software ABC der Tiere, Wortkarten **Sprechrhythmisches Training der Kontrastpaare:** *Folie 51, CD B Nr. 1, 7* **Lied:** „Große Uhren schlagen ding, dong“, *CD A Nr. 27, 28*				
Vorlesen	**Tiergeschichten mit Mia und Mio,** Geschichte zum **Ankerbild:** Kakadu (k): Band 2				
Differenzierung	Arbeitsblätter zur individuellen Förderung (1405-77)				

Didaktisch-methodische Überlegungen

Mit dem Laut **K k** lernen die Kinder nach **T t** einen weiteren harten Verschlusslaut kennen. Die klare und deutliche Artikulation ist von großer Bedeutung. Die Dynamik der Artikulation wird durch eine geeignete Gebärde – ausgehend vom Kehlkopf – dargestellt.
‹a› in knacken muss als ungespannter Vokal mit festem Anschluss des ‹ck› gesprochen werden.

Einstieg

Die Lehrerin/der Lehrer führt im Sitzkreis mit dem Kartentrick (siehe S. 214) in die Stunde ein.
Die Lehrerin/der Lehrer erklärt die Spielkarten (Kreuz, Pik, Herz, Karo; Zahlwerte, Bube, Dame, König, Ass).
Die Kinder benennen anschließend die Spielkarten von Silbenfibel S. 38.

Hinweise zu den Leitmaterialien

S. 38/39 **Silbenfibel**

Einzelne Kinder lesen den Silbenfibeltext. Ausgewählte Abschnitte werden chorisch gelesen.
Übungsformate: Silbenlauf, Gebärdenlesen, Schreibtabelle

SL A S. 55–58 **Schreiblehrgang**

S. 55: Große Einspurübungen mit dem Zeigefinger ausführen (K = runter – Sprung – zickzack), Schreibroutine
S. 56: Nomen, Verben
S. 57: Große Einspurübungen mit dem Zeigefinger ausführen, Verben
S. 58: Schreibroutine, Nomen

⇢ ***Ankerbild*** Das Ankerbild von k (Kakadu) wird gezeigt und aufgehängt. Das Ankerbild wird deutlich artikuliert und in Silben geklatscht – einzeln und im Klassenverband.

⇢ ***Tiergeschichten*** Die Geschichte zum Ankerbild kann vorgelesen werden.
Kakadu (k): Band 2

AH A S. 64–67 **Arbeitsheft**

⇢ ***Folie 25***
⇢ ***Folie 26***
⇢ ***Folie 26***

S. 64: Gebärde, nach Gebärden schreiben, akustisch in die Silbenfolge einordnen und schreiben, Schreibtabelle: Käfer
S. 65: Häuschenschreibung, Silbenlauf, Verben schreiben
S. 66: Leseroutine mit komplexen Anfangsrändern, Kreuzwort lösen und schreiben
S. 67: Differenzierung: Verben und Nomen oder Sätze schreiben, Schreibtabelle

Weitere Übungen

Automatisierung des Silbenlesens

Silbenschieber Silbenschieber (vgl. S. 135): offene und geschlossene Silben. Es ist besonders darauf zu achten, dass Silben mit Stopper kurz gesprochen werden.

Silbenkärtchen Silbenkärtchen 1 – 4

Silbenkarten Starter K, k (Download-Angebote S. 7)

Leseteppiche Leseteppiche 3, 4, 5 (KV 8/9/10, S. 297ff.)

Software

Leseroutine (vgl. S. 134: Chorisches Lesen)

Vertiefung

Wortkarten Karten 82 bis 96 (vgl. S. 139)
Zur Übung und Wiederholung der eingeführten Ankerbilder, Gebärden, Wörter und Strategien.

Software

Übungen zur Auswahl

- Fibeltext zum Mitlesen
- Der fliegende Silbenteppich
- Gebärdenschule
- Silbenbogen
- Silbenpuzzle
- Wortautomat
- Wörter schreiben
- Simsalabim
- Häuschen schreiben
- Purzelsätze
- Lückentexte
- Der Rhythmus macht's!
- Dreier-Memo-Spiel
- Ankerbilder

Sprechrhythmisches Training der Kontrastpaare

Folie 51
Musik-CD

Durchführung vgl. S. 136, CD B Nr. 1, 7
Nase – Nüsse
Regen – Rücken
Haken – Hacke
Säge – Säcke
Kater – Kette

Musik-CD

Lied – CD A Nr. 27, 28 – KV 91, S. 381
„Große Uhren schlagen ding, dong“: Mit dem Lied werden Rhythmen geübt, die sich allein durch das Tempo unterscheiden.

Kartenzauber für Anfänger

Dieser Trick ist leicht auszuführen.
Zuerst werden die Karten gemischt. Dabei merkt sich der Kartenzauberer unauffällig die unterste Karte.
Er fordert nun einen Mitspieler auf, aus dem aufgefächerten Kartenspiel eine Karte zu ziehen. Die Karten werden wieder zusammengeschoben und der Mitspieler legt die gezogene Karte oben auf den Stapel. Jetzt hebt der Kartenzauberer einmal ab, d. h. er legt den unteren Stapel auf den oberen. Die Karte, die der Mitspieler gezogen hat, liegt nun unter der Karte, die sich der Kartenzauberer nach dem Mischen gemerkt hat. Er kann jetzt der Reihe nach die Karten aufdecken und findet die gezogene Karte, von der Bildseite her betrachtet, vor seiner Karte.

Seite 40/41

18. Woche

Inhalte

- Zum Bild erzählen
- Text lesen
  Silbenlauf: Konsonantenhäufung
  Gebärde: bra
- Häuschen A: offene Silbe/Konsonantenhäufung
  Umlaut: ä
  Raumlage sichern: d – b
- Schreiben: B b
  Schreibtabelle: Brezel

Die Kompetenzen in den Leitmaterialien: www.abc-der-tiere.de/1405-kompetenzen

Wochenplan

Leitmaterialien	Montag	Dienstag	Mittwoch	Donnerstag	Freitag
Silbenfibel *Niveau 1, 2, 3*	Zum Bild erzählen Gebärde: b	Lesen: Text Silbenlauf	Lesen: Text Reimwörter schreiben	Lesen: Text Häuschen A: Konsonan-tenhäufung	Lesen: Text Schreiben Abschreiben
Schreiblehrgang A *Niveau 1*	S. 59		S. 60	S. 61	
Arbeitsheft A *Niveau 1, 2, 3*	S. 68 *Folie 26, 27*	S. 69 *Folie 27*	S. 70	S. 71	
Weitere Übungen	**Automatisierung des Silbenlesens bei geschlossenen Silben:** Silbenschieber, Silbenkärtchen 1 – 5, Silbenkarten (Download): Starter B b, Leseteppiche 3, 4, 5 **Vertiefung:** Software ABC der Tiere, Wortkarten **Sprechrhythmisches Training der Kontrastpaare:** *Folie 53, CD B Nr. 3, 7*				
Vorlesen	**Tiergeschichten mit Mia und Mio,** Geschichte zum **Ankerbild:** Bär (b): Band 5				
Differenzierung	Arbeitsblätter zur individuellen Förderung (1405-77)				

Didaktisch-methodische Überlegungen

Beim Buchstaben **B b** muss auf eine sorgfältige phonetische Identifikation des Lautes geachtet werden, damit er sich später von **P p** abgrenzen lässt. Die Lippen liegen locker aufeinander. Die optische Verwechslung von **d** – **b** bereitet Kindern mit unsicherer Raumlagevorstellung Schwierigkeiten. Hilfreich ist es, nur das **b** an das große **B**, welches meist sicher erkannt wird, zu koppeln. Sprechvers: „Der Bruder **b** als kleiner Mann lehnt sich an den großen an." (KV 28, S. 317)

Einstieg

Die Einheit wird mit Brotbacken eingeführt. Die Lehrerin/der Lehrer stellt vorgebackene Brötchen (oder Tiefkühlbrötchen) bereit. Zusätzlich formt sie/er aus vorbereitetem Teig ein großes Brot als **B**. Die Kinder backen in der Schulküche die Brötchen und das Brot und essen beides in der Pause mit Butter.
Die Lehrerin/der Lehrer erklärt mit dem **B** aus Brot: „Mit diesem Buchstaben beginnt das Wort Brot."
Durch Abschneiden wird aus dem großen **B** ein kleines **b**. Das ist sehr anschaulich für Kinder mit Seitigkeitsproblemen.

Hinweise zu den Leitmaterialien

S. 40/41 **Silbenfibel**

Das Ganzwort „braun" und der Umlaut „ä" werden eingeführt.
Einzelne Kinder lesen den Silbenfibeltext in Abschnitten.
Die Lehrerin/der Lehrer stellt Fragen zum Inhalt:

„Wie heißen die beiden Kinder?"
„Was wollen sie backen?"
„Welche Farbe hat das Brot?"
„Was streichen sie auf das Brot?"
„Wie nennt Mutter ihre Kinder?"

Die Kinder antworten in vollständigen Sätzen und nennen die B-b-Wörter: B**ä**rbel, Bastian, Brot, braun, Butter, B**ä**ckermeister.
Die Lehrerin/der Lehrer schreibt diese Wörter zweifarbig an die Tafel.
Die Kinder lesen die Wörter chorisch.
Übungsformate: Silbenlauf, Schreiben, Häuschenschreiben

SL A S. 59–61 **Schreiblehrgang**

S. 59: Große Einspurübungen mit dem Zeigefinger ausführen (eventuell mitsprechen: **B** = runter – Sprung – rechts herum – rechts herum, **b** = runter – rechts herum), Schreibroutine mit komplexen Anfangsrändern
S. 60: Nomen, Verben
S. 61: Nomen, Umlaut ä

Ankerbild Das Ankerbild von b (Bär) wird gezeigt und aufgehängt. Das Ankerbild wird deutlich artikuliert und in Silben geklatscht – einzeln und im Klassenverband.

Tiergeschichten Die Geschichte zum Ankerbild kann vorgelesen werden.
Bär (b): Band 5

AH A S. 68 – 71 **Arbeitsheft**

Folie 26, 27 S. 68: Gebärde, nach Gebärden schreiben, akustisch in die Silbenfolge einordnen und schreiben

Folie 27 S. 69: Häuschenschreibung, Verben schreiben, Schreibtabelle: Brezel
S. 70: Leseroutine mit komplexen Anfangsrändern, Zauberwörter schreiben
S. 71: d – b visuell unterscheiden, Reimwörter schreiben

Weitere Übungen

Automatisierung des Silbenlesens

Silbenschieber Silbenschieber (vgl. S. 135): offene und geschlossene Silben. Es ist besonders darauf zu achten, dass Silben mit Stopper kurz gesprochen werden.

Silbenkärtchen Silbenkärtchen 1 – 5

Silbenkarten Starter B, b (Download-Angebote S. 7)

Leseteppiche Leseteppiche 3, 4, 5 (KV 8/9/10, S. 297ff.)

Software

Leseroutine (vgl. S. 134: Chorisches Lesen)

Vertiefung

Wortkarten Karten 97 bis 111 (vgl. S. 139)
Zur Übung und Wiederholung der eingeführten Ankerbilder, Gebärden, Wörter und Strategien.

Software

Übungen zur Auswahl

- Fibeltext zum Mitlesen
- Der fliegende Silbenteppich
- Gebärdenschule
- Silbenbogen
- Silbenpuzzle
- Wortautomat
- Wörter schreiben
- Simsalabim
- Häuschen schreiben
- Purzelsätze
- Lückentexte
- Der Rhythmus macht's!
- Dreier-Memo-Spiel
- Ankerbilder

Sprechrhythmisches Training der Kontrastpaare

Folie 53
Musik-CD

Durchführung vgl. S. 136, CD B Nr. 3, 7
Rabe – Robbe
Rose – Rosse
Jäger – Jacke
beten – Betten
Käse – Kasse

Seite 42/43

Ff

Bei den Eskimos

Eskimos leben im Norden.
Dort ist im Sommer immer Sonnenschein.
Im Winter ist es dunkel und kalt.
Der Fellmantel ist warm.

Eskimos wollen fischen.
Fische schwimmen unter dem Eis.
Wo ist das Eis offen?

tanzen

Kleine Futterbrocken sind
an der dünnen Schnur.
Fische wollen das Futter fressen.

Am Abend feiern alle Eskimos ein Fest.
Frische Fische schmecken fein.
Alle tanzen immer schneller im Kreis.

42 43

19. Woche

Inhalte

- Zum Bild erzählen
- Text lesen
  Silbenlauf: Konsonantenhäufung
  Gebärde: fi, fri
- Häuschen A: offene Silbe
- Schreiben: F f

Die Kompetenzen in den Leitmaterialien: www.abc-der-tiere.de/1405-kompetenzen

Wochenplan

Leitmaterialien	Montag	Dienstag	Mittwoch	Donnerstag	Freitag
Silbenfibel *Niveau 1, 2, 3*	Zum Bild erzählen Gebärde: f	Lesen: Text Silbenlauf: Konsonantenhäufung	Endsilbe: fen	Lesen: Text Häuschen A: offene Silbe	Lesen: Text Schreiben Abschreiben
Schreiblehrgang A *Niveau 1, 2*	S. 62		S. 63		S. 64
Arbeitsheft A *Niveau 1, 2*	S. 72 *Folie 27, 28*	S. 73 *Folie 28*	S. 74	S. 75	S. 76 *Folie 29*
Weitere Übungen	**Automatisierung des Silbenlesens:** Silbenschieber; Silbenkärtchen 1 – 5, Silbenkarten (Download): Starter F f, Leseteppiche 3, 4, 5 **Vertiefung:** Software ABC der Tiere, Wortkarten **Sprechrhythmisches Training der Kontrastpaare:** *Folie 53, CD B Nr. 3, 7* **Lied:** „Das Glitzerlied“, *CD A Nr. 29, 30*				
Vorlesen	**Tiergeschichten mit Mia und Mio,** Geschichte zum **Ankerbild:** Fisch (f): Band 2 **Lesezirkus** S. 10 – 11, In Kälte, Schnee und Eis				
Differenzierung	Arbeitsblätter zur individuellen Förderung (1405-77) *Lesezirkus** S. 10 – 11, In Kälte, Schnee und Eis, Aufgaben S. 66/ Arbeitsblätter Lesezirkus KV 4, 5				

Didaktisch-methodische Überlegungen

Die Kinder sollen **F f** phonetisch richtig bilden: obere Zahnreihe berührt die Unterlippe, dabei tritt ein deutlich spürbarer Luftstrom aus. Es muss auf gut artikuliertes Sprechen geachtet werden, damit der stimmlose F-Laut sich vom stimmhaften **W** deutlich abhebt.

Einstieg

Zubehör für das Angelspiel: Fische (Download-Angebot S. 7), Büroklammern, Laternenstab, Bindfaden, Magnet
Aus Laternenstab, Bindfaden und Magnet die Angel herstellen. Die Fische ausschneiden und mit Büroklammern versehen.

Vor der Stunde Tafelbild mit Szene am Wasser erstellen. In den jeweiligen Bildern stehen die Wörter: Fisch, Frosch, Flasche.

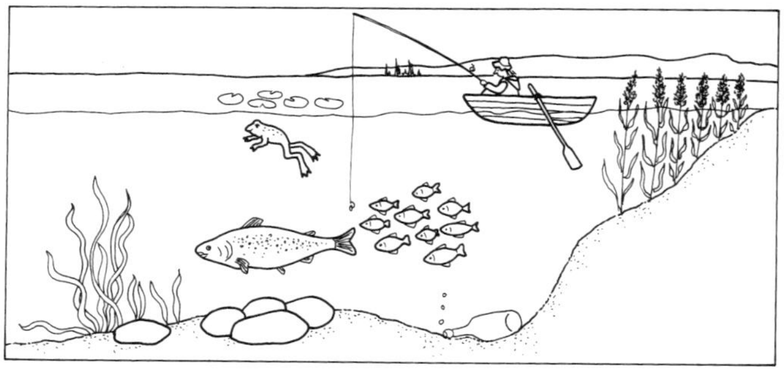

Angelspiel im Sitzkreis. In der Wanne oder auf dem Boden liegen mehrere Fische. Auf einem Fisch stehen die Buchstaben **F f**. Die Kinder dürfen abwechselnd angeln.
Die Lehrerin/der Lehrer: „Wer hat den Buchstabenfisch geangelt?“
Die Lehrerin/der Lehrer schreibt **F f** an die Tafel. Die Kinder üben mit dem Ankerbild die Artikulation.

- Einzelne Kinder lesen die Wörter im Tafelbild.
- Alle Kinder lesen die Wörter chorisch.

Hinweise zu den Leitmaterialien

S. 42/43 — **Silbenfibel**

Einzelne Kinder lesen den Silbenfibeltext.
Unterrichtsgespräch über Lebensraum und Lebensart der Eskimos.
Alle Kinder lesen den Silbenfibeltext chorisch.
Übungsformate: Silbenlauf, Häuschenschreiben, Schreibtabelle, Schreiben

SL A S. 62–64 — **Schreiblehrgang**

S. 62: große Einspurübungen mit dem Zeigefinger ausführen (eventuell mitsprechen: **F** = runter – Sprung – rüber – Sprung – rüber, **f** = runter – Sprung – rüber), Schreibroutine
S. 63: Nomen
S. 64: Satzteile verbinden, Auswahlsätze schreiben

Ankerbild Das Ankerbild von f (Fisch) wird gezeigt und aufgehängt. Das Ankerbild wird deutlich artikuliert und in Silben geklatscht – einzeln und im Klassenverband.

Tiergeschichten Die Geschichte zum Ankerbild kann vorgelesen werden.
Fisch (f): Band 2

AH A S. 72–76

Arbeitsheft

Folie 27, 28 S. 72: Gebärde, nach Gebärden schreiben, Nomen schreiben

Folie 28 S. 73: Häuschenschreibung, Verben schreiben

S. 74: Leseroutine mit komplexen Anfangsrändern, Verben mit gleicher Endsilbe schreiben

S. 75: Lesekontrolle: Sätze zuordnen

Folie 29 S. 76: Leseübung, Lesetechnik

Weitere Übungen

Automatisierung des Silbenlesens

Silbenschieber Silbenschieber (vgl. S. 135): offene und geschlossene Silben

Silbenkärtchen Silbenkärtchen 1 – 5

Silbenkarten Starter F, f (Download-Angebote S. 7)

Leseteppiche Leseteppiche 3, 4, 5 (KV 8/9/10, S. 297ff.)

Software

Leseroutine (vgl. S. 134: Chorisches Lesen)

Vertiefung

Wortkarten Karten 112 bis 125 (vgl. S. 139)
Zur Übung und Wiederholung der eingeführten Ankerbilder, Gebärden, Wörter und Strategien.

Software

Übungen zur Auswahl

- Fibeltext zum Mitlesen
- Der fliegende Silbenteppich
- Gebärdenschule
- Wortautomat
- Wörter schreiben
- Simsalabim
- Häuschen schreiben
- Purzelsätze
- Lückentexte
- Der Rhythmus macht's!
- Dreier-Memo-Spiel
- Ankerbilder

Sprechrhythmisches Training der Kontrastpaare

Folie 53
Musik-CD

Durchführung vgl. S. 136, CD B Nr. 3, 7
Rabe – Robbe
Rose – Rosse
Jäger – Jacke
beten – Betten
Käse – Kasse

Musik-CD

Lied – CD A Nr. 29, 30 – KV 92, S. 382
„Das Glitzerlied“: Das Lied kann als Einstieg und als Abschluss der Einheit verwendet werden.

Seite 44/45

20. Woche

Inhalte

- Zum Bild erzählen
- Text lesen
  Gebärde: au
- Wörter mit Au au in Häuschen A
- Schreiben: Au au
  Schreibtabelle: Abschreiben, Schreiben

Die Kompetenzen in den Leitmaterialien: www.abc-der-tiere.de/1405-kompetenzen

Lernstandserhebung 5

Als Hausaufgabe wird das Silbenbüchlein 5 ausgeteilt (Kapitel V.).
Am Ende der Woche wird die Lernstandserhebung 5 geschrieben (Kapitel VI.).

Wochenplan

Leitmaterialien	Montag	Dienstag	Mittwoch	Donnerstag	Freitag
Silbenfibel *Niveau 1, 2, 3*	Zum Bild erzählen Gebärde: au	Lesen: Text	Lesen: Text	Schreib-tabelle: Abschreiben	Lesen: Text Eigenen Text schreiben
Schreiblehrgang B *Niveau 1, 2*	S. 5		S. 6	S. 7	
Arbeitsheft B *Niveau 1, 2, 3*		S. 4 *Folie 30*	S. 5 *Folie 30*	S. 6	S. 7
Weitere Übungen	**Automatisierung des Silbenlesens:** Silbenschieber; Silbenkärtchen 1–5, Leseteppiche 3, 4, 5 **Vertiefung:** Software ABC der Tiere, Wortkarten **Sprechrhythmisches Training der Kontrastpaare:** *Folie 55, CD B Nr. 5, 7*				
Vorlesen	**Tiergeschichten mit Mia und Mio,** Geschichte zum **Ankerbild:** Auerhahn (au): Band 4				
Differenzierung	Arbeitsblätter zur individuellen Förderung (1405-77)				

Didaktisch-methodische Überlegungen

In dieser Einheit wird der zweite Diphthong erarbeitet. Die Zeichenkombination **au** wird über den Empfindungslaut „Au!“ erfasst. Es ist wichtig, dass die Kinder in ganzen Sätzen sprechen.

Einstieg

Die Lehrerin/der Lehrer vereinbart mit einem Kind vor Beginn der Einheit, dass es „au!“ rufen soll, nachdem es sich sichtbar für alle in den Arm gezwickt hat.

Die Kinder sitzen im Stuhlkreis. Die Lehrerin/der Lehrer lenkt die Aufmerksamkeit auf das Kind. Das Kind zwickt sich und ruft: „Au!“
Die Kinder nennen Situationen, in denen **au** als Empfindungslaut gerufen wird.

Bildkarten — Die Lehrerin/der Lehrer zeigt Bildkarten mit leeren Sprechblasen (KV 29, S. 318): „Was passiert auf dem Bild?“
Die Kinder erzählen in ganzen Sätzen, was auf den Bildern dargestellt ist.
Die Lehrerin/der Lehrer schreibt **au** in die Sprechblase.
Au-au-Wörter-Spiel:
Die Lehrerin/der Lehrer nennt Wörter mit und ohne **Au au**, z.B.: Auto, Bus, Auge, Tafel, Baum, Schwamm, Haus usw.
Bei Au-au-Wörtern sollen die Kinder die Arme heben. Nur diese Wörter schreibt die Lehrerin/der Lehrer an die Tafel.
Die Kinder kennzeichnen durch Unterstreichen die Buchstabenkombinationen **Au au** in den Wörtern und lesen sie chorisch.

Hinweise zu den Leitmaterialien

S. 44/45 — **Silbenfibel**

Einzelne Kinder lesen den Silbenfibeltext.
Alle Kinder lesen den Silbenfibeltext chorisch.
Übungsformate: Silbenlauf, Schreibtabelle, Schreiben, Klassengespräch

SL B S. 5–7 — **Schreiblehrgang**

S. 5: große Einspurübungen mit dem Zeigefinger ausführen, Wörter mit au
S. 6: Nomen
S. 7: Purzelsätze

⇢ Ankerbild — Das Ankerbild von au (Auerhahn) wird gezeigt und aufgehängt. Das Ankerbild wird deutlich artikuliert und in Silben geklatscht – einzeln und im Klassenverband.

⇢ Tiergeschichten — Die Geschichte zum Ankerbild kann vorgelesen werden.
Auerhahn (au): Band 4

AH B S. 4–7 — **Arbeitsheft**

⇢ Folie 30 — S. 4: Gebärde, nach Gebärden schreiben, Nomen schreiben
⇢ Folie 30 — S. 5: Häuschenschreibung, Verben schreiben
S. 6: Leseroutine mit komplexen Anfangsrändern, Reimwörter
S. 7: Sätze zu den einzelnen Szenen schreiben

Weitere Übungen

Automatisierung des Silbenlesens

Silbenschieber Silbenschieber (vgl. S. 135): offene und geschlossene Silben

Silbenkärtchen Silbenkärtchen 1 – 5

Leseteppiche Leseteppiche 3, 4, 5 (KV 8/9/10, S. 297ff.)

Software

Leseroutine (vgl. S. 134: Chorisches Lesen)

Vertiefung

Wortkarten Karten 126 bis 140 (vgl. S. 139)
Zur Übung und Wiederholung der eingeführten Ankerbilder, Gebärden, Wörter und Strategien.

Software

Übungen zur Auswahl

- Fibeltext zum Mitlesen
- Der fliegende Silbenteppich
- Gebärdenschule
- Wortautomat
- Wörter schreiben
- Simsalabim
- Häuschen schreiben
- Purzelsätze
- Lückentexte
- Der Rhythmus macht's!
- Dreier-Memo-Spiel
- Ankerbilder

Sprechrhythmisches Training der Kontrastpaare

Folie 55
Musik-CD

Durchführung vgl. S. 136, CD B Nr. 5, 7
Riese – Risse
Wiese – wissen
Schafe – Schiffe
wiegen – wickeln
Ziege – zicken

Seite 46/47

21. Woche

Inhalte

- Zum Bild erzählen
- Text lesen
  Silbenlauf: Zwielaute
- Gebärde: g
- Großschreibung: Die
- Schreiben: G g
  Schreibtabelle: eigener Text

Die Kompetenzen in den Leitmaterialien: www.abc-der-tiere.de/1405-kompetenzen

Wochenplan

Leitmaterialien	Montag	Dienstag	Mittwoch	Donnerstag	Freitag
Silbenfibel *Niveau 1, 2, 3*	Zum Bild erzählen Gebärde: g	Lesen: Text Silbenlauf: Zwielaute	Lesen: Text	Großschreibung: Die	Lesen: Text Eigenen Text schreiben
Schreiblehrgang B *Niveau 1, 2*	S. 8		S. 9	S. 10	
Arbeitsheft B *Niveau 1, 2, 3*		S. 8 *Folie 31*	S. 9 *Folie 31*	S. 10	S. 11
Weitere Übungen	**Automatisierung des Silbenlesens:** Silbenschieber; Silbenkärtchen 1 – 5, Silbenkarten (Download): G, g, Leseteppiche 3, 4, 5 **Vertiefung:** Software ABC der Tiere, Wortkarten **Sprechrhythmisches Training der Kontrastpaare:** *Folie 51, CD B Nr. 1, 7*				
Vorlesen	**Tiergeschichten mit Mia und Mio,** Geschichte zum **Ankerbild:** Gans (g): Band 2 **Lesezirkus** S. 12 – 13, Eine unheimliche Nacht				
Differenzierung	Arbeitsblätter zur individuellen Förderung (1405-77) *Lesezirkus** S. 12 – 13, Eine unheimliche Nacht, Aufgabe S. 67/ Arbeitsblätter Lesezirkus KV 6, 7 *Tiergeschichten mit Mia und Mio*, Band 1*				

Didaktisch-methodische Überlegungen

Der Buchstabe **G g** ist ein weicher, stimmhafter Laut im Gegensatz zum harten, stimmlosen **K k. h** wird im Anlaut (hui, hin, her) gelesen.
Diese Unterscheidung wird durch überdeutliches Artikulieren herausgearbeitet.
Das Silbenlesen muss bei den Kindern nun automatisiert sein. Andernfalls müssen die bisherigen Übungen wiederholt werden.
Die Lesetexte werden umfangreicher und die Schriftgröße kleiner.

Einstieg

Ein Gong wird benötigt.

Vorbereitung vor der Einheit: Die Lehrerin / der Lehrer malt einen Geist an die Tafel.
Die Lehrerin / der Lehrer: „Heute spielen wir Geisterstunde und machen einen Geistertanz."

Geistertanz: RF = rechter Fuß, LF = linker Fuß

	1. Schritt	2. Schritt	3. Schritt	4. Schritt
2 x	RF nach rechts **Geis-**	LF schließen **ter-**	RF nach rechts **stun-**	LF schließen **de**
1 x	RF vor **Geist**	LF vor **er-**	RF vor **wa-**	LF schließen **che**
1 x	RF zurück **in**	LF zurück **der**	RF zurück **Run-**	LF schließen **de!**

Die Kinder stellen sich im Kreis auf und die Lehrerin / der Lehrer erklärt die Tanzschritte im Kreis.
Dann stellt sich ein Kind in die Mitte des Kreises, zieht sich das Laken über und darf den Geist spielen.
Alle anderen Kinder machen den Geistertanz. Dazu schlägt die Lehrerin / der Lehrer im Takt 12-mal auf einen Gong. Wenn der Tanz beendet ist, erwacht das Gespenst und springt im Kreis herum: huiii, huiii ... Es tauscht seinen Umhang mit einem anderen Kind, das nun in der Mitte des Kreises kauert.
Die Lehrerin / der Lehrer schlägt wieder im Takt 12-mal auf den Gong und der Tanz beginnt von neuem.
Nach der letzten Wiederholung schlägt die Lehrerin / der Lehrer 1-mal auf den Gong: Die Geisterstunde ist beendet und alle Kinder gehen an ihre Plätze.
Die Lehrerin / der Lehrer zeigt das Tafelbild und schreibt ein **G** hinein.

Die Lehrerin / der Lehrer schreibt „Geist" an die Tafel.
Die Kinder nennen weitere Wörter mit **G**, z.B.: Gabel, Gurke, Gabi, Gold, Geld, Gans, Giraffe, Gorilla.
Die Lehrerin / der Lehrer schreibt passende Wörter untereinander an die Tafel.
Alle Kinder lesen die Wörter chorisch.

Hinweise zu den Leitmaterialien

S. 46/47 **Silbenfibel**

Zur Einführung des h: Wie machen die Geister? Hui, hui.
Die Kinder suchen im Silbenfibeltext alle Wörter mit dem kleinen **g**.
Einzelne Kinder lesen diese Wörter.
Einzelne Kinder lesen Abschnitte des Textes.
Die Lehrerin / der Lehrer stellt Fragen zum Inhalt:
„Wo sind Gesa und Birgit?"
„Auf wen warten Gesa und Birgit?"
„Was wollen die Kinder feiern?"
„Was ist auf der Gartenmauer?"
„Was holt Georg?"
Einzelne Kinder suchen die entsprechende Textstelle und lesen vor.
Übungsformate: Silbenlauf, Schreiben, Klassengespräch, Schreibtabelle

SL B S. 8 – 10 **Schreiblehrgang**

S. 8: große Einspurübungen mit dem Zeigefinger ausführen, Wörter mit g
S. 9: Nomen
S. 10: Auswahlsätze verbinden und schreiben

Ankerbild Das Ankerbild von g (Gans) wird gezeigt und aufgehängt. Das Ankerbild wird deutlich artikuliert und in Silben geklatscht – einzeln und im Klassenverband.

Tiergeschichten Die Geschichte zum Ankerbild kann vorgelesen werden.
Gans (g): Band 2

AH B S. 8 – 11 **Arbeitsheft**

Folie 31 S. 8: Gebärde, nach Gebärden schreiben, Nomen schreiben
Folie 31 S. 9: Häuschenschreibung, Verben schreiben
S. 10: Leseroutine mit komplexen Anfangsrändern, Reimwörter: G g oder K k
S. 11: Lesekontrolle: Kreuzwörter finden und in den Text einfügen

Weitere Übungen

Automatisierung des Silbenlesens

Silbenschieber Silbenschieber vgl. S. 135: offene und geschlossene Silben

Silbenkärtchen Silbenkärtchen 1 – 5

Silbenkarten Starter G, g (Download-Angebote S. 7)

Leseteppiche Leseteppiche (KV 8/9/10, S. 297ff.)

Software

Leseroutine (vgl. S. 134: Chorisches Lesen)

Vertiefung

Wortkarten Karten 141 bis 154 (vgl. S. 139)
Zur Übung und Wiederholung der eingeführten Ankerbilder, Gebärden, Wörter und Strategien.

Software

Übungen zur Auswahl

- Fibeltext zum Mitlesen
- Der fliegende Silbenteppich
- Gebärdenschule
- Wortautomat
- Wörter schreiben
- Simsalabim
- Häuschen schreiben
- Purzelsätze
- Lückentexte
- Der Rhythmus macht's!
- Dreier-Memo-Spiel
- Ankerbilder

Sprechrhythmisches Training der Kontrastpaare

Folie 51
Musik-CD

Durchführung vgl. S. 136 CD B Nr. 1, 7
Nase – Nüsse
Regen – Rücken
Haken – Hacke
Säge – Säcke
Kater – Kette

Seite 48/49

ie
ö

Im Riesenland
Rieke liegt im Bett.
Aber was ist das?
Auf einmal kann sie fliegen.
Rieke landet auf der Insel
des Riesen Riebu.
Was ist da los?

Auf einer grünen Wiese
sind riesige Tiere mit Riesenhörnern,
Bienen und Fliegen mit Riesenflügeln,
Regenwürmer wie Riesenboas.

Riebu füttert die Tiere.
Er ist höher als ein Turm,
hat Augen wie Scheinwerfer,
Hände wie Baggerschaufeln
und Schuhe wie ein Fischerboot.

Frau Riebu schaukelt
das Riesenkind in der Wiege.
Es schreit laut.
Da rasselt der Wecker.
Es ist sieben Uhr.
Das war ein aufregender Traum.

48 49

22. Woche

Inhalte

- Zum Bild erzählen
- Text lesen
- Häuschen A: ie/Häuschen B: i
  Analyse: ie, ö
- Schreiben: ie
  Schreibtabelle: eigener Text

Die Kompetenzen in den Leitmaterialien: www.abc-der-tiere.de/1405-kompetenzen

Wochenplan

Leitmaterialien	Montag	Dienstag	Mittwoch	Donnerstag	Freitag
Silbenfibel *Niveau 1, 2, 3*	Zum Bild erzählen S. 48 Lesen: Text	Lesen: Text Häuschen A: alle Wörter mit ie	Lesen: Text Über Lernen sprechen: i oder ie	Lesen: Text	Eigenen Text schreiben
Schreiblehrgang B *Niveau 1, 2*	S. 11	S. 12	S. 13	S. 14	
Arbeitsheft B *Niveau 1, 2, 3*		S. 12 *Folie 32*	S. 13 *Folie 33*	S. 14	S. 15
Weitere Übungen	**Automatisierung des Silbenlesens:** Silbenschieber; Silbenkärtchen 1 – 5, Leseteppiche 3, 4, 5 **Vertiefung:** Software ABC der Tiere, Wortkarten **Sprechrhythmisches Training der Kontrastpaare:** *Folie 55, CD B Nr. 5, 7*				
Vorlesen	**Lesezirkus** S. 14 – 17, Das tapfere Schneiderlein				
Differenzierung	Arbeitsblätter zur individuellen Förderung (1405-77) *Lesezirkus** S. 14 – 17, Das tapfere Schneiderlein, Aufgabe S. 68 / Arbeitsblätter Lesezirkus KV 8, 9 *Tiergeschichten mit Mia und Mio*, Band 2*				

Didaktisch-methodische Überlegungen

Der i-Laut wird in der offenen betonten Silbe (Starter – Klinger) grundsätzlich mit der Zeichenkombination **ie** wiedergegeben (Das e nach dem Vokal der betonten Silbe hatte früher die Funktion einer Längenmarkierung z.B.: Soest. Der Vokal i hat als einziger Vokal – wohl aus ästhetischen Gründen – diese Schreibung beibehalten.) In einsilbigen Wörtern – er rief, er schlief, tief – hat **ie** heute die Funktion einer Längenmarkierung (so wie das Dehnungs-h), was zu diesem Zeitpunkt jedoch im Unterricht nicht thematisiert wird.
Oft werden die Zeichenkombinationen **ie** und **ei** verwechselt. Deshalb ist eine optische Unterscheidungshilfe wichtig: das **i** wird vom **e** begleitet; **ie** wird mit einem Strich unterlegt, **ei** wird mit einem Ei umrandet.
Wir nutzen die Kontrastwörter zur Klärung der ie-Schreibung und finden die Regel: i-Wörter mit betonter Starter-Klinger-Silbe schreiben wir mit ie.

Einstieg

Vorbereitung vor Beginn der Einheit/Tafelbild: Riese beim Doktor (Download-Angebot S. 7) oder Bildbetrachtung der Fibelseiten.

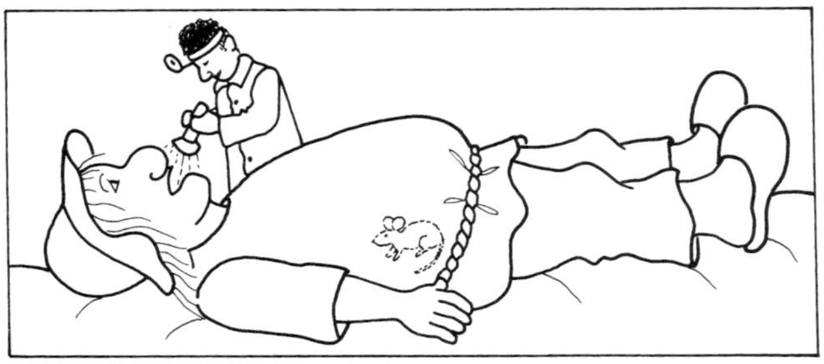

Die Lehrerin/der Lehrer schreibt zweifarbig **Riese** an die Tafel und spricht das Wort explizit mit deutlicher Trennung.

Rie-se →

Die Lehrerin/der Lehrer: „Weil Riese keinen Stopper hat, steht hinter dem **i** ein stummes **e**: das **e** begleitet das **i**."
Die Lehrerin/der Lehrer: „Nennt Wörter, die auch ein **i** ohne Stopper wie Riese haben."
Die Lehrerin/der Lehrer schreibt entsprechende Wörter unter Rie – se: Wie – se, Bie – ne, sie – ben, Lie – der, Flie – ge, Tie – re, Wie – ge.
Die Lehrerin/der Lehrer kennzeichnet das ie mit einem unterlegten Strich an der Tafel.
Alle Kinder lesen die Wörter explizit chorisch, wobei die Lehrerin/der Lehrer die Silbentrennung mit Silbenbögen deutlich unterstützt.

Hinweise zu den Leitmaterialien

S. 48/49 **Silbenfibel**

Einzelne Kinder lesen den Silbenfibeltext abschnittsweise.

SL B S. 11–14 **Schreiblehrgang**

S. 11/12: „ie“ wohnt im Doppelzimmer, Häuschenschreibung, Nomen, über Lernen sprechen
S. 13: große Einspurübungen mit dem Zeigefinger ausführen, Wörter mit ö
S. 14: Purzelsätze schreiben

···> ***Ankerbild*** Die Ankerbild von ö (Kröte) wird gezeigt und aufgehängt. Das Ankerbild wird deutlich artikuliert und in Silben geklatscht – einzeln und im Klassenverband.

···> ***Tiergeschichten*** Die Geschichte zum Ankerbild kann vorgelesen werden.
Kröte (ö): Band 3

AH B S. 12–15 **Arbeitsheft**

···> ***Folie 32***
···> ***Folie 33***

S. 12: Häuschen A: Nomen mit ie
S. 13: Häuschen A: ie – Häuschen B: i, Rhythmuskontrolle, Verben schreiben
S. 14: Leseteppich, Reimwörter mit „ie“
S. 15: Visuelle Unterscheidung: ie – ei, Schreiben: ie oder ei einfügen

Weitere Übungen

Automatisierung des Silbenlesens

···> ***Silbenschieber*** Silbenschieber (vgl. S. 135): offene und geschlossene Silben

···> ***Silbenkärtchen*** Silbenkärtchen 1 – 5

···> ***Leseteppiche*** Leseteppiche 3, 4, 5 (KV 8/9/10, S. 297ff.)

···> ***Software***

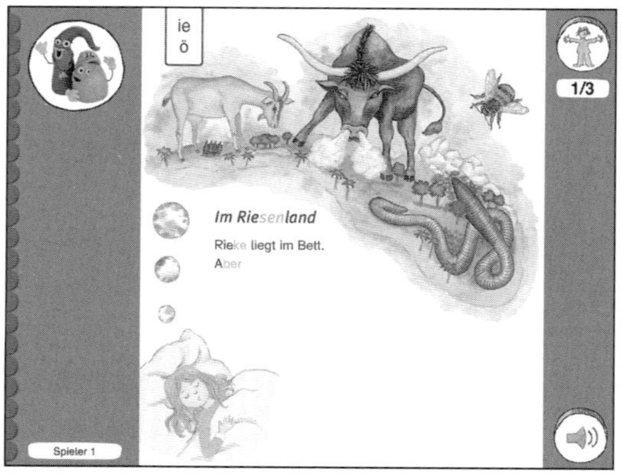

Leseroutine (vgl. S. 134: Chorisches Lesen)

Vertiefung

Wortkarten

Karten 155 bis 164 (vgl. S. 139)
Zur Übung und Wiederholung der eingeführten Ankerbilder, Gebärden, Wörter und Strategien.

Software

Übungen zur Auswahl

- Fibeltext zum Mitlesen
- Der fliegende Silbenteppich
- Gebärdenschule
- Wortautomat
- Wörter schreiben
- Simsalabim
- Häuschen schreiben
- Purzelsätze
- Lückentexte
- Der Rhythmus macht's!
- Dreier-Memo-Spiel
- Ankerbilder

Sprechrhythmisches Training der Kontrastpaare

Folie 55
Musik-CD

Durchführung vgl. S. 136, CD B Nr. 5, 7
Riese – Risse
Wiese – wissen
Schafe – Schiffe
wiegen – wickeln
Ziege – zicken

Seite 50/51

23. Woche

Inhalte

- Zum Bild erzählen
- Text lesen
  Gebärde: pa, pe
- Analyse: P p, Pf pf
  Anführungszeichen
- Schreiben: P p, Pf pf
  Schreibtabelle: eigener Text

Die Kompetenzen in den Leitmaterialien: www.abc-der-tiere.de/1405-kompetenzen

Lernstandserhebung 6

Als Hausaufgabe wird das Silbenbüchlein 6 ausgeteilt (Kapitel V.).
Am Ende der Woche wird die Lernstandserhebung 6 geschrieben (Kapitel VI.).

Wochenplan

Leitmaterialien	Montag	Dienstag	Mittwoch	Donnerstag	Freitag
Silbenfibel *Niveau 1, 2, 3*	Zum Bild erzählen Gebärde: p	Lesen: Text Wörter mit P p	Lesen: Text	Anführungs- zeichen	Lesen: Text Eigenen Text schreiben
Schreiblehrgang B *Niveau 1, 2*	S. 15		S. 16	S. 17	
Arbeitsheft B *Niveau 1, 2, 3*		S. 16 *Folie 33*	S. 17 *Folie 34*	S. 18 *Folie 34*	S. 19 *Folie 35*
Weitere Übungen	**Flüssiges Lesen mit Akzent in Versen** Silbenkarten (Download): P, p, Leseteppiche 3, 4, 6 **Vertiefung:** Software ABC der Tiere, Wortkarten **Sprechrhythmisches Training der Kontrastpaare:** *Folie 53, CD B Nr. 3, 7*				
Vorlesen	**Tiergeschichten mit Mia und Mio,** Geschichte zum **Ankerbild:** Papagei (p): Band 3, Pfau (pf): Band 3				
Differenzierung	Arbeitsblätter zur individuellen Förderung (1405-77) *Tiergeschichten mit Mia und Mio*, Band 3*				

Didaktisch-methodische Überlegungen

Das Silbenlesen sollte jetzt bei allen Kindern automatisiert sein. Nun liegt das Hauptaugenmerk auf dem flüssigen Lesen mit Akzent, dabei helfen besonders die kleinen Gedichte im Arbeitsheft.
Der Buchstabe **P** ist wie **T** und **K** ein harter, stimmloser Verschlusslaut. Ab jetzt können die harten Explosivlaute **P T K** mit den weichen **B D G** verglichen und durch deutliches Artikulieren mit Unterstützung der Gebärden unterschieden werden. Für Kinder mit flacher Atmung (Vitalkapazität) sind Atemübungen hilfreich.

Einstieg

Die Lehrerin/der Lehrer zeigt ein Parkplatzschild auf dem Tageslichtprojektor oder Beamer (Download-Angebot S. 7). Dieses ist puzzleartig abgedeckt.
Die Kinder erraten nach teilweisem Aufdecken das Zeichen. Die Lehrerin/der Lehrer führt mit den Kindern ein Klassengespräch über die Funktion des Parkplatzes: in der Stadt, an der Autobahn, im Wald, bei der Schule.
Die Lehrerin/der Lehrer schreibt **P** an die Tafel: „Mit diesem Buchstaben beginnt das Wort Parkplatz." Impuls: „Viele Wörter beginnen mit P."
Die Kinder nennen Wörter: Papa, Puppe, Polizei, Post, Pause, Pilot, Pirat, Pippi, Peter usw. Die Lehrerin/der Lehrer schreibt geeignete Wörter an die Tafel.
Die Kinder lesen die Wörter chorisch. Die Kinder üben mit dem Ankerbild die Artikulation.

Hinweise zu den Leitmaterialien

S. 50/51 **Silbenfibel**

Einzelne Kinder lesen den Silbenfibeltext abschnittsweise.
Die Lehrerin/der Lehrer stellt Fragen zum Text:

„Wer ist unterwegs?"
„Was rufen Mama und Papa?"
„Was tut Papa?"
„Was sehen die Kinder?"

Die Kinder suchen die entsprechenden Textstellen und lesen vor.
Übungsformate: Schreiben, Klassengespräch, Schreibtabelle

SL B S. 15–17 **Schreiblehrgang**

S. 15: Einspurübung, Nomen
S. 16: Schreibroutine, Nomen mit Pf
S. 17: Auswahlsätze verbinden und schreiben

Ankerbild Die Ankerbilder von p (Papagei) und pf (Pfau) werden gezeigt und aufgehängt. Sie werden deutlich artikuliert und in Silben geklatscht – einzeln und im Klassenverband.

Tiergeschichten Die Geschichten zu den Ankerbildern können vorgelesen werden.
Papagei (p): Band 3; Pfau (pf): Band 3

AH B S. 16 – 19 **Arbeitsheft**

Folie 33 S. 16: Gebärde, nach Gebärden schreiben, Nomen schreiben
Folie 34 S. 17: Häuschen A – Häuschen B, Verben mit pf schreiben
Folie 34 S. 18: Lesefluss in Versen, Reimwörter: b oder p
Folie 35 S. 19: Kreuzworträtsel lösen

Weitere Übungen

Flüssiges Lesen mit Akzent in Versen

Leseteppiche Leseteppiche 3, 4, 6 (KV 8/9/11, S. 297ff.)

Software

Leseroutine (vgl. S. 134: Chorisches Lesen)

Vertiefung

Wortkarten Karten 165 bis 180 (vgl. S. 139)
Zur Übung und Wiederholung der eingeführten Ankerbilder, Gebärden, Wörter und Strategien.

Software

Übungen zur Auswahl

- Fibeltext zum Mitlesen
- Gebärdenschule
- Wortautomat
- Wörter schreiben
- Simsalabim
- Häuschen schreiben
- Purzelsätze
- Lückentexte
- Der Rhythmus macht's!
- Dreier-Memo-Spiel
- Ankerbilder

Sprechrhythmisches Training der Kontrastpaare

Folie 53 Durchführung vgl. S. 136, CD Nr. 3, 7
Musik-CD Rabe – Robbe
Rose – Rosse
Jäger – Jacke
beten – Betten
Käse – Kasse

Seite 52/53

H h
ß

Der Hase und der Igel

Einmal traf der Igel einen Hasen und grüßte:
„Guten Morgen!"
„Du hast aber kleine Füße!"
„Wollen wir um die Wette laufen?"
„Ein Taler – die Wette gilt!"
„Warte ein wenig. Die Sonne brennt so heiß."
Er lief heim und sagte:
„Frau, der Hase will mit mir um die Wette laufen."
Der Igel schickte die Igelfrau
an das untere Ende des Ackers.
Wenn der Hase erscheint, soll sie rufen:
„Bin schon da!"

Der Igel trippelte wieder an das obere Ende
des Ackers und der Hase fragte ungeduldig:
„Können wir mit dem Wettlauf beginnen?"
„Na klar, fertig – los!"
Der Hase sauste wie der Wind den Acker hinunter.
Der Igel lief nur drei Schritte. Die Igelfrau rief:
„Bin schon da!"
Der Hase lief wieder den Acker hinauf.
Der Igel rief:
„Bin schon da!"
Der Hase lief immer hin und her.
Seine Ohren wurden heiß.
Seine Nase wurde weiß und er fiel müde um.
Der Igel erhielt den Taler und trippelte heim.

52 53

24. Woche

Inhalte

- Zum Bild erzählen
- Text lesen
  Gebärde: h
  Szenisch spielen
- Analyse: H h, ß
- Schreiben: H h, ß
  Schreibtabelle: eigener Text

Die Kompetenzen in den Leitmaterialien: www.abc-der-tiere.de/1405-kompetenzen

Wochenplan

Leitmaterialien	Montag	Dienstag	Mittwoch	Donnerstag	Freitag
Silbenfibel *Niveau 1, 2, 3*	Zum Bild erzählen Lesen: Text	Lesen: Text Wörter mit H h	Lesen: Text Gebärde: h	Lesen: Text Eigenen Text schreiben	Lesen: Text Szenisch spielen
Schreiblehrgang B *Niveau 1, 2, 3*	S. 18		S. 19	S. 20	
Arbeitsheft B *Niveau 1, 2, 3*		S. 20 *Folie 36*	S. 21 *Folie 36*	S. 22	S. 23
Weitere Übungen	**Flüssiges Lesen mit Akzent in Versen** Leseteppiche 3, 4, 6 **Vertiefung:** Software ABC der Tiere, Wortkarten **Sprechrhythmisches Training der Kontrastpaare:** *Folie 54, CD B Nr. 4, 7*				
Vorlesen	**Tiergeschichten mit Mia und Mio,** Geschichte zum **Ankerbild:** Hase (h): Band 4 **Lesezirkus** S. 18 – 19, Der Hase und der Igel				
Differenzierung	Arbeitsblätter zur individuellen Förderung (1405-77) *Lesezirkus** S. 18/19, Der Hase und der Igel, Aufgabe S. 69 / Arbeitsblätter Lesezirkus KV 10, 11 *Tiergeschichten mit Mia und Mio*, Band 4*				

Didaktisch-methodische Überlegungen

Da der Buchstabe **H h** nur im Anlaut (Starter) zu hören ist, werden nur Wörter mit dem Anlaut **H h** für die Analyse verwendet. Es ist nicht einfach **H h** zu lesen, da es eher gehaucht als gesprochen wird. Im szenischen Spiel wird der H-Laut als schnelles Hecheln des Hasen eingeführt und durch einen Schnellsprechvers gefestigt.

Einstieg

Die Lehrerin / der Lehrer erzählt das Märchen vom Hasen und dem Igel. Nach dem ersten Lauf wird die Erzählung unterbrochen und alle Kinder hecheln mit dem Hasen.
Die Lehrerin / der Lehrer schreibt **H h** in eine Sprechblase an der Tafel: „Das ist unser Buchstabe!"
Das Märchen wird weitererzählt und danach von den Kindern szenisch umgesetzt (der Hase hechelt immer deutlicher).
Die Lehrerin / der Lehrer zeigt zwei Umschläge: „Hier habe ich zwei Umschläge." In einem Umschlag befinden sich 7 Bildkarten (Hase, Henne, Haus, Hund, Hose, Himmel, Heft), im anderen die dazugehörigen Wortkarten (Download-Angebot S. 7). Die Bildkarten werden an die Tafel geheftet. Einzelne Kinder ziehen Wortkarten, lesen vor und ordnen sie den Bildern zu. Alle Kinder lesen die Wortkarten chorisch.

Hinweise zu den Leitmaterialien

S. 52/53 **Silbenfibel**

Einzelne Kinder lesen den Silbenfibeltext in verteilten Rollen.
Übungsformate: Schreiben, Klassengespräch, Schreibtabelle

SL B S. 18 – 20 **Schreiblehrgang**

S. 18: Einspurübung, Nomen, Verben
S. 19: Einspurübung, Wörter mit ß
S. 20: Auswahlsätze verbinden und schreiben, Schreibtabelle

Ankerbild Das Ankerbild von h (Hase) wird gezeigt und aufgehängt. Das Ankerbild wird deutlich artikuliert und in Silben geklatscht – einzeln und im Klassenverband.

Tiergeschichten Die Geschichte zum Ankerbild kann vorgelesen werden.
Hase (h): Band 4

AH B S. 20 – 23 **Arbeitsheft**

Folie 36 S. 20: Gebärde, nach Gebärden schreiben, Nomen schreiben
Folie 36 S. 21: Häuschen A – Häuschen B, Verben schreiben
S. 22: Lesefluss in Verben, Wörter mit ß einfügen
S. 23: Leseverständnis, schreiben

Weitere Übungen

Flüssiges Lesen mit Akzent in Versen

Leseteppiche Leseteppiche 3, 4, 6 (KV 8/9/11, S. 297ff.)

Software

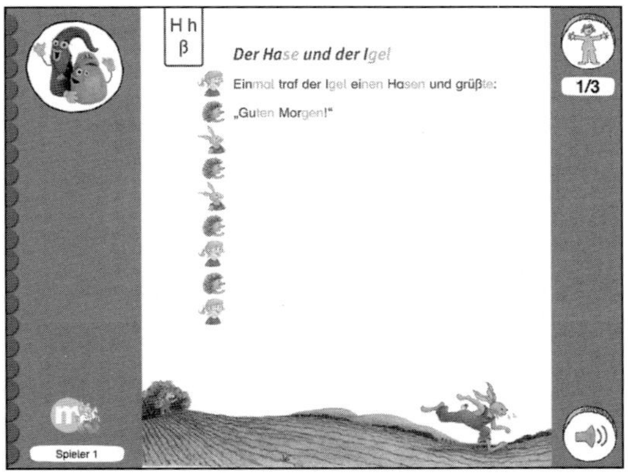

Leseroutine (vgl. S. 134: Chorisches Lesen)

Vertiefung

Wortkarten Karten 181 bis 195 (vgl. S. 139)
Zur Übung und Wiederholung der eingeführten Ankerbilder, Gebärden, Wörter und Strategien.

Software

Übungen zur Auswahl
- Fibeltext zum Mitlesen
- Gebärdenschule
- Wortautomat
- Wörter schreiben
- Simsalabim
- Häuschen schreiben
- Purzelsätze
- Lückentexte
- Der Rhythmus macht's!
- Dreier-Memo-Spiel
- Ankerbilder

Sprechrhythmisches Training der Kontrastpaare

Folie 54
Musik-CD

Durchführung vgl. S. 136, CD B Nr. 4, 7
Hüte – Hütte
Ofen – offen
Töne – Tonne
Schemel – Schimmel
Rasen – Rassel

Seite 54/55

25. Woche

Inhalte

- Zum Bild erzählen
- Text lesen
  Gebärde: ch
- Analyse: ch wie Licht, ch wie Nacht
- Schreiben: ch
  Schreibtabelle: eigener Text

Die Kompetenzen in den Leitmaterialien: www.abc-der-tiere.de/1405-kompetenzen

Wochenplan

Leitmaterialien	Montag	Dienstag	Mittwoch	Donnerstag	Freitag
Silbenfibel *Niveau 1, 2, 3*	Zum Bild erzählen Lesen: Text	Lesen: Text Ganzwort: Feuer Wörter mit ch	Lesen: Text Gebärde: ch		Lesen: Text Eigenen Text schreiben
Schreiblehrgang B *Niveau 1, 2*	S. 21		S. 22	S. 23	
Arbeitsheft B *Niveau 1, 2, 3*		S. 24 *Folie 37*	S. 25	S. 26	S. 27
Weitere Übungen	**Flüssiges Lesen mit Akzent in Versen** **Vertiefung:** Software ABC der Tiere, Wortkarten **Sprechrhythmisches Training der Kontrastpaare:** *Folie 54, CD B Nr. 4, 7*				
Vorlesen	**Tiergeschichten mit Mia und Mio,** Geschichte zum **Ankerbild:** Katze (ch): Band 8 **Lesezirkus** S. 20 – 25, Mogli bei den Wölfen, Mogli holt das Feuer, Mogli besiegt Schir Kan				
Differenzierung	Arbeitsblätter zur individuellen Förderung (1405-77) *Lesezirkus** S. 20 – 25, Mogli bei den Wölfen, Aufgaben S. 70 / Arbeitsblätter Lesezirkus KV 12, 13, 14				

Didaktisch-methodische Überlegungen

Die Zeichenkombination **ch** wird auf zwei Arten gesprochen. Nach hellen Vokalen (ä, e, i, ei, eu) und nach Konsonanten (Milch) wird **ch** am Vordergaumen gebildet (ich-Laut), nach dunklen Vokalen (a, o, u, au) dagegen am Hintergaumen (ach-Laut). Zwischen dem gutturalen ach-Laut und dem Buchstaben **r** kann es zu Verwechslungen kommen (dor statt doch). Hier muss auf klare Artikulation geachtet werden.

Einstieg

Bildbetrachtung der Fibelseiten. Die Kinder erzählen.
Die Lehrerin / der Lehrer fragt: „Was macht der Tiger?"
Der Tiger faucht. Die Kinder fauchen wie der Tiger.
Alternativ kann zum Einstieg vorgelesen werden:
Tiergeschichte mit Mia und Mio, Band 1, S. 16: Tiger in Indien
Lesezirkus, S. 20 ff.: Mogli bei den Wölfen
Die Lehrerin / der Lehrer schreibt **ch** mehrmals untereinander an die Tafel und erklärt: „Mit diesem Buchstaben können wir fauchen."
Die Lehrerin / der Lehrer ergänzt das oberste **ch** zu fauchen.
Die Lehrerin / der Lehrer gibt den Impuls: „Findet Reimwörter zu fauchen."
Die Lehrerin / der Lehrer ergänzt die weiteren **ch** zu geeigneten Reimwörtern.
Die Kinder lesen die Reimwörter chorisch. Die Reimwörter werden in das Schreibheft übertragen.

fau	ch	en
rau	ch	en
tau	ch	en
brau	ch	en
hau	ch	en

Hinweise zu den Leitmaterialien

S. 54/55 **Silbenfibel**

Einzelne Kinder lesen den Silbenfibeltext abschnittsweise.
Das Ganzwort „Feuer" wird eingeführt.
Die Lehrerin / der Lehrer führt mit der Klasse ein Gespräch über den Inhalt des Textes.
Übungsformate: Gebärdenlesen, Abschreiben, Schreiben

SL B S. 21 – 23 **Schreiblehrgang**

S. 21: Einspurübung, Wörter mit ch
S. 22: Nomen mit ch, Verben mit Endsilbe chen
S. 23: Purzelsätze ordnen und schreiben

Ankerbilder Die Ankerbilder von ch (Katze – fauchen / Milch) werden gezeigt und aufgehängt. Sie werden deutlich artikuliert und in Silben geklatscht – einzeln und im Klassenverband.

Tiergeschichten — Die Geschichte zum Ankerbild kann vorgelesen werden.
Katze (ch): Band 8

AH B S. 24 – 27 — **Arbeitsheft**

Folie 37

S. 24: Gebärde, nach Gebärden schreiben, Nomen schreiben
S. 25: Reimwörter, visuelle Unterscheidung ch – sch
S. 26: Lesefluss in Versen, Kreuzwörter suchen und schreiben
S. 27: Leseverständnis im Lückentext, ein Tier beschreiben

Weitere Übungen

Flüssiges Lesen mit Akzent in Versen

Software

Leseroutine (vgl. S. 134: Chorisches Lesen)

Vertiefung

Wortkarten — Karten 196 bis 206 (vgl. S. 139)
Zur Übung und Wiederholung der eingeführten Ankerbilder, Gebärden, Wörter und Strategien.

Software

Übungen zur Auswahl

- Fibeltext zum Mitlesen
- Gebärdenschule
- Wortautomat
- Wörter schreiben
- Simsalabim
- Häuschen schreiben
- Purzelsätze
- Lückentexte
- Der Rhythmus macht's!
- Dreier-Memo-Spiel
- Ankerbilder

Sprechrhythmisches Training der Kontrastpaare

Folie 54
Musik-CD

Durchführung vgl. S. 136, CD B Nr. 4, 7
Hüte – Hütte
Ofen – offen
Töne – Tonne
Schemel – Schimmel
Rasen – Rassel

Seite 56/57

26. Woche

Inhalte

- Zum Bild erzählen
- Text lesen
- Analyse: Ä ä
  Strategie: Ableiten, Gans – Gänse, Hase – Häschen, ich wasche – Tom wäscht
- Schreiben: Ä ä
  Schreibtabelle: eigener Text

Die Kompetenzen in den Leitmaterialien: www.abc-der-tiere.de/1405-kompetenzen

Wochenplan

Leitmaterialien	Montag	Dienstag	Mittwoch	Donnerstag	Freitag
Silbenfibel *Niveau 1, 2, 3*	Zum Bild erzählen Lesen: Text	Lesen: Text Ableiten: Gans – Gänse	Lesen: Text		Lesen: Text Eigenen Text schreiben
Schreiblehrgang B *Niveau 1, 2*	S. 24		S. 25	S. 26	
Arbeitsheft B *Niveau 1, 2, 3*		S. 28	S. 29	S. 30	S. 31

Weitere Übungen	**Flüssiges Lesen mit Akzent in Versen** **Vertiefung:** Software ABC der Tiere, Wortkarten **Sprechrhythmisches Training der Kontrastpaare:** *Folie 54, CD B Nr. 4, 7* **Lied:** „Häschen in der Grube“, *CD A Nr. 31, 32*
Vorlesen	**Tiergeschichten mit Mia und Mio,** Geschichte zum **Ankerbild:** Känguru (ä): Band 7
Differenzierung	Arbeitsblätter zur individuellen Förderung (1405-77) *Lesezirkus** S. 20 – 25, Mogli holt das Feuer, Aufgaben S. 70 / Arbeitsblätter Lesezirkus KV 12, 13, 14 *Tiergeschichten mit Mia und Mio*, Band 5*

Didaktisch-methodische Überlegungen

Der Ausdruck Häschen oder Häslein für ein junges Kaninchen ist zwar biologisch falsch, aber allgemein gebräuchlich. Die Buchstabenform des **a** ist bekannt, durch die Pünktchen wird sie zum neuen Laut. Die Umlautbildung wird bei **Ä ä** durch die Verkleinerung und durch die Mehrzahlbildung erarbeitet. Die akustische Analyse von ä-Wörtern ist nicht sinnvoll, da **ä** und **e** schwer zu unterscheiden sind. Im Hinblick auf die spätere Rechtschreibfertigkeit bei **ä** und **e** ist es wichtig, den ä-Wörtern ein verwandtes a-Wort gegenüberzustellen.

Einstieg

Falls ein Kind ein Kaninchen besitzt, so ist es ein sehr schöner Einstieg in diese Einheit, wenn ein richtiges „Häschen“ in den Unterricht gebracht wird. Der Käfig mit dem Häschen steht im Stuhlkreis und jedes Kind darf nach vorausgehender Anweisung das Häschen vorsichtig streicheln. Der „Tierbesitzer“ wacht als Moderator über den tiergerechten Umgang und gibt Auskunft über Fütterung und Pflege. Falls das nicht möglich ist, muss ein Stofftier als Ersatz reichen.
Die Lehrerin / der Lehrer schreibt Hase – Häschen an die Tafel und erklärt das ä.

Die Regel für die Verkleinerung: aus **a** wird **ä** (aus u wird ü; aus o wird ö).
Die Kinder schreiben alle Ä-ä-Wörter des Silbenfibeltextes ins Schreibheft.

S. 56/57 — **Silbenfibel**

Einzelne Kinder lesen den Silbenfibeltext abschnittsweise.
Übungsformate: Schreiben, Schreibtabelle

SL B S. 24 – 26 — **Schreiblehrgang**

S. 24: Einspurübung, Nomen mit Ä ä
S. 25: Ableitung: Pluralbildung mit ä, über Lernen sprechen
S. 26: Ableitung: Verkleinerungsformen mit ä, Ableitung: er-Form mit ä

Ankerbild — Das Ankerbild von ä (Känguru) wird gezeigt und aufgehängt. Das Ankerbild wird deutlich artikuliert und in Silben geklatscht – einzeln und im Klassenverband.

Tiergeschichten — Die Geschichte zum Ankerbild kann vorgelesen werden.
Känguru (ä): Band 7

AH B S. 28 – 31 — **Arbeitsheft**

S. 28: Nomen und Verben zuordnen, Sätze schreiben
S. 29: Ableiten: Pluralbildung mit ä
S. 30: Gedicht lesen, Ableiten: Verkleinerungsformen mit ä
S. 31: Leseverständnis: Kreuzwörter finden und Lösungswort eintragen

Weitere Übungen

Flüssiges Lesen mit Akzent in Versen

Software

Leseroutine (vgl. S. 134: Chorisches Lesen)

Vertiefung

Wortkarten Karten 207 bis 214 (vgl. S. 139)
Zur Übung und Wiederholung der eingeführten Ankerbilder, Gebärden, Wörter und Strategien.

Software

Übungen zur Auswahl

- Fibeltext zum Mitlesen
- Gebärdenschule
- Wortautomat
- Wörter schreiben
- Simsalabim
- Häuschen schreiben
- Purzelsätze
- Lückentexte
- Der Rhythmus macht's!
- Dreier-Memo-Spiel
- Ankerbilder

Sprechrhythmisches Training der Kontrastpaare

Folie 54
Musik-CD

Durchführung vgl. S. 136, CD B Nr. 4, 7
Hüte – Hütte
Ofen – offen
Töne – Tonne
Schemel – Schimmel
Rasen – Rassel

Musik-CD **Lied** – CD A Nr. 31, 32 – KV 93, S. 383
Das Spiellied „Häschen in der Grube“ kann als Einstieg oder Abschluss der Einheit verwendet werden.

Seite 58/59

St st
Sp sp

Störche

Die Störche sind wieder da.
Laut klappern sie mit den Schnäbeln.
Stefan und Susanne betrachten sie still.
Beide Eltern brüten die Eier aus.
Nach dreißig Tagen schlüpfen
drei Storchenkinder aus.

Die Storcheneltern füttern sie fleißig.
Auf nassen Wiesen und in Teichen
finden sie Frösche und kleine Fische.
Die Storchenkinder werden schnell groß.
Bald stehen sie am Nestrand und
flattern auf der Stelle.
Wann starten sie den ersten Flug?

Im Spätsommer bilden
die Störche große Schwärme.
Manche fliegen über Spanien.
Andere fliegen über Istanbul in der Türkei.
Alle überwintern in Afrika.
Dort finden sie genug Futter.

Stefan und Susanne sprechen oft
über die Storchenfamilie.
Werden sie im nächsten April
wiederkommen?

58 59

27. Woche

Inhalte

- Zum Bild erzählen
- Text lesen
  Gebärde: Storch
- Analyse: St st, Sp sp als Verkürzung von phonetisch „scht“ und „schp“
- Schreiben: St st, Sp sp
  Schreibtabelle: eigener Text

Die Kompetenzen in den Leitmaterialien: www.abc-der-tiere.de/1405-kompetenzen

Lernstandserhebung 7

Als Hausaufgabe wird das Silbenbüchlein 7 ausgeteilt (Kapitel V.).
Am Ende der Woche wird die Lernstandserhebung 7 geschrieben (Kapitel VI.).

Wochenplan

Leitmaterialien	Montag	Dienstag	Mittwoch	Donnerstag	Freitag
Silbenfibel *Niveau 1, 2, 3*	Zum Bild erzählen Lesen: Text	Lesen: Text Wörter mit St st	Lesen: Text		Lesen: Text Eigenen Text schreiben
Schreiblehrgang B *Niveau 1*	S. 27		S. 28		
Arbeitsheft B *Niveau 1, 2, 3*		S. 32	S. 33	S. 34	S. 35
Weitere Übungen	**Flüssiges Lesen mit Akzent in Versen** **Vertiefung:** Software ABC der Tiere, Wortkarten **Sprechrhythmisches Training der Kontrastpaare:** *Folie 54, CD B Nr. 4, 7* **Lied:** „Der Klapperschnabelstorch“, *CD A Nr. 33, 34*				
Vorlesen	**Tiergeschichten mit Mia und Mio,** Geschichte zum **Ankerbild:** Storch (st): Band 6, Specht (sp): Band 6, Kröte (ö): Band 3				
Differenzierung	Arbeitsblätter zur individuellen Förderung (1405-77) *Lesezirkus** S. 24, 25, Mogli besiegt Schir Kan, Aufgaben S. 70 / Arbeitsblätter Lesezirkus KV 12, 13, 14				

Didaktisch-methodische Überlegungen

Im Anlaut (Starter) werden **St** und **Sp** wie „Scht" bzw. „Schp" gesprochen. Das ist in der ersten Klasse für das sinnerfassende Lesen von Bedeutung. Die Vertiefung erfolgt in der zweiten Klasse.

Einstieg

Musik-CD

Zum Einstieg singen die Kinder das „Storchenlied" und/oder sprechen den Storchenvers (siehe S. 249) mit synchronem Gehen.
Die Lehrerin/der Lehrer schreibt **Störche** an die Tafel.
Impuls: „Was fällt euch auf?"
Die Lehrerin/der Lehrer erklärt: „Bei **st** und bei **sp** gibt es eine Sparschreibweise. Wir sprechen scht und schp, sparen uns aber das **ch** und schreiben **st**, **sp**.
Sprechvers:

Störche, Stare, Stock und Stein
schreibe ich mit **St** fein!

Die Kinder lernen den Vers.
Die Lehrerin/der Lehrer schreibt die St-Wörter an die Tafel.
Die Kinder lesen die Wörter phonetisch richtig.

Hinweise zu den Leitmaterialien

S. 58/59

Silbenfibel

Die Kinder lesen den Silbenfibeltext S. 58 abschnittsweise.
Die Lehrerin/der Lehrer fragt: „Welche Wörter lesen wir wie Störche?"
Die Kinder nennen die Wörter aus dem Silbenfibeltext.
Bevor S. 59 gelesen wird, weist die Lehrerin/der Lehrer auf Spätsommer und Spanien hin, schreibt beide Wörter an die Tafel und erklärt:
„Die Wörter Spätsommer und Spanien schreibt man – wie Störche – anders, als man sie spricht."
Die Kinder lesen die Wörter phonetisch richtig.
Die Kinder lesen den Text S. 59 abschnittsweise.
Übungsformate: Gebärdenlesen, Schreiben, Schreibtabelle, Ich – Du – Wir

SL B S. 27 – 28

Schreiblehrgang

S. 27: Einspurübung, Wörter mit St st
S. 28: Einspurübung, Wörter mit Sp sp
S, Sch, St, Sp – Das Diktat
Die Kinder nehmen das Schreibheft und schlagen eine freie Doppelseite auf. Die linke und die rechte Seite wird je einmal hochkant gefaltet, sodass vier Spalten entstehen. Dann schreiben die Kinder nach Diktat in das Heft.

S	Sch	St	Sp
Salami	Schalter	Steine	Sport
Sonne			

Salami Schalter Steine Sport
Sonne Schokolade Straße Spinne
Spalte Sterne Schule Salat
Sprudel Stimme Schere Suppe

Ankerbilder Die Ankerbilder von st, sp (Storch, Specht) werden gezeigt und aufgehängt. Die Ankerbilder werden deutlich artikuliert und in Silben geklatscht – einzeln und im Klassenverband.

Tiergeschichten Die Geschichten zu den Ankerbildern können vorgelesen werden.
Storch (st): Band 6, Specht (sp): Band 6

AH B S. 32 – 35 **Arbeitsheft**

S. 32: Nomen zum Bild besprechen, Nomen schreiben
S. 33: Reimwörter, Speisekarte, eigene Speisekarte
S. 34: Lesefluss in Versen, Wörter mit St oder Sp
S. 35: Leseverständnis: Sätze schreiben, Schreibtabelle

Weitere Übungen

Flüssiges Lesen mit Akzent in Versen

Software

Leseroutine (vgl. S. 134: Chorisches Lesen)

Vertiefung

Wortkarten Karten 215 bis 227 (vgl. S. 139)
Zur Übung und Wiederholung der eingeführten Ankerbilder, Gebärden, Wörter und Strategien.

Software

Übungen zur Auswahl
- Fibeltext zum Mitlesen
- Gebärdenschule
- Wortautomat
- Wörter schreiben
- Simsalabim
- Häuschen schreiben
- Purzelsätze
- Lückentexte
- Der Rhythmus macht's!
- Dreier-Memo-Spiel
- Ankerbilder

Sprechrhythmisches Training der Kontrastpaare

···› *Folie 54* Durchführung vgl. S. 136, CD B Nr. 4, 7
···› *Musik-CD* Hüte – Hütte
Ofen – offen
Töne – Tonne
Schemel – Schimmel
Rasen – Rassel

···› *Musik-CD* **Lied** – CD A Nr. 33, 34 – KV 94, S. 384
„Der Klapperschnabelstorch". Das Lied kann als Einstieg und als Abschluss der Einheit verwendet werden.

Storchenvers

Herr und Frau von Klapperstorch
klappern in dem Neste, horch!
Fliegen dann nach Afrika,
sind im Frühling wieder da.

Seite 60/61

Zz

ZOO

Im Zoo

Mio und Mia gehen zusammen in den Zoo. Sie kaufen zwei Karten. Welche Tiere sollen sie besuchen? Zwei Stunden haben sie Zeit.

Zuerst gehen sie zum Streichelzoo. Alle Ziegen kommen an den Zaun. Mia streichelt eine braune Ziege. Sie hat ein zottiges Fell. Mio hält ein Kaninchen im Arm. Es zittert.

Die Kinder rennen weiter. Mio ruft: „Schau, da sind Pferde im Schlafanzug!" Mia lacht und sagt: „Das sind doch Zebras!" Im gleichen Gehege sind auch Warzenschweine. Sie haben große Zähne.

Zebra

Danach beobachten Mio und Mia die Menschenaffen im Freigehege. Sie spielen und schaukeln.

Schimpanse

Mio will noch die Löwen und Tiger anschauen. Mia besucht im Reptilienhaus die Krokodile.

Krokodil

Löwe

Nun ist die Zeit um. Sie gehen nach Hause zurück.

60

61

28. Woche

Inhalte

- Zum Bild erzählen
- Text lesen
  Gebärde: Zoo
- Schreiben: Z z
  Schreibtabelle: eigener Text

Die Kompetenzen in den Leitmaterialien: www.abc-der-tiere.de/1405-kompetenzen

Wochenplan

Leitmaterialien	Montag	Dienstag	Mittwoch	Donnerstag	Freitag
Silbenfibel *Niveau 1, 2, 3*	Zum Bild erzählen Lesen: Text Gebärde: z	Lesen: Text Wörter mit Z z	Lesen: Text Reimwörter	Klassen-gespräch	Lesen: Text Eigenen Text schreiben
Schreiblehrgang B *Niveau 1, 2*	S. 29		S. 30	S. 31	
Arbeitsheft B *Niveau 1, 2*		S. 36 *Folie 37*	S. 37 *Folie 37*	S. 38	S. 39
Weitere Übungen	**Flüssiges Lesen mit Akzent in Versen** **Vertiefung:** Software ABC der Tiere, Wortkarten **Sprechrhythmisches Training der Kontrastpaare:** *Folie 55, CD B Nr. 5, 7*				
Vorlesen	**Tiergeschichten mit Mia und Mio,** Geschichte zum **Ankerbild:** Zebra (z): Band 6 ***Lesezirkus*** S. 26 – 29, Peter und der Wolf				
Differenzierung	Arbeitsblätter zur individuellen Förderung (1405-77) *Lesezirkus** S. 26 – 29, Peter und der Wolf, Aufgaben S. 71 / Arbeitsblätter Lesezirkus KV 15 – 17 *Tiergeschichten mit Mia und Mio*, Band 6*				

Didaktisch-methodische Überlegungen

Z z ist ein Reibelaut. Im Gegensatz zum **S s** ist er immer stimmlos. Beim Sprechen werden **S s** und **Z z** oft schlecht unterschieden. Deshalb ist auf die genaue Artikulation zu achten.

Einstieg

Benötigt werden Spielzeug-Zootiere.

Die Kinder bringen Zootiere (Playmobil etc.) mit.
Die Lehrerin / der Lehrer baut zusammen mit den Kindern eine Zooanlage auf.
„Welche Tiere leben in Freigehegen, Käfigen, Häusern usw.?“
Die Lehrerin / der Lehrer legt die Wortkarten (Download-Angebote S. 7) aus.
Die Kinder ordnen die Kärtchen den Tieren zu.
Die Lehrerin / der Lehrer: „Wie ihr seht, benötigen wir für das Wort Zoo einen neuen Buchstaben.“
Die Lehrerin / der Lehrer schreibt **Zoo** an die Tafel.
Die Lehrerin / der Lehrer: „Welche Tiernamen beginnen ebenfalls mit diesem neuen Buchstaben?“
Die Kinder nennen Zebra und Ziege.
Die Lehrerin / der Lehrer schreibt die beiden Wörter unter Zoo an die Tafel.
Die Kinder lesen die Wörter chorisch.

Hinweise zu den Leitmaterialien

S. 60/61 — **Silbenfibel**

Die Kinder lesen den Silbenfibeltext abschnittsweise.
Übungsformate: Schreiben, Schreibtabelle

SL B S. 29 – 31 — **Schreiblehrgang**

S. 29: Einspurübung, Wörter mit Z z
S. 30: Nomen mit Z z
S. 31: Purzelsätze

Ankerbilder — Das Ankerbild von z (Zebra) wird gezeigt und aufgehängt. Das Ankerbild wird deutlich artikuliert und in Silben geklatscht – einzeln und im Klassenverband.

Tiergeschichten — Die Geschichte zum Ankerbild kann vorgelesen werden.
Zebra (z): Band 6

AH B S. 36 – 39 — **Arbeitsheft**

S. 36: Gebärde, nach Gebärden schreiben, Nomen schreiben (***Folie 37***)
S. 37: Häuschen A – Häuschen B, Verben schreiben (***Folie 37***)
S. 38: Lesefluss in Versen, Nomen / Verben aus dem Gedicht
S. 39: Leseverständnis, Sätze schreiben

Weitere Übungen

Flüssiges Lesen mit Akzent in Versen

Software

Leseroutine (vgl. S. 134: Chorisches Lesen)

Vertiefung

Wortkarten

Karten 228 bis 240 (vgl. S. 139)
Zur Übung und Wiederholung der eingeführten Ankerbilder, Gebärden, Wörter und Strategien.

Software

Übungen zur Auswahl

- Fibeltext zum Mitlesen
- Gebärdenschule
- Wortautomat
- Wörter schreiben
- Simsalabim
- Häuschen schreiben
- Purzelsätze
- Lückentexte
- Der Rhythmus macht's!
- Dreier-Memo-Spiel
- Ankerbilder

Sprechrhythmisches Training der Kontrastpaare

Folie 55
Musik-CD

Durchführung vgl. S. 136, CD B Nr. 5, 7
Riese – Risse
Wiese – wissen
Schafe – Schiffe
wiegen – wickeln
Ziege – zicken

Seite 62/63

29. Woche

Inhalte

- Zum Bild erzählen
- Texte lesen
  Gebärde: Moritz
- Analyse: ai, tz
- Sprachvergleich: Türkisch – Deutsch im Tanzlied
- Schreiben: tz, ai
  Schreibtabelle

Die Kompetenzen in den Leitmaterialien: www.abc-der-tiere.de/1405-kompetenzen

Wochenplan

Leitmaterialien	Montag	Dienstag	Mittwoch	Donnerstag	Freitag
Silbenfibel *Niveau 1, 2, 3*	S. 62 Zum Bild erzählen Lesen: Text	S. 62 Lesen: Text Wörter mit ai	S. 63 Lesen: Text Tanzen	S. 63 Lesen: Text Tanzen Wörter mit tz	S. 63 Tanzen
Schreiblehrgang B *Niveau 1, 2, 3*		S. 32	S. 33	S. 34	
Arbeitsheft B *Niveau 1, 2, 3*	S. 40	S. 41	S. 42		S. 43 *Folie 38*
Weitere Übungen	**Flüssiges Lesen mit Akzent in Versen:** **Vertiefung:** Software ABC der Tiere, Wortkarten **Sprechrhythmisches Training der Kontrastpaare:** *Folie 56, CD B Nr. 6, 7* **Lied:** „Sap-sap-klapp-klapp-Tanz“, *CD A Nr. 35, 36*				
Vorlesen	***Lesezirkus*** S. 34 – 39, Max und Moritz, Schneider Böck				
Differenzierung	Arbeitsblätter zur individuellen Förderung (1405-77) *Lesezirkus** S. 34 – 39, Max und Moritz, Schneider Böck*, Aufgaben S. 73 / Arbeitsblätter Lesezirkus KV 19 – 21				

Didaktisch-methodische Überlegungen

Der Laut **ai** ist in anderer Schreibweise bekannt (Ei ei). Die Buchstabenkombination ai kommt nur in wenigen Wörtern vor. Die tz-Wörter werden durch Reimwörter (Katze – Tatze) und Kontrastpaare (Käuze – Katze) geübt.
Das unproblematische **nk** wird als Vorbereitung von **ng** in der nächsten Woche eingeführt.
Kinder musizieren und tanzen gerne. Musik kann auch Brücken zu anderen Kulturkreisen schlagen. Besonders geeignet sind international verbreitete Musikstücke wie das Tanzlied „Mit den Händen klapp klapp klapp". An Schulfesten kann das Tanzlied mit Choreographie vorgeführt werden. Der einfache Text bietet außerdem die Möglichkeit, deutsch-türkische Entsprechungen herauszufinden.
Das Katzengedicht (S. 255) bietet sich als Text zum Auswendiglernen an.

Hinweise zu den Leitmaterialien

S. 62/63 **Silbenfibel**

Die Kinder lesen den Silbenfibeltext und vergleichen mit den Bildern.
Übungsformate: Schreiben

SL B S. 32–34 **Schreiblehrgang**

S. 32: Einspurübung, Wörter mit tz
S. 33: Wörter mit tz
S. 34: Einspurübung, Wörter mit ai

AH B S. 40–43 **Arbeitsheft**

S. 40: Reime, Wörter mit tz
S. 41: zusammengesetzte Nomen, Kreuzwort Lösungswort
S. 42: Sätze schreiben
···> Folie 38 S. 43: Tanz

Weitere Übungen

Flüssiges Lesen mit Akzent in Versen

···> Software

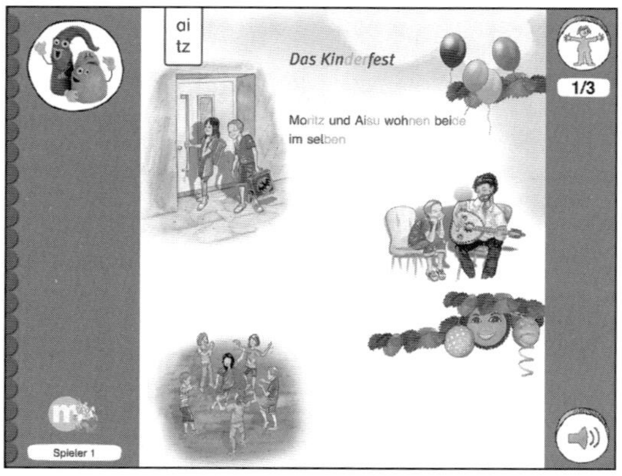

Leseroutine (vgl. S. 134: Chorisches Lesen)

Vertiefung

Wortkarten

Karten 241 bis 246 (vgl. S. 139)
Zur Übung und Wiederholung der eingeführten Ankerbilder, Gebärden, Wörter und Strategien.

Software

Übungen zur Auswahl

- Fibeltext zum Mitlesen
- Wortautomat
- Wörter schreiben
- Simsalabim
- Häuschen schreiben
- Purzelsätze
- Lückentexte
- Der Rhythmus macht's!
- Dreier-Memo-Spiel
- Ankerbilder

Sprechrhythmisches Training der Kontrastpaare

Folie 56
Musik-CD

Durchführung vgl. S. 136, CD B Nr. 6, 7
Käuze – Katze
Schnauze – schnitzen
Weizen – Witze
reizen – ritzen
heizen – Hitze

Musik-CD

Lied – CD A Nr. 35, 36 – KV 95, S. 385
„Sap-sap-klapp-klapp-Tanz“. Das Lied kann als Einstieg und als Abschluss der Einheit verwendet werden.

Katzengedicht

Eine schwarze Miezekatze
kratzte mit der Miezetatze

an dem Haus – von der Maus.
Maus schaut raus – Katz bleibt drauß.

Bitte treten Sie doch ein,
piept Frau Maus – spitz und fein.

Katze steckt den Kopf ins Loch,
bleibt drin stecken, wusst ich's doch!

Seite 64/65

ng
nk

Lena im Rollstuhl

Lena muss im Rollstuhl sitzen.
Sie kann nicht alleine gehen und springen wie andere Kinder.

Lena in der Wohnung

In der Wohnung kann Lena selbst fahren.
Auf der Straße und im Park schiebt Papa den „Rolli".

Lena im Park

Lena ist oft allein.
Dann liest sie Bücher oder schaut die Lieblingsserie an.
Manchmal ist Lena traurig, weil sie nicht mit den anderen Kindern springen und toben kann.

Lena liest ein Buch.

64

Lena geht gerne zur Schule.
Die Kinder sind sehr nett.
Die Schule hat nur Treppen.
Die Lehrerin und die Schüler schieben Lena über eine Rampe.

Lena fährt auf der Rampe.

Alle helfen Lena.
Susi sucht den Ring auf dem Boden.
Lara steckt ihn wieder an den Finger.
Lena will etwas trinken.
Ali bringt ein Glas mit Wasser.

Alle helfen Lena.

Lena spielt Flöte.
Alle singen und tanzen.
Sie dreht sich mit dem Rolli.
Müde sitzt sie auf der Bank.
Nun fahren die anderen Kinder mit dem Rolli.

Lena spielt Flöte.

65

30. Woche

Inhalte

- Zum Bild erzählen
- Text lesen
  Gebärde: ng
- Analyse: ng, nk (Bei nk höre ich das k.)
- Schreiben: nk, ng, Ü ü
  Schreibtabelle: eigener Text

Die Kompetenzen in den Leitmaterialien: www.abc-der-tiere.de/1405-kompetenzen

Wochenplan

Leitmaterialien	Montag	Dienstag	Mittwoch	Donnerstag	Freitag
Silbenfibel *Niveau 1, 2, 3*	Zum Bild erzählen Lesen: Text Wörter mit nk	Lesen: Text Gebärde: ng	Lesen: Text	Lesen: Text Wörter mit ng	Lesen: Text
Schreiblehrgang B *Niveau 1, 2*	S. 35	S. 36	S. 37	S. 38	
Arbeitsheft B *Niveau 1, 2, 3*		*S. 44* *Folie 38*	S. 45	S. 46	S. 47
Weitere Übungen	**Flüssiges Lesen mit Akzent in Versen** **Vertiefung:** Software ABC der Tiere, Wortkarten **Sprechrhythmisches Training der Kontrastpaare:** *Folie 56, CD B Nr. 6, 7*				
Vorlesen	**Tiergeschichten mit Mia und Mio,** Geschichte zum **Ankerbild:** Schlange (ng): Band 7, Kühe (ü): Band 4				
Differenzierung	Arbeitsblätter zur individuellen Förderung (1405-77) *Lesezirkus** S. 34 – 39, Max und Moritz, Schneider Böck, Aufgaben S. 73 / Arbeitsblätter Lesezirkus KV 19 – 21 *Tiergeschichten mit Mia und Mio*, Band 7*				

Didaktisch-methodische Überlegungen

Die Kinder sollen erkennen, dass die Buchstabenkombination **ng** nasal gesprochen wird. Beim Silbenlesen von „singen" wird der nasale Laut zweimal gesprochen. Bei dem Wort „sinken" wird die erste Silbe mit dem nasalen Laut beendet und die zweite Silbe mit dem Explosivlaut **k** gestartet. Die Artikulation muss geübt werden, bis sie klar und deutlich ist.
Der Text kann zum Anlass genommen werden, in der Klasse über Fragen zur Inklusion zu sprechen. Wie fühlen sich Schüler mit Behinderungen? Wie leben Behinderte und Nichtbehinderte zusammen? Welche gemeinsamen Aktivitäten sind möglich?

Hinweise zu den Leitmaterialien

S. 64/65 — **Silbenfibel**

Die Kinder lesen den Silbenfibeltext und vergleichen mit den Bildern.
Übungsformate: Schreiben

SL B S. 35 – 38 — **Schreiblehrgang**

S. 35: Einspurübung, Wörter mit nk
S. 36: Einspurübung, Wörter mit ng, über Lernen sprechen
S. 37: Einspurübung, Wörter mit ü
S. 38: Verkleinerungsform mit ü, Pluralbildung mit ü

···> Ankerbilder — Die Ankerbilder von ng, nk und ü (Schlange, Anker, Kühe) werden gezeigt und aufgehängt. Sie werden deutlich artikuliert und in Silben geklatscht – einzeln und im Klassenverband.

···> Tiergeschichten — Die Geschichte zum Ankerbild kann vorgelesen werden.
Schlange (ng): Band 7, Kühe (ü): Band 4

AH B S. 44 – 47 — **Arbeitsheft**

···> Folie 38

S. 44: Gebärde, nach Gebärden schreiben, Wörter mit ng
S. 45: Akustische Unterscheidung: ng – nk
S. 46: Partnerarbeit Schreiben
S. 47: Leseverständnis, Wörter einfügen

Weitere Übungen

Flüssiges Lesen mit Akzent in Versen

···> ***Software***

Leseroutine (vgl. S. 134: Chorisches Lesen)

Vertiefung

···> ***Wortkarten***

Karten 247 bis 265 (vgl. S. 139)
Zur Übung und Wiederholung der eingeführten Ankerbilder, Gebärden, Wörter und Strategien.

···> ***Software***

Übungen zur Auswahl
- Fibeltext zum Mitlesen
- Gebärdenschule
- Wortautomat
- Wörter schreiben
- Simsalabim
- Häuschen schreiben
- Purzelsätze
- Lückentexte
- Der Rhythmus macht's!
- Dreier-Memo-Spiel
- Ankerbilder

Sprechrhythmisches Training der Kontrastpaare

···> ***Folie 56***
···> ***Musik-CD***

Durchführung vgl. S. 136, CD B Nr. 6, 7
Käuze – Katze
Schnauze – schnitzen
Weizen – Witze
reizen – ritzen
heizen – Hitze

Seite 66/67

31. Woche

Inhalte

- Zum Bild erzählen
- Text lesen
  Gebärde: Jaguar
- Schreiben: J j
  Schreibtabelle: eigene Tiergeschichte

Die Kompetenzen in den Leitmaterialien: www.abc-der-tiere.de/1405-kompetenzen

Lernstandserhebung 8

Als Hausaufgabe wird das Silbenbüchlein 8 ausgeteilt (Kapitel V.).
Am Ende der Woche wird die Lernstandserhebung 8 geschrieben (Kapitel VI.).

Wochenplan

Leitmaterialien	Montag	Dienstag	Mittwoch	Donnerstag	Freitag
Silbenfibel *Niveau 1, 2, 3*	Zum Bild erzählen S. 66 Lesen: Text Gebärde: j	S. 67 Lesen: Text Wörter mit J j	Lesen: Text Klassengespräch		Lesen: Text Eigenen Text schreiben
Schreiblehrgang B *Niveau 1, 2*	S. 39			S. 40	
Arbeitsheft B *Niveau 1, 2, 3*		S. 48 *Folie 39*	S. 49	S. 50	S. 51
Weitere Übungen	**Flüssiges Lesen mit Akzent in Versen** **Vertiefung:** Software ABC der Tiere, Wortkarten **Sprechrhythmisches Training der Kontrastpaare:** *Folie 52, CD B Nr. 2, 7* **Lied***:* „Der Jaguar", *CD A Nr. 37, 38*				
Vorlesen	**Tiergeschichten mit Mia und Mio,** Geschichte zum **Ankerbild:** Jaguar (j): Band 8 ***Lesezirkus*** S. 40 – 47, Schneeweißchen und Rosenrot				
Differenzierung	Arbeitsblätter zur individuellen Förderung (1405-77) *Lesezirkus** S. 40 – 47, Schneeweißchen und Rosenrot, Aufgabe S. 74 / Arbeitsblätter Lesezirkus KV 22, 23				

Didaktisch-methodische Überlegungen

Der Buchstabe **J j** steht zwischen Vokal und Konsonant. Er wird mit stark gehobener Zunge gebildet, sodass ein Reibelaut entsteht. Er wird am Wort Jaguar eingeführt. Ein Schnellsprechvers wird auswendig gelernt.

Einstieg

Die Einheit beginnt mit dem Schnellsprechvers „Der Jaguar“ (siehe KV 96, S. 386)
Die Lehrerin/der Lehrer spricht den Vers zeilenweise im Takt vor.
Die Kinder sprechen nach und wiederholen, falls nötig, bis Artikulation und Rhythmus stimmen.
Die Lehrerin/der Lehrer schreibt unter das Ankerbild das Wort Jaguar.
Die Kinder nennen Namen und andere Wörter, die wie Jaguar beginnen, z.B.: Jonas, Johanna, Jacke, Jäger.
Die Lehrerin/der Lehrer schreibt die Wörter an die Tafel.
Die Kinder lesen die Wörter chorisch.

Hinweise zu den Leitmaterialien

S. 66/67 **Silbenfibel**

Die Kinder lesen den Silbenfibeltext abschnittsweise.
Übungsformate: Schreiben, Klassengespräch, Ich – Du – Wir

SL B S. 39–40 **Schreiblehrgang**

S. 39: Einspurübung, Wörter mit J j
S. 40: Verben mit j, Purzelsätze

···› Ankerbild Das Ankerbild von j (Jaguar) wird gezeigt und aufgehängt. Das Ankerbild wird deutlich artikuliert und in Silben geklatscht – einzeln und im Klassenverband.

···› Tiergeschichten Die Geschichte zum Ankerbild kann vorgelesen werden.
Jaguar (j): Band 8

AH B S. 48–51 **Arbeitsheft**

···› Folie 39

S. 48: Gebärde, nach Gebärden schreiben, Nomen schreiben
S. 49: Leseverständnis, Sätze verbinden, Sätze schreiben
S. 50: Gedicht lesen, über Lernen sprechen, Leseverständnis: Wörter einfügen
S. 51: Reimwörter, Leseverständnis: richtig – falsch

Weitere Übungen

Flüssiges Lesen mit Akzent in Versen

Software

Leseroutine (vgl. S. 134: Chorisches Lesen)

Vertiefung

Wortkarten
Karten 266 bis 273 (vgl. S. 139)
Zur Übung und Wiederholung der eingeführten Ankerbilder, Gebärden, Wörter und Strategien.

Software

Übungen zur Auswahl
- Fibeltext zum Mitlesen
- Gebärdenschule
- Wortautomat
- Wörter schreiben
- Simsalabim
- Häuschen schreiben
- Purzelsätze
- Lückentexte
- Der Rhythmus macht's!
- Dreier-Memo-Spiel
- Ankerbilder

Sprechrhythmisches Training der Kontrastpaare

Folie 52
Musik-CD
Durchführung vgl. S. 136, CD B Nr. 2, 7
Käfer – Koffer
Züge – Zucker
Schafe – Schiffe
Besen – Busse
Vase – Wasser

Musik-CD
Schnellsprechvers – CD A Nr. 37, 38 – KV 96, S. 386
„Der Jaguar“: Der Sprechvers wird auswendig gelernt.

Seite 68/69

Eu eu

Eulen jagen in der Nacht

Die Kinder machen mit dem Förster einen Ausflug in den Wald. Sie wollen Tiere beobachten. Hinter einer alten Scheune ruft Eugen: „Da liegen komische kleine Bälle." Der Förster sagt: „Schaut mal her. Ich möchte euch etwas zeigen."

Schleiereule

Er breitet ein neues Taschentuch auf dem Boden aus und zupft einen kleinen Ball auseinander. Eugen staunt: „Das sind ja kleine Knochen." Der Förster erklärt: „Eulen jagen in der Nacht. Sie töten die Beute mit den spitzen Krallen.

Gewölle

kleine Knochen

68

Kleine Tiere schlingen sie ganz hinunter. Fell und Knochen werden im Magen zu einem Kloß zusammengebacken und wieder ausgespuckt. Einen solchen Kloß nennt man Gewölle." Eugen fragt: „Wo ist die Eule jetzt?" Der Förster antwortet: „Am Tag sitzt sie auf dem Heuboden der alten Scheune und ruht sich aus. Eulen sind scheue Tiere!"

Beutetiere:

Falter

Frosch

Maus

Blindschleiche

69

32. Woche

Inhalte

- Zum Bild erzählen
- Text lesen
  Gebärde: Eule
- Analyse/Gebärde: Eu eu (Wir hören oi, schreiben aber Eu eu.)
  Zwielaut: eu
- Schreiben: Eu eu
  Schreibtabelle: Text über die Schleiereule schreiben

Die Kompetenzen in den Leitmaterialien: www.abc-der-tiere.de/1405-kompetenzen

Wochenplan

Leitmaterialien	Montag	Dienstag	Mittwoch	Donnerstag	Freitag
Silbenfibel *Niveau 1, 2, 3*	Zum Bild erzählen Lesen: Text Gebärde eu	Lesen: Text Wörter mit Eu eu	Lesen: Text Zusammengesetzte Nomen		Lesen: Text Eigenen Text schreiben
Schreiblehrgang B *Niveau 1, 2*	S. 41		S. 42	S. 43	
Arbeitsheft B *Niveau 1, 2*		S. 52 *Folie 39*	S. 53 *Folie 39*	S. 54	S. 55
Weitere Übungen	**Flüssiges Lesen mit Akzent in Versen** **Vertiefung:** Software ABC der Tiere, Wortkarten **Sprechrhythmisches Training der Kontrastpaare:** *Folie 56, CD B Nr. 6, 7*				
Vorlesen	**Tiergeschichten mit Mia und Mio,** Geschichte zum **Ankerbild:** Eule (eu): Band 8				
Differenzierung	Arbeitsblätter zur individuellen Förderung (1405-77) *Tiergeschichten mit Mia und Mio*, Band 8*				

Didaktisch-methodische Überlegungen

Mit **Eu eu** lernen die Kinder wieder einen Laut kennen, der durch zwei Zeichen (wie ei und au) repräsentiert wird. Die Verankerung erfolgt durch das Wort Eule. Die Gebärde lehnt sich an das Ankerbild an.

Einstieg

Alle Kinder basteln eine Eule nach einer Vorlage. Die Lehrerin/der Lehrer stellt eine Schablone her, die von den Kindern auf Pappe übertragen und ausgeschnitten wird (siehe Bastelanleitung, KV 30, S. 319). Nase, Stirn und die Silben Eu und le können auf den Karton gemalt werden oder die Papiervorlage wird auf den Karton geklebt.

Die Lehrerin/der Lehrer hat eine große Eule vorbereitet. Auf den Flügeln erscheint beim Ziehen an der Schnur das Wort Eule.
Die Kinder sollen das „Flügelwort" nach kurzem Ziehen an der Schnur auf ein Blatt schreiben. Die Kinder stellen fest: So schreibt man Eule.
Die Lehrerin/der Lehrer schreibt Eule an die Tafel. Die große Eule hängt weiterhin im Zimmer und „flattert" bei jedem neuen Eu-eu-Wort.

Hinweise zu den Leitmaterialien

S. 68/69

Silbenfibel

Die Kinder lesen den Silbenfibeltext abschnittsweise. Die Lehrerin/der Lehrer gibt weitere Erklärungen zum Text (siehe S. 265).
Übungsformate: Schreiben, Klassengespräch, Schreibtabelle

SL B 41–43

Schreiblehrgang

S. 41: Einspurübung, Wörter mit Eu eu
S. 42: zusammengesetzte Wörter, Verben
S. 43: Auswahlsätze verbinden und schreiben

Ankerbild Das Ankerbild von eu (Eule) wird gezeigt und aufgehängt. Das Ankerbild wird deutlich artikuliert und in Silben geklatscht – einzeln und im Klassenverband.

Tiergeschichten Die Geschichte zum Ankerbild kann vorgelesen werden.
Eule (eu): Band 8

AH B S. 52 – 55 — **Arbeitsheft**

···› Folie 39
···› Folie 39

S. 52: Gebärde, nach Gebärden schreiben, Nomen schreiben
S. 53: Zwielaut im Häuschen A, Verben schreiben
S. 54: Gedicht lesen, Zwielaute: ei – eu, Wörter schreiben
S. 55: Leseverständnis: Wörter in den Text einfügen

Weitere Übungen

Flüssiges Lesen mit Akzent in Versen

···› Software

Leseroutine (vgl. S. 134: Chorisches Lesen)

Vertiefung

···› Wortkarten

Karten 247 bis 265 (vgl. S. 139)
Zur Übung und Wiederholung der eingeführten Ankerbilder, Gebärden, Wörter und Strategien.

···› Software

Übungen zur Auswahl

- Fibeltext zum Mitlesen
- Gebärdenschule
- Wortautomat
- Wörter schreiben
- Simsalabim
- Häuschen schreiben
- Purzelsätze
- Lückentexte
- Der Rhythmus macht's!
- Dreier-Memo-Spiel
- Ankerbilder

Sprechrhythmisches Training der Kontrastpaare

···› Folie 56
···› Musik-CD

Durchführung vgl. S. 136, CD B Nr. 6, 7
Käuze – Katze
Schnauze – schnitzen
Weizen – Witze
reizen – ritzen
heizen – Hitze

Information zu Eulen

Eulen verschlingen ihre Beute, überwiegend Nagetiere und Insektenfresser, unzerkleinert. Das Verdauliche wird an den Dünndarm weitergegeben, während Unverdauliches wie Haare, Federn und Knochen als Gewölle wieder ausgewürgt wird. Durch die Bestimmung der Skelettteile kann man herausfinden, welche Beutetiere Eulen fressen.

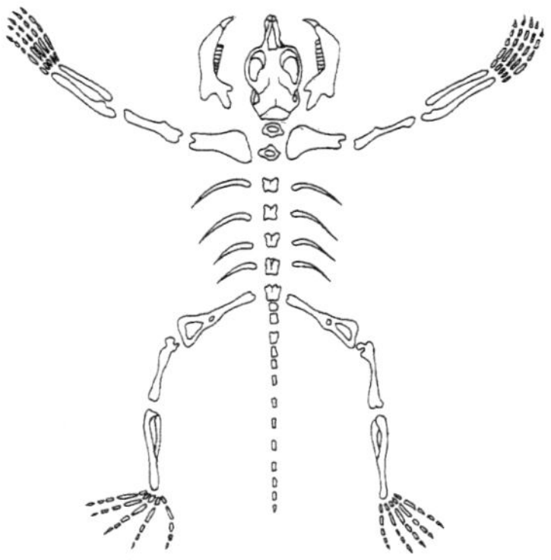

- Sammelt Eulengewölle.
- Hinweise zu Fundorten können Förster und Landwirte geben.

Seite 70/71

V v

Vogelnest im Garten

Eva und Vater sitzen auf der Gartenbank.
Sie verhalten sich ganz still.
Oben im Baum haben sie ein Vogelnest entdeckt.
Der schwarze Amselvater füttert gerade
vier junge Vogelkinder.
Sie sind noch nackt und blind.
Weit sperren die Jungen ihre gelben Schnäbelchen auf.

Die Vogeleltern bringen
viele Raupen, Würmer und Käfer.
Jeden Tag werden die kleinen
Vögel größer und größer.
Eine Woche später öffnen sich ihre Augen.
Nach und nach bekommen sie Federn.
Eines Tages ist es so weit.
Sie verlassen das Nest.

70 71

33. Woche

Inhalte

- Zum Bild erzählen
- Text lesen
  Gebärde: Vogel
- Analyse: V v (V wie Vogel, V wie Vase)
- Schreiben: V v
  Schreibtabelle: eigener Text

Die Kompetenzen in den Leitmaterialien: www.abc-der-tiere.de/1405-kompetenzen

Wochenplan

Leitmaterialien	Montag	Dienstag	Mittwoch	Donnerstag	Freitag
Silbenfibel *Niveau 1, 2, 3*	Zum Bild erzählen Lesen: Text Gebärde v	Lesen: Text Wörter mit V v wie f	Lesen: Text Klassen-gespräch	Wörter mit V v wie w	Lesen: Text Schreibta-belle
Schreiblehrgang B *Niveau 1, 2*	S. 44		S. 45	S. 46	
Arbeitsheft B *Niveau 1, 2, 3*		S. 56 *Folie 40*	S. 57 *Folie 40*	S. 58	S. 59
Weitere Übungen	**Flüssiges Lesen mit Akzent in Versen** **Vertiefung:** Software ABC der Tiere, Wortkarten **Sprechrhythmisches Training der Kontrastpaare:** *Folie 53, CD B Nr. 3, 7*				
Vorlesen	**Tiergeschichten mit Mia und Mio,** Geschichte zum **Ankerbild:** Vogel (v): Band 9				
Differenzierung	Arbeitsblätter zur individuellen Förderung (1405-77)				

Didaktisch-methodische Überlegungen

Der Buchstabe **V v** entspricht dem stimmlosen Laut **f** (Vogel) und dem stimmhaften Laut **w** (Vase).
Um Übergeneralisierungen zu vermeiden, werden die wenigen V-v-Wörter als Merkwörter gespeichert und auf einer Merkwortliste im Klassenzimmer aufgehängt.

Einstieg

Benötigt werden Vogelstimmen zum Vorspielen, z.B. auf CD.
Die Lehrerin/der Lehrer weist die Kinder an, die Augen zu schließen und ganz ruhig zu lauschen.
Die Lehrerin/der Lehrer spielt vier Vogelstimmen von einem Tonträger ab (z.B.: Amsel, Drossel, Fink und Star). Die Kinder äußern sich spontan.
Die Lehrerin/der Lehrer spielt die gleichen Vogelstimmen noch einmal ab.
Höraufgabe: Wie viele verschiedene Vögel sind zu hören?
Die Kinder geben ihre Lösung bekannt.
Die Lehrerin/der Lehrer schreibt „vier Vögel" an die Tafel.
Die Kinder entdecken den neuen Buchstaben.
Die Lehrerin/der Lehrer erklärt: „Der neue Buchstabe wird wie **f** gesprochen."

Hinweise zu den Leitmaterialien

S. 70/71 **Silbenfibel**

Die Kinder lesen den Silbenfibeltext abschnittsweise.
Übungsformate: Schreiben, Klassengespräch

SL B S. 44–46 **Schreiblehrgang**

S. 44: Einspurübung, Wörter mit V v
S. 45: Vorsilben ver- und vor- , viele oder vier
S. 46: Zusammengesetzte Nomen, Wörter schreiben und dem Bild zuordnen

→ Ankerbilder Die Ankerbilder von v (Vogel/Vase) werden gezeigt und aufgehängt. Sie werden deutlich artikuliert und in Silben geklatscht – einzeln und im Klassenverband.

→ Tiergeschichten Die Geschichte zum Ankerbild kann vorgelesen werden.
Vogel (v): Band 9

AH B S. 56–59 **Arbeitsheft**

→ Folie 40 S. 56: Gebärde, nach Gebärden schreiben, Nomen schreiben
→ Folie 40 S. 57: Häuschen A, V wie F – V wie W, Wörter schreiben, über Lernen sprechen
S. 58: Gedicht lesen, Information in Tabelle schreiben
S. 59: Sätze schreiben

Weitere Übungen

Flüssiges Lesen mit Akzent in Versen

···› *Software*

Leseroutine (vgl. S. 134: Chorisches Lesen)

Vertiefung

···› *Wortkarten* Karten 282 bis 287 (vgl. S. 139)
Zur Übung und Wiederholung der eingeführten Ankerbilder, Gebärden, Wörter und Strategien.

···› *Software*

Übungen zur Auswahl

- Fibeltext zum Mitlesen
- Gebärdenschule
- Wortautomat
- Wörter schreiben
- Simsalabim
- Häuschen schreiben
- Purzelsätze
- Lückentexte
- Der Rhythmus macht's!
- Dreier-Memo-Spiel
- Ankerbilder

Sprechrhythmisches Training der Kontrastpaare

···› *Folie 53*
···› *Musik-CD*

Durchführung vgl. S. 136, CD B Nr. 3, 7
Rabe – Robbe
Rose – Rosse
Jäger – Jacke
beten – Betten
Käse – Kasse

Seite 72/73

34. Woche

Inhalte

- Zum Bild erzählen
- Text lesen
- Analyse: äu
  Ableiten
- Schreiben: Äu äu
  Schreibtabelle: eigener Text

Die Kompetenzen in den Leitmaterialien: www.abc-der-tiere.de/1405-kompetenzen

Wochenplan

Leitmaterialien	Montag	Dienstag	Mittwoch	Donnerstag	Freitag
Silbenfibel *Niveau 1, 2, 3*	Zum Bild erzählen Lesen: Text	Lesen: Text Wörter mit äu	Lesen: Text	Klassen-gespräch	Lesen: Text Eigenen Text schreiben
Schreiblehrgang B *Niveau 1, 2*	S. 47	S. 48		S. 49	
Arbeitsheft B *Niveau 1, 2*		S. 60 *Folie 41*	S. 61 *Folie 41*	S. 62	S. 63
Weitere Übungen	**Flüssiges Lesen mit Akzent in Versen** **Vertiefung:** Software ABC der Tiere, Wortkarten **Sprechrhythmisches Training der Kontrastpaare:** *Folie 56, CD B Nr. 6, 7*				
Vorlesen	**Tiergeschichten mit Mia und Mio,** Geschichte zum **Ankerbild:** Auerhahn (au): Band 4				
Differenzierung	Arbeitsblätter zur individuellen Förderung (1405-77)				

Didaktisch-methodische Überlegungen

Die Kinder kennen bereits die Buchstabenkombination ‹Eu› ‹eu› für den Laut [oi]. Während **Eu eu** sowohl in der Einzahl als auch in der Mehrzahl vorkommt, kann jedes Wort mit **Äu äu** auf ein Wort mit **Au au** zurückgeführt werden. Die Kinder können dabei auf die bereits erworbene Arbeitstechnik **a → ä, o → ö, u → ü** zurückgreifen.

Einstieg

Das Gedicht „Was Tiere träumen“ motiviert aus sich heraus zum Lesen.
Die Kinder haben Vorerfahrungen mit der Umlautbildung. Sie sind auf diesem Stand der Leseentwicklung in der Lage, selbstständig den Text zu erlesen. Wenn die Träume der Tiere besprochen sind, sprechen die Kinder über ihre Träume.

Hinweise zu den Leitmaterialien

S. 72/73 **Silbenfibel**

Einzelne Kinder lesen das Gedicht strophenweise.
Übungsformate: Schreiben, Klassengespräch, Schreibtabelle

SL B S. 50 – 52 **Schreiblehrgang**

S. 47: Einspurübung, aus au wird äu
S. 48: Verkleinerungsformen mit äu, Ableiten: aus au wird äu
S. 49: Auswahlsätze verbinden und schreiben

AH B S. 60 – 63 **Arbeitsheft**

Folie 41 S. 60: Unterschiede finden, Ableiten Nomen: aus au wird äu
Folie 41 S. 61: Häuschen A, Wörter schreiben, Verkleinerung: chen
S. 62: Nomen – Verben zuordnen und schreiben
S. 63: Lesekontrolle: Wörter einfügen

Weitere Übungen

Flüssiges Lesen mit Akzent in Versen

Sprechrhythmisches Training der Kontrastpaare

Software

Leseroutine (vgl. S. 134: Chorisches Lesen)

Vertiefung

Wortkarten Karten 288 bis 290 (vgl. S. 139)
Zur Übung und Wiederholung der eingeführten Ankerbilder, Gebärden, Wörter und Strategien.

Software

Übungen zur Auswahl
- Fibeltext zum Mitlesen
- Wortautomat
- Wörter schreiben
- Simsalabim
- Häuschen schreiben
- Purzelsätze
- Lückentexte
- Der Rhythmus macht's!
- Dreier-Memo-Spiel
- Ankerbilder

Sprechrhythmisches Training der Kontrastpaare

Folie 56
Musik-CD

Durchführung vgl. S. 136, CD B Nr. 6, 7
Käuze – Katze
Schnauze – schnitzen
Weizen – Witze
reizen – ritzen
heizen – Hitze

Seite 74/75

Qu qu

Die Frösche quaken

Evas Eltern haben einen Gartenteich angelegt. Aus einer Quelle fließt frisches Wasser hinein. Jeden Abend hört Eva die Frösche quaken.

Eva kann viele Tiere beobachten. Libellen schwirren durch die Luft. Goldfische schwimmen im klaren Wasser. Frösche schnappen nach Fliegen.

Laich Kaulquappe Frosch

Eva fragt: „Warum quaken die Frösche so laut?“ Vater erklärt: „Die Froschmännchen haben zwei Schallblasen hinter den Mundwinkeln. Mit diesen können sie laut quaken. So locken sie die Weibchen an.

Wenn es wärmer wird, legen die Weibchen sehr viele Froscheier. Nach etwa drei Wochen schlüpfen die Kaulquappen aus. Später werden kleine Frösche daraus.“

74 75

35. Woche

Inhalte

- Zum Bild erzählen
- Text lesen
  Gebärde: qu
- Schreiben: Qu qu
  Schreibtabelle: eigener Text

Die Kompetenzen in den Leitmaterialien: www.abc-der-tiere.de/1405-kompetenzen

Lernstandserhebung 9

Als Hausaufgabe wird das Silbenbüchlein 9 ausgeteilt (Kapitel V.).
Am Ende der Woche wird die Lernstandserhebung 9 geschrieben (Kapitel VI.).

Wochenplan

Leitmaterialien	Montag	Dienstag	Mittwoch	Donnerstag	Freitag
Silbenfibel *Niveau 1, 2, 3*	Zum Bild erzählen Lesen: Text Gebärde: qu	Lesen: Text Wörter mit Qu qu	Lesen: Text Klassengespräch	Schreibtabelle	Lesen: Text Kurzvortrag
Schreiblehrgang B *Niveau 1, 2, 3*	S. 50		S. 51	S. 52	S. 53
Arbeitsheft B *Niveau 1, 2, 3*		S. 64 *Folie 42*	S. 65	S. 66	S. 67
Weitere Übungen	**Flüssiges Lesen mit Akzent in Versen** **Vertiefung:** Software ABC der Tiere, Wortkarten **Sprechrhythmisches Training der Kontrastpaare:** *Folie 56, CD B Nr. 6, 7* **Lied:** „Die Frösche quaken“, *CD A Nr. 39, 40*				
Vorlesen	**Tiergeschichten mit Mia und Mio,** Geschichte zum **Ankerbild:** Qualle (qu): Band 9				
Differenzierung	Arbeitsblätter zur individuellen Förderung (1405-77)				

Didaktisch-methodische Überlegungen

Die Lautverbindung kw wird durch die Buchstabenkombination **Qu qu** wiedergegeben.
Qu qu kommt nur in wenigen Wörtern vor (Merkwörter) und wird durch die Wörter quaken und Qualle eingeführt.

Einstieg

···> Musik-CD Vor Beginn der Einheit: Tafelbild Frosch mit leerer Sprechblase erstellen.

Die Kinder basteln einen Faltfrosch aus grünem Papier (KV 31, S. 320).
Die Kinder lernen die 1. Strophe des Froschliedes und bewegen den Faltfrosch im Rhythmus des Refrains (die freie Hand hält zur Stabilisierung an den Mundwinkeln des Frosches gegen).
Die Lehrerin/der Lehrer schreibt an der Tafel in die Sprechblase: quak, quak, quak!, um das **qu** einzuführen.
Die Kinder lesen chorisch und bewegen den Faltfrosch synchron.

Hinweise zu den Leitmaterialien

S. 74/75 **Silbenfibel**

Einzelne Kinder lesen abschnittsweise den Silbenfibeltext vor.
Übungsformate: Gebärdenlesen, Schreiben, Ich – Du – Wir

SL B S. 50–53 **Schreiblehrgang**

S. 50: Einspurübung, Nomen mit Qu qu
S. 51: Lückensätze: Wörter mit Qu qu, Verben mit qu
S. 52: Purzelsätze
S. 53: Stichwörter, Sätze schreiben

···> Ankerbild Das Ankerbild von qu (Qualle) wird gezeigt und aufgehängt. Das Ankerbild wird deutlich artikuliert und in Silben geklatscht – einzeln und im Klassenverband.

···> Tiergeschichten Die Geschichte zum Ankerbild kann vorgelesen werden.
Qualle (qu): Band 9

AH B S. 64–67 **Arbeitsheft**

···> Folie 42
S. 64: Gebärde, nach Gebärden schreiben, Nomen schreiben
S. 65: Verben zuordnen und Sätze schreiben
S. 66: Gedicht lesen, Reimwörter einfügen
S. 67: Textverständnis: Sätze ergänzen

Weitere Übungen

Flüssiges Lesen mit Akzent in Versen

Software

Leseroutine (vgl. S. 134: Chorisches Lesen)

Vertiefung

Wortkarten Karten 291 bis 297 (vgl. S. 139)
Zur Übung und Wiederholung der eingeführten Ankerbilder, Gebärden, Wörter und Strategien.

Software

Übungen zur Auswahl
- Fibeltext zum Mitlesen
- Gebärdenschule
- Wortautomat
- Wörter schreiben
- Simsalabim
- Häuschen schreiben
- Purzelsätze
- Lückentexte
- Der Rhythmus macht's!
- Dreier-Memo-Spiel
- Ankerbilder

Sprechrhythmisches Training der Kontrastpaare

Folie 56
Musik-CD

Durchführung vgl. S. 136, CD B Nr. 6, 7
Käuze – Katze
Schnauze – schnitzen
Weizen – Witze
reizen – ritzen
heizen – Hitze

Musik-CD **Lied** – CD A Nr. 39, 40 – KV 97, S. 387
„Die Frösche quaken“: Das Lied kann als Einstieg und als Abschluss der Einheit verwendet werden.

Seite 76/77

36. Woche

Inhalte

- Zum Bild erzählen
- Text lesen
  Gebärde: y
- Analyse: Y y (y wie i, y wie j, y wie ü)
- Schreiben: Y y
  Schreibtabelle: eigener Text

Die Kompetenzen in den Leitmaterialien: www.abc-der-tiere.de/1405-kompetenzen

Wochenplan

Leitmaterialien	**Montag**	**Dienstag**	**Mittwoch**	**Donnerstag**	**Freitag**
Silbenfibel *Niveau 1, 2, 3*	Zum Bild erzählen Lesen: Text Gebärde: y	Lesen: Text Wörter mit Y y	Lesen: Text		Lesen: Text Eigenen Text schreiben
Schreiblehrgang B *Niveau 1, 2*	S. 54		S. 55		
Arbeitsheft B *Niveau 1, 2, 3*		S. 68 *Folie 42*	S. 69 *Folie 42*	S. 70	S. 71 *Folie 43*
Weitere Übungen	**Flüssiges Lesen mit Akzent in Versen** **Vertiefung:** Software ABC der Tiere, Wortkarten **Sprechrhythmisches Training der Kontrastpaare:** *Folie 55, CD B Nr. 5, 7* **Lied:** „Pony-Song“, *CD A Nr. 41, 42*				
Vorlesen	**Tiergeschichten mit Mia und Mio,** Geschichte zum **Ankerbild:** Yak (y): Band 9				
Differenzierung	Arbeitsblätter zur individuellen Förderung (1405-77) *Tiergeschichten mit Mia und Mio*, Band 9*				

Didaktisch-methodische Überlegungen

Y y wird im Deutschen fast nur in Fremdwörtern gebraucht. Im Inlaut wird **y** als **ü** gesprochen (Pyramide), im Auslaut als **i** (Pony). Im Anlaut (Yoga, Yak, Yacht) wird **Y** als **J** gesprochen (Ausnahme Yvonne). Alle 3 Möglichkeiten werden vorgestellt.

Einstieg

Das „Pony-Lied" kann als Einstieg gesungen werden.
Vorbereitung: Auf einem Tisch werden die Geschenke für Maya ausgelegt und mit einem Tuch abgedeckt.
Obenauf liegt ein Plakat „Party für Maya" (Download-Angebot S. 7).
Die Kinder stellen Vermutungen an: Was ist unter dem Tuch?
Die Lehrerin / der Lehrer hängt das Plakat an die Tafel und deckt den Tisch auf.
Die Kinder benennen die Geschenke und ordnen sie den Wortkarten zu.
Die Kinder entdecken den neuen Buchstaben y.
Die Lehrerin / der Lehrer erklärt die Aussprache von **y** in Party (y wie i) und in Maya (y wie j).
Einzelne Kinder lesen die Wortkarten Ponybuch, Labyrinth, Teddy (Download-Angebote S. 7) laut vor und erhören den y-Laut.
Die Lehrerin / der Lehrer schreibt die Wörter unter Party (i) bzw. Pyramide (ü) an die Tafel.
Die Lehrerin / der Lehrer stellt das Ankerbild vor.

Hinweise zu den Leitmaterialien

S. 76/77 **Silbenfibel**

Einzelne Kinder lesen abschnittsweise den Silbenfibeltext vor.
Übungsformate: Gebärdenlesen, Schreiben, Schreibtabelle

SL B S. 54, 55 **Schreiblehrgang**

S. 54: Einspurübung, Nomen mit Y y
S. 55: Suchsel: Wörter mit Y y, über Lernen sprechen

···› Ankerbilder Die Ankerbilder von y (Yak / Pyramide / Pony) werden gezeigt und aufgehängt. Sie werden deutlich artikuliert und in Silben geklatscht – einzeln und im Klassenverband.

···› Tiergeschichten Die Geschichte zum Ankerbild kann vorgelesen werden.
Yak (y): Band 9

AH B S. 68 – 71 **Arbeitsheft**

···› Folie 42 S. 68: Gebärde, nach Gebärden schreiben, Nomen schreiben
···› Folie 42 S. 69: Akustische Unterscheidung, Wörter schreiben
S. 70: Gedicht lesen, Kreuzwort lösen
···› Folie 43 S. 71: Lesekontrolle, Satz schreiben

Weitere Übungen

Flüssiges Lesen mit Akzent in Versen

···⁝ *Software*

Leseroutine (vgl. S. 134: Chorisches Lesen)

Vertiefung

···⁝ *Wortkarten* Karten 298 bis 305 (vgl. S. 139)
Zur Übung und Wiederholung der eingeführten Ankerbilder, Gebärden, Wörter und Strategien.

···⁝ *Software*

Übungen zur Auswahl

- Fibeltext zum Mitlesen
- Gebärdenschule
- Wortautomat
- Wörter schreiben
- Simsalabim
- Häuschen schreiben
- Purzelsätze
- Lückentexte
- Der Rhythmus macht's!
- Dreier-Memo-Spiel
- Ankerbilder

Sprechrhythmisches Training der Kontrastpaare

···⁝ *Folie 55*
···⁝ *Musik-CD*

Durchführung vgl. S. 136, CD B Nr. 5, 7
Riese – Risse
Wiese – wissen
Schafe – Schiffe
wiegen – wickeln
Ziege – zicken

···⁝ *Musik-CD* **Lied** – CD A Nr. 41, 42 – KV 98, S. 388
„Pony-Song“. Das Lied kann zum Einstieg oder Abschluss der Einheit gesungen werden.

Seite 78/79

37. Woche

Inhalte

- Zum Bild erzählen
- Text lesen
  Gebärde: Clown
- Analyse: C c (C wie k)
  Wörter mit C c
- Schreiben: C c
  Schreibtabelle: eigener Text

Die Kompetenzen in den Leitmaterialien: www.abc-der-tiere.de/1405-kompetenzen

Wochenplan

Leitmaterialien	Montag	Dienstag	Mittwoch	Donnerstag	Freitag
Silbenfibel *Niveau 1, 2, 3*	Zum Bild erzählen S. 78 Ganzwort: Sax	Lesen: Text Wörter mit C	Lesen: Text Gebärden		Lesen: Text Eigenen Text schreiben
Schreiblehrgang B *Niveau 1, 2*	S. 56		S. 57		
Arbeitsheft B *Niveau 1, 2, 3*		S. 72		S. 73	S. 74
Weitere Übungen	**Flüssiges Lesen mit Akzent in Versen** **Vertiefung:** Software ABC der Tiere, Wortkarten **Sprechrhythmisches Training der Kontrastpaare:** *Folie 55, CD B Nr. 5, 7*				
Vorlesen	**Tiergeschichten mit Mia und Mio,** Geschichte zum **Ankerbild:** Clown (c): Band 10 **Lesezirkus** S. 56 – 63, Pinocchio, Pinocchio auf dem Weg zur Schule, Pinocchio auf der Spielzeuginsel, Pinocchio im Bauch des Wals				
Differenzierung	Arbeitsblätter zur individuellen Förderung (1405-77) *Lesezirkus** S. 56 – 63, Pinocchio, Aufgaben S. 78/79 / Arbeitsblätter Lesezirkus KV 29 – 32				

Didaktisch-methodische Überlegungen

Die Kinder kennen den Buchstaben **c** aus **ch** und **sch**. Nun sollen sie dem Einzelbuchstaben **C c** und der Zeichenkombination **Ch** den Laut **k** zuordnen. Aus Fremdwörtern und Namen sind **C c** und **Ch** als k-Laut vielen Kindern schon vertraut.

Einstieg

Die Lehrerin / der Lehrer bereitet das Material für eine Schminkaktion vor. In Gruppen wird je ein Kind, das sich freiwillig zur Verfügung stellt, mit einem Clowngesicht geschminkt.
Die Lehrerin / der Lehrer schreibt „Clown" an die Tafel.
Die Lehrerin / der Lehrer: „Wer kennt ein Tier, das sein Aussehen auch verändern kann?" Kinder raten: Chamäleon.

Ankerbild — Die Lehrerin / der Lehrer stellt das Ankerbild vor und schreibt „Clown" an die Tafel.

Hinweise zu den Leitmaterialien

S. 78/79 — **Silbenfibel**

Einzelne Kinder lesen abschnittsweise den Silbenfibeltext vor.
Übungsformate: Gebärdenlesen, Schreiben, Schreibtabelle

SL B S. 56, 57 — **Schreiblehrgang**

S. 56: Einspurübung, Nomen mit C
S. 57: Sätze schreiben

Ankerbilder — Das Ankerbild von c (Chamäleon / Clown) wird gezeigt und aufgehängt. Es wird deutlich artikuliert und in Silben geklatscht – einzeln und im Klassenverband.

Tiergeschichten — Die Geschichte zum Ankerbild kann vorgelesen werden.
Clown (c): Band 10

AH B S. 72 – 74 — **Arbeitsheft**

S. 72: Nomen schreiben
S. 73: Gedicht lesen, Kreuzwort lösen
S. 74: Sätze zu den Bildern schreiben, Schreibtabelle

Weitere Übungen

Flüssiges Lesen mit Akzent in Versen

Software

Leseroutine (vgl. S. 134: Chorisches Lesen)

Vertiefung

Wortkarten

Karten 306 bis 310 (vgl. S. 139)
Zur Übung und Wiederholung der eingeführten Ankerbilder, Gebärden, Wörter und Strategien.

Software

Übungen zur Auswahl

- Fibeltext zum Mitlesen
- Gebärdenschule
- Wortautomat
- Wörter schreiben
- Simsalabim
- Häuschen schreiben
- Purzelsätze
- Lückentexte
- Der Rhythmus macht's!
- Dreier-Memo-Spiel
- Ankerbilder

Sprechrhythmisches Training der Kontrastpaare

Folie 55
Musik-CD

Durchführung vgl. S. 136, CD B Nr. 5, 7
Riese – Risse
Wiese – wissen
Schafe – Schiffe
wiegen – wickeln
Ziege – zicken

Seite 80/81

X x
chs

Hexe Trixi

Trixi will eine richtige Hexe werden.
Sie kann schon sechs Zaubersprüche.
Beim Besenbinder Xaver kauft Trixi
einen schönen Besen.

Auf dem Heimweg will sie wie Abraxas fliegen,
doch es gelingt nicht.
Abraxas sagt: „Du musst den Besen verhexen!"
Trixi schlägt das Hexenlexikon auf.
Sie findet den richtigen Zauberspruch:
„Klix und klax – fix und fax,
Xavers neuer Besen – bist du nun gewesen!"

80

• Bild: Hexe Trixi
•• Hexen und Feen in Märchen
••• Wo kommt die gute Hexe Befana vor? → S. 94

• Wörter mit X x
•• individuelle „Stolperwörter" üben; Text
••• Abschnitt üben und vorlesen; Leseverständnis: Was mixt Trixi?

Wie ein Wirbelwind saust die
kleine Hexe mit dem Besen dahin.
„Aufpassen, der Kirchturm",
schreit Abraxas.
Trixi ruft: „Der Sausebengel
macht was er will. Er dreht sich
dauernd um die eigene Achse."

Sie lenkt den Besen auf die freien Felder hinaus.
Beim Hexenhaus gelingt ihr eine glatte Landung.

Trixi sagt: „Fliegen macht durstig.
Ich mixe uns zwei Becher Hexenlimo!"

••• Hexe, Achse ...

•• wir hören x, wir schreiben chs: Achse
••• weitere Wörter mit chs

• Wörter mit X x richtig abschreiben
••• Was kann Trixi schon?

81

38. Woche

Inhalte

- Zum Bild erzählen
- Text lesen
  Gebärde: x
- Analyse: X x, chs (Wir hören x, wir schreiben chs.)
- Schreiben: X x
  Schreibtabelle

Die Kompetenzen in den Leitmaterialien: www.abc-der-tiere.de/1405-kompetenzen

Wochenplan

Leitmaterialien	Montag	Dienstag	Mittwoch	Donnerstag	Freitag
Silbenfibel *Niveau 1, 2, 3*	Zum Bild erzählen Lesen: Text Gebärde: x	Lesen: Text Wörter mit X x	Lesen: Text	Wörter mit chs	Lesen: Text Eigenen Text schreiben
Schreiblehrgang B *Niveau 1, 2*	S. 58		S. 59	S. 60	
Arbeitsheft B *Niveau 1, 2*		S. 75 *Folie 44*		S. 76	S. 77
Weitere Übungen	**Flüssiges Lesen mit Akzent in Versen** **Vertiefung:** Software ABC der Tiere, Wortkarten **Sprechrhythmisches Training der Kontrastpaare:** *Folie 56, CD B Nr. 6, 7* **Lied:** „Trixi heißt die Hexe", *CD A Nr. 43, 44*				
Vorlesen	**Tiergeschichten mit Mia und Mio,** Geschichte zum **Ankerbild:** Boxer (x): Band 10 **Lesezirkus** S. 48 – 55, 1001 Nacht – Aladin und die Wunderlampe, Aladin und Suleika, Aladin und der böse Zauberer				
Differenzierung	Arbeitsblätter zur individuellen Förderung (1405-77) *Lesezirkus** S. 48 – 55, 1001 Nacht, Aufgaben S. 75 – 77 / Arbeitsblätter Lesezirkus KV 24 – 28 *Tiergeschichten mit Mia und Mio*, Band 10*				

Didaktisch-methodische Überlegungen

Die Lautverbindung **ks** wird durch die Buchstabenkombination **ks** (links), **chs** (sechs), **gs** (du fragst), **cks** (Knicks) sowie dem Buchstaben **X x** repräsentiert. Wörter mit **X x** sind sehr selten. Im Wortschatz der Kinder taucht der Buchstabe nur in Verbindung mit dem Wort Hexe und in Namen und Fantasiewörtern auf.

Einstieg

Vorbereitung: Folgender Text in Druckschrift als Tafelanschrieb:

Trixi heißt die Hexe,
malte Tintenkleckse
in das große Hexenbuch,
spricht dazu den Zauberspruch.

Die Lehrerin / der Lehrer „reitet" auf einem Besen in das Klassenzimmer, schlägt mit dem Besenstiel den Takt (betonte Silben mit Pfeil) und spricht dazu:

	⬇		⬇		⬇		⬇
	Klix	und	klax	und	fix	und	fax
	Klix	und	klax	und	fix	und	fax
	Eins	und	zwei	und	drei	und	vier
	Eins	und	zwei	und	drei	und	vier
A	bra	xas	ist	ein	klu	ges	Tier
A	bra	xas	ist	ein	klu	ges	Tier

⬇		⬇		⬇		⬇
Tri	xi	heißt	die	He		xe,
mal	te	Tin	ten	kleck		se
in	das	gro	ße	He	xen	buch,
spricht	da	zu	den	Zau	ber	spruch.

Ein Kind liest den Text vor. Bei der Wiederholung schlägt das Kind mit dem Besen den Takt dazu und spricht geheimnisvoll.
Alle Kinder lesen jetzt den Tafeltext. Die Lehrerin / der Lehrer schlägt den Takt dazu.
Die Kinder entdecken **x** im Tafeltext.
Die Lehrerin / der Lehrer: „Hexe schreiben wir mit x."

Ankerbild Die Lehrerin / der Lehrer stellt das Ankerbild vor.
Musik-CD Die Kinder singen das Lied: „Trixi heißt die Hexe", CD A Nr. 43, 44

Hinweise zu den Leitmaterialien

S. 80/81

Silbenfibel

Einzelne Kinder lesen abschnittsweise den Silbenfibeltext vor.
Übungsformate: Gebärdenlesen, Schreiben

SL B S. 58–60 **Schreiblehrgang**

S. 58: Einspurübung, Nomen mit X x
S. 59: Sätze ergänzen
S. 60: Wörter mit chs

Ankerbild Das Ankerbild von x (Boxer) wird gezeigt und aufgehängt. Das Ankerbild wird deutlich artikuliert und in Silben geklatscht – einzeln und im Klassenverband.

Tiergeschichten Die Geschichte zum Ankerbild kann vorgelesen werden.
Boxer (x): Band 10

AH B S. 75–77 **Arbeitsheft**

Folie 44

S. 75: Gebärde, nach Gebärden schreiben, Nomen schreiben
S. 76: Gedicht lesen, Lesekontrolle: Bild ergänzen
S. 77: Kreuzworträtsel, Lösungswort eintragen

Weitere Übungen

Flüssiges Lesen mit Akzent in Versen

Software

Leseroutine (vgl. S. 134: Chorisches Lesen)

Vertiefung

Wortkarten Karten 311 bis 320 (vgl. S. 139)
Zur Übung und Wiederholung der eingeführten Ankerbilder, Gebärden, Wörter und Strategien.

Software

Übungen zur Auswahl

- Fibeltext zum Mitlesen
- Gebärdenschule
- Wortautomat
- Wörter schreiben
- Simsalabim
- Häuschen schreiben
- Purzelsätze
- Lückentexte
- Der Rhythmus macht's!
- Dreier-Memo-Spiel
- Ankerbilder

Sprechrhythmisches Training der Kontrastpaare

Folie 56
Musik-CD

Durchführung vgl. S. 136, CD B Nr. 6, 7
Käuze – Katze
Schnauze – schnitzen
Weizen – Witze
reizen – ritzen
heizen – Hitze

Musik-CD

Lied – CD A Nr. 43, 44 – KV 99, S. 389
„Trixi heißt die Hexe“: Das Lied kann als Einstieg und als Abschluss der Einheit verwendet werden.

Zaubersprüche

Das Hexen-Einmaleins

Du musst verstehn:
Aus eins mach zehn,
Und zwei lass gehn,
Und drei mach gleich,
So bist du reich.
Verlier die vier!
Aus fünf und sechs,
So sagt die Hex,
Mach sieben und acht,
So ist's vollbracht:
Und neun ist eins,
Und zehn ist keins.
Das ist das Hexen-Einmaleins.

Johann Wolfgang v. Goethe

Hexenmahlzeit

Morgens früh um sechs
Kommt die kleine Hex,
Morgens früh um sieben
Schabt sie gelbe Rüben,
Morgens früh um acht
Wird Kaffee gemacht,
Morgens früh um neun
Geht sie in die Scheun,
Morgens früh um zehn
Holt sie Holz und Spän,
Feuert an um elf,
Kocht dann bis um zwölf
Fröschlein, Krebs und Fisch,
Kinder kommt zu Tisch!

Unbekannter Verfasser

Seite 82 – 84

Die Bremer Stadtmusikanten

Es waren einmal ein Esel, ein Hund, eine Katze und ein Hahn.
Sie hatten viele Jahre den Menschen treu gedient.
Nun waren sie alt und schwach:
Der Esel konnte die Säcke des Müllers nicht mehr tragen.
Der Hund konnte den Hof nicht mehr bewachen.
Die Katze fing keine Mäuse mehr
und der alte Hahn sollte gar geschlachtet werden.

Deshalb machten sie sich auf den Weg nach Bremen.
Dort wollten sie Stadtmusikanten werden.
Am Abend kamen sie in einen großen Wald.
In der Ferne leuchtete ein schwacher Lichtschein.
„Ein Haus", sagte die Katze, „lasst uns dorthin gehen."

82

Der Esel schaute zum Fenster hinein und erblickte
eine Räuberbande an einem reich gedeckten Tisch.
Die Räuber aßen, tranken und sangen laut.
Da die Tiere großen Hunger verspürten, beratschlagten sie,
wie sie die Räuber verjagen könnten:
„Wir bilden eine Pyramide. Das wird die Räuber erschrecken."

Der Esel stellte sich mit den Vorderhufen
auf das Fensterbrett. Der Hund sprang auf seinen Rücken.
Die Katze kletterte vorsichtig auf den Hund.
Zuletzt flog der Hahn hinauf und landete auf dem Kopf
der Katze. Der Esel wackelte mit den Ohren.
Auf dieses Zeichen begannen alle laut zu schreien:
„Ia – wauwau – miau – kikeriki!"

83

39. Woche

Inhalte

- Zum Bild erzählen
- Text lesen

Wochenplan

Leitmaterialien	
Silbenfibel	Lesen
Arbeitsheft B *Niveau 2, 3*	S. 78/79 *Folie 44*
Weitere Übungen	**Diese Woche ist zur freien Gestaltung.**

Didaktisch-methodische Überlegungen

···➝ Domino

Im Rahmen dieser Einheit wird das Projekt „Mein Tierbüchlein" angeboten. Als vorbereitende Leseübung dienen die beiden Dominos: Tiernamen und Tunwörter (Domino 1 bis 7, vgl. Kapitel I, 4.9. S. 80).
Im Rahmen dieser Einheit wird das Projekt „Mein Tierbüchlein" (vgl. Kapitel I, 4.8. S. 80) angeboten. Das kleine Heftchen motiviert die Kinder zum Einüben der Tiernamen und Verben. Der Wortschatz wird erweitert durch die treffende Zuordnung „Tier – Verb".

Einstieg

1 Quadrat (Seitenlänge 16 cm), 3 Rechtecke (16 x 8 cm) als Standmodell aus Styrodur oder aus Holz mit Steckleiste (60 cm)

Satzmodell: Das Quadrat ist Platzhalter für die Tiere (Substantive). Zwei Rechtecke sind Platzhalter für Verben und Artikel und werden immer zuerst mit der langen Seite gesetzt. Das dritte Rechteck bekommt einen Punkt und wird immer mit der kurzen Seite gesetzt.
Das Satzmodell wird in zwei Schritten aufgestellt. Die Aussage: „Die Enten watscheln." ist ein Satz. Dieser wird am Ende durch einen Punkt und am Anfang durch Großschreibung gekennzeichnet.

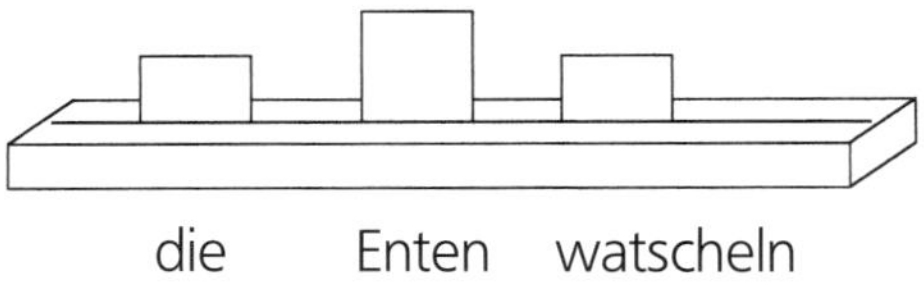

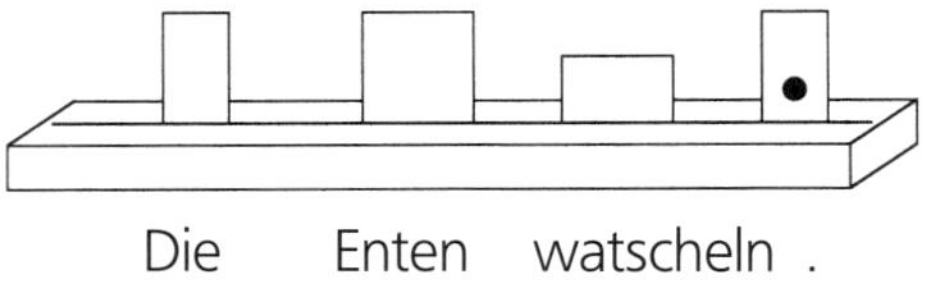

Schritt 1: Einsetzen der Platzhalter
Schritt 2: Punkt am Ende und Großschreibung am Satzanfang

Gleichzeitig mit dem Setzen des Rechtecks (mit dem Punkt) wird das erste Rechteck aufgerichtet.
Nach diesem Modell werden alle 42 Sätze zum Domino gebildet. Jeder Schüler soll mit dem Material arbeiten, um das Satzmuster handelnd zu verinnerlichen.

Hinweise zu den Leitmaterialien

S. 82 – 84

Silbenfibel

Einzelne Kinder lesen abschnittsweise den Silbenfibeltext vor.

Schreiblehrgang

Die Kinder schreiben eine freie Nacherzählung in das Schreibheft.

AH B S. 78, 79

Arbeitsheft

S. 78: Rollenspiel ergänzen
Folie 44 S. 79: Rollenspiel durchführen, bewerten

Mein Tierbüchlein

Kinder schreiben die Sätze in das Heftchen.

Lösungen zum Domino „Was Tiere tun“:

1. Die Enten watscheln.
2. Die Hasen hoppeln.
3. Die Uhus starren.
4. Die Löwen brüllen.
5. Die Kakadus kreischen.
6. Die Affen klettern.
7. Die Schafe blöken.
8. Die Delfine spielen.
9. Die Wale schwimmen.
10. Die Bären brummen.
11. Die Hunde bellen.
12. Die Jaguare lauern.
13. Die Papageien sprechen.
14. Die Mäuse nagen.
15. Die Igel schmatzen.
16. Die Esel tragen.
17. Die Fische laichen.
18. Die Nashörner stoßen.
19. Die Ameisen krabbeln.
20. Die Kamele trinken.
21. Die Tiger schleichen.
22. Die Krokodile schnappen.
23. Die Elefanten spritzen.
24. Die Pferde traben.
25. Die Frösche quaken.
26. Die Schweine grunzen.
27. Die Pfaue stolzieren.
28. Die Nilpferde schnauben.
29. Die Raupen fressen.
30. Die Ziegen meckern.
31. Die Tauben gurren.
32. Die Rehe äsen.
33. Die Gänse schnattern.
34. Die Zebras galoppieren.
35. Die Lämmer springen.
36. Die Eulen jagen.
37. Die Vögel pfeifen.
38. Die Kühe grasen.
39. Die Fledermäuse flattern.
40. Die Schildkröten kriechen.
41. Die Schlangen zischen.
42. Die Lamas spucken.

III.
Kopiervorlagen

Inhalt Kopiervorlagen

Name: Klasse: Datum:

Individueller Beobachtungsbogen: Erstlesen

Kriterien	Beurteilung			detaillierte Bemerkungen, Fördermaßnahmen
	+	o	–	
Silben, Buchstaben				
kann KV-Silben flüssig lesen				
kann Vokale ausgliedern				
kann KVK-Silben mit kurzem Vokal flüssig lesen				
kann Konsonanten isolieren				
kann Anlaute sicher erkennen				
Wörter				
fügt Silben sicher zu Wörtern zusammen				
erliest kurze Wörter ganzheitlich				
erliest längere Wörter silbenweise				
erliest längere Wörter wortweise				
Sätze				
liest Sätze silben- und wortweise				
liest Sätze wortgruppenweise				
kann flüssig zeilenübergreifend lesen				
Textverständnis				
beantwortet Fragen zum Text nach lautem Lesen				
beantwortet Fragen zum Text nach stillem Lesen				
kann Informationen entnehmen				
äußert Meinungen zum Text				
Weitere Beobachtungen				

Name: Klasse: Datum:

Individueller Beobachtungsbogen: Erstschreiben

Kriterien	Beurteilung			detaillierte Bemerkungen, Fördermaßnahmen
	+	o	–	
Druckschrift				
beherrscht Buchstaben und Ziffern in Druckschrift sicher				
unterscheidet ähnliche Buchstaben				
unterscheidet Groß- und Kleinbuchstaben in der Größe				
nutzt die Lineatur für die richtige Größe der Buchstaben				
nutzt die Zeilenlänge gut aus				
achtet auf angemessene Wortabstände				
schreibt sicher silbenweise mit zwei Farben				
Schreibschrift				
beherrscht die Buchstaben der Schreibschrift				
achtet auf angemessene Schräglage der Schreibschrift				
beherrscht geübte Verbindungen sicher				
schreibt flüssig mit Farbwechsel an der Silbenfuge				
kann Druck- in Schreibschrift übertragen				
Allgemein				
teilt das Blatt übersichtlich ein				
gestaltet schriftliche Aufgaben sorgfältig				
gibt der Schrift eine eindeutige Richtung				
schreibt in einem angemessenen Tempo				
korrigiert sauber				
hält das Schreibgerät sicher und korrekt				
zeigt eine korrekte Schreibhaltung: Hand, Körper, Augenabstand				
Weitere Beobachtungen				

Schwungübungen – 1

1.

2.

1. Alle Bögen nachspuren
2. Die Reihen mit Dreierbögen fortsetzen

Schwungübungen – 2

1.

2.

1. Schwünge in den Dächern ergänzen
2. Reihen mit Zweierschwüngen fortsetzen

Schwungübungen – 3

1.

1. Reihen mit Dreierbögen und Zweierschwüngen fortsetzen

1. 

	ma	me	mi	mo	mu
	la	le	li	lo	lu
	ta	te	ti	to	tu
	ra	re	ri	ro	ru
	sa	se	si	so	su
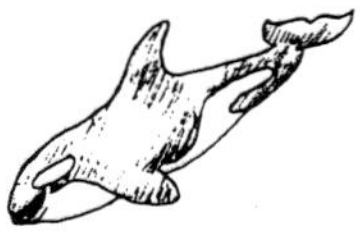	wa	we	wi	wo	wu
	da	de	di	do	du
	na	ne	ni	no	nu
	scha	sche	schi	scho	schu

1. Silben in Zeilen und Spalten lesen

1. 

	Ma	Me	Mi	Mo	Mu
	La	Le	Li	Lo	Lu
	Ta	Te	Ti	To	Tu
	Ra	Re	Ri	Ro	Ru
	Sa	Se	Si	So	Su
	Wa	We	Wi	Wo	Wu
	Da	De	Di	Do	Du
	Na	Ne	Ni	No	Nu
	Scha	Sche	Schi	Scho	Schu

1. Silben in Zeilen und Spalten lesen

Leseteppich – 3 ab Seite 38/39

1. 

	ka	ke	ki	ko	ku
	ba	be	bi	bo	bu
	fa	fe	fi	fo	fu
	ga	ge	gi	go	gu
	pa	pe	pi	po	pu
	ha	he	hi	ho	hu
	za	ze	zi	zo	zu
	ja	je	ji	jo	ju
	va	ve	vi	vo	vu

1. Silben in Zeilen und Spalten lesen

Leseteppich – 4 ab Seite 38/39

1. 

	Ka	Ke	Ki	Ko	Ku
	Ba	Be	Bi	Bo	Bu
	Fa	Fe	Fi	Fo	Fu
	Ga	Ge	Gi	Go	Gu
	Pa	Pe	Pi	Po	Pu
	Ha	He	Hi	Ho	Hu
	Za	Ze	Zi	Zo	Zu
	Ja	Je	Ji	Jo	Ju
	Va	Ve	Vi	Vo	Vu

1. Silben in Zeilen und Spalten lesen

Leseteppich – 5 ab Seite 44/45

1.

mal	mei	mes	mut	mau
lal	lei	les	lut	lau
tal	tei	tes	tut	tau
dal	dei	des	dut	dau
ral	rei	res	rut	rau
sal	sei	ses	sut	sau
wal	wei	wes	wut	wau
schal	schei	sches	schut	schau
kal	kei	kes	kut	kau

1. Silben in Zeilen, Spalten und diagonal lesen

1. 

gla	gei	gle	gut	gro
kla	kei	kle	kut	kro
dal	dei	del	dut	dro
bla	bei	ble	but	bro
fla	fei	fle	fut	fro
wal	wei	wel	wut	wor
pla	pei	ple	put	pro
pfla	pfei	pfle	pfut	pfro
schla	schei	schle	schut	schro

1. Silben in Zeilen, Spalten und diagonal lesen

Merkwörter – 1: Die Zahlwörter

1.

1	2	3
eins	zwei	drei
4	5	6
vier	fünf	sechs
7	8	9
sieben	acht	neun
10	11	12
zehn	elf	zwölf

1. Arbeitsblatt: Ziffern beim ersten Auftreten des Zahlwortes anmalen
   Poster (auf DIN A3 kopieren): Ziffern beim ersten Auftreten des Zahlwortes anmalen

Merkwörter – 2: Die Farben

1.

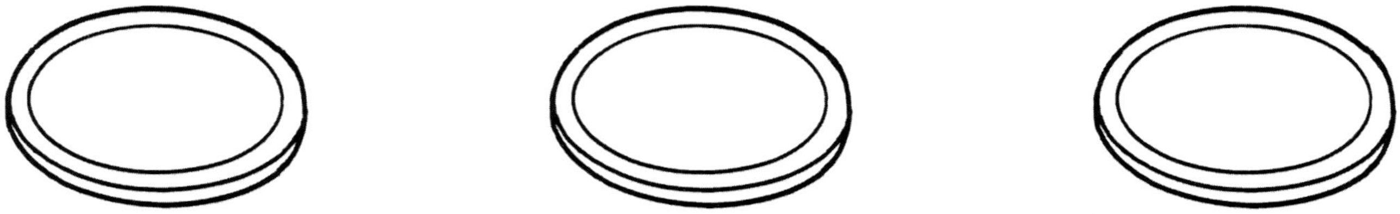

rot gelb grün

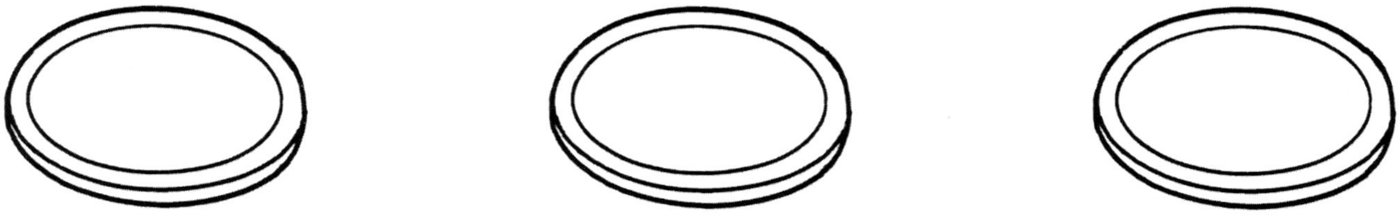

blau violett orange

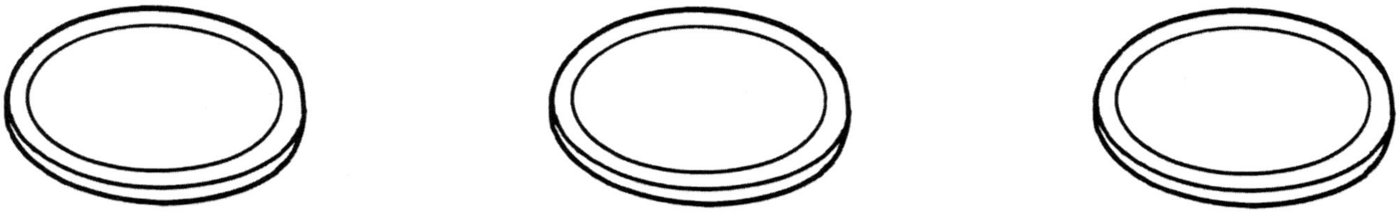

braun weiß grau

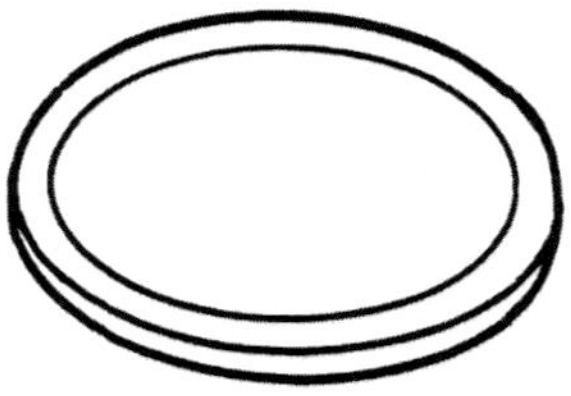

schwarz

1. Arbeitsblatt: „Farbtöpfchen“ beim ersten Auftreten des Farbwortes anmalen
   Poster (auf DIN A3 kopieren): „Farbtöpfchen“ beim ersten Auftreten des Farbwortes anmalen

Merkwörter – 3: Die ß-Wörter

1.

heiß

groß

süß

Fuß

Ruß

Soße

Gruß

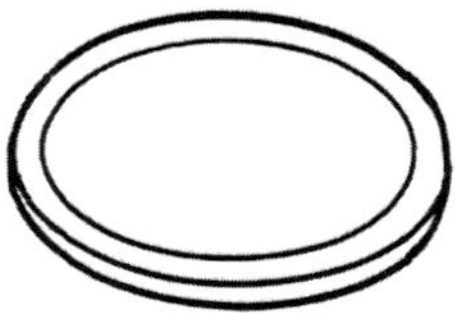

weiß

1. Arbeitsblatt: Bild beim ersten Auftreten des ß-Wortes anmalen
   Poster (auf DIN A3 kopieren): Bild beim ersten Auftreten des ß-Wortes anmalen

1. 

3
2
1
0 Zahl

Ohr

Uhr

Ruhm

Zahn

Mehl

10 zehn

Lohn

Rahm

1. Arbeitsblatt: Bild beim ersten Auftreten des h-Wortes anmalen
Poster (auf DIN A3 kopieren): Bild beim ersten Auftreten des h-Wortes anmalen

Die h-Wörter – 2

1. 

kahl

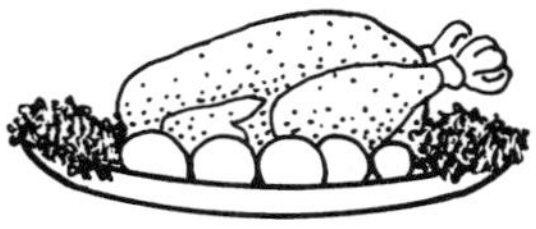

Mahl

lahm

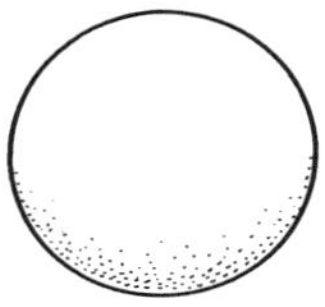

Lehm

zahm

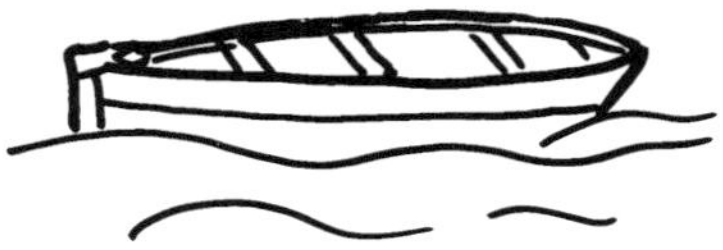

Kahn

mehr (als)

(es ist) wahr

1. Arbeitsblatt: Bild beim ersten Auftreten des h-Wortes anmalen
   Poster (auf DIN A3 kopieren): Bild beim ersten Auftreten des h-Wortes anmalen

1.

1. Ausmalbild für Kuhherde

1.  2.

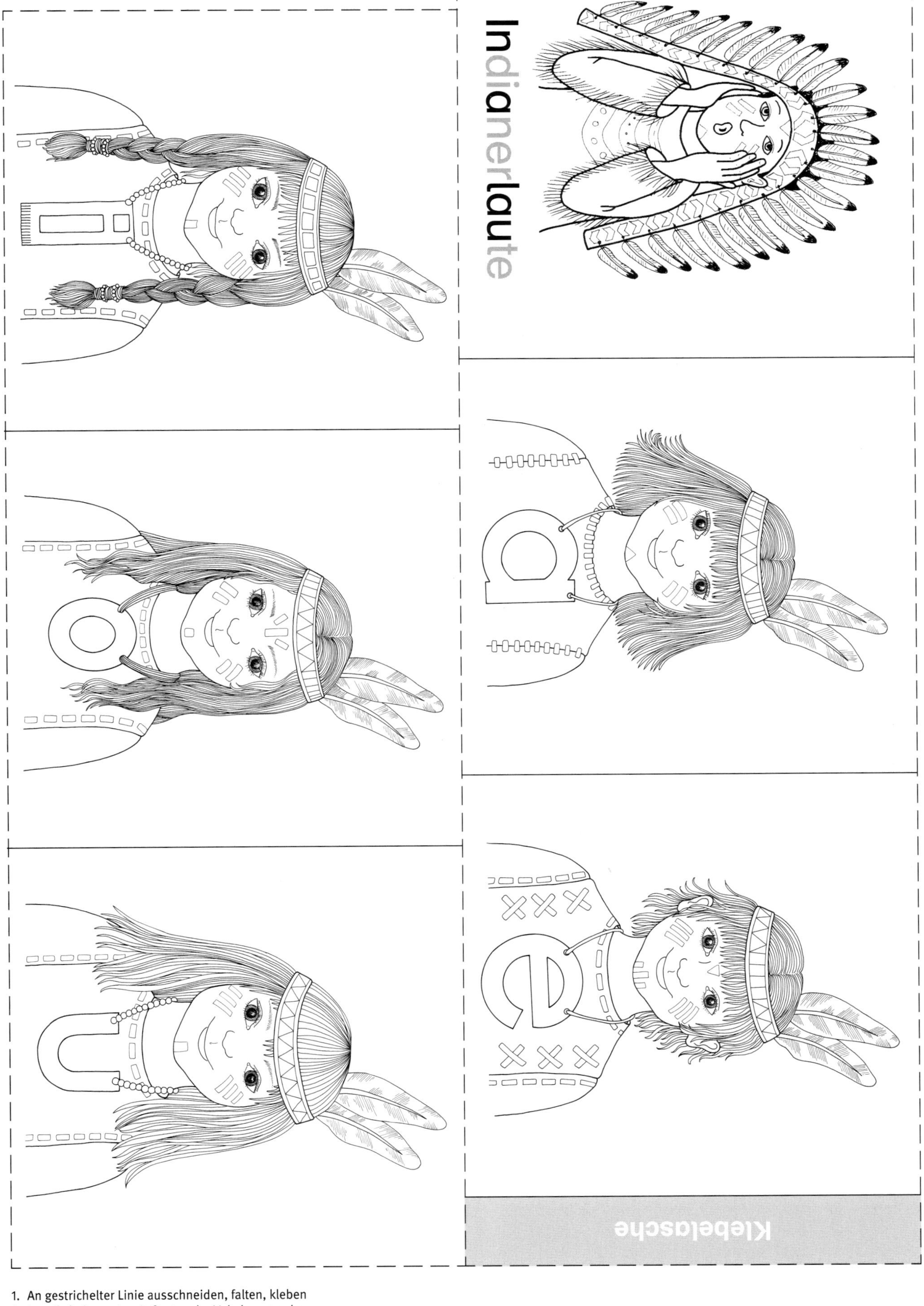

1. An gestrichelter Linie ausschneiden, falten, kleben
2. Jeweils beim ersten Auftreten der Vokale ausmalen

1. Poster: beim ersten Auftreten des Vokals ausmalen und aushängen

1. Poster: beim ersten Auftreten des Vokals ausmalen und aushängen

1. Poster: beim ersten Auftreten des Vokals ausmalen und aushängen

1. Poster: beim ersten Auftreten des Vokals ausmalen und aushängen

1. Poster: beim ersten Auftreten des Vokals ausmalen und aushängen

1.

	Te		Ta
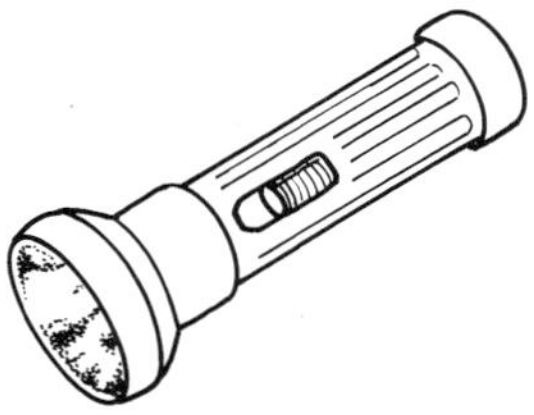	Li	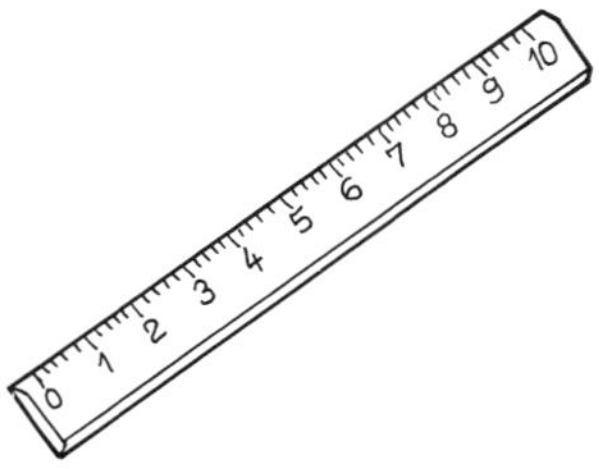	Ti
	Ro		Re
	La		Lu
	Ta		Ti
	Sa	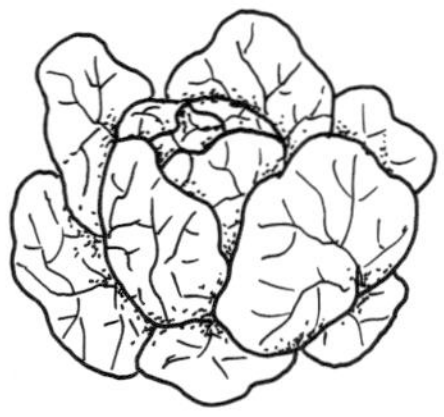	Si
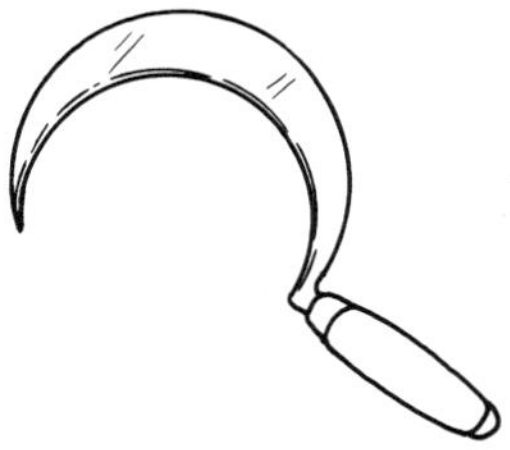	Ta		Wa

1. An gestrichelter Linie Dominokärtchen ausschneiden
2. Domino legen: Bild zu passender 1. Silbe des Wortes
3. Dominokärtchen an Linie durchschneiden für Memo-Spiel

URKUNDE

Sehr gut

Name

A

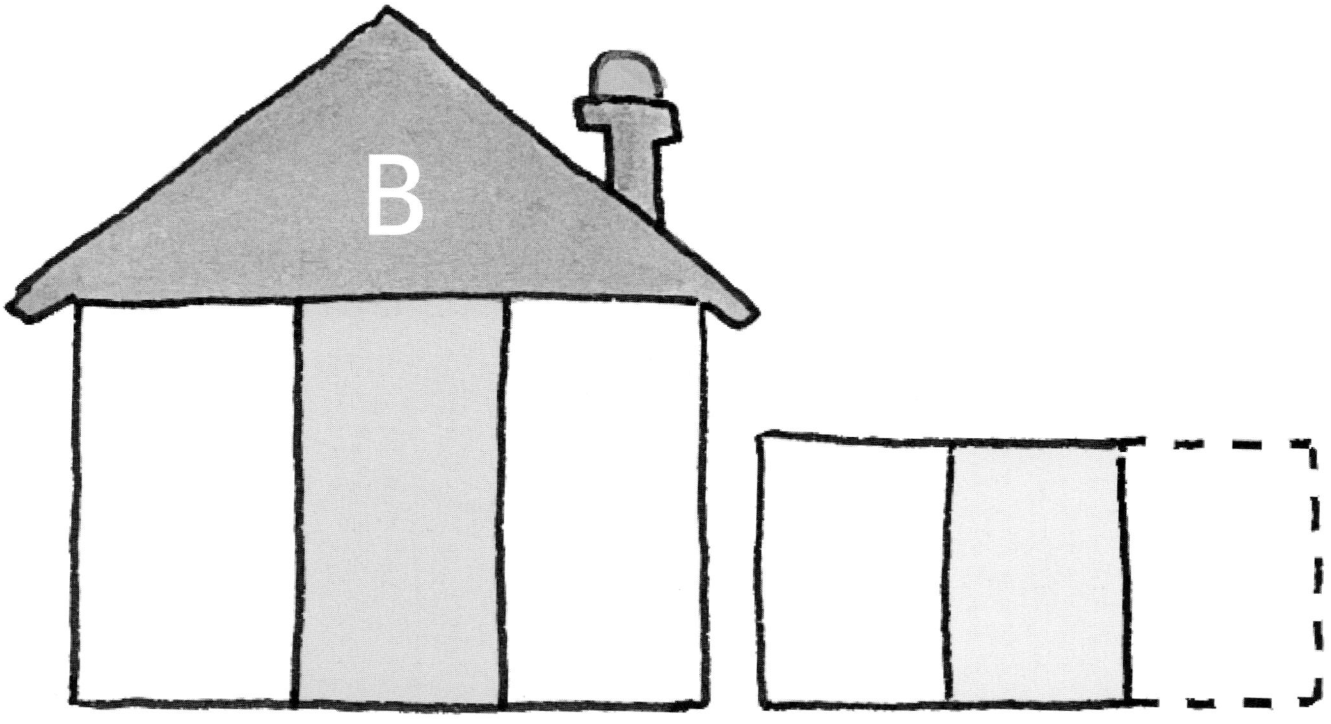
B

1. 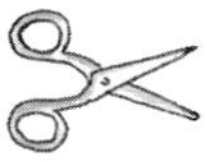

1. Bärenmaske zum Bärenlied

1.

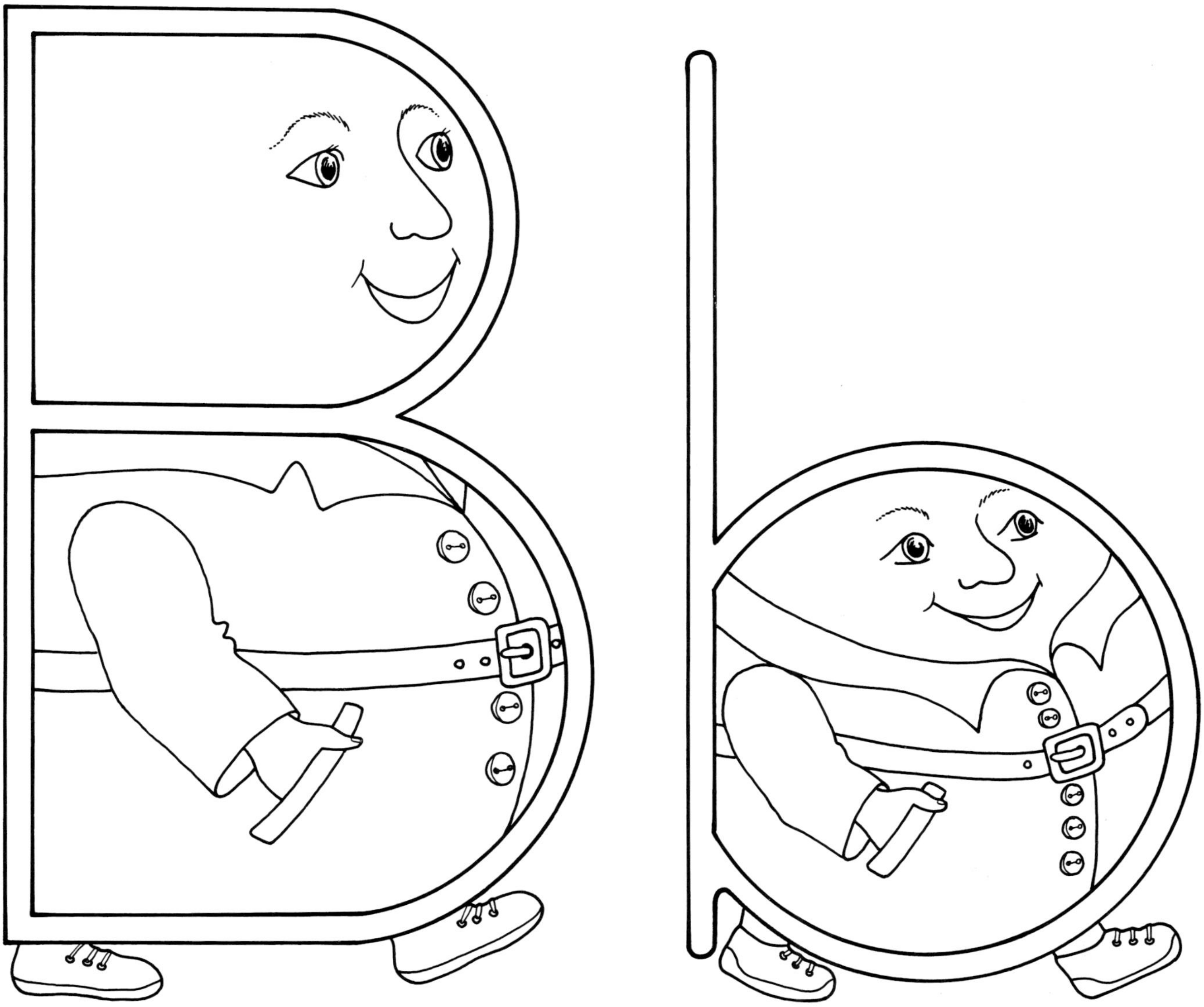

B b

1. Ausmalen und als Poster aufhängen

1.

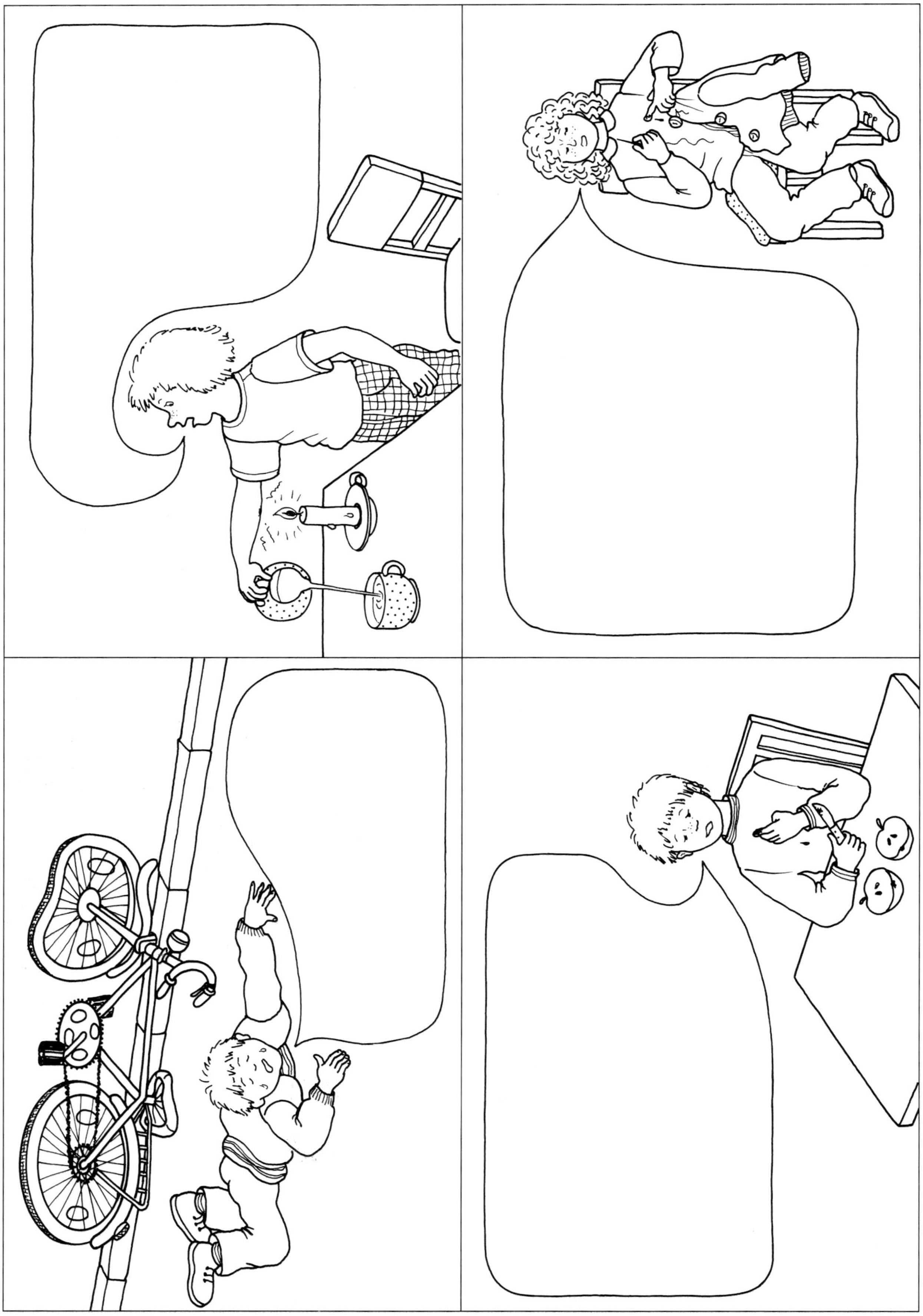

1. Bildkarten zur Einführung von Au au; Im Gespräch Situationen klären und Au in die Sprechblasen eintragen

Eine Eule basteln zu Seite 68/69

1.

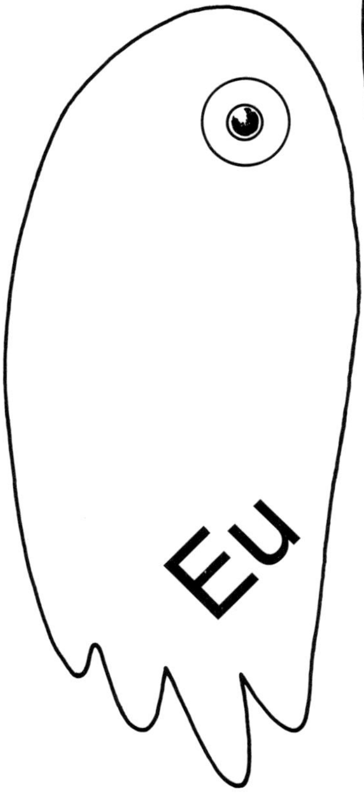

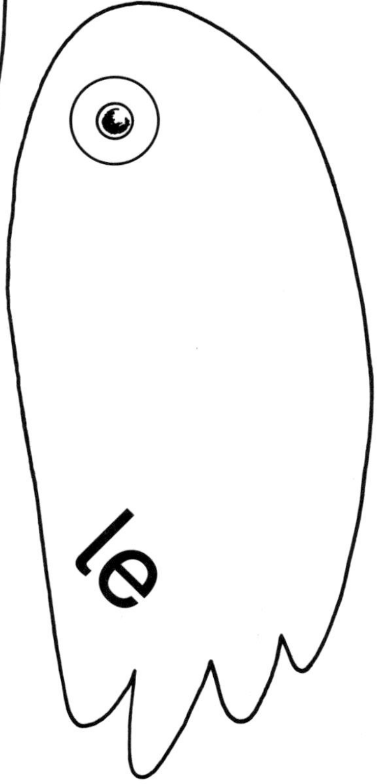

Diese lustige Eule kannst du ganz einfach selbst basteln.
Die Flügel ausschneiden.
Mit Verschlussknöpfen (von Versandtaschen) beide Flügel
von hinten an den Augen befestigen
und mit einer Schnur verbinden.
Wenn du jetzt an der Schnur ziehst,
bewegen sich die Eulenflügel.

1. Bastelvorlage zur Einführung von Eu eu

Einen Faltfrosch basteln

Du brauchst:

- 1 Bogen Papier, DIN A3 oder DIN A4
- Buntstifte
- Schere
- Klebstoff

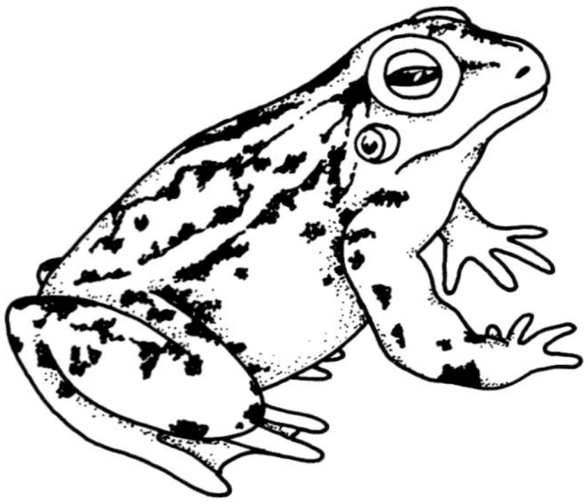

Und so wird's gemacht:

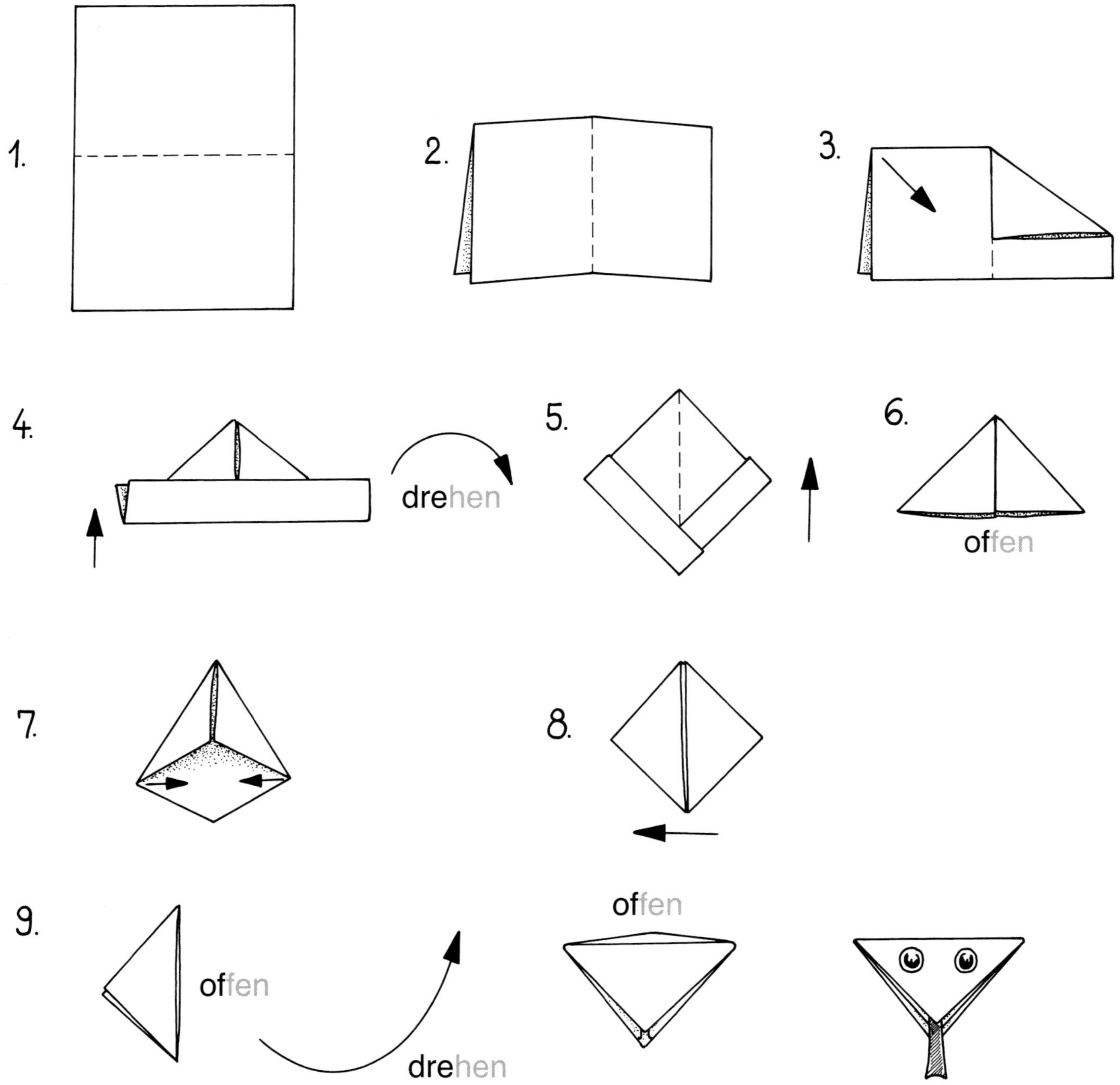

1. Bastelvorlage zur Einführung von Qu qu

1.

u u u u u u u u u u u u u u u u u u

u

u

i i i i i i i i i i i i i i i i i i i i i

i

i

m m m m m m m m m m m m m

m

m

2.

mu

mu

mi

mi

Mu

Mu

Mi

Mi

1. Buchstaben nachspuren; die Reihen fortsetzen
2. Die Reihen fortsetzen

1.

MMMMMMMMMMMMMMMMMMMMMMMMMMMMMMMMMMMMMMMMMMMMMMMMMMMMMMMMMMMMMMMMMMMM

M

M

oooooooooooooooooooooooooooooooooooooooooooooooooooooooooooooooooooo

o

o

2.

Mo

Mo

Mo

Mo

3.

Mimi

Mimi

Mimi

Mimi

Momo

Momo

Momo

Momo

1. Buchstaben nachspuren; die Reihen fortsetzen
2. Die Reihen fortsetzen
3. Nomen: die Reihen fortsetzen und mit zwei Farben schreiben

1.

a a a a a a a a a a a a a a a a a a

2.

ma

ma

ma

ma

Ma

Ma

Mama

Mama

3.

mi

mi

mo

mo

mu

mu

Mia

Mia

Mio

Mio

1. Buchstaben nachspuren
2. Die Reihen fortsetzen und Nomen mit zwei Farben schreiben
3. Die Reihen fortsetzen und Nomen mit zwei Farben schreiben

  · Bestell-Nr. 1405-70

1.

e e e e e e e e e e e e e e e e e e e

2.

me

me

me

me

Me

Me

Memo

Memo

3.

ma

ma

me

me

mi

mi

mo

mo

mu

mu

1. Buchstaben nachspuren
2. Die Reihen fortsetzen und Nomen mit zwei Farben schreiben
3. Die Reihen fortsetzen

L l

1.

L L L L L L L L L L L L L L L

l l l l l l l l l l l l l l l l l l l l l l l l l

2.

La

La

ma

ma

Lama

Lama

Li

Li

Limo

Limo

li

li

la

la

lila

lila

1. Buchstaben nachspuren
2. Die Reihen fortsetzen und Wörter mit zwei Farben schreiben

1.

A A A A A A A A A A A A

A

A

E E E E E E E E E E E E E

E

E

I I I I I I I I I I I I I I I I I I I I I I I I

I

I

O O O O O O O O O O O O

O

O

U U U U U U U U U U U U

U

U

1. Buchstaben nachspuren; die Reihen fortsetzen

A, E, I, O, U

zu Seite 18/19

1.

A

A

E

E

I

I

O

O

U

U

2.

A

E

I

O

U

1. Die Reihen fortsetzen
2. Passenden Großbuchstaben schreiben und die Reihen fortsetzen

1.

T T T T T T T T T T T T

t t t t t t t t t t t t t t t t t t t

2.

Ta ta

Ta ta

Te te

Te te

Ti ti

Ti ti

To to

To to

Tu tu

Tu tu

3.

Tila

Tila

Toto

Toto

Timo

Timo

1. Buchstaben nachspuren
2. Die Reihen fortsetzen
3. Nomen: die Reihen fortsetzen und mit zwei Farben schreiben

1.

R R R R R R R R R R R R

r r r r r r r r r r r r r r r r r r r

2.

Ra ra

Ra ra

Re re

Re re

Ri ri

Ri ri

Ro ro

Ro ro

Ru ru

Ru ru

3.

Ria

Ria

rate

rate

rote

rote

1. Buchstaben nachspuren
2. Die Reihen fortsetzen
3. Wörter: die Reihen fortsetzen und mit zwei Farben schreiben

1.

S S S S S S S S S S S S

s s s s s s s s s s s s s s s s s

2.

Sa sa

Sa sa

Se se

Se se

Si si

Si si

So so

So so

Su su

Su su

3.

Susi

Susi

Lisa

Lisa

Salami

Salami

1. Buchstaben nachspuren
2. Die Reihen fortsetzen
3. Nomen: die Reihen fortsetzen und mit zwei Farben schreiben

1.

W W W W W W W W W

w w w w w w w w w w w w

2.

Wa wa

Wa wa

We we

We we

Wi wi

Wi wi

Wo wo

Wo wo

Wu wu

Wu wu

3.

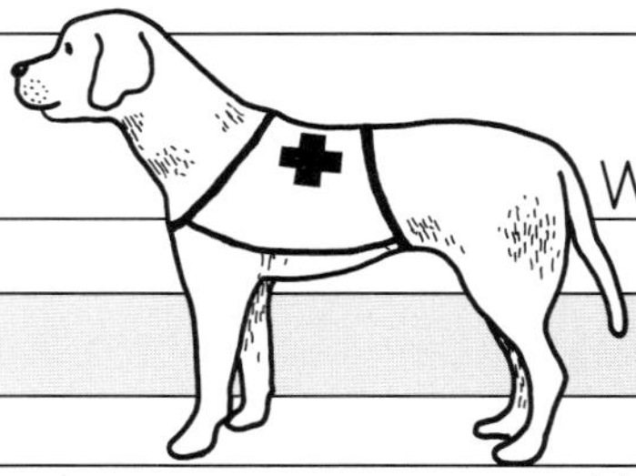

Wito

Wito

Wale

Wale

Uwe

Uwe

1. Buchstaben nachspuren
2. Die Reihen fortsetzen
3. Nomen: die Reihen fortsetzen und mit zwei Farben schreiben

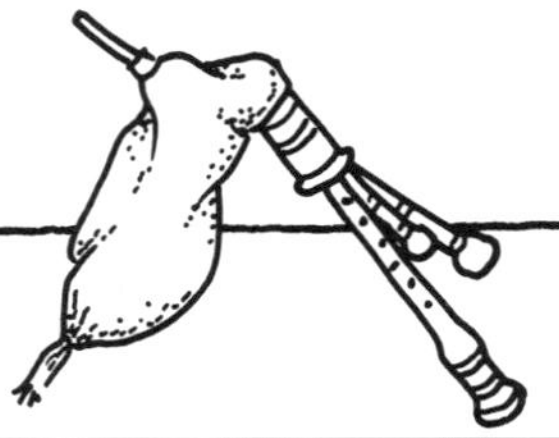

1.

D D D D D D D D D D D D

d d d d d d d d d d d d d d d d

2.

Da da

Da da

De de

De de

Di di

Di di

Do do

Do do

Du du

Du du

3.

didel

didel

dadel

dadel

Doris

Doris

1. Buchstaben nachspuren
2. Die Reihen fortsetzen
3. Wörter: die Reihen fortsetzen und mit zwei Farben schreiben

N n

1.

N N N N N N N N N N N N

n n n n n n n n n n n n n n n n n n

2.

Na na

Na na

Ne ne

Ne ne

Ni ni

Ni ni

No no

No no

Nu nu

Nu nu

3.

Nina

Nina

Nena

Nena

Nadel

Nadel

1. Buchstaben nachspuren
2. Die Reihen fortsetzen
3. Nomen: die Reihen fortsetzen und mit zwei Farben schreiben

1.

Sch Sch Sch Sch Sch Sch

sch sch sch sch sch sch sch

2.

Scha

Scha

Sche

Sche

Schi

Schi

Schu

Schu

3.

scha

scha

sche

sche

schi

schi

scho

scho

1. Buchstaben nachspuren
2. Die Reihen fortsetzen
3. Die Reihen fortsetzen

1.

Schule

Schule

Schale

Schale

Schemel

Schemel

Schere

Schere

Schirme

Schirme

Schalter

Schalter

Maschine

Maschine

2.

duschen

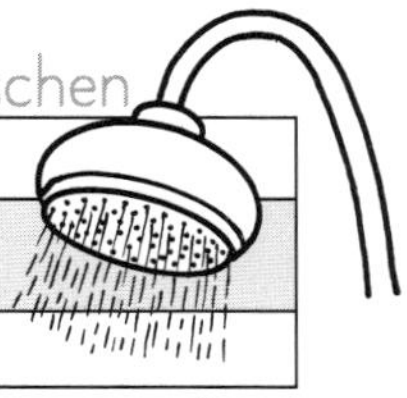

duschen

naschen

naschen

waschen

waschen

1. Nomen: die Reihen fortsetzen und mit zwei Farben schreiben
2. Verben: die Reihen fortsetzen und mit zwei Farben schreiben

1.

schla

schla

schna

schna

schnurren

schnurren

schwimmen

schwimmen

schnattern

schnattern

2.

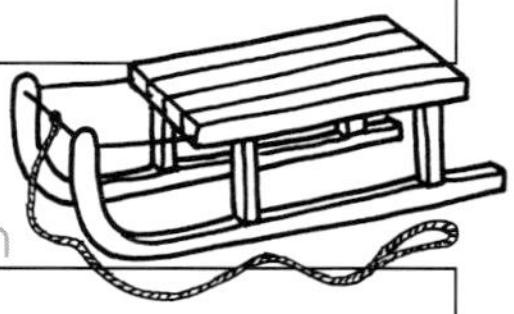

Schlitten

Schlitten

Schnee

Schnee

Schwerter

Schwerter

Schwan

Schwan

Schwamm

Schwamm

1. Die Reihen fortsetzen und Verben mit zwei Farben schreiben
2. Nomen: die Reihen fortsetzen und mit zwei Farben schreiben

1.

Ei Ei Ei Ei Ei Ei Ei Ei Ei Ei Ei

ei ei ei ei ei ei ei ei ei ei ei ei ei

2.

Ei

Ei

Eis

Eis

Eimer

Eimer

3.

ei

ei

ein

ein

eine

eine

meine

meine

deine

deine

1. Buchstaben nachspuren
2. Nomen: die Reihen fortsetzen und mit zwei Farben schreiben
3. Wörter: die Reihen fortsetzen und mit zwei Farben schreiben

1.

K K K K K K K K K K K K K K

k k k k k k k k k k k k k k k k k

2.

kna

kna

kle

kle

krei

krei

knallen

knallen

klettern

klettern

3.

Kakadu

Kakadu

Karten

Karten

Krokodil

Krokodil

1. Buchstaben nachspuren
2. Die Reihen fortsetzen und Verben mit zwei Farben schreiben
3. Nomen: die Reihen fortsetzen und mit zwei Farben schreiben

1. ✎

ck ck ck ck ck ck ck ck ck ck ck

2. ✎

Schnecke

Schnecke

Dackel

Dackel

Wecker

Wecker

Rücken

Rücken

3. ✎

ticken

ticken

schmecken

schmecken

wecken

wecken

knacken

knacken

nicken

nicken

1. Buchstaben nachspuren
2. Nomen: die Reihen fortsetzen und mit zwei Farben schreiben
3. Verben: die Reihen fortsetzen und mit zwei Farben schreiben

1.

B B B B B B B B B B B B

b b b b b b b b b b b b b b b b

2.

bla

bla

bra

bra

bro

bro

blu

blu

blasen

blasen

braten

braten

3.

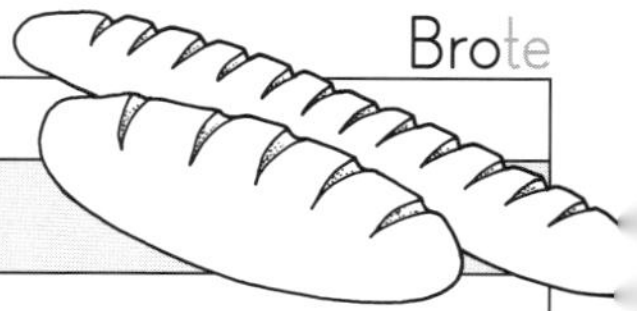

Brote

Brote

Blumen

Blumen

1. Buchstaben nachspuren
2. Die Reihen fortsetzen und Verben mit zwei Farben schreiben
3. Nomen: die Reihen fortsetzen und mit zwei Farben schreiben

1.

F F F F F F F F F F F F F F

f f f f f f f f f f f f f f f f f

2.

fla

fla

fri

fri

fei

fei

feiern

feiern

fischen

fischen

Feder

Feder

Flasche

Flasche

Futter

Futter

1. Buchstaben nachspuren
2. Die Reihen fortsetzen und Wörter mit zwei Farben schreiben

zu Seite 44/45

1.

Au Au Au Au Au Au Au Au Au Au

au au au au au au au au au au au au

2.

Au au

Au au

Auto

Auto

Klaus

Klaus

Daumen

Daumen

Schraube

Schraube

Maus

Maus

laut

laut

blau

blau

sausen

sausen

schaukeln

schaukeln

laufen

laufen

1. Buchstaben nachspuren
2. Die Reihen fortsetzen und Wörter mit zwei Farben schreiben

G g

1.

G G G G G G G G G G G G G G

g g g g g g g g g g g g g g g g g g g

2.

gla

gla

grün

grün

gelb

gelb

Glas

Glas

Garten

Garten

Geister

Geister

Gurke

Gurke

Geige

Geige

Gabel

Gabel

Tiger

Tiger

Nagel

Nagel

1. Buchstaben nachspuren
2. Die Reihen fortsetzen und Wörter mit zwei Farben schreiben

1.

ie ie ie ie ie ie ie ie ie ie ie ie ie ie ie ie ie

2.

der Riese

riesig

sieben

sie

wir siegen

der Sieger

wir liegen

die Liege

die Lieder

die Tiere

die Wiese

wir fliegen

1. Buchstaben nachspuren
2. Die Reihen fortsetzen und Wörter mit zwei Farben schreiben

Ö ö

1.

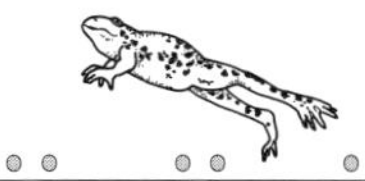

Ö Ö Ö Ö Ö Ö Ö Ö Ö Ö Ö Ö Ö Ö Ö

ö ö ö ö ö ö ö ö ö ö ö ö ö ö ö ö ö ö

2.

der König

der König

die Frösche

die Frösche

die Störche

die Störche

die Möwe

die Möwe

die Flöte

die Flöte

der Löwe

der Löwe

die Wörter

die Wörter

das Öl

das Öl

die Kröte

die Kröte

schön

schön

wir hören

wir hören

1. Buchstaben nachspuren
2. Die Reihen fortsetzen und Wörter mit zwei Farben schreiben

1.

P P P P P P P P P P P P P P P P

p p p p p p p p p p p p p p p p p p

2.

Papa

Papa

Panne

Panne

Paula

Paula

Panda

Panda

Raupe

Raupe

Puma

Puma

Wespe

Wespe

Ampel

Ampel

Lampe

Lampe

Papagei

Papagei

parken

parken

1. Buchstaben nachspuren
2. Die Reihen fortsetzen und Wörter mit zwei Farben schreiben

1.

Pf Pf Pf Pf Pf Pf Pf Pf Pf Pf Pf Pf

pf pf pf pf pf pf pf pf pf pf pf pf pf pf

2.

Pf pf

Pf pf

die Pferde

die Pferde

die Pfeife

die Pfeife

die Pfeile

die Pfeile

der Topf

der Topf

der Kopf

der Kopf

der Apfel

der Apfel

wir hüpfen

wir hüpfen

wir knüpfen

wir knüpfen

wir klopfen

wir klopfen

wir pflücken

wir pflücken

1. Buchstaben nachspuren
2. Die Reihen fortsetzen und Wörter mit zwei Farben schreiben

H h

1.

H H H H H H H H H H H H H H H

h h h h h h h h h h h h h h h h h h h h

2.

der Hase

der Hase

die Hose

die Hose

die Hunde

die Hunde

der Himmel

der Himmel

die Hummel

die Hummel

die Harfe

die Harfe

das Nashorn

das Nashorn

der Hut

der Hut

wir hüpfen

wir hüpfen

wir halten

wir halten

wir holen

wir holen

1. Buchstaben nachspuren
2. Die Reihen fortsetzen und Wörter mit zwei Farben schreiben

1.

ß ß ß ß ß ß ß ß ß ß ß ß ß ß ß ß ß ß

2.

der Ruß

der Ruß

großer Fuß

großer Fuß

weiße Farbe

weiße Farbe

heiße Soße

heiße Soße

süßer Saft

süßer Saft

fleißig

fleißig

draußen

draußen

kalt – heiß

kalt – heiß

innen – außen

innen – außen

klein – groß

klein – groß

wir heißen

wir heißen

wir grüßen

wir grüßen

1. Buchstaben nachspuren
2. Die Reihen fortsetzen und Wörter mit zwei Farben schreiben

1.

ch ch ch ch ch ch ch ch ch ch ch ch ch

2.

ich

ich

acht

acht

auch

auch

der Drache

der Drache

der Bauch

der Bauch

der Schlauch

der Schlauch

der Bach

der Bach

wir fauchen

wir fauchen

wir tauchen

wir tauchen

wir lachen

wir lachen

wir schleichen

wir schleichen

wir rechnen

wir rechnen

1. Buchstaben nachspuren
2. Die Reihen fortsetzen und Wörter mit zwei Farben schreiben

1.

Ä Ä Ä Ä Ä Ä Ä Ä Ä Ä Ä Ä Ä Ä Ä

ä ä

2.

der Bär

der Bär

Bärbel

Bärbel

das Häslein

das Häslein

die Äpfel

die Äpfel

die Blätter

die Blätter

der Käfer

der Käfer

der Käse

der Käse

die Säge

die Säge

das Märchen

das Märchen

das Mädchen

das Mädchen

die Träne

die Träne

1. Buchstaben nachspuren
2. Die Reihen fortsetzen und Wörter mit zwei Farben schreiben

St st

zu Seite 58/59

1.

St St St St St St St St St St St

st st st st st st st st st st st st st st

2.

der Storch

der Storch

der Strom

der Strom

der Stier

der Stier

die Steine

die Steine

der Stern

der Stern

der Stift

der Stift

die Straße

die Straße

wir staunen

wir staunen

wir steigen

wir steigen

wir streiten

wir streiten

wir stoppen

wir stoppen

1. Buchstaben nachspuren
2. Die Reihen fortsetzen und Wörter mit zwei Farben schreiben

Sp sp

zu Seite 58/59

1.

Sp Sp Sp Sp Sp Sp Sp Sp Sp Sp

sp sp sp sp sp sp sp sp sp sp sp sp

2.

Spanien

Spanien

der Specht

der Specht

die Spinne

die Spinne

der Sport

der Sport

spät

spät

die Spiele

die Spiele

wir spielen

wir spielen

die Speisekarte

die Speisekarte

wir speisen

wir speisen

die Spardose

die Spardose

wir sparen

wir sparen

1. Buchstaben nachspuren
2. Die Reihen fortsetzen und Wörter mit zwei Farben schreiben

1.

Z Z Z Z Z Z Z Z Z Z Z Z Z Z Z

z z z z z z z z z z z z z z z z z z z z

2.

zehn

zehn

zwei

zwei

schwarz

schwarz

die Ziege

die Ziege

das Zebra

das Zebra

die Kerze

die Kerze

die Zelte

die Zelte

der Zauber

der Zauber

die Zwerge

die Zwerge

wir zählen

wir zählen

wir zeigen

wir zeigen

1. Buchstaben nachspuren
2. Die Reihen fortsetzen und Wörter mit zwei Farben schreiben

1.

tz tz tz tz tz tz tz tz tz tz tz tz tz

2.

die Katze

die Katze

die Tatze

die Tatze

die Hitze

die Hitze

die Spritze

die Spritze

das Schnitzel

das Schnitzel

die Spatzen

die Spatzen

wir sitzen

wir sitzen

wir putzen

wir putzen

wir flitzen

wir flitzen

wir kitzeln

wir kitzeln

wir kratzen

wir kratzen

wir schwitzen

wir schwitzen

1. Buchstaben nachspuren
2. Die Reihen fortsetzen und Wörter mit zwei Farben schreiben

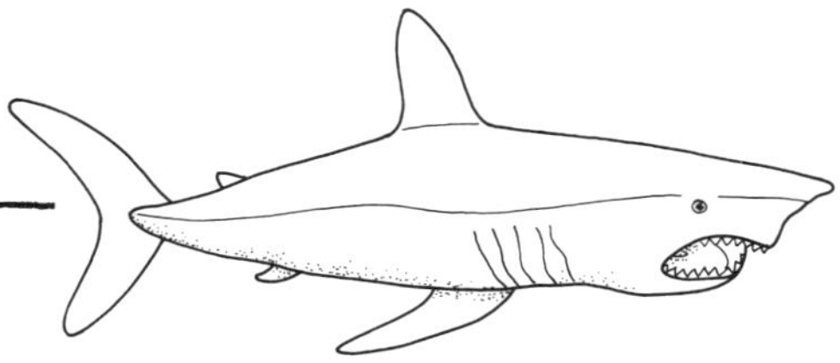

1.

ai ai ai ai ai ai ai ai ai ai ai ai ai ai ai

2.

der Hai

der Hai

der Mai

der Mai

der Maikäfer

der Maikäfer

der Maibaum

der Maibaum

der Maitanz

der Maitanz

der Mais

der Mais

das Maisbrot

das Maisbrot

die Kaimauer

die Kaimauer

der Kaiser

der Kaiser

die Kaiserin

die Kaiserin

die Kaiserkrone

die Kaiserkrone

die Saite

die Saite

1. Buchstaben nachspuren
2. Die Reihen fortsetzen und Wörter mit zwei Farben schreiben

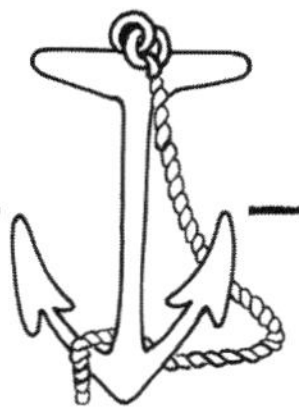

1.

nk nk nk nk nk nk nk nk nk nk nk nk nk

2.

der Enkel

der Enkel

der Onkel

der Onkel

der Anker

der Anker

der Schrank

der Schrank

die Funken

die Funken

wir tanken

wir tanken

wir trinken

wir trinken

wir winken

wir winken

wir danken

wir danken

wir lenken

wir lenken

sie denken

sie denken

sie blinken

sie blinken

1. Buchstaben nachspuren
2. Die Reihen fortsetzen und Wörter mit zwei Farben schreiben

1.

ng ng ng ng ng ng ng ng ng ng ng ng

2.

die Schlange

die Schlange

die Engel

die Engel

der Ring

der Ring

der Finger

der Finger

die Angel

die Angel

die Zange

die Zange

die Rechnung

die Rechnung

der Gong

der Gong

der Klang

der Klang

die Klingel

die Klingel

wir klingeln

wir klingeln

wir singen

wir singen

1. Buchstaben nachspuren
2. Die Reihen fortsetzen und Wörter mit zwei Farben schreiben

1.

Ü Ü Ü Ü Ü Ü Ü Ü Ü Ü Ü Ü Ü Ü Ü

ü ü ü ü ü ü ü ü ü ü ü ü ü ü ü ü ü ü ü

2.

Ü ü

früh

fünf

grün

süß

kühl

die Tüte

die Tür

die Schüssel

wir rühren

wir wünschen

1. Buchstaben nachspuren
2. Die Reihen fortsetzen und Wörter mit zwei Farben schreiben

1.

J J J J J J J J J J J J J J J J J J

j j j j j j j j j j j j j j j j j j j j j j j

2.

Jakob

Jakob

der Jäger

der Jäger

die Jacke

die Jacke

der Junge

der Junge

der Jaguar

der Jaguar

Januar

Januar

Juni

Juni

Juli

Juli

ja

ja

wir jubeln

wir jubeln

wir jagen

wir jagen

1. Buchstaben nachspuren
2. Die Reihen fortsetzen und Wörter mit zwei Farben schreiben

Eu eu

1.

Eu Eu Eu Eu Eu Eu Eu Eu Eu Eu Eu

eu eu eu eu eu eu eu eu eu eu eu eu

2.

die Eule

die Eule

neu

neu

neun

neun

heute

heute

treu

treu

das Heu

das Heu

die Scheune

die Scheune

die Freude

die Freude

der Beutel

der Beutel

wir leuchten

wir leuchten

wir heulen

wir heulen

1. Buchstaben nachspuren
2. Die Reihen fortsetzen und Wörter mit zwei Farben schreiben

1. V V V V V V V V V V V V V V V V

v v v v v v v v v v v v v v v v v v v v

2. vor

vor

die Vögel

die Vögel

die Vase

die Vase

Eva

Eva

der Vater

der Vater

voll

voll

viel

viel

vier

vier

die Kurve

die Kurve

die Lokomotive

die Lokomotive

wir verlassen

wir verlassen

1. Buchstaben nachspuren
2. Die Reihen fortsetzen und Wörter mit zwei Farben schreiben

Äu äu

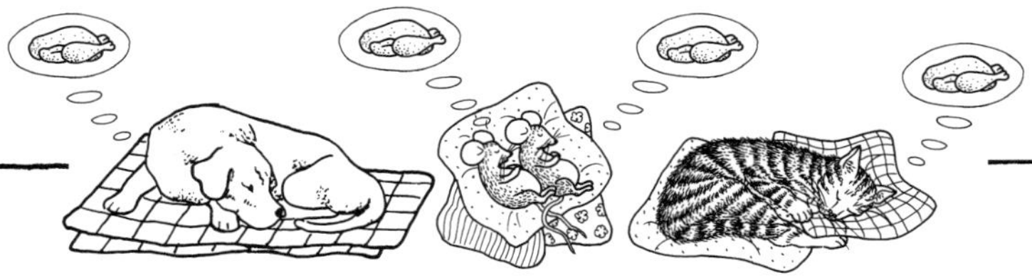

zu Seite 72/73

1\.

Äu Äu Äu Äu Äu Äu Äu Äu Äu Äu

äu äu äu äu äu äu äu äu äu äu äu äu

2\.

eine Maus

eine Maus

viele Mäuse

viele Mäuse

ein Baum

ein Baum

viele Bäume

viele Bäume

der Traum

der Traum

wir träumen

wir träumen

das Haus

das Haus

viele Häuser

viele Häuser

der Zaun

der Zaun

viele Zäune

viele Zäune

der Läufer

der Läufer

1. Buchstaben nachspuren
2. Die Reihen fortsetzen und Wörter mit zwei Farben schreiben

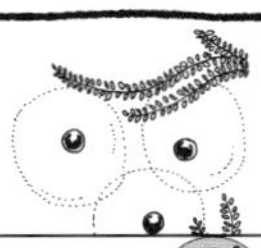

1.

Qu Qu Qu Qu Qu Qu Qu Qu Qu Qu

qu qu qu qu qu qu qu qu qu qu qu qu

2.

die Quelle
die Quelle

die Qualle
die Qualle

der Quatsch
der Quatsch

die Kaulquappe
die Kaulquappe

das Aquarium
das Aquarium

das Quadrat
das Quadrat

das Quartett
das Quartett

sie quietschen
sie quietschen

sie quaken
sie quaken

sie quatschen
sie quatschen

sie quengeln
sie quengeln

1. Buchstaben nachspuren
2. Die Reihen fortsetzen und Wörter mit zwei Farben schreiben

1.

Y Y Y Y Y Y Y Y Y Y Y Y Y Y Y

y y y y y y y y y y y y y y y y y y

2.

das Pony

das Pony

der Ponyhof

der Ponyhof

Maya

Maya

die Party

die Party

das Hobby

das Hobby

der Teddy

der Teddy

der Zylinder

der Zylinder

der Dynamo

der Dynamo

das Handy

das Handy

die Pyramide

die Pyramide

das Labyrinth

das Labyrinth

1. Buchstaben nachspuren
2. Die Reihen fortsetzen und Wörter mit zwei Farben schreiben

1.

C C C C C C C C C C C C C C C

c c c c c c c c c c c c c c c c c c c c c

2.

der Clown

der Clown

Piccolo

Piccolo

Nico

Nico

der Cowboy

der Cowboy

das Chamäleon

das Chamäleon

der Computer

der Computer

Christian

Christian

Christine

Christine

Cornelia

Cornelia

der Chor

der Chor

Cent

Cent

1. Buchstaben nachspuren
2. Die Reihen fortsetzen und Wörter mit zwei Farben schreiben

1.

X X X X X X X X X X X X X X X

x x x x x x x x x x x x x x x x x x x

2.

die Hexe

die Hexe

Trixi

Trixi

Abraxas

Abraxas

das Lexikon

das Lexikon

wir mixen

wir mixen

die Nixe

die Nixe

der Boxer

der Boxer

das Xylofon

das Xylofon

das Saxofon

das Saxofon

die Axt

die Axt

das Taxi

das Taxi

1. Buchstaben nachspuren
2. Die Reihen fortsetzen und Wörter mit zwei Farben schreiben

1.

chs chs chs chs chs chs chs chs chs

2.

der Fuchs

der Fuchs

der Dachs

der Dachs

der Luchs

der Luchs

der Lachs

der Lachs

der Ochse

der Ochse

die Eidechse

die Eidechse

der Nachwuchs

der Nachwuchs

die Deichsel

die Deichsel

urwüchsig

urwüchsig

wir wachsen

wir wachsen

wir wechseln

wir wechseln

sechs

sechs

1. Buchstaben nachspuren
2. Die Reihen fortsetzen und Wörter mit zwei Farben schreiben

IV.
Lieder

Inhalt Lieder

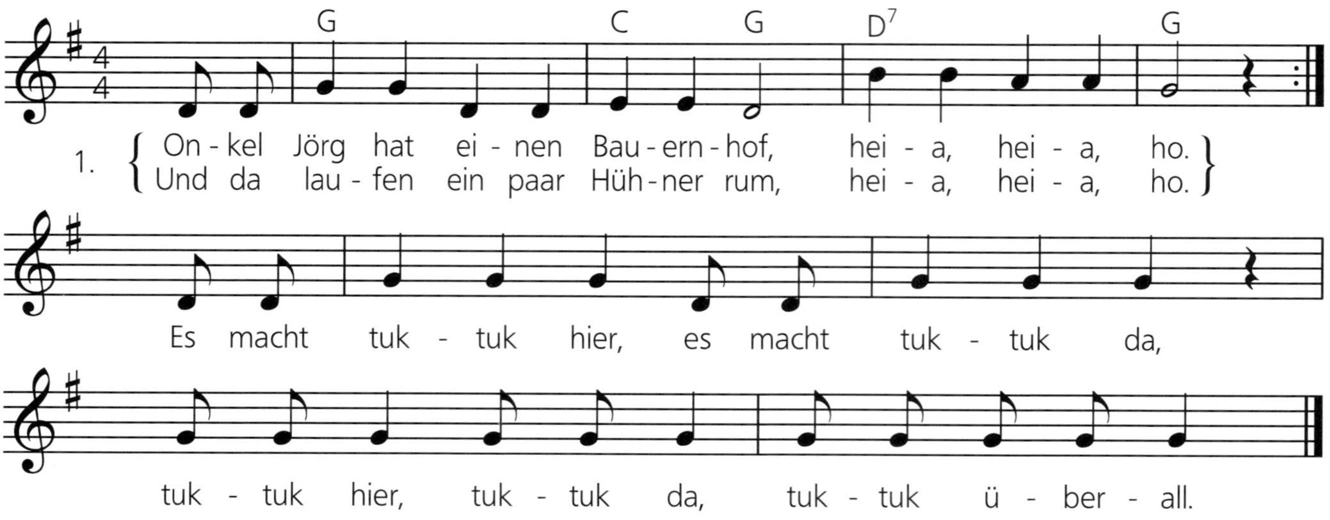

2. Onkel Jörg hat einen Bauernhof, heia, heia, ho.
Und da laufen ein paar Gänse rum, heia, heia, ho.
Es macht ga – gak hier, es macht ga – gak da,
ga – gak hier, ga – gak überall.

3. … Schweine … oi – oi …

4. … Ziegen … mek – mek …

5. … Kühe … mu – mu …

Kinderlied aus England
Original: Old Mc Donald had a farm
dt. Text: unbekannter Verfasser

CD A Lied-Nr. 1 (vokal)
CD A Lied-Nr. 2 (instrumental)

Lied: „A, a, a, die Schulzeit, die ist da!“ *zu Seite 8/9*

2. E, e, e, jetzt geht es los, ole!
3. I, i, i, vergiss das Lesen nie!
4. O, o, o, wir machen alle so!
5. U, u, u, die Zeit vergeht im Nu!

Melodie: traditionell
Text: unbekannter Verfasser

CD A Lied-Nr. 3 (vokal)
CD A Lied-Nr. 4 (instrumental)

Lied: „Das Eichhörnchen“

zu Seite 14/15

Text & Musik: Susanne Peter/Uli Führe

Begleitung beim Refrain:

Klanghölzer:

Xylofon/Klangstäbe

CD A Lied-Nr. 5 (vokal)
CD A Lied-Nr. 6 (instrumental)

2. Wer wird in kalter Winterszeit an diesen Plätzen sein?
Das kann ja nur das Eichhörnchen mit seinem Schwänzlein sein!
Refrain: Es springt behänd im Baum herum von Ast zu Ast,
tanzt hoch hinauf und weit hinab und macht nun Rast.

3. Wer nagt mit seinen Zähnen und beißt in die Nüsse rein?
Das kann ja nur das Eichhörnchen mit seinem Schwänzlein sein!
Refrain: Es springt behänd im Baum herum von Ast zu Ast,
tanzt hoch hinauf und weit hinab und macht nun Rast.

4. Wer spitzt die Ohren und horcht wachsam in den Wald hinein?
Das kann ja nur das Eichhörnchen mit seinem Schwänzlein sein!
Refrain: Es springt behänd im Baum herum von Ast zu Ast,
tanzt hoch hinauf und weit hinab und macht nun Rast.

5. Wer baut sich in den Tannenwipfeln Nester rund und klein?
Das kann ja nur das Eichhörnchen mit seinem Schwänzlein sein!
Refrain: Es springt behänd im Baum herum von Ast zu Ast,
tanzt hoch hinauf und weit hinab und macht nun Rast.

Bewegungsspiel im Klassenzimmer:

1. „Bewege, was du hörst": Die Lehrerin/der Lehrer spielt auf den Klanghölzern, die Kinder bewegen sich zwischen den Bänken. Wenn die Lehrerin/der Lehrer stoppt, bleiben die Kinder stehen. Die Lehrerin/der Lehrer spielt mit unterschiedlichen längeren oder kürzeren Phrasen.

2. „Begleite, was du siehst": Alle Kinder haben Klanghölzer (alternativ: auf den Tischen trommeln). Ein Kind bewegt sich im Raum durch die Bankreihen hindurch, die anderen begleiten es. Wenn die Bewegung stoppt, stoppt auch die Musik!

Text: Susanne Peter

Text und Melodie: volkstümlich

Teil A: Mit „Gepäck“ auf dem Rücken gebückt im Kreis gehen.

Teil B: Mit dem Kopf nicken und dabei „i-a“ rufen.

Teil C: Mir dem Hinterteil wackeln.

Aufstellung zum Tanz:

Die Kinder stellen sich hintereinander im Kreis auf. Sie gehen im Takt und führen die Bewegungen zu dem Kanon aus.

CD A Lied-Nr. 7 (vokal)
CD A Lied-Nr. 8 (instrumental)

2. Der Löwe da, der Löwe da,
das ist ein Tier aus Afrika.

3. Der dicke Bär, der dicke Bär,
der rennt im Käfig hin und her.

4. Der Affe hier, der Affe hier,
der Affe ist ein lustig Tier.

5. Das Krokodil, das Krokodil,
das ist sehr faul und tut nicht viel.

6. Der Papagei, der Papagei,
der schaukelt viel und schreit dabei.

Text: Rudolf Schröter
Melodie: Richard Rudolf Klein
aus: Richard Rudolf Klein, „Willkommen, lieber Tag“

CD A Lied-Nr. 9 (vokal)
CD A Lied-Nr. 10 (instrumental)

2. Riraritten! Wir fahren in dem Schlitten.
Wir fahren übern tiefen See,
da bricht der Schlitten ein, o weh.
Riraritten! Da liegt im See der Schlitten.

3. Riraromnibus! Wir fahren mit dem Omnibus.
Der Kutscher schläft. Da macht es bum!
Da fällt der alte Kasten um.
Riraromnibus! Da liegt der dumme Omnibus.

4. Riraruß! Jetzt gehn wir fein zu Fuß.
Da bricht uns auch kein Schimmelbein,
da bricht uns auch kein Schlitten ein.
Riraruß! Fällt um kein Omnibus.

Text und Melodie: volkstümlich

CD A Lied-Nr. 11 (vokal)
CD A Lied-Nr. 12 (instrumental)

Lied: „Das Bienchen“

zu Seite 24/25

2. Sum, sum, sum, Bienchen, summ herum!
Such in Blumen, such in Blümchen
dir ein Tröpfchen, dir ein Krümchen!
Sum, sum, sum, Bienchen, summ herum!

3. Sum, sum, sum, Bienchen, summ herum!
Kehre heim mit reicher Habe,
bau uns manche volle Wabe!
Sum, sum, sum, Bienchen, summ herum!

Text und Melodie: Heinrich Hoffmann von Fallersleben, August Heinrich

CD A Lied-Nr. 13 (vokal)
CD A Lied-Nr. 14 (instrumental)

1. Heißa, Kathreinerle, schnür dir die Schuh,
schürz dir dein Röckele, gönn dir kein Ruh.
Di-del, du-del, da-del, schrumm, schrumm, schrumm,
Geht schon der Hopser rum,
heißa Kathreinerle, frisch immerzu!

2. Dreh wie ein Rädele flink dich im Tanz!
Fliegen die Zöpfele, wirbelt der Kranz.
Di-del, du-del, da-del, schrumm, schrumm, schrumm,
lustig im Kreis herum.
Dreh dich, mein Mädel, im festlichen Glanz.

3. Heute heißt’s lustig sein, morgen ist’s aus.
Sinket der Lichter Schein, geh’n wir nach Haus.
Di-del, du-del, da-del, schrumm, schrumm, schrumm,
morgen mit viel Gebrumm,
fegt die Frau Wirtin den Tanzboden aus.

Text und Melodie: volkstümlich (aus dem Elsass)

CD A Lied-Nr. 15 (vokal)
CD A Lied-Nr. 16 (instrumental)

Lied: „Sieben kleine Bären“ zu Seite 32/33

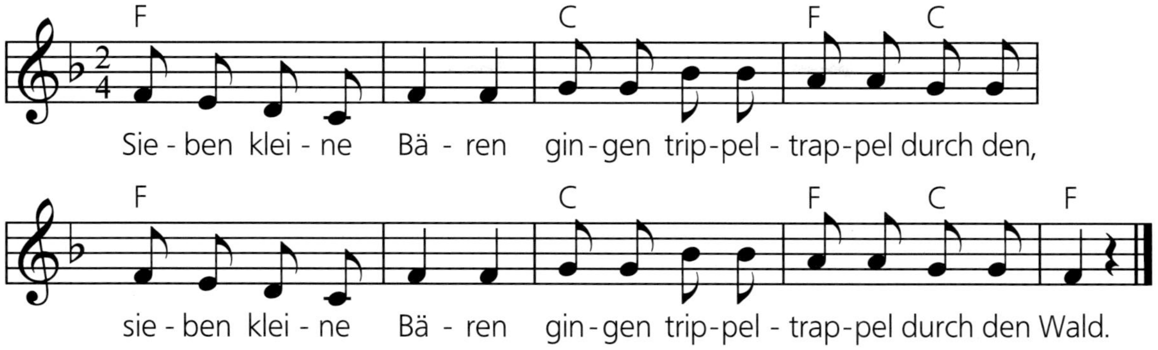

Gesprochen: Und hielten sich brav bei den Vordertatzen.
Da standen sieben kleine Katzen
bei einer Pappel am Bach.
Und sagten: „Ach! Wären wir drüben, miau!“

Gesungen: Sieben kleine Bären …

Gesprochen: Da nahmen die sieben kleinen Bären
die sieben kleinen Katzen auf ihren Rücken
und sagten: „Wir sind stark, es wird uns schon glücken.“
Die Katzen machten die Augen zu vor Ängsten.
Und der kleinsten war es am bängsten.

Gesungen: Sieben kleine Bären …

Gesprochen: Als sie am anderen Ufer waren,
sagten die sieben kleinen Kätzlein artig das Sätzlein:
„Wir danken schön!“
„Es ist gern geschehn!“, erklärten die Bären
und meinten auch: „Ja, wenn wir nicht wären!“

Gesungen: Sieben kleine Bären …

Text: Josef Guggenmoos
Melodie und Satz: Heinz Lemmermann
aus: „Die Zugabe“ Band 3, Fidula-Verlag, Boppard/Rhein

CD A Lied-Nr. 17 – 20 (vokal)
CD A Lied-Nr. 21 – 24 (instrumental)

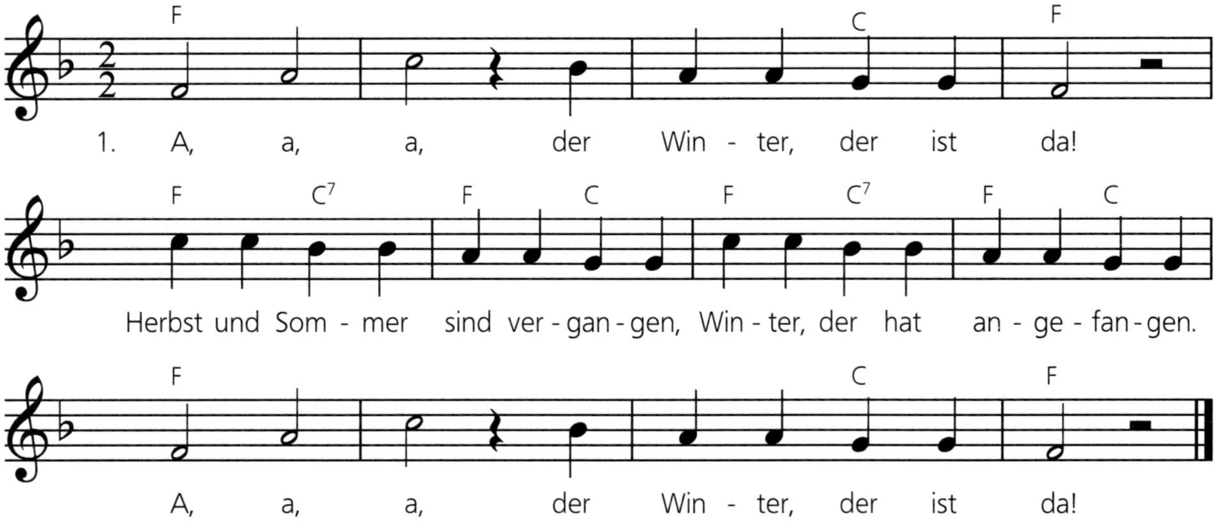

2. E, e, e, er bringt uns Eis und Schnee,
malt uns gar zum Zeitvertreiben
Blumen an die Fensterscheiben.
E, e, e, er bringt uns Eis und Schnee.

3. I, i, i, vergiss die Armen nie!
Wenn du liegst im warmen Kissen,
denk an die, die frieren müssen!
I, i, i, vergiss die Armen nie!

4. O, o, o, wie sind die Kinder froh!
Sehen jede Nacht im Traume
sich schon unterm Weihnachtsbaume.
O, o, o, wie sind die Kinder froh!

5. U, u, u, jetzt weiß ich, was ich tu!
Hol den Schlitten aus dem Keller
und dann geht er schnell und schneller.
U, u, u, jetzt weiß ich, was ich tu!

Text und Melodie: traditionell

CD A Lied-Nr. 25 (vokal)
CD A Lied-Nr. 26 (instrumental)

Lied: „Große Uhren schlagen ding, dong“ zu Seite 38/39

Text: Heidi Köhler Melodie: Karl Karow

CD A Lied-Nr. 27 (vokal)
CD A Lied-Nr. 28 (instrumental)

Lied: „Das Glitzerlied“

zu Seite 42/43

Refrain:
Lieber Regenbogenfisch,
ein jeder kommt zu dir.
Schenkst uns eine Glitzerschuppe,
dafür danken wir.
Viele kleine Fische
schwimmen überall umher
und ein Funkeln und ein Glitzern
strahlt durch's ganze Meer.

2. Strophe:
Hörst du, wie hier jeder singt,
wenn die Glitzerschuppe blinkt.

3. Strophe:
Fühlst du, was hier jeder denkt,
du hast uns ganz toll beschenkt.

Text: Marcus Pfister, Detlev Jöcker Musik: Detlev Jöcker
Aus: „Der Regenbogenfisch“

CD A Lied-Nr. 29 (vokal)
CD A Lied-Nr. 30 (instrumental)

Lied: „Häschen in der Grube“ zu Seite 56/57

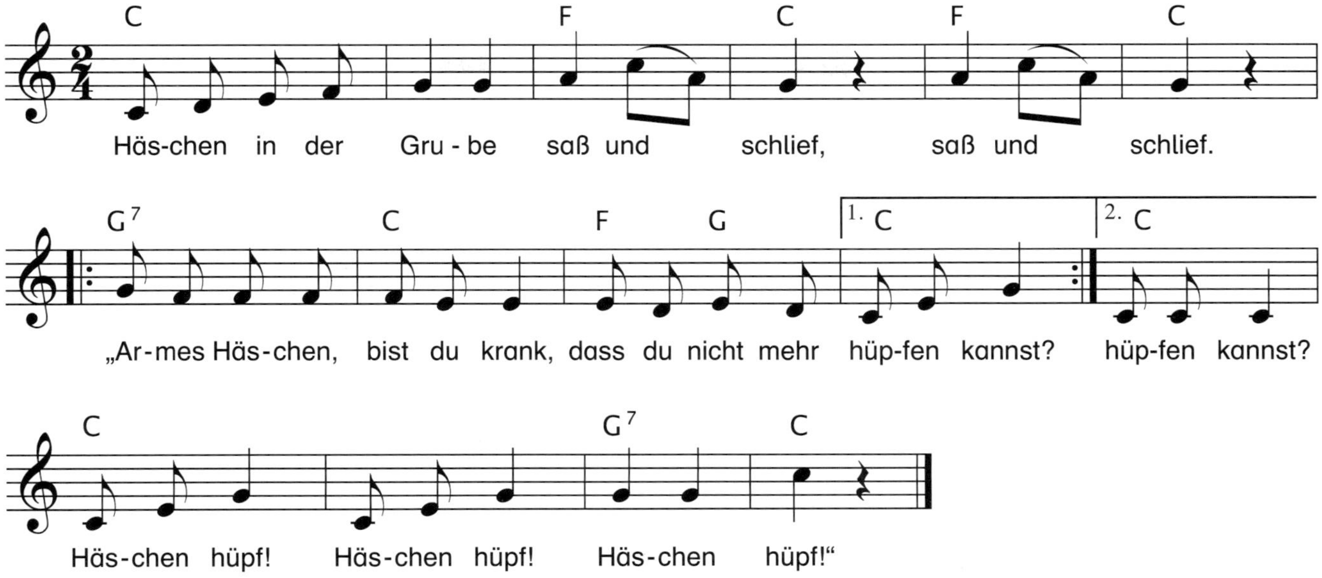

Text: Friedrich Fröbel (1840) Melodie: volkstümlich

CD A Lied-Nr. 31 (vokal)
CD A Lied-Nr. 32 (instrumental)

Lied: „Der Klapperschnabelstorch“ zu Seite 58/59

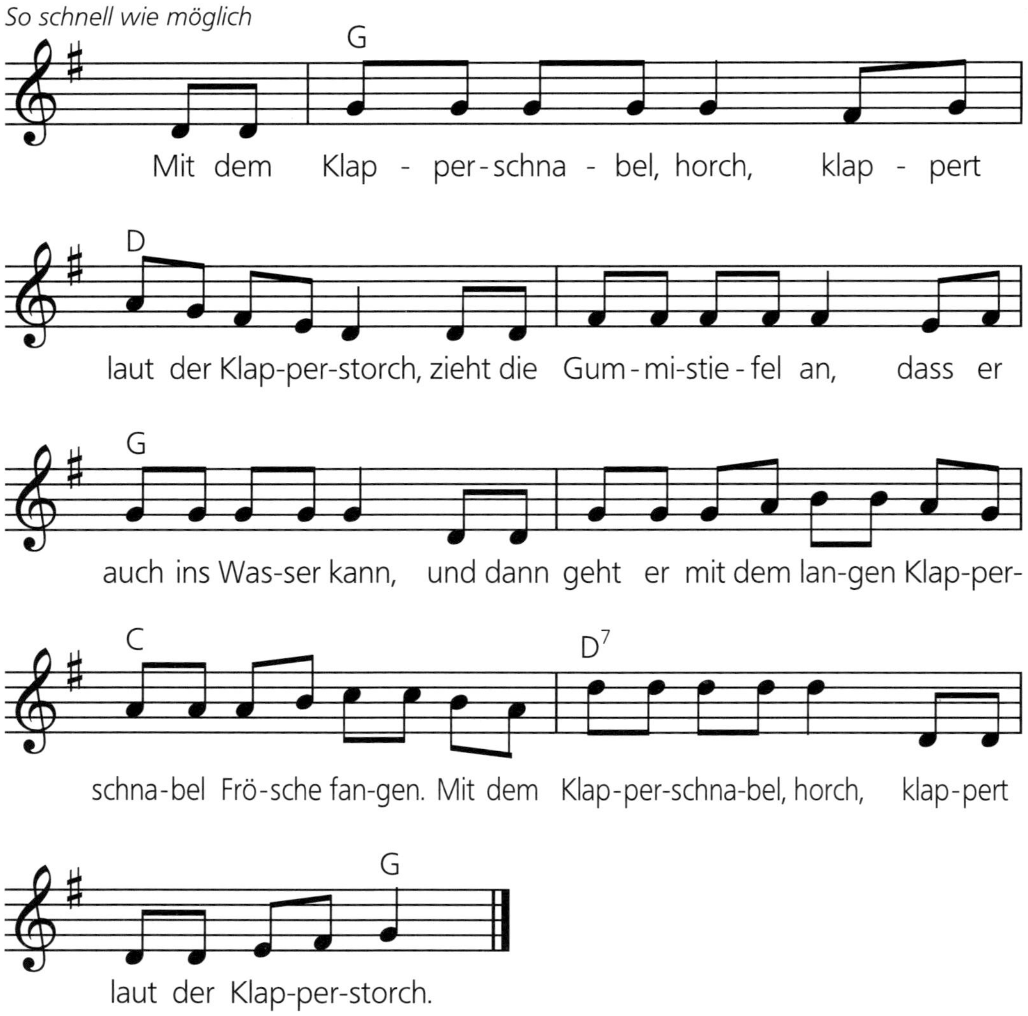

Text: Frantz Wittkamp
Melodie: Dorothée Kreusch-Jacob (www.dorotheekreusch-jacob.com)
Verlag: MUSICJUSTMUSIC® (www.musicjustmusic.com)
Aus: „Das Liedmobil“ von Dorothée Kreusch-Jacob im Ellermann Verlag

CD A Lied-Nr. 33 (vokal)
CD A Lied-Nr. 34 (instrumental)

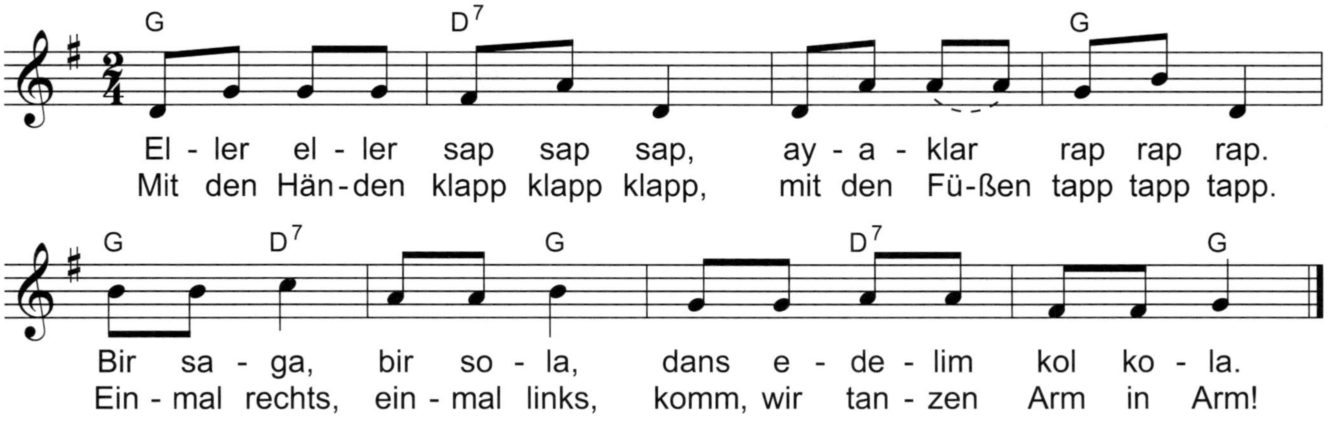

Text und Melodie: volkstümlich

CD A Lied-Nr. 35 (vokal)
CD A Lied-Nr. 36 (instrumental)

Lied: „Der Jaguar“

zu Seite 66/67

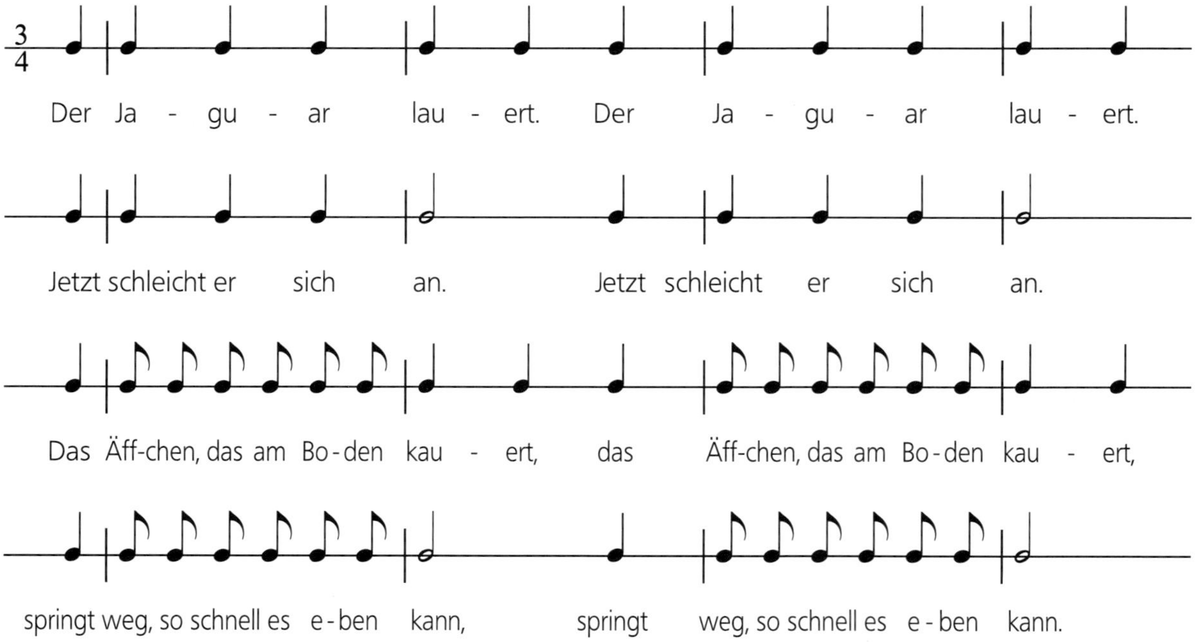

Text: Martin Geck
Aus: „ABC-Tierlieder zum Mitmachen“, Cornelsen Verlag, Berlin

CD A Lied-Nr. 37 (vokal)
CD A Lied-Nr. 38 (instrumental)

Lied: „Die Frösche quaken“ zu Seite 74/75

2. Und kommt der Storch, und kommt der Storch, dann schlüpfen sie ins Rohr.
Quak, quak …
3. Und ist er fort, und ist er fort, dann kommen sie wieder hervor.
Quak, quak …

Text und Melodie: volkstümlich

CD A Lied-Nr. 39 (vokal)
CD A Lied-Nr. 40 (instrumental)

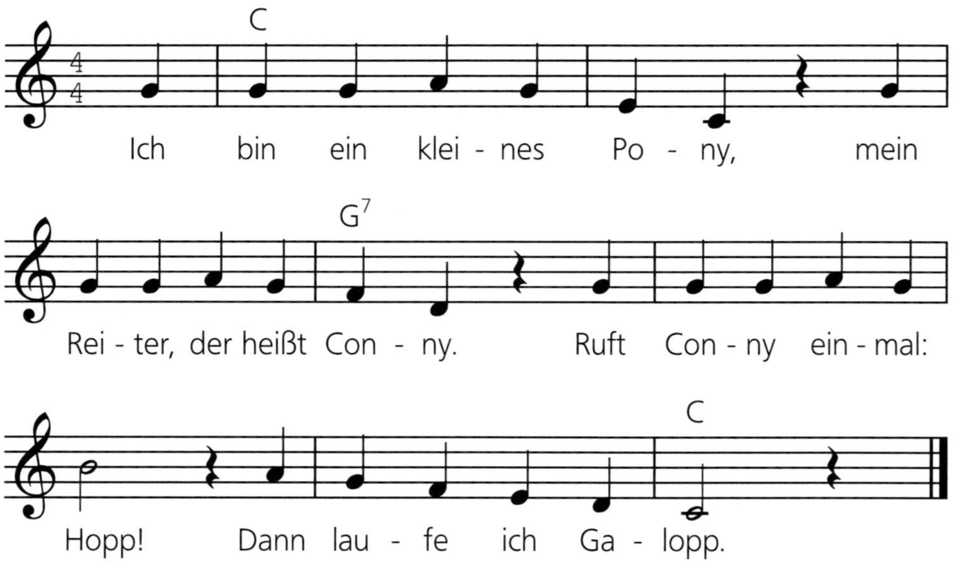

2. Ich bin ein kleines Pony,
   mein Reiter, der heißt Conny.
   Wird mir die Puste knapp,
   dann laufe ich im Trab.
3. Ich bin ein kleines Pony,
   mein Reiter, der heißt Conny.
   Und komm’ ich nicht mehr mit,
   dann laufe ich im Schritt.
4. Ich bin ein kleines Pony,
   mein Reiter, der heißt Conny.
   Und bin ich richtig schlapp,
   dann werf ich Conny ab.

Text und Musik: Klaus W. Hoffmann

(Hinweis: Je langsamer das Pony läuft, desto langsamer wird auch das Tempo des Liedes.)

CD A Lied-Nr. 41 (vokal)
CD A Lied-Nr. 42 (instrumental)

Lied: „Trixi heißt die Hexe“ — zu Seite 80/81

Textfassung: Rosmarie Handt, Klaus Kuhn
Originaltext und Melodie: „Eine alte Hexe“, Ulrike Berger, © Gustav Bosse Verlag, Kassel

CD A Lied-Nr. 43 (vokal)
CD A Lied-Nr. 44 (instrumental)

Ostinato

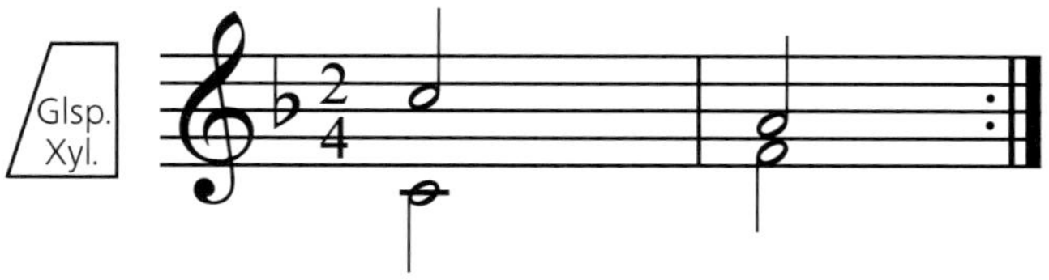

2. Has', Has', Osterhas',
mit deinen bunten Eiern!
Der Star lugt aus dem Kasten raus,
Blühkätzchen sitzen um sein Haus.
Wann kommst du Frühling feiern?

3. Has', Has', Osterhas',
ich wünsche mir das Beste;
ein großes Ei, ein kleines Ei,
dazu ein lustig Dideldumdei.
Und alles in dem Neste.

Text: Paula Dehmel
Melodie: Richard Rudolf Klein
aus: „Das Liedernest" Band 1, Fidula-Verlag, Boppard/Rhein

CD A Lied-Nr. 45 (vokal)
CD A Lied-Nr. 46 (instrumental)

Lied: „Josef, lieber Josef mein“ zu Seite 92 – 95

2. Gerne, liebe Maria mein,
helf ich dir wiegen dein Kindelein!
Gott, der wird mein Lohner sein
im Himmelreich, der Jungfrau Kind Maria.

Text und Melodie: volkstümlich

CD A Lied-Nr. 47 (vokal)
CD A Lied-Nr. 48 (instrumental)

V.
Silbenbüchlein

Bildquellenverzeichnis

S. 396, 398: Motorrad © tsach – Fotolia.com; S. 396, 398: Mama © Serhiy Kobyakov – Fotolia.com; S. 396, 398: Mobile © Wolkenstein – Fotolia.com; S. 396, 397, 398: Mimi © Nailia Schwarz – Fotolia.com; S. 396: Waschmaschine © fotokalle – Fotolia.com; S. 396: Oma © Ammentorp – Fotolia.com; S. 396, 406: Tomate © Mariusz Blach – Fotolia.com; S. 396, 398, 404: Lama © dmitriy_rnd – Fotolia.com; S. 396: Lokomotive © dimcha – Fotolia.com; S. 397: Salami © Igor Normann – Fotolia.com; S. 397, 405: Emu © AVD – Fotolia.com; S. 397, 414: Domino © M. Schuppich – Fotolia.com; S. 397, 398: Mikado © L.Klauser – Fotolia.com; S. 397, 406: Telefon © quaddplusq – Fotolia.com; S. 397: Mikro © pixelrobot – Fotolia.com; S. 397, 398: Muschel © MarkusBeck – Fotolia.com; S. 397, 398: Musik © micromonkey – Fotolia; S. 398: Kamele © Hunta – Fotolia.com; S. 398, 404: Melone © sommai – Fotolia.com; S. 398: Marmelade © Elena Schweitzer – Fotolia.com; S. 398: Medizin © goce risteski – Fotolia.com; S. 398: Memo © FomaA – Fotolia.com; S. 398: Thermometer © borissos – Fotolia.com; S. 398: Maler © vm, iStockphoto.com; S. 404, 405: Limo © sorcerer11 – Fotolia.com; S. 404: Libelle © vnlit – Fotolia.com; S. 404, 405: Laterne © stockone – Fotolia.com; S. 404: Lupe © Xuejun li – Fotolia.com; S. 405, 406: Tube © FirstBlood – Fotolia.com; S. 405: Igel © Olga Galushko – Fotolia.com; S. 405, 406: Rose © Smileus – Fotolia.com; S. 405, 406: Radio © specialistas69 – Fotolia.com; S. 405: Tiger © kamonrat – Fotolia.com; S. 405: Elefant © JohanSwanepoel – Fotolia.com; S. 405, 427: Ofen © Hans – Fotolia.com; S. 405: Esel © Rostislav Ageev – Fotolia.com; S. 405: Ameise © Antrey – Fotolia.com; S. 405, 460: Aquarium © stern_et – Fotolia.com; S. 405: Uhu © alek55555s – Fotolia.com; S. 405: Ufo © oorka – iStockphoto.com; S. 406: Tische © by-studio – Fotolia.com; S. 406: Tafel © A_Bruno – Fotolia.com; S. 406: Taxi © ollo, iStockphoto.com; S. 406, 430, 435: Rabe © Eric Isselée – Fotolia.com; S. 406, 429: Raketen © Yang MingQi – Fotolia.com; S. 406: Radieschen © Natika – Fotolia.com; S. 406: Roboter © ThomasVogel, iStockphoto.com; S. 412: Sofa © nastazia – Fotolia.com; S. 412: Segel © marinart1 – Fotolia.com; S. 412: Silo © JokerCasbah – Fotolia.com; S. 412: Saxofon © scalaphotography – Fotolia.com; S. 412, 413: Hose © ludmilafoto – Fotolia.com; S. 412: Soße: © focha – Fotolia.com; S. 413: Möwe © Eric Isselée – Fotolia.com; S. 413: Wunde © Karin & Uwe Annas – Fotolia.com; S. 413: Hase © Wolfgang Kruck – Fotolia.com; S. 413: Tinte © Armin Staudt – Fotolia.com; S. 413: Mantel © Alexandra Karamyshev – Fotolia.com; S. 413: Winter © Leonid Tit – Fotolia.com; S. 413: Wolke © scol22 – Fotolia.com; S. 413: Wagen © P.C. – Fotolia.com; S. 413: Wale © Westend61 – Fotolia.com; S. 413: Wikinger © khosrork – Fotolia.com; S. 413: Löwe © Eric Isselée – Fotolia.com; S. 413: Lawine © Maygutyak – Fotolia.com; S. 414: Windel © Gabees – Fotolia.com; S. 414: Delfin © fotomaster – Fotolia.com; S. 414: Dino © Bacho Foto – Fotolia.com; S. 414: Dose © Pierre brillot – Fotolia.com; S. 414: Nadel © djama – Fotolia.com; S. 414: Banane © eyetronic – Fotolia.com; S. 414: Nagel © Edler von Rabenstein – Fotolia.com; S. 414: Nase © Wolfgang Zwanzger – Fotolia.com; S. 414, 435: Biene © Alekss – Fotolia.com; S. 414: Note © Tim – Fotolia.com; S. 414: Rinde © gwt52hkxd8z – Fotolia.com; S. 420: Schere © dulsita – Fotolia.com; S. 420: Schule © Piotr Wawrzyniuk – Fotolia.com; S. 420: Schirme © nadyatess – Fotolia.com; S. 420: Schale © Andrey Starostin – Fotolia.com; S. 422: Schere © dulsita – Fotolia.com; S. 422: Schale © Andrey Starostin – Fotolia.com; S. 422: Schirme © Aleksander Jocic – Fotolia.com; S. 422: Schilder © kalpis + © M. Schuppich – Fotolia.com; S. 422: Eisbär © JackF – Fotolia.com; S. 422: Eidechse © Volodymyr Tsyba – Fotolia.com; S. 422, 427: Reifen © SkyLine – Fotolia.com; S. 422: Seife © Jörg Lantelme – Fotolia.com; S. 388, 445: Eichel © Dionisvera – Fotolia.com; S. 422: Schleife © goodween123 – Fotolia.com; S. 427: Flasche © Schlierner – Fotolia.com; S. 427: Fische © Vlada Zhikhareva – Fotolia.com; S. 427: Feder © unpict – Fotolia.com; S. 427: Frau © contrastwerkstatt – Fotolia.com; S. 427: Maus © Pakhnyushchyy – Fotolia.com; S. 427: Auto © Rawpixel – Fotolia.com; S. 428: Kirschen © K.-U. Häßler – Fotolia.com; S. 428: Karten © Kaarsten – Fotolia.com; S. 428: Wolke © Unclesam – Fotolia.com; S. 428: Kasper © Teamarbeit – Fotolia.com; S. 428: Kiste © MIGUEL GARCIA SAAVED – Fotolia.com; S. 429: Kinder © SergiyN – Fotolia.com; S. 429: Kakadu © glen gaffney – Fotolia.com; S. 429: Kamel © Hunta – Fotolia.com; S. 430, 403: Brezel © pico – Fotolia.com; S. 430: Trauben © Natika – Fotolia.com; S. 430: Blume © Harald Biebel – Fotolia.com; S. 430, 403: Zwiebel © Alexandr Steblovskiy – Fotolia.com; S. 430: Berge © emer – Fotolia.com; S. 435: Ampel © Luis Santos – Fotolia.com; S. 435: Puma © Eric Isselée – Fotolia.com; S. 435: Lampe © vetkit – Fotolia.com; S. 435: Raupe © Fotofermer – Fotolia.com; S. 435: Apfel: © MP2 – Fotolia.com; S. 435: Pfeile © meepoohyaphoto – Fotolia.com; S. 436: Pfau © Eric Isselée – Fotolia.com; S. 436: Kopf © pete pahham – Fotolia.com; S. 436: Topf © coloured photograph – Fotolia.com; S. 445: Kuchen © PeJo – Fotolia.com; S. 445: Kirche © Claudiad, iStockphoto.com; S. 445: Buch © philipus – Fotolia.com; S. 451: Januar © Marcel Schauer – Fotolia.com; S. 451: Judo © ti_to_tito – Fotolia.com; S. 451: Junge © Jaren Wicklund – Fotolia.com; S. 451: Juli © flyinger – Fotolia.com; S. 401: Jaguar © krasyuk – Fotolia.com; S. 451: Jacke © Alexandra aKaramyshev – Fotolia.com; S. 453: Zaun © taviphoto – Fotolia.com; S. 453: Zebra © StarJumper – Fotolia.com; S. 453: Zucker © Schlierner – Fotolia.com; S. 453: Pilze © Uwe Grötzner – Fotolia.com; S. 453: Zitrone © mars – Fotolia.com; S. 453: Ziege © cynoclub – Fotolia.com; S. 460: Qualm © Carola Vahldiek – Fotolia.com; S. 460: Quadrat © Mildenberger Verlag; S. 460: Qualle © wikimedia–commons.org; S. 460: Quark © Mildenberger Verlag; S. 460: Quartett © Mildenberger Verlag

Inhalt Silbenbüchlein

Silben-büchlein	Themen	nach Fibel-seite	Kopiervor-lagen Nr.	Hand-buchseite
1	mu, Mi mi, Mo mo, Ma ma, Me me	14/15	102–105	395
	Lösungen		106–109	399
2	La la ..., A, E, I, O, U, Ta ta ..., Ri ri ...	22/23	110–113	403
	Lösungen		114–117	407
3	Sa sa ..., Wi wi ..., Da da ..., del, Na na ..., len, sen	30/31	118–121	411
	Lösungen		122–125	415
4	Sch sch, ü, Ei ei	36/37	126–129	419
	Lösungen		130–133	423
5	K k, ck, B b, ä, F f, Au au	44/45	134–137	427
	Lösungen		138–141	431
6	G g, h, ie, ö, P p, Pf pf	50/51	142–145	435
	Lösungen		146–149	439
7	H h, ß, ch, Ä ä, St st, Sp sp	58/59	150–153	443
	Lösungen		154–157	447
8	Z z, ai, tz, ng, nk, J j	66/67	158–161	451
	Lösungen		162–165	455
9	Eu eu, V v, äu, Qu qu	74/75	166–169	459
	Lösungen		170–173	463

„Mein Silbenbüchlein"

Vorbereitung Lernstandserhebung

Die Silbenbüchlein mit 8 Seiten enthalten den Lernstoff bis zur jeweiligen Lernstandserhebung. Sie haben mehrere Funktionen. In erster Linie sind sie eine Vorbereitung auf die Lernstandserhebungen. Eine Woche vor jeder Lernstandserhebung werden die entsprechenden Silbenbüchlein ausgeteilt.
Impuls: „Ihr könnt jeden Tag zwei Seiten als Hausaufgabe bearbeiten." Die Bedeutungen der Bildwörter werden geklärt.
Jedes Kind soll selbstständig das Pensum erarbeiten. Das vermittelt den Kindern die Erfahrung, dass eine gezielte und gewissenhafte Vorbereitung zu einer guten Leistung führt. Dies wiederum hilft ihnen, Zutrauen in die eigenen Fähigkeiten zu gewinnen. Die so gewonnene Selbstsicherheit führt in Verbindung mit dem geübten Wortmaterial zu einer anwachsenden Rechtschreibkompetenz, zumal neben den zeitnahen Übungseffekten vor allem strukturelle Strategien zur korrekten Schreibung bemüht werden.

Nachbereitung Förderung

Die Silbenbüchlein können aber auch nach der jeweiligen Lernstandserhebung zur gezielten Förderung eingesetzt werden.

Motivation

Darüber hinaus macht es den Kindern große Freude, immer wieder ein Büchlein neu zu bekommen und zu gestalten. Die Silbenbüchlein erhöhen die Motivation und den Lernerfolg.

Lösungen

Zu allen Silbenbüchlein liegen Lösungen zur Selbstkontrolle vor.

Silbenbüchlein erstellen

Die Silbenbüchlein können ganz einfach erstellt werden:
Nehmen Sie die 2 Seiten eines Büchleins aus dem Ordner. Legen Sie diese in den Schnelleinzug und kopieren beidseitig mit der Funktion „Seiten sortieren". Schneiden Sie den oberen Rand mit der Seitenzahl, KV-Nummer und eventuellen Spuren der Lochung ab. Falten Sie jeweils 2 Blätter in der Mitte zu einem Büchlein.

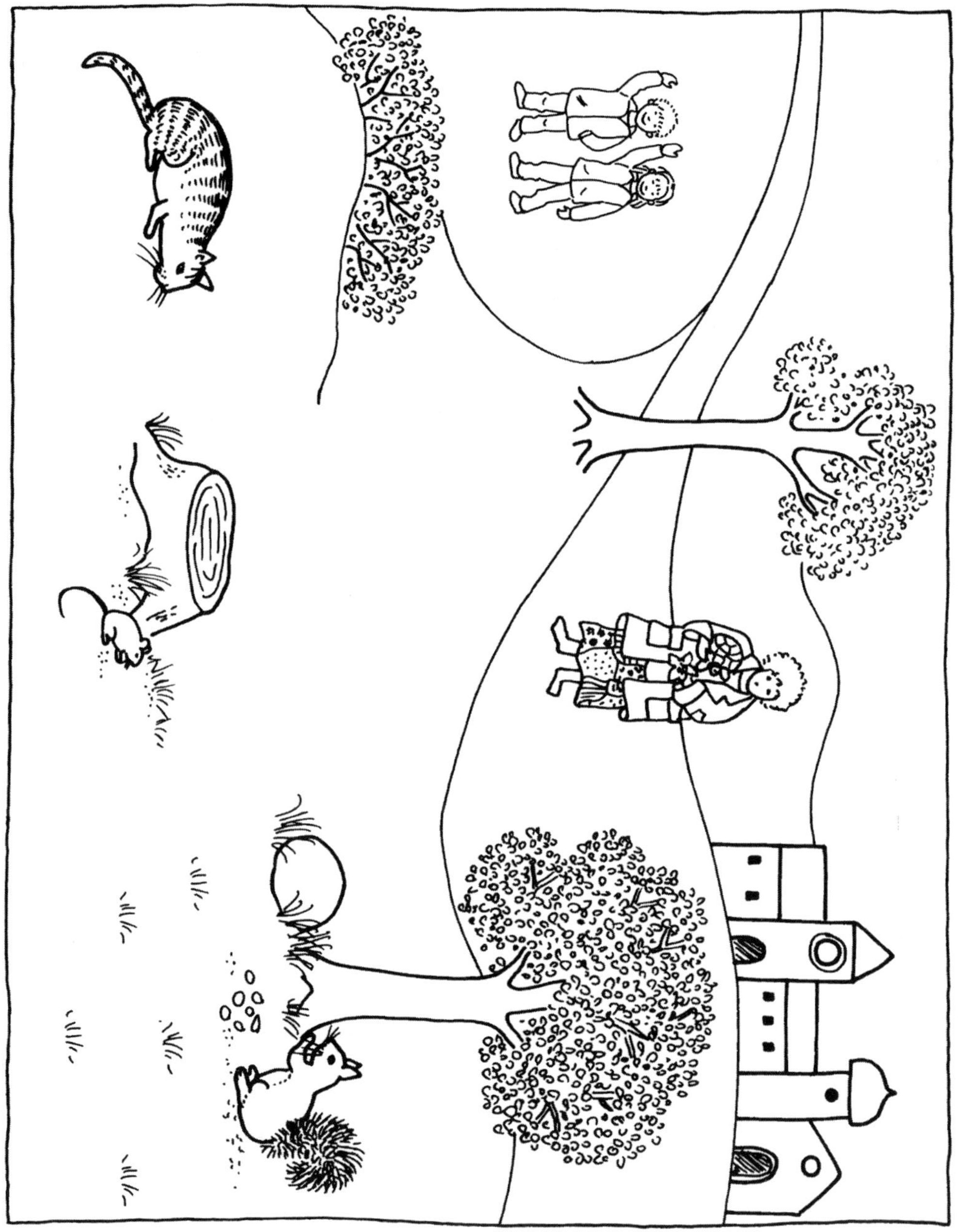

Mein Silbenbüchlein

1

Mildenberger

Name: ______________________

1. 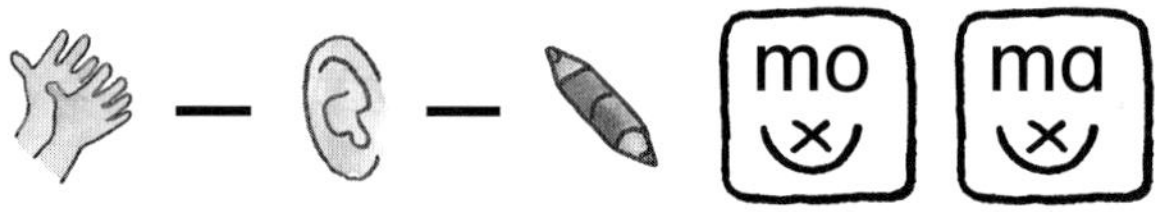

1. Die Bildwörter synchron sprechen und klatschen, auf **Mo/mo** und **Ma/ma** abhören und im passenden Silbenbogen ankreuzen bzw. nicht zutreffendes Bild streichen: Motorrad, Mama, Mobile, Mimi, Waschmaschine, Oma, Tomate, Lama, Lokomotive

6.

6. Namen mit zwei Farben schreiben: Mama, Mia, Memo, Momo, Mio, Mimi

5. 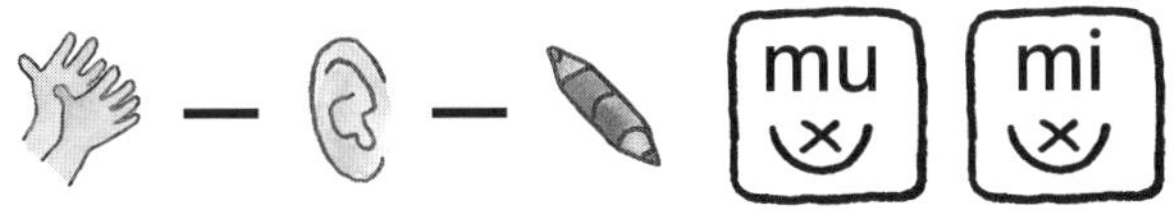

5. Die Bildwörter synchron sprechen und klatschen, auf **Mu/mu** und **Mi/mi** abhören und im passenden Silbenbogen ankreuzen bzw. nicht zutreffendes Bild streichen: Salami, Emu, Domino, Mikado, Telefon, Mikrofon, Muschel, Mimi, Musik

2.

2. Zu den Gebärden schreiben: mu, a, me, mo, e, mi, i, ma, u

3. 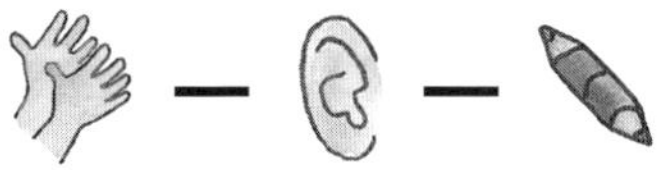 me mu

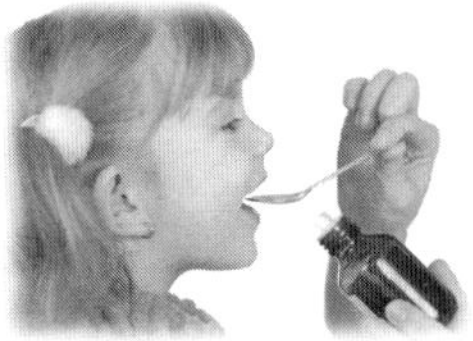

3. Die Bildwörter synchron sprechen und klatschen, auf **Me/me** und **Mu/mu** abhören und im passenden Silbenbogen ankreuzen bzw. nicht zutreffendes Bild streichen: Kamele, Melone, Lama, Marmelade, Musik, Muschel, Medizin, Memo, Thermometer

4. 

Mi Me Mu 

Mu Ma Mi 

Mo Mi Mu 

Mo Ma Me 

Mu Mo Mi 

Mi Ma Mo 

Ma Mu Mi 

Mo Mu Ma 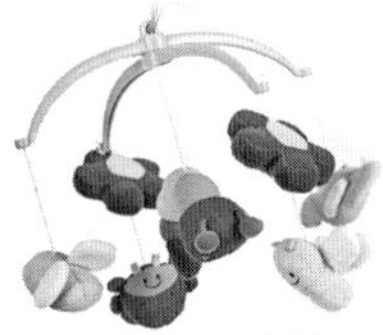

4. Mit der passenden Anfangssilbe verbinden: Memo, Mimi, Mikado, Maler, Musik, Motorrad, Mama, Mobile

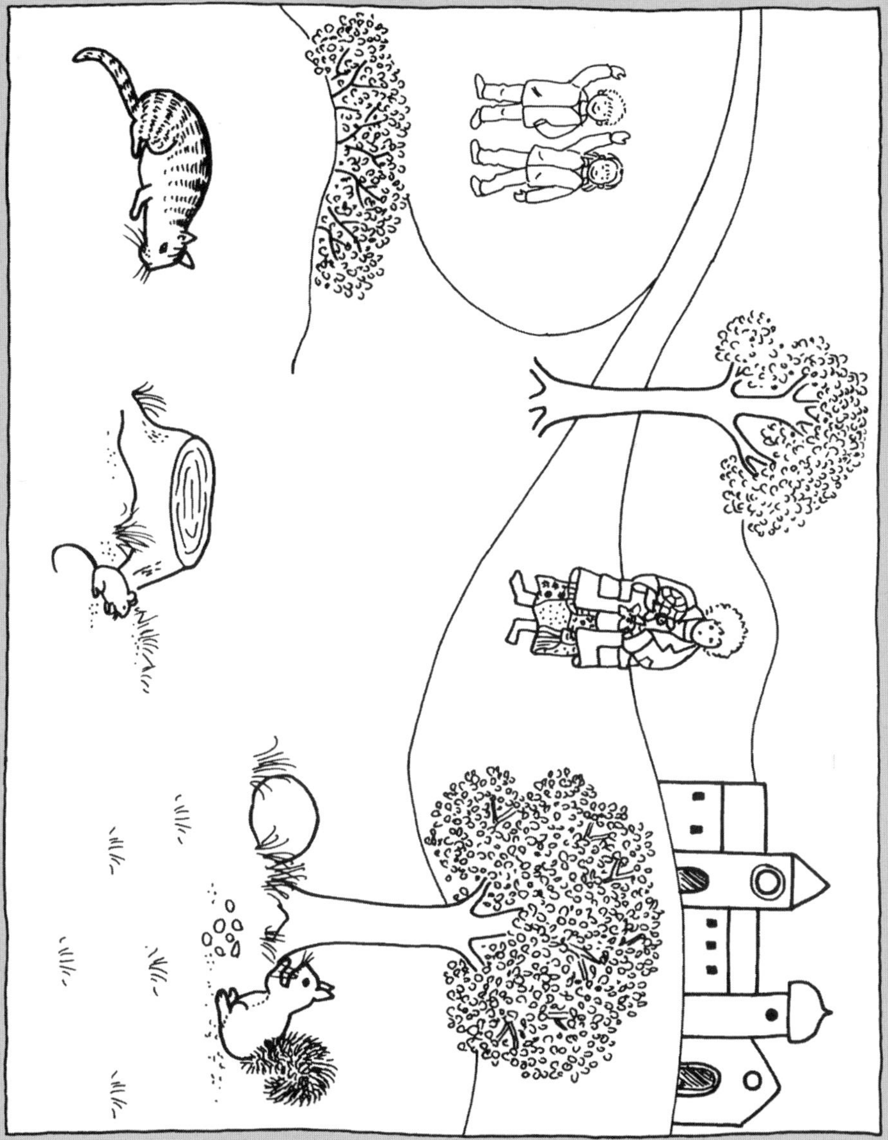

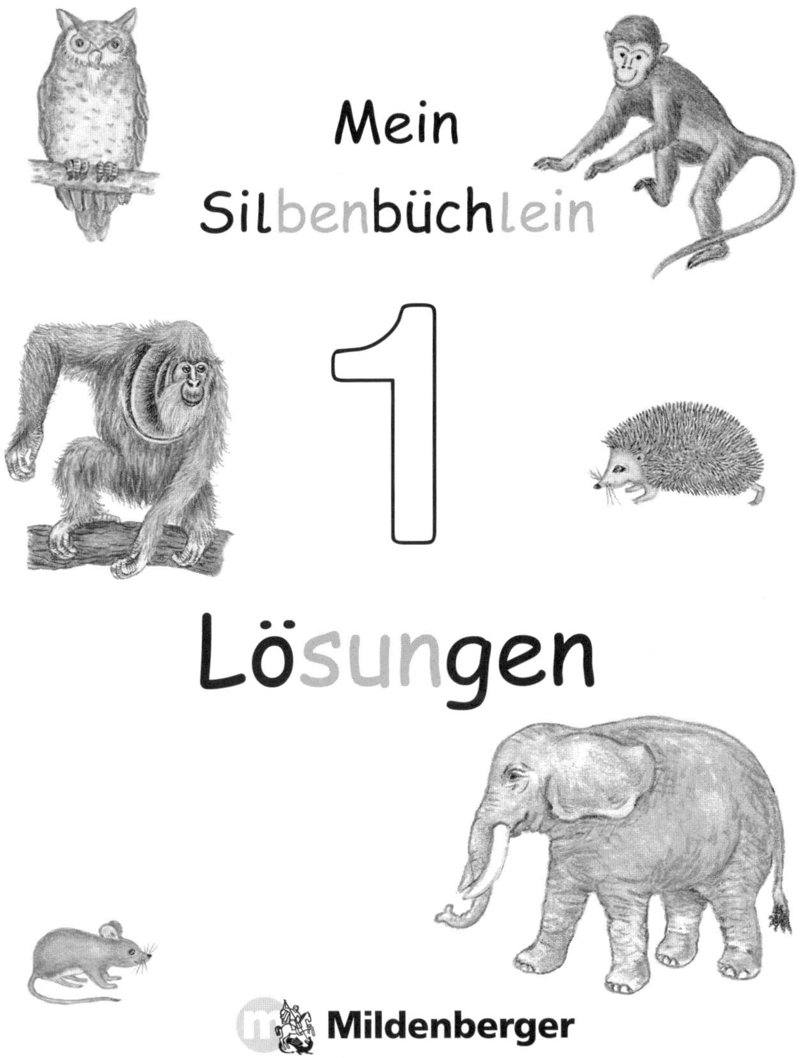

Mein Silbenbüchlein 1

Lösungen

Mildenberger

Name: ____________________

1. ✋ – 👂 – ✏️ mo ma

1. Die Bildwörter synchron sprechen und klatschen, auf **Mo/mo** und **Ma/ma** abhören und im passenden Silbenbogen ankreuzen bzw. nicht zutreffendes Bild streichen: Motorrad, Mama, Mobile, Mimi, Waschmaschine, Oma, Tomate, Lama, Lokomotive

6. ✏️

Mama

Mia

Memo

Momo

Mio

Mimi

6. Namen mit zwei Farben schreiben: Mama, Mia, Memo, Momo, Mio, Mimi

5. 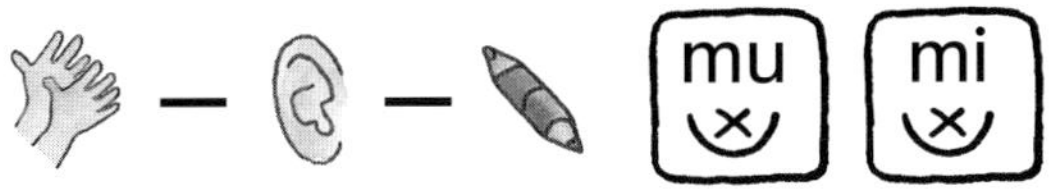

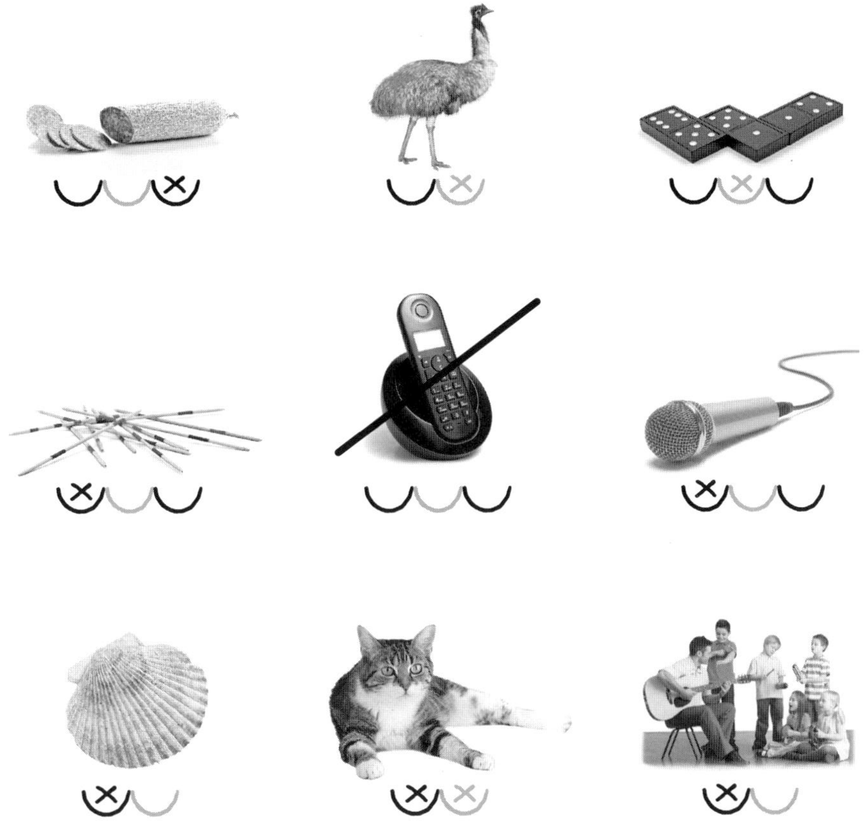

5. Die Bildwörter synchron sprechen und klatschen, auf **Mu/mu** und **Mi/mi** abhören und im passenden Silbenbogen ankreuzen bzw. nicht zutreffendes Bild streichen: Salami, Emu, Domino, Mikado, Telefon, Mikrofon, Muschel, Mimi, Musik

2. 

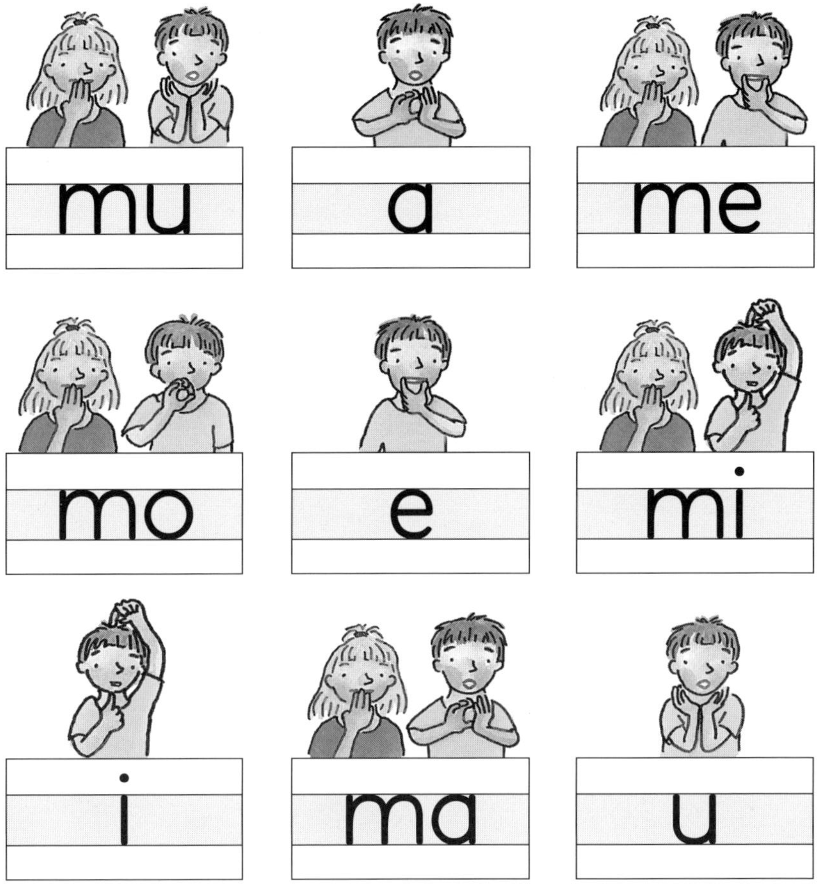

2. Zu den Gebärden schreiben: mu, a, me, mo, e, mi, i, ma, u

3. me mu

3. Die Bildwörter synchron sprechen und klatschen, auf **Me/me** und **Mu/mu** abhören und im passenden Silbenbogen ankreuzen bzw. nicht zutreffendes Bild streichen: Kamele, Melone, Lama, Marmelade, Musik, Muschel, Medizin, Memo, Thermometer

4.

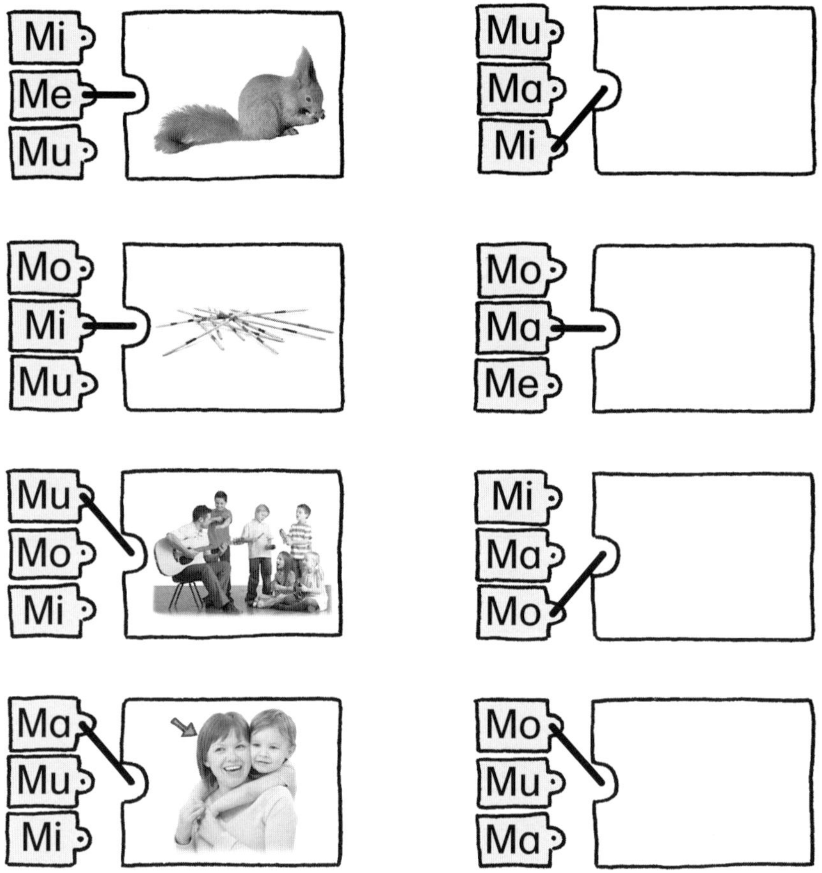

4. Mit der passenden Anfangssilbe verbinden: Memo, Mimi, Mikado, Maler, Musik, Motorrad, Mama, Mobile

Mein Silbenbüchlein

2

Mildenberger

Name: ______________________

1.

2.

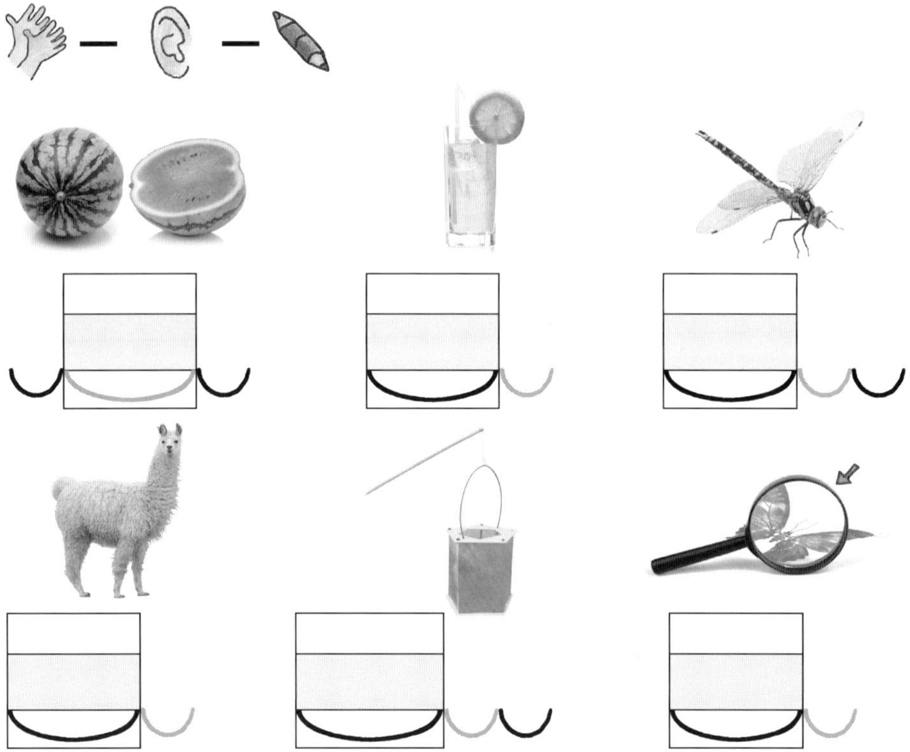

1. Zu den Gebärden schreiben: lu, la, le
2. Die Bildwörter synchron sprechen und klatschen, auf **La/la**, **Le/le**, **Li/li**, **Lo/lo**, **Lu/lu** abhören und schreiben: Melone, Limo, Libelle, Lama, Laterne, Lupe

9.

9. Namen mit zwei Farben schreiben: Ria, Oma/Omi, Lilo, Tila, Toto, Lama

8.

Mi / Li / Le	
A / U / E	
Tu / Mu / To	
Le / La / Mi	
U / I / O	
Ri / Ra / Ta	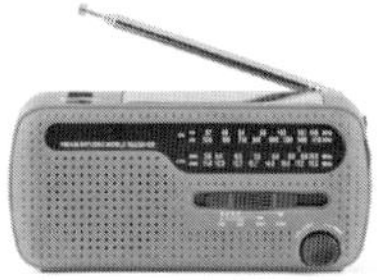
Ra / Le / Ro	
La / Ti / Te	

8. Mit der passenden Anfangssilbe verbinden: Limo, Emu, Tube, Laterne, Igel, Radio, Rose, Tiger

3.

3. Die Bildwörter synchron sprechen und klatschen, auf **A, E, I, O, U** abhören und schreiben: Elefant, Igel, Ofen, Esel, Ameise, Emu, Aquarium, Uhu, Ufo

4.

5.

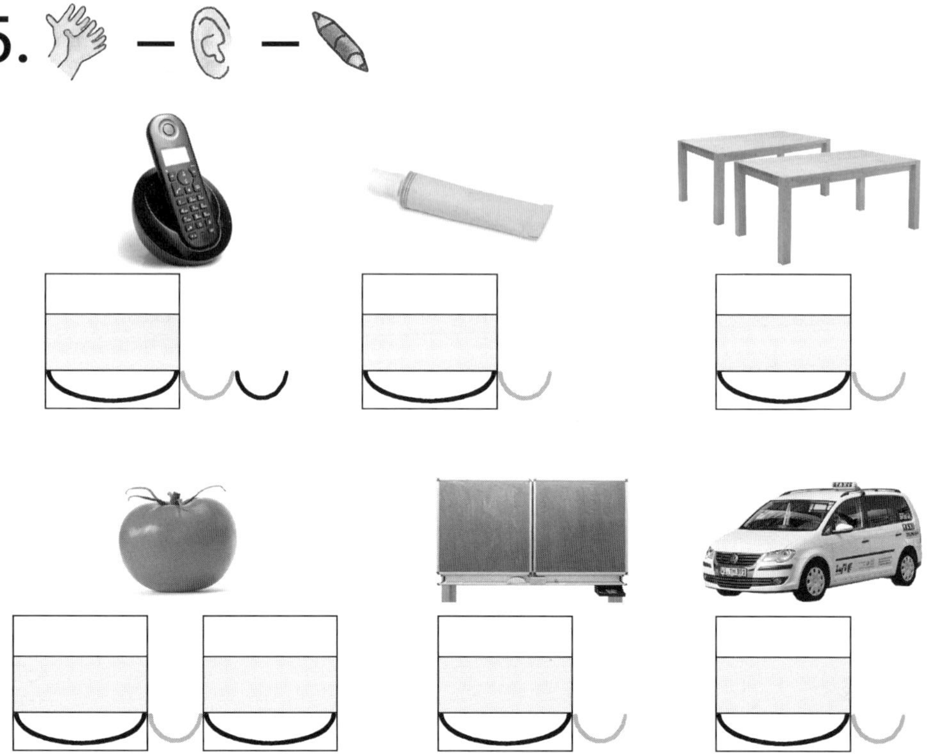

4. Zu den Gebärden schreiben: to, ti, tu
5. Die Bildwörter synchron sprechen und klatschen, auf **Ta/ta**, **Te/te**, **Ti/ti**, **To/to**, **Tu/tu** abhören und schreiben: Telefon, Tube, Tische, Tomate, Tafel, Taxi

6.

7.

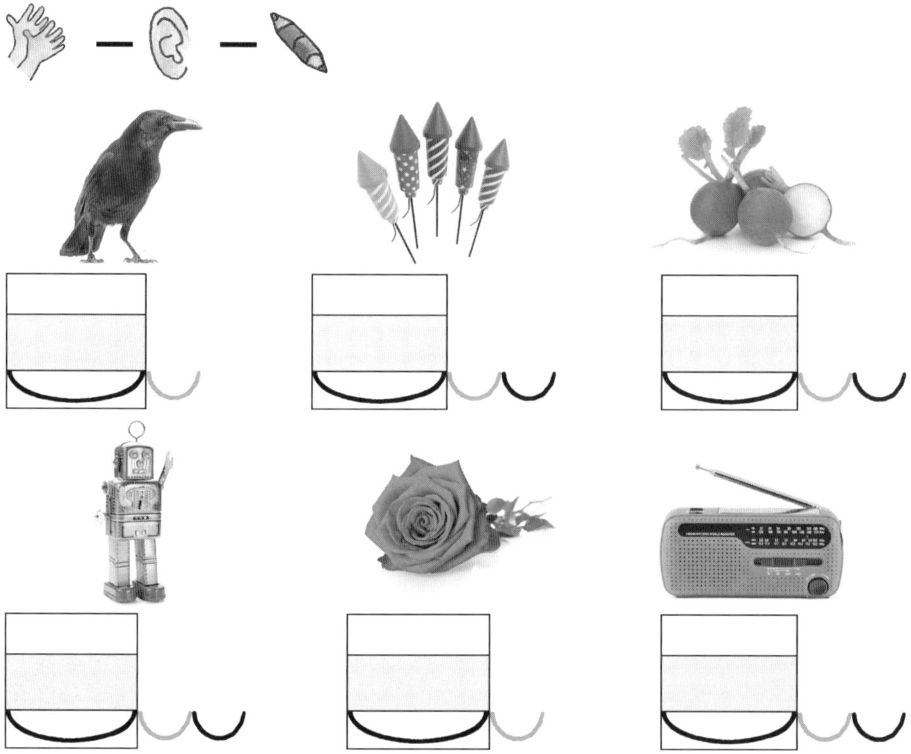

6. Zu den Gebärden schreiben: ra, ru, ri
7. Die Bildwörter synchron sprechen und klatschen, auf **Ra**, **Re**, **Ri**, **Ro**, **Ru** abhören und schreiben: Rabe, Raketen, Radieschen, Roboter, Rose, Radio

Mein

Silbenbüchlein

2

Lösungen

Mildenberger

Name: ____________________

1.

lu | la | le

2.

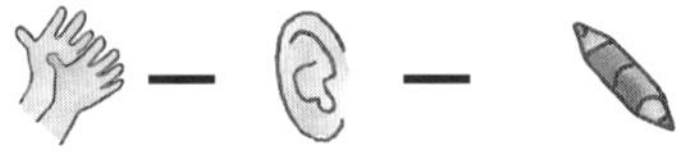

lo | Li | Li

La | La | Lu

1. Zu den Gebärden schreiben: lu, la, le
2. Die Bildwörter synchron sprechen und klatschen, auf **La/la**, **Le/le**, **Li/li**, **Lo/lo**, **Lu/lu** abhören und schreiben: Melone, Limo, Libelle, Lama, Laterne, Lupe

9.

Ria | Oma

Lilo | Tila

Toto | Lama

9. Namen mit zwei Farben schreiben: Ria, Oma/Omi, Lilo, Tila, Toto, Lama

8.

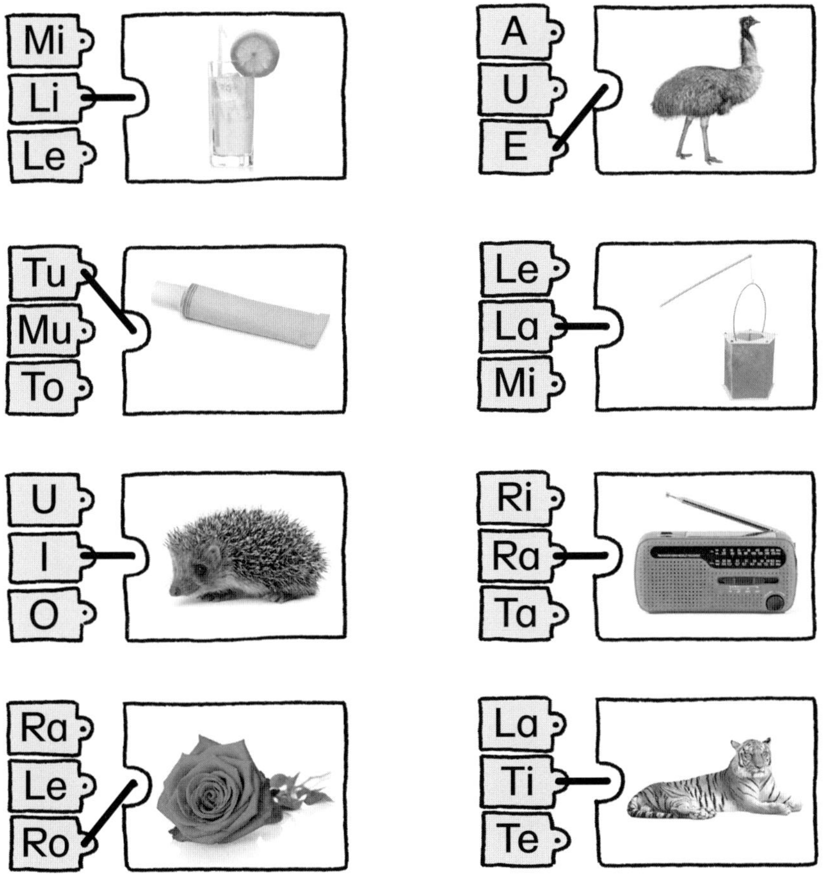

8. Mit der passenden Anfangssilbe verbinden: Limo, Emu, Tube, Laterne, Igel, Radio, Rose, Tiger

3.

3. Die Bildwörter synchron sprechen und klatschen, auf **A, E, I, O, U** abhören und schreiben: Elefant, Igel, Ofen, Esel, Ameise, Emu, Aquarium, Uhu, Ufo

4.

to ti tu

5.

Te Tu Ti

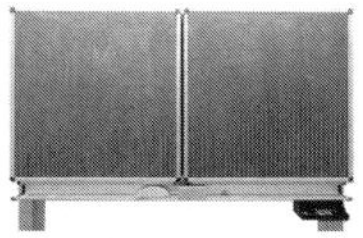

To te Ta Ta

4. Zu den Gebärden schreiben: to, ti, tu
5. Die Bildwörter synchron sprechen und klatschen, auf **Ta/ta**, **Te/te**, **Ti/ti**, **To/to**, **Tu/tu** abhören und schreiben: Telefon, Tube, Tische, Tomate, Tafel, Taxi

6.

ra ru ri

7.

Ra Ra Ra

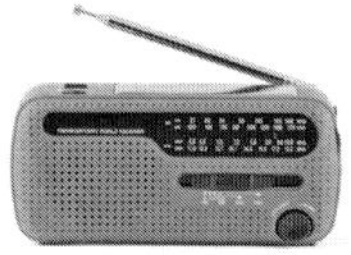

Ro Ro Ra

6. Zu den Gebärden schreiben: ra, ru, ri
7. Die Bildwörter synchron sprechen und klatschen, auf **Ra**, **Re**, **Ri**, **Ro**, **Ru** abhören und schreiben: Rabe, Raketen, Radieschen, Roboter, Rose, Radio

12.

12. Bildwörter mit zwei Farben in Häuschen schreiben: Winter, Nase, Nadel, Tinte, Mantel, Rose

Mein Silbenbüchlein

3

Mildenberger

Name: ____________________

1.

2.

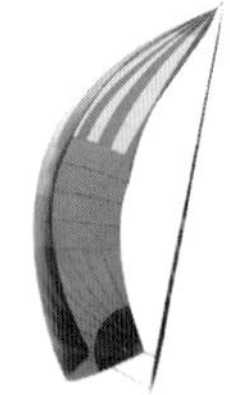

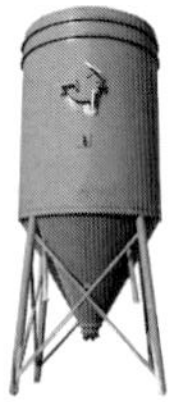

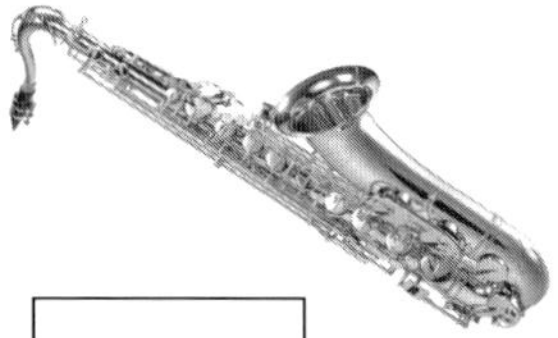

1. Zu den Gebärden schreiben: se, sa, su
2. Die Bildwörter synchron sprechen und klatschen, auf alle bis jetzt bekannten Silben abhören und schreiben: Sofa, Segel, Silo, Saxofon, Hose, Soße

11.

11. Namen mit zwei Farben schreiben: Timo, Lisa, Tilo, Wito, Uwe, Susi

9.

le
re
se

le
se
we

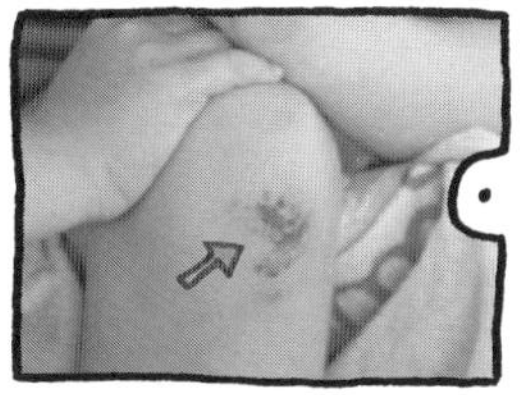

de
re
se

de
we
se

10.

Tin
Ten
Tan

Min
Mon
Man

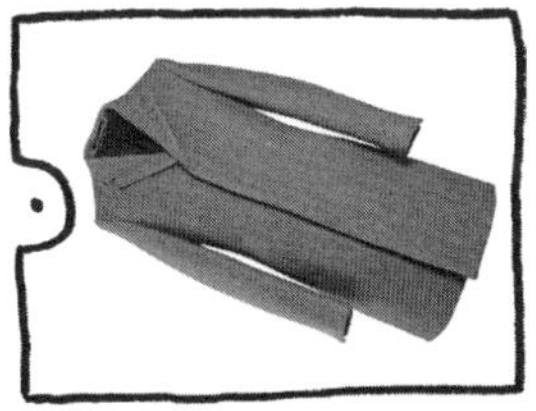

Wun
Win
Wan

Wal
Wel
Wol

9. Mit der passenden Endsilbe verbinden: Hose, Möwe, Wunde, Hase
10. Mit der passenden Anfangssilbe verbinden: Tinte, Mantel, Winter, Wolke

3.

4.

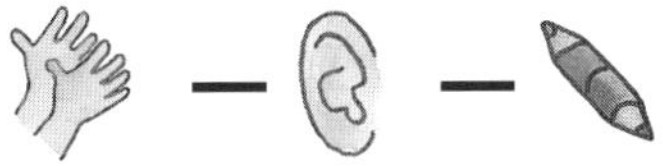

3. Zu den Gebärden schreiben: wo, wi, wa
4. Die Bildwörter synchron sprechen und klatschen, auf alle bis jetzt bekannten Silben abhören und schreiben: Wagen, Wale, Möwe, Wikinger, Löwe, Lawine

5.

6.

5. Zu den Gebärden schreiben: di, del, do
6. Die Bildwörter synchron sprechen und klatschen, auf alle bis jetzt bekannten Silben abhören und schreiben: Windel, Domino, Delfin, Dino, Dose, Nadel

7.

8.

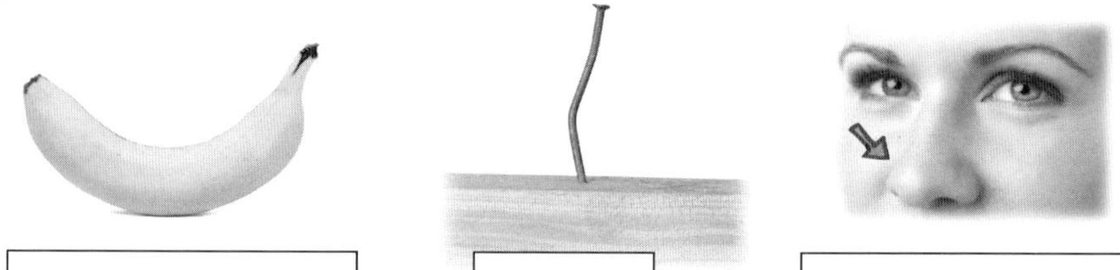

7. Zu den Gebärden schreiben: nis, men
8. Die Bildwörter synchron sprechen und klatschen, auf alle bis jetzt bekannten Silben abhören und schreiben: Banane, Nagel, Nase, Biene, Note, Rinde

12.

12. Bildwörter mit zwei Farben in Häuschen schreiben: Winter, Nase, Nadel, Tinte, Mantel, Rose

Silbenbüchlein 3 · © Mildenberger Verlag · Bestell-Nr. 1405-70

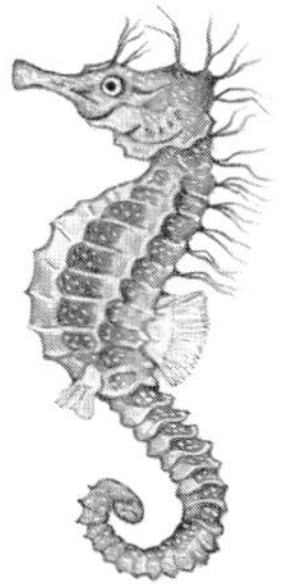

Mein Silbenbüchlein 3

Lösungen

Mildenberger

Name: ____________________

1.

se

sa

su

2. – –

So

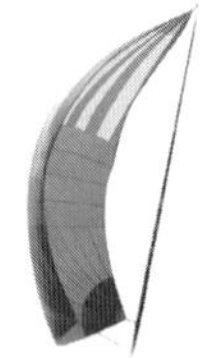

Se

Si lo

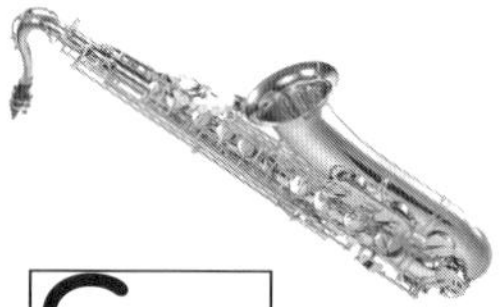

Sa

se

So

1. Zu den Gebärden schreiben: se, sa, su
2. Die Bildwörter synchron sprechen und klatschen, auf alle bis jetzt bekannten Silben abhören und schreiben: Sofa, Segel, Silo, Saxofon, Hose, Soße

11.

Timo

Lisa

Tilo

Wito

Uwe

Susi

11. Namen mit zwei Farben schreiben: Timo, Lisa, Tilo, Wito, Uwe, Susi

9.

10.

9. Mit der passenden Endsilbe verbinden: Hose, Möwe, Wunde, Hase
10. Mit der passenden Anfangssilbe verbinden: Tinte, Mantel, Winter, Wolke

3.

4.

3. Zu den Gebärden schreiben: wo, wi, wa
4. Die Bildwörter synchron sprechen und klatschen, auf alle bis jetzt bekannten Silben abhören und schreiben: Wagen, Wale, Möwe, Wikinger, Löwe, Lawine

5.

di — del — do

6.

del — Domino — Del

Dino — Dose — del

5. Zu den Gebärden schreiben: di, del, do
6. Die Bildwörter synchron sprechen und klatschen, auf alle bis jetzt bekannten Silben abhören und schreiben: Windel, Domino, Delfin, Dino, Dose, Nadel

7.

nis — men

8.

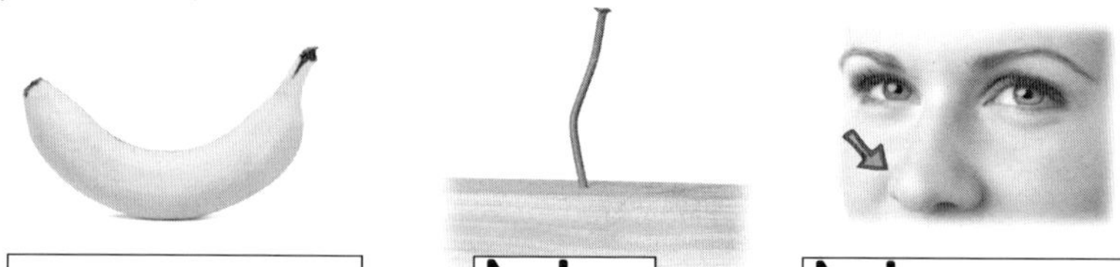

nane — Na — Nase

ne — Note — Rinde

7. Zu den Gebärden schreiben: nis, men
8. Die Bildwörter synchron sprechen und klatschen, auf alle bis jetzt bekannten Silben abhören und schreiben: Banane, Nagel, Nase, Biene, Note, Rinde

10.

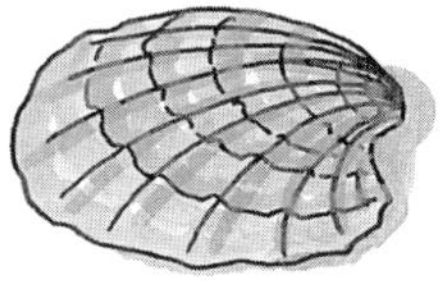

10. Nomen und Verben mit zwei Farben schreiben: Tasche, weinen, naschen, Schirme, Muschel, waschen

Mein Silbenbüchlein

4

Mildenberger

Name:

1.

2.

1. Zu den Gebärden schreiben: sche, schi, scho
2. Die Bildwörter synchron sprechen und klatschen, auf alle bis jetzt bekannten Silben abhören und schreiben: Schere, Schule, Schirme, Schale

9. ein oder eine

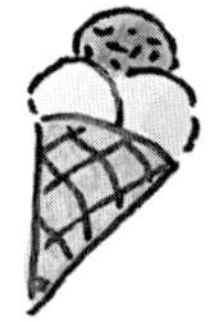

9. Unbestimmten Artikel **ein/eine** passend zu den Abbildungen schreiben: Auto, Eis, Lampe, Flasche, Schere, Stuhl, Apfel, Leiter, Tisch, Tomate, Haus, Banane

8.

8. Bildwörter mit zwei Farben in Häuschen schreiben: Leine, Reiter, Meise, Eimer, Schweine, Leiter

3.

3. Bildwörter mit zwei Farben in Häuschen schreiben: Schirme, Schule, Dose, Schulter, Schere, Tinte

4.

5.

Schi Sche Scha	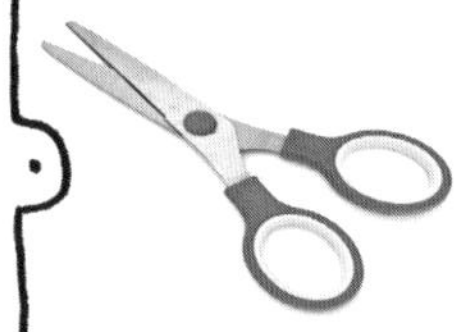	Scho Schu Scha	
Schin Schir Schil	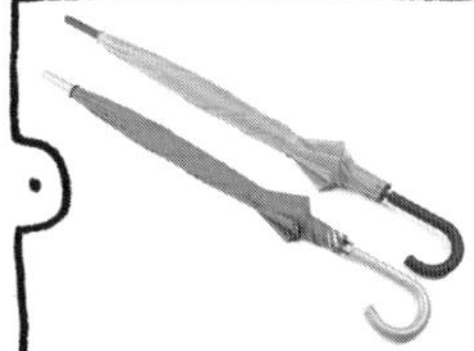	Schal Schin Schil	

6.

7.

4. Zu den Gebärden schreiben: schul, schen, schir, schal
5. Mit der passenden Anfangssilbe verbinden: Schere, Schale, Schirme, Schilder

6. Zu den Gebärden schreiben: dei, schei, mei
7. Die Bildwörter synchron sprechen und klatschen, auf alle bis jetzt bekannten Silben abhören und schreiben: Eisbär, Eidechse, Reifen, Seife, Eichel, Schleife

10.

Tasche | weinen

naschen | Schirme

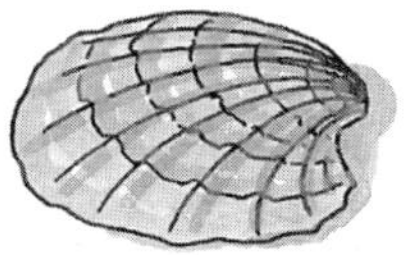

Muschel | waschen

10. Nomen und Verben mit zwei Farben schreiben: Tasche, weinen, naschen, Schirme, Muschel, waschen

Mein Silbenbüchlein 4

Lösungen

Mildenberger

Name: ____________

1.

sche | schi | scho

2.

Sche re | Schu le

Schir me | Scha le

1. Zu den Gebärden schreiben: sche, schi, scho
2. Die Bildwörter synchron sprechen und klatschen, auf alle bis jetzt bekannten Silben abhören und schreiben: Schere, Schule, Schirme, Schale

9. ein oder eine

ein  ein 

eine  eine 

eine 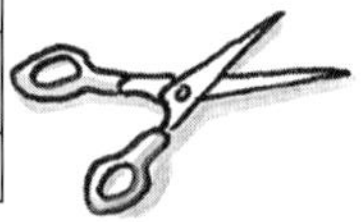 ein 

ein  eine 

ein  eine 

ein  eine 

9. Unbestimmten Artikel **ein**/**eine** passend zu den Abbildungen schreiben: Auto, Eis, Lampe, Flasche, Schere, Stuhl, Apfel, Leiter, Tisch, Tomate, Haus, Banane

8.

L ei | n e

R ei | t e r

M ei | s e

☆ Ei | m e r

Schw ei | n e

L ei | t e r

8. Bildwörter mit zwei Farben in Häuschen schreiben: Leine, Reiter, Meise, Eimer, Schweine, Leiter

3.

Sch i r | m e

Sch u | l e

D o | s e

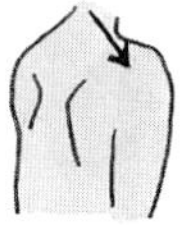
Sch u l | t e r

Sch e | r e

T i n | t e

3. Bildwörter mit zwei Farben in Häuschen schreiben: Schirme, Schule, Dose, Schulter, Schere, Tinte

4.

schul

schen

schir

schal

5.

Schi Sche Scha	
Scho Schu Scha	
Schin Schir Schil	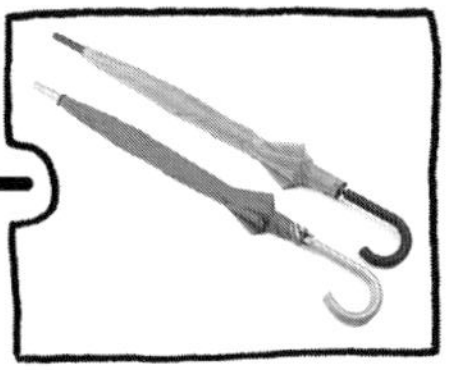
Schal Schin Schil	

4. Zu den Gebärden schreiben: schul, schen, schir, schal
5. Mit der passenden Anfangssilbe verbinden: Schere, Schale, Schirme, Schilder

6.

dei schei mei

7. 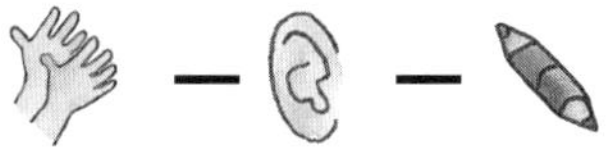

Eis

Ei

Rei

Sei

Ei

Schlei

6. Zu den Gebärden schreiben: dei, schei, mei
7. Die Bildwörter synchron sprechen und klatschen, auf alle bis jetzt bekannten Silben abhören und schreiben: Eisbär, Eidechse, Reifen, Seife, Eichel, Schleife

13.

13. Nomen und Verben mit zwei Farben schreiben: Flasche, Ofen, Fische, Reifen, Feder, Frau, Maus, Auto

Mein Silbenbüchlein

5

Mildenberger

Name:

1.

2.

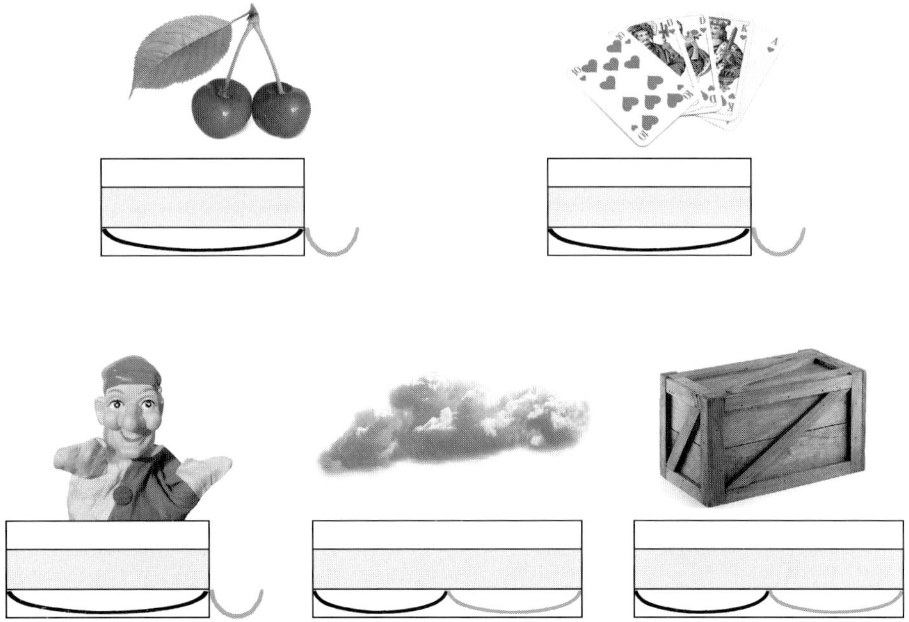

1. Zu den Gebärden schreiben: ko, kni, kla
2. Die Bildwörter synchron sprechen und klatschen, auf alle bis jetzt bekannten Silben abhören und schreiben: Kirschen, Karten, Kasper, Wolke, Kiste

11.

12.

11. Zu den Gebärden schreiben: au, aus, Maus
12. Bildwörter mit zwei Farben in Häuschen schreiben: Taube, Schaufel, Schraube, Daumen

9.

10.

9. Zu den Gebärden schreiben: fe, flo, Fisch
10. Bildwörter mit zwei Farben in Häuschen schreiben: Schafe, Feder, Seife, Tafel

3.

4.

3. Bildwörter mit zwei Farben in Häuschen schreiben: Käfer, Krone, Kleider, Karten
4. Nomen mit zwei Farben schreiben: Kinder, Kakadu, Raketen, Kamel

5. 

6. 

7. 

8. 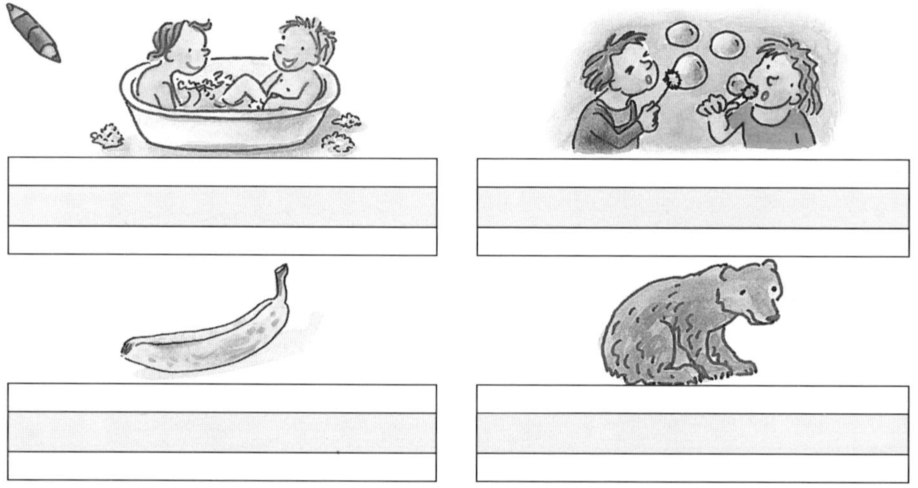

5. Zu den Gebärden schreiben: bei, bla, bo
6. Die Bildwörter synchron sprechen und klatschen, auf alle bis jetzt bekannten Silben abhören und schreiben: Brezel, Rabe, Trauben, Blume, Zwiebel, Berge

7. Bildwörter mit zwei Farben in Häuschen schreiben: Braten, Blume, Raben, Brote
8. Nomen mit zwei Farben schreiben: baden, blasen, Banane, Bär

13.

Flasche | Ofen

Fische | Reifen

Feder | Frau

Maus | Auto

13. Nomen und Verben mit zwei Farben schreiben: Flasche, Ofen, Fische, Reifen, Feder, Frau, Maus, Auto

Mein Silbenbüchlein 5

Lösungen

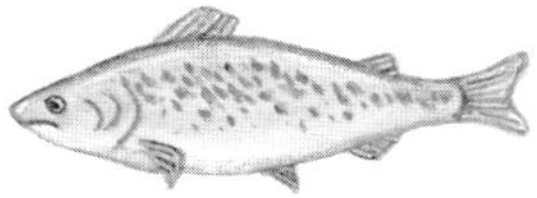

Mildenberger

Name: ______________________

1.

ko | kni | kla

2. – –

Kir

Kar

Kas

Wol ke

Kis te

1. Zu den Gebärden schreiben: ko, kni, kla
2. Die Bildwörter synchron sprechen und klatschen, auf alle bis jetzt bekannten Silben abhören und schreiben: Kirschen, Karten, Kasper, Wolke, Kiste

11.

au | aus | Maus

12.

A
T au | b e

A
Sch au | f e l

A
Schr au | b e

A
D au | m e n

11. Zu den Gebärden schreiben: au, aus, Maus
12. Bildwörter mit zwei Farben in Häuschen schreiben: Taube, Schaufel, Schraube, Daumen

9.

10.

9. Zu den Gebärden schreiben: fe, flo, Fisch
10. Bildwörter mit zwei Farben in Häuschen schreiben: Schafe, Feder, Seife, Tafel

3.

4.

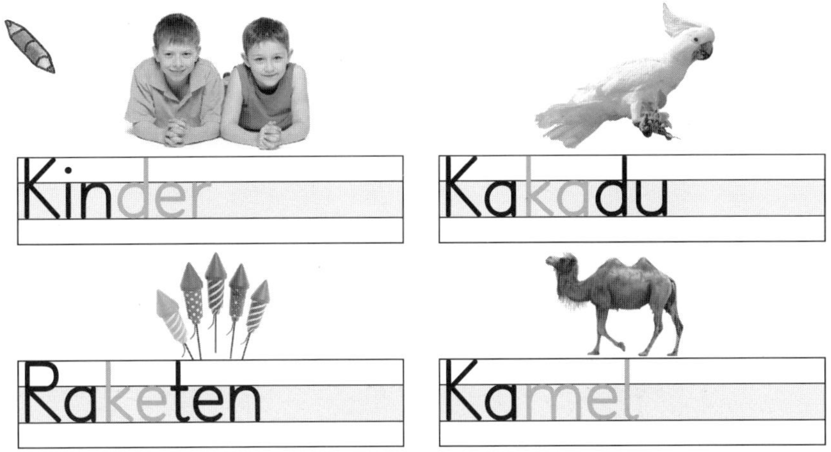

3. Bildwörter mit zwei Farben in Häuschen schreiben: Käfer, Krone, Kleider, Karten
4. Nomen mit zwei Farben schreiben: Kinder, Kakadu, Raketen, Kamel

5.

bei | bla | bo

6.

Bre | Rabe | ben

Blu | bel | Ber

5. Zu den Gebärden schreiben: bei, bla, bo
6. Die Bildwörter synchron sprechen und klatschen, auf alle bis jetzt bekannten Silben abhören und schreiben: Brezel, Rabe, Trauben, Blume, Zwiebel, Berge

7.

Br a | t e n

Bl u | m e

R a | b e n

Br o | t e

8.

baden | blasen

Banane | Bär

7. Bildwörter mit zwei Farben in Häuschen schreiben: Braten, Blume, Raben, Brote
8. Nomen mit zwei Farben schreiben: baden, blasen, Banane, Bär

10.

10. Nomen mit zwei Farben schreiben: Biene, Ampel, Puma, Lampe, Raupe, Rabe, Apfel, Pfeile

Mein Silbenbüchlein

6

Mildenberger

Name: ______________________

1.

2.

1. Zu den Gebärden schreiben: grau, Geist
2. Bildwörter mit zwei Farben in Häuschen schreiben: Gurke, Auge, Geige, Nagel

8.

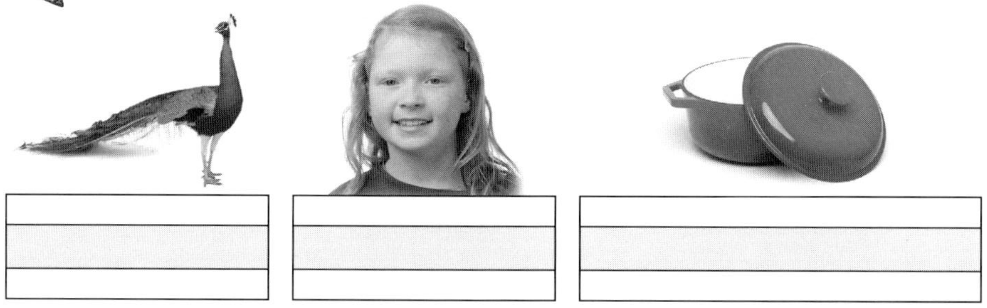

9.

8. Nomen mit zwei Farben schreiben: Pfau, Kopf, Topf
9. Bildwörter mit zwei Farben in Häuschen schreiben: Pfeife, Pferde, Pfeile, Apfel

6.

7.

6. Zu den Gebärden schreiben: Paula, Puma
7. Bildwörter mit zwei Farben in Häuschen schreiben: Panda, Wespe, Ampel, Raupe

3. G oder K – g oder k

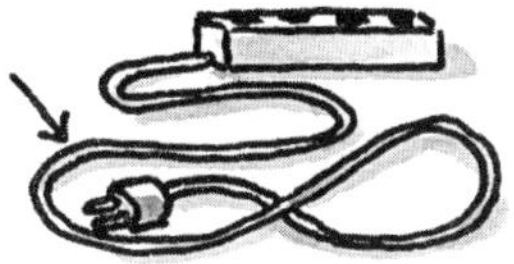

abel

arten

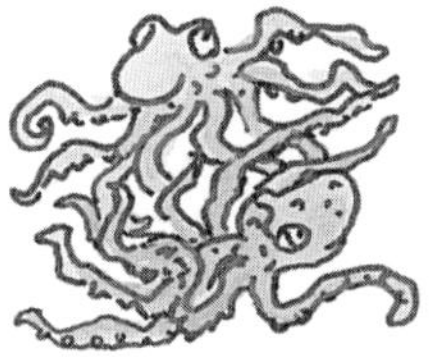

Kra en

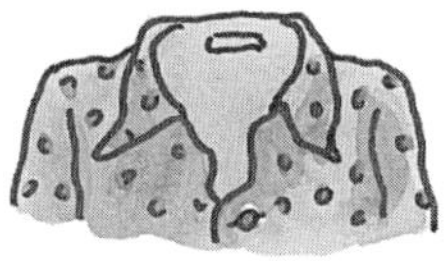

3. **G/g** oder **K/k** einfügen und Wörter mit zwei Farben schreiben

4.

4. Bildwörter mit zwei Farben in Häuschen schreiben: Riese, Wiese, Schiene, Biene, Fliege, Siebe

5.

S	Siebe	sch	schiefe
D		T	
N	Niete	W	Wiesel
M		K	
l	lieber	W	Wiese
F		R	

5. Reimwörter mit zwei Farben schreiben

10.

Biene

Ampel

Puma

Lampe

Raupe

Rabe

Apfel

Pfeile

10. Nomen mit zwei Farben schreiben: Biene, Ampel, Puma, Lampe, Raupe, Rabe, Apfel, Pfeile

Mein Silbenbüchlein 6

Lösungen

Mildenberger

Name: ____________________

1.

grau Geist

2.

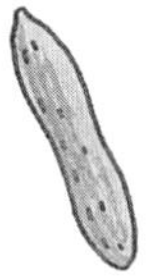 B: G | u | r — k | e

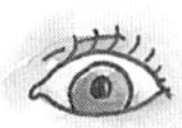 A: ☆ | Au — g | e

 A: G | ei — g | e

 A: N | a — g | e | l

1. Zu den Gebärden schreiben: grau, Geist
2. Bildwörter mit zwei Farben in Häuschen schreiben: Gurke, Auge, Geige, Nagel

8.

Pfau Kopf Topf

9.

 A: Pf | ei — f | e

 B: Pf | e | r — d | e

 A: Pf | ei — l | e

 B: ☆ | A | p — f | e | l

8. Nomen mit zwei Farben schreiben: Pfau, Kopf, Topf
9. Bildwörter mit zwei Farben in Häuschen schreiben: Pfeife, Pferde, Pfeile, Apfel

6.

Paula | Puma

7.

Pan | da

Wes | pe

Am | pel

Rau | pe

6. Zu den Gebärden schreiben: Paula, Puma
7. Bildwörter mit zwei Farben in Häuschen schreiben: Panda, Wespe, Ampel, Raupe

3. G oder K – g oder k

Kabel

Gabel

Garten

Karten

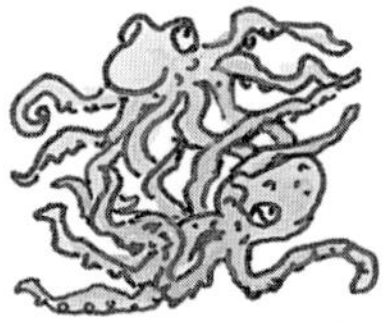

Kraken

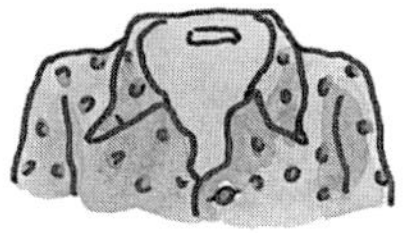

Kragen

3. **G/g** oder **K/k** einfügen und Wörter mit zwei Farben schreiben

4.

R ie s e

W ie s e

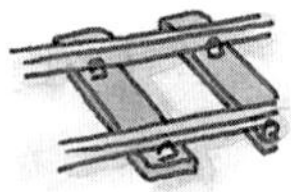
Sch ie n e

B ie n e

Fl ie g e

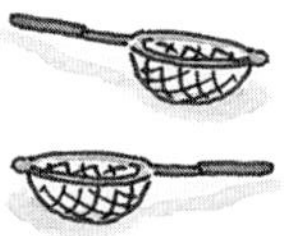
S ie b e

4. Bildwörter mit zwei Farben in Häuschen schreiben: Riese, Wiese, Schiene, Biene, Fliege, Siebe

5.

S	Siebe	sch	schiefe
D	Diebe	T	Tiefe
N	Niete	W	Wiesel
M	Miete	K	Kiesel
l	lieber	W	Wiese
F	Fieber	R	Riese

5. Reimwörter mit zwei Farben schreiben

10.

11. Simsalabim, aus groß wird klein.

10. Nomen mit zwei Farben schreiben: Kröte, Öl
11. Nomen und Verkleinerungsform mit zwei Farben schreiben: Rose/Röschen, Topf/Töpfchen, Kopf/Köpfchen, Dose/Döschen

Mein Silbenbüchlein

7

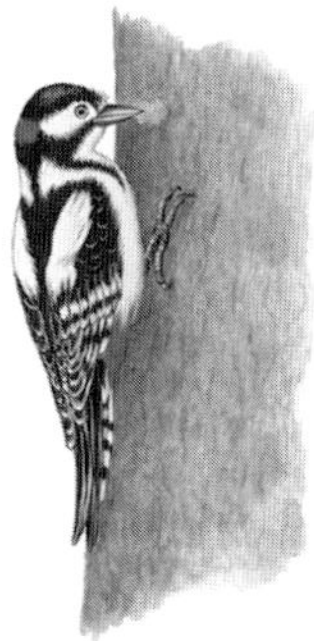

Mildenberger

Name:

1.

2.

1. Zu den Gebärden schreiben: Haus, Hase
2. Bildwörter mit zwei Farben in Häuschen schreiben: Hüte, Hose, Hasen, Hunde

9. St oder Sp?

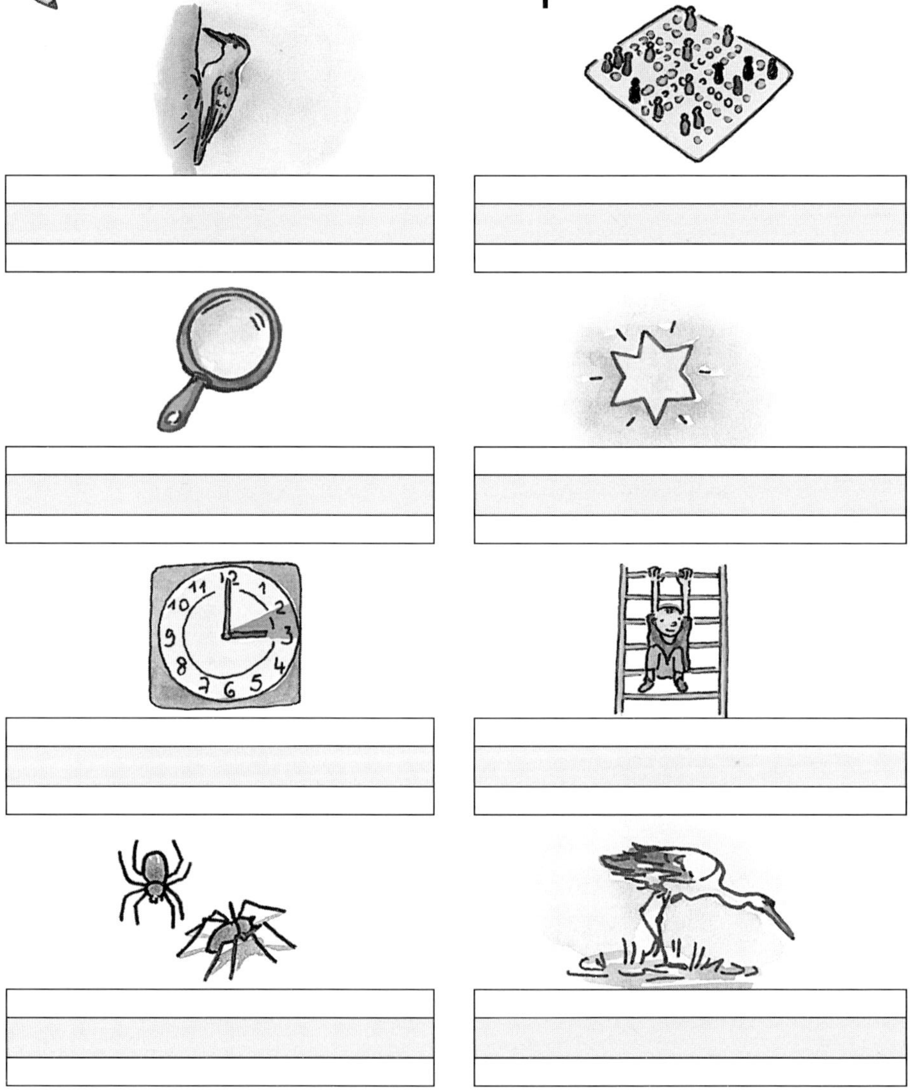

9. Nomen mit zwei Farben schreiben: Specht, Spiel, Spiegel, Stern, Stunde, Sport, Spinnen, Storch

8. St oder Sp?

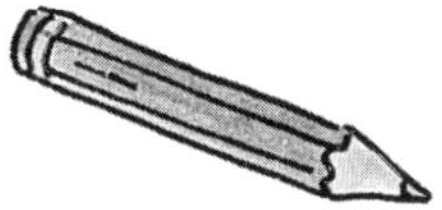

8. Wörter mit zwei Farben schreiben: Stuhl, Specht, stellen, Stift, Stein, Spiegel, Spanien, still

3.

4.

5.

m machen

Sch Schach

l

D

3. Zu den Gebärden schreiben: fauchen, Licht
4. Nomen mit zwei Farben schreiben: Kuchen, Kirche, Eichel, Buch
5. Reimwörter mit zwei Farben schreiben

6. Simsalabim, aus 1 mach 2.

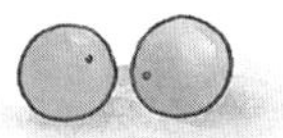

6. Nomen schreiben und Plural bilden, mit zwei Farben schreiben: Lamm/Lämmer, Schwan/Schwäne, Ball/Bälle, Glas/Gläser, Blatt/Blätter, Mann/Männer

7. Simsalabim, aus groß wird klein.

7. Nomen und Verkleinerungsform mit zwei Farben schreiben: Gans/Gänschen, Kalb/Kälbchen, Affe/Äffchen, Rad/Rädchen, Blatt/Blättchen, Hase/Häschen

10.

Kröte | Öl

11. Simsalabim, aus groß wird klein.

Rose | Röschen

Topf | Töpfchen

Kopf | Köpfchen

Dose | Döschen

10. Nomen mit zwei Farben schreiben: Kröte, Öl
11. Nomen und Verkleinerungsform mit zwei Farben schreiben: Rose/Röschen, Topf/Töpfchen, Kopf/Köpfchen, Dose/Döschen

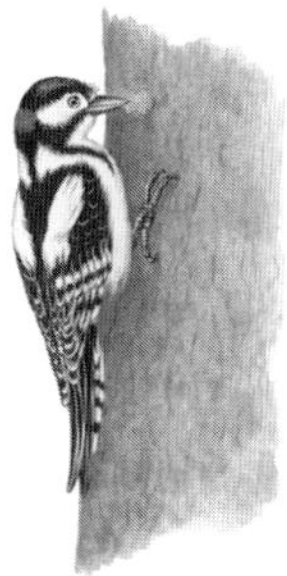

Mein Silbenbüchlein 7

Lösungen

Mildenberger

Name: ______

1.

Haus | Hase

2.

H | ü | t | e

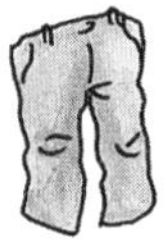

H | o | s | e

H | a | s | e | n

H | u | n | d | e

1. Zu den Gebärden schreiben: Haus, Hase
2. Bildwörter mit zwei Farben in Häuschen schreiben: Hüte, Hose, Hasen, Hunde

9. St oder Sp?

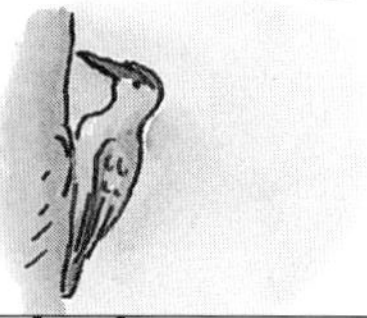

Specht

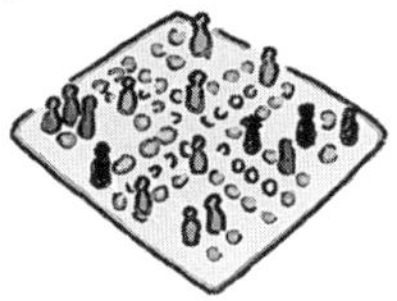

Spiel

Spiegel

Stern

Stunde

Sport

Spinnen

Storch

9. Nomen mit zwei Farben schreiben: Specht, Spiel, Spiegel, Stern, Stunde, Sport, Spinnen, Storch

8. St oder Sp?

Stuhl | Specht

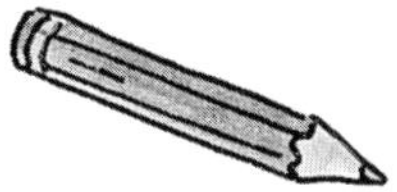

stellen | Stift

Stein | Spiegel

Spanien | still

8. Wörter mit zwei Farben schreiben: Stuhl, Specht, stellen, Stift, Stein, Spiegel, Spanien, still

3.

fauchen | Licht

4.

Kuchen | Kirche

Eichel | Buch

5.

m | machen | Sch | Schach

l | lachen | D | Dach

3. Zu den Gebärden schreiben: fauchen, Licht
4. Nomen mit zwei Farben schreiben: Kuchen, Kirche, Eichel, Buch
5. Reimwörter mit zwei Farben schreiben

6. Simsalabim, aus 1 mach 2.

	Lamm	Lämmer	
	Schwan	Schwäne	
	Ball	Bälle	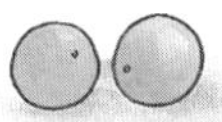
	Glas	Gläser	
	Blatt	Blätter	
	Mann	Männer	

6. Nomen schreiben und Plural bilden, mit zwei Farben schreiben: Lamm/Lämmer, Schwan/Schwäne, Ball/Bälle, Glas/Gläser, Blatt/Blätter, Mann/Männer

7. Simsalabim, aus groß wird klein.

	Gans	Gänschen	
	Kalb	Kälbchen	
	Affe	Äffchen	
	Rad	Rädchen	
	Blatt	Blättchen	
	Hase	Häschen	

7. Nomen und Verkleinerungsform mit zwei Farben schreiben: Gans/Gänschen, Kalb/Kälbchen, Affe/Äffchen, Rad/Rädchen, Blatt/Blättchen, Hase/Häschen

9.

10.

9. Zu den Gebärden schreiben: Junge, Juni
10. Nomen mit zwei Farben schreiben: Januar, Judo, Junge, Juli, Jaguar, Jacke

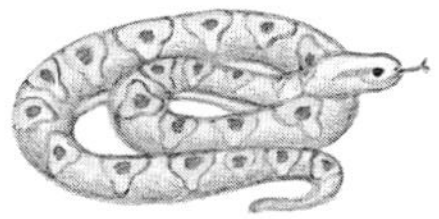

Mein Silbenbüchlein

8

Mildenberger

Name: ______

1.

2.

1. Zu den Gebärden schreiben: Pilze, Zoo
2. Bildwörter mit zwei Farben in Häuschen schreiben: Zwiebel, Ziege, Brezel, Kerze

7. Simsalabim, aus groß wird klein.

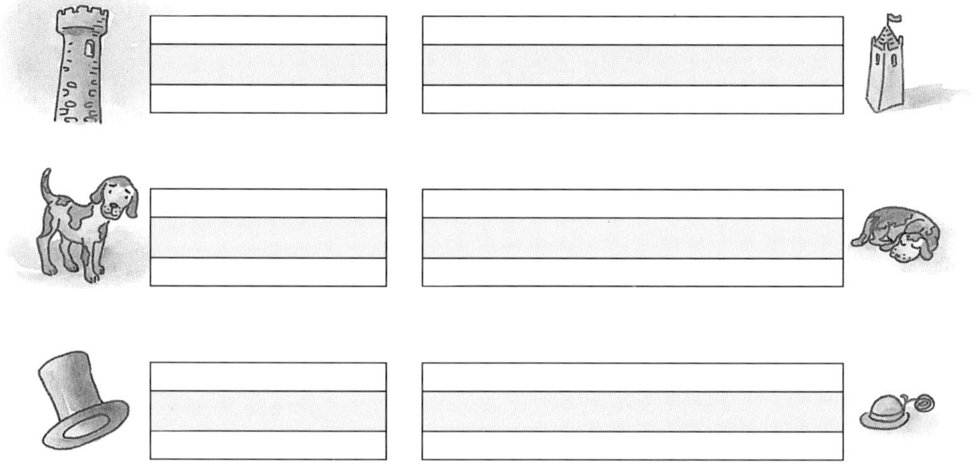

8. Simsalabim, aus 1 mach 2.

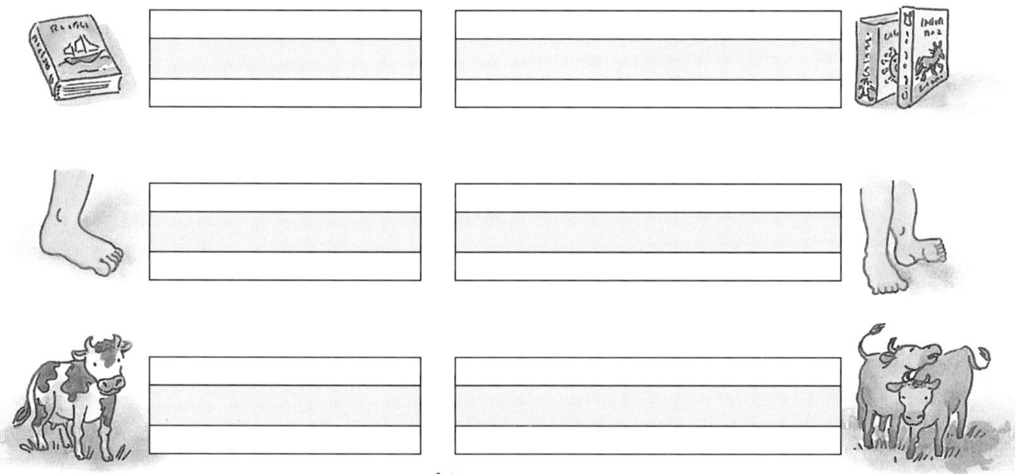

7. Nomen und Verkleinerungsform mit zwei Farben schreiben: Turm/Türmchen, Hund/Hündchen, Hut/Hütchen
8. Nomen und Plural bilden, mit zwei Farben schreiben: Buch/Bücher, Fuß/Füße, Kuh/Kühe

6. nk oder ng?

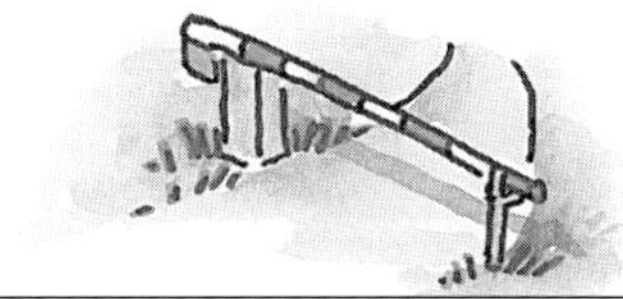

6. Wörter mit zwei Farben schreiben: Schranke, Schlange, Engel, Finken, Anker, Angel, Finger, Ring

3.

3. Wörter mit zwei Farben schreiben: Zaun, Zebra, Zucker, Brezel, Pilze, Zitrone, Zwiebel, Ziege

4.

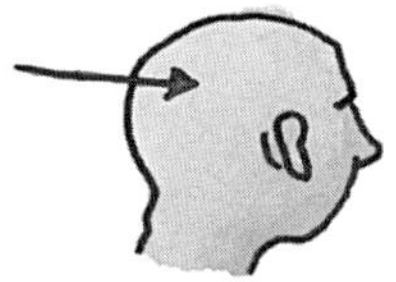

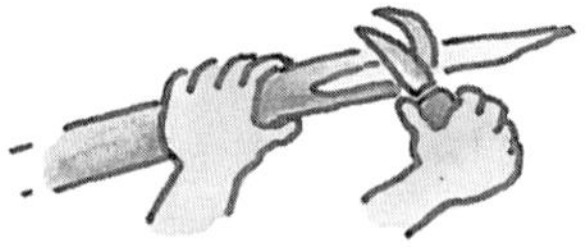

4. Nomen und Verben mit zwei Farben schreiben: Hitze, Glatze, Spatzen, Katze, kratzen, schnitzen, ritzen, sitzen

5.

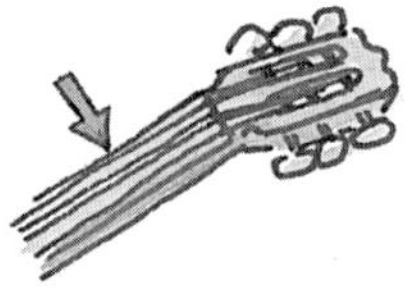

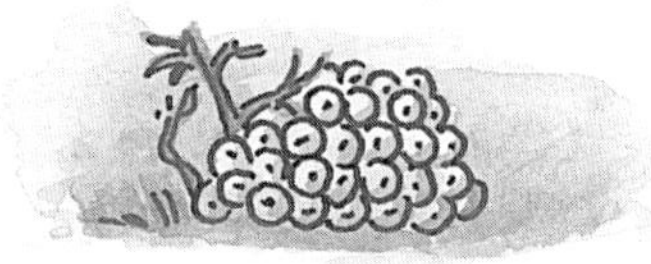

5. Nomen mit zwei Farben schreiben: Saite, Kaiser, Mai, Hai, Kai, Samurai, Mais, Laich

9.

Junge

Juni

10.

Januar

Judo

Junge

Juli

Jaguar

Jacke

9. Zu den Gebärden schreiben: Junge, Juni
10. Nomen mit zwei Farben schreiben: Januar, Judo, Junge, Juli, Jaguar, Jacke

Mein

Silbenbüchlein

8

Lösungen

Mildenberger

Name: ____________________

1.

Pilze | Zoo

2.

 Z w | ie | b e l

 Z | ie | g e

 B r | e | z e l

 K | e | r | z e

1. Zu den Gebärden schreiben: Pilze, Zoo
2. Bildwörter mit zwei Farben in Häuschen schreiben: Zwiebel, Ziege, Brezel, Kerze

7. Simsalabim, aus groß wird klein.

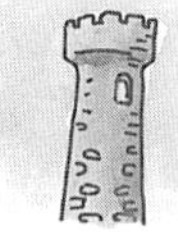 Turm | Türmchen 

 Hund | Hündchen 

 Hut | Hütchen 

8. Simsalabim, aus 1 mach 2.

 Buch | Bücher 

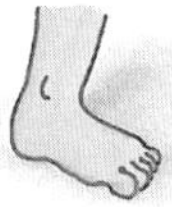 Fuß | Füße 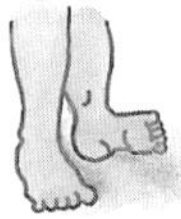

 Kuh | Kühe 

7. Nomen und Verkleinerungsform mit zwei Farben schreiben: Turm/Türmchen, Hund/Hündchen, Hut/Hütchen
8. Nomen und Plural bilden, mit zwei Farben schreiben: Buch/Bücher, Fuß/Füße, Kuh/Kühe

6. nk oder ng?

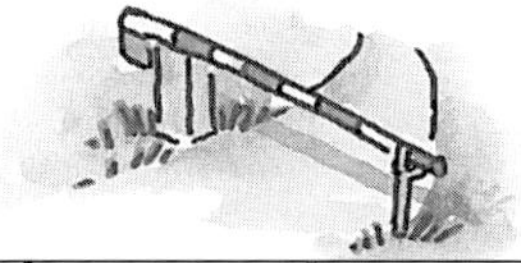
Schranke

Schlange

Engel

Finken

Anker

Angel

Finger

Ring

6. Wörter mit zwei Farben schreiben: Schranke, Schlange, Engel, Finken, Anker, Angel, Finger, Ring

3.

Zaun

Zebra

Zucker

Brezel

Pilze

Zitrone

Zwiebel

Ziege

3. Wörter mit zwei Farben schreiben: Zaun, Zebra, Zucker, Brezel, Pilze, Zitrone, Zwiebel, Ziege

4.

Hitze

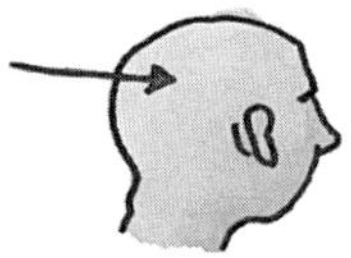

Glatze

Spatzen

Katze

kratzen

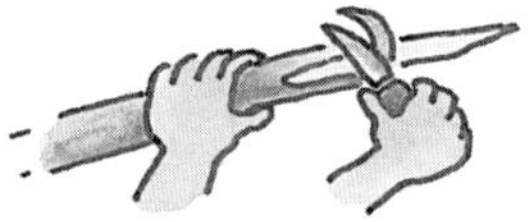

schnitzen

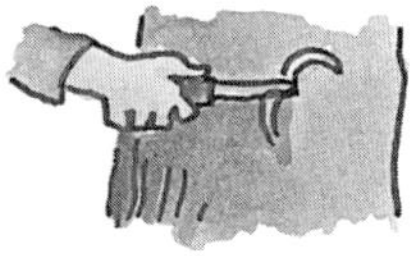

ritzen

sitzen

4. Nomen und Verben mit zwei Farben schreiben: Hitze, Glatze, Spatzen, Katze, kratzen, schnitzen, ritzen, sitzen

5.

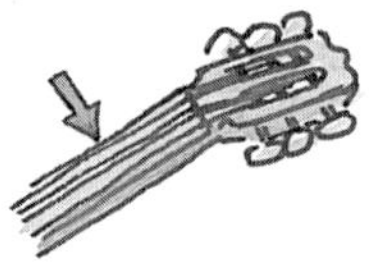

Saite

Kaiser

Mai

Hai

Kai

Samurai

Mais

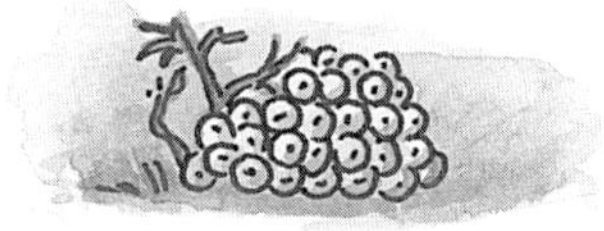

Laich

5. Nomen mit zwei Farben schreiben: Saite, Kaiser, Mai, Hai, Kai, Samurai, Mais, Laich

13.

Räuber	kaufen
Käufer	aufräumen
Läufer	schäumen
Raum	rauben
Traum	laufen
Schaum	träumen

13. Nomen und Verben verbinden

Mein Silbenbüchlein

9

Mildenberger

Name: ____________________

1.

2.

1. Zu den Gebärden schreiben: Freunde, Eule
2. Bildwörter mit zwei Farben in Häuschen schreiben: Beutel, Eule, Teufel, Leute

11.

12.

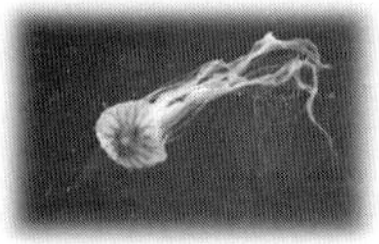

11. Zu den Gebärden schreiben: Quelle, Quiz
12. Nomen mit zwei Farben schreiben: Qualm, Aquarium, Quadrat, Qualle, Quark, Quartett

9. Simsalabim, aus groß wird klein.

10. Simsalabim, aus 1 mach 2.

 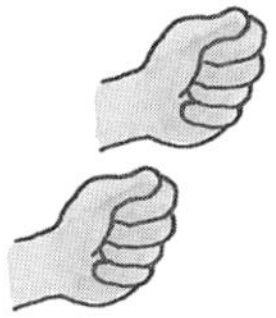

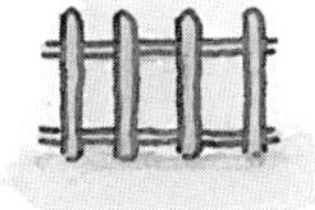 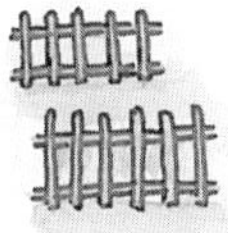

9. Nomen und Verkleinerungsform mit zwei Farben schreiben: Baum/Bäumchen, Haus/Häuschen, Maus/Mäuschen
10. Nomen und Plural bilden, mit zwei Farben schreiben: Faust/Fäuste, Zaun/Zäune, Maus/Mäuse

3.

4. Simsalabim, aus ei mach eu.

 Feier 

 nein 

 heilen 

3. Nomen mit zwei Farben schreiben: Beute, Eule, Euro, Heu
4. Nomen nachspuren, ei durch eu ersetzen und mit zwei Farben schreiben: Feier/Feuer, nein/neun, heilen/heulen

5.

6.

5. Zu den Gebärden schreiben: Eva, Vulkan
6. Bildwörter mit zwei Farben in Häuschen schreiben: Vogel, Vase, Vater, Kurve

7. V wie F

8. V wie W

7. Nomen mit zwei Farben schreiben: Veilchen, Vögel, Vogelnest, vier
8. Nomen mit zwei Farben schreiben: Vasen, Klavier, Vampir, Vulkan

13.

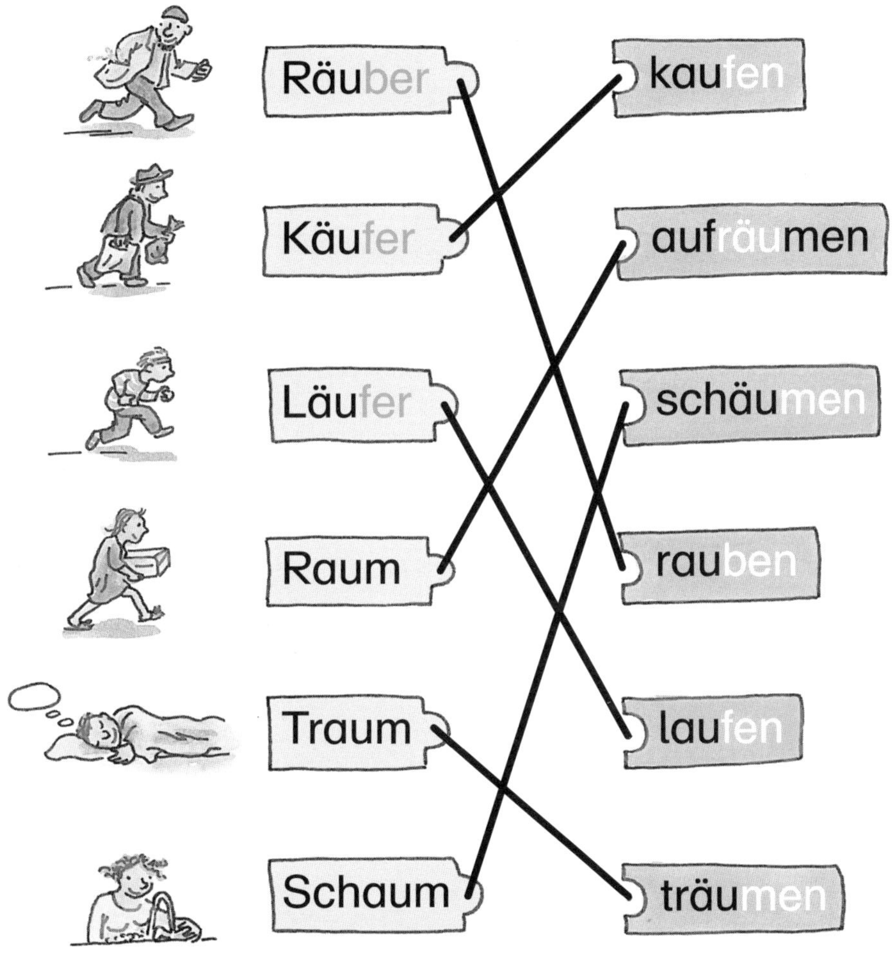

13. Nomen und Verben verbinden

Mein Silbenbüchlein 9 Lösungen

Mildenberger

Name: ____________________

1.

Freunde

Eule

2.

B eu | t e l

☆ Eu | l e

T eu | f e l

L eu | t e

1. Zu den Gebärden schreiben: Freunde, Eule
2. Bildwörter mit zwei Farben in Häuschen schreiben: Beutel, Eule, Teufel, Leute

11.

Quelle

Quiz

12.

Qualm

Aquarium

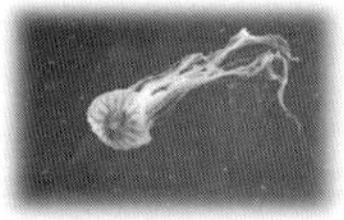

Quadrat

Qualle

Quark

Quartett

11. Zu den Gebärden schreiben: Quelle, Quiz
12. Nomen mit zwei Farben schreiben: Qualm, Aquarium, Quadrat, Qualle, Quark, Quartett

9. Simsalabim, aus groß wird klein.

 Baum | Bäumchen 

 Haus | Häuschen 

 Maus | Mäuschen 

10. Simsalabim, aus 1 mach 2.

 Faust | Fäuste 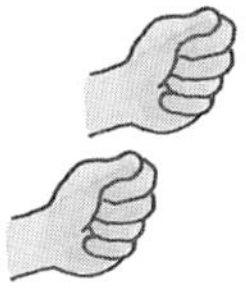

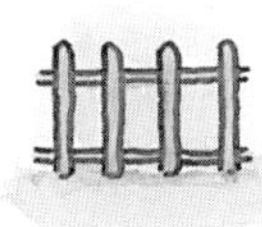 Zaun | Zäune 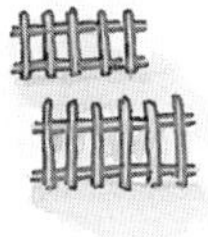

 Maus | Mäuse 

9. Nomen und Verkleinerungsform mit zwei Farben schreiben: Baum/Bäumchen, Haus/Häuschen, Maus/Mäuschen
10. Nomen und Plural bilden, mit zwei Farben schreiben: Faust/Fäuste, Zaun/Zäune, Maus/Mäuse

3.

Beute | Eule

 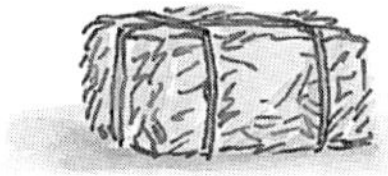

Euro | Heu

4. Simsalabim, aus ei mach eu.

 Feier | Feuer 

 nein | neun 

 heilen | heulen 

3. Nomen mit zwei Farben schreiben: Beute, Eule, Euro, Heu
4. Nomen nachspuren, ei durch eu ersetzen und mit zwei Farben schreiben: Feier/Feuer, nein/neun, heilen/heulen

5.

Eva

Vulkan

6.

V o | g e l

V a | s e

V a | t e r

K u r | v e

5. Zu den Gebärden schreiben: Eva, Vulkan
6. Bildwörter mit zwei Farben in Häuschen schreiben: Vogel, Vase, Vater, Kurve

7. V wie F

Veilchen

Vögel

Vogelnest

vier

8. V wie W

Vasen

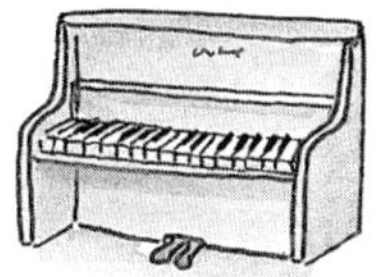

Klavier

Vampir

Vulkan

7. Nomen mit zwei Farben schreiben: Veilchen, Vögel, Vogelnest, vier
8. Nomen mit zwei Farben schreiben: Vasen, Klavier, Vampir, Vulkan

Bildquellenverzeichnis

S. 472 – 474: Tomate © Mariusz Blach – Fotolia.com; S. 472 – 474: Mimi © Nailia Schwarz – Fotolia.com; S. 472 – 474: Waschmaschine © fotokalle – Fotolia.com; S. 472 – 474: Lama © dmitriy_rnd – Fotolia.com; S. 472 – 474, 476 – 478: Melone © sommai – Fotolia.com; S. 472 – 474: Memo © FomaA – Fotolia.com; 472 – 474: Thermometer © borissos – Fotolia.com; S. 472 – 474: Musik © micromonkey – Fotolia; S. 472 – 474: Muschel © MarkusBeck – Fotolia.com; S. 472 – 474: Mobile © Wolkenstein – Fotolia.com; S. 476 – 478: Laterne © stockone – Fotolia.com; S. 476 – 478: Libelle © vnlit – Fotolia.com; S. 476 – 478: Tube © FirstBlood – Fotolia.com; S. 476 – 478: Tafel © A_Bruno – Fotolia.com; S. 476 – 478: Rabe © Eric Isselée – Fotolia.com; S. 476 – 478: Rose © Smileus – Fotolia.com: S. 476 – 478: Uhu © alek55555s – Fotolia.com; S. 488 – 490: Reifen © SkyLine – Fotolia.com; S. 488 – 490: Feder © unpict – Fotolia.com; S. 488 – 490: Fische © Vlada Zhikhareva – Fotolia.com; S. 488 – 490: Auto © Rawpixel – Fotolia.com; S. 488 – 490: Schraube © Daniela Stärk – Fotolia.com; S. 488 – 490: Maus © Pakhnyushchyy – Fotolia.com; S. 500 – 502: Zitrone © mars – Fotolia.com; S. 500 – 502: Zebra © StarJumper – Fotolia.com; S. 500 – 502: Pilze © Uwe Grötzner – Fotolia.com; S. 500 – 502: Junge © Jaren Wicklund – Fotolia.com; S. 500 – 502: Jaguar © krasyuk – Fotolia.com; S. 500 – 502: Judo © ti_to_tito – Fotolia.com; S. 504 – 506: Qualle © wikimedia–commons.org; S. 504 – 506: Quark © Mildenberger Verlag; S. 504 – 506: Quartett © Mildenberger Verlag; S. 504 – 506: Aquarium © stern_et – Fotolia.com

Inhalt Lernstandserhebungen

Lernstands-erhebung	Themen	nach Fibel-seite	Kopiervor-lagen Nr.	Hand-buchseite
1	mu, Mi mi, Mo mo, Ma ma, Me me	14/15	174–177	471
2	La la ..., A, E, I, O, U, Ta ta ..., Ri ri ...	22/23	178–181	475
3	Sa sa ..., Wi wi ..., Da da ..., del, Na na ..., len, sen	30/31	182–185	479
4	Sch sch, ü, Ei ei	36/37	186–189	483
5	K k, ck, B b, ä, F f, Au au	44/45	190–193	487
6	G g, h, ie, ö, P p, Pf pf	50/51	194–197	491
7	H h, ß, ch, Ä ä, St st, Sp sp	58/59	198–201	495
8	Z z, ai, tz, ng, nk, J j	66/67	202–205	499
9	Eu eu, V v, äu, Qu qu	74/75	206–209	503

Insgesamt 9 Lernstandserhebungen sind im Verlauf des Schuljahres in den Stoffverteilungsplan integriert. Die Lernstandserhebungen prüfen den Stoff bis zur jeweils genannten Silbenfibelseite. In den Kommentarseiten sind die Lernstandserhebungen in der jeweiligen Woche genannt. Die Silbenbüchlein (Kapitel V.) üben den Stoff der jeweiligen Lernstandserhebung und dienen in dieser Woche als Hausaufgabe zur Vorbereitung.

Motivation Förderung Die Lernstandserhebungen sichern den jeweiligen Lernstand und unterstützen bei erfolgreicher Bearbeitung die Motivation der Kinder. Deshalb sind die Lernstandserhebungen so in den Stoffverteilungsplan integriert, dass alle Kinder eine optimale Vorbereitung erfahren. Fehler, die dennoch auftreten, sind dann ein guter Hinweis auf notwendigen Förderbedarf. Mit 9 Lernstandserhebungen im Schuljahr wird ein eventueller Förderbedarf rechtzeitig sichtbar.

Klassenliste Allen Lernstandserhebungen liegt eine Klassenliste bei, auf der detailliert für jedes Kind die Fehlertypen dokumentiert werden können.

Lösungen Zu jeder Lernstandserhebung liegt ein Lösungsblatt vor.

2 Versionen Die Lernstandserhebungen liegen in 2 Versionen vor. **Version A** enthält Punkteangaben. **Version B** enthält keine Punkteangaben. Die Symbole ☺ 😐 ☹ ermöglichen die Selbsteinschätzung des Schülers oder die Rückmeldung des Lehrers.

Durchführung Die Durchführung der Lernstandserhebungen dauert ca. 20 Minuten. Alle Aufgaben und Aufgabentypen sind bis zur jeweiligen Silbenfibelseite im Arbeitsheft oder im Schreiblehrgang bearbeitet worden.
Falls nötig, können die Aufgabenstellungen nochmals erklärt werden. Sollten die Begriffe der Bildwörter nicht mehr bekannt sein, können auch diese erklärt werden.
Bei „Klatschübungen" empfiehlt es sich, vorab mit den Kindern leises Klatschen oder – stattdessen – Fingertippen auf den Tisch zu üben.

Fehlertypen

Bildwörter Wenn ein Kind für ein Bildwort nicht das passende Wort schreibt, so gelten richtige Schreibungen dennoch als korrekt.

Farbfehler Die Kinder schreiben mit „zwei Farben" und kennzeichnen dadurch die Silbenfuge der Sprechsilbe. Wird das Wort richtig geschrieben, aber die Silbenfuge falsch markiert (Farbfehler), so wird dies nicht als Fehler gewertet. Diese Fehler können aber ein wichtiger Hinweis auf Förderbedarf sein. Deshalb müssen die Ursachen für solche Fehler ermittelt werden (z.B. mangelnde Konzentration oder mangelnde Kenntnis des Silbenschnittes).

e in 2. Silbe Viele Schreibfehler können durch die einfache Regel vermieden werden, dass der 2. Buchstabe in der 2. Silbe immer ein „e" sein muss. Dies wird durch die Häuschenschreibweise auch verdeutlicht.

Umlaute Die Umlautableitung A/a – Ä/ä, z.B. Glas – Gläser und au – äu, z.B. Baum – Bäume, wird angezeigt.

Sparschreibweise Durch die fehlerhafte Schreibweise „Schtreifen“ statt Streifen oder „schprechen“ statt sprechen würden fünf Konsonanten im Anfangsrand stehen. Das wird durch die „Einsparung“ von -ch- vermieden. Es können maximal 4 Konsonanten vor dem 1. Vokal in der 1. Silbe stehen.

Merkwörter Die Schreibung aller Wörter, die bis zu diesem Zeitpunkt noch nicht systematisch im Unterricht erarbeitet wurden: V-v-Wörter, ß-Wörter, Zahlwörter und h-Wörter sind über Merkwortplakate gesichert (vgl. Kapitel II, S. 139).

Wortart und Satzbau Es gilt die allgemeine Großschreibung der Nomen und Kleinschreibung der Verben und Adjektive. Der Satzanfang wird durch Großschreibung und das Satzende durch einen Punkt markiert.

Vorbereitung und Förderung

Silbenbüchlein Nachdem die Lernstandserhebungen mit den Silbenbüchlein ausführlich vorbereitet sind, weist eine überdurchschnittliche Fehleranzahl auf eine ungenügende Vorbereitung hin. Zur Förderung sollte eine erneute Bearbeitung des Silbenbüchleins durchgeführt werden. Farbfehler weisen darauf hin, dass das Kind den Silbenschnitt noch nicht findet. Diese elementare Kompetenz muss mit entsprechenden Übungen (Silbenklatschen usw.) zuerst aufgebaut werden.

Individueller Beobachtungsbogen (KV 1, 2)

Mithilfe der Beobachtungsbogen (Kapitel III, KV 1 und 2) kann der individuelle Leistungsstand einer Schülerin / eines Schülers dargestellt werden:

- zur Dokumentation des individuellen Lernverlaufs,
- als Grundlage für Elterngespräche,
- als Nachweis für schriftliche Beurteilungen,
- als Lernstandserhebung zur Planung von Fördermaßnahmen.

Erstlesen Die einzelnen Kriterien bilden den idealtypischen Erwerb des Lesevermögens im Verlauf des ersten Schuljahres ab.
Die Anforderungen der „Silbenschule“ werden bewältigt.
Schnelle Schülerinnen und Schüler arbeiten mit der Schreibtabelle auf ihrem individuellen Niveau.
Auch längere Wörter werden immer flüssiger gelesen und in Sinnzusammenhängen erfasst.
Das Textverständnis und die Fähigkeit, sich persönlich zu Texten zu äußern, sind zunehmend vorhanden.

Erstschreiben Mithilfe des Beobachtungsbogens „Erstschreiben“ kann die individuelle Entwicklung der Schreibfähigkeit der Schülerinnen und Schüler dokumentiert werden:

- die Entwicklung der Druckschrift als Erstschrift,
- das sichere Silbenschreiben mit zwei Farben,
- die Ausformung einer persönlichen, verbundenen Schreibschrift,
- der flüssige und routinierte Ablauf der Schreibens bei aufrechter und entspannter Sitzhaltung.

	Klasse: ______ Jahr: ______ Name	Aufgabe: Bildwörter auf Silben abhören und markieren 1	Zu Gebärden schreiben 2	Bildwörter mit passender Anfangssilbe verbinden 3	Nomen mit zwei Farben schreiben 4	Gesamtpunktzahl	
1.							
2.							
3.							
4.							
5.							
6.							
7.							
8.							
9.							
10.							
11.							
12.							
13.							
14.							
15.							
16.							
17.							
18.							
19.							
20.							
21.							
22.							
23.							
24.							
25.							
26.							
27.							
28.							
29.							
30.							
31.							
32.							
33.							
34.							
35.							
36.							
	Gesamtdurchschnitt						

Lernstandserhebung 1
nach S. 14/15

Name: Datum:

1. 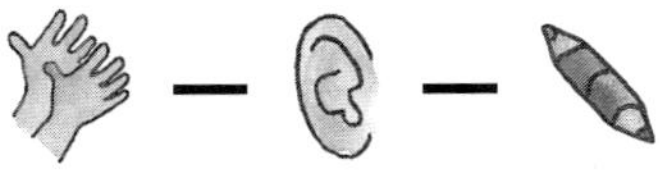 ma me

  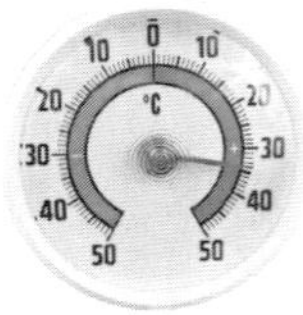

__ / 4 P

2. 

__ / 4 P

3. 

Mi Mo Mu  Mo Mi Mu  Mu Mi Mo 

__ / 3 P

4. 

__ / 3 P

Du hast [ ] von 14 Punkten erreicht.

Lernstandserhebung 1 – Lösung
nach S. 14/15 Name: Datum:

1.

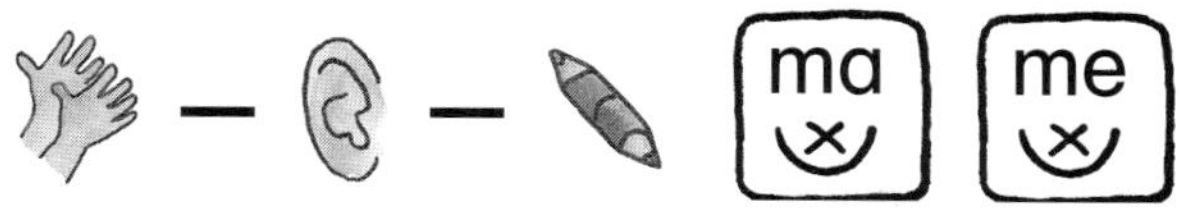

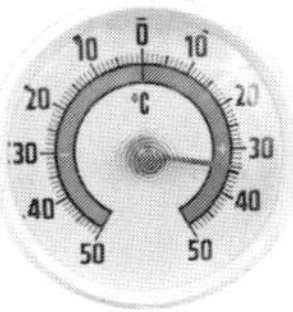

— P
4

2.

mo | e | mi | a

— P
4

3.

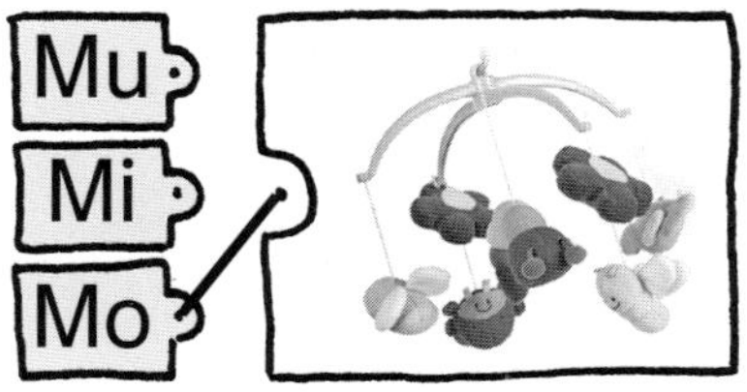

— P
3

4.

Mio | Mama | Memo

— P
3

Du hast ______ von 14 Punkten erreicht.

Lernstandserhebung 1
nach S. 14/15 Name: Datum:

1.

ma me

2.

3.

Mi
Mo
Mu

Mo
Mi
Mu

Mu
Mi
Mo

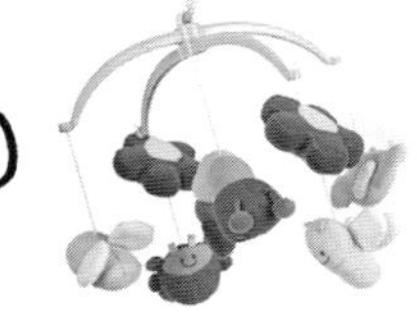

4.

	Klasse: ___ Jahr: ___ Name	Aufgabe: Bildwörter auf Silben abhören und schreiben 1	Zu Gebärden schreiben 2	Nomen mit zwei Farben schreiben 3	Gesamtpunktzahl	
1.						
2.						
3.						
4.						
5.						
6.						
7.						
8.						
9.						
10.						
11.						
12.						
13.						
14.						
15.						
16.						
17.						
18.						
19.						
20.						
21.						
22.						
23.						
24.						
25.						
26.						
27.						
28.						
29.						
30.						
31.						
32.						
33.						
34.						
35.						
36.						
	Gesamtdurchschnitt					

Name: Datum:

1. 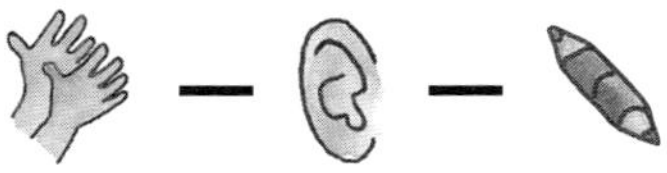

— P
8

2. 

— P
4

3. 

— P
3

Du hast ____ von 15 Punkten erreicht.

 Name: Datum:

1. 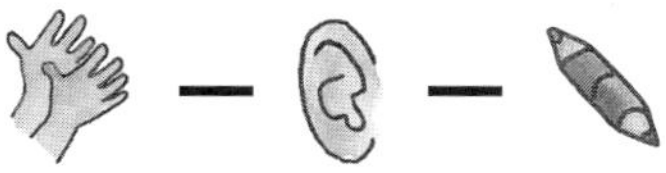

   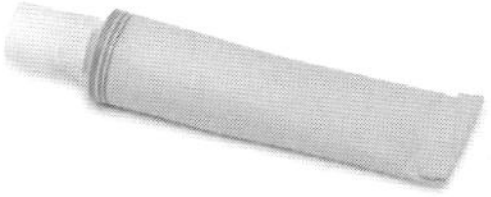

La Li lo Tu

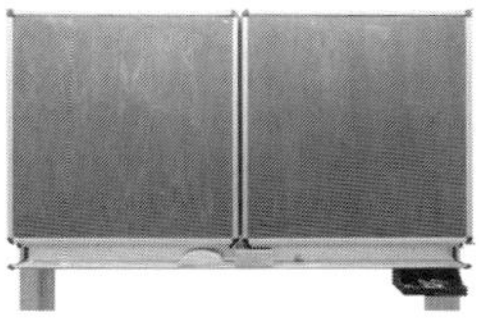   

Ta Ra Ro U

— P
8

2. 

le ti ru a

— P
4

3. 

Lama Tila Toto

— P
3

Du hast von 15 Punkten erreicht.

 Name: Datum:

1.  –  – 

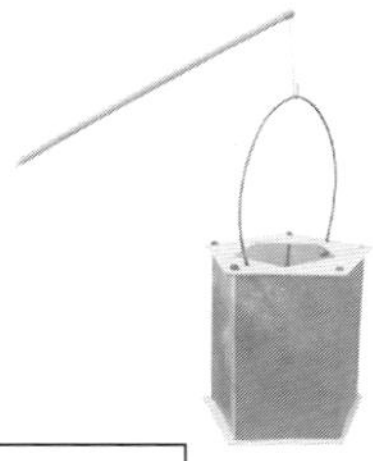   

2. 

3. 

	Klasse: ____ Jahr: ____ Name	Aufgabe: Zu Gebärden schreiben 1	Nomen mit zwei Farben schreiben 2	Bildwörter mit zwei Farben in Häuschen schreiben 3	Gesamtpunktzahl	
1.						
2.						
3.						
4.						
5.						
6.						
7.						
8.						
9.						
10.						
11.						
12.						
13.						
14.						
15.						
16.						
17.						
18.						
19.						
20.						
21.						
22.						
23.						
24.						
25.						
26.						
27.						
28.						
29.						
30.						
31.						
32.						
33.						
34.						
35.						
36.						
	Gesamtdurchschnitt					

Lernstandserhebung 3
nach S. 30/31

Name: Datum:

1.

— P
4

2.

— P
3

3.

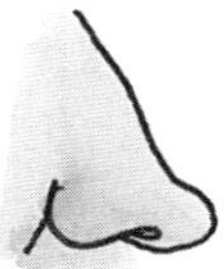

— P
4

Du hast von 11 Punkten erreicht.

1.

sa | wo | del | u

__ /4 P

2.

Wito | Timo | Tilo

__ /3 P

3.

A: Na | del

B: Tin | te

B: Man | tel

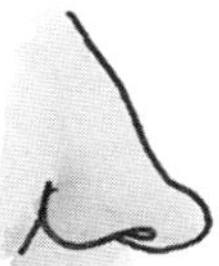

A: Na | se

__ /4 P

Du hast [ ] von 11 Punkten erreicht.

Name:

Datum:

1.

2.

3.

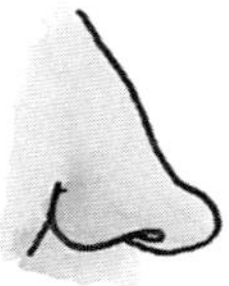

	Klasse: ____ Jahr: ____ Name	Aufgabe: Zu Gebärden schreiben 1	Bildwörter mit zwei Farben in Häuschen schreiben 2	Unbestimmter Artikel ein/eine passend zu Bildwörtern schreiben 3	Verben mit zwei Farben schreiben 4	Gesamtpunktzahl	
1.							
2.							
3.							
4.							
5.							
6.							
7.							
8.							
9.							
10.							
11.							
12.							
13.							
14.							
15.							
16.							
17.							
18.							
19.							
20.							
21.							
22.							
23.							
24.							
25.							
26.							
27.							
28.							
29.							
30.							
31.							
32.							
33.							
34.							
35.							
36.							
	Gesamtdurchschnitt						

Name: Datum:

1.

— P
3

2.

— P
4

3. ein oder eine

— P
3

4. Was alle tun :

— P
2

Du hast von 12 Punkten erreicht.

 Name: Datum:

1.

schi | mei | schun

3 P

2.

 A Lei ter

 B Sch i r me

 A Rei ter

 A Sch e re

4 P

3. ein oder eine

eine  ein  eine 

3 P

4. Was alle tun :

waschen | weinen

2 P

Du hast ☐ von 12 Punkten erreicht.

 Name: Datum:

1.

2.

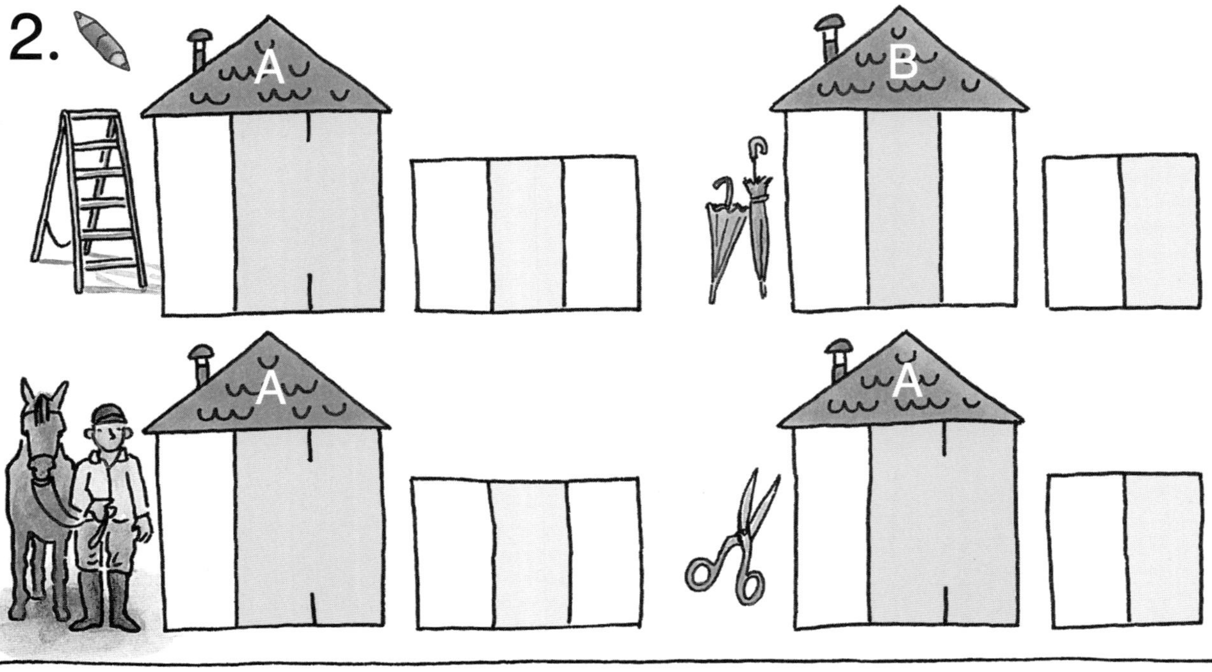

3. ein oder eine

4. Was alle tun :

	Klasse: ____ Jahr: ____ Name	Aufgabe Zu Gebärden schreiben 1	 Bildwörter mit zwei Farben in Häuschen schreiben 2	 Nomen mit zwei Farben schreiben 3	Gesamtpunktzahl	
1.						
2.						
3.						
4.						
5.						
6.						
7.						
8.						
9.						
10.						
11.						
12.						
13.						
14.						
15.						
16.						
17.						
18.						
19.						
20.						
21.						
22.						
23.						
24.						
25.						
26.						
27.						
28.						
29.						
30.						
31.						
32.						
33.						
34.						
35.						
36.						
	Gesamtdurchschnitt					

Lernstandserhebung 5
nach S. 44/45

Name: Datum:

1.

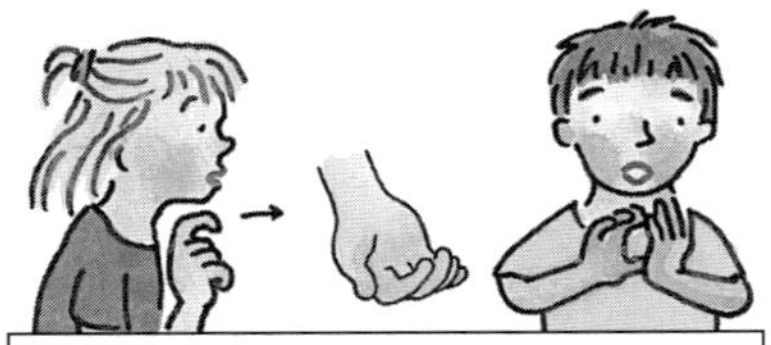
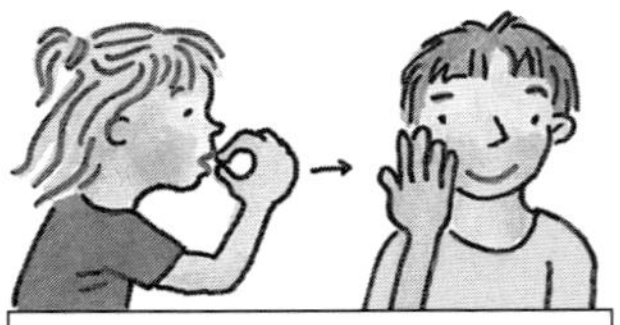

___ P
3

2.

___ P
4

3.

___ P
6

Du hast ___ von 13 Punkten erreicht.

Name: Datum:

1.

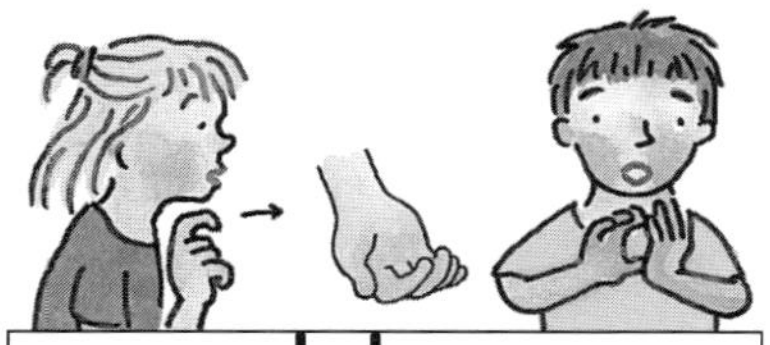

kla

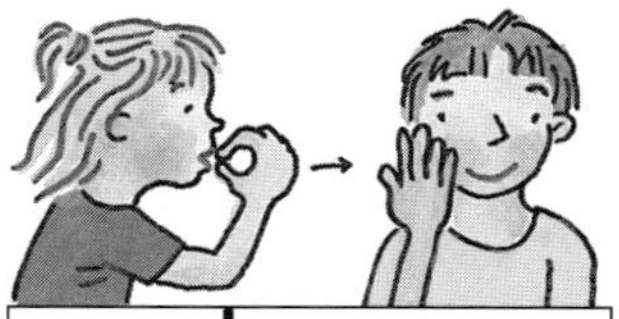

bei

aus

—— P
3

2.

A
D au | men

A
Bl u | me

A
Kl ei | der

A
Kr o | ne

—— P
4

3.

Reifen

Feder

Fische

Auto

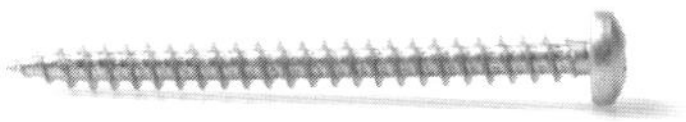

Schraube

Maus

—— P
6

Du hast [ ] von 13 Punkten erreicht.

Name:

Datum:

1.

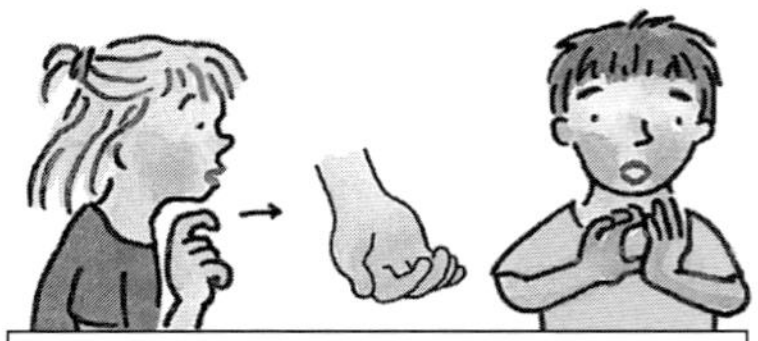

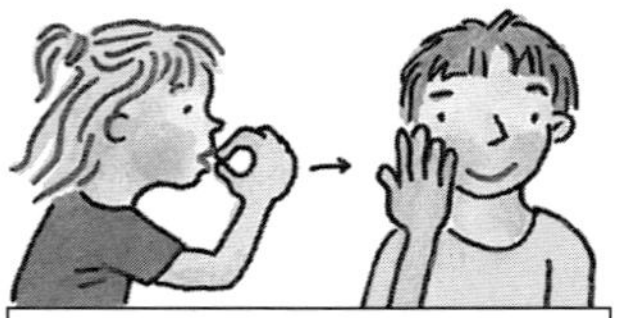

2.

3.

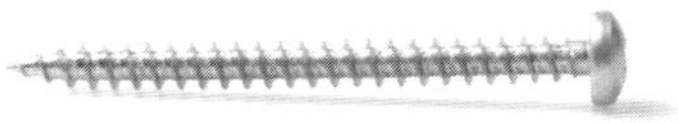

	Klasse: ______ Jahr: ______ Name	Aufgabe: Zu Gebärden schreiben 1	Bildwörter mit zwei Farben in Häuschen schreiben 2	Nomen mit zwei Farben schreiben 3	Gesamt-punktzahl	
1.						
2.						
3.						
4.						
5.						
6.						
7.						
8.						
9.						
10.						
11.						
12.						
13.						
14.						
15.						
16.						
17.						
18.						
19.						
20.						
21.						
22.						
23.						
24.						
25.						
26.						
27.						
28.						
29.						
30.						
31.						
32.						
33.						
34.						
35.						
36.						
	Gesamtdurchschnitt					

Lernstandserhebung 6
nach S. 50/51 Name: Datum:

1.

___ P
2

2.

___ P
4

3.

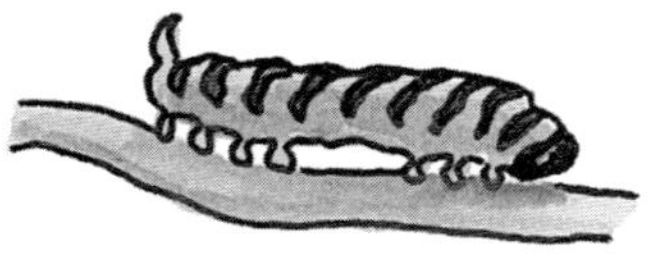

___ P
4

Du hast ______ von 10 Punkten erreicht.

Lernstandserhebung 6 – Lösung
nach S. 50/51 Name: Datum:

1.

Geist

Paula

— P / 2

2.

A

G ei ge

A

W ie se

A

Pf ei le

A

Pf ei fe

— P / 4

3.

Gabel

Karten

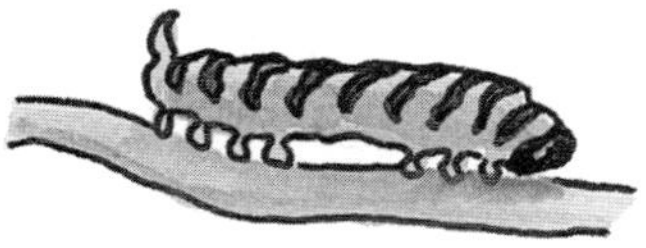

Raupe

Rabe

— P / 4

Du hast ☐ von 10 Punkten erreicht.

Lernstandserhebung 6
nach S. 50/51

Name: Datum:

1.

2.

3.

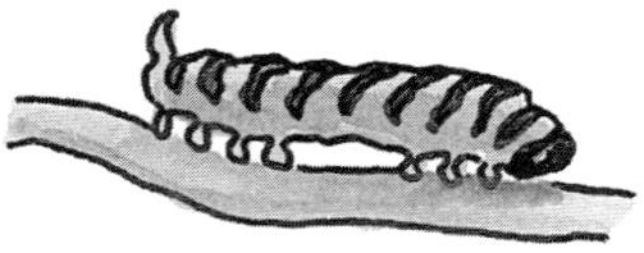

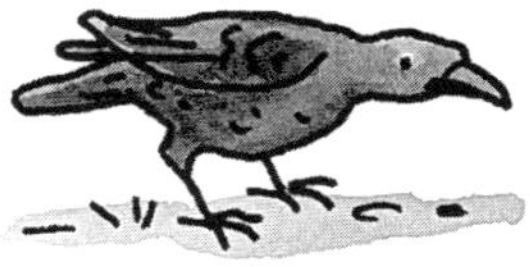

	Klasse: ______ Jahr: ______ Name	Aufgabe Zu Gebärden schreiben 1	Bildwörter mit zwei Farben in Häuschen schreiben 2	Plural: a → ä Nomen mit zwei Farben schreiben 3	St oder Sp? Nomen mit zwei Farben schreiben 4	Gesamt-punktzahl	
1.							
2.							
3.							
4.							
5.							
6.							
7.							
8.							
9.							
10.							
11.							
12.							
13.							
14.							
15.							
16.							
17.							
18.							
19.							
20.							
21.							
22.							
23.							
24.							
25.							
26.							
27.							
28.							
29.							
30.							
31.							
32.							
33.							
34.							
35.							
36.							
	Gesamtdurchschnitt						

 Name: Datum:

1.

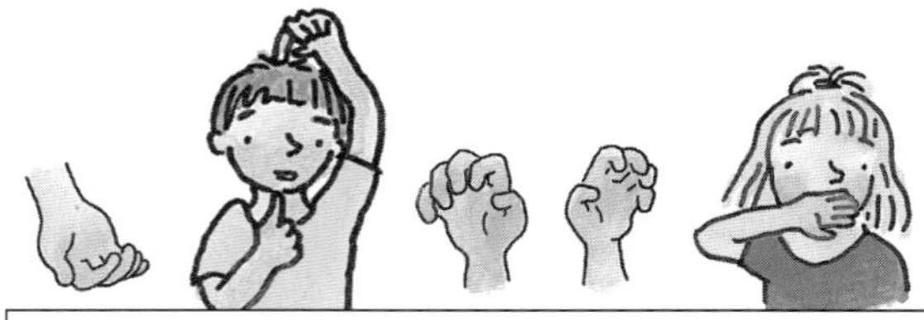

__ P
2

2.

__ P
2

3. Simsalabim, aus 1 mach 2.

__ P
4

4. St oder Sp?

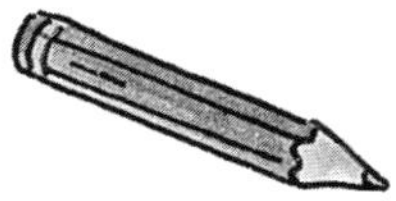

__ P
4

Du hast ____ von 12 Punkten erreicht.

Lernstandserhebung 7 – Lösung
nach S. 58/59

Name: Datum:

1.

Haus

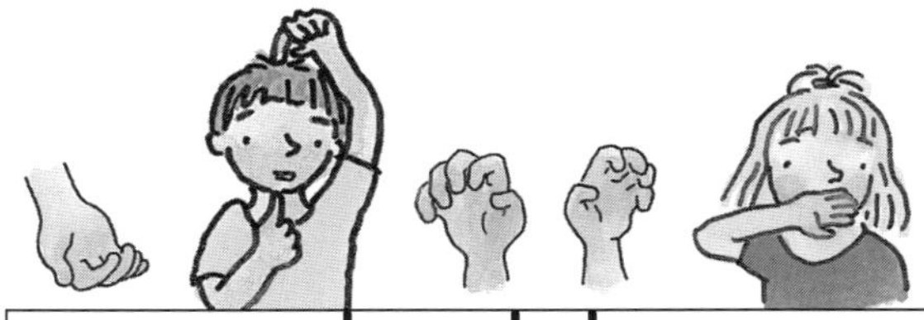

Licht

— P
2

2.

B

Hun de

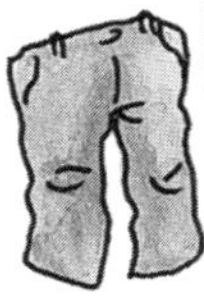

A

H o se

— P
2

3. Simsalabim, aus 1 mach 2.

Schwan

Schwäne

Glas

Gläser

— P
4

4. St oder Sp?

Stern

Storch

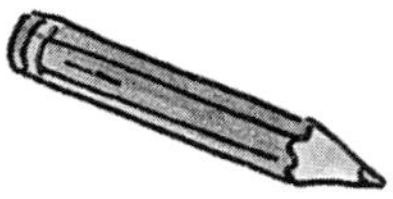

Stift

Spiegel

— P
4

Du hast ☐ von 12 Punkten erreicht.

 Name: Datum:

1.

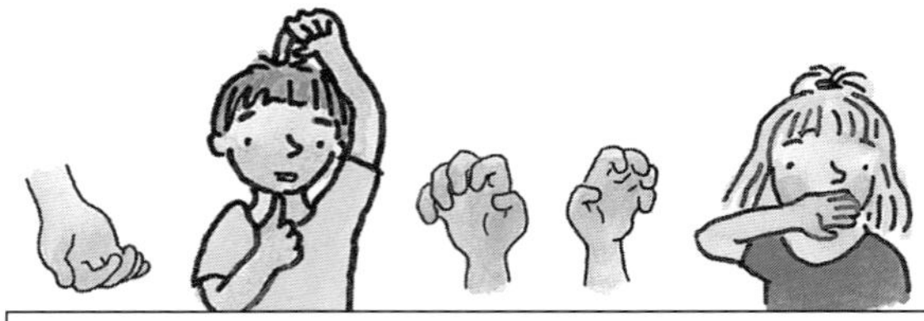

2.

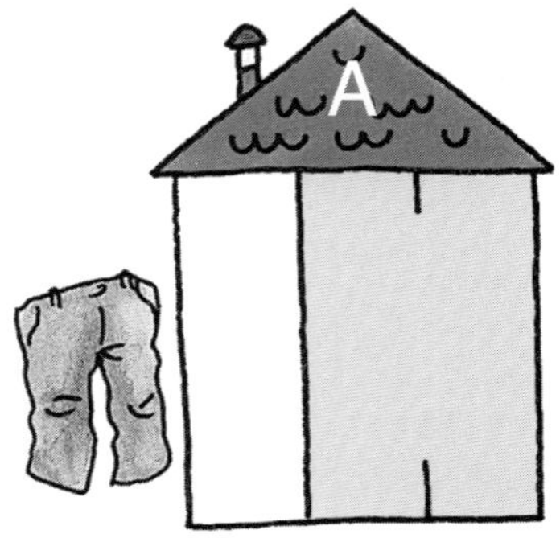

3. Simsalabim, aus 1 mach 2.

4. St oder Sp?

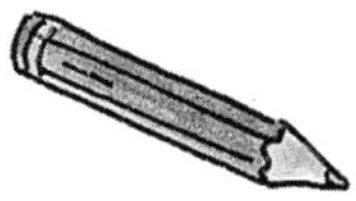

	Klasse: ____ Jahr: ____ Name	Aufgabe Zu Gebärden schreiben 1	Bildwörter mit zwei Farben in Häuschen schreiben 2	nk oder ng? Nomen mit zwei Farben schreiben 3	Nomen mit zwei Farben schreiben 4	Gesamtpunktzahl	
1.							
2.							
3.							
4.							
5.							
6.							
7.							
8.							
9.							
10.							
11.							
12.							
13.							
14.							
15.							
16.							
17.							
18.							
19.							
20.							
21.							
22.							
23.							
24.							
25.							
26.							
27.							
28.							
29.							
30.							
31.							
32.							
33.							
34.							
35.							
36.							
	Gesamtdurchschnitt						

  · Bestell-Nr. 1405-70

Lernstandserhebung 8
nach S. 66/67

Name: Datum:

1.

___ P / 2

2.

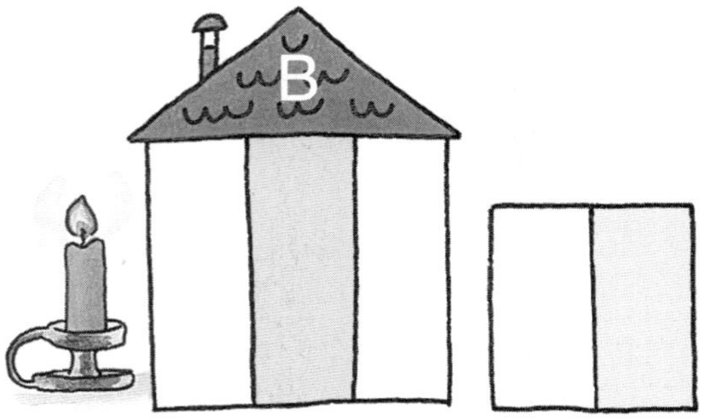

___ P / 2

3.

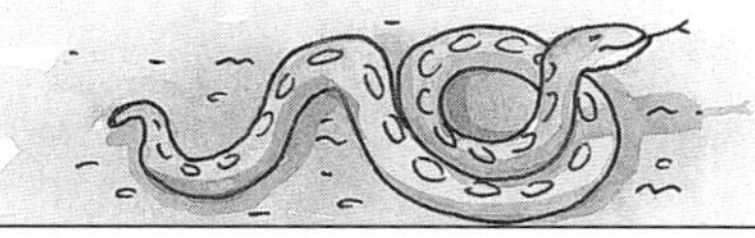

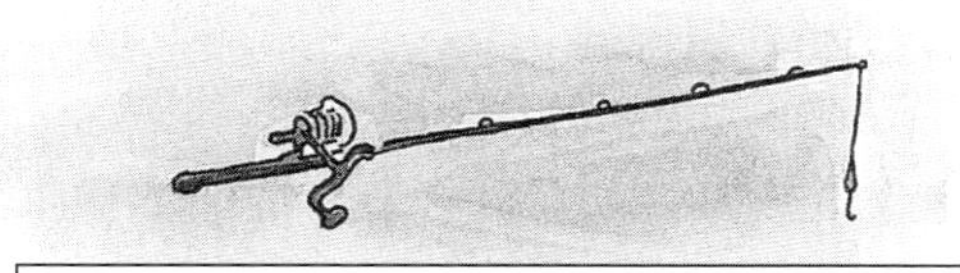

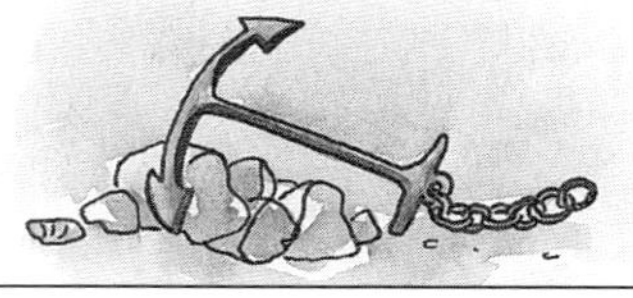

___ P / 4

4.

___ P / 6

Du hast ___ von 14 Punkten erreicht.

Lernstandserhebung 8 – Lösung
nach S. 66/67

Name: Datum:

1.

Zoo

Junge

— P / 2

2.

A

Z | ie | ge

B

K | er | ze

— P / 2

3.

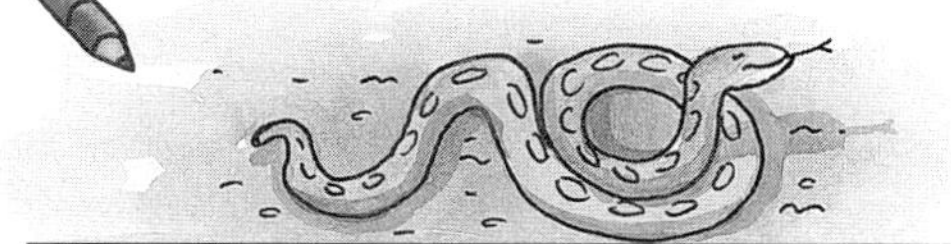

Schlange

Schranke

Angel

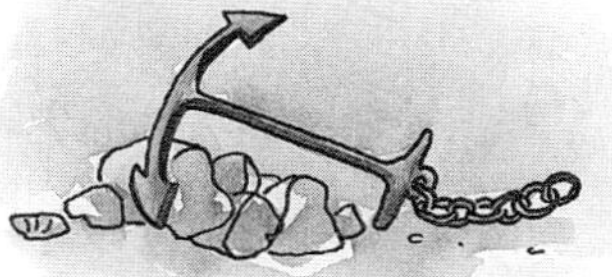

Anker

— P / 4

4.

Zitrone

Zebra

Pilze

Junge

Jaguar

Judo

— P / 6

Du hast von 14 Punkten erreicht.

Lernstandserhebung 8
nach S. 66/67

Name:

Datum:

1.

2.

3.

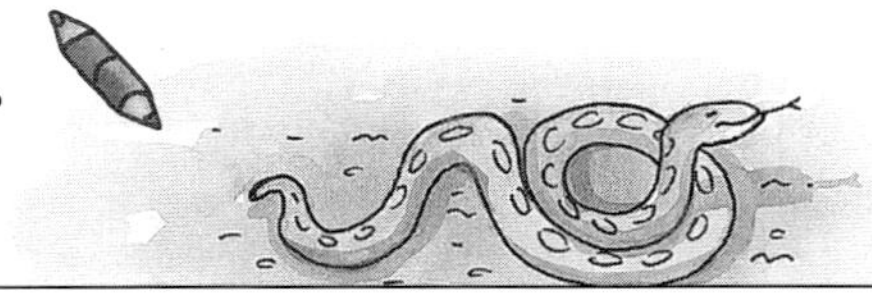

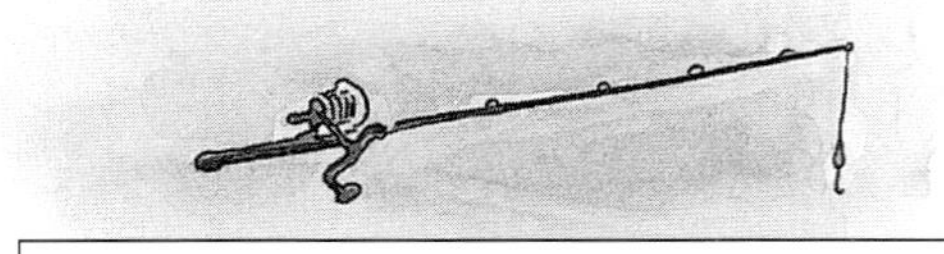

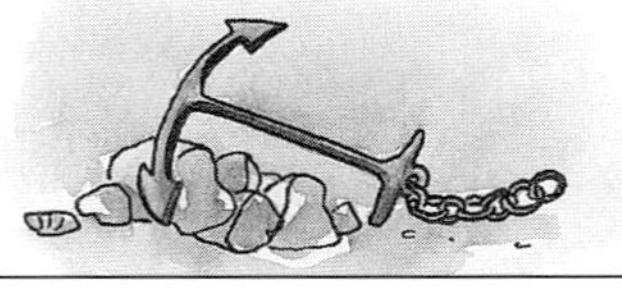

4.

	Klasse: ______ Jahr: ______ Name	Aufgabe: Zu Gebärden schreiben 1	Bildwörter mit zwei Farben in Häuschen schreiben 2	Verkleinerungsform: au ⇢ äu Nomen mit zwei Farben schreiben 3	Nomen mit zwei Farben schreiben 4	Gesamtpunktzahl	
1.							
2.							
3.							
4.							
5.							
6.							
7.							
8.							
9.							
10.							
11.							
12.							
13.							
14.							
15.							
16.							
17.							
18.							
19.							
20.							
21.							
22.							
23.							
24.							
25.							
26.							
27.							
28.							
29.							
30.							
31.							
32.							
33.							
34.							
35.							
36.							
	Gesamtdurchschnitt						

Name: Datum:

1.

___ P
2

2.

___ P
2

3. Simsalabim, aus groß mach klein.

___ P
4

4.

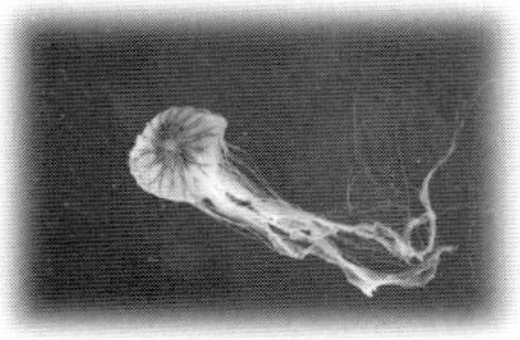

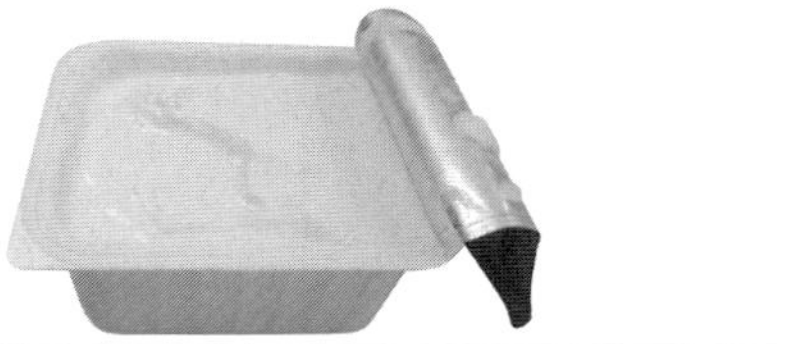

___ P
4

Du hast  von 12 Punkten erreicht.

Lernstandserhebung 9 – Lösung
nach S. 74/75

Name: Datum:

1.

Freund Eva

__ / 2 P

2.

A
Teufel

A
Vogel

__ / 2 P

3. Simsalabim, aus groß mach klein.

Haus

Häuschen

Baum

Bäumchen

__ / 4 P

4.

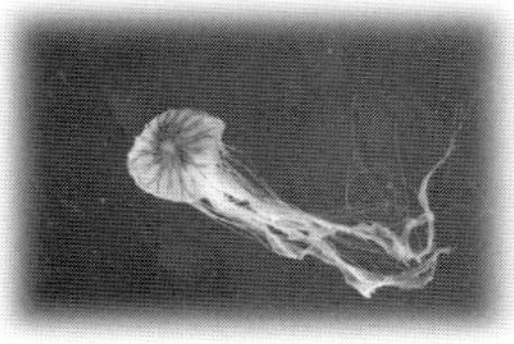

Qualle

Quark

Quartett

Aquarium

__ / 4 P

Du hast ☐ von 12 Punkten erreicht.

Lernstandserhebung 9
nach S. 74/75 Name: Datum:

1.

2.

3. Simsalabim, aus groß mach klein.

4.

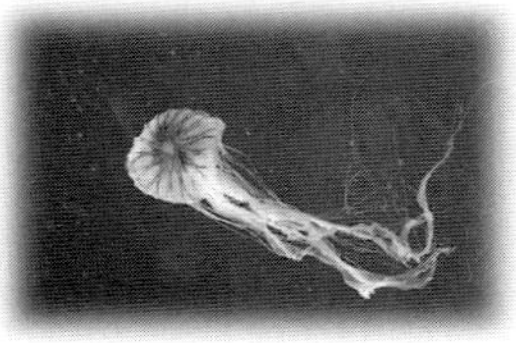

VII.
Ankerbilder und
Lautgebärden

Inhalt	zu Silbenfibel-seite	Kopiervorlage Nr.	Handbuch-seite
Schreibtabelle mit Ankerbildern		210	508
Lautgebärden			
Lautgebärde zu u	6/7	211	509
Lautgebärde zu m	6/7	212	510
Lautgebärde zu i	8/9	213	511
Lautgebärde zu o	10/11	214	512
Lautgebärde zu a	12/13	215	513
Lautgebärde zu e	14/15	216	514
Lautgebärde zu l	16/17	217	515
Lautgebärde zu t	20/21	218	516
Lautgebärde zu r	22/23	219	517
Lautgebärde zu s	24/25	220	518
Lautgebärde zu w	26/27	221	519
Lautgebärde zu d	28/29	222	520
Lautgebärde zu n	30/31	223	521
Lautgebärde zu sch	32/33	224	522
Lautgebärde zu ei	36/37	225	523
Lautgebärde zu k	38/39	226	524
Lautgebärde zu b	40/41	227	525
Lautgebärde zu f	42/43	228	526
Lautgebärde zu au	44/45	229	527
Lautgebärde zu g	46/47	230	528
Lautgebärde zu p	50/51	231	529
Lautgebärde zu h	52/53	232	530
Lautgebärde zu ch	54/55	233	531
Lautgebärde zu z	60/61	234	532
Lautgebärde zu ng	64/65	235	533
Lautgebärde zu j	66/67	236	534
Lautgebärde zu eu	68/69	237	535
Lautgebärde zu v	70/71	238	536
Lautgebärde zu qu	74/75	239	537
Lautgebärde zu y	76/77	240	538
Lautgebärde zu x	80/81	241	539

Eine Vorstellung der Gebärden, zum Teil mit Animation, finden Sie unter:
www.abc-der-tiere.de/gebaerden

ABC der Tiere – Schreibtabelle
A a Ameise Affe
E e Elefant Ente
I i Igel Iltis
O o Orang-Utan Otter
U u Uhu Unke
Ä ä Känguru
Au au Auerhahn
Ö ö Kröte
Ei ei Eichhörnchen
Ü ü Kühe
Eu eu Eule
M m Maus
L l Löwe
T t Tiger
R r Reh
S s Seepferdchen
W w Wal
D d Delfin
N n Nashorn
K k Kakadu
B b Bär
F f Fisch
G g Gans
P p Papagei
H h Hase
Z z Zebra
J j Jaguar
Sch sch Schildkröte
Pf pf Pfau
ch fauchen
ch Milch
St st Storch
Sp sp Specht
ng Schlange
nk Anker
V v Vogel
V v Vase
Qu qu Qualle
Y Yak
Pyramide
Y y Pony
C Clown
X x Boxer

u

Beide Hände bilden
den U-Schwung nach.

Assoziation:
oben offen

m

3 Finger auf die geschlossenen Lippen.

Assoziation:

3 Beinchen von m

i

Zeigefinger unter das Kinn –
Zeigefinger tippt auf den Kopf.

Assoziation:
Das i hat ein Pünktchen.

© Mildenberger Verlag · Bestell-Nr. 1405-70

o

Daumen und Zeigefinger
bilden einen Kreis.

Assoziation:
Das o ist rund.
O, der schöne Mond …

a

Beide Hände bilden ein a.
Rechte Hand ist der Balken.

Assoziation:
Schreibrichtung von
links nach rechts
Das a hat den Balken rechts.
(Lehrer spiegelbildlich)

e

Daumen und Zeigefinger
werden an die Mundwinkel
angelegt.

Assoziation:
Daumen-Zeigefinger-Spanne
greift den Querstrich des e ab.

© Mildenberger Verlag · Bestell-Nr. 1405-70

l

Handfläche und Finger
sind nach oben gekrümmt.

Assoziation:
Zungenstellung
wird nachgeahmt.

t

Handrücken gegen
den Mund halten.

Assoziation:
Luftstoß wird wahrgenommen;
Unterarm bildet den
Querstrich nach.

r

Zeigefinger kreisen
vor Kehle umeinander.

Assoziation:
Da rrrrrollt es.

© Mildenberger Verlag · Bestell-Nr. 1405-70

S

Zeigefinger bewegt sich
s-förmig vom Mund fort.

Assoziation:
züngelnde Schlange;
S-Kurve

W

Flache Hand an die Unterlippe legen.

Assoziation:
Wind bläst über die Kante.

d

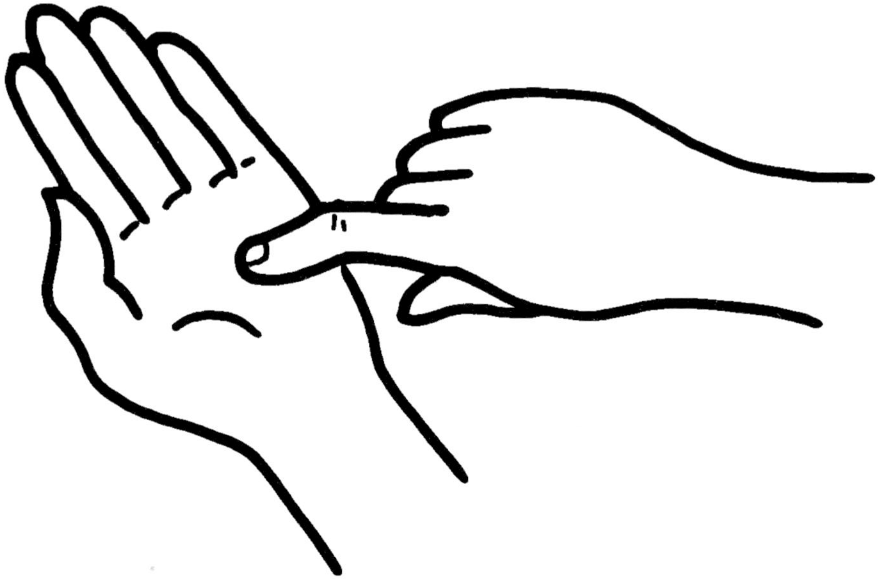

Zeigefinger tippt leicht
in den Handteller.

Assoziation:
Zunge drückt leicht
gegen den Gaumen.

n

2 Finger an die Nase.

Assoziation:

Nashorn;

2 Beinchen von n.

© Mildenberger Verlag · Bestell-Nr. 1405-70

sch

Beide Fäuste drücken
auf die Wangen.

Assoziation:
Luft wird kräftig
herausgestoßen.

ei

Streichelbewegung
an der Wange.

Assoziation:
Ein Baby streicheln:
„ei – ei!“

© Mildenberger Verlag · Bestell-Nr. 1405-70

k

Faust mit abgewinkeltem Zeigefinger.

Assoziation:
Wir klopfen an.

© Mildenberger Verlag · Bestell-Nr. 1405-70

b

Finger und Daumen
berühren sich vor den
geschlossenen Lippen.
Beim Sprechen bewegen sie
sich leicht vom Mund weg.

f

Zeigefinger wird gegen
die Unterlippe gedrückt.

Assoziation:
Das f wird über den
Finger gepustet.

au

Eine Hand umschließt den Daumen der anderen Hand.

Assoziation:

„Au, mein Daumen!“

© Mildenberger Verlag · Bestell-Nr. 1405-70

g

Daumen und Zeigefinger
werden geschlossen
an den Kehlkopf gelegt.

Assoziation:
Hier entsteht das g;
Hand bildet den „Kopf“ des g.

p

Daumen und Zeigefinger
werden geschlossen an
die Lippen gelegt und öffnen
sich explosiv nach vorne.

Assoziation:
Das p platzt auf!

© Mildenberger Verlag · Bestell-Nr. 1405-70

h

Innere Handfläche
wird angehaucht.

Assoziation:
h wie hauchen.

© Mildenberger Verlag · Bestell-Nr. 1405-70

ch

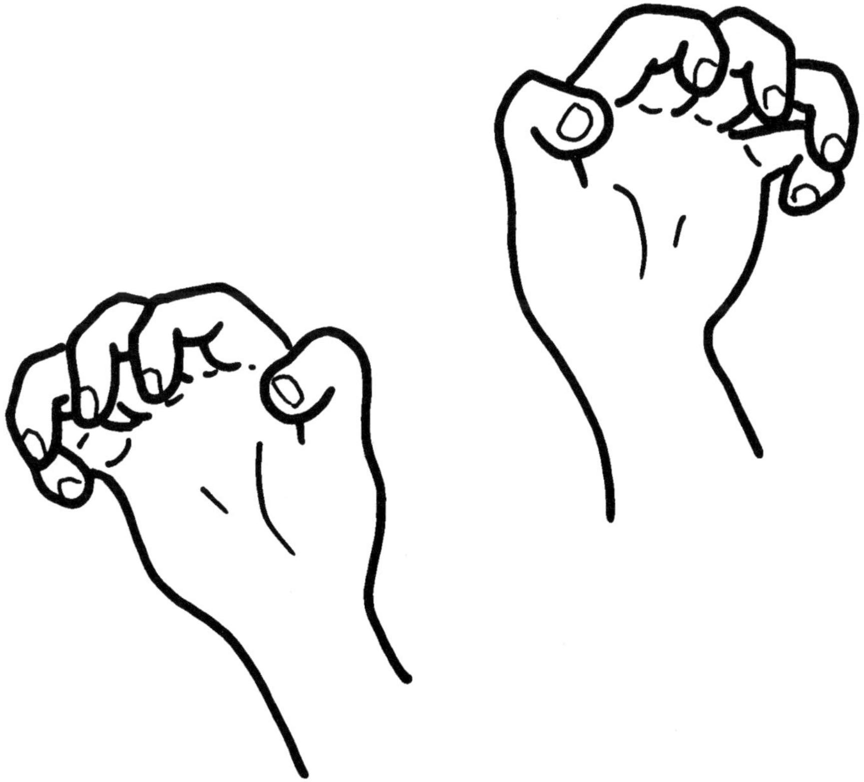

Hand wird zur Katzenkralle
gekrümmt.
Assoziation:
ch fauchen die Katzen.

© Mildenberger Verlag · Bestell-Nr. 1405-70

Z

Zeigefinger zeichnet eine
Zickzack-Bewegung.

Assoziation:
Blitze zucken!

© Mildenberger Verlag · Bestell-Nr. 1405-70

ng

Daumen und Zeigefinger
drücken gegen die Nasenflügel.
Assoziation:
So entsteht der Nasallaut.

© Mildenberger Verlag · Bestell-Nr. 1405-70

j

Arm über den Kopf strecken
und Hand abwinkeln.

Assoziation:
großer Junge

eu

Hände wie ein Fernglas
vor den Augen.
Assoziation:
So schaut die Eule.

© Mildenberger Verlag · Bestell-Nr. 1405-70

v

Finger bilden ein v
vor dem Mund.

Assoziation:
v wie Vogel

© Mildenberger Verlag · Bestell-Nr. 1405-70

qu

Beide Hände bilden das Quakmaul mit den Schallblasen (wie bei u, aber mit gekrümmten Fingern).

Assoziation:
So quaken Frösche.

© Mildenberger Verlag · Bestell-Nr. 1405-70

y

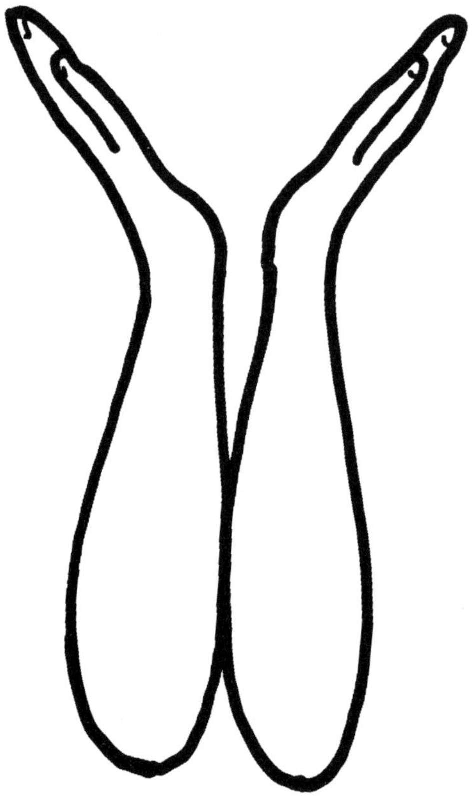

Beide Unterarme und die
Hände bilden das y nach.

© Mildenberger Verlag · Bestell-Nr. 1405-70

x

Übereinander gekreuzte
Zeigefinger bilden ein x.

Assoziation:
Hexenkreuz.

© Mildenberger Verlag · Bestell-Nr. 1405-70

VIII.
Lösungen zum
Arbeitsheft

1.

2.

mi	Mu	mi	mu
mu	mi	Mi	mu

- 1. Klassengespräch zu Silbenkärtchen; Silbenkärtchen in Partnerarbeit zuordnen
- 2. Alle **Mi/mi**-Rahmen gelb, alle **Mu/mu**-Rahmen grün ausmalen

1.

mi

2. – – mi

3. – – mu

4. – i –

- 1. Im Klassengespräch Aufgabe einführen. Bildwörter von Aufgabe 2 und 3 klären, synchron sprechen und klatschen: Mikado, Salami, Mimi, Emu, Mumie, Musik.
- 2. In Einzelarbeit Bildwörter synchron sprechen und klatschen, auf **Mi/mi** abhören und ankreuzen
- 3. In Einzelarbeit Bildwörter synchron sprechen und klatschen, auf **Mu/mu** abhören und ankreuzen
- 4. In Einzelarbeit Bildwörter auf Klinger **i** abhören und ankreuzen: Mimi, Salami

Mimi

zu S. 6 – 9

1.

2. –

mu | u | mu

u | mi | i

- 1. Einführung der Gebärden **mu – u – mi – i**
- 2. Gesprächsanlass: Nachspuren (siehe Seite 3, Symbole)
  Zu den Gebärden schreiben: mu, u, mu, u, mi, i

Mimi

zu S. 6 – 9

1. – mu u mi i

2. – –

3. –

mu | mi | mu | mi | mu

- 1. Mini-Silbenschieber in Partnerarbeit einstellen: **mu – u – mi – i**
- 2. Hören – einstellen – schreiben: **mi – mu – u**
- 3. Silbenlauf durchführen und aufschreiben

Momo

zu S. 10, 11

1.

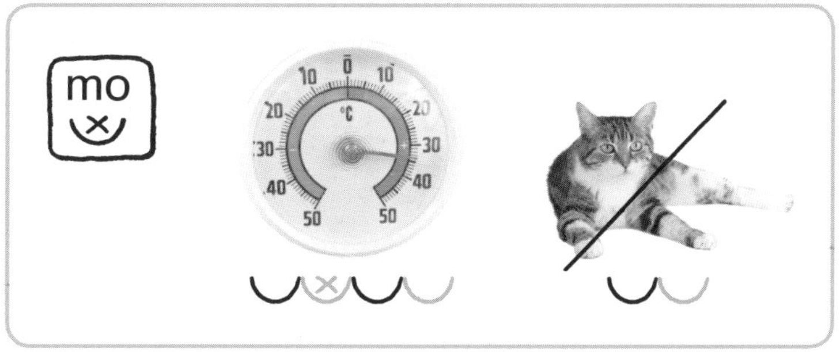

2.

3.

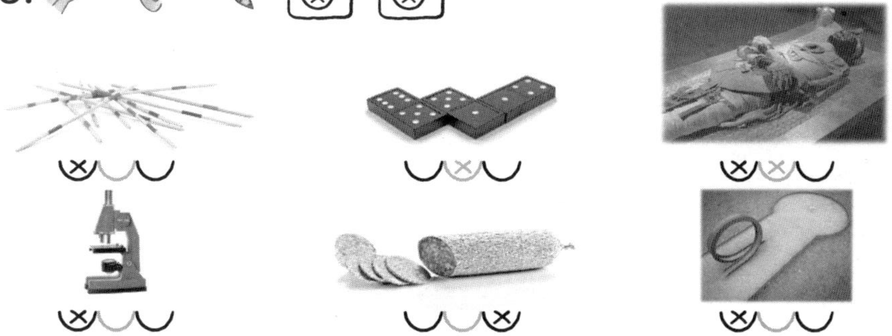

- 1. Im Klassengespräch Aufgabe einführen. Bildwörter von Aufgabe 2 und 3 klären, synchron sprechen und klatschen: Thermometer, Motorrad, Limo, Lokomotive, Mimi, Mobile, Mikado, Domino, Mumie, Mikroskop, Salami, Minigolf
- 2. In Einzelarbeit Bildwörter synchron sprechen und klatschen, auf **Mo/mo** abhören und ankreuzen bzw. nicht zutreffendes Bild streichen
- 3. In Einzelarbeit Bildwörter synchron sprechen und klatschen, auf **Mu/mu** bzw. **Mi/mi** abhören und ankreuzen

8

Momo

zu S. 10, 11

1.

2.

3.

4. – o –

- 1. Einführung der Gebärden **mo – o**
- 2. Zu den Gebärden schreiben: mo, o, mi, mu
- 3. Mit der passenden Anfangssilbe verbinden: Muschel, Mimi, Musik, Motorrad, Mikroskop, Mobile
- 4. In Einzelarbeit Bildwörter auf Klinger **o** abhören und ankreuzen: Momo, Limo

9

Momo

zu S. 10, 11

1.

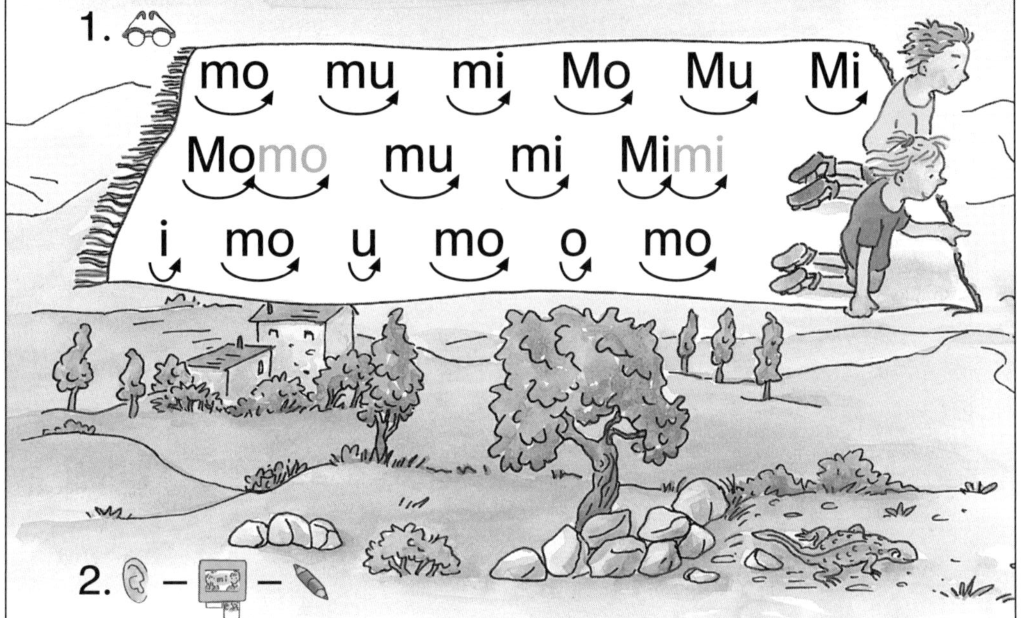

2. – –

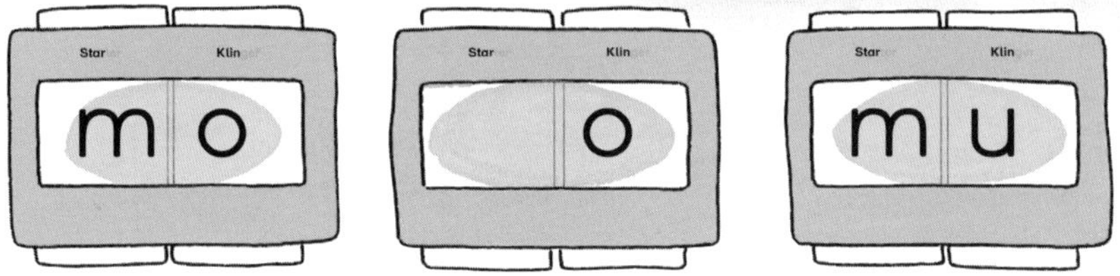

3. –

mo	mi	mu	mo	mi

- 1. Lesen und gleichzeitig den Finger der Schreibhand in Bögen unter den Silben mitführen
- 2. Hören – einstellen – schreiben: **mo – o – mu**
- 3. Silbenlauf durchführen und aufschreiben

Momo

zu S. 10, 11

1.

2.

Momo

Mimi

Mimi

Mio

Mio

Momo

- 1. Gesprächsanlass: Die Geschichte „Momo" von Michael Ende
- 2. Silben abstreichen und Namen in zwei Farben schreiben: 2 x Momo, 2 x Mimi, 2 x Mio

Mama

1.

2. – – ma

3. – – mo mu

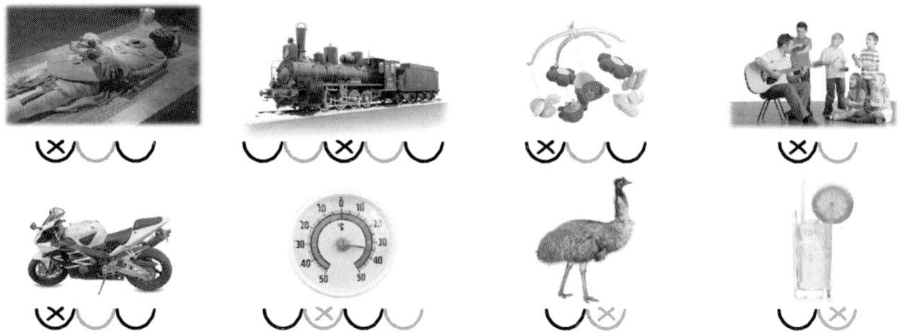

•• 1. Im Klassengespräch die Bildwörter von Aufgabe 2 und 3 klären, synchron sprechen und klatschen:
Maler, Tomate, Oma, Motorrad, Mama, Mimi, Waschmaschine, Lama, Mumie, Lokomotive, Mobile, Musik, Motorrad, Thermometer, Emu, Limo
•• 2. In Einzelarbeit Bildwörter synchron sprechen und klatschen, auf **Ma/ma** abhören, ankreuzen oder streichen
•• 3. In Einzelarbeit Bildwörter synchron sprechen und klatschen, auf **Mo/mo** bzw. **Mu/mu** abhören und ankreuzen

Mama

1.

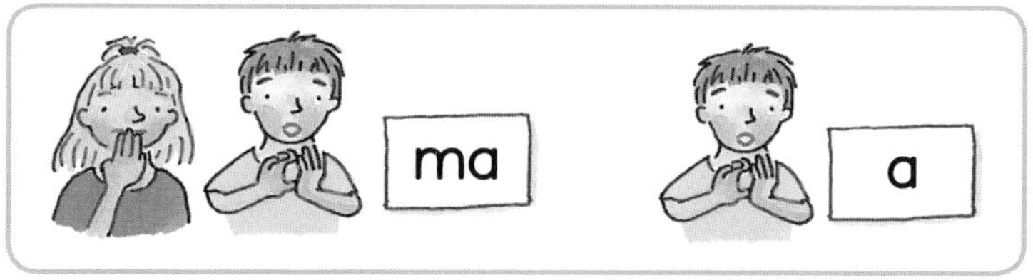

2.

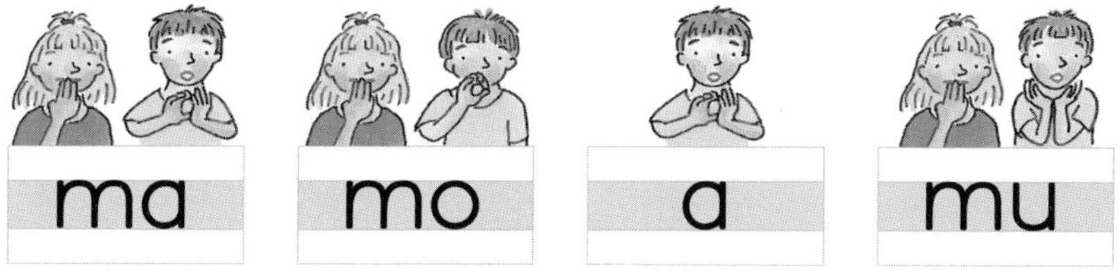

3.

4. – a –

5.

• 1. Einführung der Gebärden **ma** – **a**
• 2. Zu den Gebärden schreiben: ma, mo, a, mu
• 3. Mit der passenden Anfangssilbe verbinden: Mobile, Maler, Mama, Mikado, Motorrad, Mikrofon
•• 4. In Einzelarbeit Bildwörter auf Klinger **a** abhören und ankreuzen: Mama, Lama
•• 5. Mit der Schreibtabelle lautgetreue Wörter schreiben: Lama ••• Weitere Wörter mithilfe der Schreibtabelle ins Heft schreiben

1.

mo mo ma mo mu

Ma mo Mu ma Mo

i ma u ma o ma

Oma Mama Omi

2.

ma	mi	mo	mu	ma

3.

Mama	Mia	Oma

Omi

- 1. Lesen und gleichzeitig den Finger der Schreibhand in Bögen unter den Silben mitführen
- 2. Silbenlauf durchführen und aufschreiben
- 3. Namen mit zwei Farben schreiben: Mama, Mia, Oma bzw. Omi

1. Ma ma am

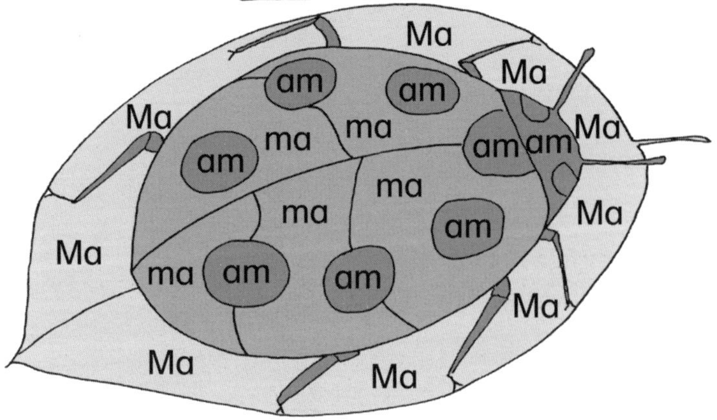

2.

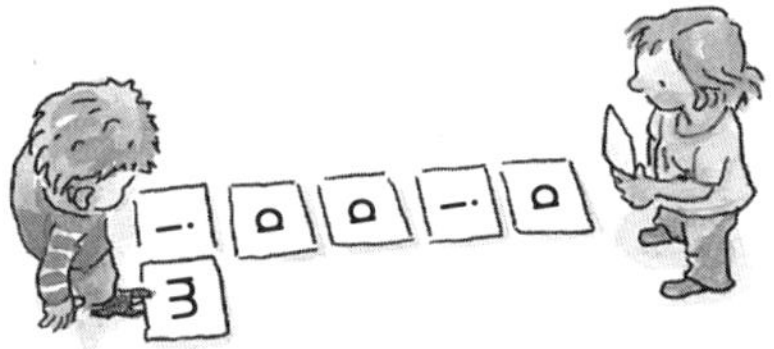

im	am	am	im	am

3.

 im ~~mi~~ 

Oma am ~~ma~~ 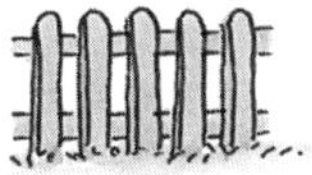

 ~~mi~~ im 

Mama ~~ma~~ am 

- 1. Ausmalbild: Unterscheiden von **Ma** – **ma** – **am**
- 2. Silbenlauf durchführen und aufschreiben
- 3. Unzutreffendes Wort streichen

Memo

zu S. 14, 15

1.

2.

3.

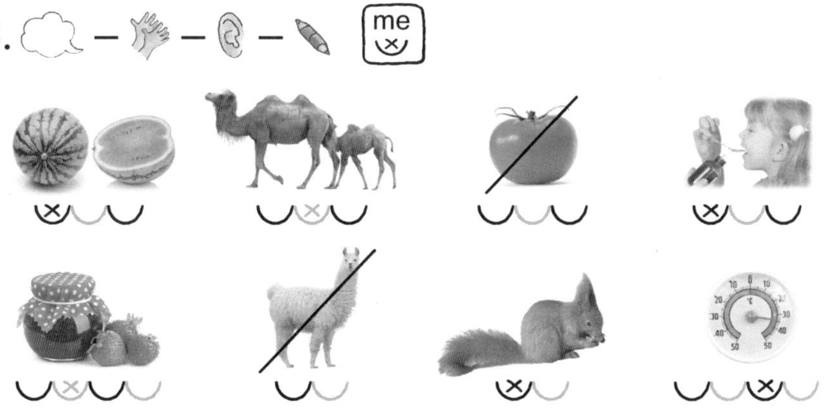

4. – e –

- • 1. Einführung der Gebärden **e** – **me**
- • 2. Zu den Gebärden schreiben: e, a, me, ma
- •• 3. Im Klassengespräch die Bildwörter klären. In Einzelarbeit synchron sprechen und klatschen, auf **me** abhören und im passenden Silbenbogen ankreuzen bzw. nicht zutreffendes Bild streichen: Melone, Kamele, Tomate, Medizin, Marmelade, Lama, Memo, Thermometer
- •• 4. In Einzelarbeit Bildwörter auf Klinger **e** abhören und ankreuzen: Memo, Melone

Memo

zu S. 14, 15

1.

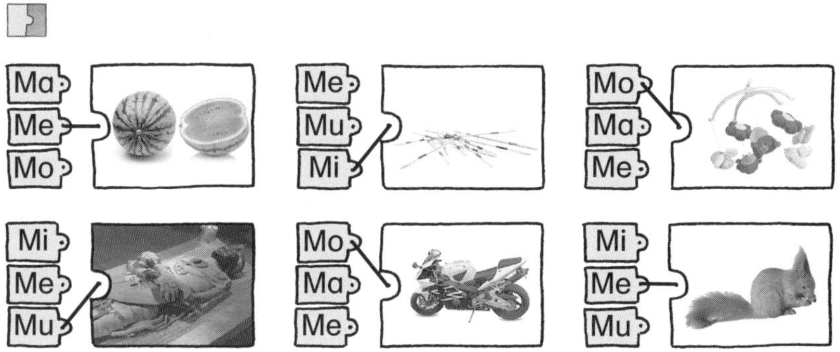

2.

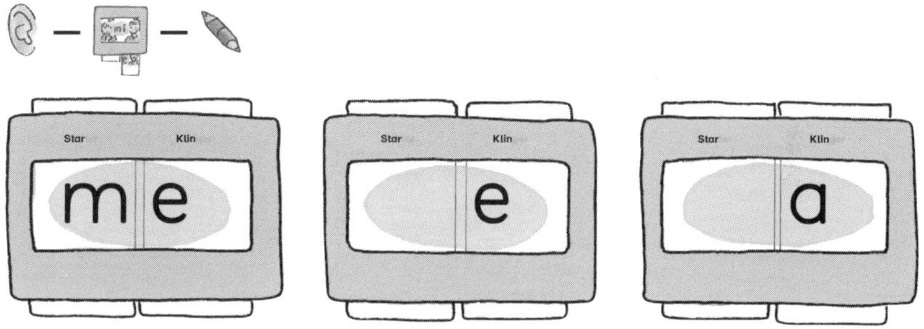

3.

- • 1. Mit der passenden Anfangssilbe verbinden: Melone, Mikado, Mobile, Mumie, Motorrad, Memo
- • 2. Hören, einstellen und schreiben: **me – e – a**
- •• 3. Namen mit derselben Farbe wie die Bilderrahmen ausmalen

1.

a ma e me i mi a

o mo u mu i mi o

Oma Omi Mia e

Memo Mimi Mio u

2. Ich kann den Leseteppich flüssig lesen. Du sprichst die Silben deutlich.

3.

Memo Mia Mio

Mimi Mama Momo

• 1. Lesen und gleichzeitig den Finger der Schreibhand in Bögen unter den Silben mitführen
•• 2. Über Lernen sprechen: Lesen mit dem Leseteppich
•• 3. Namen mit zwei Farben schreiben: Memo, Mia, Mio, Mimi, Mama, Momo

1. ⊗

⊗ Mimi ist am .

◯ Memo ist am .

◯ Memo ist im .

◯ Oma ist im .

⊗ Mama ist am .

◯ Mama ist am .

2. im am mi ma

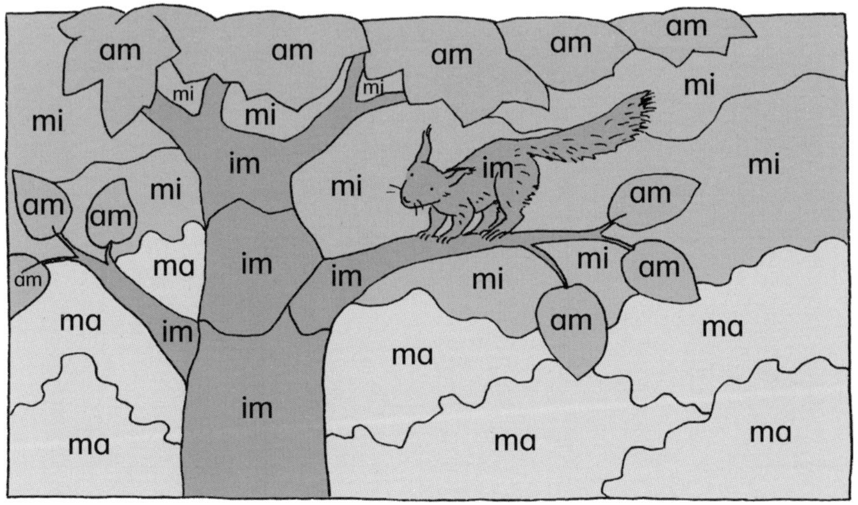

••• 1. Zutreffenden Satz ankreuzen
•• 2. Ausmalbild: Unterscheiden von **mi – im**, **ma – am**

La*ma* — zu S. 16, 17

1.

la

2.

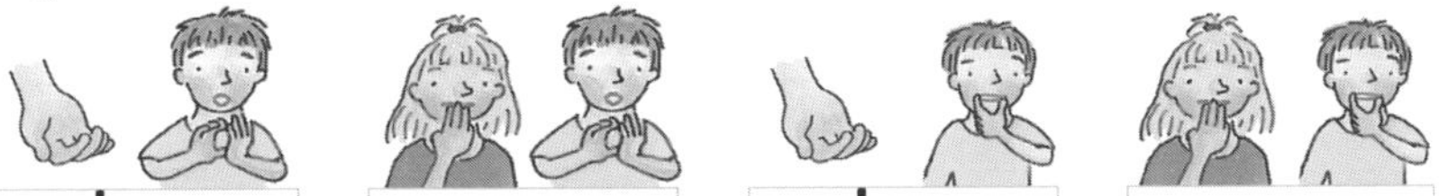

la | ma | le | me

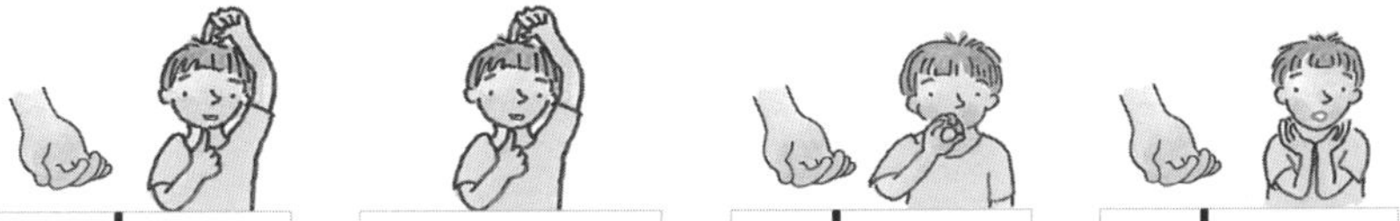

li | i | lo | lu

3.

- 1. Einführung der Gebärden **la – le – li – lo – lu**
- 2. Zu den Gebärden schreiben: la, ma, le, me, li, i, lo, lu
- 3. Mit der passenden Anfangssilbe verbinden: Lama, Limo, Labyrinth, Leopard, Laterne, Lineal

La*ma* — zu S. 16, 17

1.

La

2. – – La, la | Le, le | Li, li | Lo, lo | Lu, lu

La | La | La

Li | Li | lo

3. – L –

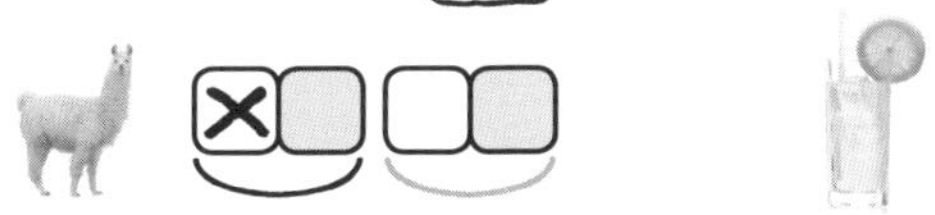

4.

Lupe

- 1. Im Klassengespräch Aufgabe einführen. Bildwörter von Aufgabe 2 klären, synchron sprechen und klatschen: Lama, Laterne, Labyrinth, Limo, Libelle, Melone
- •• 2. In Einzelarbeit Bildwörter synchron sprechen und klatschen, auf **La/la, Le/le, Li/li, Lo/lo, Lu/lu** abhören und schreiben
- •• 3. In Einzelarbeit Bildwörter auf Starter **L** abhören und ankreuzen: Lama, Limo
- ••• 4. Mit der Schreibtabelle lautgetreue Wörter schreiben: Lupe ••• Weitere Wörter mithilfe der Schreibtabelle ins Heft schreiben

Lama zu S. 16, 17

1.

a ma la e me le

i mi li o mo lo

u mu lu a me li

mi im i ma am a

2.

la | le | li | lo | lu

3.

Limo | Lama | Lilo

- 1. Lesen und gleichzeitig den Finger der Schreibhand in Bögen unter den Silben mitführen
- 2. Silbenlauf durchführen und aufschreiben
- 3. Namen mit zwei Farben schreiben: Limo, Lama, Lilo

Lama zu S. 16, 17

1.

① Papa ist am  .

② Papa ist am  .

③ Papa ist am  .

④ Papa ist am  .

⑤ Papa ist am  .

⑥ Papa ist am 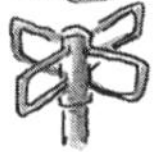 .

- 1. Sätze lesen, Weg einzeichnen und nummerieren

A, E, I, O, U

zu S. 18, 19

1.

a	ma	la	E	Me	Le
i	mi	li	O	Mo	Lo
u	mu	lu	A	Ma	La
im	ma	Lu	am	mi	

2.

individuelle Lösung

Du hast einen tollen Leseteppich gemacht.

Den hängen wir auf.

- 1. Lesen und gleichzeitig den Finger der Schreibhand in Bögen unter den Silben mitführen
- 2. Ich: In Einzelarbeit einen Leseteppich erstellen.
  Du: In Partnerarbeit lesen und kontrollieren.
  Wir: In der Gruppe/Klasse einen Leseteppich auswählen, auf ein Schmuckblatt schreiben und aufhängen.

A, E, I, O, U

zu S. 18, 19

1.

2. – – – A E I O U

E I O-U A

E A O U

3.

Ufo

- 1. Im Klassengespräch die Vokale in Großbuchstaben einführen, alle Tiernamen klären, synchron sprechen und klatschen: Ameise, Elefant, Igel, Orang-Utan, Uhu
- 2. Im Klassengespräch die weiteren Bildwörter klären: Esel, Aquarium, Oma
  In Einzelarbeit Bildwörter synchron sprechen und klatschen, auf **A, E, I, O, U** abhören und schreiben
- 3. Mit der Schreibtabelle lautgetreue Wörter schreiben: oɟՈ ••• Weitere Wörter mithilfe der Schreibtabelle ins Heft schreiben

1. ⊗

◯ Mia und Mio sind am .

◯ Mia und Memo sind am .

⊗ Mia und Mama sind am .

⊗ Mio und Mimi sind am .

2.

Oma | Mio | Mia

Lilo | Memo | Lama

••• 1. Zutreffenden Satz ankreuzen
•• 2. Namen mit zwei Farben schreiben: Oma, Mio, Mia, Lilo, Memo, Lama

1.

Mio und Mia ~~ist~~ sind im .

Mio ist ~~sind~~ im .

2.

Mia ist ~~sind~~ am .

Mia und Mama ~~ist~~ sind am .

Mio und Mimi ~~ist~~ sind am .

Mio ist ~~sind~~ am .

3.

Igel

••• 1. Im Klassengespräch anhand des Beispiels den Unterschied zwischen **ist** und **sind** klären
••• 2. Unzutreffendes Wort durchstreichen
••• 3. Mit der Schreibtabelle lautgetreue Wörter schreiben: Igel ••• Weitere Wörter mithilfe der Schreibtabelle ins Heft schreiben

Tila und Toto

zu S. 20, 21

1.

ta

2.

ta | ti | tu | to

la | te | mu | e

3.

Ti · Mi · **Te**

La · **Ti** · Te

Ta · Tu · La

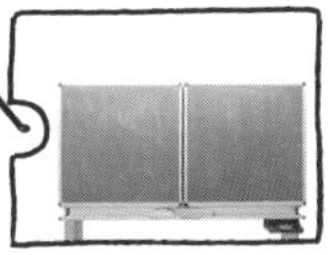

Te · Ti · **Li**

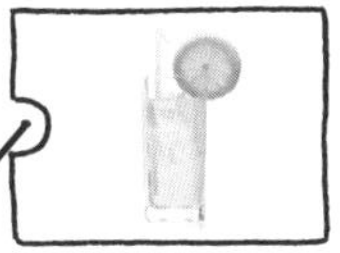

Tu · Mu · To

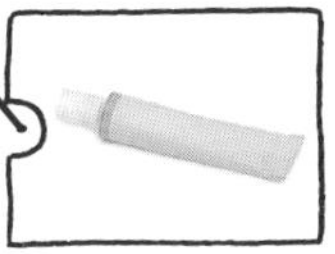

To · Ma · **Ta**

- 1. Einführung der Gebärden **ta – te – ti – to – tu**
- 2. Zu den Gebärden schreiben: ta, ti, tu, to, la, te, mu, e
- 3. Mit der passenden Anfangssilbe verbinden: Telefon, Tiger, Tafel, Limo, Tube, Taxi

28

Tila und Toto

zu S. 20, 21

1.

Ti

2. Ta, ta | Te, te | Ti, ti | To, to | Tu, tu

Ti

To te

Ta

Ti

Ta

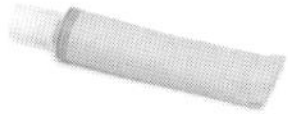

Tu

3. – Tt –

☒☐ ☐☐

☒☐ ☒☐

4.

Tipi

- 1. Im Klassengespräch Aufgabe einführen. Bildwörter von Aufgabe 2 klären, synchron sprechen und klatschen: Tiger, Tomate, Tafel, Tische, Taxi, Tube
- •• 2. In Einzelarbeit Bildwörter synchron sprechen und klatschen, auf **Ta/ta, Te/te, Ti/ti, To/to, Tu/tu** abhören und schreiben
- •• 3. In Einzelarbeit Bildwörter auf Starter **T, t** abhören und ankreuzen: Tilo, Toto
- ••• 4. Mit der Schreibtabelle lautgetreue Wörter schreiben: Tipi ••• Weitere Wörter mithilfe der Schreibtabelle ins Heft schreiben

29

Tila und Toto — zu S. 20, 21

1.

La te me te lu te

Ta le Te le Ti le

Mi tu Lo tu Ma tu

A te E tu I ta O

2.

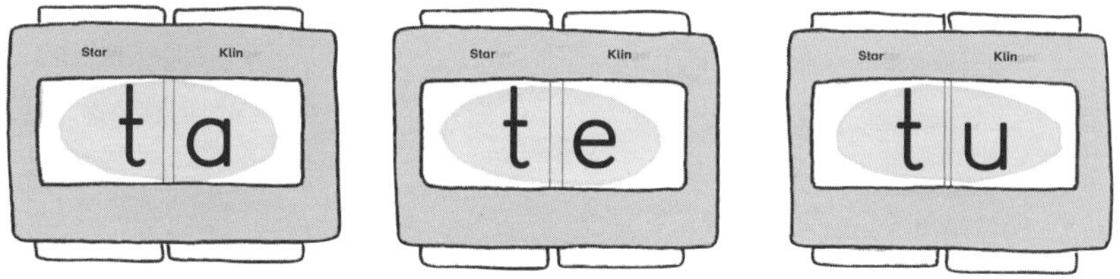

3.

Tila | Timo | Toto

- 1. Lesen und gleichzeitig den Finger der Schreibhand in Bögen unter den Silben mitführen
- 2. Hören, einstellen und schreiben: **ta – te – tu**
- 3. Namen mit zwei Farben schreiben: Tila, Timo, Toto

30

Tila und Toto — zu S. 20, 21

1.

○ Lilo ist am Tisch.

⊗ Timo ist am Tisch.

○ Papa ist am Tisch.

○ Timo malt Tila.

⊗ Lili malt Tila.

○ Lili malt Toto.

2.

Male Tila im ___.

Male Toto am ___.

Male Oma am ___.

- 1. Zutreffenden Satz ankreuzen
- 2. Nach Anweisung malen

31

Ria ruft ia — zu S. 22, 23

1.

ra

2.

re | ro | ri | ru

mu | ra | ti | le

3.

- 1. Einführung der Gebärden **ra – re – ri – ro – ru**
- 2. Zu den Gebärden schreiben: re, ro, ri, ru, mu, ra, ti, le
- 3. Wörter beginnen mit ..., nicht zutreffendes Bild streichen: Roboter, Regen, Rose, Rosinen; Regen, Rehe, Regal, Radiergummi; Rose, Rabe, Radio, Radieschen

32

Ria ruft ia — zu S. 22, 23

1.

Ra

2. – – Ra Re Ri Ro Ru

Ra

Ra

Ro

Re

Ra

Ro

3. – R –

4.

Radio

- 1. Im Klassengespräch Aufgabe einführen. Bildwörter von Aufgabe 2 klären, synchron sprechen und klatschen: Rabe, Raketen, Roboter, Regal, Radieschen, Rose
- •• 2. In Einzelarbeit Bildwörter synchron sprechen und klatschen, auf **Ra, Re, Ri, Ro, Ru** abhören und schreiben
- •• 3. In Einzelarbeit Bildwörter auf Starter **R** abhören und ankreuzen: Rose, Rabe
- ••• 4. Mit der Schreibtabelle lautgetreue Wörter schreiben: Radio ••• Weitere Wörter mithilfe der Schreibtabelle ins Heft schreiben

33

Ria ruft ia

1.

Ra re Ri ro Ru ra

Ta re Mi lo ru me

La ri To Li Re Mu

Ma ri Lo ri Ro mi

2.

ra | ri | ru | ro | re

3.

Mimi | Ria

Tila | Memo | Lama

• 1. Lesen und gleichzeitig den Finger der Schreibhand in Bögen unter den Silben mitführen
• 2. Silbenlauf durchführen und aufschreiben
•• 3. Passenden Tiernamen mit zwei Farben schreiben: Mimi, Memo, Ria, Tila, Lama

Ria ruft ia

1.

2.

Papa ist am (Computer). Papa ruft Mia.

Mia ist im (Sessel). Mia ruft Mama.

Oma ist am (Fenster). Oma ruft Mio.

Mio ist am (Stall). Mio ruft Ria.

Muli Ria ruft ia.

• 1. Gesprächsanlass: Wer ist zu Hause?
•• 2. Sätze ergänzen und mit zwei Farben schreiben: Mia, Mama, Mio, Ria, Ria, ia

Sum*sum*sum — zu S. 24, 25

1.

2.

3.

4. – S s –

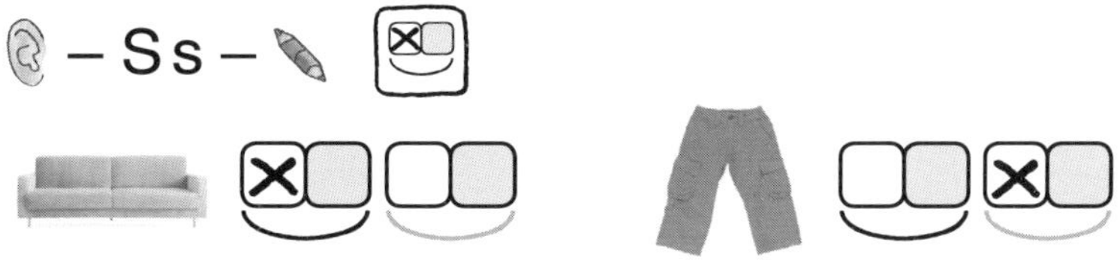

- • 1. Einführung der Gebärden **sa – se – si – so – su**
- • 2. Zu den Gebärden schreiben: so, si, se, su, ra, sa
- • 3. Wörter beginnen mit ..., nicht zutreffendes Bild streichen: Soße, Sofa, Socken, Segelboot; Salat, Saxofon, Sonne, Salami
- •• 4. In Einzelarbeit Bildwörter auf Starter **S, s** abhören und ankreuzen: Sofa, Hose

36

Sum*sum*sum — zu S. 24, 25

1.

2. – –

3.

- • 1. Im Klassengespräch Aufgabe einführen. Bildwörter von Aufgabe 2 klären, synchron sprechen und klatschen: Soße, Salami, Silo, Segel, Socken, Hose, Saxofon, Salate, Sofa
- •• 2. In Einzelarbeit Bildwörter synchron sprechen und klatschen, auf **Sa/sa, Se/se, Si/si, So/so, Su/su,** und alle bis jetzt bekannten Silben abhören und schreiben
- ••• 3. Mit der Schreibtabelle lautgetreue Wörter schreiben: Hase ••• Weitere Wörter mithilfe der Schreibtabelle ins Heft schreiben

37

1.

2.

sa	se	su

3.

Lisa Susi Sara

- 1. Lesen und gleichzeitig den Finger der Schreibhand in Bögen unter den Silben mitführen
- 2. Hören, einstellen und schreiben: **sa – se – su**
- 3. Namen mit zwei Farben schreiben: Lisa, Susi, Sara

1.

Mama ist ○ im / ⊗ am .

Papa mag ⊗ / ○ .

Sara ist ⊗ am / ○ im .

2. ist am im

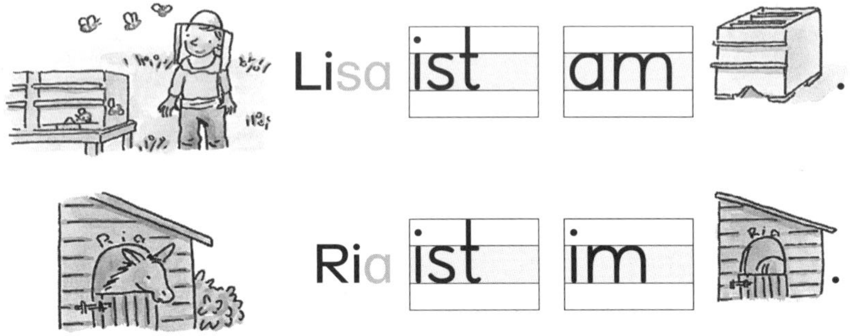

Lisa ist am .

Ria ist im .

3.

Sofa

- 1. Zutreffenden Satz ankreuzen
- 2. Sätze ergänzen
- 3. Mit der Schreibtabelle lautgetreue Wörter schreiben: Sofa
- Weitere Wörter mithilfe der Schreibtabelle ins Heft schreiben

1.

2.

3.

- 1. Einführung der Gebärden **wa – we – wi – wo – wu**
- 2. Zu den Gebärden schreiben: we, mo, wi, ti, wu, wo, lu, wa
- •• 3. Im Klassengespräch alle Bildwörter klären: Wikinger, Löwe, Wagen, Wale, Möwe, Lawine
  In Einzelarbeit Bildwörter synchron sprechen und klatschen, auf bekannte Silben abhören und schreiben

1.

2.

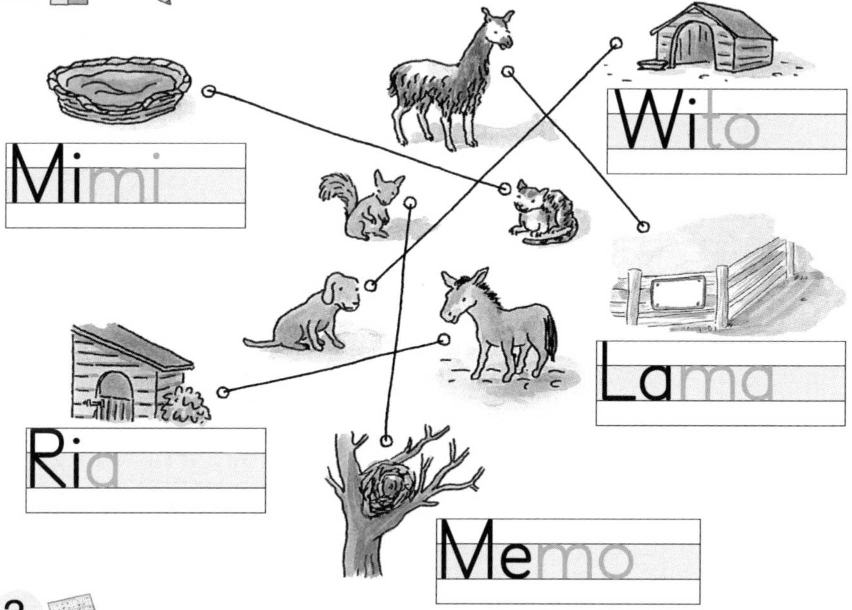

3.

Wagen

- 1. Mit der passenden Endsilbe verbinden: Löwe, Wale, Rose, Kiste, Möwe, Hase
- •• 2. Tiere mit dazugehörender „Behausung“ verbinden
  Passende Tiernamen mit zwei Farben schreiben: Mimi, Wito, Ria, Memo, Lama
- ••• 3. Mit der Schreibtabelle lautgetreue Wörter schreiben: Wagen ••• Weitere Wörter mithilfe der Schreibtabelle ins Heft schreiben

Wito — zu S. 26, 27

1.

2.

wi | wo | we | wu | wa

3.

Timo | Wito | Tilo

• 1. Lesen und gleichzeitig den Finger der Schreibhand in Bögen unter den Silben mitführen
• 2. Silbenlauf durchführen und aufschreiben
•• 3. Passenden Namen mit zwei Farben schreiben: Uwe, Wito, Tilo

Wito — zu S. 26, 27

1.

2.

Wito | Salami | Rute

Tomate | Salate

Limo | Rose | Uwe

••• 1. Wito sucht den richtigen Weg durch das Labyrinth zu Uwe: Weg einzeichnen
• 2. Silben lesen und diejenigen abstreichen, die ein bekanntes Wort ergeben. Wörter mit zwei Farben schreiben: Wito, Salami, Rute, Tomate, Salate, Limo, Rose, Uwe

1.

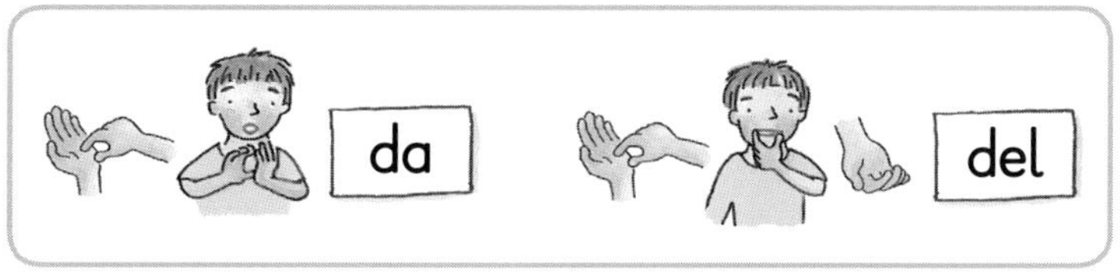

2.

da ta del

3. –

dal del dil dol dul

4. – – –

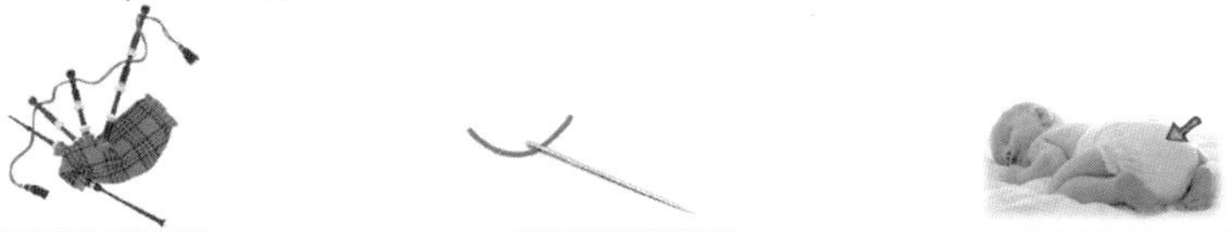

del del del

- • 1. Einführung der Gebärden **da – de – di – do – du – del**
- • 2. Zu den Gebärden schreiben: da, ta, del
- • 3. Silbenlauf durchführen und aufschreiben
- •• 4. Im Klassengespräch alle Bildwörter klären: Dudelsack, Nadel, Windel
  In Einzelarbeit Bildwörter synchron sprechen und klatschen, auf del abhören und schreiben

1. – – –

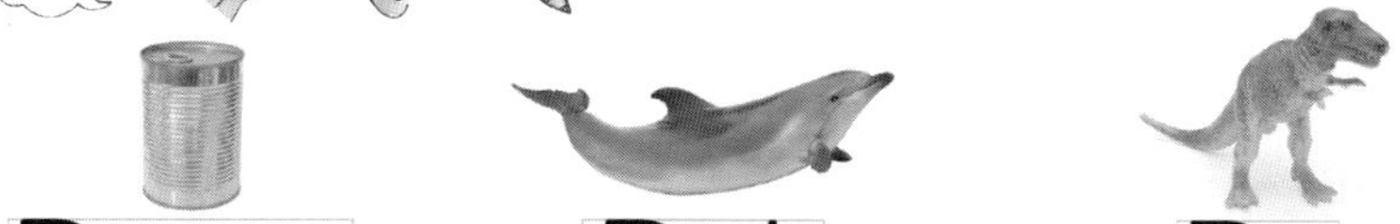

Dose Del Di

de dari Domi

2.

3. – D d –

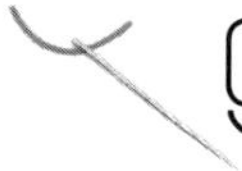

4.

Telefon

- •• 1. Im Klassengespräch alle Bildwörter klären: Dose, Delfin, Dino, Badewanne, Mandarine, Domino
  In Einzelarbeit Bildwörter synchron sprechen und klatschen, auf bekannte Silben abhören und schreiben
- • 2. Mit der passenden Endsilbe verbinden: Hände, Hose, Hüte, Blume, Hunde, Stühle
- •• 3. In Einzelarbeit Bildwörter auf Starter **D, d** abhören und ankreuzen: Nadel, Delfin
- ••• 4. Mit der Schreibtabelle lautgetreue Wörter schreiben: Telefon ••• Weitere Wörter mithilfe der Schreibtabelle ins Heft schreiben

Di del da del du del

zu S. 28, 29

1.

di del da del du

da dim du des di

de dum di dam do

Dame Dose da

2.

Starter Klinger Stopper
d e

Starter Klinger Stopper
d e l

Starter Klinger Stopper
d a

Starter Klinger Stopper
d a s

• 1. Lesen und gleichzeitig den Finger der Schreibhand in Bögen unter den Silben mitführen
• 2. Hören, einstellen und schreiben: **de – del – da – das**

Di del da del du del

zu S. 28, 29

1.

Wer ist im  ?

Doris ist im  .

Wer ist am  ?

Mama ist am  .

Wer ist am  ?

Mio ist am  .

••• 1. Ich: In Einzelarbeit die Fragen lesen und Antworten mit zwei Farben schreiben
Du: In Partnerarbeit die Sätze überprüfen
Wir: In der Klasse die Sätze präsentieren

Nina und Nena — zu S. 30, 31

1.

Na | me

2.

ma — na — nis

me — ne — men

3.

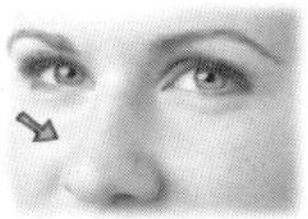

Nase

Note

nane

none

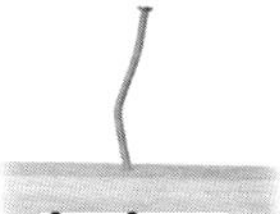

Na

ne

- • 1. Einführung der Gebärden **na – ne – ni – no – nu**; Gegenüberstellung von m und n
- • 2. Zu den Gebärden schreiben: uǝɯ 'ǝu 'ǝɯ 'sıu 'ɐu 'ɐɯ
- •• 3. Im Klassengespräch alle Bildwörter klären: Nase, Note, Banane, Kanone, Nagel, Biene
  In Einzelarbeit Bildwörter synchron sprechen und klatschen, auf bekannte Silben abhören und schreiben

48

Nina und Nena — zu S. 30, 31

1.

Wun / Win / Wan

Tin / Ten / Tan

Min / Mon / Man

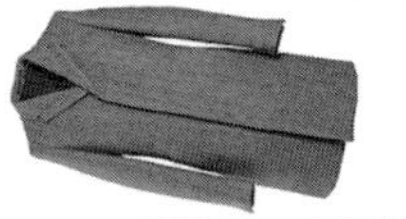

Wol / Wel / Wil

Run / Ran / Rin

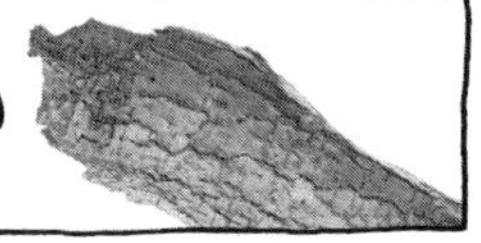

Win / Wan / Wun

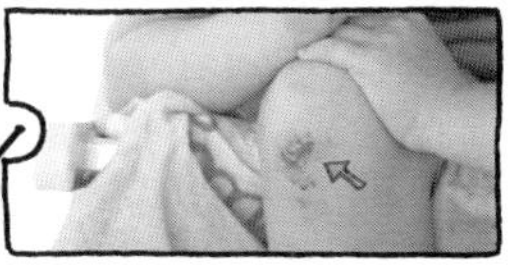

Tur / Tar / Tor

Lum / Lem / Lam

2. Was alle tun :

raten

malen

lesen

3.

Delfin

- • 1. Mit der passenden Anfangssilbe verbinden: ǝdɯɐꞀ 'ǝʇɹoꞱ 'ǝpunM 'ǝpuıᴚ 'ǝʞloM 'lǝʇuɐW 'ǝʇuıꞱ 'ɹǝʇuıM
- •• 2. Passende Verben zu den Bildern mit zwei Farben schreiben: uǝsǝl 'uǝlɐɯ 'uǝʇɐɹ
- ••• 3. Mit der Schreibtabelle lautgetreue Wörter schreiben: uıɟlǝᗡ ••• Weitere Wörter mithilfe der Schreibtabelle ins Heft schreiben

49

Nina und Nena — zu S. 30, 31

1.

na ma ne mo nu

men ten ren tan to

lin wol den la sin

Nadel Rosen Mond

2.

Starter	Klinger	Stopper
t	a	n

Starter	Klinger	Stopper
s	o	n

Starter	Klinger	Stopper
w	a	n

Starter	Klinger	Stopper
m	e	s

• 1. Lesen und gleichzeitig den Finger der Schreibhand in Bögen unter den Silben mitführen
• 2. Hören, einstellen und schreiben: **tan** – **son** – **wan** – **mes**

Nina und Nena — zu S. 30, 31

1.

2.

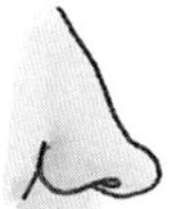
A: N a | s e

B: T i n | t e

B: M a n | t e l

A: D o | s e

A: N a | d e l

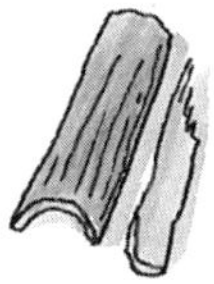
B: R i n | d e

•• 1. Im Klassengespräch Einführung der Begriffe **offene** und **geschlossene Silbe** und Einführung der **Häuschenschreibweise**
Häuschen zur Klärung der Position der einzelnen Buchstaben im Wort: 1. Silbe im Haus, 2. Silbe in der Garage, Vokale im gelben Zimmer
•• 2. Im Klassengespräch alle Bildwörter klären: Nase, Tinte, Mantel, Dose, Nadel, Rinde
In Einzelarbeit Bildwörter mit zwei Farben in Häuschen schreiben

1.

scha

2.

scha

schu

se

3.

Schule

Schale

Schere

Scha

Schirme

Schu

4.

Schaukel

- 1. Einführung der Gebärden **scha** – **sche** – **schi** – **scho** – **schu**
- 2. Zu den Gebärden schreiben: scha, schu, se
- 3. Im Klassengespräch alle Bildwörter klären: Schule, Schale, Schere, Schafe, Schirme, Schuhe
  In Einzelarbeit Bildwörter synchron sprechen und klatschen, auf bekannte Silben abhören und schreiben
- 4. Mit der Schreibtabelle lautgetreue Wörter schreiben: Schaukel ••• Weitere Wörter mithilfe der Schreibtabelle ins Heft schreiben

1.

2.

3.

Mit 3 auf einer Leiter – beginnt die Schule heiter.

Wir schreiben drei Buchstaben für einen Laut.

4. – Sch –

- 1. Im Klassengespräch Häuschenschreibweise bei sch einführen:
  3 Buchstaben für einen Laut wohnen in einem Zimmer; Merkspruch „Mit 3 auf einer Leiter – beginnt die Schule heiter."
- 2. Im Klassengespräch alle Bildwörter klären: Schule, Schirme
  In Einzelarbeit Bildwörter mit zwei Farben in Häuschen schreiben
- 3. Über Lernen sprechen: **Sch, sch**
- 4. In Einzelarbeit Bildwörter auf Starter **Sch** abhören und ankreuzen: Schere, Schafe

Wir essen in der Schule — zu S. 32, 33

1.

2. –

scha schi schu

scho sche

3. – –

w | o | l

t | e | l

- 1. Lesen und gleichzeitig den Finger der Schreibhand in Bögen unter den Silben mitführen
- 2. Silbenlauf durchführen und aufschreiben
- 3. Hören, einstellen und schreiben: **wol – tel**

Wir essen in der Schule — zu S. 32, 33

1.

Kannst du das lesen?

Es ist 9 Uhr.

Alle wollen essen.

Anna mag Müsli mit Rosinen.

Mio mag Müsli mit Ananas.

2. – essen Müsli Martin Schüler

Wer findet die Wörter schnell?

Allewollenessen.

AnnamagMüslimitAnanas.

MartinmagMüslimitAnanas.

AlleSchülerwaschen.

3. –

Schüler Schüssel

Müsli waschen Uhr

4.

Kannst du **Wir essen in der Schule** nun schneller lesen?

- 1. Text lesen
- 2. Sichtwortlesen: Wörter im Text finden und markieren
- 3. Wörter aufschreiben und üben
- 4. Über Lernen sprechen: Lesetechnik

Im Winter

zu S. 34, 35

1.

(4) (2) (6) (1) (3) (5)

(1)

Sche | re

(2) Du | sche

(3)

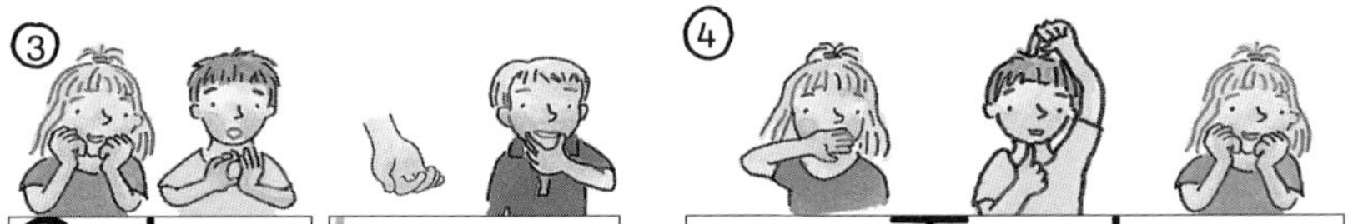

Scha | le

(4) Tisch

(5)

Ta | sche

(6) Schir | me

2. Was alle tun :

waschen

naschen

•• 1. Bilder den Gebärden zuordnen und Nomen mit zwei Farben schreiben: Schere, Dusche, Schale, Tisch, Tasche, Schirme
•• 2. Passende Verben zu den Bildern mit zwei Farben schreiben: waschen, naschen ••• Sätze mithilfe der Schreibtabelle ins Heft schreiben

Im Winter

zu S. 34, 35

1. –

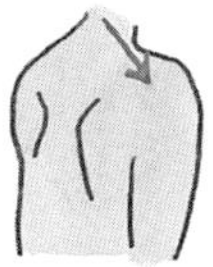

B: Sch | u | l — t | e | r

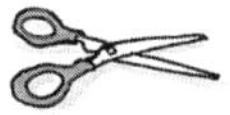

A: Sch | e — r | e

2. –

schal | schel | schil

schol | schul

3.

Muschel

Tasche

4.

Hut

•• 1. Im Klassengespräch die Bildwörter klären: Schulter, Schere
In Einzelarbeit Bildwörter mit zwei Farben in Häuschen schreiben
• 2. Silbenlauf durchführen und aufschreiben
•• 3. Nomen mit zwei Farben schreiben: Muschel, Tasche
••• 4. Mit der Schreibtabelle lautgetreue Wörter schreiben: Hut ••• Weitere Wörter mithilfe der Schreibtabelle ins Heft schreiben

Im Winter — zu S. 34, 35

1.

Schale	Schule
Tische	Tasche
Nadel	Nudel

2.

R	Rose	N	Nina
D	Dose	T	Tina
w	waschen	S	Sara
n	naschen	L	Lara
Sch	Schale	T	Tilo
W	Wale	L	Lilo

58

•• 1. Zauberwörter finden: Buchstaben austauschen und mit zwei Farben schreiben
•• 2. Reimwörter mit zwei Farben schreiben

Im Winter — zu S. 34, 35

1. Wer ist das ?

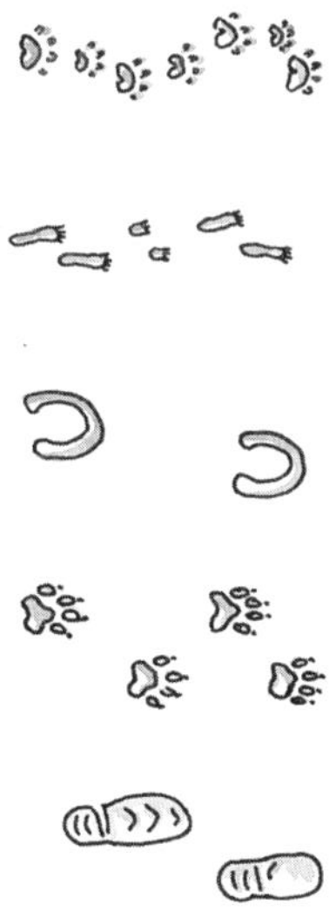

Das ist Mimi.

Das ist Memo.

Das ist Ria.

Das ist Wito.

Das ist Mia.

••• 1. Ich: In Einzelarbeit Spuren zuordnen
Du: In Partnerarbeit sich austauschen und Sätze schreiben
Wir: In der Gruppe/Klasse die Sätze vorstellen und überprüfen

59

Lisa und Reiner reimen — zu S. 36, 37

1.

2.

ei | me | mei | sche

schei | dei | de | rei

3.

Rei

Sei

Ei

Ei

Seite

Eis

• 1. Einführung der Gebärde **ei**
• 2. Zu den Gebärden schreiben: ei, me, mei, sche, schei, dei, de, rei
•• 3. Im Klassengespräch alle Bildwörter klären: Reifen, Seife, Eidechse, Eichel, Seite, Eisbär
In Einzelarbeit Bildwörter synchron sprechen und klatschen, auf bekannte Silben abhören und schreiben

Lisa und Reiner reimen — zu S. 36, 37

1.

R ei | t e r

M ei | s e

L ei | t e r

L ei | n e

Ei | m e r

Schw ei | n e

2. Was alle tun :

reiten

weinen

reimen

•• 1. Im Klassengespräch alle Bildwörter klären: Reiter, Meise, Leiter, Leine, Eimer, Schweine
In Einzelarbeit Bildwörter mit zwei Farben in Häuschen schreiben
•• 2. Passende Verben zu den Bildern mit zwei Farben schreiben: weinen, reiten, reimen
••• Weitere Wörter mit ei und Sätze mithilfe der Schreibtabelle ins Heft schreiben

Lisa und Reiner reimen — zu S. 36, 37

1.

scha sche schei ne
sa se sei ne
wa wei we nos
dal dei des tei

2. ein oder eine

eine	(Leiter)	ein	(Haus)	eine	(Schere)
ein	(Busch)	eine	(Banane)	ein	(Auto)
eine	(Flasche)	eine	(Lampe)	ein	(Stuhl)
ein	(Eis)	ein	(Tisch)	eine	(Tasse)

3. Schleife ●●●●●● ●●

• 1. Lesen und gleichzeitig den Finger der Schreibhand in Bögen unter den Silben mitführen
• 2. Artikel **ein/eine** passend zu den Abbildungen schreiben: Leiter, Haus, Schere, Busch, Banane, Auto, Flasche, Lampe, Stuhl, Eis, Tisch, Tasse
••• 3. Mit der Schreibtabelle lautgetreue Wörter schreiben: Schleife ••• Weitere Wörter mithilfe der Schreibtabelle ins Heft schreiben

Lisa und Reiner reimen — zu S. 36, 37

1.

2.

R	Reiter	M	Meise
L	Leiter	R	Reise
sch	scheinen	r	reimen
w	weinen	l	leimen
m	meine	T	Teile
d	deine	S	Seile
s	seine	W	Weile

•• 1. Klassengespräch: Austausch des „Starters“ bei Reimwörtern
•• 2. Reimwörter mit zwei Farben schreiben

1.

2.

ka	kla	kra
klei	krei	kna

3.

Wolke Kirschen Karten

4.

Käfer

- • 1. Einführung der Gebärden **ka – ke – ki – ko – ku**
- • 2. Zu den Gebärden schreiben: ka, kla, kra, klei, krei, kna
- •• 3. Im Klassengespräch alle Bildwörter klären: Wolke, Kirschen, Karten
  In Einzelarbeit Bildwörter synchron sprechen und klatschen, auf bekannte Silben abhören und schreiben
- ••• 4. Mit der Schreibtabelle lautgetreue Wörter schreiben: Käfer ••• Weitere Wörter mithilfe der Schreibtabelle ins Heft schreiben

1.

Kr o ne

Kl ei der

2.

kra kre kri

kro kru

3. Was der Kakadu kann:

kreischen

knacken klettern

- •• 1. Im Klassengespräch die Bildwörter klären: Krone, Kleider
  In Einzelarbeit Bildwörter mit zwei Farben in Häuschen schreiben
- • 2. Silbenlauf durchführen und aufschreiben
- • 3. Silben abstreichen und passende Verben zu den Bildern mit zwei Farben schreiben ••• Sätze mithilfe der Schreibtabelle ins Heft schreiben

In der Schule

1.

Kla	Klei	Ku	Ko	Klet
kra	krei	ku	kro	ket
kna	kle	knu	ko	keit
Kut	Ko	Kri	Ke	Kan

2.

W	K	i	n	d	e	r	s	k	K
e	m	t	l	c	k	e	n	o	a
c	n	W	t	i	o	K	m	e	r
k	K	i	r	s	c	h	e	n	t
e	l	n	m	K	a	r	o	f	e
r	n	l	K	r	i	m	i	n	n

Wecker

Kirschen

Krimi

Kinder

Karo

Karten

• 1. Lesen und gleichzeitig den Finger der Schreibhand in Bögen unter den Silben mitführen
•• 2. 6 Wörter markieren und mit zwei Farben schreiben

In der Schule

1. Was tun alle Kinder ?

lesen

Kinder-Krimi

mischt Karten

essen Schokolade

schlummern

22 Uhr

2. Was tust du in der Schule ?

•• 1. Zu jedem Bild ein passendes Verb und ein passendes Nomen aus dem Wörterpool mit zwei Farben schreiben
••• oder ganze Sätze mit diesem Verb und diesem Nomen bilden und mit zwei Farben schreiben
Benutzte Wörter im Wörterpool abstreichen
••• 2. Eigene Sätze mithilfe der Schreibtabelle ins Heft schreiben

Am Abend — zu S. 40, 41

1.

2.

ba | bra | bla

bei | blei | brei

3.

Ber

ben

bel

Bre

Blei

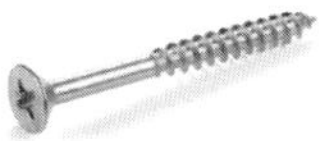
be

- 1. Einführung der Gebärde **b**
- 2. Zu den Gebärden schreiben: ba, bra, bla, bei, blei, brei
- 3. Im Klassengespräch alle Bildwörter klären: Berge, Trauben, Zwiebel, Brezel, Bleistift, Schraube
  In Einzelarbeit Bildwörter synchron sprechen und klatschen, auf bekannte Silben abhören und schreiben

Am Abend — zu S. 40, 41

1.

A — B r | a — t e n

A — B l | u — m e

A — B r | o — t e

A — B r | au — s e

2. Was Kinder tun:

schreiben

lesen

turnen

3.

Brezel

- •• 1. Im Klassengespräch die Bildwörter klären: Braten, Blume, Brote, Brause
  In Einzelarbeit Bildwörter mit zwei Farben in Häuschen schreiben
- • 2. Silben abstreichen und passende Verben zu den Bildern mit zwei Farben schreiben
- ••• 3. Mit der Schreibtabelle lautgetreue Wörter schreiben: Brezel ••• Weitere Wörter mithilfe der Schreibtabelle ins Heft schreiben

1.

bla bes bli bos dei
bra ben bis bus do
blu ber blo ber da
brei le bro le du

2. Simsalabim

Nabel	b	d	Nadel
Birke	k	n	Birne
Rabe	a	e	Rebe
Wabe	b	d	Wade
leben	e	o	loben

- 1. Lesen und gleichzeitig den Finger der Schreibhand in Bögen unter den Silben mitführen
- 2. Zauberwörter finden: einen Buchstaben austauschen und mit zwei Farben schreiben

1. d b

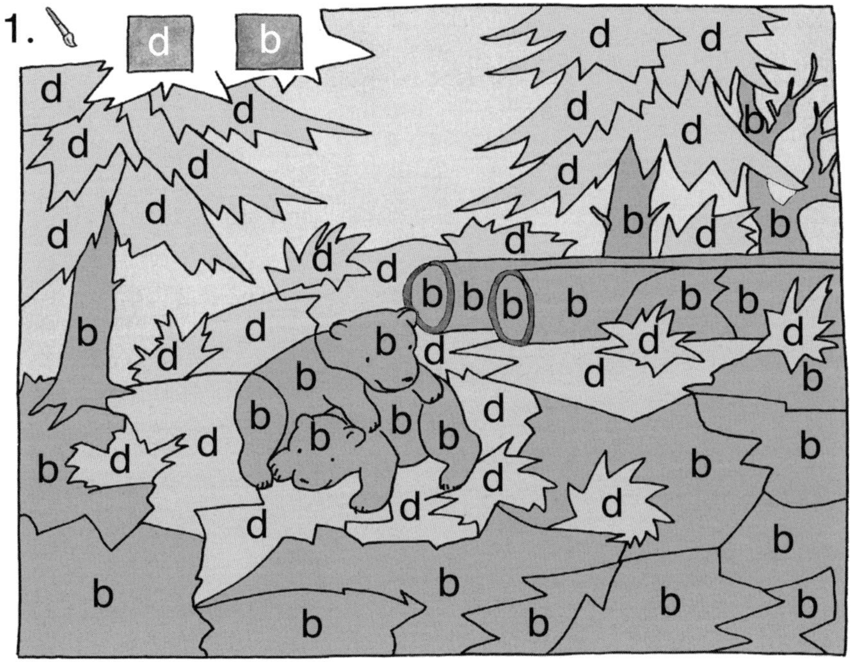

2.

R	Rabe	Sch	Schein
W	Wabe	B	Bein
R	Rand	Sch	Schall
B	Band	B	Ball

- 1. Ausmalbild: Unterscheiden von **d** und **b**
- 2. Reimwörter mit zwei Farben schreiben

Bei den Es*ki*mos — zu S. 42, 43

1.

2.

fa | fla | fra

fre | flo | frei

3.

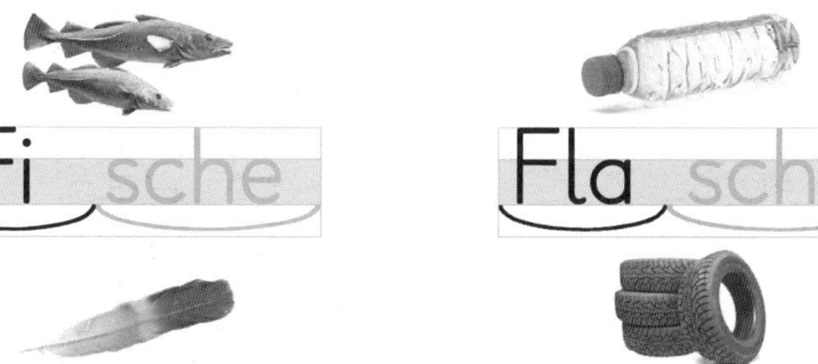

Fi sche | Fla sche

Fe der | Rei fen

• 1. Einführung der Gebärde f
• 2. Zu den Gebärden schreiben: fa, fla, fra, fre, flo, frei
• 3. Silben abstreichen und Nomen mit zwei Farben schreiben

72

Bei den Es*ki*mos — zu S. 42, 43

1. –

F a | d e n

S ei | f e

T a | f e l

Sch a | f e

2.

schla fen | wer fen

fi schen | füt tern

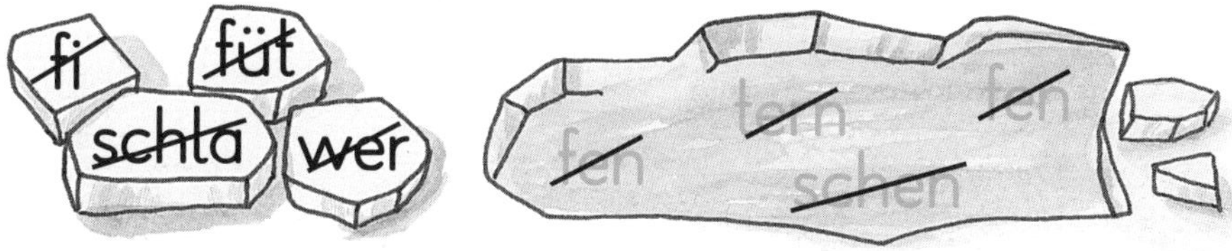

•• 1. Im Klassengespräch alle Bildwörter klären: Faden, Seife, Tafel, Schafe
In Einzelarbeit Bildwörter mit zwei Farben in Häuschen schreiben
• 2. Silben abstreichen und Verben mit zwei Farben schreiben ••• Sätze mithilfe der Schreibtabelle ins Heft schreiben

73

Bei den Eskimos

zu S. 42, 43

1.

fa	fal	fle	fi	flu
fo	fro	fel	fri	frei
wa	fa	we	fi	wo
waf	wer	wuf	wo	

2.

wer – ru – schla → fen

bel – rol – tol → len

lei – rei → ten

werfen	rufen
schlafen	bellen
rollen	tollen
leiten	reiten

• 1. Silbenteppich flüssig und laut lesen
• 2. Verben zusammensetzen und mit zwei Farben schreiben

Bei den Eskimos

zu S. 42, 43

1.

④ Eskimos essen Fische.
Frische Fische schmecken fein.

① Das Eis ist offen.
Eskimos fischen mit einer Schnur.

③ Eskimos reisen mit dem Schlitten.
Auf dem Schlitten sind Fische.

② An der Schnur sind drei Futterbrocken.
Ein Fisch frisst einen Futterbrocken.

•• 1. Texte den Bildern zuordnen und nummerieren

Bei den Eskimos

zu S. 42, 43

1.

So kannst du lesen üben.

Eskimos leben im Norden.

Dort ist im Sommer immer Sonnenschein.

Im Winter ist es dunkel und kalt.

Der Fellmantel ist warm.

2. – Fische Eisdecke Futterbrocken Schnur

Wer findet die Wörter schnell?

EskimoswollenfrischeFischeessen.

Eskimosmüssenfischen.

FischeschwimmenunterderEisdecke.

KleineFutterbrockensindanderSchnur.

3. –

Fellmantel

Eisdecke

Sonnenschein

schmecken

Futterbrocken

4.

Kannst du **Bei den Eskimos** nun schneller lesen?

•• 1. Text lesen
•• 2. Sichtwortlesen: Wörter im Text finden und markieren
• 3. Wörter aufschreiben und üben
• 4. Über Lernen sprechen: Lesetechnik

Mias und Mios

zu S. 92 – 96

1.

• 1. Die Verbindung von den Geschenken zu den Familienmitgliedern nachfahren (Selbst einen Wunschzettel verfassen)

Wir Mias .
zu S. 92 – 96
1.
2.
3.
4.
5.
6.
1. Bilder des Ausschneideblattes S. 79 ausschneiden und in der richtigen Reihenfolge aufkleben
2. Den Weihnachtsengel selbst basteln
78

1.

Auto

2.

au rau aus Maus

3.

Auto Taube Daumen

Schaukel Maus Schaufel

Schraube Frau Schaum

~~Au~~ ~~Dau~~ ~~Schaum~~ ~~Tau~~ ~~Schau~~
~~Schrau~~ ~~Frau~~ ~~Schau~~ ~~Maus~~

~~fel~~ ~~be~~ ~~to~~
~~kel~~ ~~men~~ ~~be~~

- 1. Einführung der Gebärde **au**
- 2. Zu den Gebärden schreiben: au, rau, aus, Maus
- 3. Silben abstreichen und Nomen mit zwei Farben schreiben

1. –

Schr au be

D au men

T au be

Sch au fel

2. Was alle Kinder tun:

laufen bauen kaufen sausen schauen schaukeln

~~schau~~ ~~kau~~ ~~bau~~
~~sau~~ ~~schau~~ ~~lau~~

~~sen~~ ~~en~~ ~~keln~~
~~fen~~ ~~fen~~ ~~en~~

- 1. Im Klassengespräch alle Bildwörter klären: Schraube, Daumen, Taube, Schaufel
  In Einzelarbeit Bildwörter mit zwei Farben in Häuschen schreiben
- 2. Silben abstreichen und Verben mit zwei Farben schreiben ••• Sätze mithilfe der Schreibtabelle ins Heft schreiben

Schule ist aus

zu S. 44, 45

1.

bla blei ble blu blau

fra frei fre fru frau

bra brei bre bri brau

schla schlei schle schlau

2.

M	Maus	T	Trauben
L	Laus	Sch	Schrauben
M	Mauer	K	Kraut
B	Bauer	B	Braut
b	blau	l	laufen
sch	schlau	k	kaufen

6

• 1. Silbenteppich flüssig und laut lesen
•• 2. Reimwörter mit zwei Farben schreiben

Schule ist aus

zu S. 44, 45

1.

Klaus kommt aus der Schule.

Klaus schreit: Au, au mein Daumen.

Sein Daumen blutet.

Martin wickelt eine Binde um den Daumen.

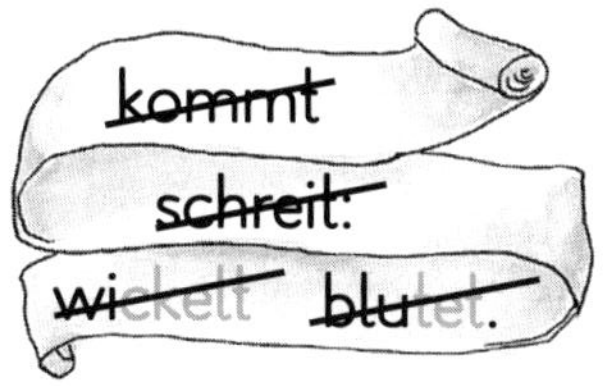

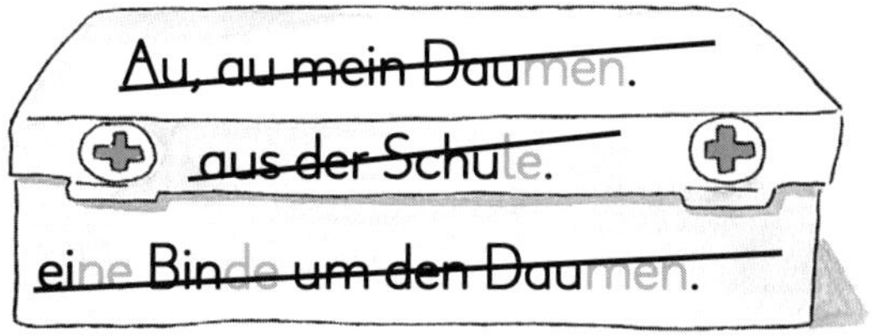

2.  Was machst du nach der Schule?

•• 1. Zu jedem Bild einen ganzen Satz mit zwei Farben schreiben und verwendete Wörter im Wortpool abstreichen
••• 2. Sätze mithilfe der Schreibtabelle ins Heft schreiben

7

Geis*ter* im Turm — zu S. 46, 47

1.

Geist

2.

gei | gra | grau

3.

  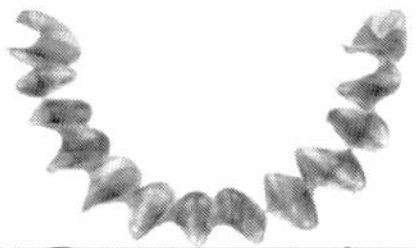

Geister | Gurke | Girlande

Nägel | Gänse | Gabel

  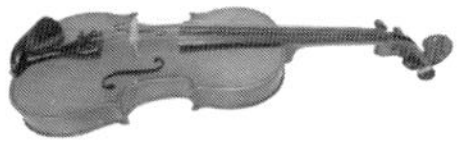

Igel | Garten | Geige

~~Nä~~ ~~Gei~~ ~~Geis~~ ~~I~~ ~~Gur~~ ~~Gar~~ ~~Ga~~ ~~Gir~~ ~~Gän~~ ~~lan~~ ~~gel~~ ~~se~~ ~~bel~~ ~~gel~~ ~~ter~~ ~~ten~~ ~~de~~ ~~ke~~ ~~ge~~

- 1. Einführung der Gebärde g
- 2. Zu den Gebärden schreiben: gei, gra, grau
- 3. Silben abstreichen und Nomen mit zwei Farben schreiben

Geis*ter* im Turm — zu S. 46, 47

1.

B: Gar | ten

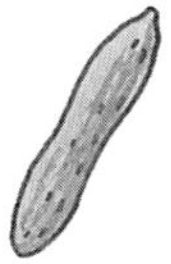

B: Gur | ke

A: Na | gel

A: Gei | ge

2. Was alle Kinder tun:

geistern | tragen | gehen | fragen | schlagen | grillen

~~gril~~ ~~fra~~ ~~geis~~ ~~hen~~ ~~tern~~ ~~gen~~ ~~ge~~ ~~schla~~ ~~tra~~ ~~gen~~ ~~len~~ ~~gen~~

- 1. Im Klassengespräch alle Bildwörter klären: Garten, Gurke, Nagel, Geige
  In Einzelarbeit Bildwörter mit zwei Farben in Häuschen schreiben
- 2. Silben abstreichen und Verben mit zwei Farben schreiben ••• Sätze mithilfe der Schreibtabelle ins Heft schreiben

1.

gla gei go gu grau

gil ga gel gen gro

kla klei kle ko kru

ge ka glo ku krei

2. G oder K – g oder k?

 Gabel

 Kabel

 Garten

 Karten

 Guss

 Kuss

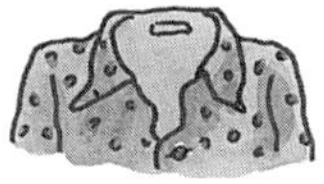 Kragen

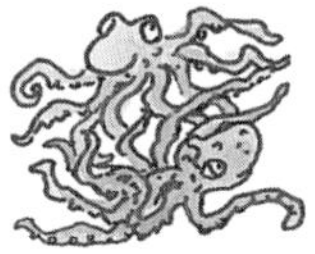 Kraken

• 1. Silbenteppich flüssig und laut lesen
•• 2. **G/g** oder **K/k** einfügen und Wörter mit zwei Farben schreiben

1.

M	U	R	F	E	S	T	U	R
O	T	U	R	M	I	G		O
N	E		L	A	K	E	N	E
D	N	Ä	G	E	L	M	I	S
G	I	R	L	A	N	D	E	N
O	G	E	I	M	L	L	U	S

2. Es ist Abend. Der Mond scheint.

Alle Kinder treffen am Turm ein

und wollen ein Fest feiern.

Gesa und Birgit schlagen Nägel ein.

Beide befestigen Girlanden daran.

Georg und Gero holen einige Laken

und geistern hin und her – hui – hui.

3. Schreibe eine Geistergeschichte.

•• 1. Sechs Wörter finden und nachspuren
•• 2. Passende Wörter in die Lücken mit zwei Farben schreiben
••• 2. Mithilfe der Schreibtabelle eine eigene Geistergeschichte ins Heft schreiben

Im Riesenland

1.

Riese

se

Riese

2.

B ie | n e

W ie | s e

Br ie | f e

T ie | r e

Sch ie | n e

W ie | g e

S ie | b e

D ie | b e

•• 1. Einführung des **ie**: Dem **i** folgt immer das stumme **e** im Doppelzimmer.
Merksatz: „Hier ist das dünne **i** allein, das stumme **e** muss bei ihm sein."
•• 2. Im Klassengespräch alle Bildwörter klären: Biene, Wiese, Briefe, Tiere, Schiene, Wiege, Siebe, Diebe
In Einzelarbeit Bildwörter mit zwei Farben in Häuschen schreiben

Im Riesenland

1.

Riese

Risse

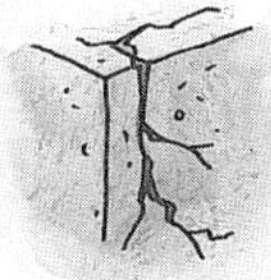

Wiese

wissen

schiefe

Schiffe

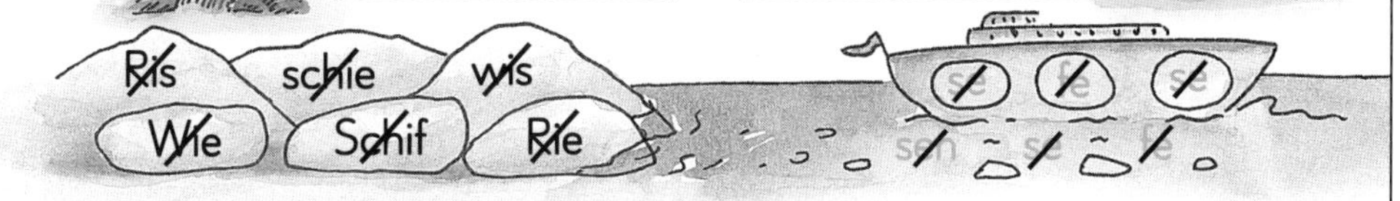

2.

Was alle tun:

fliegen

sieben

schieben

liegen

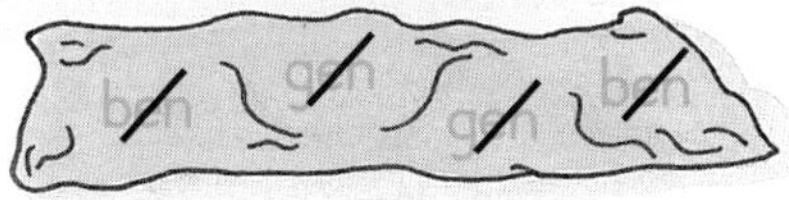

•• 1. Im Klassengespräch alle Bildwörter klären und rhythmisch klatschen: Riese, Risse, Wiese, wissen, schiefe, Schiffe
In Einzelarbeit Silben abstreichen und Bildwörter mit zwei Farben schreiben
• 2. Silben abstreichen und Verben mit zwei Farben schreiben ••• Sätze mithilfe der Schreibtabelle ins Heft schreiben

Im Riesenland

1.

wa wä Wiese Weise

ra rö Riese Reise

ba bü Biene Beine

scha sche Schiene Scheine

2.

R	Riese	B	Biene
W	Wiese	Sch	Schiene
K	Kiesel	M	Miete
W	Wiesel	N	Niete
D	Diebe	F	Fieber
S	Siebe	l	lieber

• 1. Silbenteppich flüssig und laut lesen
•• 2. Reimwörter mit zwei Farben schreiben

Im Riesenland

1. ie ei

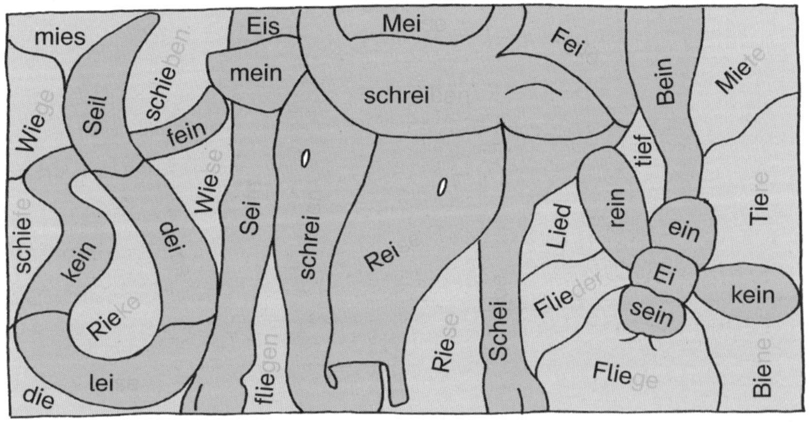

2. ie oder ei – entscheide und schreibe.

Rieke schläft tief. Auf einmal kann sie fliegen. Sie landet auf einer Wiese. Dort sind riesige Tiere. Riesige Bienen schwirren um Riesenblumen. Da muss Rieke niesen. Es ist sieben Uhr.

3. Ein aufregender Tag

•• 1. Ausmalbild: Unterscheiden von **ie** und **ei**
•• 2. **ie** oder **ei** einsetzen und Wörter mit zwei Farben schreiben
••• 3. Mithilfe der Schreibtabelle eigene Geschichte schreiben

1.

2.

Paula Peter

3.

Panne

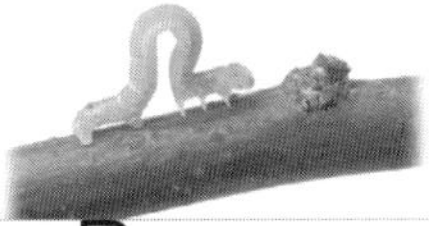
Raupe

Puppe

Ampel

Lupe

Wespe

Panda

Puma

Lampe

• 1. Einführung der Gebärde p
•• 2. Zu den Gebärden mit zwei Farben schreiben: Paula, Peter
• 3. Silben abstreichen und Nomen mit zwei Farben schreiben

1.

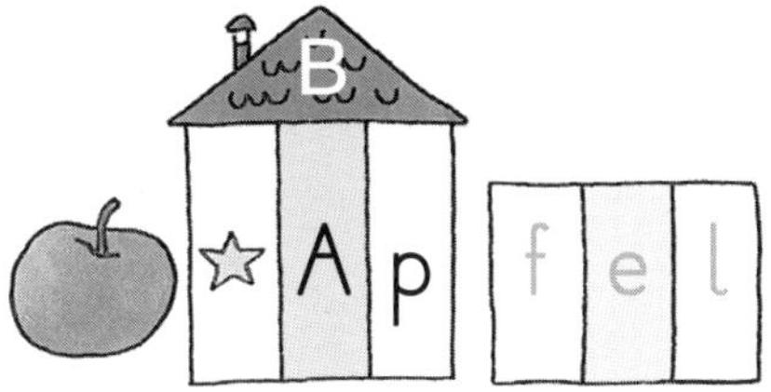

2. Was die Kinder tun:

•• 1. Im Klassengespräch alle Bildwörter klären: Pfeile, Pflaume, Pfeife, Apfel
In Einzelarbeit Bildwörter mit zwei Farben in Häuschen schreiben
•• 2. Silben abstreichen und Verben mit zwei Farben schreiben ••• Sätze mithilfe der Schreibtabelle ins Heft schreiben

1.

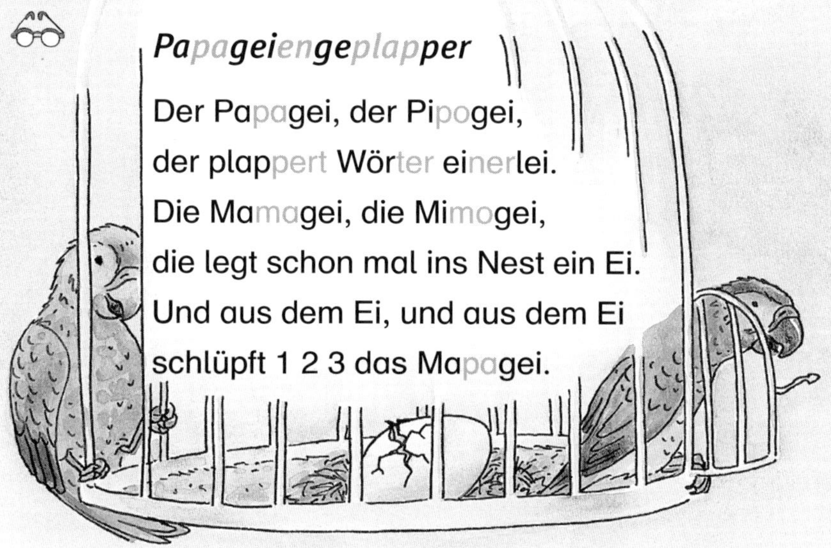

Papageiengeplapper

Der Papagei, der Pipogei,
der plappert Wörter einerlei.
Die Mamagei, die Mimogei,
die legt schon mal ins Nest ein Ei.
Und aus dem Ei, und aus dem Ei
schlüpft 1 2 3 das Mapagei.

2. b/bb oder p/pp?

_acken — backen

_acken — packen

kra_ _eln — krabbeln

kla_ _ern — klappern

Schrau_e — Schraube

Rau_e — Raupe

Ro_ _e — Robbe

Ra_e — Rabe

•• 1. Reime flüssig und laut lesen
•• 2. Wörter mit zwei Farben schreiben und dabei **b/bb** oder **p/pp** einfügen

1.

- Puppe
- Puma
- Pfanne
- Panne
- Wespe
- Panda
- Ameisenhaufen
- Pfeil
- Pflaume
- Pferd
- Raupe

Papa, Mama, Paula und Peter warten auf die Pannenhilfe.

2. Eine aufregende Autofahrt

•• 1. Passende Wörter in die Felder mit zwei Farben schreiben
Das Lösungswort mit zwei Farben eintragen
••• 2. Mithilfe der Schreibtabelle eine eigene Geschichte schreiben

Der Hase und der Igel — zu S. 52, 53

1.

Hase

2.

Haus

Hose

3.

Himmel

Uhu

Henne

Hamster

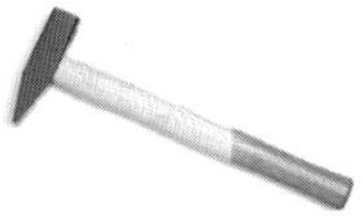

Hammer

Harfe

Hose

Nashorn

Hase

- 1. Einführung der Gebärde h
- •• 2. Zu den Gebärden mit zwei Farben schreiben: Haus, Hose
- • 3. Silben abstreichen und Nomen mit zwei Farben schreiben

Der Hase und der Igel — zu S. 52, 53

1. –

A: Ha | se

A: Hü | te

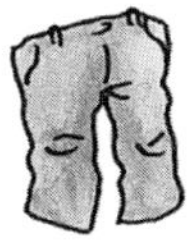

A: Ho | se

B: Hun | de

2. Was die Kinder tun:

hüpfen

helfen

heben

holen

halten

husten

- 1. Im Klassengespräch alle Bildwörter klären: Hase, Hüte, Hose, Hunde
  In Einzelarbeit Bildwörter mit zwei Farben in Häuschen schreiben
- 2. Silben abstreichen und Verben mit zwei Farben schreiben ••• Sätze mithilfe der Schreibtabelle ins Heft schreiben

Der Hase und der Igel

1.

Kinderreim

Häslein in der Grube
saß und schlief, saß und schlief.
Armes Häslein bist du krank,
dass du nicht mehr hüpfen kannst?
Häslein hüpf, Häslein hüpf!

2.

 Hase — a — o — Hose 

 Hummel — u — i — Himmel 

 Hecke — e — a — Hacke 

 Hammer — a — u — Hummer 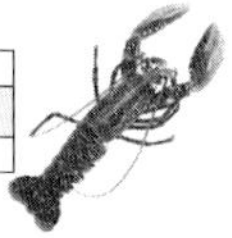

 Huhn — u — a — Hahn 

•• 1. Reime flüssig und laut lesen
••• 2. Zauberwörter finden: Nomen mit zwei Farben nachspuren, Vokal ersetzen und mit zwei Farben schreiben

Der Hase und der Igel

1.

Der Hase wettet
mit dem Igel.

Der Igel holt
seine Frau.

Sie laufen um
die Wette.

Der Hase fällt
müde um.

① Der Hase wettet mit dem Igel.

④ Der Hase fällt müde um.

② Der Igel holt seine Frau.

③ Sie laufen um die Wette.

2. Spielt die Geschichte mit verteilten Rollen.

•• 1. Bilder und Sätze einander zuordnen und schreiben
••• 2. Szenisches Spiel

Tiger in Indien — zu S. 54, 55

1.

fauchen

2.

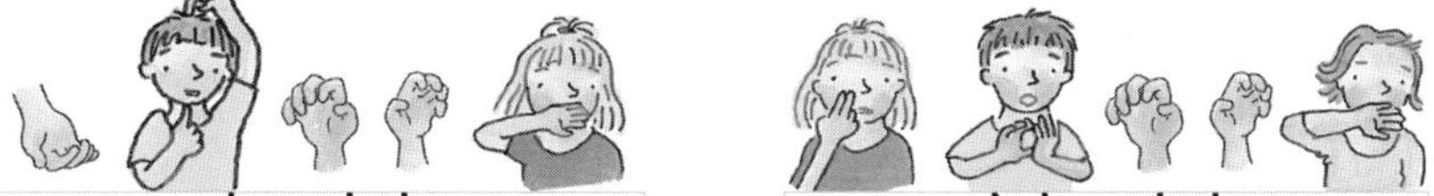

Licht

Nacht

3.

Buch

Rauch

Kuchen

Kirche

Köchin

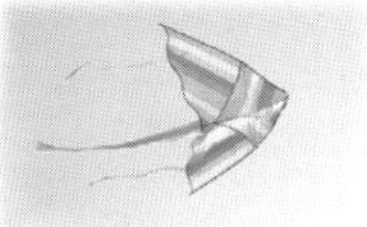

Drachen

Eichel

Knochen

Locher

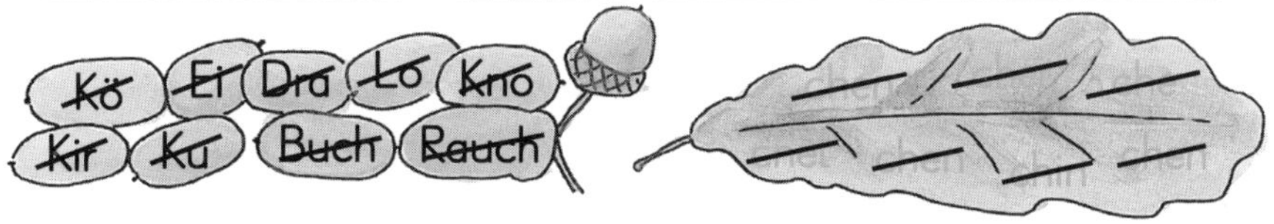

- • 1. Einführung der Gebärde **ch**
- •• 2. Zu den Gebärden schreiben: Licht, Nacht
- • 3. Silben abstreichen und Nomen mit zwei Farben schreiben

Tiger in Indien — zu S. 54, 55

1.

m	machen	r	reichen
l	lachen	w	weichen
w	wachen	schl	schleichen
B	Bach	R	Rauch
D	Dach	B	Bauch
Sch	Schach	L	Lauch
Kr	Krach	Schl	Schlauch

2.

~~Kirchen~~ Kirschen schmecken lecker.

Kirschen schmecken lecker.

Mio taucht ~~tauscht~~ nach Muscheln.

Mio taucht nach Muscheln.

- •• 1. Reimwörter mit zwei Farben schreiben
- • 2. Unzutreffende Wörter streichen und Sätze mit zwei Farben schreiben

Tiger in Indien

zu S. 54, 55

1.

Wichtel in der Nacht

Nur heimlich in der Nacht
der Wichtelmann erwacht.
Er webt ein weiches Tuch.
Er schreibt ein dickes Buch.
Am Tag im hellen Licht
sieht man den Wichtel nicht.

2. Was Wichtel machen:

w	k	s	c	h	l	e	i	c	h	e	n	h
e	m	t	s	l	a	c	h	e	n	h	i	n
e	m	c	s	c	h	n	a	r	c	h	e	n
k	s	u	c	h	e	n	a	h	s	t	e	n
g	l	n	m	k	o	c	h	e	n	s	c	h
l	r	i	e	c	h	e	n	h	e	k	n	a

schleichen — lachen

schnarchen — suchen

kochen — riechen

26

•• 1. Reime flüssig und laut lesen
•• 2. 5 weitere Verben markieren und mit zwei Farben schreiben

Tiger in Indien

zu S. 54, 55

1. –

Tiger sind Raubtiere.

Sie fressen nur Fleisch.

Ihre Heimat ist Asien.

Leider werden Tiger oft getötet,

weil sie ein schönes Fell haben.

Tiger fressen auch Haustiere.

Tawu muss die Herde hüten. Er fürchtet die Tiger.

In der Nacht macht er ein Feuer,

damit die Tiger nicht an das Lager kommen.

2. Beschreibe ein Tier.

•• 1. Im Klassengespräch mögliche Lösungen besprechen
In Einzelarbeit passende Wörter mit zwei Farben in die Lücken schreiben und im Wörterpool abstreichen
••• 2. Mithilfe der Schreibtabelle einen eigenen Text schreiben

27

Auf dem Bauernhof

zu S. 56, 57

1.

2.

Die Kater schnurren.

Die Hennen gackern.

Die Gänse schnattern.

Die Hunde bellen.

Die Pferde wiehern.

• 1. Im Klassengespräch Zuordnung klären und in Einzelarbeit Nomen und Verben verbinden
•• 2. Sätze mit zwei Farben schreiben

Auf dem Bauernhof

zu S. 56, 57

1. Simsalabim, aus 1 mach 2.

Gans a ä Gänse

2.

Lamm a ä Lämmer

Schwan a ä Schwäne

Apfel A Ä Äpfel

Glas a ä Gläser

Mann a ä Männer

Hand a ä Hände

• 1. Im Klassengespräch Mehrzahlbildung a ä besprechen
• 2. Nomen mit zwei Farben nachspuren, Mehrzahl bilden und mit zwei Farben schreiben

Auf dem Bauernhof — zu S. 56, 57

1. Kinderreim

Schnurrekatzen schnurren.
Surrefliegen surren.
Schnattergänse schnattern.
Gackerhennen gackern.
Der Papagei hört zu
und gackert, schnattert,
surrt und schnurrt im Nu.

2. große Tiere – kleine Tiere

Schaf – Schäfchen

Hase – Häschen

Gans – Gänschen

Affe – Äffchen

30

•• 1. Kinderreim flüssig und laut lesen
•• 2. Nomen mit zwei Farben nachspuren, fehlende Verkleinerungsformen mit zwei Farben schreiben

Auf dem Bauernhof — zu S. 56, 57

1. Finde die Tiere.

E	F	B	U	L	L	E	B	H	A	S	E	L	A
E	M	A	U	S	B	E	B	H	A	E	N	T	E
K	A	T	E	R	T	E	B	H	E	N	N	E	A
E	F	B	H	O	F	H	U	N	D	S	E	L	A
E	F	O	H	L	E	N	U	N	P	F	E	R	D

2. Wo leben die Tiere?

				B	U	L	L	E
			H	A	S	E		
		M	A	U	S			
	E	N	T	E				
K	A	T	E	R				
		H	E	N	N	E		
	H	O	F	H	U	N	D	
			F	O	H	L	E	N
			P	F	E	R	D	

Diese Tiere leben alle
auf dem Bauernhof.

3. Ein Erlebnis mit Tieren

•• 1. Nomen markieren
•• 2. Mit zwei Farben passende Nomen in die Felder schreiben und Lösungswort eintragen
••• 3. Mithilfe der Schreibtabelle eine eigene Geschichte schreiben

31

1. 

2.

Störche	Storchennest
Stiere	Ställe
Straße	Stämme
Stare	Steine

• 1. Im Klassengespräch die Nomen im Bild klären
• 2. Silben abstreichen und Nomen mit zwei Farben schreiben

1.

	Ort	Sp	Sport	
	echt	Sp	Specht	
	Eiche	Sp	Speiche	

2.

Spiegeleier

Spaghettieis

Spinatnudeln

Speckbrot

Bananensplit

Speisekarte

Spiegeleier
Spaghettieis
Spinatnudeln
Speckbrot
Bananensplit

3. Was isst du gerne? Schreibe deine Speisekarte.

•• 1. Zauberwörter finden: **Sp** hinzufügen und mit zwei Farben schreiben
• 2. Wörter mit zwei Farben in die Speisekarte schreiben
••• 3. Mithilfe der Schreibtabelle eine eigene Speisekarte schreiben

1.

Der Klapperstorch

Klapperstorch und Klapperstorch
klappern auf dem Neste, horch!
Klappern, wir sind wieder da
aus dem fernen Afrika.
Flogen über die Türkei,
legen bald ins Nest ein Ei.

2. St oder Sp?

	Stern		Storch
	Spinnen		Spiegel
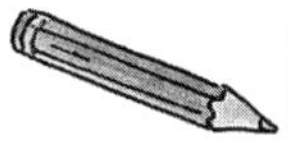	Stift	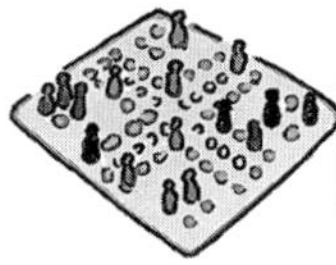	Spiel
	Specht		Stuhl
	Stein		Stiefel

•• 1. Reime flüssig und laut lesen
•• 2. St oder Sp einfügen und Nomen mit zwei Farben schreiben

1.

Störche klappern mit dem Schnabel.

Störche suchen Futter.

Störche füttern die kleinen Störche.

Störche fliegen nach Süden.

Störche überwintern in Afrika.

~~überwintern~~ ~~füttern~~ ~~klappern~~ ~~fliegen~~ ~~suchen~~

~~mit dem Schnabel~~ ~~Futter~~ ~~in Afrika~~ ~~nach Süden~~ ~~die kleinen Störche~~

2. Hast du auch schon ein Tier beobachtet?

•• 1. Zu jedem Bild ein passendes Verb und eine passende Ergänzung aus dem Wörterpool oder ganze Sätze mit zwei Farben schreiben
Die benutzten Wörter im Wörterpool abstreichen
••• 2. Mithilfe der Schreibtabelle einen eigenen Text schreiben

1.

2.

Zebra | zwei

3.

Ziege	zwei	Zebra
Pilze	Zitrone	Zwiebel
Brezel	Zucker	Kerze

- 1. Einführung der Gebärde z
- •• 2. Zu den Gebärden mit zwei Farben schreiben: Zebra, zwei
- 3. Silben abstreichen und Nomen mit zwei Farben schreiben

1. –

2. Was Kinder und Tiere tun:

- 1. Im Klassengespräch alle Bildwörter klären: Ziege, Brezel, Kerze, Wurzel
  In Einzelarbeit Bildwörter mit zwei Farben in Häuschen schreiben
- 2. Silben abstreichen und Verben mit zwei Farben schreiben ••• Sätze mithilfe der Schreibtabelle ins Heft schreiben

1.

Zoogedicht

Die Bären brummen,
die Bienen summen.
Die Tauben gurren,
die Wölfe knurren.
Die Störche klappern,
die Kinder plappern.
Den ganzen Tag die gleiche Leier,
Papa Strauß bewacht die Eier.

2. Was machen die Tiere?

Bären	brummen
Bienen	summen
Tauben	gurren
Wölfe	knurren
Störche	klappern

•• 1. Gedicht flüssig und laut lesen
•• 2. Tiernamen und Verben aus dem Gedicht mit zwei Farben schreiben

1. Mia und Mio im Zoo

Mia und Mio bezahlen
an der Zookasse.

Mio streichelt eine
braune Ziege.

Mia hält ein Häschen
im Arm.

Sie beobachten die
Menschenaffen.

Sie gehen zum Tor
hinaus.

~~beobachten~~ ~~bezahlen~~ ~~die Menschenaffen~~
~~gehen~~ ~~hält~~ ~~zum Tor hinaus~~ ~~ein Häschen im Arm~~
~~an der Zookasse~~ ~~eine braune Ziege~~ ~~streichelt~~

•• 1. Zu jedem Bild ein passendes Verb und eine passende Ergänzung aus dem Wörterpool oder eigene Sätze mit zwei Farben schreiben
Die benutzten Wörter im Wörterpool abstreichen

1. 

Tiere wie die Katzen
haben weiche Tatzen.
Nur die Krallen sind so spitz.
Beim Gewitter zuckt der Blitz.

2. Immer ein Buchstabe fehlt.

Matratze
Katze
Tatze
Glatze
Spatzen
Spitzen
spritzen

•• 1. Reime flüssig und laut lesen
•• 2. Fehlende Buchstaben ergänzen und mit zwei Farben schreiben

1. Aus zwei Wörtern wird eins.

Mai + Käfer = Maikäfer
Mai + Baum = Maibaum
Mai + Glöckchen = Maiglöckchen
Mai + Lied = Mailied

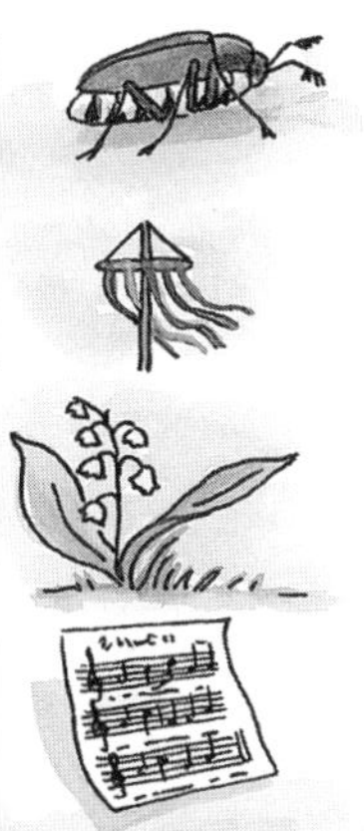

2.

				K	a	i	
			L	a	i	c	h
		H	a	i			
	M	a	i	s			
S	a	i	t	e			
S	a	m	u	r	a	i	

Er regierte ein großes Reich:
der Kaiser.

•• 1. Wörter zusammensetzen und mit zwei Farben schreiben
Verwendete Wörter abstreichen
• 2. Passende Wörter in die Felder mit zwei Farben schreiben und Lösungswort eintragen

Das Kinderfest

zu S. 62, 63

1.

Moritz und Aisu
wohnen im
selben Haus.

Aisus Papa spielt
auf einem
Saiteninstrument.

Moritz sitzt auf
einem Stuhl.

Die Kinder lernen
ein Tanzlied.

42

•• 1. Zu jedem Bild ein passendes Verb und eine passende Ergänzung aus dem Wörterpool oder eigene Sätze mit zwei Farben schreiben
Die benutzten Wörter im Wörterpool abstreichen

Das Kinderfest

zu S. 62, 63

1.

Eller eller sap sap sap — mit den Händen klap klap klap

bir saga, bir sola — einmal rechts, einmal links

ayaklar rap rap rap — mit den Füßen tap tap tap

dans edelim kol kola — Arm in Arm tanzen

43

••• 1. Bilder mit türkischem Text mit den passenden Kärtchen verbinden

Lena im Rollstuhl

1.

Schlange

2.

Finger | lang

3.

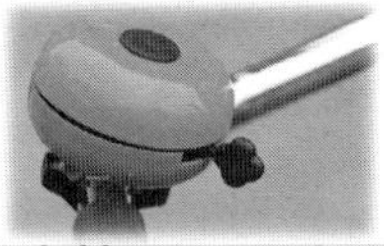

Engel | Angel | Klingel

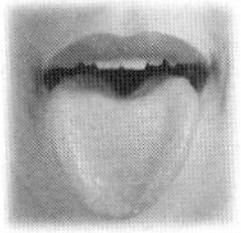
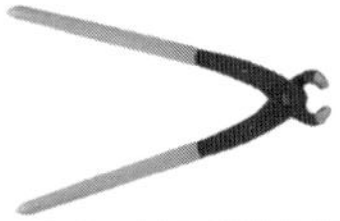

Zunge | Zange | Ring

Schlange | Schmetterling

- 1. Einführung der Gebärde **ng**
- 2. Zu den Gebärden mit zwei Farben schreiben: Finger, lang
- 3. Silben abstreichen und Nomen mit zwei Farben schreiben

Lena im Rollstuhl

1. –

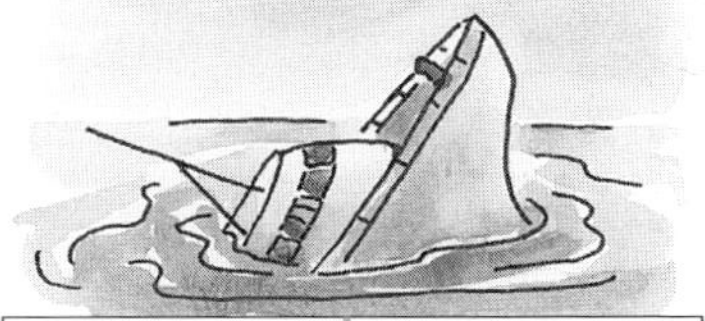

singen
sinken

singen | sinken

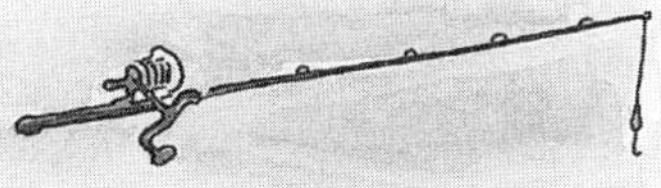
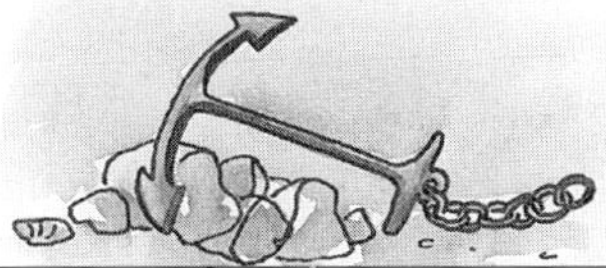

Angel
Anker

Angel | Anker

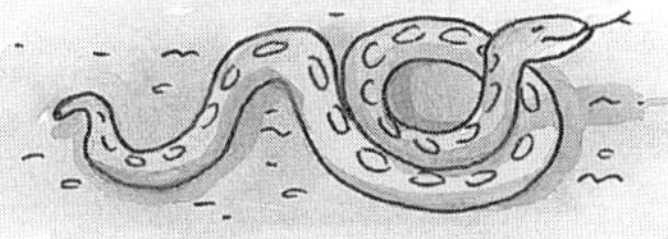

Schlange
Schranke

Schlange | Schranke

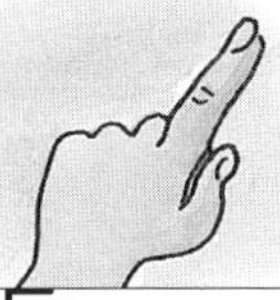

Finger
Finken

Finger | Finken

Engel
Enkel

Engel | Enkel

- 1. Im Klassengespräch den Unterschied **ng – nk** besprechen
In Einzelarbeit Wörter mit zwei Farben schreiben

Lena im Rollstuhl — zu S. 64, 65

Lena zu Hause

1. Lies auf Seite 64 und 65 in der Fibel und überlege:
   Was kann Lena? Wobei benötigt sie Hilfe?

2. Tausche dich mit einem Partner aus.
   Tragt Stichwörter ein.

Das kann Lena:

essen

Pullover anziehen

lesen

fernsehen

Dazu benötigt sie Hilfe:

etwas aufheben

Hose anziehen

aufstehen

3. Stellt eure Stichwörter in der Klasse vor.

••• 1. Ich: In Einzelarbeit überlegen
2. Du: Sich mit Partner austauschen und Stichwörter schreiben
3. Wir: In der Klasse besprechen

Lena im Rollstuhl — zu S. 64, 65

1. (lesen) – (schreiben)

Lena geht gerne zur Schule.

Die Kinder sind sehr nett.

Die Schule hat eine Treppe.

Das ist für Rollis ein Hindernis.

Die Lehrerin hat eine Rampe bauen lassen.

Alle helfen Lena gerne.

Susi sucht den Ring auf dem Boden.

Ali bringt ein Glas mit Wasser.

Marie hängt Lenas Bild auf.

•• 1. Passende Wörter mit zwei Farben in die Lücken schreiben und im Wörterpool abstreichen

1.

2.

Jaguar | ja

Juli | Juni

3.

Jäger

Junge

Jacke

Judo

Jaguar

Januar

• 1. Einführung der Gebärde j
•• 2. Zu den Gebärden mit zwei Farben schreiben: Jaguar, ja, Juli, Juni
• 3. Silben abstreichen und Nomen mit zwei Farben schreiben

1.

Der Jaguar	ist eine Raubkatze.
Das Jahr	hat 4 Jahreszeiten.
Der Januar	ist der erste Monat.
Der Joghurt	schmeckt lecker.
Der Jäger	geht auf die Jagd.
Der Junge	spielt Jo-Jo.

2. Schreibe Sätze.

Der Jaguar ist eine Raubkatze.

Das Jahr hat 4 Jahreszeiten.

Der Januar ist der erste Monat.

Der Joghurt schmeckt lecker.

Der Jäger geht auf die Jagd.

Der Junge spielt Jo-Jo.

•• 1. Satzanfang mit dem passenden Satzende verbinden
•• 2. Sätze mit zwei Farben schreiben

1.

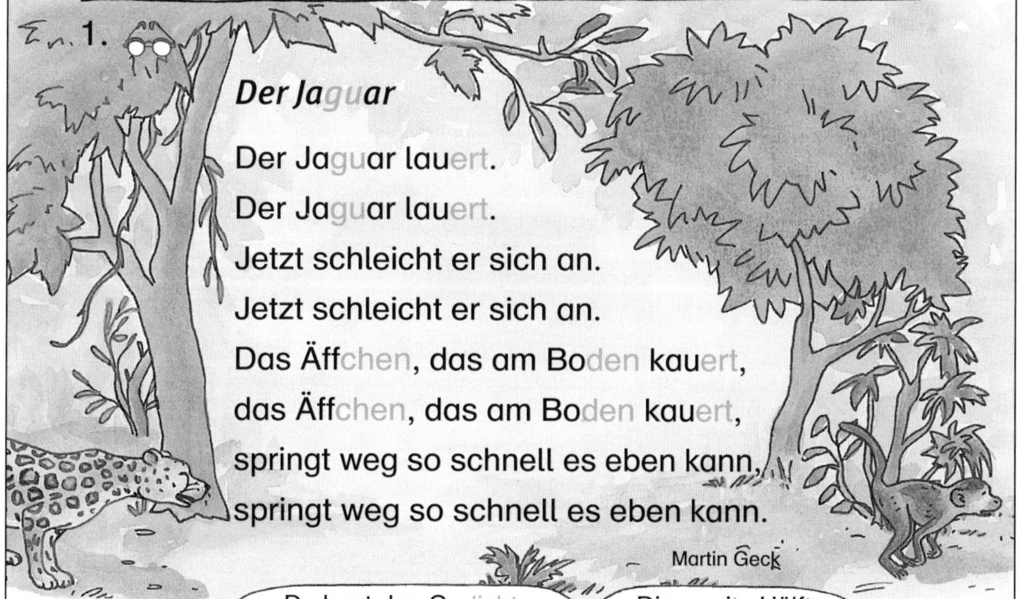

Der Jaguar

Der Jaguar lauert.
Der Jaguar lauert.
Jetzt schleicht er sich an.
Jetzt schleicht er sich an.
Das Äffchen, das am Boden kauert,
das Äffchen, das am Boden kauert,
springt weg so schnell es eben kann,
springt weg so schnell es eben kann.

Martin Geck

2.

Du hast das Gedicht toll vorgetragen.

Die zweite Hälfte muss ich noch üben.

3.

Sein gelbes Fell hat schwarze Flecken.

Jaguare leben im Regenwald.

Sie können klettern und schwimmen.

Sie jagen kleine Affen und Schildkröten.

~~schwimmen~~ ~~kletter~~n ~~Fle~~cken ~~Re~~gen~~wald~~ ~~Schild~~kröten ~~Af~~fen ~~schwar~~ze

•• 1. Reime flüssig und laut lesen
• 2. Über Lernen sprechen: Gedichtvortrag
•• 3. Passende Wörter mit zwei Farben in die Lücken schreiben und im Wörterpool abstreichen

1.

F	Feder	Z	Zunge
j	jeder	J	Junge
d	da	Tr	Trubel
j	ja	J	Jubel
r	rodeln	fr	fragen
j	jodeln	j	jagen

2. Richtig oder falsch? Schreibe ja oder nein.

Der Jaguar lebt in Australien. nein

Manche Jaguare sind schwarz. ja

Jaguare jagen Pinguine. nein

Jaguare haben ein kräftiges Gebiss. ja

Jaguare haben ein schönes Fell. ja

3. Schreibe einen Steckbrief zu einem Tier.

•• 1. Reimwörter mit zwei Farben schreiben
•• 2. Sätze mit „ja" oder „nein" beantworten
••• 3. Mithilfe der Schreibtabelle einen eigenen Steckbrief schreiben

Eu*len* ja*gen* in der Nacht — zu S. 68, 69

1.

2.

Freund | neun

3.

Steuer | Heu | Eule

Euro | Freunde | Teufel

Feuer | Scheune | neun

• 1. Einführung der Gebärde **eu**
•• 2. Zu den Gebärden schreiben: Freund, neun
• 3. Silben abstreichen und Wörter mit zwei Farben schreiben

52

Eu*len* ja*gen* in der Nacht — zu S. 68, 69

1. –

2. Was Kin*der* tun:

heulen

freuen

streuen

leuchten

ankreuzen

•• 1. Im Klassengespräch alle Bildwörter klären: Leute, Teufel, Eule, Beutel
In Einzelarbeit Bildwörter mit zwei Farben in Häuschen schreiben
• 2. Silben abstreichen und Verben mit zwei Farben schreiben ••• Sätze mithilfe der Schreibtabelle ins Heft schreiben

53

Eulen jagen in der Nacht — zu S. 68, 69

1. *Die Eule*

Abends gegen neune
in der alten Scheune
hört man ein Geheule,
so ruft die Schleiereule.
Schlafen nachts die Leute,
jagt sie ihre Beute.
Schuhu, schuhu
um Mitternacht ist Ruh.

2. Simsalabim, aus ei wird eu.

 nein — ei → eu — neun 

 Eile — Ei → Eu — Eule 

 Feier — ei → eu — Feuer 

 heilen — ei → eu — heulen 

 Scheine — ei → eu — Scheune 

54

•• 1. Gedicht flüssig und laut lesen
•• 2. Wörter nachspuren, ei/Ei durch eu/Eu ersetzen und mit zwei Farben schreiben

Eulen jagen in der Nacht — zu S. 68, 69

1.

Neun Kinder beobachten Tiere.
Hinter der Scheune liegen Bällchen.
Der Förster breitet ein neues Tuch aus.
Die Freunde untersuchen das Gewölle.
Da sind Reste der Beutetiere.
Wo sind die Eulen am Tag?
Der Förster sagt: „Sie sind scheu.
Wir sehen mal in der Scheune nach.“
Da sitzt eine Eule auf dem Heuboden.
Die Kinder freuen sich.

•• 1. Passende Wörter mit zwei Farben in die Lücken schreiben und abstreichen

55

Vogelnest im Garten

zu S. 70, 71

1.

Vogel

2.

Eva   Vater

3.

Vogel

Kurve

Vater

Veilchen

Vase

Vulkan

Vogelnest

Lokomotive

- 1. Einführung der Gebärde v
- 2. Zu den Gebärden mit zwei Farben schreiben: Eva, Vater
- 3. Silben abstreichen und Nomen mit zwei Farben schreiben

Vogelnest im Garten

zu S. 70, 71

1. –

A
V | o | g | e | l

A
V | a | s | e

2. –

Was hörst du?

V wie **F**

vier

voll

Veilchen

Vogel

Vater

V wie **W**

Lava

Klavier

Vampir

Vulkan

Vase

3.

Ich höre F oder W, schreibe aber V.

Diese Wörter muss ich mir merken.

- 1. Im Klassengespräch alle Bildwörter klären: Vogel, Vase; In Einzelarbeit Bildwörter mit zwei Farben in Häuschen schreiben
- 2. V-Wörter nach Gehör zuordnen, Silben und Bild abstreichen und mit zwei Farben schreiben
- 3. Über Lernen sprechen: Wörter mit V

Vogelnest im Garten

zu S. 70, 71

1.

Amselmann und Amselfrau

Gelber Schnabel, schwarze Feder,
Amselmann, so kennt dich jeder.
Schöner als die Amselfrau,
braune Feder, Schnabel grau.
Morgens und am Abend lang
erfreust du uns mit dem Gesang,
dort oben auf dem höchsten Ast.
Sei uns willkommen, lieber Gast.

2. Trage die Farbe ein.

	Amselmann	Amselfrau
Federkleid	schwarz	braun
Schnabel	gelb	grau

3. Schreibe ja oder nein.

	Amselmann	Amselfrau
Augenring	ja	nein
Gesang	ja	nein

•• 1. Gedicht flüssig und laut lesen
•• 2. Passende Farben in die Tabelle als Wörter eintragen
•• 3. Ja oder nein in die Tabelle eintragen
Informationen aus den Lesetexten ableiten oder aus anderen Quellen besorgen

Vogelnest im Garten

zu S. 70, 71

1. Schreibe Sätze.

Beispiellösung

Eva und Vater sitzen
auf der Gartenbank.

Der Amselvater füttert
vier junge Vogelkinder.

Die Vogeleltern bringen
viele Raupen, Würmer
und Käfer.

Die Vogelkinder
verlassen das Nest.

Der Kater muss im
Haus bleiben.

••• 1. Sätze nach dem Text in der Silbenfibel ergänzen oder eigene Sätze mithilfe der Schreibtabelle schreiben

Was Tiere träumen zu S. 72, 73

1. – Finde die Unterschiede.

2. Simsalabim, aus au wird äu

Strauch	Sträucher
Baum	Bäume
Zaun	Zäune
Haus	Häuser
Maus	Mäuse
Traum	Träume

• 1. Sechs Unterschiede finden:
1 Baum – 3 Bäume; 1 Zaun – 3 Zäune; 1 Haus – 4 Häuser; 1 Maus – 4 Mäuse; 1 Strauch – 4 Sträucher; 1 Traum – 2 Träume
Im Klassengespräch Lösung besprechen
•• 2. Wörter nachspuren und mit zwei Farben schreiben

Was Tiere träumen zu S. 72, 73

1. –

A: B äu me

A: H äu ser

A: M äu se

A: Z äu ne

2. Simsalabim, aus groß wird klein

Zaun	Zäunchen
Haus	Häuschen
Baum	Bäumchen
Maus	Mäuschen
Daumen	Däumchen
Faust	Fäustchen

•• 1. Im Klassengespräch alle Bildwörter klären: Bäume, Häuser, Mäuse, Zäune
In Einzelarbeit Bildwörter mit zwei Farben in Häuschen schreiben
•• 2. Mit zwei Farben Wörter nachspuren, Verkleinerung mit „chen“ bilden und mit zwei Farben schreiben

Was Tiere träumen

zu S. 72, 73

1.

Nomen	Verb (verbunden mit)
Räuber	rauben
Käufer	kaufen
Läufer	laufen
Raum	aufräumen
Traum	träumen
Schaum	schäumen

Kaufen, aufräumen, schäumen, rauben, laufen, träumen

2.

Räuber	rauben
Käufer	kaufen
Läufer	laufen
Raum	aufräumen
Traum	träumen
Schaum	schäumen

•• 1. Nomen und Verben verbinden
• 2. Passende Wörter aus Aufgabe 1 mit zwei Farben schreiben

Was Tiere träumen

zu S. 72, 73

1. – Wovon Mäuschen träumen

Zwei Mäuschen träumen

in ihrem Häuschen.

Sie rennen an Bäumen vorbei.

Sie schlüpfen durch Zäune.

Sie springen durch Sträucher.

Auf einmal stehen sie vor einem Schloss.

Am Eingang sind hohe Säulen.

Leise trippeln sie durch die Räume

und schnuppern: Mmh, Kräuter!

Sie finden leckeren Käse und

schleppen ihn weg – die Räuber.

•• 1. Silben abstreichen und passende Nomen mit zwei Farben in die Lücken schreiben

Die Frösche quaken

zu S. 74, 75

1.

2.

Quark | Quirl

3.

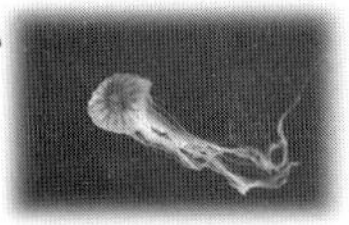

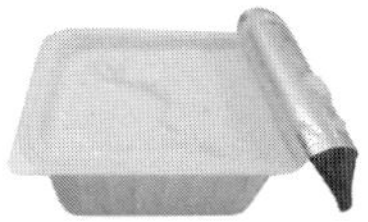

Qualle | Quelle | Quark

Qualm | Quartett | Quadrat

Aquarium | Querflöte

~~Quar~~ | ~~A~~ | ~~Quer~~ | ~~Qual~~ | ♩♩♪♩ | ~~qua~~ | ~~drat~~ | ~~flö~~ | ~~ri~~ | ~~le~~

~~Quel~~ | ~~Qua~~ | ~~Qualm~~ | ~~Quark~~ | ♩♩♪♩ | ~~um~~ | ~~le~~ | ~~tett~~ | ~~te~~

- 1. Einführung der Gebärde **qu**
- •• 2. Zu den Gebärden schreiben: Quark, Quirl
- • 3. Silben abstreichen und Nomen mit zwei Farben schreiben

64

Die Frösche quaken

zu S. 74, 75

1.

2.

Die Kinder quengeln.

Die Schweine quieken.

Die Reifen qualmen.

Die Reifen quietschen.

Die Kinder quasseln.

Die Frösche quaken.

- • 1. Im Klassengespräch Zuordnung klären und in Einzelarbeit verbinden
- •• 2. Sätze mit zwei Farben schreiben und verwendete Wörter im Wörterpool abstreichen

65

Die Frösche quaken

zu S. 74, 75

1. Der Frosch

Auf meinem kleinen Gartenteich,
da treibt ein grünes Blatt,
und auf dem Blatt, da döst ein Frosch
vom vielen Springen matt.
Da schreckt er auf: „Es klappert, horch!
Jetzt wird es ernst, das ist der Storch!“
Ein letzter Sprung bringt Rettung heute.
Der Storch zieht weiter ohne Beute.

2. Wir reimen lustig weiter

Der Frosch sitzt in der Pfütze
und trägt ’ne rote Mütze.

Die steht ihm auch sehr gut,
viel besser als ein Hut.

Er schwimmt im Teich, der kleine Mann,
und quakt und quakt so laut er kann.

Kommt eine Fliege vor sein Maul,
schnappt er gleich zu und ist nicht faul.

•• 1. Gedicht flüssig und laut lesen
•• 2. Passende Wörter mit zwei Farben in die Lücken schreiben und abstreichen

Die Frösche quaken

zu S. 74, 75

1. Eva wohnt in einem
Haus mit Garten.
Aus einer Quelle fließt Wasser
in einen großen Teich.

Jeden Abend quaken die Frösche.
Libellen schwirren durch die Luft.
Goldfische schwimmen im klaren Wasser.
Frösche schnappen nach Fliegen.

Sie legen sehr viele Froscheier.
Aus den Eiern schlüpfen Kaulquappen.
Sie entwickeln sich zu Fröschen.

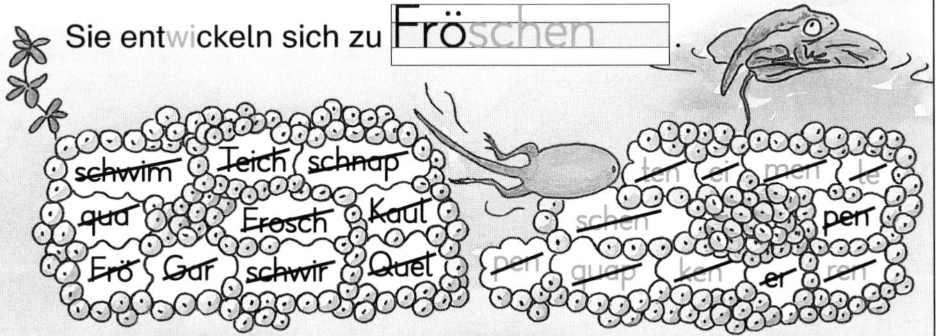

2. Welche Tiere leben am Wasser?

••• 1. Silben abstreichen und passende Wörter mit zwei Farben in die Lücken schreiben
••• 2. Mithilfe der Schreibtabelle eine eigene Geschichte schreiben

Auf dem Ponyhof

1.

2.

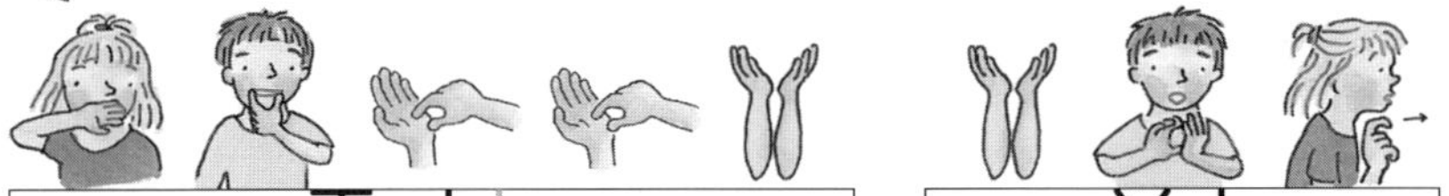

Teddy | Yak

3.

Pony | Handy | Baby

Yak | Gyros | Yoga

Teddy | Zylinder | Yeti

~~Han~~ ~~Yo~~ ~~Ted~~ ~~Zy~~ ~~Gy~~ — — — —

~~Ba~~ ~~Ye~~ ~~Yak~~ ~~Po~~ — — — ~~der~~ —

• 1. Einführung der Gebärde **y**
•• 2. Zu den Gebärden schreiben: Teddy, Yak
• 3. Silben abstreichen und Nomen mit zwei Farben schreiben

Auf dem Ponyhof

1. Y und y können klingen wie in

Pony | Pyramide | Yak

2.

 Yacht

 Hobby

 Labyrinth

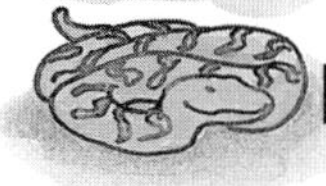 Python

 Baby

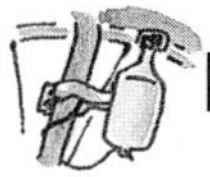 Dynamo

 Handy

 Yasmin

 Olympia

 Yeti

 Yoga

 Teddy

3.

wie in Pony	wie in Pyramide	wie in Yak
Baby	Olympia	Yacht
Hobby	Dynamo	Yeti
Handy	Labyrinth	Yoga
Teddy	Python	Yasmin

•• 1. Im Klassengespräch y-Laute unterscheiden
•• 2. Je nach Klang die y-Laute mit den 3 Farben passend nachspuren
• 3. Nomen von Aufgabe 2 mit zwei Farben in die richtige Spalte schreiben

Auf dem Ponyhof — zu S. 76, 77

1. **Das kleine Pony**

Ich bin ein kleines Pony,
mein Reiter, der heißt Conny.
Ruft Conny einmal: Hopp!
Dann laufe ich Galopp.
Und bin ich richtig schlapp,
dann werf ich Conny ab.

Klaus W. Hoffmann

2.

Conny braucht zum Reiten einen Ponysattel.

•• 1. Gedicht flüssig und laut lesen
•• 2. Passende Wörter in die Felder mit zwei Farben schreiben und Lösungswort eintragen

Auf dem Ponyhof — zu S. 76, 77

1. Wie gelangt Sylvia zum Ponyhof?

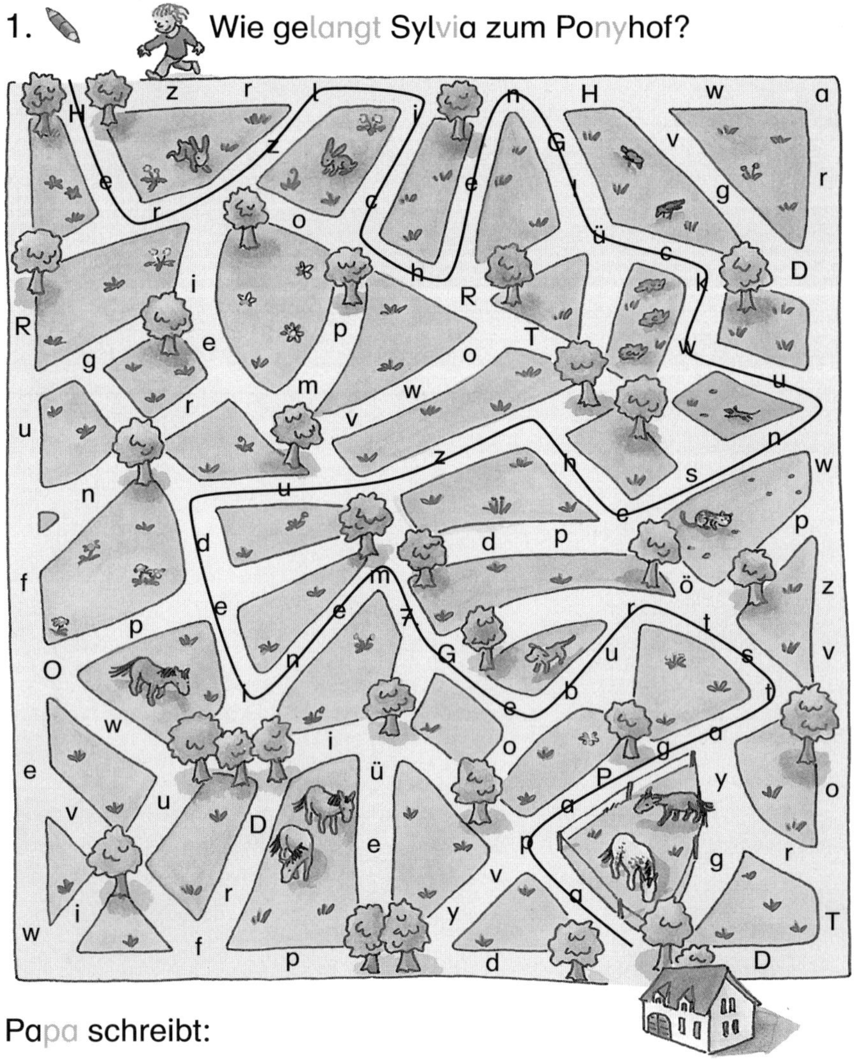

Papa schreibt:

Herzlichen Glückwunsch zu deinem 7. Geburtstag Papa

••• 1. Richtigen Weg finden und Lösungssatz mit zwei Farben schreiben

1.

2.

Claudia	Cornelia
Nico	Clown
Creme	Chamäleon
Cowboy	Computer
Comic	Cent

• 1. Im Klassengespräch Wörter im Bild mit C/c und Ch klären
• 2. Silben abstreichen und Wörter mit zwei Farben schreiben

1.

Zirkusglück

Die kleinen und die großen Leute
kommen in den Zirkus heute.
Erleben in dem hohen Zelt
eine zauberhafte Welt.
Der Cowboy führt die Pferde vor.
Von Clowns ertönt Musik im Chor.
Bravo, rufen groß und klein.
Zum Schluss erlischt der Lichter Schein.

2.

W	C	O	W	B	O	Y	I	C	E	N	T
E	M	T	C	L	O	W	N	E	N	H	I
C	A	C	O	M	P	U	T	E	R	E	C
R	C	H	A	M	Ä	L	E	O	N	V	H
E	F	C	H	I	N	E	S	E	S	C	O
M	S	Z	C	O	M	I	C	L	H	O	R
E	G	C	A	M	P	I	N	G	E	L	N
O	D	R	A	C	U	L	A	H	J	A	B

•• 1. Gedicht flüssig und laut lesen
•• 2. Wörter finden, färben und passende Bilder ankreuzen

Clowns im Zirkus

zu S. 78, 79

1.

Sie gehen in die

Vorstellung.

Auf der Wiese steht ein

Cowboy mit Pferden.

Die Clowns machen

Musik.

Piccolo spielt auf der

Piccolo-Flöte.

Co schlägt die

Trommel.

Die Zuschauer rufen

„Bravo!".

2. Warst du schon einmal im Zirkus?

74

••• 1. Sätze nach dem Text in der Silbenfibel oder eigene Sätze mithilfe der Schreibtabelle ins Heft schreiben
••• 2. Mithilfe der Schreibtabelle einen eigenen Text schreiben

Hexe Trixi

zu S. 80, 81

1.

2.

Trixi | Axt

3.

Hexe

Boxer

Axt

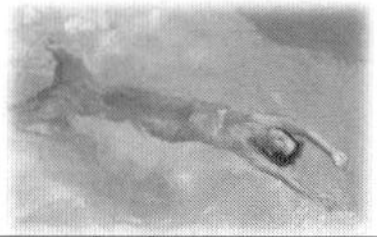

Nixe

Mixer

Lexikon

Abraxas

Taxi

Saxofon

75

• 1. Einführung der Gebärde x
•• 2. Zu den Gebärden mit zwei Farben schreiben: Trixi, Axt
• 3. Silben abstreichen und Nomen mit zwei Farben schreiben

1.

Das x-Gedicht

Mit x, mit x, mit x,
da gibt es wirklich nix.
Kein Vogel, Käfer, Säugetier
beginnt mit x, das glaube mir.
Musik mit x, das gibt es schon:
Man macht sie auf dem Xylofon.
Probier es einfach aus,
es wird schon was daraus!

Martin Geck

2. Ergänze die Bilder.

Trixi fliegt auf ihrem Hexenbesen.

Xaver geht mit seinem Boxer spazieren.

Abraxas sitzt auf der Kirchturmspitze.

Trixi mixt zwei Becher Hexenlimo.

•• 1. Gedicht flüssig und laut lesen
•• 2. Bilder passend zu den Texten ergänzen

1.

① Trixi ist eine kleine …
② Trixi kauft einen …
③ Der Rabe heißt …
④ Der Besenbinder heißt …
⑤ Trixi nennt den Besen …
⑥ Trixi saust dahin wie ein …
⑦ Trixi sagt: „Fliegen macht …“
⑧ Trixi bleibt beinahe am … hängen.
⑨ Trixi findet den Zauberspruch im …

① Hexe
② Besen
③ Abraxas
④ Xaver
⑤ Sausebengel
⑥ Wirbelwind
⑦ durstig
⑧ Kirchturm
⑨ Hexenlexikon

Lösung:

Trixi mixt zwei Becher Hexenlimo.

•• 1. Passende Wörter zu den Sätzen in die Felder mit zwei Farben schreiben
Lösungswort mit zwei Farben schreiben

Die Bremer Stadtmusikanten zu S. 82 – 84

Rollenspiel „Die Bremer Stadtmusikanten“

1. Wer sagt was? Trage ein.

Die Tiere sind auf dem Weg nach Bremen.

Esel: „Die Säcke wurden mir zu schwer.“
Hund: „Die Kette scheuerte mein Fell am Hals.“
Katze: „Ich konnte keine Mäuse mehr fangen.“
Hahn: „Die Bäuerin wollte mich mit der Suppe kochen.“

Die Tiere sehen einen schwachen Lichtschein.

Katze: „Ich schleiche leise vor und spioniere.“
Hahn: „Ich fliege auf den Baum und halte Ausschau.“
Esel: „Wir verstecken uns hier, bis ihr zurückkommt.“

Die Tiere nähern sich dem Haus.

Esel: „Ich stelle mich auf die Fensterbank.“
Hund: „Ich springe auf deinen Rücken.“
Katze: „Ich klettere auf deinen Rücken.“
Hahn: „Ich fliege nach oben.“

Die Tiere machen einen Höllenlärm.

Esel: „Ia!“ Katze: „Miau!“
Hund: „Wauwau!“ Hahn: „Kikeriki!“

Die Räuber fliehen.

Räuber: „O Schreck – Gespenster!“

78

••• 1. Ich: Die Sprecher eintragen, mit zwei Farben schreiben

Bald ist Ostern zu S. 86, 87

1. So wird der Osterhase bunt

Auf der grünen Wiese

Osterhase Peter hält
ein gelbes Ei in der Hand.
Auf dem Rücken trägt er
einen braunen Korb.
Im Korb sind ein rotes
und ein blaues Ei.
Sein Kopf, seine Hände
und seine Beine sind braun.
Das Hemd ist lila.
Seine Hose ist rot.
Er trägt weiße Socken
und blaue Schuhe.

80

••• 1. Ich: In Einzelarbeit die Farbwörter im Text unterstreichen
Du: In Partnerarbeit Ergebnis vergleichen und Hasen anmalen
Wir: In der Gruppe/Klasse die schönsten Bilder prämieren

Die Wochenpläne orientieren sich immer an der Silbenfibel-Doppelseite.
Es beginnt mit Wochenplan 2 für die 2. Woche (vgl. Kapitel II, S. 147). Auf den Wochenplänen sind alle Materialien aufgeführt, die in den Kommentaren für diese Doppelseite genannt werden.
Der Wochenplan zeigt die zeitliche Abfolge für den Einsatz der Silbenfibel, des Schreiblehrgangs und des Arbeitsheftes. Diese drei Materialien müssen von allen Kindern bearbeitet werden. Jede Woche startet mit der Bildbetrachtung der Silbenfibel-Doppelseite und bis S. 28 mit der Silbenschule. Die anderen genannten Materialien können individuell zur Differenzierung eingesetzt werden.

Bei den weiteren Materialien werden genannt:

- Arbeitsblätter zur individuellen Förderung
- Mini-Silbenschieber / Silbenschieber
- Silbenkärtchen mit Nummer
- Leseteppich mit Nummer
- ABC der Tiere CD-ROM
- Lesezirkus
  Hier sind die Seitenzahlen der jeweiligen Geschichte mit den Fragen zum Leseverständnis aus dem Buch (Bestell-Nr. 1403-92) und die Nummern der Kopiervorlage aus den Arbeitsblättern zum Lesezirkus (Bestell-Nr. 1403-74) aufgeführt.
- Tiergeschichten
  Hier sind passend zum Ankerbild jeweils der Band und die Seitenzahl aufgeführt sowie die Kopiervorlagen aus den Arbeitsblättern zu den Tiergeschichten (Bestell-Nr. 1404-11). Zusätzlich sind die jeweiligen Bände der Tiergeschichten genannt, sobald alle Buchstaben, die im jeweiligen Band verwendet werden, eingeführt sind.
- Silben-Sudoku
  Hier sind die Seitenzahlen der Kopiervorlagen zu den jeweiligen Silbenfibelseiten aufgeführt.
- Silbenbüchlein
  Die Silbenbüchlein dienen als Hausaufgabe zur Vorbereitung der Lernstandserhebung der jeweiligen Woche.

Der Kreis und die Smileys in jedem Feld können von der Lehrerin / dem Lehrer zur Markierung und Bewertung des Arbeitsauftrags oder von den Kindern als Markierung der Erledigung und der Selbsteinschätzung verwendet werden.
Die freien Felder können mit weiteren Arbeitsaufträgen gefüllt werden.

Wochenplan 2

Mimi, S. 8/9

Name: ______________________ Datum: ______________

	Montag	Dienstag	Mittwoch	Donnerstag	Freitag
Silbenfibel	S. 8: mi	S. 8/9			
Schreiblehrgang Teil A		S. 12	S. 13	S. 14	S. 15
Arbeitsheft Teil A		S. 4	S. 5	S. 6	S. 7
Arbeitsblätter zur Differenzierung S. ____		Ma Me Mi Mo Mu Nr. 1		 Band 1, S. 8 – 11, KV 4, 5, 6, 7	 Band 1, S. 12 – 15, KV 8, 9, 10
 Band 4, S. 18 – 23, KV 66, 67, 68, 69					

Wochenplan 3

Momo, S. 10/11

Name: ____________________ **Datum:** ____________

ABC der Tiere 1

	Montag	Dienstag	Mittwoch	Donnerstag	Freitag
Silbenfibel 	S. 10: Momo	S. 10/11			
Schreiblehrgang Teil A 		S. 16	S. 17.1, 17.2	S. 17.3	
Arbeitsheft Teil A 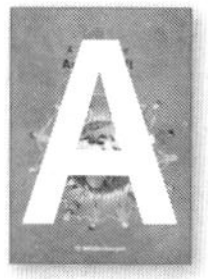	S. 8	S. 9.1, 9.2	S. 9.3	S. 10	S. 11
Arbeitsblätter zur Differenzierung 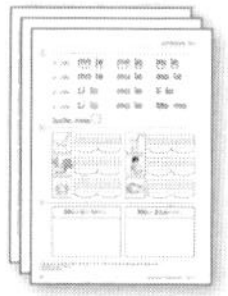 S. ______		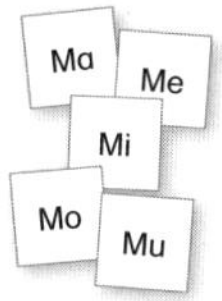 Nr. 1		 Band 7, S. 21–28, KV 100, 101, 102, 103	

Wochenplan 4

Mama, S. 12/13

Name: ______________________ Datum: ______________

	Montag	Dienstag	Mittwoch	Donnerstag	Freitag
Silbenfibel 	S. 12: ma mu mi ○ ☺ 😐 ☹	S. 12/13 ○ ☺ 😐 ☹			
Schreiblehrgang Teil A 		S. 18 ○ ☺ 😐 ☹	S. 19.1 ○ ☺ 😐 ☹	S. 19.2, 19.3 ○ ☺ 😐 ☹	S. 20 ○ ☺ 😐 ☹
Arbeitsheft Teil A 		S. 12 ○ ☺ 😐 ☹	S. 13 ○ ☺ 😐 ☹	S. 14 ○ ☺ 😐 ☹	S. 15 ○ ☺ 😐 ☹
Arbeitsblätter zur Differenzierung 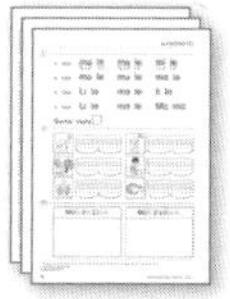 S. ______ ☺ 😐 ☹	 ○ ☺ 😐 ☹	 ○ Nr. 1 ☺ 😐 ☹	 ○ ☺ 😐 ☹	 ○ Band 1, S. 20–24, KV 14, 15, 16, 17 ☺ 😐 ☹	

ABC der Tiere 1

Wochenplan 5

Memo, S. 14/15

Name: ______________________ Datum: ____________

ABC der Tiere 1

	Montag	Dienstag	Mittwoch	Donnerstag	Freitag
Silbenfibel 	S. 14: me mu me	S. 14/15		S. 15	S. 15
Schreiblehrgang Teil A 		S. 21	S. 22	S. 23	
Arbeitsheft Teil A 		S. 16	S. 17	S. 18	S. 19
 Nr. 1	Arbeitsblätter zur Differenzierung 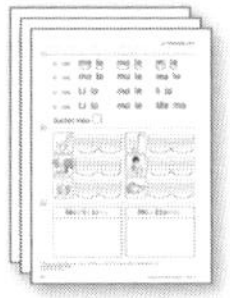 S. ______		 Nr. 1		 Band 1, S. 4–7, KV 1, 2, 3

Wochenplan 6

Lama, S. 16/17

Name: ______________________ Datum: ____________

	Montag	Dienstag	Mittwoch	Donnerstag	Freitag
Silbenfibel 	S. 16: la li le ◯ ☺ 😐 ☹	S. 16/17 ◯ ☺ 😐 ☹		S. 17 ◯ ☺ 😐 ☹	S. 17 ◯ ☺ 😐 ☹
Schreiblehrgang Teil A 		S. 24 ◯ ☺ 😐 ☹	S. 25 ◯ ☺ 😐 ☹	S. 26 ◯ ☺ 😐 ☹	
Arbeitsheft Teil A 	S. 20.1, 20.2 ◯ ☺ 😐 ☹	S. 20.3 ◯ ☺ 😐 ☹	S. 21 ◯ ☺ 😐 ☹	S. 22 ◯ ☺ 😐 ☹	S. 23 ◯ ☺ 😐 ☹
Arbeitsblätter zur Differenzierung 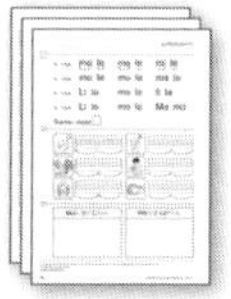 S. ______ ☺ 😐 ☹	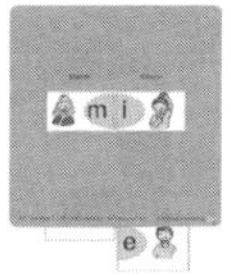 ◯ ☺ 😐 ☹	 ◯ Nr. 1, 2 ☺ 😐 ☹	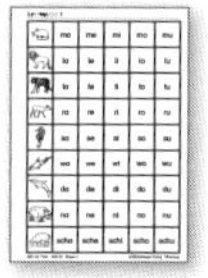 ◯ Nr. 1, 2 ☺ 😐 ☹	 ◯ ☺ 😐 ☹	 ◯ Band 3, S. 19 – 23, KV 49, 50, 51 ☺ 😐 ☹
 ◯ S. 4/5 ☺ 😐 ☹					

ABC der Tiere 1

Wochenplan 7

A, E, I, O, U, S. 18/19

Name: ______________________ Datum: ______________

	Montag	Dienstag	Mittwoch	Donnerstag	Freitag
Silbenfibel 	S. 18/19		S. 19	S. 19	
Schreiblehrgang Teil A 	S. 27	S. 28	S. 29		
Arbeitsheft Teil A 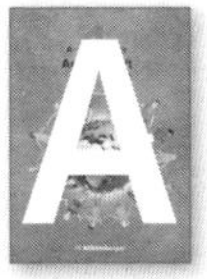		S. 24	S. 25	S. 26	S. 27
Arbeitsblätter zur Differenzierung 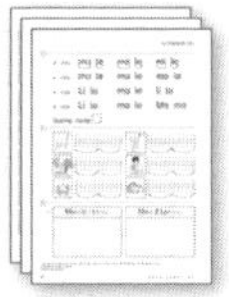 S. ______		 Nr. 1, 2	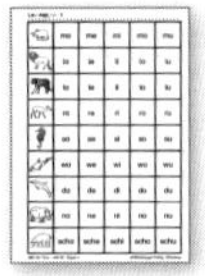 Nr. 1, 2		 S. 6/7

ABC der Tiere 1

Wochenplan 8

Tila und Toto, S. 20/21

Name: ____________ Datum: ____________

	Montag	Dienstag	Mittwoch	Donnerstag	Freitag
Silbenfibel	S. 20: tu tu ☺ 😐 ☹	S. 20/21 ☺ 😐 ☹		S. 20/21 ☺ 😐 ☹	S. 20/21 ☺ 😐 ☹
Schreiblehrgang Teil A		S. 30 ☺ 😐 ☹	S. 31 ☺ 😐 ☹	S. 32 ☺ 😐 ☹	
Arbeitsheft Teil A		S. 28 ☺ 😐 ☹	S. 29 ☺ 😐 ☹	S. 30 ☺ 😐 ☹	S. 31 ☺ 😐 ☹
Arbeitsblätter zur Differenzierung S. ______ ☺ 😐 ☹	☺ 😐 ☹	Ma Me Mi Mo Mu Nr. 1, 2 ☺ 😐 ☹	Nr. 1, 2 ☺ 😐 ☹	☺ 😐 ☹	Band 1, S. 16–19, KV 11, 12, 13 ☺ 😐 ☹
Sudoku S. 8/9 ☺ 😐 ☹					

Wochenplan 9

Ria ruft ia, S. 22/23

Name: ____________________ Datum: ____________

	Montag	Dienstag	Mittwoch	Donnerstag	Freitag
Silbenfibel 	S. 22: ri ra ru	S. 22/23		S. 22/23	S. 22/23
Schreiblehrgang Teil A 	S. 33		S. 34	S. 35	
Arbeitsheft Teil A 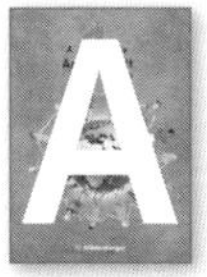		S. 32	S. 33	S. 34	S. 35
 Nr. 2	Arbeitsblätter zur Differenzierung 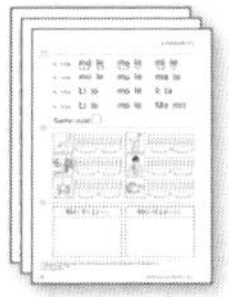 S. ______		 Nr. 1, 2	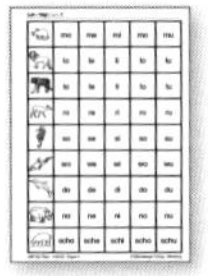 Nr. 1, 2	
 Band 4, S. 13–17, KV 63, 64, 65	 S. 10/11				

ABC der Tiere 1

Wochenplan 10

Sumsumsum S. 24/25

Name: ____________________ Datum: ____________________

	Montag	Dienstag	Mittwoch	Donnerstag	Freitag
Silbenfibel	S. 24: sa so su se si	S. 24/25		S. 24/25	S. 24/25
Schreiblehrgang Teil A	S. 36		S. 37	S. 38	
Arbeitsheft Teil A		S. 36	S. 37	S. 38	S. 39
Arbeitsblätter zur Differenzierung S. ______		Nr. 1, 2, 3	Nr. 1, 2		Band 5, S. 4 – 11, KV 73, 74, 75, 76
S. 12/13					

Wochenplan 11

Wito, S. 26/27

Name: ______________________ Datum: ______________

ABC der Tiere 1

	Montag	Dienstag	Mittwoch	Donnerstag	Freitag
Silbenfibel 	S. 26	S. 26/27		S. 26/27	S. 26/27
Schreiblehrgang Teil A 	S. 39		S. 40	S. 41	
Arbeitsheft Teil A 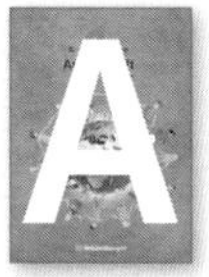		S. 40	S. 41	S. 42	S. 43
Arbeitsblätter zur Differenzierung 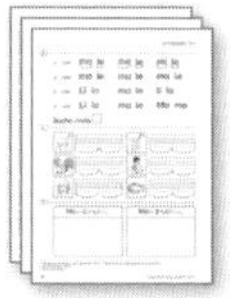 S. ______	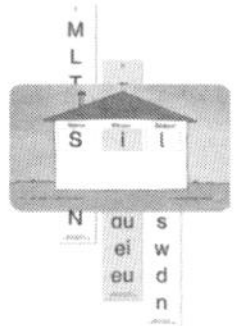	 Nr. 1, 2, 3	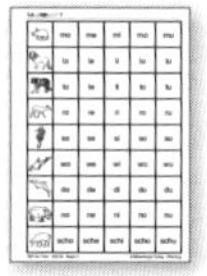 Nr. 1, 2		 Band 1, S. 25 – 29, KV 18, 19, 20, 21
 S. 26 – 29, 71 KV 15, 16, 17	 S. 14/15				

Wochenplan 12

Name: ____________ **Datum:** ____________

Di del da del du del, S. 28/29

ABC der Tiere 1

	Montag	Dienstag	Mittwoch	Donnerstag	Freitag
Silbenfibel 	S. 28: da du da ◯ ☺ 😐 ☹	S. 28/29 ◯ ☺ 😐 ☹		S. 28/29 ◯ ☺ 😐 ☹	S. 28/29 ◯ ☺ 😐 ☹
Schreiblehrgang Teil A 	S. 42 ◯ ☺ 😐 ☹		S. 43 ◯ ☺ 😐 ☹	S. 44 ◯ ☺ 😐 ☹	
Arbeitsheft Teil A 		S. 44 ◯ ☺ 😐 ☹	S. 45 ◯ ☺ 😐 ☹	S. 46 ◯ ☺ 😐 ☹	S. 47 ◯ ☺ 😐 ☹
Arbeitsblätter zur Differenzierung 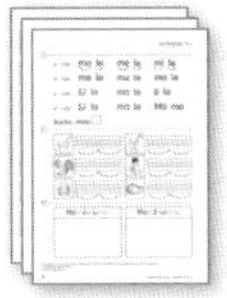 S. ______ ☺ 😐 ☹	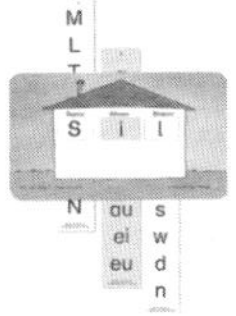 ◯ ☺ 😐 ☹	 ◯ Nr. 1, 2, 3 ☺ 😐 ☹	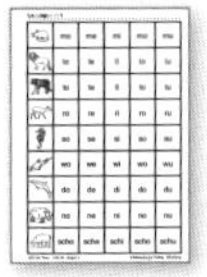 ◯ Nr. 1, 2 ☺ 😐 ☹	 ◯ ☺ 😐 ☹	 ◯ Band 2, S. 13–17, KV 29, 30, 31 ☺ 😐 ☹
 ◯ S. 30–33, 72 KV 18 ☺ 😐 ☹	 ◯ S. 16/17 ☺ 😐 ☹				

Wochenplan 13

Nina und Nena, S. 30/31

Name: ______________ Datum: ______________

	Montag	Dienstag	Mittwoch	Donnerstag	Freitag
Silbenfibel 	S. 30/31	S. 30/31			
Schreiblehrgang Teil A 	S. 45		S. 46	S. 47	
Arbeitsheft Teil A 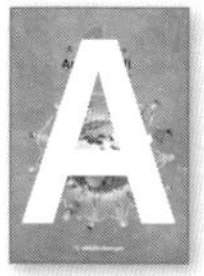		S. 48	S. 49	S. 50	S. 51
 Nr. 3	Arbeitsblätter zur Differenzierung 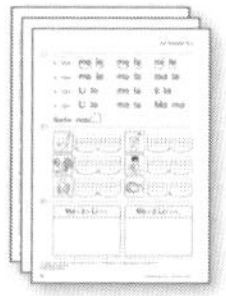 S. ______	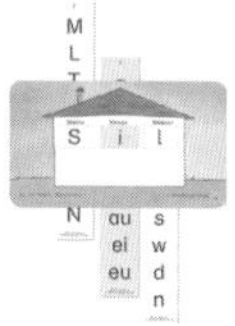	 Nr. 1, 2, 3, 4	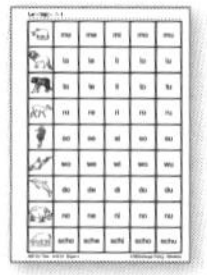 Nr. 1, 2	
 Band 3, S. 14–18, KV 45, 46, 47, 48	 S. 18–25				

Wochenplan 14

Wir essen in der Schule, S. 32/33

Name: ______________________ Datum: ______________

	Montag	Dienstag	Mittwoch	Donnerstag	Freitag
Silbenfibel 	S. 32/33 ◯ ☺ 😐 ☹	S. 32/33 ◯ ☺ 😐 ☹	S. 32/33 ◯ ☺ 😐 ☹		
Schreiblehrgang Teil A 	S. 48 ◯ ☺ 😐 ☹	S. 49 ◯ ☺ 😐 ☹	S. 50.1 ◯ ☺ 😐 ☹	S. 50.2, 50.3 ◯ ☺ 😐 ☹	
Arbeitsheft Teil A 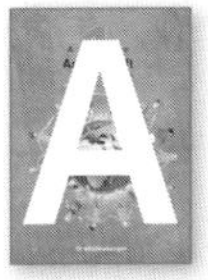		S. 52 ◯ ☺ 😐 ☹	S. 53 ◯ ☺ 😐 ☹	S. 54 ◯ ☺ 😐 ☹	S. 55 ◯ ☺ 😐 ☹
Arbeitsblätter zur Differenzierung 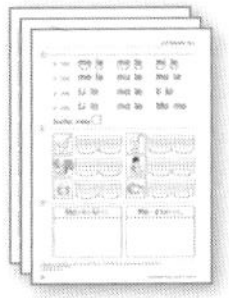 S. ______ ☺ 😐 ☹	 ◯ ☺ 😐 ☹	 ◯ Nr. 1, 2, 3, 4 ☺ 😐 ☹	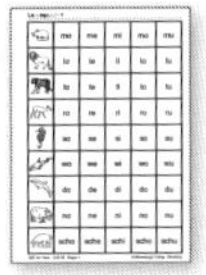 ◯ Nr. 1, 2 ☺ 😐 ☹	 ◯ ☺ 😐 ☹	 ◯ Band 2, S. 24 – 29, KV 36, 37, 38 ☺ 😐 ☹
 ◯ S. 26/27 ☺ 😐 ☹					

Wochenplan 15

Im Winter, S. 34/35

Name: ____________________ **Datum:** ____________

ABC der Tiere 1

	Montag	Dienstag	Mittwoch	Donnerstag	Freitag
Silbenfibel 	S. 34	S. 34	S. 35		
Schreiblehrgang Teil A 	S. 51				
Arbeitsheft Teil A 		S. 56	S. 57	S. 58	S. 59
Arbeitsblätter zur Differenzierung 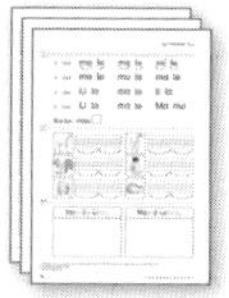 S. ______	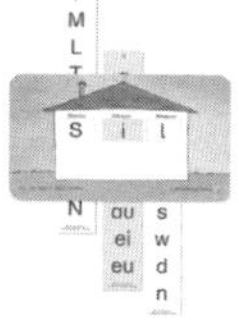	 Nr. 1, 2, 3, 4	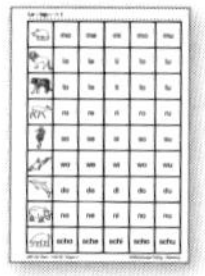 Nr. 1, 2		 S. 4–7, 64 KV 1, 2

Wochenplan 16

Lisa und Reiner reimen, S. 36/37

Name: ______________________ Datum: ____________

ABC der Tiere 1

	Montag	Dienstag	Mittwoch	Donnerstag	Freitag
Silbenfibel 	S. 36/37 ◯ ☺ 😐 ☹	S. 36 ◯ ☺ 😐 ☹	S. 37 ◯ ☺ 😐 ☹		
Schreiblehrgang Teil A 	S. 52 ◯ ☺ 😐 ☹		S. 53	S. 54 ◯ ☺ 😐 ☹	
Arbeitsheft Teil A 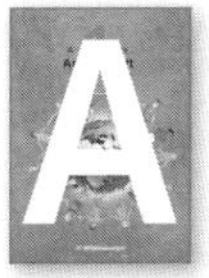		S. 60 ◯ ☺ 😐 ☹	S. 61 ◯ ☺ 😐 ☹	S. 62 ◯ ☺ 😐 ☹	S. 63 ◯ ☺ 😐 ☹
 Nr. 4 ☺ 😐 ☹	Arbeitsblätter zur Differenzierung 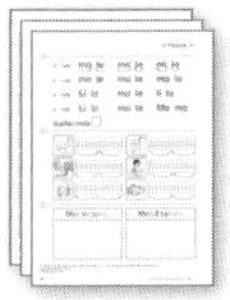 S. ______ ☺ 😐 ☹	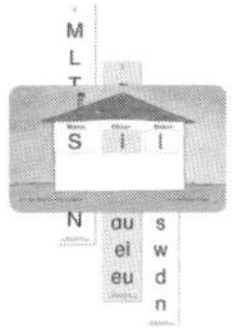 ◯ ☺ 😐 ☹	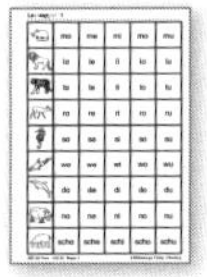 ◯ Nr. 5 ☺ 😐 ☹	 ◯ ☺ 😐 ☹	 ◯ Band 5, S. 12 – 20, KV 77, 78, 79, 80 ☺ 😐 ☹
 ◯ S. 4 – 7, 64, KV 1, 2 S. 8 – 9, 65, KV 3 ☺ 😐 ☹	 S. 28/29 ☺ 😐 ☹				

Wochenplan 17

In der Schule, S. 38/39

Name: ______________________ Datum: ____________

ABC der Tiere 1

	Montag	Dienstag	Mittwoch	Donnerstag	Freitag
Silbenfibel	S. 38/39	S. 38/39	S. 38/39		
Schreiblehrgang Teil A	S. 55	S. 56	S. 57	S. 58	
Arbeitsheft Teil A		S. 64	S. 65	S. 66	S. 67
Arbeitsblätter zur Differenzierung S. ______		Nr. 1, 2, 3, 4	Nr. 3, 4, 5		Band 2, S. 4–7, KV 22, 23, 24, 25
S. 30/31					

Wochenplan 18

Am Abend, S. 40/41

Name: ______________________ **Datum:** ______________

ABC der Tiere 1

	Montag	Dienstag	Mittwoch	Donnerstag	Freitag
Silbenfibel 	S. 40/41 ◯ ☺ 😐 ☹	S. 40/41 ◯ ☺ 😐 ☹	S. 40/41 ◯ ☺ 😐 ☹		
Schreiblehrgang Teil A 	S. 59 ◯ ☺ 😐 ☹		S. 60 ◯ ☺ 😐 ☹	S. 61 ◯ ☺ 😐 ☹	
Arbeitsheft Teil A 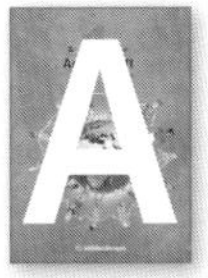	S. 68 ◯ ☺ 😐 ☹	S. 69 ◯ ☺ 😐 ☹	S. 70 ◯ ☺ 😐 ☹	S. 71 ◯ ☺ 😐 ☹	
Arbeitsblätter zur Differenzierung 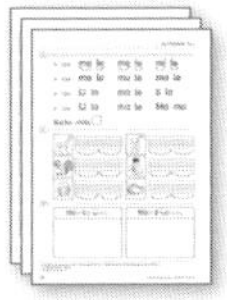 S. ______ ☺ 😐 ☹	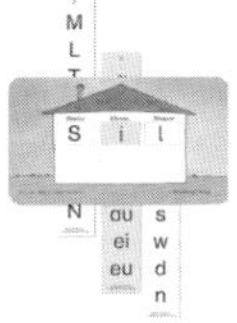 ◯ ☺ 😐 ☹	 ◯ Nr. 1, 2, 3, 4, 5 ☺ 😐 ☹	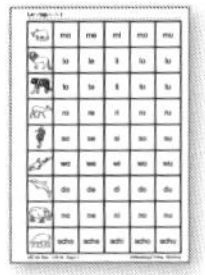 ◯ Nr. 3, 4, 5 ☺ 😐 ☹	 ◯ ☺ 😐 ☹	 ◯ Band 5, S. 21–29, KV 81, 82, 83 ☺ 😐 ☹
 ◯ S. 32/33 ☺ 😐 ☹					

Wochenplan 19

Bei den Eskimos, S. 42/43

Name: ______________________ **Datum:** ______________

	Montag	Dienstag	Mittwoch	Donnerstag	Freitag
Silbenfibel 	S. 42/43 ◯ ☺ 😐 ☹	S. 42 ◯ ☺ 😐 ☹	S. 42/43 ◯ ☺ 😐 ☹		
Schreiblehrgang Teil A 	S. 62 ◯ ☺ 😐 ☹		S. 63 ◯ ☺ 😐 ☹		S. 64 ◯ ☺ 😐 ☹
Arbeitsheft Teil A 	S. 72 ◯ ☺ 😐 ☹	S. 73 ◯ ☺ 😐 ☹	S. 74 ◯ ☺ 😐 ☹	S. 75 ◯ ☺ 😐 ☹	S. 76 ◯ ☺ 😐 ☹
Arbeitsblätter zur Differenzierung 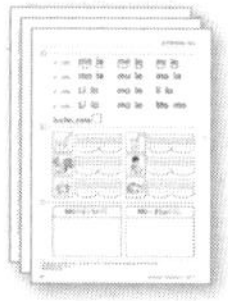 S. ______ ☺ 😐 ☹	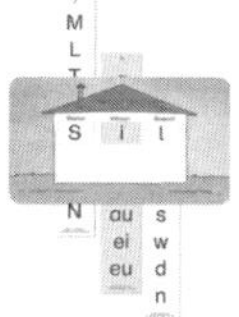 ◯ ☺ 😐 ☹	 ◯ Nr. 1, 2, 3, 4, 5 ☺ 😐 ☹	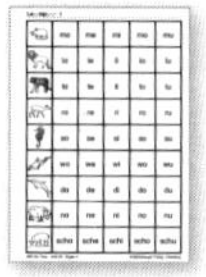 ◯ Nr. 3, 4, 5 ☺ 😐 ☹	 ◯ ☺ 😐 ☹	 ◯ S. 10 – 11, 66 KV 4, 5 ☺ 😐 ☹
 ◯ Band 2, S. 8 – 12, KV 26, 27, 28 ☺ 😐 ☹	 ◯ S. 34/35 ☺ 😐 ☹				

Wochenplan 20

Schule ist aus, S. 44/45

Name: ______________________ Datum: ______________

ABC der Tiere 1

	Montag	Dienstag	Mittwoch	Donnerstag	Freitag
Silbenfibel 	S. 44/45	S. 44	S. 45		
Schreiblehrgang Teil B 	S. 5		S. 6	S. 7	
Arbeitsheft Teil B 		S. 4	S. 5	S. 6	S. 7
 Nr. 5	Arbeitsblätter zur Differenzierung 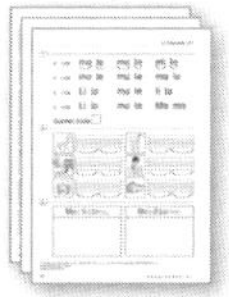 S. ______	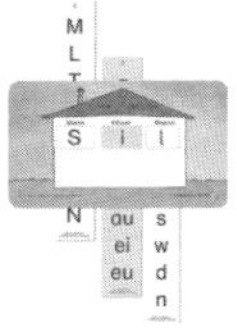	 Nr. 1, 2, 3, 4, 5	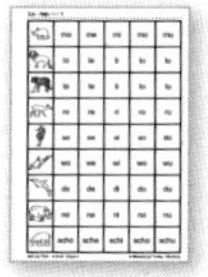 Nr. 3, 4, 5	
 Band 4, S. 4–7, KV 56, 57, 58, 59	 S. 36/37				

Wochenplan 21

Geister im Turm, S. 46 / 47

Name: ______________________ Datum: ______________

	Montag	Dienstag	Mittwoch	Donnerstag	Freitag
Silbenfibel	S. 46 / 47	S. 46	S. 47		
Schreiblehrgang Teil B	S. 8		S. 9	S. 10	
Arbeitsheft Teil B		S. 8	S. 9	S. 10	S. 11
Arbeitsblätter zur Differenzierung S. ______		Ma Me Mi Mo Mu Nr. 1, 2, 3, 4, 5	Nr. 3, 4, 5		Band 2, S. 18 – 23, KV 32, 33, 34, 35
S. 12 – 13, 67 KV 6, 7	S. 38 / 39	Band 1			

ABC der Tiere 1

Wochenplan 22

Im Riesenland, S. 48/49

Name: ______________________ Datum: ______________

	Montag	Dienstag	Mittwoch	Donnerstag	Freitag
Silbenfibel	S. 48	S. 49	S. 48/49		
Schreiblehrgang Teil B	S. 11	S. 12	S. 13	S. 14	
Arbeitsheft Teil B		S. 12	S. 13	S. 14	S. 15
Arbeitsblätter zur Differenzierung S. ______		Nr. 1, 2, 3, 4, 5	Nr. 3, 4, 5		S. 14 – 17, 68 KV 8, 9
S. 40/41	Band 2				

Wochenplan 23

Panne, S. 50/51

Name: ______________ Datum: ______________

ABC der Tiere 1

	Montag	Dienstag	Mittwoch	Donnerstag	Freitag
Silbenfibel F	S. 50/51	S. 50	S. 51		
Schreiblehrgang Teil B S	S. 15		S. 16	S. 17	
Arbeitsheft Teil B A		S. 16	S. 17	S. 18	S. 19
Nr. 6	Arbeitsblätter zur Differenzierung S. ____	Nr. 3, 4, 6		Band 3, S. 9 – 13, KV 42, 43, 44	Band 3, S. 24 – 29, KV 52, 53, 54, 55
S. 42/43	Band 3				

Wochenplan 24

Der Hase und der Igel, S. 52/53

Name: ____________ Datum: ____________

	Montag	Dienstag	Mittwoch	Donnerstag	Freitag
Silbenfibel	S. 52/53	S. 52/53	S. 52/53		
Schreiblehrgang Teil B	S. 18		S. 19	S. 20	
Arbeitsheft Teil B		S. 20	S. 21	S. 22	S. 23
Arbeitsblätter zur Differenzierung S. ____	Nr. 3, 4, 6		Band 4, S. 8–12, KV 60, 61, 62	S. 18–19, 69 KV 10, 11	S. 44/45
Band 4					

Wochenplan 25

Name: ______________________ Datum: ____________

Tiger in Indien, S. 54/55

	Montag	Dienstag	Mittwoch	Donnerstag	Freitag
Silbenfibel F	S. 54/55	S. 54/55	S. 54/55		
Schreiblehrgang Teil B S	S. 21		S. 22	S. 23	
Arbeitsheft Teil B A		S. 24	S. 25	S. 26	S. 27
Arbeitsblätter zur Differenzierung S. ______		Band 8, S. 20 – 28, KV 110, 111, 112, 113	S. 20 – 21, 70 KV 12	S. 46/47	

ABC der Tiere 1

Wochenplan 26

Ferien auf dem Bauernhof, S. 56/57

Name: ____________________ **Datum:** ____________________

ABC der Tiere 1

	Montag	Dienstag	Mittwoch	Donnerstag	Freitag
Silbenfibel F	S. 56	S. 57	S. 56/57		
Schreiblehrgang Teil B S	S. 24		S. 25	S. 26	
Arbeitsheft Teil B A		S. 28	S. 29	S. 30	S. 31
Arbeitsblätter zur Differenzierung S. ______		Band 7, S. 4 – 11, KV 94, 95, 96	S. 22 – 23 KV 12, 13, 14	S. 48/49	Band 5

Wochenplan 27

Störche, S. 58/59

Name: ______ Datum: ______

ABC der Tiere 1

	Montag	Dienstag	Mittwoch	Donnerstag	Freitag
Silbenfibel	S. 58 ○ ☺ 😐 ☹	S. 59 ○ ☺ 😐 ☹	S. 58/59 ○ ☺ 😐 ☹		
Schreiblehrgang Teil B	S. 27 ○ ☺ 😐 ☹		S. 28 ○ ☺ 😐 ☹		
Arbeitsheft Teil B		S. 32 ○ ☺ 😐 ☹	S. 33 ○ ☺ 😐 ☹	S. 34 ○ ☺ 😐 ☹	S. 35 ○ ☺ 😐 ☹
Nr. 7 ○ ☺ 😐 ☹	Arbeitsblätter zur Differenzierung S. ______ ☺ 😐 ☹	○ ☺ 😐 ☹	Band 6, S. 4 – 11, KV 84, 85, 86 ○ ☺ 😐 ☹	Band 6, S. 20 – 28, KV 91, 92, 93 ○ ☺ 😐 ☹	S. 24 – 25 KV 12, 13, 14 ○ ☺ 😐 ☹
S. 50/51 ○ ☺ 😐 ☹					

Wochenplan 28

Im Zoo, S. 60/61

Name: ______________ Datum: ______________

ABC der Tiere 1

	Montag	Dienstag	Mittwoch	Donnerstag	Freitag
Silbenfibel	S. 60 ☺ 😐 ☹	S. 61 ☺ 😐 ☹	S. 60/61 ☺ 😐 ☹		
Schreiblehrgang Teil B	S. 29 ☺ 😐 ☹		S. 30 ☺ 😐 ☹	S. 31 ☺ 😐 ☹	
Arbeitsheft Teil B		S. 36 ☺ 😐 ☹	S. 37 ☺ 😐 ☹	S. 38 ☺ 😐 ☹	S. 39 ☺ 😐 ☹
Arbeitsblätter zur Differenzierung S. ____ ☺ 😐 ☹	☺ 😐 ☹	Band 6, S. 12–19, KV 87, 88, 89, 90 ☺ 😐 ☹	S. 26–29, 71 KV 15, 16, 17 ☺ 😐 ☹	S. 52/53 ☺ 😐 ☹	Band 6 ☺ 😐 ☹

Wochenplan 29

Das Kinderfest, S. 62/63

Name: ______________________ Datum: __________

	Montag	Dienstag	Mittwoch	Donnerstag	Freitag
Silbenfibel 	S. 62	S. 62	S. 63	S. 63	S. 63
Schreiblehrgang Teil B 		S. 32	S. 33	S. 34	
Arbeitsheft Teil B 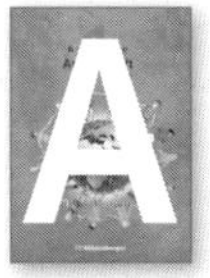	S. 40	S. 41	S. 42		S. 43
Arbeitsblätter zur Differenzierung 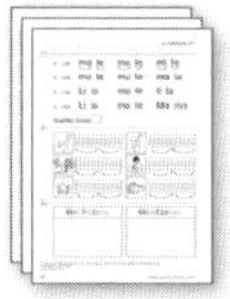 S. ______		 S. 34 – 39, 73 KV 19, 20, 21	 S. 54/55		

Wochenplan 30

Name: ____________ Datum: ____________

Lena im Rollstuhl, S. 64/65

	Montag	Dienstag	Mittwoch	Donnerstag	Freitag
Silbenfibel	S. 64	S. 64	S. 65	S. 65	S. 64/65
Schreiblehrgang Teil B	S. 35	S. 36	S. 37	S. 38	
Arbeitsheft Teil B		S. 44	S. 45	S. 46	S. 47
Arbeitsblätter zur Differenzierung S. ____		Band 4, S. 24–29, KV 70, 71, 72	Band 7, S. 12–20, KV 97, 98, 99	S. 34–39, 73 KV 19, 20, 21	S. 56/57
Band 7					

ABC der Tiere 1

Wochenplan 31

Der Jaguar, S. 66/67

Name: ____________________ Datum: ____________

ABC der Tiere 1

	Montag	Dienstag	Mittwoch	Donnerstag	Freitag
Silbenfibel	S. 66 ◯ ☺ 😐 ☹	S. 67 ◯ ☺ 😐 ☹	S. 66/67 ◯ ☺ 😐 ☹		
Schreiblehrgang Teil B	S. 39 ◯ ☺ 😐 ☹			S. 40 ◯ ☺ 😐 ☹	
Arbeitsheft Teil B		S. 48 ◯ ☺ 😐 ☹	S. 49 ◯ ☺ 😐 ☹	S. 50 ◯ ☺ 😐 ☹	S. 51 ◯ ☺ 😐 ☹
Nr. 8 ◯ ☺ 😐 ☹	Arbeitsblätter zur Differenzierung S. ______ ☺ 😐 ☹	◯ ☺ 😐 ☹	Band 8, S. 4–11, KV 104, 105, 106 ◯ ☺ 😐 ☹	S. 40–47, 74 KV 22, 23 ◯ ☺ 😐 ☹	S. 58/59 ◯ ☺ 😐 ☹

Wochenplan 32

Eulen jagen in der Nacht, S. 68/69

Name: ______________________ Datum: ______________

ABC der Tiere 1

	Montag	Dienstag	Mittwoch	Donnerstag	Freitag
Silbenfibel 	S. 68	S. 69	S. 68/69		
Schreiblehrgang Teil B 	S. 41		S. 42	S. 43	
Arbeitsheft Teil B 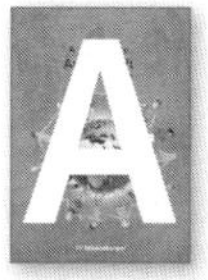		S. 52	S. 53	S. 54	S. 55
Arbeitsblätter zur Differenzierung 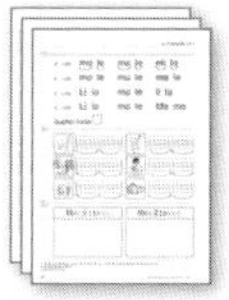 S. ______		 Band 8, S. 12 – 19, KV 107, 108, 109	 S. 60/61	 Band 8	

Wochenplan 33

Name: ______________________ Datum: ______________

Vogelnest im Garten, S. 70/71

	Montag	Dienstag	Mittwoch	Donnerstag	Freitag
Silbenfibel	S. 70 ○ ☺ 😐 ☹	S. 71 ○ ☺ 😐 ☹	S. 70/71 ○ ☺ 😐 ☹		
Schreiblehrgang Teil B	S. 44 ○ ☺ 😐 ☹		S. 45 ○ ☺ 😐 ☹	S. 46 ○ ☺ 😐 ☹	
Arbeitsheft Teil B		S. 56 ○ ☺ 😐 ☹	S. 57 ○ ☺ 😐 ☹	S. 58 ○ ☺ 😐 ☹	S. 59 ○ ☺ 😐 ☹
Arbeitsblätter zur Differenzierung S. ______ ☺ 😐 ☹	○ ☺ 😐 ☹	Band 9, S. 4 – 11, KV 114, 115, 116 ○ ☺ 😐 ☹	S. 62/63 ○ ☺ 😐 ☹		

ABC der Tiere 1

Wochenplan 34

Was Tiere träumen, S. 72/73

Name: ______________ Datum: ______________

	Montag	Dienstag	Mittwoch	Donnerstag	Freitag
Silbenfibel	S. 72	S. 73	S. 72/73		
Schreiblehrgang Teil B	S. 47	S. 48		S. 49	
Arbeitsheft Teil B		S. 60	S. 61	S. 62	S. 63
Arbeitsblätter zur Differenzierung S. ______		Band 4, S. 4–7, KV 56, 57, 58, 59	S. 65/65		

Wochenplan 35

Name: ____________________ Datum: ____________

Die Frösche quaken, S. 74/75

	Montag	Dienstag	Mittwoch	Donnerstag	Freitag
Silbenfibel	S. 74 ◯ ☺ 😐 ☹	S. 75 ◯ ☺ 😐 ☹	S. 74/75 ◯ ☺ 😐 ☹		
Schreiblehrgang Teil B	S. 50 ◯ ☺ 😐 ☹		S. 51 ◯ ☺ 😐 ☹	S. 52 ◯ ☺ 😐 ☹	S. 53 ◯ ☺ 😐 ☹
Arbeitsheft Teil B		S. 64 ◯ ☺ 😐 ☹	S. 65 ◯ ☺ 😐 ☹	S. 66 ◯ ☺ 😐 ☹	S. 67 ◯ ☺ 😐 ☹
Nr. 9 ◯ ☺ 😐 ☹	Arbeitsblätter zur Differenzierung S. ______ ☺ 😐 ☹	◯ ☺ 😐 ☹	Band 9, S. 12 – 19, KV 117, 118, 119 ◯ ☺ 😐 ☹	S. 66/67 ◯ ☺ 😐 ☹	

ABC der Tiere 1

Wochenplan 36

Auf dem Ponyhof, S. 76/77

Name: ______________________ **Datum:** ______________

ABC der Tiere 1

	Montag	Dienstag	Mittwoch	Donnerstag	Freitag
Silbenfibel F	S. 76	S. 77	S. 76/77		
Schreiblehrgang Teil B S	S. 54		S. 55		
Arbeitsheft Teil B A		S. 68	S. 69	S. 70	S. 71
Arbeitsblätter zur Differenzierung S. ______		Band 9, S. 20 – 28, KV 120, 121, 122, 123	S. 68/69	Band 9	

Wochenplan 37

Clowns im Zirkus, S. 78/79

Name: ____________________ Datum: ____________

ABC der Tiere 1

	Montag	Dienstag	Mittwoch	Donnerstag	Freitag
Silbenfibel	S. 78 ○ ☺ 😐 ☹	S. 79 ○ ☺ 😐 ☹	S. 78/79 ○ ☺ 😐 ☹		
Schreiblehrgang Teil B	S. 56 ○ ☺ 😐 ☹		S. 57 ○ ☺ 😐 ☹		
Arbeitsheft Teil B		S. 72 ○ ☺ 😐 ☹		S. 73 ○ ☺ 😐 ☹	S. 74 ○ ☺ 😐 ☹
Arbeitsblätter zur Differenzierung S. ______ ☺ 😐 ☹	○ ☺ 😐 ☹	○ Band 10, S. 4 – 15, KV 124, 125, 126, 127 ☺ 😐 ☹	○ S. 56 – 63, 78/79 KV 29, 30, 31, 32 ☺ 😐 ☹	○ S. 70/71 ☺ 😐 ☹	

Wochenplan 38

Name: ______________ Datum: ______________

Hexe Trixi, S. 80/81

	Montag	Dienstag	Mittwoch	Donnerstag	Freitag
Silbenfibel	S. 80	S. 81	S. 80/81		
Schreiblehrgang Teil B	S. 58		S. 59	S. 60	
Arbeitsheft Teil B		S. 75		S. 76	S. 77
Arbeitsblätter zur Differenzierung S. ______		Band 10, S. 16–27, KV 128, 129, 130	S. 48–56, 75–77 KV 24, 25, 26, 27, 28	S. 72/73	Band 10

Wochenplan 39

Die Bremer Stadtmusikanten, S. 82–84

Name: ______________________ Datum: ______________

ABC der Tiere 1

	Montag	Dienstag	Mittwoch	Donnerstag	Freitag
Silbenfibel 	S. 82–84 ○ ☺ 😐 ☹				
Arbeitsheft Teil B 	S. 78/79 ○ ☺ 😐 ☹				

 ○ ☺ 😐 ☹	 ○ S. 74/75 ☺ 😐 ☹				

Wochenplan

S. ______ Name: ______ Datum: ______

	Montag	Dienstag	Mittwoch	Donnerstag	Freitag
Silbenfibel 	○ ☺ 😐 ☹	○ ☺ 😐 ☹	○ ☺ 😐 ☹	○ ☺ 😐 ☹	○ ☺ 😐 ☹
Schreiblehrgang 	○ ☺ 😐 ☹	○ ☺ 😐 ☹	○ ☺ 😐 ☹	○ ☺ 😐 ☹	○ ☺ 😐 ☹
Arbeitsheft 	○ ☺ 😐 ☹	○ ☺ 😐 ☹	○ ☺ 😐 ☹	○ ☺ 😐 ☹	○ ☺ 😐 ☹
○ ☺ 😐 ☹	○ ☺ 😐 ☹	○ ☺ 😐 ☹	○ ☺ 😐 ☹	○ ☺ 😐 ☹	○ ☺ 😐 ☹

ABC der Tiere 1

Wochenplan

Name: ______ Datum: ______

______ S. ______

	Montag	Dienstag	Mittwoch	Donnerstag	Freitag
Silbenfibel F					
Schreiblehrgang S					
Arbeitsheft A					

ABC der Tiere 1